한국의 협동조합 경영

| 협동조합경영연구 02 |

한국의 협동조합 경영

이론과 사례

박윤규 · 이상훈 · 장승권 · 최우석 · 박상선 · 이상윤 엮음

Management of Cooperatives in Korea

Theories and Cases

한울
아카데미

차례

이 책은 2020년 봄부터 한울엠플러스(주)에서 출판하기 시작한 '협동조합경영연구' 시리즈의 두 번째 권이다.

'협동조합경영'이라는 주제가 학문분과로 어떤 위상을 갖고 있는지 잘 모르는 분도 있을 것이다. '협동조합경영연구'보다 큰 범주라고 할 수 있는 '협동조합연구'는 지금까지 한국에서는 주로 농협과 수협 등 생산자협동조합, 그리고 신협과 새마을금고 등 신용협동조합을 중심으로 발전해왔다. 그래서 협동조합연구 분과에서 협동조합의 경영을 연구한다면, 대체로 농업경영이나 금융경영 등을 연구해왔다고 할 수 있다.

이들 연구 분과의 연구자들 중에는 경영학자도 있지만, 대부분 협동조합 연구자들의 학문 배경은 농업경제학 등 경제학이 많다고 할 수 있다. 그래서 '협동조합경영연구' 혹은 '협동조합경영학'이라는 말은 그리 많이 사용되는 것 같지 않다. 비록 협동조합의 경영관리 주제에 대해 많은 연구가 이루어지고 있었지만, 협동조합경영학이라는 용어는 친숙하지 않다.

국제협동조합연맹(International Co-operative Alliance: ICA)이 정의한 협동조합은 '조합원이 소유하는 기업(enterprise)이며 단체(association)'이다. 협동조합은 기업 경영 측면과 조합원 공동체 측면이라는 두 가지 성격을 동시에 갖고 있다.

그래서 협동조합학은 여러 학문분과의 연구자들이 모여서 활동하는 다학제 성격을 띠고 있다.

'한국협동조합학회'가 1982년 설립되어 지금까지 협동조합연구를 해왔다. 그동안 협동조합연구는 농협과 수협 등 생산자협동조합뿐 아니라. 신협과 새마을금고 등 신용협동조합을 대상으로 경영학 그리고 경제학, 사회학, 정치학, 법학 등에서 다양한 학문 주제를 연구해왔다.

1990년대 이후에는 한국에서도 소비자생협이 급격히 성장하고 이에 따라서 본격적으로 생협도 연구되기 시작했다. 그리고 2012년 한국에 '협동조합기본법'이 제정된 후 2020년 11월 기준 1만 7천 개 정도의 일반협동조합과 2천 4백 개 이상의 사회적협동조합이 설립되었다. 이들 신생 협동조합을 연구하는 것이 정말 중요한 과제가 되었다.

2010년도 3월, 성공회대학교 경영학부에서 일반대학원에 협동조합경영학과를 설립하여 8명의 석사과정 학생으로 시작했다. 이후 2017년에는 특수대학원인 '사회적경제대학원'에 '협동조합MBA'를 설립했다. 성공회대학교 교육과정은 협동조합과 경영학을 결합하여 교육하고 연구하는 방식으로 운영해왔다. 특히 협동조합의 기업 측면을 중심으로 연구하고 교육해왔다. 협동조합과 경영을 합친 접근이다.

성공회대학교 협동조합경영학과의 접근을 다르게 해석할 수도 있다. 협동조합이 경영이라는 일반 활동을 한정하는 개념으로 활용되기도 한 것이다. 항공(산업)경영, 중소기업경영, 농업(기업)경영, 수산업(기업)경영 등과 비슷한 용법이라고 생각한다. 성공회대학교 경영학부가 설립된 1998년, 당시 학과의 첫 번째 이름이 '유통정보학과'였다는 점도 이런 점에서 유사하다. '유통학'과 '정보(시스템)학'을 통합한 학과로 보았지만, '정보학과(정보기술에 기반한 정보시스템학)' 앞에 '유통업'과 기업을 한정적으로 수식하는 용어 역할을 했다고 할 수 있기 때문이다.

성공회대학교 일반대학원 협동조합경영학과는 '협동조합학'이 아니라 '경영학' 석사와 박사 학위를 수여한다. 성공회대학교에서 협동조합의 전 분야를 아우르는 연구과 교육을 할 수 있다고 생각하지는 않았고, 앞으로도 그렇게 협동조합의 모든 측면을 다루기는 어려울 것이다. 성공회대학교의 미션과 전략은 협동조합을 대상으로 경영학의 여러 주제를 연구하고 강의하여 협동조합경영 전문 연구자와 교육자를 양성하는 것이다. 그리고 사회적경제대학원의 협동조합MBA의 미션 역시 협동조합에서 전문 경영자나 활동가, 그리고 정책 당국이나 협동조합 지원기관 임직원에게 협동조합경영을 교육시키고 실제 경영에 도움이 되는 역량을 키워주는 것이다.

이런 미션을 갖고 출범한 성공회대학교 일반대학원 협동조합경영학과가 2010년 설립 이후 10년이 지났다. 코로나-19로 인해 대규모 학술행사를 하기 어려운 시국이 되었다. 그래서 그동안 학과 교수와 학생들이 만들어낸 학술논문을 모아서 출판하기로 했다. 10년 이상의 연구 성과 중 최근의 연구를 중심으로 총 16편의 논문을 담았다. 경영학의 각 분과를 중심으로 협동조합기업의 다양한 연구 주제 —경영전략, 마케팅, 조직, 인사, 재무, 회계, 정보시스템, 운영관리 등 각 부분의 주제를 다루고 있다. 이 책의 모든 글은 이미 협동조합학, 경영학, 그리고 사회과학 분야의 전문 학술지에 게재된 논문이다. 각 장의 출처는 다음과 같다.

제1장: 이예나·이상훈, 「사업자협동조합의 비즈니스모델 분석과 적용: 국내·외 사례분석을 중심으로」, 《한국협동조합연구》, 37권 2호(2019), 17~51쪽

제2장: 김활신·장승권, 「한국 노동자협동조합의 비즈니스모델과 사례」, 《한국협동조합연구》, 36권 3호(2019), 17~51쪽

제3장: 오춘희·김선화·이상윤, 「의료복지사회적협동조합의 제도 변화」, 《한국협동조합연구》, 38권 1호(2020), 155~184쪽

제4장: 이상윤·윤길순, 「주식회사와 협동조합이사회가 조직 성과에 미치는 영향과 신협에의

시사점」, ≪신협연구≫, 72호(2019.6), 85~123쪽

제5장: 이선희·최우석, 「소비자생활협동조합의 수직적 통합 요인: 아이쿱생협 사례연구」, ≪한국협동조합연구≫, 36권 1호(2018), 39~63쪽

제6장: 박상선·김다솜·이준겸, 「협동조합의 협력적 공급사슬 구축 방식: 아이쿱 생활협동조합의 사례」, ≪한국생산관리학회지≫, 29권 4호(2018.11), 419~438쪽

제7장: 박윤규·박상선·정찬율·김다솜·이재훈 「CoP 활성화를 통한 지식경영: 아이쿱생협의 인트라넷 활용사례」, ≪지식경영연구≫, 14권 5호(2013), 35~53쪽

제8장: 서진선·최우석, 「협동조합 출자금과 비분할 적립금의 자기자본-부채 분류: 협동조합 관련법 중심으로」, ≪대한경영학회지≫, 33권 5호(2020), 859~883쪽

제9장: 서진선·최우석, 「협동조합의 체계적 위험 추정에 관한 연구: 소비자생활협동조합을 중심으로」, ≪협동조합경영연구≫, 51권 0호(2019), 75~96쪽.

제10장: 최은주, 「협동조합 회계보고를 위한 부가가치보고서의 유용성」, ≪한국협동조합연구≫, 37권 1호(2019), 21~40쪽

제11장: 신효진·이상훈, 「소비자생활협동조합에 대한 사회 인식 연구: 1993년부터 2016년까지의 언론 보도 분석을 통해서」, ≪한국협동조합연구≫, 36권 2호(2018), 25~49쪽

제12장: 임선아·이상훈, 「소비자 생활협동조합의 브랜드 이미 지가 브랜드 커뮤니티 동일시와 장기적 관계 지향성에 미치는 영향에 관한 연구」, ≪한국협동조합연구≫, 37권 3호(2019), 1~26쪽

제13장: 이승주, 「윤리적 소비의식과 실천의지 간 부조화 요인 분석: 아이쿱(iCOOP) 조합원을 중심으로」, ≪한국협동조합연구≫, 38권 1호(2020), 57~84쪽

제14장: 김아영·장지연·장승권, 「소비자생활협동조합의 인적 자원개발: 한국 소비자생활협동조합의 조합원개발 현황과 아이쿱생협의 조합원 이사개발 사례」, ≪인적자원개발연구≫, 21권 3호(2018.9), 203~228쪽

제15장: 오보영·장승권, 「한국 소비자생활협동조합의 조직변화: 아이쿱소비자생활협동조합 사례」, ≪인적자원개발연구≫, 22권 3호(2019.9), 1~36쪽

제16장: 윤찬민·이상윤, 「공유 리더십이 사회적경제기업 창업팀 성과에 미치는 영향: 과업 갈등의 조절효과를 중심으로」, ≪한국협동조합연구≫, 37권 1호(2019), 109~135쪽

이 책이 나올 수 있도록 도와준 수많은 분들에게 감사의 마음을 전한다. 먼저 학과 설립을 지원해주시고, 계속 후원을 아끼지 않으신 성공회대학교 전임

및 현 총장님, 전체 교수와 직원 여러분에게 깊이 감사드린다. 그리고 그동안 성공회대학교 협동조합경영학과에 장학금과 연구기금을 지원해준 아이쿱생협 (그리고 세이프넷) 여러분들에게 고마움을 표한다. 아이쿱생협의 지도자와 조합원들의 재정, 사회, 조직, 심리적 지원이 없었다면 협동조합경영학과는 지금까지 유지되고 발전하지 못했을 것이다. 그 외에도 협동조합경영학과를 지원해준 많은 단체와 개인들에게도 감사의 마음을 전한다. 이 책에 담은 논문을 다시 출판할 수 있도록 승인해준 모든 학회장님과 편집위원장님들에게도 감사드린다. 마지막으로 이 책의 편집을 위해서 많은 시간을 쏟아준 성공회대학교 협동조합경영학과 석사 졸업생인 박지아 선생, 그리고 한울엠플러스(주)의 경영진과 편집진 여러분들에게 감사드린다.

2020년 겨울
성공회대학교 일반대학원 협동조합경영학과 교수 일동
박윤규·이상훈·장승권·최우석·박상선·이상윤

제1장

사업자협동조합의 비즈니스모델*

이예나·이상훈

1. 서론

2012년 협동조합기본법이 발효된 이후, 2019년 3월 말 현재 이에 근거하여 설립된 협동조합의 수는 총 1만 5135개에 달한다. 이 중 사업자협동조합은 1만 132개로, 전체 협동조합의 약 67%, 일반협동조합의 약 74%가량의 비중을 차지하여 수적으로 가장 많은 협동조합 유형이다. 협동조합은 '공동으로 소유되고 민주적으로 운영되는 사업체를 통해 공통의 경제적·사회적·문화적 목적을 달성하기 위해 설립되는 조직'[1]이다. 따라서 법적으로 설립 가능한 여러 협동조합의 유형 중 사업자협동조합이 압도적으로 높은 비율을 차지한다는 것은 그만큼 시장에서 경쟁력을 확보하기 위한 사업자들의 필요와 욕구가 반영된 결과라고

---

* 이 장은 다음 논문을 기반으로 한 것이다. 이예나·이상훈, 「사업자협동조합의 비즈니스모델 분석과 적용: 국내·외 사례분석을 중심으로」, ≪한국협동조합연구≫, 37권 2호(2019), 17~51쪽.
1 국제협동조합연맹(ICA)에서 정의하는 협동조합의 정의 참조.

볼 수 있다. 우리나라 기업생태계에서 소상공인의 비율은 약 85%이며, 이를 포함하는 중소기업은 약 99%의 비중을 차지한다. 상시근로자 50인 또는 10인 미만 사업자이거나 개인사업자인 경우 중소기업 중에서도 소기업[2]으로 분류되는데, 이들의 비중이 전체 중소기업의 약 97%이다.[3] 현재 설립된 사업자협동조합 중 다수가 이러한 10인 미만의 영세한 사업체들이나 개인사업자들이 참여하여 설립한 경우이다. 한국의 협동조합기본법은 '자율과 독립'이라는 협동조합의 원칙을 반영하여 협동조합에 대한 직접 지원을 지양하고 있으나, 사업자협동조합의 경우 중소기업 또는 소상공인을 지원하는 정부의 정책을 기반으로 각종 지원을 받을 수 있다.

그러나 이와 같은 압도적 비중과 정책적 지원에 비하여, 기 설립된 사업자협동조합의 질적인 운영 수준은 상대적으로 양호하다고 보기 어렵다(강철희·이종화·편창훈. 2016). 기획재정부에서 발간한 '2017 협동조합 실태조사' 보고서에 따르면, 사업자협동조합 중 다수는 실질적인 수익을 내지 못하거나 개점 휴업 상태인 것으로 보인다.[4] 이 중 사업 중단이나 폐업(예정)인 사업자협동조합 727개 업체에 대한 조사 결과, 사업을 중단한 이유 1위(25.4%)는 '수익모델 미비'였으며, '사업운영자금 부족'이 2위(22.6%)를 차지했다. 즉, 사업체로서 지속가능

---

2   소기업 분류 기준은 2016년 1월부터 상시근로자 수에서 매출액 기준으로 변경되었으나, 본문에 사용된 통계는 통계청의 '2015년 경제 총조사'에 근거한 내용이므로 2015년 당시 기준으로 분류했다.

3   통계청, 통계DB, http://211.253.148.159:8083/statHtml/statHtml.do?orgId=142&tblId=DT_14 2N_B20503&conn_path=I2.

4   행정조사에서 운영 여부를 추정하는 기준은 설립·인가 후 법인등기 및 사업체 등록이 되어 있는 상태에서 ① 2017년 1분기 법인세 신고 여부, ② 고용보험 가입 여부이다. 법인세 신고와 고용보험 가입 중 하나 이상을 충족하면 운영 추정 협동조합으로 분류된다. 조사 시점(2016년 12월 말) 기준 설립·인가된 사업자협동조합 7456개 중 행정조사 결과 파악된 사업운영율은 49.8%인 3332개로, 전체의 절반 수준이며, 전체 협동조합 유형 중 두 번째로 낮은 사업운영율을 보이고 있다(사업운영율이 가장 낮은 유형은 소비자협동조합으로 44.8%이다).

성과 경쟁력을 확보하기 위한 핵심 요소들이 충분히 갖추어지지 않은 상태임을 알 수 있다.[5] 장종익(2017)은 사업자협동조합의 특성을 반영한 성공 조건이나 비즈니스 전략 등에 관한 기존 연구들이 매우 부족하여 실제 현장에서 사업자협동조합이 그들의 지속가능성을 높일 수 있는 비즈니스모델을 설계하고 전략을 수립하는 데에 많은 어려움을 겪는 것으로 보인다고 진단했다.

이러한 상황이 개선되기 위해서는 소사업자들의 연합사업체로서 사업자협동조합의 설립 목적이 사업자협동조합 비즈니스모델에 충분히 반영될 필요가 있다. 따라서 이 글에서는 사업자협동조합의 비즈니스모델을 분석하고 진단할 수 있는 분석 틀을 제시하고 이를 기존 사례들에 적용함으로써 사업자협동조합의 비즈니스모델에 대한 이해를 높이고자 했다. 이는 소사업자들의 연합체인 사업자협동조합이 시너지를 창출하고 경쟁력과 지속가능성을 높이는 데에 기여할 수 있을 것이다.

2. 이론적 배경

1) 사업자협동조합의 개념과 특징

(1) 사업자협동조합의 개념

2012년 협동조합기본법이 시행되기 이전까지 사업자협동조합은 생산자협동조합으로 표현되어왔다. 기본법 이전에 협동조합 설립의 법적 근거가 되었던 8

---

5   행정조사 결과 미운영 업체로 추정된 4071개의 협동조합 중 전화조사에 응답한 업체가 2929개 (71.9%), 그중 1040개의 협동조합이 사업 상태에 변동이 있다고 응답했으며 그중 사업 중단 또는 폐업(예정)이라고 응답한 협동조합이 총 961개이다. 이 중 사업자협동조합은 727개이다.

<표 1-1> 사업자협동조합의 요건

제10조(조합원의 자격) ① 조합의 설립 목적에 동의하고 조합원으로서의 의무를 다하고자 하는 사업자 중 사업구역 안에서 같은 업종(한국표준산업분류 소분류 ○○○, 세분류 ○○○, 세세분류 ○○○)의 사업을 영위하는 사업자로 한다.
② 조합은 사업을 원활히 추진하기 위하여 제1항 외에 다른 업종(한국표준산업분류 소분류 ○○○, 세분류 ○○○, 세세분류 ○○○)의 사업자를 조합원으로 할 수 있다.

자료: 협동조합 표준정관례(www.coop.go.kr).

개의 개별 협동조합법 중 농업협동조합, 수산업협동조합, 산림조합, 엽연초생산협동조합, 중소기업협동조합 등은 소생산자 또는 소상공인들이 모여 만들어진 사업자협동조합이라고 할 수 있다(김기태 외, 2012). 해외에서 한국의 사업자협동조합과 유사한 개념으로 사용되는 용어들은 생산자협동조합, 상업협동조합, 기업가(entrepreneur)협동조합 등이 있다.

협동조합 표준정관례에서 명시하는 사업자협동조합의 요건은 〈표 1-1〉과 같다. 이에 따르면 조합원은 한국표준산업분류에 따라 구분되는 업종들 중 동종 또는 이종의 사업을 영위하는 사업자가 된다.

(2) 국내의 사업자협동조합

현재 기본법하에서 설립된 일반협동조합 중 사업자협동조합의 비중이 매우 높은 편이다. 이는 한국의 기업생태계에서 중소기업의 비중이 높기 때문이기도 하지만, 사업자협동조합에 대한 이해가 충분하지 않아 설립신고 시 협동조합의 유형분류 자체가 잘못된 경우도 다수이다. 예를 들면, 조합원들이 출자금을 모아 태양광 발전 시설을 설립하고 운영하는 햇빛발전협동조합의 경우, 지역 내 전기 소비자인 개인이 모여 만드는 소비자협동조합 내지는 다중이해관계자협동조합으로 분류되는 것이 적절하나, 사업자협동조합으로 등록되어 있는 경우가 많다.

또한 사업자협동조합과 생산자협동조합, 직원협동조합 간 경계가 불분명한

〈표 1-2〉 기획재정부 협동조합 실태조사 서울시 데이터의 유형 재분류 기준

유형	기준
소상공인협동조합	• 조합원 총 수 중 개인사업자조합원 수와 법인 조합원 수가 사업자 아닌 개인조합원 수보다 많은 협동조합 • 조합의 주된 설립 목적이 사업체 경쟁력 강화, 조합원 수입 증가, 조합원 고용 안정 등이라고 답변한 협동조합
프리랜서협동조합	• 사업자가 아닌 개인조합원 수가 전체 조합원에서 과반수 이상을 차지하는 협동조합 • 조합의 주된 설립 목적이 조합원 수입 증가, 조합원 고용 안정, 사업체 경쟁력 강화 등이라고 응답한 협동조합
직원협동조합	• 사업자가 아닌 개인조합원 수가 전체 조합원 수를 차지하며 조합원이 협동조합에 고용되어 있는 협동조합
지역공동체 증진형 협동조합	• 사업자 아닌 개인조합원 수가 전체 조합원에서 과반수를 차지하는 협동조합 • 조합의 주된 설립 목적이 지역사회 공헌 등 사회적 가치 실현, 조합원 복지 증진, 사회 혁신이나 지역사회 재투자, 지역 환경보호, 장애인 등 취약계층 지원, 폭력 등 학교문제 해결 등이라고 응답한 협동조합
사회적협동조합	• 인가 기준

자료: 장종익(2017)의 표를 저자 수정.

것도 원인이 된다. 김기태 외(2012)에 따르면, 직원협동조합은 조합원이 직원으로서 급여소득을 받는 반면, 사업자협동조합은 사업의 일부만 협동조합이 운영하도록 하여 간접적으로 조합원의 사업소득을 높이는 방식이다. 조합원들이 개별 사업체(개인 또는 법인)의 경영주이므로 사업자협동조합은 사업체들의 연합사업을 수행하는 관계를 갖게 된다. 따라서 사업자협동조합의 경우 조합을 통해 이루어지는 사업성과가 개별 사업수행 시 성과보다 높아야 지속가능한 협동조합 운영이 가능하다고 설명한다.

한편, 장종익(2017)은 이상의 문제의식을 기반으로 기획재정부가 실시한 협동조합 실태조사 데이터를 활용하여 기존의 협동조합 유형을 〈표 1-2〉와 같이 재분류했다.

위 분류에 따르면, 이 글에서 다루고 있는 사업자협동조합은 '소상공인협동조합 유형, 즉 조합원의 사업상 애로 요인을 해결하고 소득 증진을 목표로 설립된 협동조합'이라고 볼 수 있다. 장종익 외(2017)는 이러한 소상공인협동조합의 주요 비즈니스모델을 크게 3가지로 분류하고, 각각의 특징 및 조합의 주요 역

〈표 1-3〉 소상공인협동조합의 주요 비즈니스모델

모델	특징 및 주요 업종	조합의 주요 역할
공동 구매 및 공동사무 모델	• 시장의 불공정성이 높고 거래비용이 높은 업종이나 지역에서 효과가 높음 • 시장 상인, 프랜차이즈 가맹점들의 공동 구매 등	• 조합원사업자가 필요한 중간재를 저렴하게 공동 구입하기 위한 계약대행 • 조합원사업자들의 비즈니스 업무 일부를 공동 대행
전략적 제휴 모델	• 공동 마케팅·공동 브랜딩한 제품을 생산하기 위해 공동 품질관리·공동 생산관리 • 이업종 간 시너지 발휘를 목표로 하는 모형 • 수제화, 봉제/전문서비스업 등	• 조합원사업자가 생산한 제품이나 서비스를 공동으로 판매/가공하는 역할 (협동조합은 최종 소비자를 대상으로 한 전문 가공/유통 기업)
체인형 모델	• 체인점포 주인들이 체인본부를 소유하여 점포 비즈니스 혁신을 위한 협력과 연대 • 자동차 정비업, 건축자재 소매업, 세탁업, 제과점, 외식업 등	• 조합원사업자가 최종 소비자를 대상으로 한 제품이나 서비스의 판매역량 제고를 지원하는 역할(협동조합은 조합원 마케팅/점포 운영 지원기업)

자료: 장종익 외(2017).

할을 상술했다.

강민수(2016)는 사업자협동조합이 1, 2, 3차 산업 전반에 걸친 다양한 업종에서 발생할 수 있기 때문에 사업자협동조합의 비즈니스모델이나 사업 전략을 정의하는 것이 쉽지 않다는 점을 지적한다. 이러한 이유로 사업자협동조합의 비즈니스모델을 이해하기 위해서는 비즈니스의 가치사슬 중 어느 지점에서 어떠한 공동의 이익을 창출할 것인지 명확한 목적이 필요함을 강조하고 있다. 이와 같은 인식을 바탕으로 그는 사업자협동조합의 유형을 공동구매모델, 공동이용모델, 공동판매모델의 3가지로 구분했다.

한국의 사업자협동조합의 경우, 사업자 여부가 조합원의 자격 요건이 되므로 조합은 사업자들의 네트워크 내지는 결합 형태라고 볼 수 있다. 그러나 사업자협동조합이 비영리적 목적을 가지는 협력적 연대나 기업 네트워크, 경영상의 효율성을 높이기 위한 수직적·수평적 통합과 다른 점은, 협동조합이라는 고유의 거버넌스 구조를 가진 별도의 사업조직(법인)을 설립한다는 데 있다.[6] 즉, 새

---

6   협동조합기본법에는 '협동조합'을 '재화 또는 용역의 구매·생산·판매·제공 등을 협동으로 영위

롭게 설립된 사업자협동조합은 자체적인 사업을 통해 수익을 창출함으로써 사업자인 조합원들에게 그 이익을 공유하는 역할을 수행해야 한다. 따라서 사업자협동조합의 설립과 운영은 단순한 2차 조직이나 네트워크보다 엄밀한 비즈니스모델 수립을 필요로 하며, 조합원들의 적극적인 참여를 통해 활성화된다. 사업자협동조합 자체의 고유한 가치사슬이 명확하지 않고 조합을 통해 생산되는 부가적인 가치가 크지 않다면 조합원들은 조합으로부터 실질적인 혜택을 얻지 못하게 되며, 이는 조합원 참여 저하와 조합의 목적달성 실패로 귀결된다.

2) 비즈니스모델

(1) 비즈니스모델의 개념

오늘날 우리가 널리 사용하는 비즈니스모델이라는 개념은 1990년대 후반 인터넷을 기반으로 한 비즈니스가 활성화되며 등장했다. 재화와 서비스의 생산과 유통, 소비로 이어지는 가치사슬이 비교적 가시적이었던 과거와 달리, 인터넷 정보통신기술의 발달을 기반으로 한 온라인 상거래에서는 눈에 보이지 않는 가치사슬을 효과적으로 설명하기 위한 방법이 필요했던 것이다. 비즈니스모델은 이를 위해 고안된 개념이라고 할 수 있다. 따라서 비즈니스모델에 대한 연구들은 주로 2000년대 초반 이후에 이루어진 것들이며, 관련 연구가 발전하면서 비즈니스모델의 구성 요소를 파악하고 세분화하거나 다양한 목적으로 활용되는 비즈니스모델을 개발하는 등 경영 현장에서 실행에 활용할 수 있는 수준으로 발전했다(이성현·박도준. 2012).

비즈니스모델을 설명하는 방식은 학자마다 다양하다. Magretta(2002)는 '기

함으로써 조합원의 권익을 향상하고 지역사회에 공헌하고자 하는 사업조직'이라고 정의하고 있으며, 법인으로 함을 명시하고 있다.

업이 운영되는 방법을 설명하는 이야기'라고 했으며, Zott and Amit(2010)는 활동시스템 관점을 강조하면서 비즈니스모델은 중심 기업을 넘어 그 경계를 가로지르는 상호의존적 활동들의 시스템이라고 보았다. Teece(2010)는 '비즈니스모델은 고객을 위한 가치 제안을 지원하는 논리, 데이터 및 다른 근거들과 더불어 기업이 가치를 전달하기 위해 실행 가능한 수익 및 비용구조를 설명한다'고 했다. Chesbrough(2010)는 기업이 비즈니스모델을 통해 새로운 아이디어와 기술들을 상업화한다고 했으며, Rosenbloom과 함께한 연구에서는 비즈니스모델이 가치 제안의 설명, 세분시장 파악, 수익 창출 메커니즘 구체화, 가치사슬의 구조 정의, 비용구조와 잠재이윤 추정, 가치망 내 기업의 위치 설명, 경쟁전략의 공식화 등 다양한 기능을 충족한다고 했다(Chesbrough and Rosenbloom, 2002). 비즈니스모델 캔버스를 통해 비즈니스모델의 구성 요소와 유기적 관계를 도식화한 Osterwalder and Pigneur(2010)의 정의에 따르면, 비즈니스모델이란 '하나의 조직이 어떻게 가치를 포착하고 창조하고 전파하는지, 그 방법을 논리적으로 설명한 것'이라고 볼 수 있다. 또 다른 논문에서 그들은 비즈니스모델은 '특정 기업의 사업 논리를 표현하고자 하는 목적으로 일련의 대상들, 개념들과 그들 간 관계를 포함하고 있는 개념적인 도구'라고 상술하고 있다(Osterwalder, Pigneur and Tucci, 2005). 사회적기업의 비즈니스모델을 도식화한 라준영(2010)은 비즈니스모델이란 '기업이 비즈니스를 어떻게 수행할 것인가에 관한 설계도로서 기업의 가치 제안, 가치 창출, 가치확보 방안에 대한 종합적인 아이디어를 담고 있다'고 설명한다.

비즈니스모델의 유용성은 다양하게 언급되는데, 크게 기업의 주요한 활동을 분석하는 수단(tool)으로서의 기능과, 이러한 분석을 바탕으로 기업 활동의 새로운 전략 및 혁신에 대한 제안을 가능하게 하는 도구로서의 기능을 제공한다(Zott and Amit, 2010; Coes, 2014).

(2) 비즈니스모델의 구성 요소

Johnson et al.(2008)은 성공적인 비즈니스모델의 구성 요소로 4가지를 제안하며, 이 요소들이 함께 가치를 창출하고 전달하는 데 작용한다고 설명했다. 그들에 따르면, 고객 가치제안(customer value proposition), 수익 공식(profit formula), 핵심 자원(key resources), 핵심 프로세스(key processes)의 4가지 요소들은 복잡한 상호의존 관계를 통해 사업을 논리적으로 설명하는 프레임워크로서 힘을 발휘한다는 것이다. 이동현·성재열(2012)의 경우 비즈니스모델의 구성 요소에 관련된 선행연구들을 종합하여 공통적인 구성 요소들을 정리했다. 그들은 비즈니스모델에 대부분의 연구가 ㉠ 고객을 기업이 창출하는 가치의 근원으로 두고 있으며, ㉡ 경쟁자와 차별화할 수 있는 가치 제안이 있어야 하고, ㉢ 이와 같은 차별화된 가치 제안을 제공하기 위해 동원되는 기업의 자원과 역량이 포함된다고 설명한다. 특히 이러한 자원과 역량은 기업 내부에서 조달될 뿐 아니라 외부 네트워크를 통해 획득되므로, 비즈니스모델에는 이에 대한 설명도 포함될 필요가 있다고 주장한다. Osterwalder(2004) 또한 선행연구들로부터 발견

〈표 1-4〉 9가지 비즈니스모델의 구성 요소

구분	비즈니스모델 구성 요소	내용
제품	가치 제안	고객이 필요로 하는 가치를 창초하기 위한 상품이나 서비스의 조합
고객 인터페이스	타깃 고객	기업이 가치를 제공하고자 하는 세분 고객
	유통채널	고객과 접촉하는 수단
	관계	기업이 기업과 고객 간에 형성하게 되는 어떠한 종류의 연결을 설명
인프라 구조 관리	가치배열	고객에게 가치를 창출하기 위한 자원과 활동들의 배열
	역량	고객에게 가치를 창출하기 위해 필요한 활동들의 반복적인 패턴을 수행하기 위한 역량
	파트너십	고객에게 가치를 창출하기 위해 자발적으로 만들어진 기업들 간 협력적 합의
재무 측면	비용구조	비즈니스모델에 사용된 모든 수단들의 금전적 표현
	수익모델	기업이 다양한 수익 흐름들을 통해 돈을 버는 방법을 설명

자료: Osterwalder et al.(2005).

한 비즈니스모델의 핵심 구성요소 4가지를 파악한 후, 이를 보다 세분하여 비즈니스모델 구성 요소를 9개의 요소로 제안했다.

그가 창안한 '비즈니스모델 캔버스'는 이 9개의 구성 요소를 단순한 틀로 도식화한것이다. Osterwalder et al.(2005)은 비즈니스모델에 대한 기존의 선행연구들을 바탕으로 그 구성 요소를 세분화하고 이를 논리적으로 배치함으로써 한 조직의 비즈니스모델을 간결하고 이해하기 쉽게 시각화하고자 했다. 비즈니스모델 캔버스는 오늘날 널리 활용되는 비즈니스모델의 설명 도구 중 하나이며, 다양한 경영 현장에서 사용되고 있다.

3. 분석 틀: 사업자협동조합의 비즈니스모델

이 글의 목적은 사업자협동조합의 비즈니스모델을 파악하고 유형화함으로써 사업자협동조합의 생성 원리에 대한 이해를 돕고 현 상태에 대한 진단과 향후 전략 제안을 가능하게 하는 이론적 도구를 제공하는 것이다. 비즈니스모델의 관점으로 사업자협동조합을 분석하여 사업자협동조합의 설립 목적에 부합하는 적절한 비즈니스모델의 구성 원리를 파악하고, 실제 사업자협동조합의 운영에 반영할 수 있는 전략적 제언을 도출하고자 한다. 이를 위해 앞서 설명했던 비즈니스모델의 개념과 그 구성 요소로 이루어진 Osterwalder and Pigneur (2010)의 비즈니스모델 캔버스 프레임워크를 활용하고자 한다.

비즈니스모델 캔버스는 사업에서의 혁신과 경쟁우위를 창출할 수 있는 전략을 창안하기 위한 도구로 사용되어왔다. 비즈니스모델 캔버스에는 비즈니스모델의 구성 요소 9가지가 유기적으로 나열되어 있다. 즉, 조직이 어떠한 핵심 고객에게 고유한 가치를 제공하여 이윤을 창출하며, 이러한 가치 창출을 위해 기업이 수행하는 핵심 활동과 자원, 그에 따르는 비용과 수익구조를 단순화된 도

〈그림 1-1〉 비즈니스모델 캔버스의 구조

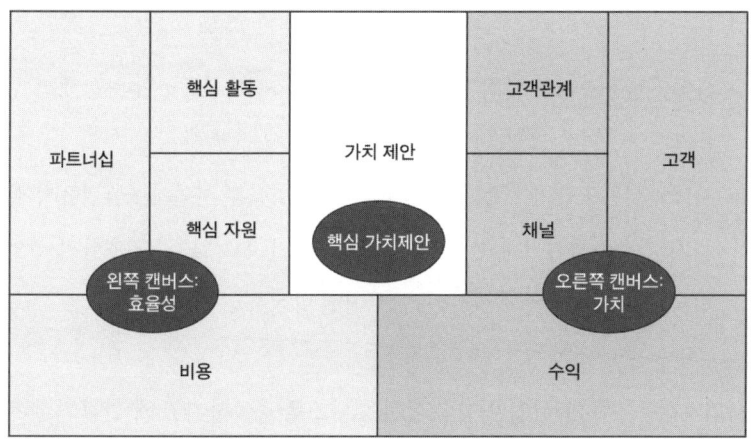

자료: Osterwalder(2010)를 참고로 저자 작성.

식을 통해 설명한다.

  비즈니스모델 캔버스는 중앙에 위치한 가치 제안을 중심으로 크게 좌측면과 우측면으로 구분할 수 있다. 가치 제안은 타깃이 되는 고객의 니즈를 충족시켜 주는 요소로 조직이 제공하는 핵심 제품 및 서비스를 의미한다. 좌측면은 핵심 가치제안을 창출하기 위한 조직의 운영 요소들로, 효율성을 바탕으로 경쟁력 있는 가치 제안을 창출하는 것이 중요한 영역이다. 우측면은 핵심 고객의 파악, 고객과의 접점이 되는 채널 등 창출되는 가치의 내용이 시장의 니즈를 충족하는지에 초점을 둔 요소들과 그로부터 얻게 되는 수익으로 구성되어 있다 (Osterwalder and Pigneur, 2010).

  이와 같은 비즈니스모델 캔버스의 구성 원리를 고려하면, 사업자협동조합의 비즈니스모델을 개념화할 때 가장 우선적으로 고려되어야 하는 것은 핵심 가치 제안이다. 즉, 사업자협동조합의 설립 동기와 사업 목적으로서 '왜 사업자협동 조합을 설립하는가'라는 물음에서 출발한다. 이에 대한 대답이 사업자협동조합 의 핵심 가치제안으로 연결되어야 하며, 구체적으로는 다음의 물음들을 고려해야 한다.

- 사업자협동조합의 설립 동기: 조합원들은 사업자협동조합을 통해서 무엇을 얻고자 하며, 그것을 얻을 수 있는가?
- 사업자협동조합의 사업 목적: 사업자협동조합은 사업자조합원들의 설립 동기를 충족시키기 위한 비즈니스모델을 가지고 있는가? 조합원 사업체의 비즈니스모델을 개선시키는 데 어떤 방식으로 기여하는가?

사업자협동조합은 '사업자'인 조합원의 니즈를 충족하기 위해 만들어진 조직이며, 이는 사업자협동조합의 설립 및 운영 목적이 된다.[7] 따라서 핵심 가치제안의 수혜자로서 사업자협동조합의 1차 고객은 '조합원'이다. 다시 말하면 사업자협동조합이 고객인 사업자조합원들에게 조합을 통해 얻을 수 있는 새로운 가치를 제안할 때 그 본연의 기능을 수행한다고 볼 수 있다. 이와 관련하여 강민수(2016)는 사업자협동조합은 "사업체들의 연합사업을 수행하는 관계"를 가지며, "이때 조합원이 협동조합에 위임하는 사업의 성과가 개별 조합원이 직접 수행하는 것보다 높지 않을 경우 협동조합에 참여할 필요를 느낄 수 없게 된다"고 설명한다. 개별 사업자들의 입장에서 협동조합을 만들어 협업을 할 필요가 적거나 추가적인 유·무형의 혜택이 없는 경우, 또는 협동조합을 통해 사업을 하지 않을 때보다 오히려 손실이 더 큰 경우에는 협동조합 설립에 참여하거나 조합원으로 가입할 유인이 없는 것이다. 결론적으로 사업자협동조합이 성공하기 위해서는 사업자인 조합원에게 제공하는 가치가 명확하고 조합원들이 가입 이

---

7 현재 국내·외에서 논의되고 있는 사업자협동조합의 범주에는 개인사업자인 프리랜서로 이루어진 협동조합도 포함되지만, 이 글에서는 보다 명확한 분석 틀의 개념을 소개하기 위해 프리랜서(개인사업자)로 구성된 사업자협동조합 유형은 논의에서 제외했다. 프리랜서협동조합에 대한 구체적인 논의는 우미숙·장종익(2018), 김기태(2016) 등이 있다.

후 실질적인 혜택을 느낄 수 있도록 해야 한다.

이 글은 사업자협동조합 중에서도 소상공인들이 함께 설립한 유형의 사업자 협동조합을 연구 대상으로 삼고 있다. 영세한 소상공인들이 사업자협동조합을 설립하는 목적은 자원의 결합과 연대를 통해 조합원의 비즈니스를 실질적으로 개선하기 위해서이며, 이것이 조합이 조합원에게 제공하는 핵심 가치제안이 되어야 한다. 이를 비즈니스모델의 구성 원리에 적용해보면 사업자(소상공인)들이 협동조합을 조직하는 이유는 크게 3가지로 구분해볼 수 있다.

- 핵심 가치제안을 강화하기 위하여
- 비용을 절감하여 가치 제안의 효율성을 높이기 위하여
- 판로를 개척하고 마케팅을 개선하여 수익을 더 많이 창출하기 위하여

이상의 3가지 설립 목적에 비즈니스모델 캔버스의 구성 원리를 적용하면, 사업자협동조합이 조합원 사업의 비즈니스모델에 제공할 수 있는 가치 제안은 크게 ① 효율성 제고를 통한 비용구조의 개선(캔버스의 좌측면), ② 고객접점 확대 및 관계 강화를 통한 수익구조 개선(캔버스의 우측면), ③ 핵심 가치제안 자체의 수준 제고 또는 새로운 가치제안 창출(캔버스의 중앙)로 구분해볼 수 있다. 이를 도식화하면 〈그림 1-2〉와 같다.

사업자협동조합이 조합원에게 제공할 수 있는 각각의 가치 제안에 따라 조합이 수행할 수 있는 가치사슬상의 주요 기능과 조합을 통해 이루어질 수 있는 사업 내용, 그리고 이러한 사업들이 조합원 사업의 재무구조에 미치는 영향 등을 〈표 1-5〉와 같이 분류해볼 수 있다. 먼저, 영세한 사업자들이 협동조합을 통해 규모의 경제를 달성함으로써 원료 조달, 생산, 물류, 마케팅 등 핵심적인 가치 제안을 생산하고 전달하는 데 소요되는 각종 경비를 줄일 수 있다. 각종 행정사무나 자금 조달, 교육, 네트워크 형성 등 Porter and Millar(1985)가 제안한

〈그림 1-2〉 분석 틀: 사업자협동조합의 비즈니스모델과 조합원의 비즈니스모델 간 관계

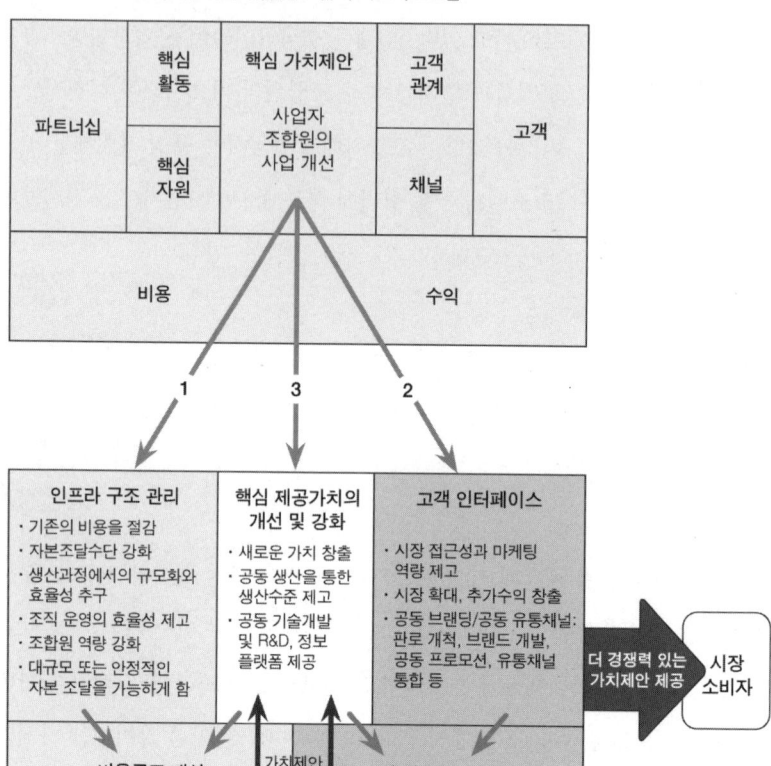

사업자(소상공인)협동조합의 비즈니스모델

사업자조합원(소상공인)의 비즈니스모델

가치사슬상 지원 기능에 해당하는 업무들도 공동으로 처리하거나 조합 차원에서 대응할 수 있게 됨으로써 효율성을 높일 수 있다. 다음으로 사업자들이 조합을 통해 시장접근성과 마케팅 역량을 높여 추가적인 수익을 창출하는 기회를 발견할 수 있다. 특히 공동 브랜딩이나 공동 유통채널의 확보는 조합원들이 수익을 증대하는 데 직접적으로 기여할 수 있다. 마지막으로 개별적으로 사업을

〈표 1-5〉 설립 목적을 고려한 사업자협동조합의 비즈니스모델과 사업 내용

가치제안 유형	목적	가치사슬상 기능	사업 내용	재무구조에의 영향
① 기존의 비용을 절감/ 자본조달 수단 강화	• 생산과정에서의 규모화와 효율성 추구	생산 및 운영	공동 구매(산업재), 공동설비 이용, 공동 물류, 보관, 운송 등	조합원의 비용 절감에 기여
	• 조직 운영의 효율성 제고 • 조합원 역량 강화	조직운영 지원	공동 사무, 사회적 가치 창출 (재투자), 공동 노무, 구인, 교육 훈련	
	• 대규모 또는 안정적인 자본조달을 가능하게 함	재무	조합원 출자, 공동 보증, 정책자금 지원 활용 등	
② 시장 확대, 추가수익 창출	• 시장접근성과 마케팅 역량 제고	판매 및 마케팅	공동 브랜딩/공동 유통채널: 판로 개척, 브랜드 개발, 공동 프로모션, 유통채널 통합 등	조합원의 수익 증대에 기여
③ 핵심 가치제안 강화	• 생산 수준의 제고	생산 및 운영	설비/기술의 공동 사용: 개별 사업자 협동조합이 접근할 수 없었던 수준 또는 규모의 기술이나 설비를 공동으로 사용함으로써 기존에 제공하지 못했던 가치 창출(제품 생산, 서비스 제공)이 가능하게 되는 경우	조합원의 수익 증대 및 비용 절감에 기여
	• 정보 플랫폼 역할, 기술 투자	정보시스템/ R&D	정보의 분석/매칭/큐레이션/ 변환/ 협상, 조사연구, 기술개발, 공동 라이센싱, 표준화 작업 등	

수행할 때에는 시도하기 어려웠던 기술개발이나 고가의 생산설비 사용 등이 가능해져, 사업자조합원들이 최종 소비자들에게 제공하는 제품 및 서비스(가치 제안)의 질적 수준 자체를 향상시킬 수 있다. 또한 조합원들 간 정보나 기술 공유 등이 이루어지면 새로운 가치 제안이 가능해지므로 혁신을 바탕으로 한 성장에도 도움이 된다.

4. 사례 분석

이 글에서는 앞서 제시한 비즈니스모델 분석 틀에 실제 사업자협동조합의 사례를 적용해봄으로써 성공적으로 운영되고 있는 사업자협동조합의 비즈니스모델 형성 및 운영 원리를 이해해보고자 한다. 분석 대상이 되는 사례는 호주 및 뉴질랜드를 기반으로 운영되고 있는 자동차 정비 산업분야의 사업자협동조합인 Carpricorn Society Ltd.(이하 카프리콘협동조합), 한국의 더덕솥뚜껑삼겹살협동조합(요식업), 하이크리닝협동조합(세탁서비스업)이다. 이 사례들을 선정한 이유는 사업자들의 공동의 필요를 충족하고자 하는 협동조합의 사업 목적이 분명하며 이런 목적이 비즈니스모델에 명확하게 반영되어 있다고 판단했기 때문이다. 즉, 특정 산업분야의 사업자협동조합으로서 각 사례는 사업자인 조합원들이 핵심 가치제안을 강화하여 새로운 수익 창출 또는 추가적인 수익 창출이 가능하도록 돕거나, 조합원들의 비용 절감에 기여하거나, 마케팅을 강화하여 조합원들의 기존 제품 및 서비스가 시장에서 더 많은 수익을 창출하도록 한다.

사례분석 방법은 인터뷰와 2차 자료의 활용을 통해 진행했다. 해외 사례인 카프리콘협동조합의 경우 온라인에서 구할 수 있는 2차 자료인 정관, 연차보고

〈표 1-6〉 연구 대상 사업자협동조합 개요

구분	협동조합명	설립 연도	위치	업종	출자금	매출 규모	조합원 수
해외	카프리콘협동조합(Capricorn Society Ltd.)	1974년	호주 서부	자동차 정비업	122,975 (k AUD) (약 968억 원)	128,556 (k AUD) (약 1,012억 원)	19,665 (거래 계정 기준)
국내	더덕솥뚜껑삼겹살협동조합	2015년	청주시 및 인근	요식업	11,000 (천 원)	약 900,824 (천 원)	5명 (준조합원 17명)
	하이크리닝협동조합	2013년	대구 광역시	세탁업	210,000 (천 원)	323,000 (천 원)	10명 (준조합원 5명)

자료: 카프리콘협동조합 2018년 연차보고서, 더덕솥뚜껑삼겹살협동조합 2019년 총회의사록, 하이크리닝협동조합 이사장 인터뷰와 네이버 기업정보(2018년 12월 31일 기준)를 종합하여 저자 작성.

서, 투자설명서, 30주년 기념서적, 홈페이지, 사업설명자료 등을 참고했다. 한국의 두 사례는 조합의 이사장을 직접 만나 인터뷰하고, 언론 보도나 홈페이지 등 2차 자료를 통해 인터뷰 내용을 보완했다. 인터뷰의 경우 1시간에서 1시간 30분가량 진행되었으며, 내용 보완을 위해 추가로 전화 인터뷰를 진행하거나 관련 자료를 받기도 했다.

1) 카프리콘협동조합 사례[8]

(1) 개요

카프리콘협동조합은 대규모 석유회사들의 독점에 맞서 시장 지배력을 높이기 위해 1974년 호주 서부의 소규모 주유소 겸 자동차 정비업체 소유주(service station proprietors)들에 의해 설립되었으며, 1975년에 Western Australian Co-operative and Provident Societies Act 1903(WA)에 근거하여 협동조합이 되었다. 카프리콘협동조합의 가장 중요한 사업 부문이자 정체성은 호주 및 뉴질랜드 지역의 자동차 산업에서의 중개인(intermediary)으로서 역할을 수행하는 것이다. 조합원은 자동차 및 관련 산업에 종사하는 소규모의 자동차 정비 사업체들로, 조합의 사업 목적은 조합원들의 운영 비용을 절감시킴으로써 그들이 사업을 더 쉽고 효율적으로 경영할 수 있도록 돕는 것이다. 또한 조합원들이 직면할 수 있는 사업의 위험들을 줄일 수 있도록 다양한 제품 및 서비스를 제공한다. 조합은 우선공급자들(자동차 산업의 선도적인 부품 공급자들)과 인증된 구매자들인 조합원들 간 구매를 매개함으로써 이러한 목적을 달성한다.

---

8   카프리콘협동조합에 관련된 사례 분석은 온라인 홈페이지에 게시된 내용 및 각종 문서들을 바탕으로 작성했다. 온라인 홈페이지는 https://www.capricorn.coop이며, 2018년 5월 30일 이후 12월까지 수시로 홈페이지에서 관련 자료들을 취합하여 분석했다. 온라인 홈페이지에서 다운받은 자료들은 참고문헌에 제시했다.

(2) 지배구조

조합원 소유 비즈니스로서 카프리콘협동조합은 조합원을 운영의 중심에 두고 있으며, 조합원에 의해 운영된다. 카프리콘협동조합은 2006년에 공개회사(public company)로 전환했으나, 협동조합의 원칙에 의거하여 운영을 지속하고 있다. 이러한 운영 원칙은 카프리콘협동조합의 주식 발행에도 적용된다. 조합원의 출자는 주식 구매를 통해 이루어지며, 이는 카프리콘 계정을 통해 이루어진다. 주식을 소유하기 위해서는 일정한 조합원 기준(membership criteria)을 충족해야 하며, 이후 정식조합원 자격을 갖기 위해 카프리콘협동조합의 주식을 소유한다. 이 주식은 일반 주식시장에서는 거래되지 않는다. 또한 각 조합원은 소유한 주식 수에 관계없이 한 표만을 행사할 수 있으며, 카프리콘 계정에 기록된 구매를 통해 이루어지는 조합원의 경제적 기여에 따라 소유할 수 있는 주식 수에는 제한이 있다. 이처럼 주식은 투자자소유기업에서처럼 시장의 투자자를 유치하고 그들에게 경제적 이익을 돌려주기 위함이 아니라, 이해관계자인 조합원이 소유한 사업체로서 그들에게 조합원 자격과 조합원으로서의 효익을 제공하기 위한 수단으로 활용된다. 따라서 카프리콘협동조합은 공개회사임에도 그 주식은 주식시장에 상장되지 않으므로 유동성 시장이 존재할 수 없고, 자본수익을 기대할 수 없는 구조이다. 이는 조합원이 주식에 대해 얻을 수 있는 수익이 배당금과 조합원 자격에 한정된다는 의미이다.

(3) 비즈니스모델 분석

① 가치 제안

카프리콘협동조합은 비용 절감을 통해 조합원들에게 가치를 제공한다. 즉, '조합원들이 시간과 돈을 절약함으로써 그들의 비즈니스를 더 잘 경영할 수 있도록' 하며, 협동조합 방식을 통해 작은 영세 사업체들과 그들의 자원을 연결하여 각자가 단독으로 수행하기 어려운 큰 규모의 사업을 통해 상호 이익을 제공

〈표 1-7〉 카프리콘협동조합의 비즈니스모델

파트너십	핵심 활동	가치 제안	고객관계	고객
• 제3자 IT 파트너 • 산업 관련 협동조합 기구 (BCCM, Co-ops Western Austra-ilia)	• 우선공급자들 발굴 및 지정 • 조합원들이 계정을 통해 우선공급자들과 거래한 내역을 월별로 수집하여 월 1회 하나의 거래내역서 발급 • 다양한 사업 수행을 위한 자회사 운영	• 공동 구매를 통해 자동차 산업에 종사하는 고객(조합원)이 비용을 절감함으로써 사업을 더 쉽고 잘 할 수 있도록 도움 (카프리콘거래 계정, 우선공급자 네트워크, 보험, 서비스 데이터 및 자동차 산업 정보 등 제공)	• 보상 포인트 • 카프리콘 여행 상품 • 각종 행사, 시상식	• 호주와 뉴질랜드의 자동차 정비 사업 소유주들
	핵심 자원		채널	
	• 각 지역별, 조합원들이 필요로 하는 제품 및 서비스 종류별로 다양한 우선공급자들 • 서비스 개발을 위한 자동차 산업 관련 지식 및 데이터		• 카프리콘 계정 • 지역 담당 매니저 • 온라인 플랫폼 • 카프리콘 미디어 • 각종 행사	
비용 • 인건비, 운영비 등 일반적인 사업비용		수익 • 우선공급자들이 카프리콘의 지불에 대해서 지급하는 서비스 수수료		

자료: 카프리콘협동조합 온라인 홈페이지 및 2차 자료를 종합하여 저자 작성 ＊.

＊ 참고한 2차 자료는 카프리콘협동조합에서 발간한 「First 30」(2004), 「Constitution Capricorn Society Limited」(2017), 「Capricorn Australian Replacement Prospectus and Application Form(21 Feb 2018)」(2018), 「Annual Report 2018」(2018) 등.

하고자 한다. 이를 위해 카프리콘에서 제공하는 핵심 제품 및 서비스는 다음과 같다.

_ ㉠ 카프리콘 거래 계정(Carpricorn Trading Account)

카프리콘 거래 계정의 제공은 카프리콘협동조합의 핵심 서비스이다. 카프리콘협동조합의 조합원은 카프리콘 계정을 통해 광범위한 네트워크에 속한 우선공급자들로부터 필요한 제품이나 서비스를 구매할 수 있는데, 이는 여러 개별 공급자들과 각각 거래하면서 드는 시간과 비용을 상당히 절감해준다. 조합원은 하나의 계정을 통해 거래하고, 월별로 하나의 입출금 내역서를 수령하게 된다. 그 결과 지불 처리해야 할 영수증이 적어지고 처리해야 할 서류 작업이 감소하면서 조합원들은 자신들의 사업을 편리하게 운영하며 핵심 가치제안인 자동차 정비 서비스에 집중할 수 있게 되는 것이다. 그뿐만 아니라 거래 계정을 통해 생성되는 매 유효 구매마다 얻게 되는 보상 포인트는 거래 계정의 금액을 상쇄시키는 데에 사용할 수 있어서 실질적인 비용 감소효과를 제공한다.

_ ⓛ 우선공급자들(Preferred Suppliers)

카프리콘협동조합은 거래 계정을 통해 조합원들이 구매를 할 수 있도록 호주의 3800개가 넘는 지역에서 약 1500개의 우선공급자들이 속해 있는 네트워크를 제공한다. 조합원들이 자동차 정비 사업에 필요한 제품들을 상시 거래할 수 있는 믿을 만한 공급자들을 발굴하고 네트워크를 만드는 것은 카프리콘협동조합의 핵심 활동 중 하나이다. 조합은 조합원들이 언제든 조합의 우선공급자들을 파악할 수 있도록 'Purple Page'라는 이름의 안내 책자를 제공한다. 이 책자는 거래 구역(trading zone)을 바탕으로 제작되어, 조합원들이 우선공급자를 쉽게 접촉할 수 있도록 한다. 이 우선공급자 네트워크는 조합원들의 사업을 위해 정기적으로 재정비된다.

_ ⓒ 카프리콘 공제사업(위험 관리 서비스 및 장비 금융)

카프리콘협동조합은 조합원들이 직면할 수 있는 위험을 감소시켜주기 위한 여러 보장상품들을 제공한다. 자회사인 카프리콘 상호회사(Capricorn Mutual Ltd.)는 조합원들의 사업을 돕기 위한 광범위한 위험 보장상품들을 개발하여 제공한다. 이러한 위험 보장상품들에는 조합원의 니즈에 의해 운영되는 선택적 보장상품들(사업, 건물과 콘텐츠, 고객 차량, 상업용 차량, 절도, 수송 중인 제품, 공공 및 제품 법적 책임 등)이 포함된다. 이러한 통합상품 덕분에 조합원들은 여러 회사들로부터 보험상품을 구입할 필요가 없으며 결과적으로 비용을 절감하고 편의성을 높일 수 있다. 또한 조합원의 가족 여행을 위한 보험과 같이 조합원들에게 특화된 상품도 제공하며, 거래는 카프리콘의 거래 계정을 통해 제공되고 관리되어 조합원들이 편리하게 일괄적인 서비스를 받을 수 있도록 한다.

또한 조합원들은 조합을 통해 새로운 자본 장비에 투자할 금융상품을 제공받을 수 있다. 이 금융 옵션은 조합원들에게 유리한 상환 조건 및 이자를 제공하며, 서류 절차를 간소화하여 편리성을 높임으로써 조합원들이 필요한 자본에 보다 쉽게 접근할 수 있다.

_ ㉣ 카프리콘 연료 카드

카프리콘은 조합원들에게 1달러 사용마다 1 보상 포인트를 획득할 수 있는 카프리콘 연료 카드를 제공한다. 조합원은 카프리콘 연료 카드를 이용하여 제휴사에서 할인된 가격으로 연료를 구매할 수 있으며, 연료 구매 시 보상 포인트를 획득할 수 있다. 무지불 일수가 최대 60일로, 조합원 사업의 현금흐름을 개선하는 데에 도움을 주며 항목별로 구분된 월별 계정을 통해 관리되므로 별도의 연료 영수증을 보관할 필요가 없다는 장점이 있다.

_ ㉤ 카프리콘 서비스 데이터 및 차량 비디오

카프리콘은 자동차 정비와 관련된 구체적이고 기술적인 정보와 수많은 차량에 대한 서비스 노하우를 조합원들에게 제공한다. 조합원은 정비사업 운영에 필요한 종합적인 온라인 서비스 정보에 즉각적으로 접근할 수 있다. 여기에는 제조사의 서비스 스케줄, 서비스 설명, 수리 횟수 및 추정 견적 등이 포함된다. 이는 조합원이 적절한 정보를 찾는 데 드는 시간을 절약할 수 있고 더 효율적인 기술 제공을 가능하게 함으로써 결과적으로 최종 소비자에 대한 조합원사업자의 가치 제안을 강화한다.

　이러한 기술적 지식과 정보는 영상과 애니메이션의 형태로도 제작되어 전달된다. 카프리콘 차량 비디오 서비스는 조합이 고객들과 기술적인 지식을 공유할 수 있는 쉬운 방법이며, 자동차 산업을 위해 전문적으로 제작된 고품질의 애니메이션을 통해 쉽게 이해할 수 있도록 돕는다.

　② 고객(핵심 이해관계자들)
　_ ㉠ 호주와 뉴질랜드의 자동자 정비업체 소유주들
　카프리콘협동조합은 동종업에서의 사업자협동조합으로서, 자동차 및 관련 산업의 사업자들만 조합원으로 가입할 수 있는 폐쇄적 조합원제도를 운영한다. 조합원들은 초기에 카프리콘에 시범적으로 가입하게 되며, 시범 가입기간이 성공적으로 종료되면 주식의 구매를 통해 카프리콘의 주식을 소유한 정식조합원이 될 자격이 주어진다. 주주로서 조합원들은 배당이 공고될 때 배당을 받을 자격을 가진다. 정식조합원이 되기 위한 주식 구매는 최소 200달러 이상이며, 구매에 따라 최대 일인당 5000달러까지 구매할 수 있는 자격이 주어진다. 우선공급자들에게 주문을 요청하고 제품을 수령할 때 카프리콘 조합원 카드를 사용하여 조합원임을 증명해야 한다.

　_ ㉡ 우선공급자들
　카프리콘협동조합의 핵심 서비스를 제공하는 호주 및 뉴질랜드 전역의 우선공급자들은 조합의 중요한 고객 중 하나이다. 이들과 계약을 체결하여 조합원들이 믿을 수 있는 자동차 정비 관련 제품 및 서비스를 쉽게 구매할 수 있도록 중개하는 것이 카프리콘협동조합의 핵심 가치제안이다.

③ 고객관계 관리

_ ㉠ 카프리콘 보상 프로그램

카프리콘 거래 계정에서 조건에 맞는 구매 발생 시 1달러마다 1.5점의 카프리콘 보상 포인트를 얻을 수 있다. 획득한 포인트는 기프트 카드, 여행, 행사, 장비 금융 보증금, 카프리콘 거래 계정에 대한 지불 등 다양한 방법으로 사용될 수 있다. 주주조합원의 경우 언제든 온라인에서 카프리콘 조합원 포탈에 방문하여 포인트를 현금화할 수 있다. 예비조합원들은 보상 포인트를 획득할 수 있지만 주주조합원이 될 때까지 포인트를 사용(상환)하지는 못한다.

_ ㉡ 카프리콘 여행

카프리콘협동조합은 자회사인 카프리콘 여행사(Capricorn Travel Australia)를 통해, 조합원들이 국외 및 국내 여행과 자동차 산업의 특별 행사들에 참여할 수 있는 상품을 제공한다. 이 또한 카프리콘 거래 계정을 사용하여 예약하고 지불할 수 있는 옵션이 있어, 여행할 때마다 보상 포인트를 획득하거나 포인트를 이용하여 여행 경비를 지불할 수 있다.

_ ㉢ 카프리콘 조합원 이벤트

조합원들은 위한 각종 이벤트들은 조합원의 만족을 높이는 방법 중 하나이다. 조합은 갈라디너, 지역골프대회와 바비큐 파티, 박람회, 카프리콘 국제회의 등 자동차 산업과 관련된 행사들에 조합원들을 초대한다. 조합원은 다른 동료 조합원들 및 우선공급자들과 함께 사업 네트워크를 성장시킬 수 있으며, 산업 관련 최신 뉴스들을 업데이트할 수 있다.

_ ㉣ 카프리콘 미디어

카프리콘협동조합은 조합의 커뮤니케이션 수단으로서 각종 잡지 및 소식지를 발행한다. 월간 잡지인 ≪Ignition≫은 카프리콘과 산업 소식들을 업데이트 하며, 'Sparks'는 카프리콘의 우선공급자들로부터 모든 최신 소식들을 받아볼 수 있는 지역에 특화된 우선공급자들의 프로모션 채널이다. 'CapChat'은 ≪Ignition≫과 Sparks를 포함하여 제공되는 조합원의 단독 뉴스소스이다. 이 외에 자동차 산업 관련 뉴스와 정보들을 카프리콘협동조합의 웹사이트에서 바로 확인할 수 있다.

④ 채널

카프리콘은 조합원들에게 고유한 카프리콘 거래 계정을 부여하고 이를 통해 핵심적인 가치제안을 전달한다. 따라서 이 거래 계정이 조합의 서비스를 전달하는 핵심 채널이 된다. 조합원들은 1만 9400개의 계정을 통해 1900개 이상의 우선공급자들로부터 제품과 서비스를 구매한다. 이 외에 온라인 홈페이지나 SNS 채널을 통해서도 카프리콘에 대한 정보와 자동차 및 관련 산업 정보들을 제공한다. 물리적인 채널로서 호주와 뉴질랜드에 각 한 곳씩 소재한 본사를 제외하고 다른 카프리콘협동조합의 지부 사무소는 없다. 그러나 세분화된 지역별로 조합원들을 담당하는 지역 매니저가 있어, 조합원들은 매니저를 통해 카프리콘협동조합과 접촉할 수 있다. 또한 조합원들을 대상으로 하는 각종 오프라인 행사, 교육 등이 있어 물리적 교류가 이루어진다.

⑤ 핵심 파트너십

카프리콘협동조합의 주요 파트너들로는 관련된 IT 파트너들과 산업 협회들, 협동조합 조직들(BCCM, Co-ops Western Austrailia) 등이 있다. 카프리콘협동조합은 국제협동조합연맹(ICA)의 회원이자 호주의 협동조합 및 상호보험사업협의회(Businiess Council of Co-operatiives and Mutuals)의 창립 멤버이기도 하다.

⑥ 핵심 활동

자동차 정비 산업에 종사하는 조합원들의 니즈를 충족하기 위해 카프리콘협동조합이 수행하는 핵심 활동은 지역 내 믿을 만한 우선공급자들을 찾아 이들에 대한 정보를 조합원들에게 제공하는 것이다. 이러한 정보들은 'Purple Page'에 지속적으로 업데이트하여, 조합원들이 언제든 필요한 공급자들을 쉽게 접촉할 수 있도록 한다. 또한 핵심 서비스 중 하나인 거래 계정의 관리와 운영도 중요한 활동이다. 즉, 조합원들이 계정을 통해 우선공급자들과 거래한 내역을 월별로 수집하여 월 1회 하나의 거래내역서를 발급하는 것이다. 카프리콘은 자회사들을 운영하여 조합원들에게 포괄적인 서비스들을 제공한다.[9]

⑦ 핵심 자원

카프리콘협동조합의 가치 제안을 위한 핵심 자원은 각 지역별, 조합원들이

---

9   카프리콘의 구조와 관련 회사들은 다음 표와 같다.

구분	회사명	내용
공개회사	Capricorn Mutual Limited (by guarantee) (Public Company Limited by guarantee. 이사회 중 다수를 카프리콘이 지명)	• 카프리콘의 조합원(인증된 구매자)들이 구성원 • 조합원에게 보험을 대체할 수 있는 공제상품 제공 • 우선공급자로서 카프리콘에 서비스수수료 지불
자회사 (wholly owned subsi-diary)	Capricorn Mutual Management Pty Limited	• Capricorn Mutual에 mutual management service 제공
	Capricorn Society Financial Services Pty Limited	• 조합원과 일반 대중에게 신용보증서비스 제공
	Capricorn Travel Australia Pty Limited	• 여행서비스 제공
	Capricorn Technology Services Pty Limited and iNeedAService Pty Limited	• 카프리콘에 기술서비스 제공
	Capricorn Insurance Service Pty Limited	• 조합원들의 사업을 위한 보험서비스 구매 지원
	Capricorn Risk Service Pty Limited	• Capricorn Mutual Limited와 Capricorn Insurance Service Pty Limited의 대표기구로서 각종 프로모션, 제품 및 서비스 전달 기능
	Social Business Australia Pty Limited	• 소셜 비즈니스를 지원하기 위한 플랫폼 제공
	Capricorn 1974 Pty Limited	• 자산 보유와 투자를 위해 설립

필요로 하는 제품 및 서비스 종류별로 다양하게 구성된 우선공급자들의 네트워크이다. 중개인으로서 카프리콘협동조합은 이들과 조합원들을 연결하고, 거래 과정에서 발생하는 리스크를 감소시키며 만족을 극대화하는 역할을 수행한다. 즉, 실제 자동차 정비에 관련된 제품과 서비스들을 직접적으로 공급하는 주체가 우선공급자들이므로, 이들의 네트워크는 카프리콘협동조합의 핵심 가치제안 그 자체라고 볼 수 있을 것이다.

또한, 서비스 개발을 위해 축적된 자동차 산업 관련 지식 및 데이터도 핵심 자원으로서 기능한다. 이러한 유·무형적 자원은 조합원들이 다른 곳에서는 발견할 수 없는 카프리콘협동조합의 차별성을 경험하도록 한다.

⑧ 비용

카프리콘협동조합의 비용구조 중 가장 큰 비중을 차지하는 것은 인건비(employee benefit expenses)이며, 급여 및 연금, 보너스 등이 포함된다. 2018년 연차보고서 기준 총지출의 약 40%에 해당한다. 다음으로는 조합원들이 구매자들로부터 유효한 구매를 할 때마다 지급되는 보상 포인트 관련 지출이며,[10] 이외에 마케팅 및 광고비, 감가상각비 등 일반적인 사업비용이 소요된다.

⑨ 수익

카프리콘협동조합의 핵심 수익원은 서비스 수수료(service fee)이다. 조합원들이 카프리콘 계정을 통해 우선공급자들의 제품과 서비스를 구매하면, 카프리콘이 우선공급자들에게 직접 비용을 지불하고, 조합원들은 월 1회의 거래내역서를 통해 카프리콘 계정에 돈을 지불한다. 이로써 카프리콘은 조합원들이 구매에 대한 지불에 실패하거나 지연되는 것에 대한 위험을 감수하고 우선공급자

---

10   2018년 연차보고서 기준 총지출의 약 32.7%.

〈그림 1-3〉 카프리콘, 조합원, 우선공급자 간 관계

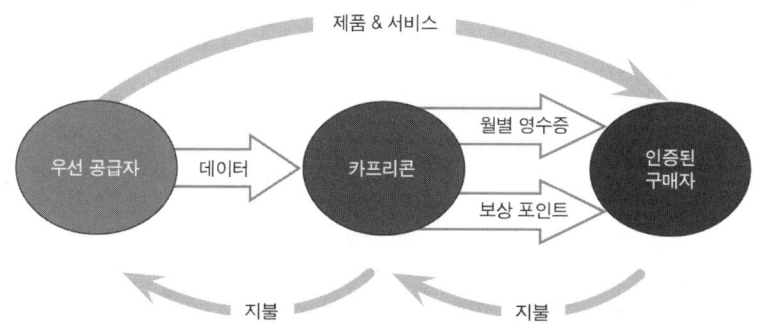

제품 & 서비스

우선 공급자 — 데이터 → 카프리콘 — 월별 영수증 → 인증된 구매자

보상 포인트

지불   지불

자료: SHORT FORM PROSPECTUS 21 February 2018 Replacement by Capricorn Society Ltd.

들은 대금이 지연되거나 못 받을 위험이 없어지게 된다. 이때 우선공급자들은 카프리콘의 지불에 대해서 서비스 수수료를 지불하게 되는데, 이것이 카프리콘의 주 거래 수입이 된다. 카프리콘은 투자설명서에 이러한 내용을 명시하면서 조합의 수입 원천이 다양하지 않음을 투자의 핵심위험요소로 밝히고 있다.

(4) 시사점

이상에서 파악한 카프리콘협동조합의 비즈니스모델과 사업자조합원 비즈니스모델과의 관계는 〈그림 1-4〉와 같다. 카프리콘협동조합은 자동차 산업 분야의 사업자인 조합원의 비용과 시간을 절감하도록 함으로써 사업을 용이하게 한다는 명확한 목적을 가지고 있다. 이러한 명확한 목적은 실제 조합원들에게 이익이 되는 사업 내용들을 통해 실현되고 있으며, 그중 가장 핵심적인 것은 통합적인 거래를 가능하게 하는 계정(account)의 제공임을 확인할 수 있다. 이 계정을 통해 조합원은 간접적으로 우선공급자들에게 지불하게 됨으로써 지불 실패나 지연에 대한 위험을 카프리콘협동조합이 감수하게 되며, 거래 규모에 따라 지급되는 보상 포인트는 여러 목적으로 사용될 수 있으므로 실질적인 비용 감

소에도 도움을 준다.

〈그림 1-4〉 카프리콘협동조합의 비즈니스모델

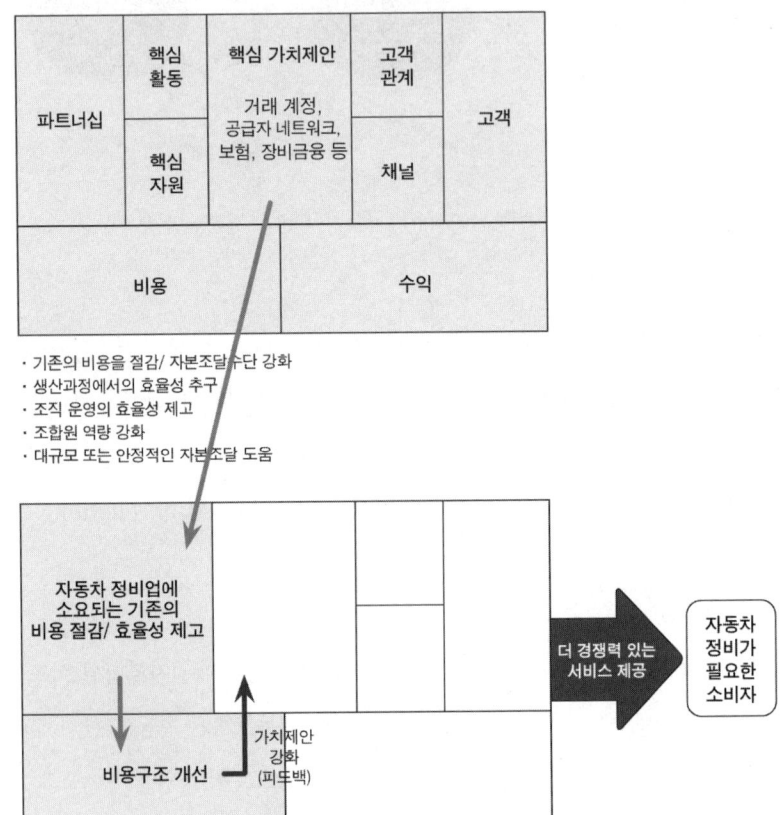

카프리콘 협동조합의 비즈니스모델

| 파트너십 | 핵심 활동 | 핵심 가치제안 | 고객 관계 | 고객 |
| | 핵심 자원 | 거래 계정, 공급자 네트워크, 보험, 장비금융 등 | 채널 | |

| 비용 | 수익 |

· 기존의 비용을 절감/ 자본조달수단 강화
· 생산과정에서의 효율성 추구
· 조직 운영의 효율성 제고
· 조합원 역량 강화
· 대규모 또는 안정적인 자본조달 도움

자동차 정비업에
소요되는 기존의
비용 절감/ 효율성 제고

비용구조 개선

가치제안
강화
(피드백)

더 경쟁력 있는
서비스 제공

자동차
정비가
필요한
소비자

카프리콘 협동조합 사업자조합원의 비즈니스모델

2) 더덕솥뚜껑삼겹살협동조합 사례

(1) 개요

더덕솥뚜껑삼겹살협동조합(이하 조합)은 충북 청주지역에서 '더덕삼겹살'이라는 핵심 메뉴를 중심으로 요식업을 운영하는 사업자들이 만든 협동조합이다. 2015년에 설립했으며, 2018년 12월 말 기준 20개의 매장을 운영하고 있다. 협동조합형 프랜차이즈 방식을 통해 지역의 자영업자들이 지속가능한 운영을 하도록 돕는 데 주된 목적이 있다. 일반적으로 협동조합 프랜차이즈는 동종(또는 이종) 업계의 소사업자들이 사업 운영상의 상호 연대와 효율성을 제고하기 위해 협동조합을 설립하여 프랜차이즈의 가맹본부와 같은 역할을 하도록 한다. 이 사례의 경우 더덕솥뚜껑삼겹살을 핵심 메뉴로 하는 기존 사업자들 5명이 시작했으며, 이후 분사 방식 또는 가맹 방식으로 조합원이 늘어난 경우이다. 조합의 발기인이자 현재 이사회 구성원인 5명의 사업자들은 조합원이며, 이후에 가입한 조합원들은 준조합원의 자격을 가지고 있다.

이 글의 사례 조사를 위해 조합 이사장을 인터뷰했다. 인터뷰는 2018년 10월 13일에 이루어졌으며, 인터뷰 이후 조합의 총회 자료집과 재무제표, 언론 보도 자료 등 2차 자료를 통해 보완했다.

(2) 지배구조

더덕솥뚜껑삼겹살협동조합 규약에 따르면 조합원이 되기 위해서는 준조합원으로서 더덕솥뚜껑삼겹살 사업장을 3년 이상 운영해야 한다. 3년 후 조합원 가입 신청을 하면 이사회의 결의로 조합원 자격이 주어진다. 이때, 해당 시점의 지분 평가에 의한 금액을 출자금으로 하며, 사업장 폐업 및 타인에게 사업자를 승계할 경우 자동으로 조합원 자격이 상실된다. 준조합원은 의결권은 없으나 조합 운영에 대한 발언권을 가지며, 조합원 교육 및 행사에 참석할 의무가 있다.

(3) 비즈니스모델 분석

① 가치 제안

조합은 조합원이나 준조합원(이하 (준)조합원)의 경제적 문제를 해결해줌으로써 지속가능한 매장 운영을 돕는 것을 핵심 가치제안으로 삼는다. 방법은 크게 2가지인데, 첫째로 핵심 메뉴의 원재료인 국내산 더덕과 국내산 생삼겹살을 조합을 통해서만 공동 구매하도록 함으로써 (준)조합원은 비용(원가)을 절감할 수 있다. 한편으로 이는 품질을 일정하게 유지하기 위한 것으로, 조합원이 '더덕솥뚜껑삼겹살'이라는 상호를 사용할 수 있는 조건이기도 하다. 특히 더덕의 경우 조합이 강원도의 더덕생산 영농조합과 계약을 맺어 연중 동일한 가격으로 국내산(강원도산)만을 구매할 수 있도록 한다. 공동 구매 시 조합은 원가의 10% 이상 마진을 붙이지 않도록 하여 조합에 이익을 남기기보다는 (준)조합원들이 양질의 원재료를 시중보다 저렴하게 구매할 수 있도록 하고, 매장을 찾는 일반 고객에게 보다 경쟁력 있는 메뉴를 제공하도록 한다. 다만, 더덕과 삼겹살 이외에 다른 식재료의 공급은 하지 않으며, 인테리어나 메뉴 등 다른 운영 요소에는 조합이 개입하지 않는다. 두 번째는 지역사회 봉사활동(어르신 공경 잔치, 장애우 식사 대접)과 (준)조합원 간 연대 형성을 통한 마케팅 효과를 창출하는 것이다. 조합은 한 달에 한 번 이상 식사나눔 형태의 지역사회 봉사활동을 수행해왔는데, 이러한 활동이 약 50회 이상 지속적으로 진행되면서 지역사회에서 점차 조합 브랜드에 대한 이미지가 개선되는 마케팅 효과를 창출하고 있는 것이다. 식사나눔행사는 (준)조합원 매장마다 순차적으로 진행하는데, 행사에 필요한 핵심 원재료는 조합이 제공한다. 이는 공식적으로 배당이 없는 준조합원들에 대한 현물배당의 성격도 지닌다. (준)조합원들은 조합을 통한 요식업 이외에 다른 사업은 영위하지 않는다.

〈표 1-8〉 더덕솥뚜껑삼겹살협동조합의 비즈니스모델

파트너십	핵심 활동	가치 제안	고객관계	고객
• 국내산 더덕 생산 영농조합 (강원도 정선과 영월)	• 국내산 더덕/삼겹살 공동 구매 • 지역사회 봉사활동(식사나눔행사)	• 핵심재료 공동 구매를 통한 원가 절감 • 지역사회 봉사를 통한 브랜드 인지도 제고 • 조합원 매장의 경영 안정화와 지속가능성 확보를 위한 경영 지원	• 조합원들 간 온라인 연결	• 최종 소비자(청주 및 인근 지역 주민) • 지역에서 요식업을 하고 있거나 요식업으로 창업하고자 하는 사람(더덕솥뚜껑삼겹살을 핵심 메뉴로 하는 요식업)
	핵심 자원 • 조합원 매장 • 조합원들 간 네트워킹을 통한 상호 교류/노하우 공유		채널 • 조합원 매장(원부자재 배송) • 대면 상담 및 지원 • 온라인 홈페이지 및 SNS 채널	

비용	수익
• 재료비, 인건비, 운영비 등 일반적인 사업비용 • 지역사회 식사나눔행사 시 재료 지원(더덕과 삼겹살)	• 더덕과 삼겹살 공동구매 마진 • 조합원 가입비(100만 원), 월회비(일인당 5만 원) 매장 운영 매출

자료: 더덕솥뚜껑삼겹살협동조합 이사장 인터뷰, 온라인 홈페이지, 블로그, 언론 보도, 2019년 총회의사록 등을 종합하여 저자 작성.

② 고객

사업자협동조합으로서 조합의 1차 고객은 조합원이 될 수 있는데, 이 사례의 경우 창립 멤버는 조합원으로, 이후 가입 시 준조합원으로 자격을 구분하고 있다. 더덕솥뚜껑삼겹살을 핵심 메뉴로 하는 가맹점을 운영할 의사가 있는 사람은 이사회의 판단에 따라 준조합원으로 가입할 수 있다. 준조합원은 3년간 유지되며, 이후 조합원 가입 신청을 하고 조합의 지분 평가를 통해 산출된 금액만큼을 출자금으로 내면 조합원 자격을 얻을 수 있다. 최종 소비자로서 조합 및 조합원 사업의 일반고객은 지역의 주민들이라고 할 수 있다.

③ 고객관계 관리

(준)조합원들 간에는 온라인 채팅방을 통해 수시로 정보를 공유하며, 월 1회 이상 진행되는 지역사회 식사나눔행사에서 오프라인 모임을 통해 교류한다. 조합 차원에서 고객들에 대한 마일리지 제도를 운영하거나, 데이터베이스를 따로 구축하지는 않는다.

④ 채널

조합의 핵심 가치제안은 핵심 재료의 조달과 대면 의사소통을 통해서 이루어진다. 조합은 더덕과 삼겹살과 같은 재료를 공동 구매하여 각 조합원 매장에 배달한다. 이사장을 포함한 경영진은 조합원 매장을 방문하여 운영에 필요한 사항 등을 접수하여 조합 활동에 반영하고, 이사회에서 논의하게 된다. 지역사회에서 인지도를 얻고 있는 봉사활동과 마케팅도 매장에서의 식사 제공을 통해 이루어진다. 최종 소비자들은 매장을 방문하여 제품과 서비스를 제공받는다. 온라인 홈페이지와 SNS 플랫폼을 통해서 조합의 운영과 관련된 소식, 매장 및 메뉴 정보 등을 확인할 수 있다.

⑤ 핵심 활동 및 자원

최종 소비자에게 판매되는 핵심 제품의 원재료인 더덕과 삼겹살을 공급하는 것 이외에 별도의 공식적인 지원시스템이나 자원의 공유, 교육 등은 없다. 다만, 인터뷰를 통해 조합원들 간 연대를 통해 상호 경영 노하우를 공유하거나, 식재료의 공동 구매 등이 일어나고 있음을 파악할 수 있었다. 특히 이사장을 중심으로 매장을 운영하는 조합원 간 경영 컨설팅과 경영 지원, 경영 노하우 공유, 상호 협력 촉진의 기회 제공 등이 이루어진다. 이는 조합 차원의 핵심 활동은 아니지만, 사업자협동조합을 플랫폼으로 하여 발생하는 자연스러운 연대 활동으로 궁극적으로 조합원들의 개별 사업운영에 기여한다고 볼 수 있다.

⑥ 핵심 파트너십

핵심 재료인 더덕의 생산과 공급을 맡고 있는 강원도 정선과 영월 지역의 영농조합이 가장 중요한 파트너 중 하나라고 할 수 있다. 이 외에 충북 지역의 협동조합들 간 네트워크 형성에 노력하고 있다.

⑦ 비용과 수익구조

공동구매 품목인 더덕과 삼겹살의 매입 비용이 비용구조에서 가장 큰 비중을 차지하며, 이를 조합원 매장에 공급하여 매출이 발생한다. 조합 차원에서 수익은 크게 출자금 이외에, 준조합원 가입비(100만 원)가 있으며 준조합원들이 매달 조합에 5만 원의 회비를 지불하여 경비로 사용한다. 조합이 자체적으로 운영하는 직영매장은 없으나, 조합원이 급한 이유로 사업을 그만두게 되어 인수자를 미처 구하지 못한 상황에서는 새로운 인수자(조합원)가 나타날 때까지 조합이 임시로 운영하다가 인수해주기도 한다. 그러한 경우 임시 운영기간 동안 발생된 매장의 수익이 조합에 귀속될 수 있다.

(4) 시사점

이상에서 파악한 더덕솥뚜껑삼겹살협동조합의 비즈니스모델과 사업자조합원 비즈니스모델과의 관계는 〈그림 1-5〉와 같다. 더덕솥뚜껑삼겹살협동조합은 프랜차이즈 방식을 통해 지역에서 요식업을 하는 소상인들의 비용 절감과 마케팅 역량 강화를 돕는다. 주목할 점은 동종업계의 소상인들이 협동조합 프랜차이즈로서 사업자협동조합을 설립했다기보다, 경쟁력을 확보하기 위해 고유한 공동의 메뉴를 취급하면서 비용을 절감하는 동시에, 분사 형식과 가맹 형식을 모두 활용하여 시장을 확대해 나갔다는 것이다. 또한 업종을 활용한 지역사회 봉사활동을 꾸준히 전개함으로써 최종 소비자의 인식을 개선하고 인지도를 높인 점도 독특한 마케팅 전략이라고 볼 수 있다. 비즈니스모델에 명확히 포함되지는 않지만 조합을 통해 조합원들 간 의사소통과 경영 노하우 공유 등 참여와 상호 연대가 이루어지며 이를 바탕으로 개별 조합원의 사업에 직·간접적으로 기여하고 있는 사례이다.

〈그림 1-5〉 더덕솥뚜껑삼겹살협동조합의 비즈니스모델

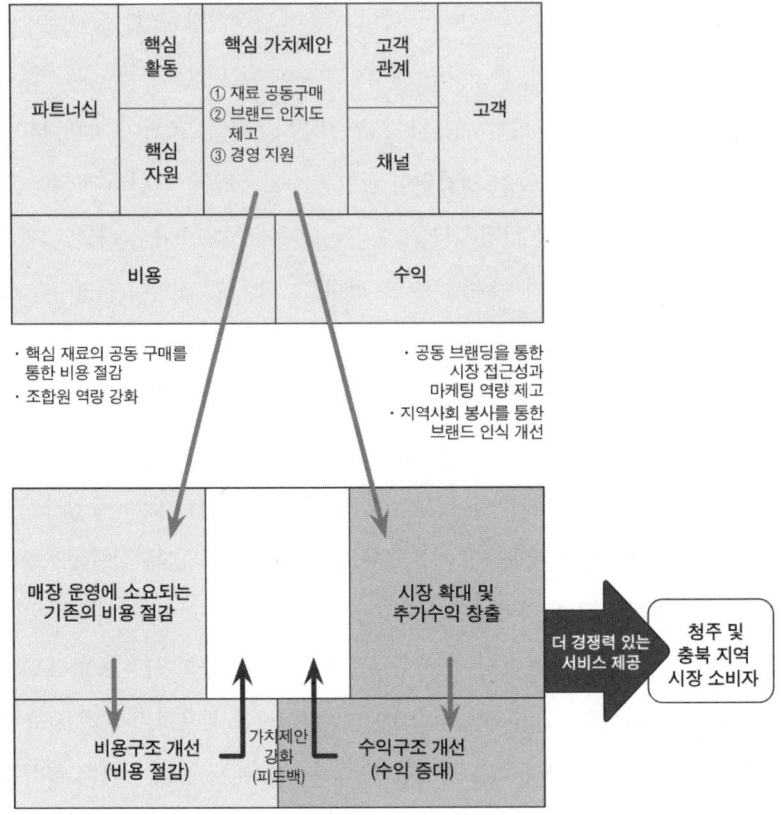

더덕솥뚜껑삼겹살협동조합의 비즈니스모델

더덕솥뚜껑삼겹살협동조합 사업자조합원의 비즈니스모델

3) 하이크리닝협동조합 사례

(1) 개요

하이크리닝협동조합은 2013년 7월 세탁업에 종사하는 영세 소상공인 7명이 모여 설립한 세탁업협동조합이다. 하이크리닝협동조합은 세탁설비를 구비한 공동 작업장을 운영하여 조합원들의 세탁업무를 대행함으로써 영세 사업자조합원이 고객 확장 및 세탁물 접수/인도, 고객 응대, 영업 등에 집중할 수 있도록 한다. 현재 6억 원 상당의 최첨단 설비를 갖추고 있으며, '하이크리닝'이라는 공동 브랜드를 사용하여 대구광역시와 경상북도 지역에 총 17개의 매장(무인점포 포함)이 운영 중이다. 조합원 10명과 준조합원 5명으로 구성되어 있다. 사례 조사를 위해 2018년 11월 23일 조합 이사장을 만나 인터뷰하고 매장을 방문했으며, 사업 소개 관련 자료, 홈페이지, 관련 기사 및 방송 등 언론 보도자료 등을 통해 보완했다. 인터뷰 내용을 보완하기 위해 추가로 전화 인터뷰도 진행했다.

(2) 지배구조

하이크리닝협동조합은 7명의 조합원으로 출발하여 현재 10명의 조합원이 가입되어 있다. 가맹을 원할 경우 준조합원 자격을 먼저 취득해야 한다. 현재 5명의 준조합원이 있으며, 이들은 최소 2년 이상 하이크리닝 가맹점을 유지한 후 총회에서 의결을 통하여 조합원 자격을 얻을 수 있다. 이때의 출자금은 초기 출자금에 해당 시점의 재무제표상 순이익을 1/n한 금액을 더하여 산정하도록 한다. 이사진은 3명으로 구성되어 있으며, 아직은 규모가 작아 10명의 조합원이 온라인 메신저와 주 1회 정도의 대면 모임을 통해 조합 운영에 관련된 논의 사항들을 결정한다.

(3) 비즈니스모델 분석

① 가치 제안

_㉠ 공동 생산(공동 작업장) 및 생산 관리

하이크리닝협동조합은 영세 세탁업자의 현실적 고충을 덜어주고 사업자조합원들의 소득을 높이기 위해 설립되었다. 국내 세탁시장이 빠르게 성장하고 각종 대형 세탁프랜차이즈 업체들이 진입하는 등 경쟁이 치열해짐과 동시에 기

〈표 1-9〉 하이크리닝협동조합의 비즈니스모델

파트너십	핵심 활동	가치 제안	고객관계	고객
• 지자체(대구광역시) • 대형 유통업체 • 공공기관(소상공인진흥공단 등)	• 세탁물의 수거/배달 • 세탁물 세탁(공동 작업장) • 공동설비 구매/관리 • 전산시스템 구축/운영 • 공동 브랜드 포함한 공동 마케팅	• 공동 작업장 운영을 통한 세탁품질 향상과 비용 절감 및 조합원의 업무 부담 감소(조합원의 고객 유치 및 운영역량 강화, 삶의 질 향상, 소득 증대 유도) • 공동 마케팅을 통한 시장 개척	• 회원제 서비스 • 마일리지 제도 • 선불카드 제도 • 사회공헌 활동 및 문화마케팅	• 영세 세탁업자 • 세탁서비스를 필요로 하는 최종 소비자들 • 소자본 예비창업자들 • 기업, 학교 등 단체
	핵심 자원 • 공동 작업장, 설비 • 세탁인력 • 물류 관련 자원 • 세탁기술, 노하우(20여 년 세탁 경력과 국가공인기능사 자격을 갖춘 일부 조합원 포함)		채널 • 직영매장 • 가맹매장 • 무인세탁서비스 • 온라인 홈페이지 • 어플리케이션(무인서비스)	

비용	수익
• 설비유지비 • 인건비 • 물류(배달)비 • 홍보비	• 수수료(가맹점의 매출액에 대한 일정 부분) (조합원의 경우 수익의 40%, 준조합원은 60%) • 조합에서 수주한 단체 매출

자료: 이사장 인터뷰 및 온라인 홈페이지, 언론 보도, 사업설명자료 등을 종합하여 저자 작성.

존 세탁업 종사자들의 고령화 등에 따라, 영세 세탁소는 고객을 확보하고 가격 경쟁력을 갖추는 데에 많은 어려움을 겪고 있다. 이러한 시장환경 분석과 문제 인식 아래 하이크리닝협동조합은 사업자조합원의 세탁업무 전부를 조합의 공동 작업장에서 수행하여 비용을 절감하고 가격경쟁력을 높였다. 이처럼 효율성을 제고하는 동시에 사업자조합원은 고객 확보와 관리 및 마케팅 활동에 집중하도록 하는 협업시스템을 제공한다. 즉, 조합원 가맹점 및 직영매장에서 수거된 세탁물은 공동 작업장에서 세탁되어 다시 매장으로 배달되고 최종고객에게 전달된다. 이러한 전 과정은 POS, CID 시스템 등 체계화된 전산시스템을 통해 관리되어, 최종고객에게 실시간 정보 및 편의성을 제공한다. 따라서 조합원들은 세탁업의 부담을 줄이고 각자의 기술력과 노하우를 활용한 고객서비스 노력에 집중함으로써 실질적인 시장 확대에 기여하게 된다.

_ ⓛ 공동 마케팅을 통한 시장 개척

하이크리닝협동조합은 영세 세탁업소가 세탁 및 수선 업무 등으로 인해 고객 확보 및 마케팅 요소에 투자할 여력이 없다는 점에 착안하여, 조합원 사업장으로 접수되는 세탁물량 전부를 조합에서 수거하여 처리하도록 했다. 이는 조합원들로 하여금 미진했던 고객 응대, 점포 관리, 신규고객 확보 등에 시간과 자원을 투자할 수 있도록 함으로써, 영세 세탁업주들의 부담을 줄이고 시장을 확대하는 효과를 창출한다.

② 고객

사업자협동조합의 핵심이자 1차 고객인 조합원은 영세 세탁업에 종사하는 소상공인들이다. 그러나 조합원이 수행하던 핵심 활동(세탁서비스)을 조합에서 공동으로 수행하므로 조합은 조합원의 고객인 최종 소비자들에게 전달되는 핵심 서비스(가치 제안)의 품질에 책임이 있다. 따라서 조합과 조합원의 최종고객이 동일하며, 여기에는 세탁업을 이용하려는 모든 사람들이 해당될 수 있다. 또한 세탁업종으로 소자본 창업을 하고 싶어 하는 사람들도 잠재적인 조합원으로서 조합의 고객이 될 수 있다. 최근에는 공공기관으로부터 수주를 받음으로써 조직 단위의 고객도 유치하고 있다.

③ 유통채널

하이크리닝협동조합은 대구광역시에 3곳의 직영점과 12개의 가맹점(조합원 및 준조합원 운영)을 통해 세탁서비스를 제공한다. 또한 대형 유통업체와 공공기관 내 복지시설 등에 shop-in-shop 매장을 운영하여 채널을 다양화하고 있다. 온라인 홈페이지에서는 조합사업 전반에 대한 내용과 가입(가맹)에 대한 정보를 얻을 수 있다. 최근에는 24시간 운영이 가능한 무인세탁점(2개 점포)을 신설하여 변화하는 생활방식에 대응하는 동시에 고객 접점을 늘리고 있다. 이와 같은 무인시스템 이용 시 스마트폰 어플리케이션을 통해 진행 상황 등을 확인할 수 있다.

④ 고객관계 관리

하이크리닝협동조합은 대형 세탁프랜차이즈 업체처럼 고객이 세탁물을 접수하고 찾아갈 때까지 통합된 전산시스템을 통해 관리한다. 협동조합 본사와 가맹점들을 연결하는 전산시스템을 통해 하이크리닝협동조합을 접하는 고객들을 일괄적으로 관리할 수 있으며, 통합된 고객 데이터를 바탕으로 반복 구매를 유도하는 회원제 서비스, 마일리지 제도, 선불카드 제도 등 프로모션을 진행한다. 특히 지역사회와 연계하여 신학기 교복 무료세탁행사 등에 참여하여 재능 기부를 하거나, 세탁봉사단을 운영하는 등 사회공헌 활동을 통해 협동조합의 원칙을 실천하는 동시에 시장 확대에도 힘쓰고 있다.

⑤ 핵심 자원

하이크리닝협동조합의 핵심 자원은 대규모의 세탁물량을 빠르게 처리할 수 있는 공동 작업장과 세탁전문설비, 세탁인력이다. 현재 대구 남산동과 월성동 2곳에 공동 작업장을 운영하여 세탁물을 처리한다. 이사장을 포함하여 총 13명이 세탁인력으로 일하고 있다. 공동 작업장에 구비된 세탁설비들은 2013년 소상공인협동조합 활성화 지원 사업을 통해 확보한 지원금으로 마련했다. 이러한 세탁설비들의 경우 가격이 비싸 영세 세탁업소에서 구비하기 어려우며, 처리가 까다로운 대규모의 물량이나 특수 처리가 필요한 세탁물 등을 처리할 수 있기 때문에 공동 작업장을 이용하는 조합원들의 가격경쟁력을 높이는 동시에 가치 제안을 강화한다.

또한 구역별로 조합원 매장을 순회하며 세탁물을 수거하고 다시 배달하는 물류시스템도 중요한 자원이다. 조합에서는 총 3대의 물류차량을 운영하며, 조합원들이 직접 운송하기도 하는데 이러한 경우 수수료가 낮아진다. 개별사업자 조합원들이 축적하고 있는 세탁기술과 경력, 국가공인기능사 자격 등은 조합에서의 공동작업 역량을 강화하는 데에 기여하는 중요한 무형자원이 된다.

⑥ 핵심 활동

하이크리닝협동조합의 핵심 가치제안은 조합원을 통해 수거된 세탁물의 공동 세탁이다. 이 프로세스는 ① 조합원 또는 가맹점 매장으로부터 고객이 접수한 세탁물의 수거, ② 공동 작업장에서의 세탁작업 및 처리, ③ 조합원 매장으로의 세탁물 배송 절차로 이루어진다. 공동 작업장 및 공동 설비의 구매 및 유지 보수, 조합원 점포(지사)와 본사(조합)를 연결하고 고객 관리를 가능하게 하는 온라인 전산시스템의 구축과 운영 또한 조합의 핵심 가치제안을 위해 중요한 활동이다. '하이크리닝'이라는 조합 상호와 로고는 상호 등록을 완료하여 조합 차원에서 공동 브랜딩을 수행한다. 이처럼 공동 브랜딩과 공동 고객관리를 포함한 공동 마케팅을 통해 개별 영세 세탁소에서 감당하기 어려운 마케팅 비용을 절감하고 브랜드 영향력을 높이고자 한다. 향후 세탁업협동조합연합회를 통해 전국 단위의 프랜차이즈로 규모화하며 공동 브랜딩을 포함한 공동 마케팅 사업을 추진할 예정이다. 이 밖에도 세탁기능사 자격증 취득 지원, 세탁기술이론 및 실무 무료지원, 제안제도 포상, 매장이전비용 지원 등 다양한 서비스를 제공하여 조합원의 역량을 강화하고 사업의 지속가능성을 높이는 데 기여한다. 특히 조합원으로 가입하여 가맹점을 개설하기 전에 세탁 관련 이론과 실무에 대한 교육을 받도록 하여 조합원들의 역량 강화에 기여한다.

⑦ 핵심 파트너십

조합의 핵심적인 파트너로는 지원사업을 통해 조합의 핵심 자원을 보조해주는 소상공인진흥공단 및 중소벤처기업부 등 정부기관, 지자체인 대구광역시,

대규모 물량을 수주할 수 있는 공공기관, shop-in-shop 입점을 위한 대형 유통업체 등이 있다. 특히 소상공인진흥공단의 지원을 통해 공동 작업장의 필수 요소인 각종 설비를 구비할 수 있었고, 하이크리닝협동조합 또한 정부 지원의 성공 사례로 언급되며 상호 간에 시너지 효과를 창출하고 있다고 볼 수 있다.

⑧ 수익

조합의 주된 수익은 조합원의 출자금과 직영점에서 얻는 매출 수익, 조합원이 지불하는 수수료 등으로 구성된다. 상생형 프랜차이즈협동조합을 지향하는 하이크리닝협동조합은 최소 필요경비를 제외한 나머지 이익은 조합원에 대한 출자배당, 가맹점의 기여도 배당, 기타 복리후생비 지출을 통하여 조합원 또는 가맹점과 공유하는 수익배분모델을 실행하고 있다. 현재는 조합원의 경우 수익의 40%, 준조합원(가맹점)의 경우 수익의 60%를 조합에 수수료로 지불하며, 이외에 다른 지불금은 없다. 조합은 현재 40%의 조합원 수수료를 점차 인하하여 35%까지 낮출 계획을 가지고 있다. 또한 조합 차원에서 나라장터나 공공기관과의 계약 수주를 통해 대규모 물량을 확보함으로써 수익의 안정성을 도모하고 있다.

⑨ 비용

조합의 비용구조에서 가장 많은 비중을 차지하는 것은 인건비이며, 전체 비용의 약 3분의 2 정도이다. 세탁설비의 경우 초기 비용은 정부지원금으로 마련했으며 이후에 소요되는 감가상각비용이 있다. 세탁물량에 따라 변동되는 소모품 비용과 세탁물 배송에 필요한 물류비, 홍보비 등이 조합의 비용구조를 형성하는 주요 항목들이며, 가맹점 카드수수료 및 세무장부기장료 일부 지원, 장학금이나 건강검진비용과 같은 복리후생비 항목도 구성되어 있다.

(4) 시사점

이상에서 파악한 하이크리닝협동조합의 비즈니스모델과 사업자조합원 비즈
니스모델과의 관계는 〈그림 1-6〉과 같다. 하이크리닝협동조합은 사업자협동조
합의 필요성과 운영 목적을 명확하게 인지하고 이를 비즈니스모델에 적용한 사
례로 볼 수 있다. 세탁업이라는 업종의 특성과 시장 트렌드 변화, 영세 세탁업

〈그림 1-6〉 하이크리닝협동조합의 비즈니스모델

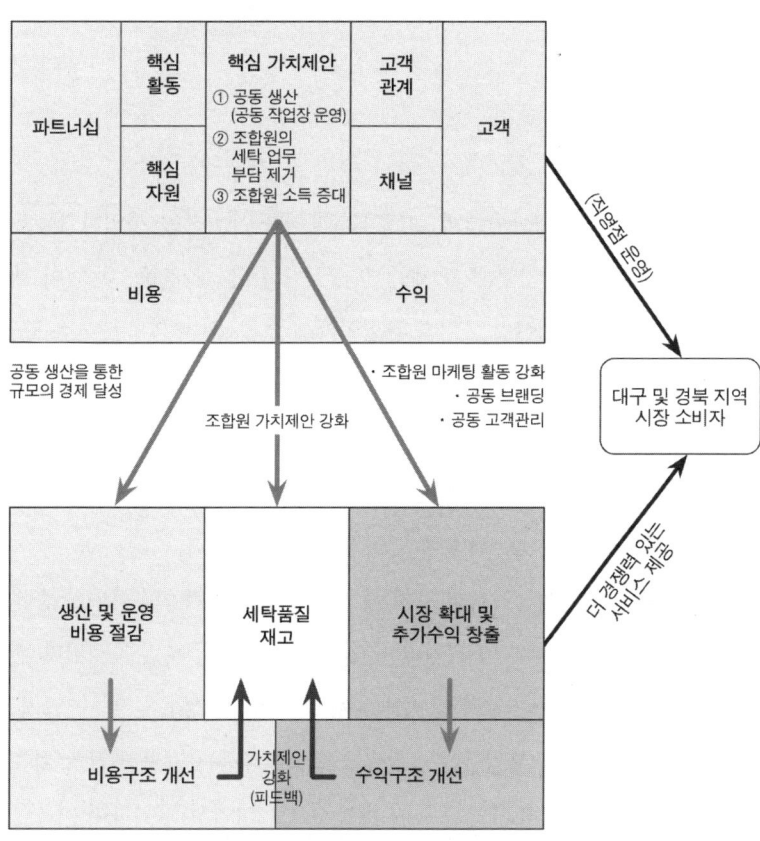

자들이 느끼는 어려움에 대한 충분한 이해를 바탕으로 조합이 조합원들의 부담을 줄이고 소득을 실질적으로 증대시키기 위한 비즈니스모델을 운영한다. 구체적으로 공동 작업장 운영을 통한 비용 절감과 세탁품질 향상, 공동 브랜딩과 마케팅을 통한 통합적 고객 관리와 시장 확대를 추구하여 조합원이 경영상의 부담을 줄이면서도 최종고객에게 제공하는 가치 제안의 수준을 끌어올리고 가격 경쟁력을 확보할 수 있도록 하는 방식이다. 이 글의 분석 틀을 적용해보면 사업자협동조합의 비즈니스모델이 조합원 사업의 전 영역에 기여하여 조합원 사업의 성장과 소득 증대를 돕는 모델로 볼 수 있다.

5. 결론

이 글에서는 사업자조합원에게 실질적인 효익을 제공하는 사업자협동조합의 비즈니스모델을 분석하는 틀을 제안했다. 분석 틀을 제안하는 데 있어 사업자협동조합의 일반적인 설립 목적은 무엇인가에 초점을 두었다. 또한 이를 실제 사례들에 적용함으로써 사업자협동조합의 형성 및 운영 메커니즘을 파악하고자 했다. 사례분석 결과, 성공적으로 운영되는 사업자협동조합의 경우 조합원들의 사업을 개선하는 데 기여하는 분명한 가치 제안을 제공하고 있음을 알 수 있었다. 연구 결과는 〈표 1-10〉과 같이 정리해볼 수 있다.

이 글에서는 사업자협동조합의 가치 제안을 통해 조합원들의 니즈가 충족되고 그들의 사업이 시장에서 더 경쟁력을 갖는 것이 조합의 설립 목적이자 존재 이유라고 보았다. 이때 사업자협동조합 자체의 지속가능성도 높일 수 있기 때문에, 사업자협동조합이 사업자인 조합원들에게 제공하는 가치 제안의 내용이 중요하다. 따라서 이 가치 제안을 보다 체계적으로 파악하기 위하여 비즈니스모델 캔버스라는 기존의 프레임워크를 활용해 사업자협동조합의 핵심 가치제

〈표 1-10〉 연구 결과의 요약

구분	사례명	설립 목적	핵심 가치제안	조합원을 위한 가치제안 유형
해외	카프리콘 협동조합	• 조합원들이 시간과 돈을 절약함으로써 그들의 비즈니스를 더 잘 경영할 수 있도록 함 (자료: 홈페이지, 연차보고서 등)	• 공동 구매를 통해 자동차 산업에 종사하는 고객(조합원)이 비용을 절감함으로써 사업을 더 쉽고 잘 할 수 있도록 도움. 카프리콘 거래 계정, 우선공급 자 네트워크, 보험, 서비스 데이터 및 자동차 산업 정보 등	• 기존의 비용 절감 및 자본조달 수단 강화
국내	더덕솥뚜껑 삼겹살협동조합	• 원재료를 공동 구매하여 원가를 절감하고 소비자에게는 믿을 수 있는 식자재를 공급. 식당 운영이 어려울 때 조합원 간 정보 교환 및 공동 마케팅으로 위기를 극복 (자료: 2019년 총회의사록)	• 핵심 재료 공동 구매를 통한 원가 절감 • 지역사회 봉사를 통한 브랜드 인지도 제고 • 조합원 매장의 경영 안정화와 지속가능성 확보를 위한 경영 지원	• 기존의 비용 절감 • 시장 확대를 통한 추가수익 창출
	하이크리닝 협동조합	• 세탁업에 종사하는 영세 소상공인이 협업과 분업을 통해 대형 프랜차이즈 업체에 대응하며 공동 마케팅, 운영시스템, 세탁장비 등의 자원을 공동으로 활용함으로써 업무의 효율화를 향상하고자 함 [자료: 사업 설명자료 (비공개)]	• 공동 작업장 운영을 통한 품질 향상 및 비용 절감 • 조합원의 세탁업무 부담 감소 (조합원의 고객 유치 및 운영 역량 강화, 삶의 질 향상, 소득 증대 유도) • 공동 마케팅을 통한 시장 개척	• 기존의 비용 절감 • 시장 확대를 통한 추가수익 창출 • 핵심 제안가치 강화

안을 크게 비용 절감, 시장 확대 및 판로 개척, 조합원의 핵심 가치제안 강화 등 3가지로 분류했다. 각각의 경우에서 조합의 가치 제안은 조합원 비즈니스모델의 재무구조(비용 및 수익구조) 개선에 영향을 미치며, 이는 다시 조합원 비즈니스모델 전체의 개선으로 이어지는 선순환이 발생되어야 한다.

이 글은 다음과 같은 시사점을 제공한다. 첫째, 기 설립된 사업자협동조합들의 비즈니스모델을 진단하는 데에 유용한 도구로 활용될 수 있다. 분석 틀을 통해 사업자협동조합의 설립 목적에 부합하는 가치 제안이 조합원들에게 실질적인 효익을 제공하게끔 유기적으로 비즈니스모델이 구성되어 있는지 확인해볼수 있다. 둘째, 이 글에서 제안한 분석 틀을 기반으로 하여 효과적인 정책 지원을 위한 평가 도구를 개발할 수 있다. 현재 소상공인협동조합을 대상으로 많은 재무적·비재무적 지원이 이루어지고 있다. 지원 정책의 실질적 효과성과 효율성을 모두 높이기 위해서는 적절한 지원 대상을 선정하고, 대상에 적합한 내용의 지원을 하는 것이 필요하다. 이를 위해서는 대상 조합의 비즈니스모델이 명확하게 드러날 필요가 있으며, 이에 대한 상호 이해가 충분히 이루어져야 할 것이다. 조합의 설립 목적은 무엇이며, 조합의 핵심 가치제안이 이 목적을 달성하는 데에 적절한지, 또 정부의 지원 내용이 이를 강화하는 데에 도움이 되는지 판단해볼 수 있다. 이 글에서 제시한 분석 틀은 그러한 평가 시스템을 구축하는 데에 기여할 수 있을 것이다. 셋째, 사업자협동조합의 설립 과정에서 사업계획 수립을 위한 분석 틀을 제공한다. 사업자협동조합 설립을 계획하는 영세 사업자들은 이 글의 분석 틀을 통해 설립하려는 조합의 목적이 무엇이며, 그를 달성하기 위한 조합의 비즈니스모델을 어떻게 구축할지 논의할 수 있다. 이는 조합의 설립뿐 아니라 이후 지속가능한 운영과 발전을 위해 반드시 필요한 단계이지만, 실제로는 충분한 논의 없이 조합이 설립되고 이는 사업자협동조합의 낮은 지속가능성으로 귀결된다. 이때 단순화된 분석 틀이 조합 설립과 논의 과정에 도움을 줄 수 있다. 넷째, 이 글에서 비즈니스모델 캔버스라는 기존의 프레임워크를 활용하여 사업자협동조합이 제공할 수 있는 핵심 가치제안을 크게 비용 절감, 시장 확대 및 판로 개척, 조합원의 핵심 가치제안 강화 등 3가지로 분류한 분석 틀을 제시했다. 이러한 분석 틀을 통해 사업자협동조합이 조합원에게 제공할 수 있는 가치나 혜택을 명료화하거나 설명할 수 있다. 이는 조합원들로 하여금 조합의 설립 목적과 역할을 명확히 이해할 수 있도록 돕는다. 따라서 조합원들의 협력을 이끌어내고 갈등을 줄이는 데 기여할 수 있으며, 조합에 관심을 가진 사업자들에게는 조합에 가입하도록 유도할 수 있다.

이 글의 한계는 첫째, 사업자협동조합이 추구할 수 있는 보다 다양한 목적을 설명하지는 못한다는 점이다. 장종익(2017)의 분류에서처럼 현재 우리나라의 사업자협동조합 중에는 지역공동체 증진형 협동조합에 해당하는 유형의 조합들이 포함되어 있다. 즉, 조합원 사업체의 비즈니스 개선보다 지역 내에서 네트워크를 형성하고 지역사회에 공헌하기 위한 목적으로 사업자협동조합이 설립될 수도 있는 것이다. 그러나 이 글은 소상공인들이 모여 만든 사업자협동조합이 조합원들의 사업을 개선하는 데 기여할 수 있는 메커니즘을 발견하고 제안하는 데에 초점을 두었으며, 비교적 단순한 논리를 통해 조합의 사업과 조합원의 사업 간 연결고리를 더 쉽게 파악하도록 하는 데에 중점을 두었다. 따라서이 외에 사업자협동조합이 가질 수 있는 설립 목적들은 반영하지 못한 한계가 있다. 둘째, 비즈니스모델이라는 프레임워크를 통해 충분히 담아낼 수 없는 협동조합의 운영 원리를 다루지 못했다. 사업체이자 결사체라는 협동조합의 이중 정체성을 고려할 때, 결사체로서 협동조합이 잘 운영되기 위해서는 조합원들의 참여가 필수적이다. 여기에서의 참여는 의사결정에의 참여뿐 아니라, 조합의 운영을 위한 재무적인 참여, 시간과 네트워크에의 참여 등을 포함한다. 이 글의 분석 틀에서는 조합원들을 넓은 의미에서의 고객으로 보았지만, 협동조합에서 조합원은 조합을 통해 혜택을 보는 이용자인 동시에 조합의 운영 주체인 소유자이다. 따라서 사업자협동조합이 성공적으로 지속가능하기 위해서는 이용자로서의 정체성과 더불어 소유자로서의 주인의식과 책임의식이 동시에 발현될 필요가 있다. 이 글에서 제시한 분석 틀은 비즈니스모델에 초점을 두고 있어 소유자로서의 조합원과 조합 간의 관계에 대해서는 개념화하지 못했으나, 사업자협동조합의 비즈니스모델에 대한 이해는 소유자로서 조합원의 정체성 이해와 강화에도 기여할 수 있으며, 사업체로서 조합의 지속가능한 운영을 위해 필수적이다.

참고문헌

강민수. 2016. 「사업자협동조합의 비즈니스 모델과 사업전략에 관한 메모」. ≪협동조합네트워크≫, 71, 145~149쪽.

강철희·이종화·편창훈. 2016. 「협동조합 초기안정화 기여요인에 관한 연구: 한국택시협동조합 사례 분석」. ≪한국협동조합연구≫, 34, 27~63쪽.

김기태. 2016. 「사업자협동조합의 성공가능성 증진을 위한 방안」. ≪협동조합네트워크≫, 71, 125~144쪽.

김기태 외. 2012. 「신규 협동조합 유형의 운영 모델에 관한 연구」. 기획재정부, 한국협동조합연구소.

오스터왈더, 알렉산더(A. Osterwalder)·피그누어, 예스(Y. Pigneur) 지음. 2011. 『비즈니스 모델의 탄생: 상상과 혁신, 가능성이 폭발하는 신개념 비즈니스 발상법』. 유효상 옮김. 타임비즈.

우미숙·장종익. 2018. 「프리랜서협동조합의 유형별 특성 분석」. ≪한국협동조합연구≫, 36, 1~19쪽.

이동현·성재열. 2012. 「비즈니스 모델 분석을 통한 식자재 유통 선도기업 사례연구」. ≪연세경영연구≫, 49, 21~53쪽.

이성현·박도준. 2012. 「6가지 구성 요소를 이용한 비즈니스 모델 프레임워크 개발 및 적용」. ≪e-비즈니스연구≫, 13, 203~222쪽.

장종익. 2017. 「협동조합기본법으로 설립된 협동조합의 특성과 정책적 함의」. ≪한국협동조합연구≫, 35, 81~101쪽.

장종익 외. 2017. 「소상공인협동조합 경쟁력 제고방안 연구」. 소상공인진흥공단, 한신대학교 산학협력단.

Capricorn Society Limited. 2004. *First 30*.

Capricorn Society Limited. 2017. *Constitution Capricorn Society Limited*.

Capricorn Society Limited. 2018. *Annual Report 2018*.

Capricorn Society Limited. 2018. *Capricorn Australian Replacement Prospectus and Application Form* (21 Feb 2018).

Chesbrough, H. 2010. "Business Model Innovation: Opportunities and Barriers." *Long Range Planning*, 43, pp.354~363.

Chesbrough, H. and R. S. Rosenbloom. 2002. "The Role of the Business Model in Capturing Value From Innovation: Evidence from Xerox Corporation's Technology Spin-off Companies." *Industrial and Corporate Change*, 11, pp.529~555.

Coes, D. H. 2014. "Critically Assessing the Strengths and Limitations of the Business Model Canvas." Master's thesis, University of Twente.

Johnson, M. W., C. M. Christensen and H. Kagermann. 2008. "Reinventing Your Business Model." *Harvard Business Review*, 86, pp.57~68.

Magretta, J. 2002. "Why Business Models Matter." *Harvard Business Review*, 80, pp.86~92.

Morris, M., M. and Schindehutte, J. Allen. 2005. "The Entrepreneur's Business Model: Toward a Unified Perspective." *Journal of Business Research*, 58, pp.726~735.

Osterwalder, A. 2004. "The Business Model Ontology: A Proposition in a Design Science approach." Doctoral thesis, University of Lausanne.

Osterwalder, A., Y. Pigneur and C. L. Tucci. 2005. "Clarifying Business Models: Origins, Present, and

Future of the Concept." *Communications of the Association for Information Systems*, 16, pp.1~25.

Porter, M. E. and V. E. Millar. 1985. "How Information Gives You Competitive Advantage." *Harvard Business Review*, 63, pp.149~160.

Teece, D. J. 2010. "Business Models, Business Strategy and Innovation." *Long Range Planning*, 43, pp.172~194.

Zott, C. and R. Amit. 2010. "Business Model Design: an Activity System Perspective." *Long Range Planning*, 43, pp.216~226.

더덕솔뚜껑삼겹살협동조합 홈페이지 (http://xn—y89as3b87fea903bb3stb56j.kr/index.html)

카프리콘협동조합 홈페이지 (https://www.capricorn.coop)

하이크리닝협동조합 홈페이지 (http://www.hicleaning.kr/)

노동자협동조합의 비즈니스모델*

김활신·장승권

1. 서론

기술 발전에 따른 산업구조의 변화, 기업의 이윤 추구 및 경쟁의 극대화 등은
모든 국가와 산업 분야에서, 직종의 전문성 여부와 무관하게 고용의 불안정, 일
자리 질의 저하로 이어졌다. 이러한 현상으로 인해, 일자리가 늘어나도 고용이
늘어나지 않는 미스매치 현상이 증가하고 있다. 미스매치와 관련된 연구는 전
산업 분야에서 일자리 미스매치 현상을 보고하고 있다(최창곤, 2017). 한 연구에
서는 2011년 실업의 47.3%를 미스매치에 의한 실업으로 분석하고 일자리 문제
의 핵심은 좋은 일자리의 부족과 미스매치에 있다고 주장하고 있다(김을식 외,
2012).

일자리의 절대적인 숫자가 아닌 양질의 일자리가 문제이다. 양질의 일자리

---

* 이 장은 다음 논문을 기반으로 한 것이다. 김활신·장승권, 「한국 노동자협동조합의 비즈니스모
델과 사례」, ≪한국협동조합연구≫, 36권 3호(2019), 17~51쪽.

에 대한 기대는 급여 수준, 작업환경, 고용안정성 정도, 근로시간 등의 개선 및 향상에 대한 기대로 나타난다(김을식·김군수·윤은식, 2012; 채창균 외, 2012). ILO 가 제시하고 있는 양질의 일자리(decent work) 개념은 고용의 양이 아닌 질에 대한 관심을 표방하는 것으로, 구체적 기준이 제시되지는 않았지만 지속가능한 일자리, 일자리 및 임금의 보장, 적정한 노동시간, 업무결정권의 적절한 보장, 기술 개발 및 훈련기회 보장, 기본적인 욕구를 만족시킬 임금과 연금 등의 지급, 직장 내에서 목소리를 낼 수 있는 권리 등을 담고 있다(김근주, 2017). 김유선(2016)이 통계청의 '경제활동인구조사 부가조사'(2016년 8월) 결과를 토대로 작성한 보고서에 따르면 비정규직의 상당수가 양질의 일자리와는 거리가 먼 노동 및 임금조건을 가지고 있으며, 정규직 노동자의 일부 또한 일자리의 질이 낮은 상태이다.

이러한 상황들은 현 시기 일자리의 문제가 더 나은 일자리, 양질의 일자리의 문제임을 확인시켜준다. 관련한 해법이 단순하지는 않을 것이다. 노동 정책, 기업 정책의 방향 전환이 필요하며, 사회의 가치·철학의 변화와 사회적 합의 또한 필요할 것이다.

ILO(2017)는 일의 세계에서 일어나고 있는 경제적·인구통계학적·기술적·환경적 변화에 대한 협동조합의 대응에 주목하고 있다. ILO가 양질의 일자리와 협동조합을 하나의 틀에서 바라보는 것은 노동자협동조합의 경험과 성과에 기인한다. 노동자들이 기업을 소유하고 운영하게 되면, 기업의 이익과 노동자의 이익이 같아지게 되므로 생산성이 높아지고 이로 인한 성과를 배분하면서 시장의 다른 기업보다 높은 임금을 받을 수 있으며, 직원들이 기술 개발에 직접 참여하고 의사결정에 참여하며 노동조건을 통제할 수 있게 된다(Abell, 2014; Hough, Wilson and Corcoran, 2010; Conforth et al., 1988). 즉, 양질의 일자리가 만들어지는 것이다.

노동자협동조합은 양질의 일자리뿐만 아니라 지속가능한 일자리와 고용의 확대 측면에서도 탁월한 점이 확인되었다.[1] 2008년 금융위기에서 시작된 세계 경제위기에 역설적으로 협동조합기업의 지속가능성과 회복력이 돋보였다. 노동자협동조합은 지속가능한 고용을 목표로 하므로, 경제위기에 노동시간 단축과 비용 절감 등으로 조합원들의 일자리와 기업을 보호함으로써, 기업의 이윤을 위해 고용을 줄이는 주식회사들과는 다른 특성을 보여주었다. 노동자협동조합의 대표적인 사례인 스페인 몬드라곤 그룹은 수익이 늘어날 경우 생산시설을 추가하여 고용을 늘린다는 것을 정관에 명시하고 있다.

이는 기업을 소유하고 노동하는 직원 조합원들의 자발적 결정으로 가능한 것이다. 즉, 조합원들의 경영 참여, 1인 1표의 민주적인 투표권에 기초한 수평적인 조직문화, 조합원 상호 간 협동, 지역공동체의 연대, 협동조합 간 협동 등 협동조합의 특성에 기인한다(Roelants et al., 2012).

노동자협동조합은 자신의 일자리 질을 높이는 것에 그치지 않고 사회적으로 더 나은 일자리 환경을 만들어나갈 수 있다. Abell(2014)은 노동자소유기업이 기업의 이상적인 모델을 제시함으로써 기존 기업들의 혁신을 유도할 수 있다고 했다.

2012년 협동조합기본법이 발효된 이후 직원(노동자)협동조합은 500여 개가 설립되었다. 국내 노동자협동조합은 전통적인 기업 형태를 비롯하여 불안정고용노동자들 및 프리랜서들의 협동조합, 노동통합형 등 현재 우리 사회의 노동

---

1   다수의 연구문헌(Zamagni and Zamagni, 2009; Corcoran and Wilson, 2010; Whyte and Whyte, 1991; 김성오, 2012)에서 노동자협동조합 성과로 고용 안정 및 확대를 제시하고 있다. CICOPA (국제노동자협동조합연맹)는 2015~2016년에 노동자협동조합의 가장 큰 성과로 고용을 제시하고 있다. 스페인에서는 2015~2016년에 1만 8000여 개의 신규 일자리가 노동자협동조합에서 만들어졌다. 프랑스 노동자협동조합에서는 2017년에 7.6%의 일자리가 증가했다. 이는 기존 노동자협동조합의 사업 확장으로 2400개, 신규 협동조합 설립으로 1600개가 증가한 것이다. 이탈리아 건설협동조합 CMC(Cooperativa Muratori & Cementisti)는 2008년 경제위기 상황에서 조합원을 해고하는 대신에 임금 삭감으로 고용을 유지했다(https://www.thenews.coop).

및 고용 형태를 반영하고 있다.

이 글은 이러한 노동자협동조합의 다양한 형태에 주목했다. 각기 다른 노동 형태와 고용 형태를 가지고 있는 노동자협동조합들은 어떻게 작동하고 있는가? 각각의 노동자협동조합은 조합원에게 어떠한 경제적·사회적·문화적 이점을 주고 있는가?

이런 연구 질문에 답하기 위해 협동조합의 비즈니스모델로 각 노동자협동조합을 분석하고, 비즈니스모델로 유형화했다. 비즈니스모델은 구체적 기업의 사업 논리를 표현하기 위한 목적으로 목표, 제품의 개념, 이들의 관계성 등을 포함하는 개념상의 수단이다. 기업이 지속가능한 수익 흐름을 만들어내기 위한 가치와 관계 자산을 창출하고, 마케팅하고, 전달하기 위해서 세분화된 고객들과 파트너들의 네트워크에게 가치를 설명하는 것이다(Osterwalder and Pigneur, 2010; Mazzarol, Simmons and Limnios, 2011). 협동조합도 비즈니스모델을 구상하고 실행하게 된다. 협동조합의 비즈니스모델은 기존의 투자자 기업과는 고객 가치제안, 지배구조 등에서 차이를 가진다. 이 글은 협동조합의 비즈니스모델을 활용하여 노동자협동조합의 비즈니스모델을 유형화하고 사례를 분석한다.

국내에서 협동조합의 비즈니스모델을 검토하고 유형화한 기존 연구는 소상공인 및 자영업자들이 중심이 되는 사업자협동조합 비즈니스모델의 대표적 사례들을 정리하여 제시하고(장종익, 2014), 프리랜서협동조합의 유형을 프리랜서 선택의 자발성 여부, 여성 또는 은퇴자 등으로 분류·분석(우미숙·장종익, 2018)하여 사업자협동조합에 대한 이해 및 당면 과제에 대한 인식을 제고했다. 그러나 노동자협동조합에 대한 국내 연구는 주로 사례연구(김용원, 2009; 원종호·장승권, 2017; 김활신·장승권, 2015; 김정원·차유미, 2017)가 다수를 이루고 있고, 노동자협동조합을 비즈니스모델로 접근하여 유형화하고 특성을 분석한 연구는 아직 시도되지 않았다.

이 글의 목적은 국내 노동자협동조합의 사례를 노동 및 고용 형태에 따른 비즈니스모델로 유형화하여, 각 유형별 노동자협동조합이 양질의 일자리를 만드는데 어떻게 역할을 하고 있는지, 양질의 일자리 창출을 위한 노동자협동조합의 성장과 확산 정책은 가능한지 알아보는 것이다.

2. 연구 방법

이 글은 사례연구 방법으로 수행했다. 사례연구는 '어떻게', 또는 '왜'에 대한 질문이 제기될 때, 연구자가 사건을 거의 통제할 수 없을 때, 실생활에서 일어나는 현재의 현상을 다룰 때 사용할 수 있는 연구 방법이다(Yin, 2009). 이 글은 다중사례연구로 진행했다. Yin(2009)은 동일한 연구 내에 2개 이상의 사례를 포함하는 것을 다중사례연구라고 한다. 다중사례연구의 경우 반복 연구의 논리로 각각의 사례가 같은 결과를 예측하는지를 보기 위한 것이다.

이 글은 이론 프레임으로 협동조합 현장의 발현하는 특성을 범주화하고, 이를 이론 프레임에 근거하여 이론화하여 각 유형별로 2개씩의 사례를 분석했다. 이를 〈그림 2-1〉과 같은 연구 흐름으로 도식화할 수 있다. 자료 수집을 위해 인터뷰와 기존 연구자료, 언론 인터뷰, 각 협동조합의 발간 자료 등을 활용했다. 또한, 이론화 과정의 비즈니스모델 유형의 타당성을 위해 관련 전문가 인터뷰를 함께 진행했다. 관계자 인터뷰 진행 현황은 〈표 2-1〉과 같다.

〈그림 2-1〉 연구 흐름

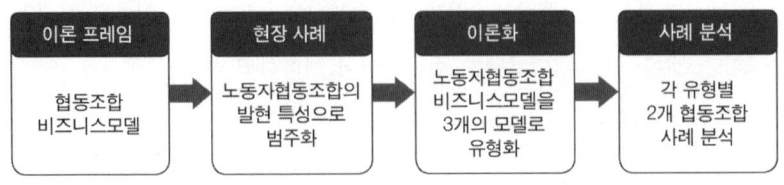

〈표 2-1〉 사례 협동조합 관계자 및 관련 전문가 인터뷰 현황

면담 일시	면담 대상자	기관 및 약력	면담 내용
2018년 4월 25일	A	A 협동조합 총무국장	A 협동조합 운영 사례
2018년 4월 27일	B	B 협동조합 사무국장	B 협동조합 운영 사례
2018년 5월 3일	C	C 협동조합 이사장	C 협동조합 운영 사례
2018년 5월 30일	D	전) 인천 D기계 노동자 현) 사회적경제조직 근무	D 기계 부도 후 노동자 인수전환 과정
2018년 6월 4일	E	전) 인천 D기계 노동자 현) E공업 주식회사 대표	D 기계 부도 후 노동자 인수전환 과정
2018년 6월 5일	F	전) 노동자기업인수지원센터 활동가 현) 사회적경제조직 활동	노동자기업인수지원센터 활동 및 운영 경험
2018년 6월 8일	G	G 협동조합 조합원	G 협동조합 운영 사례
2018년 6월 14일	H	미국 H대학 협동조합 관련 연구자	미국 노동자협동조합 운영 사례
2018년 6월 18일	I	보험대리점 I 대표 (약 30년간 보험 관련 직종 종사)	공제 및 보험에 대한 기본 이해와 공제설계 요건
2018년 6월 21일	J	변호사	공제회 등 법률 개선사항 자문
2018년 7월 25일	K	K 협동조합 대표	K 협동조합 운영 사례

3. 노동자협동조합의 개념과 협동조합의 비즈니스모델

1) 노동자협동조합의 개념

노동자협동조합은 협동조합의 한 유형으로 '공동으로 소유되고 민주적으로 관리되는 사업체를 통해 공통의 경제적·사회적·문화적 필요와 욕구를 해결하기 위해 자발적으로 조직된 사람들의 자율적인 조직'이라는 협동조합의 정의와 원칙에 기초한다. 이때, '공통의 경제적·사회적·문화적 필요와 욕구'는 일자리로서, 일자리의 지속성 및 적정 임금과 적절한 근로조건 등 일자리의 질을 높이는 것이다. Hough et al.(2010)은 여기에 추가로 기업의 장기적인 운영 및 수익 창출, 개인의 발전과 의미 있는 일자리, 가치 있는 제품의 제공을 노동자협동조합의 성공 기준으로 제시하고 있다.

〈표 2-2〉 CICOPA의 회원 협동조합 구성 범위

유형	특성
노동자협동조합	직원들이 회사의 주인(51% 이상의 소유권 및 통제권)
사회적협동조합	공공이익을 위한 사회서비스 제공
	소외되고 한계적 상황에 처한 노동자(장애인, 장기 실직자, 정치적 억류자, 중독자 등)들의 노동을 통한 사회복귀 지원
자영생산자협동조합	예술가, 자영생산자 등의 일자리 안정 및 복리 증진
노동자소유기업	직원들이 회사의 주인으로 소유권과 통제권을 가지고 있지만 법인격이 협동조합이 아닌 경우

자료: CICOPA 홈페이지 내용을 참고하여 연구진이 재구성.

CICOPA(국제노동자협동조합연맹)[2]는 기업 소유지분의 대부분, 최소 51% 이상을 직원(노동자)들이 소유하고 기업의 운영에 참여하는 협동조합을 노동자협동조합(worker cooperative)이라고 정의하고 있다(www.cicopa.coop). 기업의 운영에 참여한다는 것은 기업의 대표 선출 및 주요 결정에 참여하고 이익공유 방법을 결정하는 등 민주적 운영에 참여하는 것으로 1인 1표에 기반한 민주적 통제가 가능한 경우를 말한다. CICOPA가 노동자협동조합의 지분 소유를 100%가 아닌 51% 이상으로 한 것은 소유권을 민주적 통제를 위한 수단으로 보고 있는 것으로 평가된다. Birchall(2011) 역시 조합원 소유 비즈니스(member-owned-business)라는 개념으로 기업 전체 지분의 소유 여부보다는 50% 이상의 지분 소유와 이를 토대로 하는 기업의 통제 여부를 더 중요하게 보고 있다.

초기의 창업 자본을 비롯한 지속적인 투자 자본의 마련 등 자본의 문제가 노동자협동조합의 매우 중요한 걸림돌인 상황(Conforth et al., 1988)에서, 노동자가 기업을 민주적으로 통제할 수 있는 최소한의 소유권인 50% 이상을 노동자

---

2   CICOPA(International Organisation of Industrial, Artisanal and Service Producers' Cooperatives)는 국제협동조합연맹(ICA)의 부문 조직으로 세계적으로 제조업 및 서비스업의 노동자협동조합, 사회적협동조합, 생산 장인들의 협동조합을 조직하고 활성화하기 위해 활동하며 유럽, 아메리카에 지부를 두고 있다.

협동조합 또는 조합원 소유 비즈니스로 정의하는 것은 노동자협동조합 확산에서 중요한 의미를 가진다. 한국의 우진교통[3], 영국의 존루이스파트너십(John Lewis Partnership)[4] 등은 모두 노동자들이 기업의 전체 지분을 소유하고 있는 경우는 아니지만 직원인 노동자들이 통제하고 운영하는 기업들의 사례이다.

CICOPA 및 한국의 노동자협동조합연합회 조직인 '일하는사람들의협동조합연합회'[5]는 노동자협동조합을 포함하여 다양한 형태의 노동자소유기업을 회원으로 받아들이고 있다. CICOPA는 협동조합과 조합원의 고용관계 및 작업장을 수반하는 노동자협동조합의 전통적인 모델을 포함하여 이와는 다른 형태의 협동조합을 회원으로 구성하고 있는데, 이것은 노동자협동조합의 역사적 전통과 현대 산업구조의 변화를 반영하고 있는 것으로 보인다.

CICOPA는 2018년 발표한 「일의 미래(The Future of Work)」에서 기술 변화와 지식경제, 세계화와 제조업의 쇠퇴, 인구통계학적·사회적·환경적 변화, 노동유연화 및 비공식 경제 현상 등의 변화에 대해서, 협동조합은 혁신적이고 지속가능한 노동관계 및 노동을 위해 다양한 형태의 협동조합으로 대응하고 있음을 밝히고 있다(CICOPA, 2018). 예를 들면, 플랫폼협동조합, 다중이해관계자협동조합, 사업고용협동조합, 비공식경제활동인들의 협동조합 등이다.

플랫폼협동조합은 기술 변화를 활용한 플랫폼 노동의 확산에 대응하는데,

---

3   청주에 있는 시내버스회사로, 2005년에 회사로부터 경영권을 인수하여 50%는 지역 유지인 제3자에게 위탁하고, 50%는 직원들이 소유하며 직접 경영하고 있다.

4   39개의 백화점과 288개의 슈퍼마켓을 운영하고 있는 영국의 소매유통체인으로, 1930년대 소유주가 회사의 지분을 영구신탁방식으로 직원들에게 부여한 이후 직원들의 경영 참여로 운영되고 있다.

5   일하는사람들의협동조합연합회는 회원 조직의 법적 형태 및 협동조합 신고 유형과 무관하게 노동자가 소유하고 민주적으로 통제하는 기업을 회원으로 구성되어 있다. 예를 들어, 주식회사 우진교통, 사회적기업 인스케어, 사회적협동조합 도우누리, 아이쿱협동조합지원센터 등도 회원조직이다(www.kfwc.or.kr).

계약관계의 불투명성, 임금 및 고정 보수가 보장되지 않고 사회보장이 되지 않는 어려움에 대하여 고정적인 임금 확보와 사회보장을 위한 역할을 수행할 수 있다. 다중이해관계자협동조합은 서비스 수혜자와 공급자가 함께 협동조합을 조직하고 운영함으로써 단기적인 경영효율성보다는 장기적이고 지속적인 기업의 운영과 회복력을 가질 수 있으며 지역사회 내에서 다양한 열망을 수용할 수 있다. 사업고용협동조합은 노동유연화 및 자영 노동(장인, 건축가, 의사, 택시, 디자이너, 예술가, 언론인, 컨설팅, 교육, 법률 서비스 등)의 증가로 인한 노동에 대한 사회적 보호가 줄어드는 상황에서 조합원들의 사회적 권리와 보호를 제공할 수 있다. 협동조합이 비공식경제활동을 하는 이들의 법적 안정성이나 사회적 보호를 제공할 수는 없지만, 조합원들의 소득 향상 등을 지원할 수 있다.

CICOPA가 기업의 직원이 소유하는 협동조합부터 프리랜서, 자영 노동, 비공식경제 협동조합까지 포괄하는 이유는 현대 사회의 변화하는 노동의 형태를 고려하는 것뿐만 아니라 노동의 성과에 대한 정당한 보장과 사회적 보호를 조합원의 힘으로 만들어가는 것을 협동조합의 역할로 보고 있기 때문이다. 이제, 노동자협동조합은 조합원인 노동자의 일자리의 질을 높이기 위한 다양한 형태의 기업모델까지 그 개념을 확장하고 있는 것이다. 이 글은 노동자협동조합 개념의 확장을 기초로 노동자협동조합의 노동 및 고용 형태에 따른 비즈니스모델을 분석할 것이다.

2) 협동조합의 비즈니스모델

비즈니스모델은 기업이 고객, 공급자, 보완 파트너들과 관계에서 어떻게 행동하며 가치를 창출하는가를 보여주는 것으로, 기업의 목표 고객은 누구이며, 어떻게 가치를 전달할지, 기존의 자원을 어떻게 할당하고 배치할지를 정리함으로써 기업의 전략적 방향을 모색할 수 있게 한다. 이러한 의미에서 협동조합의

<그림 2-2> 협동조합기업 연구 프레임 (/원본

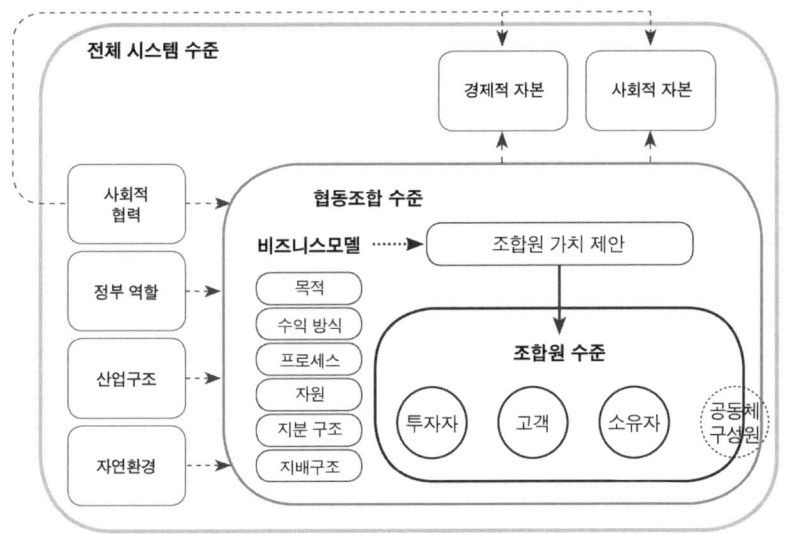

자료: Mazzarol et al.(2011).

비즈니스모델은 투자자소유기업의 비즈니스모델과 몇 가지 점에서 차이를 가진다(Mazzarol et al., 2011). 이 글은 Mazzarol et al.(2011)이 제시하고 있는 협동조합 모델(〈그림 2-2〉)을 활용하여 협동조합 비즈니스모델을 검토하고, 노동자협동조합의 비즈니스모델의 특성을 살펴본다.

각각의 수준별로 구성 요소들을 살펴보자. 먼저 거시 수준(전체 시스템 수준)을 보면(Mazzarol et al., 2011), 지역공동체를 비롯하여 조합원들이 속해 있는 공동체의 협력의 기술, 공동체의 이익 실현을 위한 목표 설정, 협동조합기업 설립에 참여 및 지원 등의 사회적 협력이 필요하다. 정부는 협동조합이 존재할 수 있는 법적 근거의 제시, 활성화를 위한 제도적 지원, 금융 지원 등을 통해 협동조합의 성장 지원 또는 규제에 중요한 역할을 한다. 또한, 협동조합은 경제활동을 하는 기업으로서 해당 산업구조의 영향을 주요하게 받으며, 산업구조 내부의 경쟁을 통해서 협동조합의 경제적 지속가능성이 결정된다. 대부분의 기업

조직 역시 자연환경의 영향을 받지 않을 수 없으나, 특히 농업 생산자 조직에 큰 영향을 주는 요소로서 노동자협동조합 연구에서는 검토하지 않기로 한다.

협동조합은 경제적 자본과 사회적 자본을 만들어낼 수 있는 역량을 가지고 있다. 이러한 2가지 형태의 핵심적인 산출물은 협동조합의 이중적인 사회적경제 기능 또는 협동조합의 '공생', 사회적기업으로서 협동조합의 역할을 반영한다(Mazzarol et al., 2011). 노동자협동조합의 경제적 자본은 조합원의 일자리 및 부의 창출로 측정할 수 있다. 사회적 자본은 조합원 간에, 협동조합과 조합원 사이에, 협동조합과 외부 공동체 사이에, 조합원과 외부 공동체 구성원들 사이에 만들어지는 신뢰와 상호 이익, 그리고 네트워크 등으로 설명할 수 있다.

중간 수준인 협동조합기업 수준에서 분석 단위는 비즈니스모델이다. 비즈니스모델은 투자자소유기업과 크게 다르지 않지만, 협동조합의 설립 '목적(purpose)'이 투자자기업의 생산제품(product) 자리를 대신하고 있는 것이 투자자소유기업과 다른 점이다(Mazzarol et al., 2011). 노동자협동조합은 양질의 일자리라는 목적을 가진다. 협동조합의 목적과 가치 제안은 협동조합이 경제적 이익과 사회적 이익이 결합된 조합원 가치 제안(member value proposition)을 중심에 두고 조합원들을 위한 지속가능한 가치의 전달을 추구함을 말한다. 수익 방식은 협동조합이 이윤극대화를 추구하지 않는다는 점이 투자자소유기업과 다른 점이지만 조합원 혜택과 기업의 지속가능성의 균형 속에서 수익모델을 갖추어야 함을 설명한다. 협동조합을 효율적으로 운영하는데 필요한 핵심 경쟁력, 유·무형 자산 등의 핵심 자원은 투자자소유기업과 크게 다르지 않다. 협동조합에서 특히 중요한 것은 조합원들의 개인 이기심을 비즈니스모델이 요구하는 집단 이익실현을 위한 공동 행동으로 모아낼 협동조합의 능력이다. 핵심 프로세스는 협동조합이 관리시스템, 규칙, 정책, 핵심성과지표를 설계하는 방식이며, 이것은 협동조합의 목적과 조합원 가치 제안을 수립하고 유지하도록 하는 소프트시스템이다. 또한, 조합원들의 의사결정 참여 프로세스를 통해 조

〈표 2-3〉 협동조합 비즈니스모델의 구성 요소

구성 요소	세부 사항	내용
목적	조합원 가치 제안	협동조합이 존재하는 전략적 이유, 협동조합이 조합원들에게 줄 수 있는 가치
	대상 조합원	조합원 자격 및 멤버십 확대 여부 결정
수익 방식	비용구조	비즈니스모델에 사용된 수단의 금전적 결과
	수익모델	다양한 수익원에서 협동조합이 수익을 창출하는 방법
	수익배분 정책	협동조합이 조합원들에게 수익을 배분하는 방법
핵심 자원	핵심 경쟁력	협동조합의 비즈니스모델을 수행하기 위해 필요한 경쟁력
	물리적 자산	협동조합의 목적을 수행하기 위해 필요한 재무적 자산, 인적자원 및 기타 유형자산
	파트너 네트워크	효율적으로 가치를 제공하고 상품화하는 데 필요한 다른 조직과의 협력 네트워크
핵심 프로세스	소통 채널	협동조합이 조합원들과 접촉하기 위한 수단
	관계	협동조합이 조합원과 사이에 맺는 연계
	가치의 구성	활동과 자원의 배치
지분 구조	소유권	협동조합 내부 공유자산의 분배를 위한 규약
	투표권	공유자산 소유권과 투표권 간의 관계
지배구조	이사회 구조	이사회의 규모와 구성
	경영구조	경영진의 규모와 구성
	조합원 관여	조합원들이 협동조합 지배구조에 적절하게 관여하도록 보장하는 규약

자료: Mazzarol et al.(2011).

합원들의 참여와 조합원들의 전문성과 경험이 인정되고 존중되어야 한다. 협동조합의 지분을 조합원만 소유할 수 있는지, 조합원 외의 투자지분을 허용하는지 여부, 조합원 외의 투자지분을 허용할 때 보상의 범위, 지분 구조와 연관된 조합원의 1인 1표의 원칙의 허용 여부 등은 협동조합의 지속가능성 및 자본 확보와 관련된 주요한 사항이다. 조합원, 경영진, 이사회가 공동의 목적을 위해 함께 협동조합을 이끌어가는 지배구조에서 조합원의 일상적인 참여 수준과 사업 운영을 위한 경영진의 사업전문성 및 협동조합 이해 정도가 중요하다.

조합원을 다루는 미시 수준에서, 조합원들이 협동조합에 참여하고 충성하는 이유는 다양하며 조합원들은 투자자, 고객, 소유자, 공동체 구성원으로서의 역할을 한다. 협동조합은 수익모델과 이를 운용하기 위한 유·무형 자산을 가진다는 점에서 투자자기업과 동일하지만, 공동의 소유와 민주적인 지배구조를 토대로 조합원의 참여에서 발현되는 생산력이 기업의 성과와 주요하게 연결된다(Mazzarol et al., 2011). 따라서 각 비즈니스모델의 특성에 따라서 조합원의 참여를 구조화하고 일상화하는 시스템을 개발하는 것이 노동자협동조합 비즈니스모델의 핵심이 될 수 있다.

4. 노동자협동조합의 비즈니스모델

1) 노동자협동조합 비즈니스모델의 개념 및 특징

Mazzarol et al.(2011)의 협동조합기업 연구 프레임에 근거하여 국내 노동자협동조합의 운영 형태를 살펴봤을 때, 시장의 변화하는 노동 및 고용 형태가 반영되어 나타나고 있었다. 즉, 협동조합의 직원 조합원들이 제품 또는 서비스를 생산하여 협동조합의 이름으로 판매하는 경우와 협동조합의 조합원들이 협동조합의 플랫폼을 이용하여 고객에게 직접 서비스를 제공하는 경우에, 협동조합이 조합원에게 제공할 수 있는 경제, 사회, 문화적 가치가 다르고 협동조합의 운영 방식과 조합원이 협동조합에 결합하는 방식 등에서 차이가 있음을 알 수 있었다.

우리는 이러한 차이를 구분하여 노동자협동조합의 비즈니스모델로 유형화했다. 유형화의 기준은 협동조합과 조합원 노동자, 고객이 협동조합의 제품 또는 서비스를 중심으로 맺는 관계의 방식이며, 3가지로 유형화했다. 즉, 전통적인 기업 모델의 형태인 일반모델(〈그림 2-3〉), 플랫폼을 운영하는 프리랜서플랫폼모델(〈그림 2-4〉), 사회안전망의 보완적 지원을 중심으로 운영하는 프리랜서 지원서비스모델(〈그림 2-5〉) 등으로 나눌 수 있다. 이 절에서는 각 유형별 비즈니스모델의 특징을 검토하고, 다음 절에서 유형별 사례를 살펴본다.

노동자협동조합의 비즈니스모델의 3가지 유형은 노동자협동조합으로서 전체 시스템 수준에서 공통적인 특징을 가지며, 개별 비즈니스모델에서 각 유형의 구체적인 특성이 나타난다. 전체 시스템 수준인 거시 환경에서 노동자협동조합이 창출하는 경제적 자본은 경제적 부가가치 및 좋은 일자리이며, 사회적 자본은 기업 내부 노동조건 개선의 사회적 확산을 통한 사회 전반의 고용의 질 개선과 사회적 신뢰 자본의 창출이다.

협동조합의 사회적 협력은 다양하게 나타날 수 있으나 대표적으로 노동조합과 지역공동체, 후원자를 들 수 있다. 노동조합은 노동자들이 기존 기업을 인수하여 노동자협동조합으로 전환하거나 신규 노동자협동조합을 설립할 때 주요한 역할을 할 수 있으며, 특히 업종별 불안정노동자를 조직하고 있는 노동조합(예: 택배노조, 셔틀버스노조, IT개발자노조 등)은 프리랜서 및 불안정노동자 협동조합 조직의 주요한 주체가 될 수 있다. 노동조합은 협동조합 설립 후, 함께 관련 산업부문의 제도 개선 등에서 협력할 수 있다. 또한 지역공동체의 지역주민과 사회적경제조직, 시민사회단체, 지방자치단체, 관계 기업들의 협력이 협동조합 설립 및 활동에 주요한 자원이 될 수 있다. 프리랜서플랫폼모델과 프리랜서지원서비스모델의 경우 막대한 플랫폼 구축 비용 및 공제사업의 기초 마련을 위한 후원자가 주요한 협력자가 될 수 있다.

거시 환경으로서 정부의 역할도 중요하다. 정부는 노동자협동조합의 설립과 전환, 확산을 위한 제도적 환경을 제공한다. 이때 제도적 환경은 노동자협동조합 모델의 홍보, 교육, 설립 및 전환 지원 시스템을 제도화하는 것으로서, 노동자들의 협동조합 설립에서 가장 장애가 되는 설립 및 인수전환자금 지원, 세제 지원 등의 적절한 지원책은 노동자협동조합 확산의 핵심 정책이 될 수 있다. 노동자협동조합은 영리기업들과 기타 협동조합들과 해당 산업에서 경쟁해야 하므로, 신규 설립 시 산업의 진입가능성, 포화 정도, 경쟁력 등을 충분히 고려해야 한다. 또한, 프리랜서 및 불안정노동자들의 협동조합은 해당 산업의 불공정노동에 대한 감시와 개선을 통해 조합원들의 노동조건을 개선할 수 있다.

3가지 비즈니스모델 유형의 개별적 특징은 노동 및 고용 형태의 차이에서 출발한다. 노동자협동조합일반모델은 분명한 고용계약과 안정적인 일자리에 근거하여 조합원들에게 안정적 일자리와 노동조건 개선이라는 조합원 가치를 제공한다. 반면, 프리랜서플랫폼모델 및 프리랜서지원서비스모델은 고용계약관계의 부재와 이로 인한 불안한 사회안전망 지원이 협동조합이 조합원에게 제공하는 가치다. 두 유형은 협동조합이 플랫폼을 소유하고 직접 운영하는지에 따라서 다른 특성을 가지며, 플랫폼을 소유하지 않은 플랫폼지원서비스모델은 공제 운영 및 법제도 개선 등 사회안전망에 더 중점을 두게 된다. 각 비즈니스모델의 구체적 특징을 다음 항에서 살펴본다.

2) 노동자협동조합 비즈니스모델의 유형

(1) 노동자협동조합일반모델

노동자협동조합일반모델(이하 일반모델)은 전통적 기업 비즈니스모델로, 협동조합에 소속되어 있는 노동자 조합원들이 제품이나 서비스를 생산하여 협동조합의 이름으로 판매하고 협동조합에서 고용 및 임금을 보장받으며, 협동조합의 경영에 참여하는 모델이다.

Mazzarol et al.의 협동조합 프레임을 활용하여 〈그림 2-3〉과 같이 일반모델의 비즈니스모델을 나타낼 수 있다. 일반모델은 제품 또는 서비스를 시장에 판매하는 직원 협동조합, 간병, 노인 돌봄 등의 사회서비스를 제공하는 협동조합, 취약계층의 일자리와 사회 통합을 지원하는 노동통합형 사회적협동조합, 어린이집, 복지관 등 지방자치단체 및 공공기관의 시설을 위탁하여 운영하는 사회

〈그림 2-3〉 일반모델

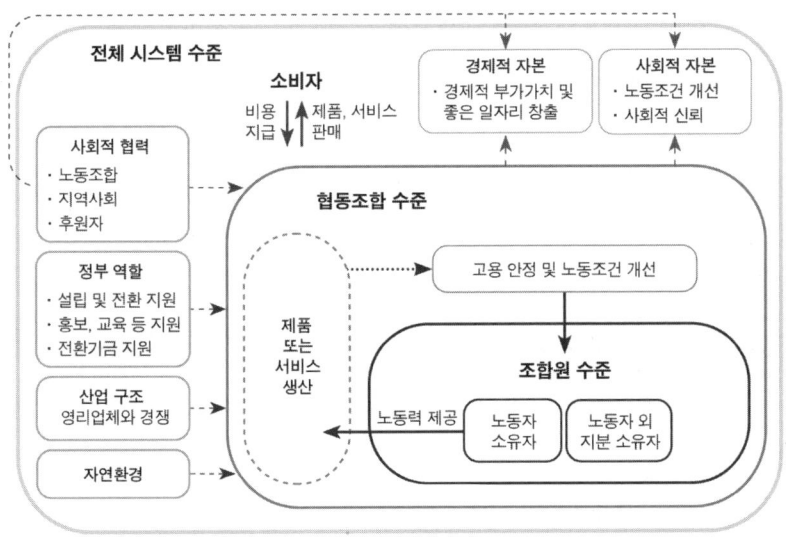

〈표 2-4〉 일반모델의 구성 요소

구성 요소	내용
목적	• 조합원 고용 안정 및 노동조건 개선
수익 방식	• 제품 또는 서비스 판매
핵심 자원	• 소유 및 경영 참여에 기초한 주인의식을 가진 조합원, 민주적인 리더십, 협동조합의 유·무형 자산 및 네트워크
핵심 프로세스	• 조합원 의사결정 참여구조 구축: 성과 배분, 인사, 전략 등 • 경영정보 공유: 매월 경영현황 보고 • 조합원 교육: 협동의 가치, 조합원 참여, 직무 관련 등
지분 구조	• 51% 이상 조합원 소유, 투표권 없는 외부 투자
지배구조	• 조합원 1인 1표 총회에서 이사회 선출, 지배구조 및 핵심 프로세스를 정관 및 규약에 명시

적협동조합 등 여러 사업 형태에서 나타난다.

　협동조합기업 수준에서 비즈니스모델의 구성 요소는 〈표 2-4〉와 같이 나타
낼 수 있다. Mazzarol et al.이 제시한 협동조합 연구 프레임의 비즈니스모델의
구성 요소는 6개 항과 16개의 세부 사항으로 구성되어 있지만, 여기서는 개별
협동조합의 구체적인 비즈니스모델이 아닌 노동자협동조합의 유형화에 있기

때문에 6개 기본 요소를 중심으로 재구성했다.

일반모델에서 노동자협동조합의 목적은 조합원 고용 안정 및 노동조건 개선이다. 이를 위해 노동자들은 협동조합의 지속가능성을 위한 수익을 창출하고, 자율적인 노동 통제를 통해서 노동조건을 개선한다. 이 모델의 수익 방식은 노동자들이 노동력을 제공하여 생산한 제품 또는 서비스를 시장의 소비자들에게 판매하는 것이다. 시장은 제품과 서비스의 특성에 따라서 개방된 민간시장일 수도 있고, 정부가 지정하는 제한된 시장일 수도 있다.

핵심 자원은 소유 및 경영 참여에 기초한 주인의식을 가진 조합원과 민주적인 리더십, 협동조합의 유·무형 자산 및 네트워크라고 할 수 있다. 노동자협동조합에서 주인의식을 가진 조합원이 생산력을 향상시키고 혁신적인 아이디어로 협동조합 성장에 기여한 사례는 다양하게 보고되고 있다(Bartlett et al., 1992; Erdal, 2013; Abell, 2014). 또한 협동조합을 투명하게 운영하고 조합원의 의견을 수렴하는 조직 구조를 마련하며 일상적으로 조합원의 경영 참여를 보장하는 민주적인 리더십이 요구된다. 이를 위한 핵심 프로세스는 조합원 의사결정 참여구조 구축과 경영정보 공유, 조합원 교육이다. 조합원 의사결정 참여구조는 조합원들이 일상적으로 경영에 참여할 수 있는 시스템으로 구축되어야 한다. 즉, 성과 배분, 인사, 전략 등에 조합원이 참여할 수 있는 구조가 만들어지고 규약 등에 명시되어야 한다. 조합원 교육은 노동자협동조합에서 무엇보다 우선적으로 배치되어야 하며, 협동의 가치, 조합원 참여, 직무 관련 등에 대한 교육이 정기적으로 이루어져야 한다. 교육을 통해 협동조합의 비전을 공유하며, 조합원 간 차이를 조정하고 민주적인 훈련을 가능하게 하며, 정기적인 직무교육으로 우수한 노동, 안전한 노동을 보장해야 한다.

일반모델의 지분 구조는 조합원이 51% 이상의 지분을 소유하고 협동조합을 통제할 수 있어야 한다. 또한, 자본조달이 어려운 조건에서 투표권이 없는 외부 자본은 노동자협동조합의 설립과 전환, 신규 투자 등을 원활하게 하도록 도움을 줄 수 있다. 이러한 지분 구조는 모든 노동자협동조합 모델에게 공통적이다. 노동자협동조합은 조합원이 1인 1표의 투표권을 가지며, 조합원 총회에서 이사회 및 대표자를 선출하는 민주적인 지배구조를 가진다. 지배구조의 민주성은 이사회를 중심으로 하는 일상적인 의사결정을 보완할 수 있는 조합원들의 의사결정 참여구조 구축 및 경영정보 공개 등과 함께할 때 지속될 수 있으며, 이러한 내용은 규약 등을 통해 명시되어야 한다.

(2) 프리랜서모델

① 프리랜서플랫폼모델

프리랜서플랫폼모델(이하 플랫폼모델)은 변화하는 산업구조 속에서 나타나고 있는 고용 형태 및 계약관계를 반영하는 노동자협동조합 모델이다. 전통적인 기업모델과 달리 협동조합과 조합원 간에 직접 고용계약을 맺지 않는다. 조합원은 협동조합(또는 협동조합이 계약한) 플랫폼을 중심으로 소비자와 직접 거래하며 협동조합에 플랫폼 이용 수수료를 납부하고, 협동조합은 플랫폼 운영 및 관리, 조합원의 사회안전망 강화를 위한 지원사업 등을 운영한다. 즉, 플랫폼노동자들이 협동조합을 만들어서 플랫폼을 소유하고, 조합원의 불안정한 노동조건을 개선하는 것이다. 이때 플랫폼이 디지털 플랫폼만을 말하는 것은 아니며, 조합원에게 일자리를 중개하는 협동조합 유형을 플랫폼모델로 포괄할 수 있다. 하지만, 최근 디지털 기술의 발달과 더불어 도입되고 있는 디지털 플랫폼의 규모와 소비자 접근성은 산업구조 전반을 바꾸고 있다. 또한, 플랫폼을 기반으로 일하고 있는 노동자들의 노동조건을 악화시키며 고용의 불안정을 강화하고 있다. 따라서 노동자들이 디지털 플랫폼을 소유하고 직접 운영하는 것은 기술 변화를 수용하고 주도하며, 노동자의 노동권을 보장할 수 있는 노동자협동조합의 혁신이라고 할 수 있다. 플랫폼모델은 프리랜서 및 불안정노동자들에게 좀 더 나은 고용조건을 제공하기 위한 모델로서 주목되고 있다.

Mazzarol et al.의 협동조합 프레임을 활용하여 〈그림 2-4〉와 같이 프리랜서 플랫폼 비즈니스모델을 나타낼 수 있다. 플랫폼모델은 대리운전, 가사서비스, 돌봄서비스, IT 프로그램 개발, 번역서비스 등 다양한 분야의 프리랜서 및 불안정노동자 협동조합에 적용될 수 있다.

협동조합기업 수준에서 플랫폼노동자협동조합의 비즈니스모델 구성 요소를

〈그림 2-4〉 프리랜서플랫폼모델

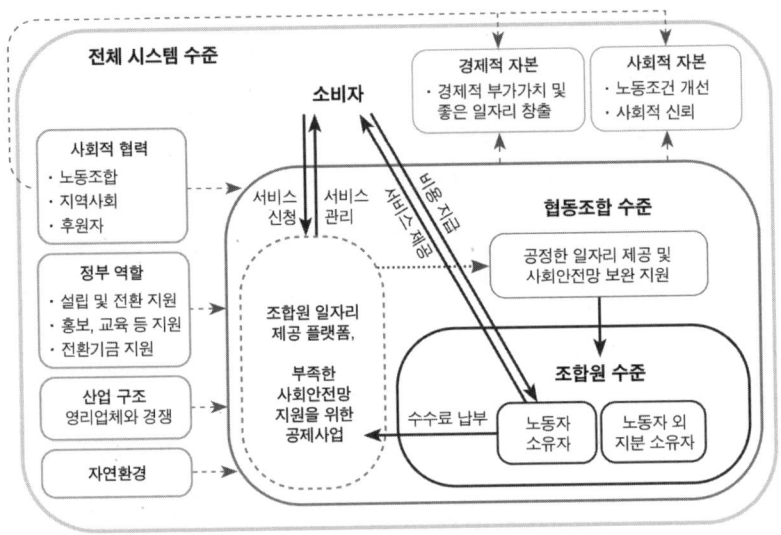

〈표 2-5〉 프리랜서플랫폼모델의 구성 요소

구성 요소	내용
목적	• 조합원에게 공정한 일자리 제공 및 사회안전망 보완 지원
수익 방식	• 조합원들의 플랫폼 이용 수수료 및 공제회비
핵심 자원	• 플랫폼, 협동의 가치를 공유하며 플랫폼을 이용하는 다수의 조합원, 민주적이고 혁신적인 리더십, 협동조합의 유·무형 자산 및 네트워크
핵심 프로세스	• 조합원 교육: 협동의 가치, 조합원 참여, 직무 관련 등 • 플랫폼 활용 정보공유: 경영 정보 및 조합원 교육, 협동조합 소식 등
지분 구조	• 51% 이상 조합원 소유, 투표권 없는 외부 투자
지배구조	• 조합원 1인 1표, 대의원회 구조도입 검토, 대의원 총회에서 이사회 선출. 지배구조 및 핵심 프로세스를 정관 및 규약에 명시

살펴보면 〈표 2-5〉와 같이 나타낼 수 있다. 이 모델에서 강조되어야 할 리더십은 혁신적인 리더십이다. 기존과 다른 형태의 협동조합 모델을 운영하며, 새로운 비즈니스 전략 모색, 조합원들의 고용 안정 및 사회보장을 위한 사회적 과제 등 도전 과제가 협동조합의 당면 과제가 되기 때문이다. 물론, 이러한 혁신적인 리더십은 협동조합의 투명한 경영 및 조합원의 경영 참여 등 민주적인 운영을 토대로 해야 한다.

조합원들을 위한 핵심 프로세스는 조합원들이 개별적이고 분산된 노동을 수행한다는 특성을 고려하여 노동자 조합원들이 협동조합의 원칙 및 가치를 공유하고 경영 의사결정에 참여하도록 하는 시스템화된 프로세스를 구축하고 지속적으로 운영하는 것이 중요하다. 플랫폼은 조합원들에게 일을 제공하는 도구이면서 조합원 간, 조합과 조합원 간 정보를 일상적으로 공유할 수 있는 도구가 될 수 있다. 플랫폼을 활용하여 조합의 경영을 일상적으로 공유하고 조합원들이 조합경영 관련 의사결정에 참여할 수 있다. 또한, 협동조합의 원칙과 가치를 공유하고 민주적 의사결정과 경영 참여의 원리를 체득할 수 있는 교육, 개별적인 노동을 표준화하고 산업재해 등을 예방할 수 있는 직무교육 등을 수행한다.

조합원은 1인 1표의 투표권을 가지며, 플랫폼을 활용하여 경영에 대한 의사결정에 참여할 수 있지만, 분산된 개별 노동의 특성상 대의원회의 구성이 필요할 수 있다. 하지만, 이것은 조합원 참여의 현실적 조건을 고려한 하나의 대안이 될 수 있으며, 가급적 모든 조합원의 직접 참여 시스템을 구현해야 한다.

② 프리랜서지원서비스모델

프리랜서지원서비스모델(이하 지원서비스모델)은 여러 가지 이유로 협동조합이 플랫폼을 운영하지 않고 조합원이 시장의 영리 플랫폼을 이용하여 일을 할 경우, 협동조합이 조합원의 사회안전망 강화를 지원하기 위한 협동조합이다.[6] 협동조합의 안정화를 토대로 새로운 비즈니스모델로 전환할 수 있고 노동자 조합원들이 새로운 노동자협동조합을 창업하도록 지원할 수 있다. 공제는 개별 노동으로 분산된 노동자들이 모여서 협동의 힘으로 개인의 어려움을 해결할 수 있다. 또한, 노동자 스스로 사회안전망을 보완하기 위한 징검다리로 활용할 수 있다. 다수의 조합원으로 협동조합이 규모화된다면, 이를 통해 새로운 비즈니스모델로 전환할 수 있다. 또한, 사업 아이디어를 발굴하여 창업을 원하는 조합원을 위한 신규 협동조합을 인큐베이팅함으로써 직원협동조합을 확산시킬 수 있다.

Mazzarol et al.의 협동조합 프레임을 활용하여 〈그림 2-5〉와 같이 프리랜서 플랫폼 비즈니스모델을 나타낼 수 있다. 이 모델은 대리운전, 가사서비스, 돌봄서비스, IT 프로그램 개발, 번역서비스 등 다양한 분야의 프리랜서 및 불안정노동자 협동조합에 적용될 수 있다.

협동조합기업 수준에서 비즈니스모델의 구성 요소는 〈표 2-6〉과 같이 나타낼 수 있다. 지원서비스모델은 투명한 공제 설계와 혁신적인 리더십이 중요하다. 플랫폼을 보유하지는 않지만 개별 노동을 하는 조합원들의 참여 프로세스를 위한 인터넷 앱 활용과 같은 시스템 구축이 필요하다.

---

6   플랫폼모델이 ICT 기술을 기반으로 발달하고 있는 상황에서, 협동조합이 많은 비용이 들어가는 ICT 플랫폼을 개발하지 못하는 경우, 또는 기존 ICT 플랫폼에서 일하는 노동자들이 자신들의 권익문제 해결을 위해 노동조합 대신에 협동조합을 선택하는 경우에 이러한 모델이 만들어질 수 있다. 예를 들면, 대리운전 기사들이 협동조합을 만들었으나 플랫폼을 운영하지 않고 대리기사 권익보장, 소액공제 운용 등의 활동을 하는 경우에 협동조합은 조합원의 일자리에 대한 보조적 지원이라고 할 수 있는 사회안전망 지원 등을 자신의 역할로 할 수 있다.

〈그림 2-5〉 지원서비스모델

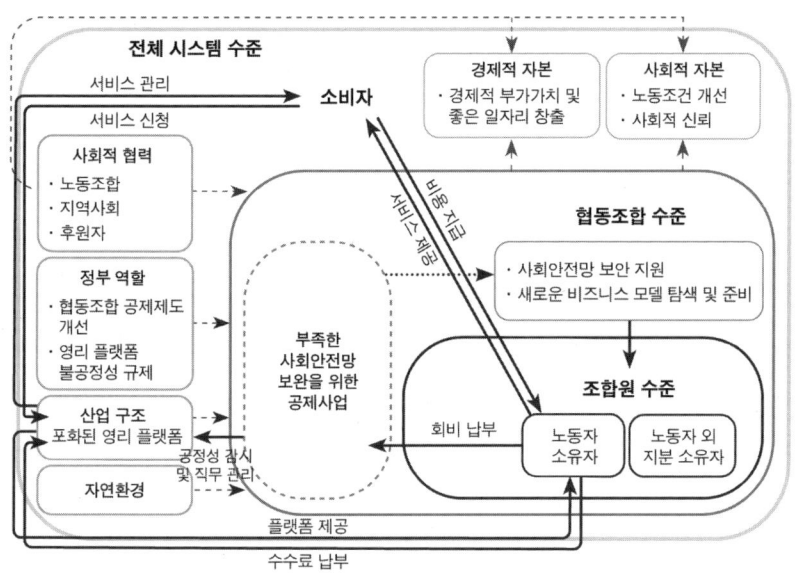

〈표 2-6〉 지원서비스모델의 구성 요소

구성 요소	내용
목적	• 조합원에게 사회안전망 보완 지원, 새로운 비즈니스모델 탐색 및 준비
수익 방식	• 조합원들의 공제회비
핵심 자원	• 조합원들의 사회안전망을 지원할 수 있는 투명한 공제 설계, 협동의 가치를 공유하는 다수의 조합원, 민주적이고 혁신적인 리더십, 협동조합의 유·무형 자산 및 네트워크
핵심 프로세스	• 조합원 교육: 협동의 가치, 조합원 참여, 직무 관련 등 • 인터넷 앱 활용 정보공유: 경영 정보 및 조합원 교육, 협동조합 소식 등
지분 구조	• 51% 이상 조합원 소유, 투표권 없는 외부 투자
지배구조	• 조합원 1인 1표, 대의원회 구조, 대의원 총회에서 이사회 선출. 지배구조 및 핵심 프로세스를 정관 및 규약에 명시

5. 노동자협동조합 비즈니스모델 사례

1) 노동자협동조합 일반모델

(1) 해피브릿지협동조합[7]

1999년 보리식품 영농업체라는 식재료 유통업체로 시작한 해피브릿지는 국수 등 외식상품 프랜차이즈로 성장했다. 창립 초기부터 사람 중심의 기업 이념을 가지고 있던 회사 경영진은 주식회사였던 회사를 노동자협동조합으로 전환하기로 결정하고 경영진이 소유하고 있던 주식을 직원들에게 배분하여 2013년 2월 창립총회에서 노동자협동조합으로 전환했다.

해피브릿지는 노동자협동조합의 선도자로서 중앙정부 및 지방자치단체의 법적·제도적 지원을 받기보다는 관련 업종 노동자협동조합 지원, 노동자협동조합 정책 수립 및 결정 과정에 참여하기 위해 노력하고 있다. 공정한 프랜차이즈 시장을 위한 활동, 협동조합 교육 및 컨설팅, 인큐베이팅, 해피브릿지 가맹점주 대상 사업자협동조합 설립 유도 및 지원 등의 협력 활동도 함께 하고 있다.

해피브릿지 비즈니스모델의 주요 특징은 핵심 프로세스로서, 조합원이 협동조합 경영에 참여하는 구조와 참여 과정에 있다. 조합원 전체가 참여하는 조합원 평의회와 위원회는 조합원들이 경영에 참여할 수 있는 구조로 조직되어 있어, 이를 통해 조합원들은 협동조합의 주요 결정에 자신들의 목소리를 내고 있다. 노동 배당 등 이익 배당과 관련하여 조합원들이 직접 위원회를 구성하여 논의하고 전체 조합원들이 함께 결정한 것이 한 사례이다. 조합원 교육과 관련하여 명시적인 예산을 규모 있게 편성하여 집행함으로써, 협동조합 관련 교육, 기업의 성장을 위한 직원 교육 등이 다양하게 이루어지고 있다.

---

7   G 조합원 인터뷰, 2018년 6월 8일.

<표 2-7> 해피브릿지협동조합 비즈니스모델의 구성 요소

구성 요소	내용
목적	• 안정적인 일자리 확대 및 지속가능한 협동조합기업
수익 방식	• 프랜차이즈 가맹점의 가맹비 및 물류 마진
핵심 자원	• 600여 가맹점 및 제조공장, 외식상품과 관련된 특허 및 자격 • 상생 프랜차이즈(천사기업)라는 브랜드 평판 • 사회적경제에서 규모 있는 최초의 전환 노동자협동조합이라는 평판 • HBM연구소: 사회혁신적 성격의 창업 교육 및 조직변화관리 프로그램 실험 및 경험
핵심 프로세스	• 조합원 평의회, 위원회: 조합원 전체가 참여하며 수렴된 의견을 이사회, 총회에 건의 • 해외 연수, 특별위원회, 미래전략수립위원회, 조합 독본 등 조합원이 자신들의 미래와 주요 정책을 마련할 수 있는 활동에 참여 가능 • 조합원 교육: 학점제로 교육 이수하는 방식. 아직 의무 이수는 아님. 조합원 교육비로 매년 약 1억 5천만 원 지출 • 조합원 가입: 신규 입사 후 3년차에 예비조합원 자격을 주고 1년간 교육 후 가입할 수 있음
지분 구조	• 조합원이 전체 지분을 소유하고 있음 • 협동조합 전환 후 조합원 12명이 인사제도위원회를 구성하여 임금제도 개편. 최저임금과 최고임금 간 격차 4배 이하로 설계 • 법정적립금 30%, 사업준비금과 특별적립금(조합원 복지 등) 결정 후에 조합원 배당률 결정
지배구조	• 총회에서 이사회 및 경영진 선출

(2) 청주 우진교통[8]

우진교통 노동자들은 2005년, 부도난 버스회사를 인수하여 노동자소유기업으로 운영하게 되었다. 체불임금을 대신하여 받은 회사지분 50%와 추가 매입, 노동자 일인당 500만 원의 갹출금으로 회사 운영을 시작했다. 노동자들이 직접 회사를 운영하면서 초기에 여러 가지 어려움에 봉착했지만, 투명한 경영, 조합원 참여 시스템의 구조화 및 일상화, 조합원 교육체계 구축 등으로 점차 안정적인 기업 운영을 하게 되었다.

버스 산업은 대중교통이라는 특성상 공공성을 띠고 있고, 무한대의 시장 경쟁에서 벗어나 있으므로 노동자소유기업으로 적합한 산업이기도 하다. 이러한 특성으로 현재 전국적으로 4~5개의 노동자소유버스회사가 운영 중이다.

---

8   이하 내용은 김활신·장승권(2015) 참고.

〈표 2-8〉 우진교통 비즈니스모델의 구성 요소

구성 요소	내용
목적	• 안정적인 일자리 확대 및 지속가능한 협동조합기업
수익 방식	• 시내버스 운송서비스
핵심 자원	• 파업의 어려움을 이겨내고 노동자들의 참여로 일궈낸 노동자소유기업의 주인으로서 자부심과 연대의식을 가진 노동자
핵심 프로세스	• 노동자의 경영 참여를 경영자치와 노동자치로 개념화함 • 경영자치: 회사 경영(인사위원회, 자주관리협약위원회, 선거관리위원회, 채용평가위원회, 공동복지위원회, 공제회 등) 관련 위원회에 조합원 참여 • 노동자치: 노동자들이 스스로의 노동을 관리, 통제할 수 있도록 버스운행 관련 민원심사, 성과급 계획 등을 스스로 결정하며 작업 중에 발생하는 다양한 직무 관련 문제를 논의하여 결정 • 조합원 교육: 자주관리학교를 통한 조합원 교육, 매년 20여 명의 졸업생을 배출하며 절반 이상의 조합원이 교육을 이수했음
지분 구조	• 조합원이 50%의 지분을 소유하고 있으며, 지역의 명망가인 제3자가 50%를 소유하고 있음. 제3자 소유자는 경영에 참여하지 않음. 즉, 투표권을 가지지 않는 소유지분(노동자들이 투표권 100%를 가짐)
지배구조	• 총회에서 이사회 및 경영진 선출

우진교통은 '일하는사람들의협동조합연합회' 회원으로 참여하며 10년 이상의 노동자소유기업 운영의 경험을 다른 노동자들에게 전파하고 노동자소유기업 전환 및 운영을 지원하는 사회적 협력을 하고 있다. 또한, 노동자소유기업이지만 노동조합을 가지고 있어 회사 내 노동조합이 다른 노동조합의 활동에 연대하며 버스 산업의 비정규직 정책 변화를 견인하는 등 버스 산업 노동권 개선을 위해 활동하고 있다.

우진교통 비즈니스모델의 특징은 경영자치와 노동자치로 정의되는 노동자들의 경영 참여 시스템과 조합원 교육 체계에 있다. 노동자치는 조합원 스스로 자신의 노동을 통제하고 평가하여 경영에 반영하는 시스템이라는 측면에서 경영자치와 더불어 조합원의 실질적인 경영 참여로 볼 수 있다. 노동자치의 기본 단위는 20여 명의 조합원들이 매월 1회 모이는 현장 분회모임이다. 각 분회의 대표 및 총무 20여 명이 월 1회 모이는 교통안전관리위원회에서 버스 운행 중 발생하는 민원에 대한 운전기사(조합원) 책임정도 심의, 분회별 성과 평가, 성과급 지급 계획, 조합원 제기 안건 등을 논의하는데, 이러한 체계는 조합원들이 일상적으로 경영에 참여하는 시스템으로 자리 잡아 조합원들이 기업의 주인이라는 인식을 자각하게 하고 있다. 또한, 인사위원회, 공제위원회, 채용위원회, 자주관리협약위원회 등 각종 위원회를 조합원들로 구성하여 운영하고 있다.

2) 프리랜서플랫폼모델

(1) (사)한국가사노동자협회[9]

(사)한국가사노동자협회는 IMF 당시 실업단체 산하 중고령 여성 일자리사업단에서 시작하여, 2004년 가사서비스 공동 브랜드 '우렁각시'를 만들어 '전국일용여성가사업단'이라는 임의단체를 발족했다. 이후 협동조합형 조직 만들기를 위하여 협동조합 학습, 회원 월례회 운영, 상조회 조직, 회장단 구성 등 회원 중심형 조직 구조로 정비하여 2012년에 한국가사노동자협회로 전환했으며, 2018년 기준 12개 사회적경제기업 및 비영리단체가 회원으로 가입되어 있다.

(사)한국가사노동자협회가 속한 돌봄서비스시장은 2013년 대비 2016년 기준 13%의 성장을 보이는 등 지속성장이 전망되는 분야인데, 1인 가구의 증가로 인한 시장 확대추세로 민간플랫폼기업이 진입하여 기존의 전통적 지역형 비즈니스모델을 가진 비영리조직들은 규모가 축소 혹은 정체되고 있다. 가정 내 돌봄노동자는 공식노동자(요양보호사 등) 약 40만 명, 비공식노동자(간병사, 가사관리 등) 30만~60만 명으로 추정하고 있다. 이 중에서 이주노동자의 비율은 약 10%이다. IMF 이후 시장의 규모는 계속 증가하고 있으나 여전히 비공식노동이 주류를 이루고 있으며 직업소개소 등을 통해서 일자리가 제공되고 있다. 노동자들은 주로 50대 중반~60대의 고령노동자가 다수이며 근로기준법에서도 제외되

---

9   K 협동조합 대표 인터뷰, 2018년 7월 25일.

〈표 2-9〉 (사)한국가사노동자협회 회원 현황

연번	소재지	기관명	법인격
1	서울(영등포)	행복한돌봄사회적협동조합	협동조합
2	서울(성동)	성동행복한돌봄사회적협동조합	협동조합
3	서울(강북)	강북행복한돌봄사회적협동조합	협동조합
4	경기(부천)	㈜우렁각시매직케어	주식회사, 사회적기업
5	경기(시흥)	사회적협동조합시흥주거복지센터	비영리단체
6	경기(수원)	㈜돌봄세상	주식회사, 사회적기업
7	경기(남양주)	일과나눔도우누리사회적협동조합	협동조합
8	강원(원주)	원주행복한돌봄사회적협동조합	협동조합
9	전북(전주)	전북행복한돌봄사회적협동조합	협동조합
10	광주광역시	노동실업광주센터	비영리단체
11	경남(양산)	양산행복한돌봄사회적협동조합	협동조합
12	경남(창원)	착한손길협동조합	협동조합

어 있어 법적 보호를 받지 못하고 있다.

가사노동자협회의 회원단체는 협회의 지부로서 독립적인 조직 운영을 하고 있지만, 우렁각시라는 동일한 브랜드를 사용하며, 유사한 운영 형태를 가지고 있다. 이들의 비즈니스모델은 프리랜서플랫폼모델로, 협동조합은 가사서비스를 원하는 고객들과 회원들을 중개하는 역할(사무실에서 전화 상담을 통해)을 하고 있다. 조합원들은 고객에게 직접 서비스를 제공하고 서비스 수행 대가를 받으며, 협동조합에는 수수료 형태의 회비를 납부하고 있다. 조합원들이 납부하는 회비는 조합원 매출의 10%로 일반시장(직업중개소)의 절반 정도를 내고 있다. 프리랜서인 조합원들은 개별적으로 분산되어서 노동을 수행하며, 월 1회 조합원 월례회에서 조합의 운영 현황을 공유하고 조합원의 의견을 전달하며 표준화된 서비스 내용에 대한 교육 및 숙지가 이루어진다. 조합원들은 프리랜서라는 특성상 원하는 시간에 원하는 만큼 일할 수 있는가를 중요하게 생각한다. 하지만 상술한 바처럼 산업구조의 변화에 따른 지역의 시장 축소로 인해, 가사노동자협회는 지부 회원단체들과 함께 사업 혁신을 위한 수년간의 논의 끝에

<표 2-10> (사)한국가사노동자협회 비즈니스모델의 구성 요소

구성 요소	내용
목적	• 취약계층 여성(중고령, 경력단절 여성)의 일자리 창출 • 여성 돌봄노동자의 사회적 지위 향상 • 국민에게 믿을 수 있고 질 높은 돌봄서비스 제공 • 지역공동체 만들기에 기여
수익 방식	• 회비 및 수수료(일자리를 제공받는 회원과 서비스를 이용하는 이용자들이 납부하는 정기적인 수수료) • 프로젝트, 교육사업
핵심 자원	• 회원, 표준화된 서비스와 교육, 대외적 공신력(기업의 역사 및 사회적경제기업으로 가지는 평판)
핵심 프로세스	• (협회) 총회-이사회-운영위원회(지부 실무대표자 회의) • (지부) 총회-임원회의-회원 월례회의(조합 운영현황 공유, 조합원 의견 수렴, 조합원 교육, 직무교육, 조합운영 공개, 건강교육 등)
지분 구조	• 배당할 만큼 잉여가 발생하는 곳은 거의 없음. 회비, 사업 수입을 통해 조합을 운영할 정도임. 잉여가 발생할 경우 일부 회원에게 배당, 차년도 사업을 위해 적립함
지배구조	• 협동조합은 조합원 1인 1표, 주식회사 사회적기업도 1인 1표(주식 수대로 하지 않고 토론에 붙여 합의를 얻는 방식으로 결정)

정보통신기술을 활용한 플랫폼을 개발하여 회원단체들이 공동으로 활용하는 모바일 플랫폼 개발을 최근에 시작했다.

가사노동자협회는 근로기준법에서도 제외되어 있는 가사노동자들의 노동권 보장을 위한 법제화 노력을 지속적으로 벌여왔다. 또한, 노동과정에서 발생하는 사고 등을 보장하기 위한 민간보험을 개발[10]하여 조합원들에게 제공함으로써 산재 등 사회보험에서 제외되어 있는 조합원들에게 사회안전망을 지원하고 있다.

---

10 (사)한국가사노동자협회는 2006년에 한국지역자활센터협회 등 비영리기관과 협력하여 돌봄노동자 대상 배상보험(종합돌봄배상보험)을 최초로 개발하여 지금까지 이용하고 있다. 설계와 운영은 보험회사가 맡았는데 당시에는 비영리단체들이 보험을 자체 설계하고 운영할 역량이 부족했기 때문이다. 보험 운용과정에 가사노협 등 현장 기업의 의견이 반영되고 있으며, 그 결과 가입자가 늘어나면서 해마다 보험료가 낮아지고 있고, 보험 처리에서 최대한 현장 기업의 의견이 고려되고 있다.

(2) 한국아이티협동조합[11]

한국아이티협동조합은 프리랜서 정보기술(IT) 개발자들의 계약상 불리한 부분 지원, 회계·세무 지원, 신규 진입자와 고연령자에 대한 일자리 지원을 목적으로 2013년 3월, 20여 명의 조합원과 함께 설립했다.

협동조합은 조합원들에게 개발 프로젝트 등의 일을 제공하지만 조합원들이 중복적으로 이용하는 다른 플랫폼과 큰 차별성이 없어서 조합원들이 협동조합의 이점을 느끼지 못하고, 조합원 개별적으로 업무에 종사하는 개발업무의 특성상 조합원의 결속력이 크지 않다. 예를 들면, 프리랜서인 조합원들은 4대보험과 같은 사회안전망에 대한 요구가 크지만, 조합원들과 고용계약을 맺지 않고 있는 상황에서 협동조합을 통한 4대보험 가입은 가능하지 않아 조합원들의 필요를 충족시키지 못하고 있다.

협동조합이 제공할 수 있는 일감의 규모에 맞는 조합 규모를 유지하고 있으며, 개발업계 신규 진입자의 경력·고연령 개발자의 안정적 일자리 제공 등의 취약한 부분을 지원하는 협동조합으로서 역할을 하고자 하는데, 이를 위해서는 정부의 정책적 지원이 요구되는 부분들이 있다. 또한, 다른 협동조합과 기능적인 컨소시엄 등의 협업을 통해 협동조합의 힘을 키워나갈 계획이다.

프로그램 개발 시장은 분야가 넓고(금융, 유통, 공공, 의료, 상거래 등), 기술적인 다양성이 크고 개발자의 역량도 다양하여 매우 복잡하다. 개발자의 규모는 약 10만 명 정도로 보고 있으나 규모를 파악하기가 쉽지 않으며 임금은 대체로 고임금이지만, 연령이 높아지면 일거리를 얻기가 어렵고, 경력이 없는 신규 진입자들은 일자리 확보가 어렵다. 산업은 개발자 관리 회사와 영업을 주로 하는 회사로 구성되어 있다.

중앙정부 및 지방자치단체의 법적·제도적 지원은 받은 경험이 없다. 정부의

---

11   C 이사장 인터뷰, 2018년 5월 3일.

〈표 2-11〉 한국아이티협동조합 비즈니스모델의 구성 요소

구성 요소	내용
목적	• 프리랜서 정보기술 개발자들의 업무 지원 및 일자리 제공
수익 방식	• 개발 프로젝트를 수주하여 조합원들과 함께 개발, 신뢰할 수 있는 거래처들의 단기간 (3개월~2년) 일자리 주선, 수수료 5%
핵심 자원	• 조합원 일자리 확대를 위한 영업력 및 기획력
핵심 프로세스	• 설립 이후 2년간은 월 1회 조합원 모임을 운영하여 조합원 교육 및 정보 공유를 했으나 지속적인 모임 유지가 어려워서 현재는 정기적인 정보 안내만 하고 있음
지분 구조	• 조합원이 전체 지분 소유
지배구조	• 총회에서 이사회 선출

정책적 지원이 가능하다면 신규 진입자의 경우 정부 프로젝트 등을 통해 경력을 쌓게 하고, 고연령자의 경우 정부의 유지 보수 등의 업무 배정을 지원하는 정책이 필요하다고 보지만 정책적 지원 자체가 없어 추진되지 못했다.

한국아이티협동조합의 조합원들은 프로젝트 단위로 일하기 때문에, 협동조합으로부터 일자리를 제공받는 기간이 길어서 조합원 각각이 매우 분산적으로 노동에 종사하여, 조합원이 조합 활동에 적극적으로 참여하기 어려운 조건이다. 따라서 조합원에게 좀 더 강력한 협동조합의 서비스를 제공하며 조합원의 참여를 조직해내기 위해서는 불안정고용노동자들의 사회안전망 보완을 위한 법제도적 개선이 필요하며, 이를 토대로 공제회 운영 같은 새로운 비즈니스모델을 검토할 수 있다.

3) 프리랜서지원서비스모델

(1) 한국대리운전협동조합[12]

대리운전 노동자들의 열악한 노동환경 및 삶의 질을 개선하기 위해 협동조

---

12   B 사무국장 인터뷰, 2018년 4월 27일.

〈표 2-12〉 한국대리운전협동조합 비즈니스모델의 구성 요소

구성 요소	내용
목적	• 대리운전 문화를 스스로 개선하여 조합원의 권익을 보호하고 시민의 생명과 재산을 보호 • 한밤에 활동하는 일의 특성과 역량을 결집하여 사회안전에 기여
수익 방식	• 조합원 월회비
핵심 자원	• 대리기사 직무교육 역량[대리운전 안내서(319페이지, 직무교육 교본), 카드뉴스형 직무교육 자료 약 26개 600카드, 팀학습, 직무교류 SNS 5년 운영 노하우 및 기록]
핵심 프로세스	• 매월 정기 이사회(실제로는 조합원 전원이 참여하는 회의로 운영하여 조합원 전체가 의사결정에 참여하며 조합의 운영 정보를 정기적으로 공유)
지분 구조	• 조합원이 전체 지분 소유
지배구조	• 총회에서 이사회 선출

합을 설립했으며, 협동조합기본법 제정 후 설립 신고된 서울시 제1호 협동조합이다. 2010년부터 대리기사들은 인터넷 카페를 만들어 업무 정보, 초보 기사교육, 사고처리 안내 등을 해왔다. 대리기사 진입은 쉬우나 대리기사업체는 기사들에게 아무 정보도 교육도 제공하지 않았기 때문이다. 카페에서 다져진 결속력은 협동조합 설립의 기초가 되었다.

협동조합 설립 후 기업으로서 활동보다는 대리기사들의 처우 개선을 위한 다양한 활동을 했다. 서울시와 협의를 통해 휴서울이동노동자 쉼터를 개설하여 대리운전 기사들을 포함한 이동노동자들에게 쉼터를 제공하고 있고, 안전한 대리운전을 위한 직무교육용 대리운전 안내서도 제작하여 배포했다. 이는 협동조합이 직접 플랫폼을 운영하지 않고, 조합원들은 민간 플랫폼을 통해 일하고 있기 때문인데, 대리운전 플랫폼을 소유하기에는 조합원들에게 비용이 너무 크기도 하고, 포화된 대리운전 플랫폼 시장에서 대리운전 플랫폼을 시도하기보다는 대리운전 기사들의 교육과 제도개선 활동에 집중하는 것이 더 필요하다는 판단에서였다.

현재까지 대리운전 노동자 관련법이 없어서 대리기사들은 법적 보호를 받지 못하고 사각지대에 놓여 있다. 지방정부 차원에서 대리기사를 위한 이동노동자

쉼터를 지원하고 있는데, 서울시, 광주시, 창원시가 설치 및 운영을 지원하는 이동노동자 쉼터가 전국적으로 5개 있다(서울시 3개, 제주시는 예정).

한국대리운전협동조합은 작지만 공제사업을 하고 있다. 내부에 '함께 나누는 금고' 제도를 두어 50만 원, 100만 원의 소액을 조합원들에게 대출하고 있으며, 향후 상호공제가 가능해진다면 조합원의 부족한 사회안전망을 보완하기를 희망하고 있다.

2017년부터 조합원을 확대하기 시작하면서 사업모델로서 조합원에게 일자리를 제공하는 플랫폼 구축을 희망하고 있지만, 거액의 플랫폼 구축 비용의 문제, 시장규모 축소 및 다수의 영리 플랫폼과 경쟁 등의 문제가 있어 대리기사들의 직무교류 및 교육 앱 개발과 활용, 대리기사 단일 보험제 도입 및 운영, 대리기사 사회안전망 보완을 위한 공제 운영 등을 현재 추진하고 있다.

(2) 셔틀버스협동조합[13]

셔틀버스 노동자들의 열악한 노동환경 및 삶의 질을 개선하기 위해 협동조합을 설립했다. 셔틀버스 노동자들은 2015년 4월 노동조합을 설립했으며, 노동조합에서 조합원들의 생활적·경제적 문제 등을 해결하기 위해 2017년 11월에 협동조합을 설립했다. 협동조합 설립 후 법인등기까지 마쳤으나, 서울시가 2018년 하반기에 설치할 예정인 '(가칭) 통학안전 지원센터' 설립과 동시에 협동조합사업을 시작하기 위해 준비 중이다.

학교, 학원, 유치원, 어린이집 등 주로 학생 통학 등에 이용되는 셔틀버스는 전국적으로 약 30만 대로 추정된다. 시설에서 운전기사를 직고용하는 경우보다는 대부분 불법 업자를 통한 간접 고용 및 개인 지입이 다수를 이루고 있는데, 불법 지입 브로커들의 수수료 편취 및 잦은 고용계약 알선 등으로 고용이

---

13   A 총무국장 인터뷰, 2018년 4월 25일.

매우 불안하며 부당한 브로커 수수료 등의 금전적 손해는 노동자들의 몫이다. 이른 업무 시작과 밤늦은 업무 마감 등의 근무 조건, 유상 운송 관련한 고액의 민간보험, 지입 차량에 대한 전세버스업체의 불법 담보대출 등 금전적 피해의 어려움이 있다.

서틀버스협동조합의 특징은 노동조합과 협동조합, 지방자치단체 지원센터의 결합이라는 점이다. 협동조합 사업은 준비 중이지만, 노동자들의 상황을 잘 알고 있는 노동조합이 주체가 되어서 협동조합을 설립했고, 지방자치단체가 지원하는 통학안전센터는 조합원들에게 일자리 정보 제공, 직무교육 등의 역할을 함으로써 플랫폼의 기능이 예상된다. 협동조합은 플랫폼 역할을 하는 지원센터를 통해 전국 광역시도별 10여 개 이상의 협동조합을 설립하고 전국협동조합연합회를 구성하여 연합회 산하에 '서틀버스 공제조합'을 창설해 사회안전망 보완, 새로운 사업모델(조합원 서틀버스 차량 보험업, 공동 정비소) 운영을 계획하고 있다. 서틀버스협동조합의 성공은 특수고용노동자들의 플랫폼모델의 한 유형 및 공제가능성을 확인하게 할 것이다.

〈표 2-13〉 서틀버스협동조합 비즈니스모델의 구성 요소

구성 요소	내용
목적	• 조합원들의 복리 증진을 통한 생활의 질 향상: 제도적 결함으로 인한 조합원들의 어려움을 협동조합으로 해결
수익 방식	• 교육시설 운행차량 상담 및 조합원 일자리 사업, 조합원 복지몰 사업 • 매월 조합원 회비 및 공제회비: 광역시도별 10여 개 이상의 지역협동조합 설립 및 전국연합회를 설립하여 공제사업계획(유상운송 특약보험 등). 공제사업 잉여금으로 지역별 전용 정비소 운영계획
핵심 자원	• 노동조합, 협동조합, 통학안전 지원센터의 삼각구조: 노동조합은 대정부 활동, 협동조합은 조합원들의 경제적 이익 확보, 지원센터는 일자리 정보 제공의 플랫폼 역할
핵심 프로세스	• 조합원 교육. 사업 미운영
지분 구조	• 조합원이 전체 지분 소유
지배구조	• 총회에서 이사회 선출

6. 결론

지금까지 비즈니스 유형별 노동자협동조합의 특성과 사례를 살펴봤다. 각각의 노동자협동조합은 자신의 비즈니스 유형에서 제기되는 조합원 가치를 실현하기 위해 기업을 운영하며 활동하고 있다. 이러한 가치 실현의 정도는 각 협동조합의 현재 역량에 따라 달라진다. 특히, 협동조합이 설립된 지 얼마 되지 않은 소규모 프리랜서플랫폼모델의 경우 조합원에게 충분한 일자리와 부족한 사회안전망을 지원하는 것은 현실적인 제약에 부딪힐 수밖에 없다. 그럼에도 불구하고 각각의 노동자협동조합은 기업의 민주적인 운영, 쉼터와 교육을 통한 노동의 안전성 제고, 부족한 사회안전망을 보완할 공제서비스 및 보험 개발, 일자리 확대를 위한 기술 도입 등으로 노동자협동조합의 목적인 양질의 일자리를 구현해가고 있다.

그러나 노동자협동조합의 사회적 영향력은 아직 미미하다. 대부분의 협동조합이 설립 초기 운영의 어려움을 겪고 있으며, 규모화를 전제로 하는 플랫폼협동조합 역시 소규모를 벗어나지 못하고 있기 때문이다. 소규모 협동조합의 규모화, IT 플랫폼 도입, 기존 투자자소유기업의 협동조합 전환 등은 노동자협동조합 확산을 위한 중요한 방안으로 제시될 수 있다. 그러나 현실적인 법제도적 제한, 자금력의 한계 등으로 협동조합 주체만의 노력으로는 어려움이 있다. 정부의 정책적 지원이 필요한 부분이다.

앞서 검토한 Mazzarol et al.(2011)의 협동조합 연구 프레임은 협동조합의 비즈니스모델을 거시 환경 안에서 분석하며 정부 및 사회적 협력 기구의 역할과 중요성을 제시했다. 실제로 협동조합의 거시 환경으로서 정부는 협동조합의 성장과 확산에 매우 큰 영향을 줄 수 있다. Hansman(1996)은 이탈리아와 스페인 정부가 노동자협동조합에 대해 세제 및 신용 혜택을 주었던 것이 이들 국가 노동자협동조합이 성장한 요인 중 하나로 보고 있다. 프랑스에서 건설협동조합이 국가사업에 입찰할 때 협동조합에 가산점을 주는 것 역시 건설업 분야에서 노동자협동조합이 확산되는 요인으로 작용했다(Hansman, 1996; Perotin, 2016). 노동자협동조합의 확산을 위한 정부의 정책적 지원은 양질의 일자리 확대라는 성과로 이어질 수 있을 것이다.

이 글은 2가지 함의를 가진다. 첫째, 국내 노동자협동조합의 사례를 노동 및 고용 형태에 따른 비즈니스모델로 유형화하여 노동자협동조합의 개념을 불안정노동자 및 프리랜서 등 개별적인 노동에 종사하는 이들의 협동조합으로 확대했다. 국내 협동조합기본법과 기획재정부 업무 지침은 노동자협동조합을 직원협동조합으로 분류하고 협동조합과 조합원이 고용관계를 맺는 전통적인 기업 모델에 한정하고 있다. 하지만, 실제 협동조합 현장에서는 많은 불안정노동자들과 프리랜서노동자들이 협동조합을 조직하고 직원(노동자)협동조합으로 운영하고 있다. 변화하는 현실에 맞는 개념 정의가 정책 및 실천의 구체적 대안으로 이어질 수 있다. 이 글을 통해 노동자협동조합의 개념이 재정의되기를 기대한다.

둘째, 노동자협동조합을 노동 및 고용 형태를 중심으로 유형화하여, 각 유형별 노동자협동조합의 구체적인 사회적 역할을 밝혔다. 특히 불안정노동의 확산 등으로 전반적인 노동조건과 일자리 질이 악화되는 시기에 노동자협동조합이 하나의 대안이 될 수 있음을 보여주었다.

그러나 이 글의 한계도 분명하다. 각 비즈니스모델 유형별 운영 사례 등을 분석했으나 구체적인 지표를 통한 재무적 성과, 사회적 성과 사례 등을 분석하지는 못했다. 향후 단일사례연구 방법을 활용한 개별 협동조합에 대한 깊이 있는 연구로 각 비즈니스모델의 사회적 자본 및 경제적 자본 창출을 밝힌다면, 노동자협동조합의 비즈니스모델 이론을 더욱 공고히 할 수 있을 것이다. 농협, 소비자생협, 신협 등 오랜 역사를 가진 협동조합들에 비해 노동자협동조합에 대한 연구는 아직 활발하지 않다. 노동자협동조합이 가진 사회적 역할을 감안할 때 더욱 많은 연구가 이루어져야 한다. 노동자협동조합이 활성화될 수 있는 산업 분야, 노동자협동조합의 비즈니스모델 유형별 운영 및 성과 사례, 정부의 정책적 지원이 집중되어야 할 구체적인 과제 등에 대한 후속 연구가 필요하다.

참고문헌

김근주. 2017. 「ILO 기준을 통해 살펴본 양질의 일자리와 한국의 비정규직 문제 및 개선방안」. 『국제노동기구 권고의 이행상황 점검과 한국의 비정규직 문제 개선방안 모색을 위한 토론회 자료집』, 국가인권위원회.

김성오. 2012. 『행복한 고용을 위한 성장』. 고양: 역사비평사.

김용원. 2009. 「노동자 자주관리기업의 성공가능성에 관한 연구: ㈜달구벌버스의 사례를 중심으로」. ≪한국협동조합연구≫, 27(2), 33~56쪽.

김유선. 2016. 「비정규직 규모와 실태 : 통계청, '경제활동인구조사 부가조사'(2016.8) 결과」. 한국노동사회연구소. ≪KLSI Issue Paper≫.

김을식 외. 2012. 「한국의 고용현황과 일자리 미스매치」. 경기연구원. ≪이슈&진단≫, 49호.

김을식·김군수·윤은식. 2012. 「일자리 미스매치 현장 실태조사」. 경기연구원.

김정원·차유미. 2017. 「특수형태근로 문제의 해법으로서 협동조합의 가능성과 한계: ○○퀵물류협동조합 사례 중심으로」. ≪지역사회연구≫, 25(2), 253~276쪽.

김활신·장승권. 2015. 「조직학습관점에서 바라본 노동자소유기업의 조직변화: 청주 우진교통 사례」. ≪한국협동조합연구≫, 33(3), 233~261쪽.

우미숙·장종익. 2018. 「프리랜서협동조합의 유형별 특성 분석」. ≪한국협동조합연구≫, 36(1), 1~19쪽.

원종호·장승권. 2017. 「조직변화와 자기조직화: 해피브릿지의 노동자협동조합 전환사례」. ≪Korea Business Review≫, 21(1), 261~282쪽.

장종익. 2014. 「사업자협동조합의 발전가능성 탐색」. ≪한국협동조합연구≫, 32(3), 179~197쪽.

채창균 외. 2012. 「주요 청년고용 정책 이슈 분석」. 한국직업능력개발원.

최창곤. 2017. 「일자리와 고용창출의 차이와 미스매치」. ≪경제연구≫, 35(1), 99~113쪽.

Mazzarol, T., R. Simmons and M. Limnios. 2011. *A Conceptual Framework for Research into Co-operative Enterprise*. CEMI Discussion Paper Series, DP 1102, Centre for Entrepreneurial Management and Innovation.

Abell, H. 2014. *Workers Cooperative: Pathway to Scale, The Democracy Collaborative*. The Democracy Collaborative.

Bartlett, W. et al. 1992. "Labor-Managed Cooperatives and Private Firms in North Central Italy: An Empirical Comparison." *Industrial and Labor Relations Reviews*, 46(1), pp.103~118.

Birchall, J. 2011. *People-Centred Business: Co-operatives, Mutuals and the Idea of Membership*. Palgrave Macmillan.

CICOPA. 2018. "The Future of Work: Where Do Industrial and Service Cooperatives stand?" http://www.cicopa.coop, 2018.

Conforth, C. et al. 1988. *Developing Successful Worker Cooperatives*. Sage.

Corcoran, H. and D. Wilson. 2010. *The Worker Co-operative Movements in Italy, Mondragon and France: Context, Success Factors and Lessons*. Canadian Worker Co-operative Federation.

Erdal, D. 2012. *Beyond Corporation: Humanity Working*. Random House.

Hansmann, H. 1996. *The Ownership of Enterprise*. Harvard University Press.

Hough, P., D. Wilson and H. Corcoran. 2010. *The Worker Co-op Sector in Canada: Success Factors, and Planning for Growth*. Canadian Worker Co-operative Federation.

ILO. 2017. "No.6 Cooperation in a Changing World of Work: Towards a Cooperative Future." http://www.ilo.org/wcmsp5/groups/public/---dgreports/---cabinet/documents/publication/wcms_547459.pdf.

Osterwalder, A. and Y. Pigneur. 2010. *Business Model Generation*. Wiley.

Perotin, V. 2016. "What Do We Really Know about Worker Co-operatives?" https://www.uk.coop/sites/default/files/.../worker_co-op_report.pdf.

Roelants, B. et al. 2012. *The Resilience of the Cooperative Model*. CECOP-CICOPA Europe.

Whyte, W. F. and K. K. Whyte. 1991. *Making Mondragon: The Growth and Dynamics of the Worker Cooperative Complex*. ILR Press.

Yin, R. K. 2009. *Case Study Research: Design and Methods*, 4th ed. Sage.

Zamagni, S. and V. Zamagni. 2009. *Cooperative Enterprise Facing the Challenge of Globalization*. Edward Elgar.

일하는사람들의협동조합연합회 (www.kfwc.or.kr)

CICOPA (www.cicopa.coop)

Co-operative Press (www.thenews.coop)

의료복지사회적협동조합의 제도 변화*

오춘희·김선화·이상윤

1. 서론

의료복지사회적협동조합(이하 의료사협)은 1994년 안성에서 시작되어 2020년 2월 기준 25개의 의료사협과 1개의 연합조직이 운영되고 있고, 4만 8천여 명의 조합원이 참여하고 있다(한국의료사협연합회, 2020: 102). 현재는 줄임말로 의료사협으로 명명하고 있지만, 설립 초기부터 이 명칭을 사용한 것은 아니다. 초기에는 의료생활협동조합으로 명명해오다가, 1999년에 제정된 소비자생활협동조합법(이하 생협법)에 근거한 조직이 되면서 의료소비자생활협동조합으로 명명하기 시작했다(박봉희, 2016). 2012년에 협동조합기본법이 제정된 후에 의료소비자생활협동조합들이 사회적협동조합으로 전환하면서 '의료복지사회적협동조합'이라는 현재의 공식 명칭을 갖게 되었다.[1] 한국의료복지사회적협동조

---

* 이 장은 다음 논문을 기반으로 한 것이다. 오춘희·김선화·이상윤, 「의료복지사회적협동조합의 제도 변화」. ≪한국협동조합연구≫, 38권 1호(2020), 155~184쪽.

합연합회(이하 연합회)는 의료복지사회적협동조합이란 공익을 목적으로 지역주민과 조합원, 의료인이 협동하여 의료기관 운영 및 건강 증진활동 등을 통해 건강한 공동체를 만들어가는 사회적협동조합으로 정의하고 있다.[2]

국제협동조합연맹(International Co-operative Alliance: ICA)의 협동조합 정의에 명시되어 있는 것처럼 의료사협은 사회적 필요는 있지만 보건의료 영역에서 충족되지 않는 부분을 채우기 위해 시작되었다. 정부의 의료체계로는 전 국민이 동등하고 충분한 의료보장을 받을 수 없다는 보건의료제도의 문제를 인식하고 해결 방식을 고민하면서 협동조합 방식을 도입했다. 보건의료에 관한 사회적 문제를 풀어가고자 했던 의료인들이 보건의료 영역과 사회적경제 영역을 융합한 새로운 조직필드(organizational field)를 형성하기 시작한 것이다. 최근에는 지역사회통합돌봄(커뮤니티케어, Community Care)[3]을 위해서 복지 영역과 융합을 시도함으로써 보건의료, 사회적경제, 복지 영역의 일부를 융합하며 조직필드를 변화시키고 있다. 이 글은 지난 25년 동안 의료사협이라고 하는 새로운 조직필드를 생성하고 강화하기 위해서 어떠한 제도실천행동(institutional work)이 수행되어왔는가를 연구하고자 한다.

1970년대 사회학 기반의 신제도론이 개발된 이후 한동안 제도의 개념은 합

---

1   이 글에서 사회적협동조합으로 전환되기 이전의 의료사협을 설명할 때는 '의료생협'으로 기술하고, 시기를 구분할 필요가 없거나 사회적협동조합으로 전환된 이후의 내용을 설명할 때는 '의료사협'으로 기술했다.

2   한국의료복지사회적협동조합연합회 홈페이지, http://hwsocoop.or.kr/welfare-and-social-care-cooperatives/health-and-social-welfare-means-of-cooperative/welfare-and-social-care-cooperatives/

3   커뮤니티케어란 돌봄(care)을 필요로 하는 주민들이 자택이나 그룹홈 등 지역사회(community)에 거주하면서 개개인의 욕구에 맞는 복지급여와 서비스를 누리고, 지역사회와 함께 어울려 살아가며 자아실현과 활동을 할 수 있도록 하려는 사회서비스 체계를 의미한다. 지역에서 보건의료와 돌봄복지서비스를 함께 제공하는 것을 골자로 한 정책으로 보건복지부에서 2018년에 정책을 발표했다(오영인, 2019).

리적으로 해석할 수 없는 규범, 문화, 상징체계로서 행위자 외부에 주어진 것으로 인식되었고, 행위자들은 거시제도에 의해 제약되는 것으로 보았다(Lawrence and Suddaby, 2006: 219). 하지만 최근에 제도의 생성 및 와해와 같은 과정을 통해 변화하고 있는 지점에 초점을 맞춘 연구가 증가하고 있다. 대표적으로 Lawrence and Suddaby(2006)는 제도를 생성, 유지, 와해하려는 개인 또는 집합적 행위자의 목적 있는 행동을 제도실천행동으로 정의하고, 행위자들이 제도실천행동에 관여하는 상황을 이해할 수 있는 관점을 제시했다. 새로운 형태의 조직이 등장하게 되면 이에 영향을 받은 유사한 조직들이 이어서 등장하기도 한다. 이러한 조직들은 동일한 의미 시스템에 참여하고, 유사한 상징적 과정 속에서 공통된 규제를 받는 조직의 집합으로 조직필드를 형성한다(Scott, 2001). 조직은 하나의 필드가 아닌 여러 필드에 관여할 수 있으며 다수의 제도적 영향을 받기도 한다(Scott, 2014). 제도실천행동 관점은 다양한 행위자들의 의도와 노력이 담긴 목적 있는 행동을 통해 의료사협이라는 조직필드가 생성되어온 과정을 설명하는 데 유효하다.

한국에서는 제도의 생성이나 소멸 등의 변화를 설명하는 연구를 접하기가 쉽지 않다(이경묵, 2019). 그 이유에 대해 이경묵(2019)은 한국 조직학계의 제도 연구자들이 조직 전체의 모습이 아닌 특정 제도나 관행에 초점을 맞춰 현상을 설명하는 연구에 치중해왔고, 주로 양적연구를 진행하면서 심층적인 사례연구가 부족하며, 한국적 특수성에 대한 토론이나 고려가 거의 없이 서구 이론을 차용하는 수준에 그친 연구가 대부분이라고 지적한다.

제도실천행동 관점은 의도하지 않은 결과가 발생하는 것을 인정한다. 하지만 그것에 대응하는 행위자들의 제도실천행동을 분석한 연구는 부족하다. 실제로 제도 변화에 관한 연구로는 소비자생활협동조합의 공정무역제도 생성을 연구한 김선화·장승권(2018)의 논문이 있으며, 제도 혁신가의 개념으로 청년유니온 사례를 통해 제도 변화와 유지를 연구한 논문이 있다(양경욱, 2019). 하지만

이 두 연구 모두 특정 조직을 대상으로 한 것으로 조직필드의 생성과 유지를 살펴보지는 못했다. 이 글은 의료사협 조직필드의 제도실천행동을 탐색함으로써 조직필드의 제도 생성과 유지에 관한 연구에 기여하고자 한다.

이 글의 연구 대상인 의료사협과 관련된 연구의 대부분이 사회복지학, 행정학, 사회학 또는 보건의료 관점에서 진행되어왔으며 특히 제도이론에 근거하여 의료사협을 연구한 내용은 드물다. 정소윤·한상일(2014)은 안성과 원주 의료사협의 다양한 참여자 간 상호작용의 역동성에 주목하여 연구했다. 그들은 두 조직 간 지역사회와의 상호작용 방식을 비교하면서 지역에 기반한 의료사협의 제도화 과정을 설명했다. 김재엽(2017)은 안성, 인천, 안산 의료사협을 중심으로 의료사협의 성공 요인을 파악하고자 했고, 주 성공 요인으로 주민이 원하는 지역사회복지 성격을 가졌을 때 조합원 규모가 확대되는 것으로 파악했다. 이재희·윤민화(2018)는 사회적 가치를 실천하는 의료사협에서의 일의 방식을 연구했다. 이현재(2017)는 페미니즘의 시각에서 돌봄의 윤리를 실현하는 도시공동체경제로서 의료사협을 설명한다. 이런 연구들은 의료사협의 사회적 역할을 다양한 각도에서 드러내는 것에 의미를 지니지만 의료사협 전체 조직필드의 제도 생성을 살펴보지는 못했다.

의료사협 조직필드가 생성된 과정을 분석한 연구가 부재하기에, 이 글은 의료사협이 어떻게 새로운 조직필드를 구성해왔는지 살펴보기 위해 탐색적 사례연구를 진행했다(Yin, 2003). 연구를 수행하기 위해서 사례에 대한 문헌연구, 면접, 참여관찰을 진행하면서 자료를 수집하고 분석했다. 이 글은 다양한 영역을 융합하면서 의료사협의 조직필드를 생성해왔던 과정을 분석함으로써 사회적 필요를 해결하고자 하는 사회적경제의 제도 생성과 변화를 이해하는 데 시사점을 제공하고자 한다.

2. 이론적 배경

제도론은 다양한 학문 분과에서 발전해왔다. 경제학, 사회학, 정치학, 행정학 그리고 경영학에서 제도론이 발전해왔고, 학문 분과와 학자들에 따라서 제도의 의미, 행위자를 바라보는 시각, 분석 수준 등에서 차이가 있다. 이 글은 사회학과 경영학 분야에서 발전해온 신제도론(neo-institutionalism)을 통해 사례를 분석하고자 한다. 제도론은 조직이 목적을 달성하기 위한 공식 구조라는 전통적 합리주의 모델을 거부하며 탄생했다. 초기 연구자로 Selznick(1949)을 주목하는데, 그는 테네시강 유역 개발공사 사례를 연구하면서 조직이 초기에 목적하던 바와 무관하게 다른 조직으로 변화된 과정을 분석했다. Selznick(1948: 25)은 조직을 하나의 사회제도(a social institutional)로서 정의했다. 그는 사회와 조직의 상호연관성을 드러냄으로써 기존의 조직이론들과 다른 시각을 제시했다 (신동엽·이상묵·김선혁, 2008).

이후에 제도론은 1970년대 중반 Meyer and Rowan(1977)에 의해 신제도론으로 발전했다. Meyer and Rowan(1977)은 조직의 공식 구조와 실제로 운영되는 방식이 '괴리(decoupling)'되어 있음을 발견하고 공식 구조가 신화나 의례처럼 재생산되면서 제도화되는 과정을 설명하고 있다. 조직은 정당성을 확보하기 위해서 제도적 환경에서 요구하는 운영 방식을 채택하지만, 실제로는 개별 조직의 효율성에 따라 운영된다는 것이다. 이후 신제도론은 조직필드 내의 조직 구조나 프랙티스가 동형화(isomorphism)되는 것에 주목했다. 동형화되는 것은 경제적으로 적합하게 대처하기보다는 제도적 정당성을 얻기 위한 과정이라고 설명한다(DiMaggio and Powell, 1983). 여기서 조직필드는 조직의 형태나 프랙티스가 확산되고 제도화되는 구조적 단위로서 조직에 영향을 행사하는 무대로 정의된다. 조직필드에는 규제, 후원, 경쟁하는 파트너들이 포함되며 조직들 사이에 상호작용이 일어난다(Dimaggio and Powell, 1983). 그리고 조직필드에서는 조직의 경계, 정체성이 정의되고(Scott, 2001), 조직의 형태와 제도적 패턴을 형성하는 데 영향을 미친다(Scott and Davis, 2007: 277).

하지만 신제도 사회학에서는 조직을 바람직하고 당연하다고 정의된 제도적 환경을 따르는 것으로 상정함으로써 개인 또는 집합적 행위자가 제도를 변화시키는 역동적 과정에 관심이 부족했다(Suddaby, Seidl and Le, 2013). 최근에 이러한 한계를 인식한 연구자들은 제도 변화에 초점을 맞춰 연구를 진행하고 있다. 제도 변화는 대인관계 및 조직 하부수준에서 거시 사회 및 세계 수준으로 진행될 수 있다. 그리고 단기간에 일어나기도, 장기간에 일어나기도 한다(Dacin, Goodstein and Scott, 2002: 45).

제도실천행동 관점은 제도가 만들어지고 변형되고 소멸되는 과정에 초점을 맞추고 있다(Lawrence and Suddaby, 2006). 그간의 신제도 사회학이 제도가 행위자에게 미치는 영향에 초점을 맞추었다면, 제도실천행동은 행위자가 제도에 미치는 영향에 관심을 두고 있다. 제도실천행동은 가시적이고 급격한 행동보다는 행위자들이 일상적으로 시도하는 조정, 적응, 타협과 같은 비가시화된 것을 드러내려고 한다. 행위자의 실천적 행동(practical actions)을 이해하는 사례연구를 강조하고 있으며, 섹터, 지리적 경계, 시간 프레임을 가로지르는 경험적 맥락을 조사하는 것에 가치를 둔다(Lawrence, Suddaby and Leca, 2009).

제도실천행동에서는 "제도를 생성하고(creating), 유지하고(maintaining), 와해하는(disrupting)" 것과 "제도의 생성(creation), 유지(maintenance), 와해(disruption)"를 구분한다. 단순히 동명사와 명사의 차이가 아니라, 전자는 활동의 집합을, 후자는 성취의 집합을 표현한다. 활동과 성취 모두 제도연구에서 다루고 있으나, 제도실천행동은 활동연구에 초점을 맞춘다(Lawrence, Suddaby and Leca, 2009: 10). 활동을 탐구하는 것은 성취를 탐구하는 것과 다른 질문과 대답을 이끌어낸다. 왜, 언제, 어디서, 어떻게 행위자들이 제도를 변화시키거나 유지하는지를 보는 것이며, 제도실천행동의 유형, 그리고 새로운 제도의 생성을 성공적으로 이끄는 요소들을 연구에 포함한다. 그리고 행위자들이 제도실천행동에 관여하는 상황을 이해하고, 실천행동을 지지하거나 방해하는 요소들에 대한 이해를 포함한다. 이때 과정을 선형적으로 보기보다는 프랙티스 관점에서 제도실천행동을 연구한다(Lawrence, Suddaby and Leca, 2009: 10). 프랙티스 관점에서 행동은 규칙과 규범에 완전히 제약되지 않으며, 그렇다고 새로운 제도를 생성하는 무한한 능력을 갖는 것도 아니라고 본다. 제도실천행동 관점에서 제도는 제도를 생성, 유지, 와해하기 위한 행위자들의 목적 있는 행동의 산물로 정의하며, 개인적 관심과 의제에 의해 제도 변화나 보존을 위한 동기가 부여된다고 간주한다(Lawrence, Suddaby and Leca, 2009).

제도실천행동에서 실천행동(work)[4]의 개념에는 의도성과 노력의 의미가 내포되어 있다(Lawrence, Suddaby and Leca, 2011). 실천행동의 사전적 의미는 결과를 달성하기 위해 행해지는 정신적 또는 물리적 노력에 관련된 활동이다. 노력은 정도와 종류가 다양하고 제도실천행동으로 인정될 수 있는 다양한 행동양식을 제시한다. 노력의 개념은 노력이 야기되는 조건과 동기, 그것을 구성하는 프랙티스와 전략, 효과, 의도된 것과 그렇지 않은 것을 이해하는 연구에 특히 중요하다. 제도실천행동에 관한 노력은 제도들과의 관계뿐만 아니라 노력이 발생하는 제도적 맥락과의 관계를 명확하게 한다(Lawrence, Suddaby and Leca, 2009). 즉, 개인과 집합적 행위자들의 인지(awareness), 기술, 성찰에 초점을 맞춘다.

제도실천행동은 성공할 수도 있고 실패할 수도 있다고 설명한다. 의도하지 않은 방식으로 예상치 못하게 제도에 영향을 미칠 수도 있고, 행위자들에 의해

---

4   Oxford English Dictionary Online에서 검색한 것에 따르면 'Action or activity involving physical or mental effort and undertaken in order to achieve a result'로 명시되어 있다(검색일: 2019년 10월 10일).

애초에 인지된 것과 다르게 제도를 생성하거나 와해할 수 있음을 드러내고 있다(Lawrence, Suddaby and Leca, 2009: 11).

Lawrence and Suddaby(2006: 220)는 지난 15년간 조직연구 분야의 주요 저널에 출판된 제도 논문을 검토하여 제도 생성, 유지, 와해 시 나타나는 실천행동의 유형을 범주화하고 제도 생성과 관련된 9가지 유형의 제도실천행동을 제시했다. 규율과 소유권, 경계를 재구성하는 정치적 실천으로 옹호(advocacy), 정의(defining), 권한 부여(vesting) 3가지를 제시한다. 행위자의 신념 체계를 재조정하는 3가지 실천으로는 정체성 구성(constructing identities), 규범적 연합 변화(changing normative associations), 규범적 네트워크 변화(changing normative networks)를 제시한다. 그리고 의미체계의 경계가 되는 추상적 범주를 변화시키도록 디자인하는 3가지 실천으로는 모방(mimicry), 교육(educating), 이론화(theorizing)가 있다. 제도실천행동이 이루어지기 위해서는 행위자들의 노력이 담긴 숙련된 실천이 중요하다. 그리고 기술과 자원도 관련이 되어 있다. 제도 생성에서의 핵심은 규칙을 구축하는 역량, 규칙을 강화하는 보상과 승인을 구성하는 역량이다(Lawrence and Suddaby, 2006).

제도는 자기 재생산을 하고, 당연한 지위를 갖고, 생존을 지속하기 위한 규제 메커니즘과 관련되어 있는데, 강력한 제도조차도 효과적으로 남아 있으려면 "주로 규칙 시스템을 준수하도록 함으로써", 또는 "존재하는 규범과 신념체계를 재생산함으로써" 제도를 유지한다. 제도 유지와 관련된 6가지 유형의 제도실천행동은 다음과 같다. 첫 번째 3가지 자산공유(enabling), 감시활동(policing), 저지하기(deterring)는 주로 규칙 시스템을 준수하며 제도를 유지하는 것을 설명한다. 다른 3가지 안정화/악마화(valorising/demonising), 신화화(mythologizing), 배태됨 그리고 루틴화(embedding and routinizing)는 존재하는 규범과 신념체계를 재생산하는 제도를 유지하는 것과 관련된 노력에 초점을 맞춘다.

제도 와해에 관한 연구는 "국가 및 비국가 행위자가 국가기구를 통해 일부 프랙티스, 기술 또는 규칙에서 보상 및 제재를 분리하는 작업"이나 "프랙티스, 규칙 또는 기술을 도덕적 기초에서 분리시킴으로써" 그리고 제도를 안정화하는 "핵심 가정과 신념을 손상시킴으로써" 제도를 와해한다(Lawrence and Suddaby, 2006: 235~237).

Lawrence, Leca and Zilber(2013)는 제도실천행동의 여러 유형이 동시에 수행될 수 있으며, 제시되지 않은 새로운 실천행동이 나타날 수도 있고, 때로는 동일한 행위자들에 의해 수행되기도 함을 설명한다. 이는 제도가 즉시 중단되거나 유지되거나 만들어질 수 있음을 의미한다(Zietsma and Lawrence, 2010; Micelotta and Washington, 2013). 해외에서는 제도실천행동 관점을 적용한 다양한 연구들이 진행되고 있다. 제도 생성, 유지, 와해 각각에 초점을 맞춘 연구들도 있고, 제도실천행동과 시간이나 공간과 같은 개념들과 연결지어서 탐구하는 연구들도 있다. 하지만 국내에서 제도실천행동 관점을 적용한 연구는 흔치 않다. 김선화·장승권(2018)은 생협 조직필드에서 반대해왔던 공정무역 프랙티스를 도입하기 위해 어떠한 제도실천행동을 해왔는지 연구했고, 제도 생성과 유지 과정에서 3가지 제도실천행동이 수행되었음을 밝혔다. 제도실천행동 관점을 적용하여 의료사협이 조직필드를 생성하고 유지하는 것을 살펴본다면 행위자들이 어떠한 관여를 해왔는지 이해하는 데 도움이 될 것으로 본다. 이 글은 한국의 의료사협이 현재의 조직필드를 구성하기 위해 어떠한 제도실천행동을 해왔는지 분석한다.

3. 연구 방법

1) 연구 대상

이 글은 의료사협 조직필드를 연구 대상으로 한다. 의료사협은 현재 이용자, 직원, 후원자 조합원으로 구성된 다중이해관계자 '사회적협동조합'[5]이다. 2020년 2월 기준 의료사협으로 조직 전환을 준비하고 있는 4개의 의료생협을 포함하여 서울, 경기, 인천, 강원, 대전, 전남, 전북, 충남, 대구 등에서 25개의 의료사협이 운영되고 있으며, 이 조직들이 참여하는 연합회가 있다. 전체 의료사협 조합원 수는 총 4만 8554세대이며 출자금은 약 130억 원, 전체 매출규모는 약 400억 원에 이른다(한국의료사협연합회, 2020: 102). 의료사협에서는 의원, 한의원, 치과의원, 노인요양시설 등의 사업체를 운영하고 있으며, 장애인과 노인, 지역주민의 보건의료 지원과 지역사회통합돌봄(커뮤니티케어) 등의 사회서비스 활동을 수행한다.

1999년 이전에 설립된 초기 의료사협들은 의료생활협동조합이라는 명명을 사용하기는 했으나 임의단체였으며 1999년 생협법이 제정되면서 의료생협으로 법인격을 갖추었다. 2012년 12월 협동조합기본법이 제정되면서 지금의 의료사협으로 조직을 전환했다.

의료사협의 태동인 안성의료사협과 인천의료사협은 기독청년의료인회[6]라는

---

5   사회적협동조합은 지역주민들의 권익·복리 증진과 관련된 사업을 수행하거나 취약계층에게 사회서비스 또는 일자리를 제공하는 등 영리를 목적으로 하지 아니하는 협동조합을 말한다(협동조합기본법 제2조).

6   기독청년의료인회는 각 대학의 기독교학생회 활동을 하는 의료인들이 주축이 되어 1987년 10월 설립되었다. 노동자, 도시빈민, 농민들을 위한 민중의료 실천 활동을 했으며 이후에도 기금 마련을 통해 의료사협의 운영자금을 빌려주거나 의료사협에 필요한 의료인을 연결해주는 등 지원 조직으로 의료사협과 함께해 왔다.

〈표 3-1〉 의료사협의 특징 및 주요 행위자

구분		1시기(1987~1998)	2시기(1999~2003)	3시기(2004~2011)	4시기(2012~현재)
관련법		의료법	소비자생활협동조합법		협동조합기본법
호명		의료생활협동조합	의료소비자생활협동조합		의료복지 사회적협동조합
건강 관점		평등의료 • 민중의 건강권 확보 • 평등의료 실현	의료이용자 중심 • 믿을 수 있는 진료 • 이용자의 알 권리 중시 • 건강의 주체로 인식	지역사회 중심 • 공동의 문제해결 • 주민 조직화	건강의 사회화 • 의료공공성 강화 • 건강불평등 해소 • 지역사회통합돌봄 실현
주요 행위자		기독청년의료인회 보건의료운동가	의료생협네트워크	한국의료생협연대	지역 의료사협
의료 사협 조직 현황	개별	1994 안성(사) 1996 인천(사)	2000 안산(사) 2002 원주(사) 2002 서울(사) 2002 민들레(사)	2004 전주(사) 2005 함께걸음(사) 2007 해바라기(사) 2008 성남 2009 수원(사) 2009 시흥희망(사)	2012 살림(사) 2012 대구시민 2012 마포 2012 행복한마을(사) 2012 순천 2013 건강한 2014 느티나무(사) 2015 홍성 2016 부천 2018 익산(예비사) 2019 화성 2019 관악정다운 2019 성북
	연합		한국의료생협연대(2003) → 한국의료생협연합회(2011) → 한국의료사협연합회(2013) 2012 한국의료생협연합회 부설 교육연구센터 개소		
의료 사협 관련 정책 및 법제도	보건 의료	1989 전국민의료보험 실시 1995 지역보건법 개정 1995 국민건강증진법 제정 1995 의료기관서비스 평가 1997 포괄수가제 시범사업	2000 약사법 개정, 의약 분업 실시 2000 보건의료기본법 2000 원격의료시범사업 2001 WTO 사회화 서비스 시장 개방: 의료서비스산업선진화론	2005 개인실손형보험 도입 2006 서비스산업 경쟁력 강화 종합대책 발표 2007 노인장기요양법 제정	2015 장애인건강권법 제정 2017 문재인케어 발표
	사회적 경제		1999 소비자생활협동조합법 제정	2007 사회적기업육성법 제정 2010 생협법 개정	2012 협동조합기본법 제정 2017 사회적경제활성화 정책
	커뮤니티케어				2018 지역사회통합 돌봄(커뮤니티케어) 기본 계획 2019 지역사회통합 돌봄 선도사업

단체와 노동자들의 건강을 고민하는 보건의료운동가들이 중심이 되어 설립되었다. 안성, 인천, 그리고 뒤이어 설립된 안산의료사협은 함께 네트워크를 구성했고, 이후 연합조직의 설립으로 이어졌다. 연합조직을 통해 의료사협의 주요 정책 및 사업, 그리고 활동의 전문화를 꾀했다. 〈표 3-1〉은 의료사협이 생겨난 초기부터 현재까지 시기별로 주요하게 의료사협에 영향을 미쳤던 법제도와 주요 행위자 및 조직 현황을 정리한 것이다. 시기별로 의료사협은 변화해왔으며, 이를 뒷받침하는 건강에 대한 관점 또한 변화해왔다.

첫 번째 의료사협을 설립한 이후에 지난 25여 년간 전국적으로 꾸준히 의료사협이 늘어났다. 법적 근거가 없는 임의단체 시기에 2개의 의료사협이 설립되었고, 생협법 제정으로 법적 근거가 마련된 이후에 15개의 의료사협이 설립되었다. 협동조합기본법이 제정되고 난 뒤에 기존에 설립되었던 곳들이 사회적협동조합으로 전환하기 시작했으며, 8개의 의료사협이 신설되었다. 의료사협이 지향하는 목적과 가치에 동참하는 행위자들이 꾸준히 증가하고 있음을 확인할 수 있다.

의료사협이 조직필드를 구성하는 과정은 사회문제를 인식한 의료사협의 행위자들이 어떠한 위치에서 어떠한 사회적 역할을 할 것인가를 스스로 결정하고, 제도적 환경을 구성하는 과정이었다. 그 과정에서 정부 정책을 비판하기도 하고, 법제도 및 정책 형성에 기여하기도 하면서 현재의 조직필드를 구성한 것이다. 이 글은 의료사협이 조직필드를 형성해온 과정을 제도실천행동 관점으로 분석하고자 한다.

2) 자료 수집 및 분석

의료사협이라는 새로운 조직필드를 형성해왔던 행위자들의 의도와 실천의 복잡한 과정을 분석하기 위해서는 사례연구가 적절하다고 판단했다. 사례연구는 시간 경과에 따라 하나 또는 여러 사례들을 탐색하기 위해 관찰, 면접, 시청각 자료, 문서 등의 다양한 자료를 상세하게 수집하고 사례 주제를 가지고 기술하는 것이다(Creswell, 1998).

이 글에 관한 자료를 수집하는 과정에서 연구의 목적과 의미를 설명하고 연구에 대한 자료제공 동의를 얻었으며 준수해야 할 연구 수칙에 대해 함께 합의하는 과정을 거쳤다. 자료 수집은 일차적으로 문헌연구를 진행하고, 이차적으로 면접을 진행했다. 의료사협의 태동부터 각 시기별 구체적인 사업과 조직적 실천, 제도화 과정 등을 세밀하게 살펴보기 위해 연합회 총회 자료집 및 지역 의료사협의 총회 자료집, 교육 자료, 그리고 각종 회의와 정책 토론회 기록 등을 1차 자료로 수집하여 초기 분석을 진행했다. 이후 인터뷰를 통해 추가적인 자료 수집을 진행했다. 자료 수집방법은 〈표 3-2〉와 같다.

이 글의 연구자 중 1인은 2002년부터 의료사협에 관한 일을 했다. 시간차를 두고 두 군데의 의료사협 설립을 위한 준비부터 시작하여 운영에 참여했다. 최근에는 연합회에서 사업을 진행하고 정책을 생산하는 역할을 해왔다. 연구자가 의료사협의 조직필드를 형성하는 초기부터 의료사협에 참여해왔기 때문에 조직필드에서 일어난 일들을 상세하게 관찰할 수 있었다.

그리고 연구의 타당성을 높이기 위해서 초기부터 의료사협의 조직필드를 형성하는 데 주요하게 참여해왔던 행위자들과 면접을 진행했다. 면접은 2019년 7월부터 11월까지 진행했으며, 짧게는 1시간 길게는 4시간 동안 진행했다. 인터뷰는 반구조화된 방식으로 진행했다. 개방적인 질문으로 전반적인 흐름을 확인하고, 구조화된 질문을 통해 구체적인 내용을 확인했다. 의료사협의 특성상 의료사협에서 활동했던 사람들이 연합회에서 근무하고, 다시 의료사협으로 돌아가기도 한다. 3명의 피면접자들은 의료사협과 연합회를 모두 경험한 사람들로 의료사협의 조직필드를 구성해왔던 과정을 폭넓게 확인할 수 있었다. 인터뷰 현황은 〈표 3-3〉과 같다.

〈표 3-2〉 자료 수집방법

자료 수집방법	대상	내용
문서정보	총회 자료집	1996~2010 안성의료사협 예산, 결산 총회 자료집 1996~2005 인천의료사협 조합원 총회 자료집 1999~2002 안산의료사협 2003 민들레의료사협, 서울의료사협 총회 자료집
		2002~2019 한국의료사협연합회 총회 자료집
	교육 자료	2002 〈의료생협의 현재 그리고 새로운 도약〉 자료집 2003 〈공공의료정책의 방향과 의료생협의 과제〉 2007 〈함께 걸어 좋은 길 I〉 2013 〈함께 걸어 좋은 길 II〉 2016 〈의료사협 역량강화를 위한 전략경영_2016년 협동조합 맞춤형 아카데미〉
	사업 자료	2004~2009 한국의료사협연합회 집행위원회 회의록 2005~2015 한국의료사협연합회 비전워크숍 종합편 2005 2004년 노동부 사회적일자리 광역사업 평가 자료집 2015 APHCO(아시아태평양의료협동조합) 심포지움 자료집 2017 한국의료사협연합회 장애인주치의사업 최종 평가 보고서
	정책제안 자료	2015~2018 한국의료사협연합회 정책제안 자료
인터뷰	전문가	의료사협 전·현직 활동가 7인 인터뷰, 총 14시간
직접 관찰	연구자	2002~2019년 사이에 연구 중 1인이 직접 관찰

〈표 3-3〉 면접 개요

대상자	성별	연령	주요 활동경력	시간
1	여	60	연합회 퇴임 사무총장/연합회 부설 교육연구센터 퇴임 센터장/ A 의료사협 이사	4시간
2	남	59	A 의료사협 설립 의료인/연합회 초기 이사장 및 퇴임 회장	2시간
3	여	50	B 의료사협 전 실무자/연합회 실무자	1시간
4	여	53	C 의료사협 사무국장	1.5시간
5	남	57	D 의료사협 초기 이사	1.5시간
6	여	49	E 의료사협 전 보건예방실장	2시간
7	남	46	F 의료사협 초기 사무국장	2시간

　자료 수집, 분석과 논문 작성과정은 별도의 단계가 아니라 서로 연결되어 있으며 동시에 진행되기도 한다. Dey(1993)는 질적연구자들이 자료 분석을 진행하면서 독특하고 우연히 발견한 것을 분석 절차를 사용하여 각자의 연구 방법으로 표현하게 된다고 설명한다. 이 글에서는 Lawrence and Dover(2015: 379)

〈표 3-4〉 자료 구조

1차 개념	2차 테마	상위 범주	구분
• 의료 사각지대 존재 • 1989년 전국민의료보험제도 도입 이후 의료이용자들의 부담 가중 • 보건의료 영역의 전문성과 공급자 의존성으로 의료제공 체계의 불평등 심화	보건의료 영역의 문제인식	문제인식	기존 제도 비판 (1987~1998)
• 친환경 유기식품을 판매하는 소비자생활협동조합의 운영방식 모방 • 일본 의료생협 연수에서 민중의 역량 강화를 통해 주체로 참여시키는 협동조합 방식에 대한 인식 확대	문제해결을 위해 협동조합 방식 적용	모방	
• 생협법 제정을 위한 과정에 참여 • 법적근거 확보(1999년 생협법) • 의료이용자 조합원이 소유한 조직으로서 정당성 확보 • 지역 기반의 의료생협 설립 증가	의료이용자들이 조직의 주인으로 참여할 수 있도록 법적형태 형성	정의	제도 생성 (1999~2003)
• 주치의로서 역할 • 치료보다는 예방과 관리 중심 • 주민들의 필요 파악 및 욕구 반영 • 이용자들이 조직의 소유자로 참여	조직필드의 주요 행위자 확장	정체성 형성	
• 의도하지 않았던 유사 의료생협의 등장 • 의료생협과 친환경 유기식품을 공급하는 생협 간의 제도적 긴장 발생 • 지역사회 취약계층 의료지원을 포용하지 못하는 생협법 개정 노력 • 적자 누적과 의사 수급의 어려움으로 인한 경영 위기 • 건강 개념과 조합원의 의미에 대한 성찰	의도하지 않은 결과 발생으로 법제도의 한계 인식	문제인식	제도 유지 (2004~2011)
• 지역사회 취약계층을 포용하고자 하는 조직의 목적 재확인 • 노인요양보험제도 시행으로 돌봄사업 확장 • 노동부 사회적일자리 사업 참여 후 사회적기업 인증 참여	사회문제를 해결하기 위한 조직으로서 정체성 강화	정체성 강화	
• 의료사협의 연합조직 출범 • 사회적경제조직들과의 연대 활동	내·외부 네트워크 강화	네트워크 형성	
• 사회적협동조합으로 조직 전환 • 정부 부처에 비조합원 이용에 관한 제도개선 요구 • 의료사협 고유의 건강관 구축 및 정체성 강화 • 장애인주치의사업 시행 및 법제화	조직형태 변화 및 제도개선 요구	위치 재설정	제도 강화 (2012~현재)
• 보건의료와 복지를 융합한 커뮤니티케어사업 확장 • 취약계층 건강 지원에서 보편적 건강권 확보로 변화	보건의료, 사회적경제, 복지 영역의 융합 강화	새로운 실천 도입	

가 역사적 사건을 기술한 것처럼 의료사협의 조직필드 생성 과정을 시간순으로 살펴보면서 연대기를 정리했다. 그리고 문헌자료, 면접을 통해서 수집한 내용을 바탕으로 변화가 있는 시기별로 의미 단위를 구분하여 분석했다. 그리고 이론과 자료를 반복적으로 오가면서 분석을 수정하는 작업을 반복했다. 연구자 개인의 주관적 개입과 해석으로 연구의 타당성이 저해될 우려가 있어 공동 연구자들이 함께 분석하고 상호 토론을 통해 보완했다. 분석 과정에서 수차례 이상 토론을 진행했다. 이때 이론적 관점과 연구 목적은 안내자 역할을 했다. 앞서 전술한 제도실천행동 관점에 관한 기존 연구를 토대로 분석의 기본적인 틀을 만들었고 이론을 바탕으로 자료를 해석하는 과정을 반복하면서 의료사협 조직필드의 생성과 유지에 관한 틀을 만들 수 있었다. 그리고 연구결과 도출 단계에서 예상되는 결과에 대해 의료사협 관계자들의 피드백을 받아 최대한 결과에 반영함으로써 연구의 타당성을 확보하고자 했다.

4. 분석 결과

1) 기존 제도 비판

(1) 문제인식

한국의 보건의료운동은 1980년대 민주화운동이 시작되면서 민중의 건강권을 확보하고자 하는 합의가 운동의 중요한 시발점이 되었다(정지연, 2015). 1987년 이후 교회빈민의료협의회, 기독청년의료인회, 인도주의실천의사협의회, 건강한 치과의사회, 건강사회를 위한 약사회, 참의료실현청년한의사회, 노동과건강연구회 등 진보적 보건의료운동이 조직화되었다(박봉희, 2014: 45).

당연히 인텔리들은 민중의 삶 속으로 들어가야 한다고 생각하던 그때(1987년) 나는 그 현장이 농촌이라고 생각했다. 의사로서 농민과 농촌의료 현실을 직접 만나고, 그들의 현장에서 의사로서 어떤 역할을 해야 할지 모색하고 실천했다(박봉희, 2014: 52).

1994년에 보건의료인들이 중심이 되어 농민들의 건강권을 확보하고자 안성지역에 최초로 의료사협이 설립되었고, 인천지역에서도 노동자들의 건강권을 실현하기 위해 산재, 직업병 상담 등을 목표로 인천평화의원이 설립되었다(박양희, 2000). 인터뷰 1에 의하면, 인천평화의원은 기독청년의료인회 회원들의 공동 기금을 통해 설립되었으며 병원 관계자 3인, 지역주민대표 3인, 기독청년의료인회 3인으로 이사회를 구성하여 운영했다. 의료 사각지대에 있는 농민, 노동자들도 건강할 권리가 있다는 문제의식 아래 이들이 주로 거주하는 곳에 직접 의료기관을 설립한 것이다(박봉희, 2014). 이 시기 보건의료인들은 노동자들의 파업 현장에 방문하여 방문 진료로 농성을 지원하기도 하고 도시빈민들의 생활 속으로 들어가 그들의 건강을 관리하며 동네의 변화를 통해 새로운 사회를 만들고자 했다.

민중의 건강권이 확보되지 않는 문제는 1989년 전국민의료보험제도가 도입되어도 해결되지 않았다. 모든 국민은 '강제적'으로 건강보험에 가입했고, 소득에 따라 차등으로 건강보험료를 납부하고 동일한 의료보장을 받게 되었다(김나경, 2009). 이로 인해 보험의 보장 범위가 넓어지고 의료이용자들의 경제적 부담이 줄어들 것이라 예상했으나 행위별수가제(fee-for-service: FFS)[7]의 한계와 보험

---

7   행위별수가제는 환자에게 제공된 의료서비스를 행위량에 따라 가격을 산정하고 제공한 서비스량에 따라 나중에 보상받는 '후지불상환방식'을 말한다. 의료공급자 입장에서 수익의 증가를 위해 진료량을 늘려야 하는데 이것이 자칫 공급을 늘이기 위한 경제적 유인으로 작용, 과잉진료를 발생시킬 수 있다는 우려가 오랫동안 지적되어왔다(김민수·김상영, 2018).

적용이 되지 않는 비급여항목이 증가하면서 오히려 의료이용자들의 부담이 가중되었다(김민수·김상영, 2018). 이로 인해 의료보험제도 본래의 취지에서 벗어난다는 문제가 대두되었다(임종한, 2002). 또한 의료의 높은 전문성과 공급자 의존성으로 의료제공 체계의 불평등이 심화되는 것도 큰 문제로 꼽혔다. 건강은 누구에게나 보장되는 기본적인 권리임에도 불구하고, 의료상품화는 의료의 평등을 심각하게 훼손하고 있었다(이인동, 1999).

의료생협이 설립될 당시의 주요 행위자들은 보건의료 영역에서 사회 변화에 기여하고자 하는 이들이었다. 이들은 다양한 측면에서 보건의료제도의 한계를 인식하고 있었고, 의료 사각지대에 있는 농민과 노동자들을 지원해야 한다는 공동의 문제의식을 형성하기 시작했다. 이러한 문제점을 해결하기 위한 여러 가지 실천들 중에는 지역을 기반으로 조직을 설립함으로써 목적을 달성하고자 하는 것도 포함되었다.

(2) 모방

1994년에 설립된 안성의료생협은 법적 근거는 없었지만 협동조합으로 조직을 창립했다. 지역주민과 의료인이 함께 안성 공동의원 추진위원회를 구성하면서 조직적 모델이 부재하던 시기에 친환경 유기식품을 공급하고 있던 소비자생활협동조합(이하 생협)을 방문하면서 조직 운영형태를 구성했다(정지연, 2015: 32). 지역을 기반으로 농민과 노동자들의 건강권을 확보하고자 했던 보건의료 영역의 행위자들은 협동조합 방식이 행위자들이 추구하고자 하는 목적에 부합한다고 판단하고 생협을 모방하여 조직을 설립한 것이다.

이후 1995년에 안성의료생협과 인천평화의원, 그리고 보건의료운동에 관심이 있던 의사와 간호사들이 함께 일본 의료생협 연수에 참여한다(안성의료생협, 1996: 9).

우리가 민중의료를 표방하면서 5년간 방문 진료나 노동자 파업투쟁 진료지원 등을 했었는데, 그럼에도 불구하고 가난한 동네의 변화를 통해서 새로운 사회에 주체가 될 수 있을까? 하는 고민은 계속되었어요. 사람들을 대상으로 인식했지 이 사람들의 역량을 강화해서 지역공동체를 만드는 구체적인 전략까지 생각을 못했던 거죠. 일본 연수에서 조직적으로 교육 과정을 두고 지도력을 교육하고 반 모임을 조직하면서 인식을 만들어가는 과정을 보았어요. 민중의 역량 강화를 통해 주체로 참여하는 과정이 훨씬 더 조직화에 맞다는 생각을 갖게 되었어요. 협동운동이 뭔지에 대해 관심이 커지게 된 것이죠. 민중의 임파워먼트를 인식하는 계기가 되었고 그동안의 진료소 활동을 다음 과정으로 넘어가도록 하는 시각을 갖게 된 계기가 되었어요(인터뷰 2).

인터뷰에서도 드러나듯이 연수에 참여했던 이들이 일본 의료생협 활동에 영향을 받았음을 알 수 있다. 이들은 일본 의료생협에서 주민들의 역량을 강화하여 협동조합의 주체로 참여하도록 이끌어가는 과정에 영향을 받는다. 일본 연수 이후에 지역주민의 주체적인 참여와 역량 강화의 중요성을 깨달으며 의료공급자 중심의 관점에서 의료이용자인 주민들이 참여하는 방향으로 인식을 전환하게 된다. 이를 계기로 인천평화의원은 노동자와 지역주민의 건강을 돌보는 것을 넘어 지역주민이 조직 운영에 참여하는 주요 행위자로 역할을 할 수 있도록 다양한 실천을 시작한다.

보건의료 영역의 한계를 인식하고 있던 행위자들은 자신들이 인식한 문제를 해결하기 위해서 조직 형태를 고민한다. 그 과정에 앞서 협동조합으로 운영되고 있는 국내·외 협동조합들의 방식을 모방하여 조직을 설립한다. 초기 의료생협의 주요 행위자들은 제도적 모방을 통해 의료이용자에 대한 인식의 전환을 이루었으며, 주민들이 조직의 주체로서 역할할 수 있도록 거버넌스를 구성하고, 건강 소모임 운영, 소식지 제작 및 배포 등의 다양한 실천을 시작한다. 안성과 인천에서 임의단체이기는 하나 협동조합 방식으로 운영을 시작한 후에 생협법이 제정되면서 생협법에 근거한 의료생협들이 다수 설립되기 시작한다. 유사한 문제의식과 목적을 가지고 지역에서 보건의료운동을 진행하고자 하는 행위자들은 초기에 설립된 조직의 영향을 받으며 의료생협으로 설립을 이어갔고, 이는 조직필드를 생성하는 결과로 이어졌다.

2) 제도 생성

(1) 정의

의료생협들은 조직의 법적 지위를 부여하고, 조직의 구성원을 정의(defining)하는 실천행동을 통해 조직필드를 본격적으로 생성한다. 의료인만이 병원을 개원할 수 있었던 기존 제도적 환경에 저항하며 의료이용자들도 병원의 주인으로 참여할 수 있도록 제도를 만들어가고자 했던 의료생협의 접근은 보건의료 영역에서는 급진적인 실천이었다.

생협법이 제정되기 이전에 의료생협은 법적 근거가 부재한 상황으로 개인 명의의 의료기관을 개설하여 임의단체로 운영하는 불안정한 구조였다. 당시에는 법적으로 조합원의 출자금을 조성할 수 없는 상황으로 의료기관 운영과 조합원의 건강 활동까지 담당하는 의료생협은 경영에 어려움을 겪을 수밖에 없었다. 이 시기 의료생협은 생협법 제정을 위한 과정에 함께하며 법제도 도입에 적극적으로 참여했다. 그러나 경영 전문가들에 의한 운영이 아니라는 우려와 중소상인들의 생협 확산에 대한 견제가 더해지면서 법 제정은 계속 지연되었다 (정지연, 2015). 1999년이 되어서야 생협법이 제정되면서 의료생협은 제도적 틀을 갖춘 의료생협법인으로 인정받을 수 있었다.

1999년 소비자생협법 제정 이전에 개인의원으로 등록해야 하는 문제가 있었어요. 생협법 제정을 위한 준비회의를 구성해서 논의를 시작하는 단계에 안성의 이인동 선생을 파견하기도 했지요. 안성에서 예산도 투여하고 초기에 법적 틀을 갖추기 위해 노력을 많이 해주었어요. 결국 1999년에 소비자생협법 제정을 하면서 법적 틀이 완성이 된 거죠(인터뷰 1).

생협법에 근거한 협동조합이 되면서 의료 이용의 당사자인 조합원이 소유한 조직으로서 정당성을 확보할 수 있었다. 이로 인해 지역별로 진행되던 다양한 활동 모임이 모태가 되어 의료생협이 설립되기 시작했다(박봉희, 2019: 166). 2002년과 2003년을 지나면서 서울과 원주, 대전에서 의료생협이 창립되었고 전주에서도 준비 과정을 거쳐 발기인대회를 진행하기에 이른다(박봉희, 2019: 167). 인터뷰 1에 따르면, 소비자생활협동조합이라는 법적 틀은 보건의료운동으로 출발하여 민중의 건강권을 실현하고자 하는 의료생협의 접근에 변화를 가져오게 되었다. 협동조합으로 조직을 설립함으로써 의료인과 주민이 함께 의료기관을 운영하고 적정 진료와 믿을 수 있는 의료서비스를 제공할 수 있는 조건을 만들 수 있게 된 것이다.

지역적인 특성이 있는데 인천에서도 오랜 달동네로 유명한 지역이 부개 일신동이었어요. 그 지역을 선택한 이유도 의원이 하나도 없고 아무것도 없는 상태에서 그분들만을 보고 간 거였고, 생협이 만들어지기 이전부터 지역공동체에 대한 고민을 했던 터라 소비자생협법이 만들어져서 여기에 담고자 했다기보다는 지역공동체운동의 오랜 고민을 하고 이 사람들이 주체로 설 수 있는 방법이 뭘까 고민하면서 아 이런 법적 틀이 맞겠다 하고 접근한 거였어요. 그래서 이사회에서도 의료전문가 몫은 3분의 1로 줄이고 지역주민을 3분의 2로 하고 거기 맞춰서 의료인들이 조성했던 원래의 기금을 그냥 조합에 기부하거나 출자로 돌리면서 중심적인 역할을 조금씩 바꿔갔었어요(인터뷰 2).

생협법에 근거하여 법인격을 갖추게 된 이후에 지방정부나 지역사회 단체들과 함께 사업을 할 수 있는 파트너로서의 역할이 가능해졌다(임종한, 2003: 21). 하지만 법적인 제약들로 인한 어려움도 있었다. 설립을 위한 조합원의 최소 인원을 300명으로 제한했으며 인가를 받아야 하는 절차적 문제, 사업 범위를 광역단체로 한정한 부분 등은 제약 요인이었다(이인동, 1999).

보건의료 영역의 문제를 인식한 행위자들은 문제를 해결하기 위해 협동조합 방식을 도입하고 이에 관한 법적 기반을 마련하는 데 적극적으로 참여했다. 의료생협들은 생협법 제정에 참여함으로써 소비자생활협동조합이라고 하는 규칙 체계에 스스로를 위치시키고자 했다. 조직을 누가 소유하는가, 조직을 어떻게 운영할 것인가를 정의하는 실천행동을 행한 것이다. 협동조합의 조직 형태는 의료이용자가 주체적으로 참여하는 의료생협의 목적에 부합하는 것이었기에 보건의료 영역의 행위자들은 적극적으로 협동조합의 설립 근거를 마련하고자 했다.

(2) 정체성 형성

의료는 전문성이 매우 강한 영역이다. 의료인의 전문성이 두드러지다 보니 비의료인은 상대적으로 수동적 입장에서 의료인의 처치를 받는 것이 일반적이다(이인동, 1999). 세계보건기구가 지역사회 주민 참여를 강조하고 기본권으로서의 건강권을 내세웠음에도 의료 현장은 전문가인 의료인 중심으로 운영되었고, 주민의 참여는 매우 제한적이었다(임종한, 2002). 의료생협은 이러한 문제를 인식하면서 기존의 병원과 의료인들이 접근하던 방법과는 다른 실천을 하고자 했다. 의료생협은 지역주민의 건강을 유지하기 위한 '주치의'로서 역할, 주민 스스로 건강을 관리할 수 있도록 돕고, 지역주민들을 조직의 소유자로 참여하도록 하는 등의 다양한 실천을 행했다(한국의료생협연대, 2002: 53).

특히 지역주민들이 의료생협의 조합원으로 참여할 수 있게 되면서 이용자 중심으로 조직 운영을 강화하기 시작했다. 의료생협은 공공이나 민간이 아닌 제3의 영역으로서 의료의 상품화라는 시장경제 논리와 공공의료 부문의 경직성과 비효율성을 극복하고 지역주민의 자치적이고 협동적인 활동으로 보건의료 문제를 해결하고자 했다. 기존의 공공의료 부문이 주민의 의견을 즉각 반영하기 힘든 한계를 갖고 있는 반면, 의료생협은 지역주민 중심의 조직으로서 치료보다는 예방과 건강 관리에 초점을 맞추면서 이러한 문제를 해결하고자 했다(이인동, 1999). 세계보건기구는 1978년 알마아타 선언을 통해 건강을 신체적·정신적·사회적으로 안녕한 상태라고 정의하고 2000년까지 인간의 기본권으로서 건강권 확보를 선포했다. 여기에서의 핵심 철학은 지역사회와 주민이 참여하는 것으로 의료생협의 실천과 다르지 않다. 의료생협은 지역주민이 주체적으로 참여하도록 정체성을 확립해가고자 했다.

> 평화의원이 생협으로 전환하고 나서는 주민 속으로 들어가야 한다는 고민을 본격적으로 시작했어요. 어머니회, 부녀회 행사에서 진행하는 후원 티켓을 팔아주고 또 직원들이 가서 차도 마셔주고 하면서 신뢰를 만든 것이 처음의 출발이었어요. (중략) 막상 지역사회에 들어가서 보니 혼자 사는 노인도 많고 밥도 못 드시는 분들이 많아 자원봉사자를 꾸려 1주에 한 번씩 청소, 목욕, 식사도움을 드리기 시작했죠. 96년 97년 그때 자원봉사회를 처음으로 조직해서 노인 돌봄을 시작할 수 있었던 거 같아요. 주민을 만나다 보니 주민을 돌보자라는 제안이 나오게 된 거고 조합원을 만나면서 엄마들과 환경문제(소음, 대기오염 측정)도 고민하고 본격적으로 지역주민들을 조직하게 된 거예요(인터뷰 1).

인터뷰에서 드러나듯이 의료생협은 주민 속으로 들어가 주민의 필요를 파악하는 것부터 시작한다. 이 과정에 보건의료운동에 참여하던 간호사 그룹이 지역주민의 보건예방 활동을 담당하는 행위자로서 역할을 했다. 보건예방위원회를 운영하면서 주민들의 건강 교육과 지역사회 독거노인 돌봄을 위한 자원봉사

조직 등 다양한 활동을 수행했는데 보건예방 사업의 상당 부분이 목표를 설정하고 진행된 내용이라기보다 주민을 만나면서 파악된 요구를 반영하여 진행되었다. 이것은 공급자 중심의 활동에서 이용자로 무게 중심을 옮긴 것으로 의미가 크다고 할 수 있다.

하지만 이용자 조합원의 참여가 늘면서 보건의료인의 자기 헌신이 기반이 되었던 초기와는 다른 양상이 나타나기도 했다.

> 명칭이 소비자생협이 되면서 소비자 입장을 강조하는 입장이 퍼지기도 했어요. 조합원 중심의 사업에 대한 요구들이 점차 높아지기 시작했죠. 어느 조합에서는 비조합원인 독거노인에 대한 비용 지불이 문제가 되기도 했어요(인터뷰 1).

인터뷰 1에서 드러나듯이 의료생협을 이용하는 이들이 조합원으로 참여하면서 조합원 중심의 사업에 대한 요구들이 많아졌고, 비조합원인 취약계층의 의료지원에 대해 의견이 엇갈리기도 했다. 의료 사각지대에 있는 민중들의 건강을 돌보기 위한 목적을 추구하는 과정에서 기존의 관점과 조합원 중심의 관점 사이에 긴장이 발생한 것이다.

민중의 건강을 지키고, 평등의료를 실현하고 의료공공성을 확보하고자 하는 초기 의료생협의 정체성은 생협이라는 조직 형태와 부합했다. 공급자인 의료인뿐 아니라 이용자까지 조직에 참여할 수 있도록 협동조합 방식으로 운영하면서 행위자를 확장시켜왔다. 이를 통해 믿을 수 있는 진료나 적정 진료, 건강한 주민조직이라는 정체성을 구축했다. 하지만 의료이용자들이 협동조합에 적극 참여하게 되면서 누구나 건강할 수 있는 권리를 지향하는 의료생협의 사업 범위의 인식에 있어 의도하지 않은 긴장이 발생하기도 했다.

3) 제도 유지

(1) 문제인식

생협법 제정 후 비의료인에 의한 의료기관 개설이 가능해지면서 의도하지 않았던 유사 의료생협이 등장했다. 생협법을 악용하여 설립된 유사 의료생협의 문제는 이후 의료생협에게 걸림돌로 작용하게 된다(정지연, 2015: 44). 유사 의료생협은 허위로 조합원을 구성하고, 실질적으로 의사결정을 하지 않는 형식적인 이사회를 구성하고 의료기관을 운영한다. 부당한 의료행위를 통해 정부의 요양급여나 보조금 등의 혜택까지 가져가는 행위는 건강보험 재정 누수의 원인이며 의료질서를 위협하는 것으로, 의료생협 본래의 취지가 퇴색하고 있다는 우려의 목소리가 커져 갔다(이명민, 2016). 그럼에도 유사 의료생협은 계속 증가했고, 이로 인해 '의료생협' 브랜드뿐 아니라 정체성마저 손상될 위기에 놓이게 되었다.

협동조합의 원리, 정체성이 만들어지는 시기는 생협법 개정 과정이었다고 생각해요. 기재부에서 공정거래위원회로 담당 부처가 넘어가면서 지자체가 의료생협을 관리 감독하게 된 것이 2003년 즈음이었는데. 이 시기에 유사 의료생협이 많이 생기게 되었고 2006년 생협법 개정 시기에는 일명 사무장병원이 상당히 확대되고 있었어요. 결국 보건복지부에서는 비조합원 이용 금지를 시키려는 움직임을 보였죠. 의료생협으로서는 매우 당황스러운 상황이었죠. 2008년 생협법 관련 비상대책위가 구성되고 조합원만 진료해야 한다는 목소리가 생협 내에서도 커지면서 의료생협과 생협 간 설전이 벌어지기도 했었어요. 그 과정에서 상처도 많이 받았던 거 같아요. 이 시기 의료생협이 협동조합에 대해 제대로 학습을 시작하게 되었다고 생각해요. 보건의료운동에서 탈피하여 협동조합으로 넘어가는 시기가 아니었을지, 지금 생각해도 매우 힘들었던 시기였어요(인터뷰 1).

안정적인 법인체로서 의료생협의 가치를 인정받기 위해서는 생협법 개정이 불가피한 상황이 되었다. 이 과정에 유사 의료생협 문제는 '비조합원 이용'에 제동을 걸게 하는 결정적인 요소로 작용했다(박봉희, 2016: 6). 의료생협은 의료법상 환자를 거부할 수 없기에 의료생협이 운영하는 의료기관은 비조합원에게도 이용이 허용되었고 조합원에게 주는 비급여 할인이나 무료 건강검진 등의 혜택은 받지 못하도록 제한하고 있었다.

이 시기 친환경 유기식품을 공급하는 생협들은 의료생협의 비조합원 이용을 제한해야 한다고 주장하게 된다. 의료생협과 생협의 운영 목적이 달라 제도적 충돌과 긴장이 발생한 것이다. 이런 긴장은 의료생협 조직 전체의 위기로 작용했다. 협동조합이 조합원의 출자와 이용, 운영으로 이루어지는 조직이기에 조합에 가입하지 않고 조합의 사업을 이용하는 소위 무임승차에 대한 경계는 당연한 것으로 비조합원 이용을 제한해야 한다는 생협들의 주장은 타당할 수 있다. 그러나 이러한 생협들의 주장은 공공재로서의 의료에 대한 이해가 부족한 해석으로 받아들여지기도 했다. 의료생협이 지역사회 취약계층에 대한 의료지원 등 사회적으로 필요하지만 해결되지 않고 있는 상당 부분을 담당하고 있음에도 법제도가 이를 포용하지 못하고, 의료법상 환자를 거부할 수 없는 현실 또한 반영하지 못하고 있는 상황이었다.

이러한 의도하지 않은 결과에 더해 의료계의 견제까지 받게 되면서, 의료생협은 더욱 불리한 위치에 놓이게 되었다. 이 시기 의료생협은 대책위를 구성하고 협동조합 영역과 끊임없이 소통하며 생협법 개정의 실마리를 찾아가고자 노력했으나 그 과정이 쉽지만은 않았다. 그러나 외부로부터 야기된 조직의 위기 상황은 의료생협 스스로의 정체성을 좀 더 확고하게 다지고 확인하는 계기가 되었다(박봉희, 2019: 155).

유사 의료생협에 의한 정체성 위기와 함께 대두된 또 다른 문제는 경영의 문제였다. 신규 의료생협에 안정적인 의사 수급이 어려워지고 적자가 누적되면서 의료생협은 경영의 위기를 겪게 된다. 경영의 위기는 다시 정체성의 고민으로 이어졌고, 2007년 의료생협의 주요 활동가들은 2박 3일간의 집중 토론을 통해 의료생협에 놓인 위기 상황을 해결하고자 했다(한국의료생협연대, 2007).

"의료생협이 본래의 목적대로 조합원 권력을 만들고 실현해내지 않으면 목적을 위한 외피로 협동조합의 허울을 쓴 것일 수 있다"(한국의료생협연대, 2007: 168).

토론을 통해 보건의료운동을 해왔던 의료인과 조합원들이 의료생협의 건강 개념과 생활협동조합에서 조합원의 의미에 대해 합의해갔다. 이 토론 과정에서 그간 보건의료 대안운동을 강조하면서 협동조합임을 잊고 있었던 것은 아닌지를 성찰해야 한다는 의견도 제기되었다. 그리고 사업과 활동 모두 중요한 것임에도 사업체로서의 의료생협에 대한 이해가 제대로 되지 못하고 있음이 지적되었다.

군이 내용과 형식으로 구분 짓는다면 협동조합은 형식이고 지역사회 건강지킴운동이 내용이라고 할 수 있다. (중략) 우린 내용은 중요하고 형식은 중요하지 않다고 생각하는 경향이 있다. 그러나 형식도 내용만큼 중요하다. 형식에는 내용보다도 가치와 철학이 담겨 있기 때문이다. 지역사회에서 안전하고 건강하게 살고자 하는 욕구를 누가 어떻게 해결해나갈 것인가가 내용이라면 이를 드러내고 있는 것이 형식이기 때문이다 (한국의료생협연대, 2007: 29).

생협법에 기반한 조직을 구성할 때는 예상하지 못했던 결과가 나타났다. 의료생협의 행위자들은 이를 문제로 인식하고 성찰의 과정을 통해 해결하고자 했다. 다양한 행위자들과의 소통을 통해서 문제를 성찰하고 이를 해결해나갈 방향을 모색하는 과정을 겪으면서 변화해왔음을 알 수 있다.

(2) 정체성 강화

의료생협은 지역에서 건강을 실현하기 위해 보건예방 활동과 조직 활동 그리고 의료기관 운영 등의 실천을 이어갔다. 건강 문제를 해결하기 위해 지역은 어떤 의미이며 의료생협은 어떻게 지역과 함께해야 하는지에 대한 고민은 계속되었다. 결과적으로 소비자생협으로서 조합원의 필요와 요구에 부응하는 것에 더하여 지역사회 취약계층을 포용함으로써 지역사회에서 공공이 담보하지 못하는 의료 공백을 채워가는 역할을 강화하고자 했다.

아프게 살아가야 하는 사람들이 그것으로 인해 개인적으로 차별받고 소외되지 않아야 한다. 아프면 모든 관계가 깨어지는 것을 우리 주변에서도 쉽게 찾아볼 수 있다. 사고로 장애인이 되면 남들의 시선이 부담스러워 문밖 출입이 어렵다. 큰마음을 내서 외출하려고 해도 보행 조건이 엉망이어서 쉽지 않고, 가족들은 경제적 문제에 시달리며 결국 가족불화로 이어지는 경우도 있다.(중략) 우리는 기능적으로 형성된 현실의 사회적 관계를 넘어서서 인격적 상호부조 관계를 재조직해야 한다. (중략) 여기에서 의료생협운동의 '지역만들기'가 얼마나 중요한지 제기된다. 지역만들기는 건강마을 만들기이다. 서로 얼굴이 보이는 관계로 지역을 전환시켜내지 못하면 이 문제를 해결할 수 없다(한국의료생협연대, 2007: 48~49).

의료생협이 지역에서 오랜 시간 공들여 진행해온 지역사회 독거노인 방문진료 등 취약계층 의료지원 사업은 자원 활동을 통해 지속해오던 사업으로 1997년 IMF로 인해 추진에 어려움을 겪게 된다. 경제적 어려움으로 의료생협의 자원 활동을 축소할 수밖에 없었고 이는 의료생협의 조직적 과제로 떠올랐다. 다행히 정부가 고령화사회 대비 정책으로 노인요양보험제도를 시행하겠다고 선언하면서 해결의 실마리를 갖게 되었다. 선도적으로 보건의료를 통한 지역사회 돌봄지원 사업을 수행해온 의료생협은 본격적인 사업 영역으로 확장할 수 있는 기회를 갖게 된다. 2004년 노동부 사회적일자리 사업에 몇몇 의료생협이 공동으로 참여한 것이 계기가 되어 다음 해 한국의료생협연대를 중심으로 본격적으로 노동부의 사업을 추진하게 되었다(오춘희, 2017). 이는 건강한 지역 만들기를 고민하는 의료생협의 정체성을 더욱 강고히 하는 계기로 작용했다. 독거노인 무료 방문진료로 시작한 자원 활동에서 주민이 지역사회를 돌보는 주체로 성장하는 '지역사회 주민 참여'의 돌봄사업으로 도약하게 된 것이다. 한국의료생협연대는 중앙 사업단으로서 공동 교육, 회의 및 운영 협의 등을 주관하고 참여단 네트워크를 구축함으로써 지역 돌봄사업의 표준화된 교육과 활동을 정착시켰다.

지역사회 요구에 자원봉사 인력만으로 감당하기 어려운 한계가 드러나고 있다. 2005년 공적요양제도 시범사업이라는 사회적 요구에 의료생협이 적극적으로 대처할 필요가 있다고 생각한다. (중략) 초기는 부담과 부정적인 시각이 많이 있었다. 그러나 지금은 많은 부분에서 필요하다고 생각한다. 하지만 의료생협의 특징을 살려 사회적 일자리를 새롭게 자리매김할 필요가 있겠다. 그동안 의료기관을 운영하던 것에서 유기농 반찬, 도시락 배달, 거리검진 등 지역사업 발전의 단계로 활용할 필요가 있다(한국의료생협연대 집행위원회 회의록, 2004: 5).

노동부 사회적일자리 사업은 의료생협의 중점 사업이 되었다. 그러나 지원사업에서 담보되지 않는 사업단 인력의 퇴직금과 복리후생비는 의료생협의 경제적 부담이었고, 지원사업이 끝난 이후 서비스의 지속과 고용 승계는 해결하기 쉽지 않은 과제였다. 하지만 의료생협은 이러한 과제들을 해결하며 지역사회통합돌봄의 근간을 마련했다(박봉희, 2019: 175).

의료생협은 2007년 사회적기업법이 제정되면서 사회적기업 인증에 참여한다. 사회적기업 인증으로 의료생협의 고용 인원이 몇 배로 커지면서 규모의 확장을 경험함과 동시에 고령화사회를 대비해야 한다는 공동의 어젠다를 의료생협의 고유 영역으로 흡수하는 계기가 되었다. 의료생협은 노동부 사회적일자리사업에 참여하고, 이후에 사회적기업으로 인증을 받으면서 사회적 목적을 달성하기 위한 협동조합이며 사회적기업으로 정체성을 강화해나간다.

(3) 네트워크 형성

의료생협은 조직필드에 참여하고 있는 개인 또는 집합적 행위자들과 연합회를 구성하기도 하고, 사회적경제 조직필드와의 네트워크를 구성하면서 과제를 해결하고자 했다. 그 과정에서 의료생협의 존재를 외부에 알리기도 하고 조직필드의 정체성을 확인하기도 했다. 각 시기별로 형성해왔던 네트워크는 그 시기의 중요한 과제를 해결하기 위한 것이었다. 조직필드의 중점 운영 방향이 무엇이며, 가장 중심에 두고 변화해야 할 것은 무엇인가에 따라서 네트워크를 형성했다.

초기 의료생협은 개별 조직의 필요로 인해 네트워크를 구축했다. 각각의 의료생협이 직면한 과제를 해결하기 위해 다른 의료생협과 함께 모였다. 의료생협이 늘어나면서 2003년에 한국의료생협연대를 공식 출범했다(한국의료생협연대, 2003: 9~10). 한국의료생협연대는 이후에 한국의료생협연합회로 명칭을 바꾸고 본격적인 의료생협의 연합체로서 정체성을 강화하며 의료생협의 도약에 기여했다. 초기에는 수도권과 중부권으로 나누어 네트워크 활동을 진행하다가 추후 서울, 경기 등에서는 지역적 특색에 맞는 정책을 개발하고 실현하기 위해 지부를 구성하여 중대 사안의 결정과 공동 사업을 진행해오고 있다. 각 지부는 지방정부와 정책적 파트너십을 가지고 의료사협의 목적을 실현한다.

연합회는 지역의 의료생협과 함께 공동의 돌봄사업을 진행하면서 표준화된 돌봄체계를 만들어 의료생협의 정체성을 강화했고 경영적으로 어려운 의료생협에 차량지원 사업을 연계하여 돌봄사업을 위한 기동력을 확보하도록 하는 등 지원 역할을 했다. 또 외부적으로 의료민영화 등 보건의료 이슈와 사회적경제 이슈 등에 공동으로 대응하면서 연합회로서의 역할을 더욱 강고히 해나갔다. 지역의료생협은 연합회가 이러한 역할을 충실히 할 수 있도록 경제적인 참여뿐 아니라 지역 인력을 연합회에 파견하는 등 적극적으로 함께하고 있다.

이후 의료생협은 외부 단체들과의 네트워크도 확장해나간다. 노동부 사회적 일자리 사업에 참여한 자활, 여성노동자회 등과의 네트워크를 형성하면서 사회 적기업가 학교를 운영했다(박봉희, 2016). 사회적기업육성법이 제정되면서 새로 운 정부 지원 시스템이 등장했고, 이러한 지원에 기대고자 하는 조직들이 많았 던 상황이다. 하지만 의료생협이 참여하고 있던 네트워크에서는 정부 지원 없 이 사회적경제조직들의 자발적인 힘으로 교육 과정을 기획하고 운영했다. 이것 은 네트워크를 통해 사회적기업이라는 새로운 법제도에 대응하는 과정이었고, 동시에 의료생협의 정체성을 이론적으로 정리하고 풍부하게 만드는 성과로 돌 아왔다.

> 노동부 사회적일자리 참여 단위들이 네트워크를 구성했어요. 사회적경제란 말도 생 소하던 시기에 연대 활동을 긴밀하게 진행했지요. 사회적기업법이 제정되면서 현장 과 만나는 지점이 매우 혼란스러웠어요. 실천 활동이 제도화되어지면서 정부 지원도 함께 늘어났고 이에 대해 단체 간 이견으로 (정부 지원에 의존하는 단체와 그 지원을 독이라 여기는 단체 간의) 갈림 현상이 나타나기도 했어요(인터뷰 1).

의료생협은 생협법 제정과 개정, 사회적경제 정책의 실현을 위해 다양한 사 회적경제 영역과 네트워크를 구축했다. 사회적경제 네트워크 구성의 경험은 자 칫 사업체를 운영하며 서로 경쟁으로 빠질 수 있는 관계를 파트너십 관계로 바 꿔내는 계기가 되었다고 할 수 있다. 의료생협은 조직필드 내에 있는 의료생협 간의 네트워크를 구성하여 상호 간에 협력을 강화해왔으며, 의료생협이 속한 보건의료, 사회적경제, 복지 영역과의 융합을 시도하면서 다양한 네트워크 형성을 통해 다양한 실천의 기회를 만들어왔다.

4) 제도 강화

(1) 위치 재설정

예기치 않게 유사 의료생협이 등장하면서 의료생협은 조직의 정체성에 관한 고민을 통해 '의료생협'에서 '의료사협'으로 전환하는 결정을 내린다. 2012년 협동조합기본법이 제정된 이후 본격적으로 사회적협동조합으로 조직을 전환하기 시작했다. 유사 의료생협의 문제로 의료계의 견제가 더욱 심해지면서 보건복지부에서는 더 이상 의료생협 형태의 의료기관 개설이 불가하다는 입장을 표명했고 새로운 창립을 하고 의료기관을 준비하던 의료생협은 '의료복지사회적협동조합'으로 조직을 다시 설립하기도 했다. 박봉희(2016)는 유사 의료생협과의 차별성을 두려는 이유뿐 아니라 지역주민, 의료인, 지역 시민사회단체 등 다양한 이해관계자가 소유한 조직으로, 보건의료를 비롯한 지역사회 복지와 돌봄 등 지역사회 보편의 이익을 실현하기 위해서 사회적협동조합으로 전환을 결정했다고 밝히고 있다.

단순히 소비자생활협동조합에서 사회적협동조합으로 명칭만 바뀐 것이 아니라 조직 운영의 법적 규제와 정부기관의 관리감독 강화라는 여러 제약 조건을 떠안게 되었다. 사회적협동조합으로 운영하는 것은 생협법 기반의 의료생협 운영보다 더 까다롭고 어려운 것을 알고도 선택한 것이다. 협동조합기본법 제19조 제2항에서 의료기관을 개설하는 사회적협동조합의 설립인가 기준을 구체적으로 명시하고 있다. ㉠ 개설 의료기관 1개소당 설립동의자 500인 이상, ㉡ 설립동의자 일인당 최저 출자금 5만 원 이상, ㉢ 일인당 최고 출자금은 출자금 납입총액의 10% 이내, ㉣ 출자금 납입총액이 1억 원 이상이면서 총자산의

100분의 50 이상일 것 등이 그 내용이다. 또 관리감독이 강화되면서 보건복지부 감사를 받아야 했으며, 조합원이 아니면 의료사협을 이용할 수 없다는 조합원 이용 제한도 적용되었다.[8] 이러한 까다로운 조건을 알고 있음에도 불구하고 내부적인 합의에 의해서 의료사협으로의 조직 전환이 추진된 과정을 보면, 의료사협이 제도 환경의 변화에 적응하며 자연스럽게 지역적으로 확장되어온 것이 아니라 의료사협의 정체성을 강화하기 위해 적극적으로 조직 형태를 구성해온 과정임을 알 수 있다. 인터뷰 5에 의하면, 그즈음 사회적기업 인증을 받지 못한 의료생협은 비조합원 이용이 허용되지 않아 운영에 상당한 타격을 받기도 했다. 의료사협은 이러한 제도적 제약에 머무르지 않고 다양한 방식의 제도개선 활동을 통해 사회적기업 인증 여부와 상관없이 조합원으로 가입하지 않아도 이용할 수 있도록 제도를 개선했다.

　의료사협으로의 조직 전환에 내부적 불만과 우려도 많았으나 건강의 사회화를 위해 조합원, 이웃, 지역사회와의 관계에 더욱 집중하면서 오히려 조직필드에서 추구해온 정체성이 더 뚜렷해지는 계기가 되었다. 의료사협은 의료사협 고유의 건강관을 구축하면서 스스로의 정체성을 더욱 확고히 했다. 건강관 구축을 통해 의료사협이 추구하는 건강한 삶과 사회에 대한 관점, 철학을 재정립했고 의료사협의 건강 개념을 질병 중심의 관점을 넘어 개인과 지역사회 나아가 사회화된 개념으로 확장했다. 이는 신체적·정신적·사회적 안녕을 언급하는 기존의 건강 개념을 넘어 영성과 생태적 관계로까지 확장한 것으로 아픔을 어떻게 받아들여야 하는지까지 건강 개념에 포함하는 의료사협의 독창적인 개념이라 할 수 있다. 의료사협의 건강 정의는 다음과 같다.

8　　조합원이 아닌 자의 사업 이용은 협동조합기본법 시행령 제25조에서 규정하고 있으며 동 시행령 제24조 2항에 의해 총 공급고의 100분의 50으로 제한된다(협동조합기본법 시행령).

건강이란 '아픔을 중심에 두고 자기를 극복하는 힘'이며, 몸, 마음, 세상의 안녕과 더불어 영적·생태적으로 건강한 관계를 발현해가는 과정이다(한국의료사협연합회, 2016: 5).

연합회는 2015년부터 2년간 장애인주치의 시범사업을 진행했다. 의료사협은 스스로 구축한 건강관에 입각하여 예방과 치료, 유지증진 활동이 복합적이고 유기적으로 연계되도록 장애인주치의 사업을 설계했다. 두드러지는 점은 간호사나 사회복지사와 같은 건강코디네이터를 둠으로써 의사 혼자 진료하는 형태가 아닌 팀 접근의 주치의 사업을 담은 것이다. 건강코디네이터는 방문과 전화 상담으로 장애인의 건강 상태를 수시로 체크하고 팀 회의를 통해 의사는 필요한 생활 처방을 전달하며 필요시 직접 방문진료를 통해 장애인의 건강을 살폈다(한국의료사협연합회, 2016: 39~45). 또 장애인 건강나들이 사업, 장애인들의 마음속 상처를 치유하는 '마음산책' 프로그램 운영, 장애인 가족을 위한 정신건강 지원사업 등을 병행했다(한국의료사협연합회, 2017: 35). 건강 문제가 있어도 제대로 치료를 받지 못하거나 생활환경의 개선에 어려움이 있던 장애인에게 장애인주치의 사업은 단순한 진료의 연장이 아니라 관계의 중요함을 느끼게 하는 과정으로 인식되었다(최용준·김정애, 2017). 장애인의 지역사회 참여와 자립 생활을 위한 정책들이 있지만 정작 장애인의 건강을 돌볼 수 있는 정책은 미흡하기만 했다. 의료사협은 장애인의 건강을 돌보는 것을 넘어 장애인건강권을 확보하기 위한 정책적인 노력을 기울여 2015년 12월 「장애인건강권과 의료접근성 보장에 관한 법률」이 국회를 통과하는 데 기여했다(임종한, 2017: 44). 장애인주치의 사업은 의료사협이 지역에서 조합원, 주민과 함께 오래도록 구축해온 건강 관리와 주치의 개념을 응축하여 만든 사업이다. 건강이 단순히 신체적 질병의 회복이 아니라 정신적·사회적·심리적 환경의 변화까지 포함한 복합적 접근을 필요로 한다는 것이 이 사업을 통해 입증되었다. 장애인주치의 시범사업의 경험은 의료사협 스스로에게도 '건강의 사회화'라는 정체성을 각인하고, 그

것을 위해 단계적인 프로세스를 어떻게 만들어가야 하는지 확인하고 서로 배우는 계기가 되었다. 의료사협은 장애인주치의 시범사업 이후 다양한 재원을 연계한 방문의료 사업과 노인통합돌봄을 위한 사업들을 진행하면서 본격적인 지역사회통합돌봄 사업에 참여하게 되었다(박봉희, 2019).

(2) 새로운 실천 도입

의료사협은 소외된 민중의 건강권 실현을 위한 실천으로부터 건강불평등의 해소를 통한 보편적인 건강권 확보를 위한 실천으로 활동 영역을 확장해왔다. 보건의료 영역에서 보건의료와 복지가 혼합된 영역으로 확장해온 것이다.

지금은 취약계층 진료를 넘어서 보편적 진료로 확대하는 방식으로 접근하고 있어요. 취약계층 진료와 의료사협이 추구하는 믿을 수 있는 진료라는 부분을 이분법적 사고로 접근하게 되는데 그게 아니라 서로의 연장선에서 바라보는 거죠. 대개 건강의 불평등을 이야기하면 취약계층 중심으로만 사고하는데 건강불평등 해소는 보편적인 건강권 확보로 이야기할 수 있고 그런 의미에서 누구에게나 열린 접근이 된다는 거죠. 이런 의미로 본다면 초기 의료생협의 접근이나 지금의 접근이나 다르지 않다고 봐요(인터뷰 7).

의료사협은 장애인, 노인 등 취약계층의 건강을 위한 지원에서 지역사회 전체의 보편적인 건강 관리의 필요성과 주민의 주체적인 건강 인식의 강조, 그리고 주민들이 서로를 돌보는 마을 내 통합돌봄의 체계를 본격적으로 고민하고 있다.

2018년 보건복지부는 지역사회통합돌봄(커뮤니티케어) 추진을 선포했다. 지역사회통합돌봄은 지역사회와 주민 참여가 관건인데, 사회적경제 특히 의료사협은 지역사회와 주민 참여의 고리를 모두 가지고 있다. 사회적경제조직은 지역사회가 필요로 하는 서비스 공급자로서 지역사회 기반의 자발적인 주민참여 조직에서 발전해왔다. 제도권에서 소외된 계층의 사회적 욕구를 충족시키며 지역사회 통합에 기여해온 것이다(오단이, 2019).

의료사협이 시대가 요구하는 부분을 감당하도록 준비하면 시민을 흡수하고 사회적 지지도 얻을 수 있고 여기에 공공 분야의 지지가 얻어지면 의료사협의 확산도 빨라질 수 있다. 커뮤니티케어가 논의되는 지금이 매우 중요한데, 인구구조의 급변이나 고령화, 건강불평등의 현상을 보면 일차 의료의 질을 높이고 지역공동체를 형성하는 것 자체가 대안으로 부각될 수밖에 없어 의료사협이 전 지역에 보편적으로 형성될 수도 있을 것이다(인터뷰 2).

지역사회통합돌봄은 보건의료와 복지의 혼합 영역이다. 최근 지역사회통합돌봄 추진 과정에서 지역주민의 필요를 기반으로 하는 의료사협의 모델에 대한 관심이 증가하고 있다. 커뮤니티케어의 시행 준비를 위한 부처 간 협의 단계에 의료사협의 모델이 커뮤니티케어 도시재생형 모델로 제안되기도 했다(한국의료사협연합회, 2019:47) 의료사협은 지역사회통합돌봄 사업에 적극 참여함으로써 보건의료와 복지 그리고 사회적경제 세 영역을 융합한 조직필드를 형성하며 의료사협의 정체성을 더욱 강화해나가고 있다.

5. 결론

의료사협은 보건의료 영역의 문제를 해결하기 위해 사회적경제와 복지 영역을 융합한 새로운 조직필드를 형성하는 제도실천행동을 해왔다. 초기 의료사협은 보건의료 영역의 한계를 인식하고 이에 동의하는 보건의료인들이 모여 비록 임의단체이기는 하나 협동조합의 운영 방식을 도입하여 지역주민과 함께 문제를 해결하고자 했다. 이 과정에 일본 의료생협 연수를 통해 참여 주민의 역량 강화를 위한 조직운영 내용과 방식을 수용하는 제도적 모방이 이루어졌다. 생협법 제정 이후 의료생협으로 명칭을 바꾸고 믿을 수 있는 진료를 실현하고자 의료이용자 중심의 건강 접근을 강조하는 정체성을 구축해왔다. 그러나 의도치 않은 유사 의료생협의 등장으로 의료생협의 이미지에 큰 타격을 입었고 이로 인해 의료계를 비롯한 친환경 유기식품을 공급하는 생협들과 긴장관계가 유발된다. 의료생협과 생협의 조직운영 목적이 달라 유발된 충돌과 긴장은 의료생협의 조직적 위기였으나 동시에 의료생협의 정체성을 스스로 확인하고 강화해가는 긍정적 과정으로 이어졌다. 보건의료 영역과 사회적경제 영역을 부분적으로 융합하여 조직필드를 형성한 의료생협은 이후 사회적기업 인증에 참여하며 사회적 목적을 달성하기 위한 정체성을 더욱 강화해나갔다. 다양한 네트워크를 구축하며 내부적으로는 공동의 문제를 해결하고 외부적으로는 협동조합기본법 등 사회적경제의 큰 변화에 주체적으로 참여하며 의료생협제도를 유지하고자 노력했다. 협동조합기본법 제정 이후 사회적협동조합으로 전환하면서 사회적 목적을 달성하는 조직으로서의 구조를 강화했다. 최근에는 지역사회통합돌봄사업에 본격적으로 진입하게 되면서 보건의료와 복지, 그리고 사회적경제가 융합된 복합적 위치의 조직필드를 구성하고 있다. 의료사협의 조직필드를 생성·유지·강화하는 과정은 행위자들의 성찰과 의도, 그리고 노력이 담긴 적극적인 제도실천행동을 통해 이루어진 것이다.

이 글의 시사점은 다음과 같다. 그동안 이론적으로 제도 생성과 유지 등 제도 변화에 관한 연구가 부족한 상황이었다. 이 글은 한국의 의료사협 조직필드의 생성과 강화의 과정을 제도실천행동 관점에서 연구함으로써 사회적 문제를 해결하기 위해 어떠한 제도실천행동들이 나타나는가에 대한 이해의 폭을 넓히는 기회가 되었다. 흥미롭게도 제도를 생성하고 유지하고 강화하는 과정에서 제도 생성 시 나타나는 일부 실천행동들을 반복적으로 행하면서 조직필드의 경계를 재설정하고 있음이 드러났다. 이러한 부분이 한국 의료사협의 특수성에 기반한 것인지, 협동조합으로 일반화할 수 있는 부분인지에 대해서는 후속 연구를 통해 밝힐 필요가 있다. 그리고 예상하지 못한 상황이 벌어졌을 때 의료사협의 주요 행위자들이 그에 대응하며 제도를 변화시켜가는 과정을 살펴봄으로써 제도변화 과정에서 의도하지 않은 상황이 어떻게 제도실천행동과 상호 작용하는지를 드러낼 수 있었다. 의료사협은 사회적 필요를 충족하면서 조직의 정당성을 확보했고, 예상하지 못한 상황에서 조직의 정체성을 재확인하고 강화시키는 실천행동으로 위기를 극복하고자 했다. 이 또한 의료사협의 특수성에 기인하는 것인지, 협동조합으로 일반화 할 수 있는 부분인지에 대한 후속 연구가 필요하다.

실무적으로는 제도를 생성하거나 변화시키고자 할 때 무엇을 어떤 방식으로 실천해야 할지를 제시하고자 했다. 법제도 및 정부 정책을 생성하거나 이용하면서, 정체성을 형성하거나 변화시키면서, 조직의 형태를 정의하는 등 행위자들의 다양한 제도실천행동을 통해서 제도 변화가 이루어진다는 것을 드러내고자 했다. 그리고 의료사협이 조직필드를 생성하고 강화하는 과정을 이해하는 것은 사회적경제가 어떻게 사회적 필요를 해결하기 위해 분리되어 있는 여러 영역을 융합하여 새로운 제도와 조직필드를 만들어낼 수 있는지를 이해하는 데 시사점을 준다.

이 글을 통해 의료사협 전반에 대한 이해를 높이고자 했다. 의료사협은 보건의료와 사회적경제를 넘어 복지 영역까지 융합하며 보건의료와 복지가 통합된 사회적경제조직이라는 모델을 구축해가고 있다. 의료사협은 초고령사회를 대비한 커뮤니티케어, 즉 지역사회통합돌봄이라는 시대적 필요에 대응하며 더 적극적인 역할을 하게 될 것으로 보인다(임종한, 2018). 복지 중심의 돌봄패러다임을 넘어 지역주민 참여를 기반으로 하는 보건의료와 복지가 통합된 지역사회통합돌봄 체계를 구축하는 데 의료사협의 강점을 활용할 수 있을 것이다.

이 글은 의료사협 조직필드 전체를 대상으로 하는 것으로 개별 조직이 제도 실천행동에 어떻게 관여했는지를 드러내지는 않았다. 이후에 지역에 기반한 개별 의료사협이 제도 생성에 참여해온 과정을 연구한다면 의료사협 간 차이와 유사점에 대한 이해가 풍부해질 것이다. 특히 의료사협이 설립된 시기별로 차이가 있을 수 있는데, 이러한 조직별 특성이 제도생성 과정에 어떠한 영향을 미치는지를 연구한다면 제도 변화에 대한 이해를 더 풍부하게 할 수 있을 것이다. 그리고 기획재정부의 제4차 협동조합 실태조사에 따르면, 협동조합기본법 아래 설립된 협동조합 중에서 사업을 하고 있는 협동조합은 54.2%이다. 하지만 의료사협은 설립 이후 거의 대부분이 운영되고 있다. 경영 여건의 어려움 속에서도 다른 협동조합에 비해 생존율이 높다고 볼 수 있다. 하지만 이에 관한 연구가 부족한 상황으로 의료사협의 생존율이 높은 이유에 대한 후속 연구도 필요하다.

참고문헌

김나경. 2009. 「의료보험체계에서 이념의 갈등과 조화: 의료보험에서 경쟁의 억제와 유인」. ≪의료법학≫, 10(2), 151~181쪽.

김민수·김상영. 2018. 「집단행동변화의 단계적 분석을 통한 의료수가 4자 모형의 구축과 유효성 검증: 포괄수가제와 행위별수가제 비교」. ≪보건경제와 정책연구(구 보건경제연구)≫, 24(3), 27~47쪽.

김선화·장승권. 2018. 「협동조합간 협동의 실천과정: 두레생협의 공정무역 사례연구」. ≪한국협동조합연구≫, 36(2), 93~113쪽.

김재엽. 「의료사협 성공의 원인과 과정분석: 안성·인천·안산 의료사협을 대상으로」. ≪지역발전연구≫, 26, 1~51쪽.

박봉희. 2014. 『건강도시』. 한울아카데미.

박봉희. 2016. 『의료협동조합총론』(미간행).

박봉희. 2019. 「의료협동조합의 어제와 오늘」. 『한국협동조합운동 100년사 II』. 고양: 가을의 아침. 149~187쪽.

박양희. 2000. 「생활협동조합에의 지역사회조직원칙 적용에 관한 연구」. 가톨릭대학교 대학원 석사학위논문.

신동엽·이상묵·김선혁. 2008. 「2장 거시 조직이론: 역사적 발전과 현황」. 『21세기 매니지먼트 이론의 뉴패러다임』. 위즈덤하우스.

안성의료생협. 1996. 『제3회 조합원 정기총회』 자료집(미간행).

양경욱. 2019. 「제도 혁신가의 양면적 담론전략: 청년유니온의 사례연구」. ≪인사조직연구≫, 27, 49~81쪽.

오단이. 2019. 「복지정책변화에 따른 사회적경제의 미래」. 사회서비스분야 사회적경제활성화포럼 자료집(미간행).

오영인. 2019. 「한국형 지역사회 통합돌봄(커뮤니티케어)의 올바른 추진 방향을 위한 비판적 시각」. ≪의료정책포럼≫, 17(1), 16~21쪽.

오춘희. 2017. 「의료협동조합 돌봄사업의 어제와 오늘」. 한국의료사협연합회(미간행).

이경묵. 2019. 「우리나라 제도이론 연구에 대한 비판적 고찰과 미래 연구 방향」. ≪경영학연구≫, 48(1), 1~32쪽.

이명민. 2016. 「환자 피해를 막기 위한 사무장병원 규제」. ≪의료정책포럼≫, 14(1), 225~27쪽.

이인동. 1999. 「우리나라 의료생활협동조합의 현황과 전망」. 소비자생활협동조합법 제정기념 심포지엄 자료집.

이재희·윤민화. 2018. 「의료복지사회적협동조합에서의 "일"의 방식: 그들은 어떻게 사회적 가치를 실천해 나가고 있는가?」. ≪한국사회복지행정학≫, 20(4), 239~273쪽.

이현재. 2017. 「페미니즘과 도시공동체경제: 살림의료복지사회적협동조합의 사례를 중심으로」. ≪철학연구≫, 117, 89~110쪽.

임종한. 2002. 「21세기 한국 보건의료발전과 지역주민의 참여」. 『의료생협의 현재 그리고 새로운 도약』. 의료생활협동조합연대회의. 37~45쪽.

임종한. 2003. 「보건복지분야 시민참여 모델의 국내적용」. 『공공의료정책의 방향과 의료생협의 과제』.

의료생협연대. 16~24쪽.

임종한. 2017. 「장애인 건강권 보호를 위한 정책 방향과 과제-장애인 건강 주치의를 중심으로」. ≪보건 복지포럼≫, 2017(4), 41~50쪽.

임종한. 2018. 「커뮤니티케어에서 보건의료의 역할」. 커뮤니티케어보건의료협의회 창립심포지움 자료집.

정소윤·한상일. 2014. 「한국 의료생활협동조합의 생성과 제도화」. ≪지역발전연구≫, 23, 193~222쪽.

정지연. 2015. 「한국 의료생협운동의 성격변화에 관한 연구: 주민참여형 의료생협을 중심으로」. 고려대 학교 대학원 석사학위논문.

최용준·김정애. 2017. 「장애인주치의 사업 2차 연도 연구 보고서」. 한국의료사협연합회(미간행).

한국의료사협연합회. 2016. 「2016 통합15차 정기총회」 자료집(미간행).

한국의료사협연합회. 2017. 「어젠다 중심의 성과관리모델 개발 시범사업 2차년도 최종결과보고서」(미 간행).

한국의료사협연합회. 2019. 「2019 통합18차 정기총회」 자료집(미간행).

한국의료사협연합회. 2020. 「통합19차 2020 정기총회」 자료집(미간행).

한국의료생협연대. 2002. 『의료생협의 현재 그리고 새로운 도약』(미간행).

한국의료생협연대. 2003. 「한국의료생협연대 출범」 자료집(미간행).

한국의료생협연대. 2004. 「집행위원회 회의록 모음」(미간행).

한국의료생협연대. 2007. 『함께 걸어 좋은 길』(미간행).

Creswell, J. W. 1998. *Qualitative Inquiry and Research Design: Choosing Among Five Approaches*. Sage Publications.

Dacin, M. T., J. Goodstein and W. R. Scott. 2002. "Institutional Theory and Tnstitutional Change: Introduction to the Special Research Forum." *Academy of Management Journal*, 45(1), pp.45~56.

Dey, I. 1993. *Qualitative Data Analysis: A User Friendly Guide for Social Scientists*. London: Routledge and Kegan Paul.

DiMaggio, P. and W. W. Powell. 1983. "The Iron Cage Revisited: Collective Rationality and Institutional Isomorphism in Organizational Fields." *American Sociological Review*, 48(2), pp.147~160.

Lawrence, T. B. and G. Dover. 2015. "Place and Institutional Work: Creating Housing for the Hard-to-House." *Administrative Science Quarterly*, 60(3), pp.371~410.

Lawrence, T. B. and R. Suddaby. 2006. "Institutions and Institutional Work", in S. R. Clegg, C. Hardy, T. B. Lawrence and W. Nord (Eds.). *The Sage Handbook of Organization Studies*. London: Sage Publications.

Lawrence, T. B., B. Leca and T. B. Zilber. 2013. "Institutional work: Current Research, New Directions and Overlooked Issues." *Organization Studies*, 34(8), pp.1023~1033.

Lawrence, T. B., R. Suddaby and B. Leca. 2009. *Institutional Work: Actors and Agency in Institutional Studies of Organizations*. Cambridge university press.

Lawrence, T., R. Suddaby and B. Leca. 2011. "Institutional Work: Refocusing Institutional Studies of Organization." *Journal of Management Inquiry*, 20(1), pp.52~58.

Meyer, J. W. and B. Rowan. 1977. "Institutionalized Organizations: Formal Structure as Myth and Ceremony." *American Journal of Sociology*, 83, pp.340~363.

Micelotta, E. R. and M. Washington. 2013. "Institutions and Maintenance: The Repair Work of Italian Professions." *Organization Studies*, 34(8), pp.1137~1170.

Scott, W. R. 2001. *Institutions and Organizations: Ideas and Interests*. London: Sage Publications.

Scott, W. R. 2014. *Institutions and Organizations: Ideas, Interests, and Identities*. London: Sage Publications.

Scott, W. R. and G. F. Davis. 2007. *Organizations and Organizing: Rational, Natural, and Open System Perspectives*. Pearson: Upper Saddle River.

Selznick, P. 1948. "Foundations of The Theory of Organization." *American Sociological Review*, 13(1), pp.25~35.

Selznick, P. 1949. *TVA and the Grass Roots*. Berkeley, CA: University of California Press.

Suddaby, R., D. Seidl and J. K. Le. 2013. "Strategy-as-Practice Meets Neo-Institutional Theory." *Strategic Organization*, 11(3), pp.329~344

Yin, R. K. 2003. *Case Study Research, Design and Methods Third Edition*. London: Sage Publications, Inc.

Zietsma, C. and T. B. Lawrence. 2010. "Institutional Work in the Transformation of an Organizational Field: The Interplay of Boundary Work and Practice Work." *Administrative Science Quarterly*, 55(2), pp.189~221.

협동조합이사회*

이상윤·윤길순

1. 머리말

이 글에서는 기업 거버넌스에 관한 주요 이론을 바탕으로 주식회사와 협동조합이사회가 조직 성과에 어떻게 영향을 미치는지 살펴보고, 그것이 오늘날 우리나라 신용협동조합에는 어떤 시사점을 주는지 탐구한다.

기업 거버넌스는 학자에 따라 다양하게 정의되지만, 기본적으로 기업의 설립 목적과 운영 원칙에 따라 기업이 효과적으로 운영될 수 있도록 제어하는 시스템이라고 할 수 있다. 따라서 기업의 설립 목적과 운영 원칙에 따라 기업 거버넌스는 다양한 형태를 띨 수 있지만, 이것은 대체로 기업과 관련한 다양한 이해관계자들 사이에 권리와 의무, 책임이 배분되는 양태로 나타난다. 그런데 일반적으로 기업 거버넌스라고 하면 주식이 증권시장에서 거래되는 주식회사의

---

*   이 장은 다음 논문을 기반으로 한 것이다. 이상윤·윤길순, 「주식회사와 협동조합이사회가 조직 성과에 미치는 영향과 신협에의 시사점」, ≪신협연구≫, 72호(2019.6), 85~123쪽.

거버넌스를 말하고, 기업 거버넌스에 관한 이론도 주로 이런 주식회사의 거버넌스를 대상으로 한다(Turnbull, 1997). 그리고 그것은 주로 주식회사의 주요 이해관계자인 주주와 이사회, 경영진의 관계로 설명된다.

협동조합과 주식회사는 기업의 설립 목적과 운영 원칙이 달라 기업 거버넌스도 다르다. 구체적으로 말하면, 협동조합의 소유자는 이용자이고, 따라서 협동조합은 소유자이자 이용자인 조합원의 필요와 열망을 충족하는 데 목적이 있다면, 주식회사의 소유자는 투자자이고, 따라서 주식회사는 소유자이자 투자자인 주주의 이익을 최대화하는 데 목적이 있다. 둘은 운영 원칙도 달라서, 협동조합이 양도할 수 없는 인격권을 바탕으로 1인 1표에 기반을 둔 민주적 의사결정 구조를 가지고 있다면, 주식회사는 양도할 수 있는 재산권을 바탕으로 1주 1표에 기반을 둔 차별적 의사결정 구조를 가지고 있다(Ellerman, 1990). 따라서 협동조합과 주식회사는 그 설립 목적과 운영 원칙이 달라 서로 다른 거버넌스를 가지고 있지만, 형식 면에서는 유사성이 있다. 협동조합 거버넌스도 주로 협동조합의 주요 이해관계자인 조합원과 이사회, 경영진의 관계로 설명되기 때문이다.

기업 거버넌스를 다룰 때 협동조합과 주식회사가 이렇게 유사성을 보이는 것은 대개 기업의 규모가 커지고 소유권이 분산되면 소유와 경영의 분리가 일어나 기업의 일상적 운영을 경영자가 책임지면서 기업의 소유자인 조합원이나 주주가 대의기구인 이사회를 통해 간접적으로만 경영진을 통제할 수 있기 때문이다. 따라서 기업 거버넌스에서 기업의 소유자인 조합원이나 주주와 이사회, 경영진의 관계가 중심을 이루고, 이들의 관계와 구조가 기업의 성과에 영향을 미친다는 것이 기업 거버넌스 이론의 기본 전제이다.

물론 이렇게 기업 거버넌스를 조합원이나 주주와 이사회, 경영진의 관계로만 보는 것은 기업 거버넌스의 범위를 지나치게 좁게 보는 시각일 수 있다. 기업 거버넌스를 넓게 보면 "기업이 무엇을 할 수 있고 그것을 누가 통제하며 그런 통제권은 어떻게 행사되고 기업이 수행하는 활동으로 발생하는 위험과 보상을 어떻게 할당할 것인지 결정하는 일련의 모든 법률적·문화적·제도적 장치"(Blair, 1995)라고 볼 수 있으며, 그렇게 되면 기업에 고용된 사람들과 채권자, 지역사회 등 다양한 이해관계자들도 기업 거버넌스 구조에 포함되기 때문이다.

그러나 이 글에서는 기업 거버넌스에 참여하는 다양한 이해관계자들 중에서도 특히 이사회에 초점을 맞춰, 기업 거버넌스에 관한 주요 이론을 바탕으로 기업 거버넌스에서 이사회가 수행하는 역할과 기능을 검토하고 그것이 조직의 성과에 어떻게 영향을 미치는지 살펴본다. 그리고 지금 우리 신용협동조합에는 어떤 시사점을 주는지 탐구한다.

2. 주요 기업 거버넌스 이론들

기업 거버넌스 이론은 저마다 인간과 조직에 대한 고유한 가정을 바탕으로 조직 안에서 이사회가 수행하는 역할과 기능을 설명하고, 이사회가 그런 역할과 기능을 제대로 수행하여 조직의 성과에 긍정적 영향을 미치려면 이사회가 어떠해야 한다는 진단과 처방을 내린다. 그런데 이렇게 서로 다른 가정에서 출발하는 탓에 기업 거버넌스에 관한 주요 이론의 진단과 처방이 서로 엇갈릴 뿐 아니라 그런 이론을 개별적으로 받아들이면 이사회의 역할과 기능의 특정한 측면에만 초점을 맞추게 되어 이사회의 역할과 기능을 통합적으로 바라볼 수 없다.

따라서 기업 거버넌스에 관한 다양한 이론의 통찰을 통합할 수 있는 새로운 개념 틀이 필요하지만(Hung, 1998), Cornforth(2004)는 거버넌스라는 것이 아주 복잡하여 모든 것을 통합한 하나의 거대한 이론을 만들려는 것은 헛된 노력일 수 있다고 보고, 오히려 다양한 이론적 시각에서 이사회에 요구하는 역할과 기능이 서로 모순되고 충돌하여 역설이 일어나는 중요한 지점들을 드러내는 것이 현실의 이사회를 이해하는 데 훨씬 유용하다고 주장한다. 또한 Dalton et al. (1998)과 Johnson, Schnatterly and Hill(2013)은 기업의 성과라는 것이 아주 복잡한 과정을 통해 얻어지기 때문에 이사회와 기업 성과 사이의 복잡한 관계를 보려면 다양한 이론적 시각을 고려하는 것이 중요하다고 한다. Turnbull (1997)도 어떤 이론이나 사회 모형도 거버넌스 구조를 이해하거나 평가하거나 설계하기에 충분하지 않을 수 있다면서, 한 시각에만 기대면 기업 거버넌스 체계를 개선하려는 실천적인 면에서도 큰 성과를 기대할 수 없다고 주장한다.

따라서 이 절에서는 먼저 기업 거버넌스에 관한 주요 이론들이 저마다 이사회의 역할과 기능의 어떤 측면들을 설명해준다고 보고, 각 이론이 기업의 성과와 관련해 이사회의 어떤 속성과 구조를 강조하는지 확인하고, 다음 절에서 그러한 주장과 논의를 우리 신용협동조합에 적용해본다.

1) 민주적 거버넌스 이론

민주적 거버넌스 이론은 민주주의의 원리에 바탕을 둔 이론으로, 협동조합과 상호조합의 이사회의 역할과 실천에 대한 지배적 시각을 제공한다(Cornforth, 2004). 협동조합 자체가 민주주의 원리에 따라 조직된 결사체이기 때문이다. 국제협동조합연맹(ICA)에서는 협동조합을 "함께 소유하고 민주적으로 통제하는 사업체를 통해 공통의 경제적·사회적·문화적 욕구와 갈망을 충족하고자 자발적으로 단결한 사람들의 자율적인 결사체"라고 정의한다. 여기서 "민주적 통제"란 양도할 수 없는 인격권을 토대로 조합원은 누구나 출자지분의 많고 적음에 관계없이 의사결정 과정에 1인 1표의 투표권을 행사할 수 있다는 말이다 (Ellerman, 1990). 민주주의 사회에서는 사회적·경제적·문화적 지위에 상관없이 시민이라면 누구나 1인 1표의 투표권을 행사할 수 있는 것처럼 말이다. 따라서 협동조합은 정치적 민주주의의 원리를 경제적 조직 안에서도 실현하는 조직이라고 할 수 있고, 양도할 수 없는 인격권에 토대를 두고 있기 때문에 조합원의 출자증권은 시장에서 사고팔 수 없다.

민주주의에서는 모든 권력이 주권자인 시민에게서 나오듯이, 협동조합에서도 모든 권력은 공통의 필요를 충족하고자 자발적으로 단결한 조합원들에게서 나온다. 따라서 총회에서 조합원들에 의해 선출되는 이사회는 조합원에게 권한을 위임받아 조합원을 대표해 조합원을 위해 일하도록 되어 있다. 그런데 만일 다양한 이유로 조합원의 참여가 저조하다면 총회에서 조합원 가운데 일부에 의해 선출된 이사회는 조합원의 대표자로서 정당성과 신뢰를 얻기 힘들 것이다. Spear(2004)는 영국 소비자협동조합의 조합원 총회 참여율이 1~5% 정도밖에 안 될 때 과연 그들에 의해 선출된 이사회가 대표성이 있다고 할 수 있는가 하는 문제를 제기하며, 그렇게 되면 대개 같은 사회적 집단이나 문화적 집단 출신(교육과 소득수준이 높은 지역사회의 엘리트 집단)에 의해 지배되어 조합원에 의한 민주적 통제가 훼손되므로, 조합원이 참여하고 관여할 수 있는 기회와 조합원에 대한 혜택을 높이는 전략과 우편투표와 모바일 투표 같은 투표 방식의 혁신이 필요하다고 주장했다.

협동조합에서 조합원의 참여율을 높여야 하는 이유는 또 있다. 협동조합의 조합원은 협동조합의 소유자로서 출자를 통해 협동조합의 자본 조성에도 기여하지만 협동조합의 이용자로서 협동조합이 사업체로서 운영될 수 있게 한다. 따라서 조합원 기반 사업체인 협동조합에서 조합원의 참여가 저조하면 사업 운영의 지속가능성이 문제될 수 있고, 조합원의 민주적 통제가 어려워 협동조합이 원래 조합원들이 설립한 목적에 맞지 않게 운영될 수도 있다.

민주적 거버넌스 이론에서 또 하나 중요한 것은 협동조합의 이사회는 조합원들 가운데서 선출되고, 조합원은 누구나 이사회의 구성원으로 선출되기 위해 선거에 나갈 수 있다는 것이다. 전문성이 있으면 바람직하겠지만, 그것이 가장 중요한 요건은 아니다(Cornforth, 2004). 협동조합은 공통의 필요를 충족하기 위해 자발적으로 단결한 사람들의 결사체이고, 따라서 이사회는 조합원의 이익을 가장 잘 대변할 수 있는 사람이 되어야 하기 때문이다. 따라서 사업이 규모가 커지고 복잡해지면 전문성이 요구되어 조합원이 아닌 전문가를 사외이사로 영입할 필요가 있다는 목소리도 있지만, 협동조합은 자주 관리와 자기 책임의 원칙에 따라 사외이사를 두지 않거나 두더라도 그 수를 일정하게 제한한다(송재일, 2013; 전형수, 2013). 따라서 조합원 교육 못지않게 이사와 이사 후보군에 대한 교육이 중요해, 많은 협동조합에서 그런 교육훈련 프로그램을 제공한다. 민주주의 원리에 따라 조합원이 협동조합에 적극 참여할 수 있는 기회를 넓히기 위해서도 그렇고, 협동조합의 정책결정 기구인 이사회의 의사결정의 질이 조직의 성과에 영향을 준다고 보기 때문이다.

이사회는 또 경영자를 선임하여 협동조합 사업체의 일상적 운영을 책임지게 한다. 따라서 이사회는 총회에서 결정된 조직의 목표와 방향에 따라 정책과 전략을 수립하고, 경영자가 협동조합의 일상적 운영을 통해 그것을 실현하도록 지원하고 감독하는 역할을 한다. 민주적 거버넌스 이론에서는 선출되어 정책을 만드는 사람들과 결정된 정책을 집행하는 사람들을 분리한다. 즉, 의사결정 기구와 의사집행 기구를 분리하여, 예를 들어 스페인의 몬드라곤 협동조합에서는 이사회에서 선임된 최고경영자가 이사회에 참석해 발언할 수 있지만 투표권은 없다(Cornforth, 2004; Whyte and Whyte, 1988). 협동조합에서는 이사회와 경영진이 통제와 감시보다 신뢰를 바탕으로 서로 협력하는 관계를 지향하지만, 권한을 분산시킴으로써 견제와 균형도 이루어지게 하는 것이다.

따라서 종합하면, 민주적 거버넌스 이론에서는 무엇보다도 이사회의 대표성이 중요하다. 이사회가 대표성이 있어야 조합원 대다수의 의견을 반영하여 협동조합을 설립 목적에 맞게 이끌 수 있고, 그래야 조합원의 대표자로서의 정당성과 신뢰를 바탕으로 경영자가 일상적 운영을 통해 협동조합의 정책과 전략을 실현하도록 통제할 수 있다. 물론 그러려면 전문성 또한 필요하지만, 그것은 외부에서 사외이사를 영입하기보다 교육과 훈련을 통해 해결하고자 한다. 또한 이사회와 경영진은 신뢰를 바탕으로 서로 협력하도록 되어 있지만, 권력의 분산을 통해 의사결정 기구와 의사집행 기구를 분리시켜 상호 견제와 균형이 이루어지도록 한다.

2) 대리인 이론

민주적 거버넌스 이론의 주요 분석대상이 협동조합과 상호조합이라면, 주인-대리인 이론 또는 짧게 대리인 이론이라고 하는 이 지배적인 기업 거버넌스 이론(Cornforth, 2004)은 주요 분석대상이 투자자소유기업인 주식회사다. 인간은 이기적 동물이라는 경제학적 인간관을 바탕으로 소유와 경영이 분리되고 소유권이 분산되어 경영에 대한 통제가 어려운 주식회사에서는 기업의 소유자(주인)인 주주를 위해 일해야 할 경영자(대리인)가 일을 게을리하거나 사익을 추구하는 기회주의적 행동을 할 수 있다는 가정에서 출발한다. 이는 무엇보다도 기업 내부 행위자인 경영자와 기업 외부 행위자인 주주들 사이에 정보비대칭이 존재하기 때문이고, 따라서 경영자가 그런 기회주의적 행동을 하지 않고 다른 누구보다 주주의 이익을 위해 열심히 일하도록 통제할 메커니즘이 필요하다고 본다(Jensen and Meckling, 1976; Fama and Jensen, 1983).

사실 작은 기업에서는 소유자가 경영과 감시를 스스로 수행하여 따로 거버넌스 기능이 필요하지 않다. 그러나 별도의 경영자 집단을 임명해 사업을 운영하게 하는 순간 대리인 문제가 발생할 수 있고, 그에 따라 대리인 비용이 들 수 있다(Birchall and Silvia, 2017). 그래서 대리인 이론을 체계화한 Jensen and Meckling(1976)은 어떻게 공개기업의 투자자는 경영자가 주주에게 가장 잘 봉사하도록 감시하는 비용, 경영자는 자신이 주주의 이익을 위해서 봉사한다는 것을 확증하는 비용, 그런 감시비용과 확증비용에 주인과 대리인의 이익이 일치하지 않아 서로 다른 결정을 내림으로써 생기는 잔여손실을 합하여 대리인 비용이라고 한다.

대리인 이론에서는 경영자의 기회주의적 행동을 막아 대리인 비용을 줄이는 주요 장치로 3가지를 든다. 첫 번째는 경영자에 대한 보상을 기업의 성과와 연계하는 것이다. 여기서 기업의 성과는 주로 주식의 가치로 평가되어, 경영자가 주주 이익 극대화를 위해 노력하도록 한다. 두 번째는 경영자에 대한 통제를 강화하기 위해 경영자로부터 독립된 사외이사제도를 도입하는 것이다. 세 번째는 이사회의 의장과 최고경영자를 분리하는 것이다. 물론 적대적 인수와 합병 같은 기업 통제권 시장도 경영자의 전횡을 막는 좋은 장치이고, 주주의 이익을 보호하는 법률과 규제도 경영자를 통제하는 효과적 장치다(Spear, 2004).

따라서 이사회의 역할과 기능에 초점을 맞추면, 대리인 이론에서 이사회의 주요 역할과 기능은 경영자를 효과적으로 통제하여 대리인 비용을 줄이는 것이고, 그것은 앞서 말한 대로 주로 사외이사제도의 도입과 이사회 의장과 최고경영자의 분리로 나타난다(Ees and Laan, 2012). 먼저 사외이사제도의 도입을 주장하는 것은 사외이사는 경영자로부터 독립되어 경영진을 훨씬 객관적으로 면밀히 들여다볼 것이고, 따라서 경영자를 훨씬 효과적으로 통제할 것이라고 보기 때문이다. 그러나 경영진이 그저 감시를 게을리하지 않는다는 인상을 주기 위해 사외이사를 선임할 수도 있고(Byrd and Hickman, 1992), 조직으로부터의 거리 탓에 관련 기업이나 산업에 특수한 정보와 지식이 부족해 사외이사의 효과성이 제한적일 수밖에 없다는 견해도 있다(Dalton et al., 2007). 그래서 Baysinger and Hoskisson(1990)은 사내이사가 사외이사보다 정보량도 많고 정보의 질도 높아 경영진을 더 효과적으로 평가할 수 있다고 말한다.

두 번째로 이사회 의장과 최고경영자의 분리를 주장하는 것은 최고경영자가 이사회 의장을 겸임하면 최고경영자가 이사회를 지배하여 이사회의 감시 기능의 효과성이 떨어진다고 보기 때문이다(Finkelstein and D'Aveni, 1994). 그런데 영미와 유럽 대륙에 국한해보면, 이것은 특히 미국에 특수한 상황이기도 하다. 미국에서는 최고경영자가 이사회 의장을 겸임하는 경우가 많지만, 영국에서는 이런 관행이 그리 널리 퍼져 있지 않고, 유럽 대륙에는 아예 그런 관행이 존재하지 않는다(Ees and Iaan, 2012). 네덜란드와 노르웨이, 스웨덴 같은 나라에서는 아예 법으로 최고경영자와 이사회 의장의 분리를 강제하고 있다(OECD, 2017). 덧붙이면, 주로 영미권에서는 이사회에 기업의 일상적 운영을 통해 이사회의 결정을 집행하는 이사, 즉 경영을 담당하는 집행이사와 그렇지 않은 비집행이사가 함께 있지만, 유럽의 많은 나라에서는 이사회가 집행이사회와 감독이사회로 나누어져 비집행이사들로 구성된 감독이사회가 집행이사들로 구성된 집행이사회를 감시하고 감독하는 역할을 한다. 따라서 이런 이원제 이사회 구조에서는 일원제 이사회 구조에서보다 사외이사의 필요성도 크지 않을 수 있다.

덧붙이면, 대리인 이론의 시각에서는 이사회의 다양성도 이사회가 경영자를 감시하고 통제하는 역할을 더욱 효과적으로 해줄 수 있을 거라고 본다. 먼저 통제 역할을 하려면 경영을 평가하고 기업 전략을 평가하는 데 필요한 경험과 배경지식이 적절히 혼합될 필요가 있는데 이사회가 다양하면 그런 다양한 지식과 기술, 기량을 갖출 수 있을 것이고, '올드보이 네트워크'의 권력을 감소시켜 이너서클의 영향력에서 벗어날 수 있고(이너서클의 사회적 결속력이 이사회의 동질성에서 비롯된 것일 수 있고, 그럴 경우 이사회의 구성원이 인구통계학적으로 다양하면 경영자의 결정에 순응할 가능성이 줄어들기 때문이다), 이사회가 다양하면 최고경영자가 이질적인 이사회를 지배하기 어려울 것이라고 보기 때문이다(Hillman and Dalziel, 2003; Westphal and Milton, 2000).

종합하면, 대리인 이론에서는 결국 이사회의 주요 역할과 기능이 경영진을 통제하는 것이고, 이사회의 역할을 효과적으로 수행하여 기업의 성과에 긍정적 영향을 미치려면 경영진으로부터 독립된 사외이사제도를 도입해야 하고, 최고경영자가 이사회 의장을 겸임하는 일도 없어야 한다고 본다. 또한 이사회의 다양성도 이사회의 효과성을 한층 높여준다. 그러나 대리인 이론은 기업 거버넌스의 범위를 지나치게 좁게 보아 주주와 경영자의 관계에만 초점을 맞추고, 역시 이기적 개인이라는 협소한 인간관을 토대로 기업 거버넌스를 개인의 동기와 그로 인한 행동으로 환원한다는 비판을 받는다. 또한 재산권에 특권을 부여해 주주 이익의 극대화를 추구함으로써 다른 이해관계자의 권리와 이익을 돌보지 않는다는 비판도 제기된다(Abell, 1992).

3) 청지기 이론

청지기 이론은 대리인 이론과 정반대의 가정에서 출발하여, 경영자가 자기 이익만을 위해 일하지 않고 조직을 위해 일하며 따라서 성실한 청지기처럼 조직의 자원을 충실히 관리한다고 본다. 따라서 경영자는 기업과 기업 소유주의 이익을 보호하기 위해 신의성실의 의무를 다하는 책임감 있는 존재이다. 경영자는 기본적으로 성취욕과 책임감에 의해 동기 부여가 된다(Donaldson and Davis, 1991; Muth and Donaldson, 1998). 물론 이타주의적으로 행동하는 것은 아니며, 경영자가 주주에게 이익이 되도록 일하면 자신에게도 이익이 된다고 할 수 있는 상황이 많이 존재한다(Ees and Iaan, 2012). 그런데 대리인 이론에서처럼 경영자가 기회주의적 행동을 할 것이라고 가정하여 기회주의를 막기 위해 제재를 가하고 유인책을 쓰면 오히려 기회주의 행동이 늘어날 수 있다. 그렇게 되면 대리인 이론이 자기 충족적 예언이 되어, 갈수록 더 강력하고 정교한 제재와 유인책을 만들어낼 필요가 생기는 악순환에 빠질 수 있다. 따라서 거래비용 경제학에 기반을 둔 대리인 이론은 틀린 이론일 뿐 아니라 위험한 이론이라는 주장도 존재한다(Ghoshal and Moran, 1996).

그렇다면 이사회가 기업의 소유자인 주주를 위해 신의성실의 의무를 다할 준비가 되어 있는 경영자를 감시하고 통제하기보다 청지기로서 성실히 일하도록 지원할 필요가 있다. 따라서 청지기 이론에서 이사회의 주요 기능은 감시와 통제가 아니라 경영자가 자신의 역할을 효과적으로 수행하도록 재량권을 부여하고 지원하는 것이다. 이사회와 경영진이 서로 파트너가 되어, 이사회가 경영진과 협력해 전략의 질을 높이고 최고 결정에 가치를 더하는 것이다. 따라서 이러한 시각에서는 이사회의 구성원이 조직의 의사결정에 가치를 더할 수 있는 전문성이 있고 조직에 필요한 자원을 끌어올 수 있는 위치에 있어야 한다 (Cornforth, 2004). Donaldson and Davis(1991)는 여기서 더 나아가 경영자가 경영을 책임지지 않는 이사들이 지배하는 이사회에 복종하지 않아도 되도록 해야 조직에 더 잘 봉사할 수 있다고 한다. 따라서 이사회 연구자들 대부분이 대리인 이론에 따라 경영진으로부터 독립된 이사회가 좋고 그래야 결국 기대한 결과를 얻을 수 있다고 생각하는 것은 선입견일 가능성이 높다.

또한 대리인 이론에서는 주주의 이익을 보호하려면 이사회 의장과 최고경영자의 역할을 분리해야 한다고 주장하지만, 청지기 이론에서는 최고경영자가 이사회 의장을 겸임해야 주주의 이익을 최대화할 수 있다고 주장한다. 기업의 최고경영자와 이사회 의장이 같으면 기업의 지도부가 통일되어 누가 기업의 프로세스와 결과에 책임이 있는지가 대내적으로나 대외적으로나 모호함이 없어 기업이 더 나은 성과를 올릴 수 있다는 것이다(Donaldson, 1990; Donaldson and Davis, 1991). 따라서 Hawley and Williams(1996)는 청지기 이론의 논리를 확장하면 결국 경영자인 집행이사가 지배하는 이사회로 가거나 아예 이사회가 없는 구조로 가게 된다고 주장했다. 한편 Donaldson and Davis(1991)는 비집행이사로 구성된 이사회는 구조상 비효과적인 통제 장치가 될 수밖에 없다고 하고, 이사회의 존재 근거가 완전히 의심스러워진다는 견해를 지지하는 증거를 제시했다.

따라서 청지기 이론에서는 주주의 이익과 경영자의 이익이 꼭 충돌하는 것은 아니며 따라서 서로 협력할 수 있다고 말한다. 이에 따라 이사회의 역할은 성실한 경영자를 감시하고 통제하는 것이 아니라 재량권을 부여하고 지원하는 것이며, 최고경영자가 이사회 의장을 겸직하면 권력이 집중되어 감시하고 통제하기 어려운 것이 아니라 오히려 지도부가 통일되어 기업에 더 나은 성과를 올릴 수 있다.

4) 자원 기반 관점

자원의존이론(Pfeffer and Salancik, 1978)은 기업의 이사회를 기업이 목표를 달성하는 데 필요한 자원과 기업을 잇는 중요한 연결고리로 보는 전략적 관점을 취해, 이사회를 기업의 경계를 넓혀 기업을 기업의 전략적 환경과 연결할 수 있는 네트워크의 연결고리로 본다(Ees and Iaan, 2012).

이러한 자원기반이론은 기업의 지속적 경쟁우위의 원천을 기업에 고유한 자원으로 보는 자원 기반 관점(Barney, 1991)과 연결되어 있다. 원래 이러한 관점은 Porter(1980)로 대표되는 환경 중심 경쟁우위 모델에 대한 안티테제로 등장했다. 후자는 1960년대부터 이용된 조직 분석 틀로서, 기업은 내부의 강점을 이용해 환경이 제공하는 기회에 부응하면서 외부의 위협은 무력화하고 내부의 약점은 피하는 전략을 통해 지속적 경쟁우위를 얻을 수 있다고 한다. 하지만 이러한 시각은 기업의 환경이 기업의 경쟁우위에 끼치는 영향을 분석하는 데 집중하면서 기업의 이질적 특성이 기업의 경쟁우위에 미치는 영향에 대해서는 거의 강조하지 않았다. 이에 반해 자원 기반 관점은 기업의 내적 특성과 성과의 관계를 검토하면서 기업의 자원에 집중한다.

Barney(1991)에 따르면, 기업의 자원에는 기업이 효율성과 효과성을 증진하는 전략을 구상하고 실행하는 데 쓸 수 있는 기업의 자산과 역량, 조직 프로세스, 기업 특성, 정보, 지식 등이 모두 포함되는데, 이것을 크게 물리적 자본 자원과 인적 자본 자원, 조직적 자본 자원으로 나눌 수 있다. 물리적 자본 자원은 기업의 물리적 기술, 공장과 설비, 지리적 위치, 원료에의 접근성 등을 말하고, 인적 자본 자원은 기업의 경영자와 노동자 개인의 훈련과 경험, 판단, 지능, 관계, 통찰력 등을 말한다. 그리고 조직적 자본 자원은 기업의 공식보고 구조, 공식·비공식 계획 수립, 통제와 조정 체계, 기업의 집단 간 비공식 관계, 기업과 같은 환경에 있는 다른 기업의 관계 등을 말한다.

그런데 이런 모든 자원이 기업의 지속적 경쟁우위의 원천이 되는 것은 아니다. 이런 기업의 자원이 지속적 경쟁우위의 원천이 되려면 4가지 속성이 있어야 한다. 첫째, 기업의 환경이 제공하는 기회를 활용하고 위협을 무력화할 수 있다는 의미에서 가치가 있어야 하고, 둘째, 기업의 현재 경쟁자와 미래 경쟁자들 사이에서 희소해야 하고, 셋째, 완벽하게 모방할 수 없어야 하고, 넷째, 가치가 있지만 희소하지 않고 완벽하게 모방 가능한 전략적 대체물이 있어서는 안 된다. 즉, 기업에 대한 자원 기반 관점의 핵심은 같은 산업(즉, 같은 환경)에 있더라도 기업의 자원 이질성과 이것의 모방 불가능성 때문에 기업의 희소하고 가치 있는 자원이 지속적 경쟁우위의 원천이 될 수 있다는 것이고, 따라서 경영자의 주요 과제는 현존하는 자원과 역량의 최적 배치를 통해 가치를 최대화하면서 미래를 위해 자원과 역량을 개발하는 것이다.

Pfeffer and Salancik(1978)의 자원의존이론은 조직이 환경과 상호의존적이라고 보아, 조직이 생존하려면 자원을 얻기 위해 다른 조직과 행위자에게 의존해야 한다고 본다. 따라서 이런 의존성을 관리하여 필요한 자원과 정보를 얻을 수 있는 길을 찾아야 하는데, 이러한 시각에서는 이사회가 예컨대 다른 회사와 상호 연결된 이사들을 통해 조직들 사이에 영향력 있는 연결고리를 만들어 불확실성을 줄이는 하나의 수단이 된다. 따라서 이사회의 기능이 외부의 핵심 이해관계자들과 좋은 관계를 유지해 조직에서 조직으로 자원이 흐르도록 하여 조직이 외부 변화에 대응하는 데 도움이 되도록 하는 것이다. 이러한 시각에서는 이사회가 조직의 일부이면서 환경의 일부이며, 이사회의 역할은 경계를 넓히는 것이다(Comforth, 2004). 따라서 Pfeffer and Salancik(1978)는 조직이 환경을 안정시키고 우호적인 자원 교환을 이루어지게 하려면 외부 조직과의 사회적 연결고리가 중요한데, 기업들끼리 서로 맞물려 있는 경우에 환경과 적절한 수준의 연결고리가 있는 기업일수록 수익성도 높은 경향이 있었음을 발견하고, 외부와 효과적으로 연결될 필요성이 클수록 이사회의 규모는 커야 한다고 한다.

Zahra and Pearce(1989)는 이사회의 2가지 주요 역할은 감시와 조언이라고 주장하는데, 여기서 조언하는 역할은 자원 기반 관점에 뿌리를 두고 있으며, 이에 따르면 이사회는 경영진에게 조언을 하여 전략 수립의 질을 향상시키는 역할을 해야 한다고 한다. 그런데 이사회에서 사내이사는 기업이 어떻게 운영되는지 잘 알기 때문에 중요한 기여를 한다고 본다. 즉, 대리인 이론에서는 이사회의 역할이 감시와 통제이고 따라서 경영진으로부터 독립된 사외이사가 훨씬 효과적으로 이사회 역할을 한다고 보지만, 이런 자원 기반 관점에서는 이사회의 역할이 경영자를 지원하는 것인데, 사내이사가 기업이 어떻게 운영되고 있는지 알기 때문에 오히려 더 효과적으로 경영진을 지원할 수 있다고 보는 것이다.

자원 기반 관점에서는 또 이사회 구성원이 다양한 것과 조직의 높은 성과 사이에도 연관성이 있다고 본다. 이사회의 구성원이 다양하면 조직에 필요한 다양한 자원을 끌어올 수 있고, 은행과 정책 담당자, 업계 전문가와 연결되기도 쉽고, 핵심 이해관계자과 한층 효과적으로 협력할 수 있는 네트워크를 구성할 수 있을 뿐 아니라 고객을 이해하고 시장에 대한 지식을 높이는 데도 기여하기 때문이다(Hillman et al. 2000; Beckman and Haunschild, 2002; Robinson and hant, 1997). 그리고 이사회의 다양성은 과업 중심의 다양성(필요한 지식과 기술, 능력 등)과 관계 중심의 다양성(연령, 성별, 민족), 인지적 다양성 같은 다양한 측면에서 접근할 수 있다(Nielsen, 2012).

종합하면, 자원기반이론에서는 이사회가 조직에 필요한 자원을 끌어오고 연결할 수 있는 중요한 연결고리라고 보아, 특히 외부와 효과적으로 연결될 필요성이 클수록 이사회 규모가 커야 한다고 본다. 또한 이사회의 2가지 주요 기능 가운데 조언에 초점을 두어 이사회의 전문성과 함께 기업의 사정을 잘 아는 사내이사의 역할을 강조하고, 이사회의 구성원이 다양할수록 조직에 필요한 자원을 많이 끌어오고 연결할 수 있다고 본다.

5) 이해관계자 이론

이해관계자 이론에서는 주주의 가치를 최대화하는 것이 기업의 주요 목표라는 생각에 도전하여, "기업은 기업 활동에 필요한 법률과 시장 인프라를 제공하는 사회라는 더 큰 시스템 안에서 움직이는 이해관계자들의 체계"(Clarkson, 1994)이며, 따라서 기업의 결정에 영향을 받는 모든 이해관계자들에게 책임을 져야 한다고 본다. 여기서 이해관계자라는 말은 가장 넓게는 "조직의 목표 달성에 영향을 끼치거나 영향을 받을 수 있는 모든 집단이나 개인"(Freeman, 1984)으로 정의되며, 기업 문헌에서는 여기에 주주와 직원, 고객, 공급자, 정부, 사회 등이 포함되는 것으로 이해한다(Novkovic and Miner, 2015).

이런 이해관계자 이론에 따라 Blair(1995)는 이사회와 경영자의 목적은 기업이 낳는 부를 최대화하는 것인데 그러려면 기업에 반드시 필요한 것(기업에 특수한 인적 자본)을 투입하거나 통제하는 참여자들의 발언권을 높이고 그들에게 소유권과 비슷한 인센티브를 제공하여 그런 중요한 이해관계자들의 이해가 외부에 있는 수동적인 주주들의 이해와 일치하도록 해야 한다고 주장한다. Porter(1992)는 정책 입안자들에게 장기적 직원 소유권을 권장하고 중요한 고객과 공급자, 투자자, 직원, 지역사회 대표가 이사회에서 대변되도록 해야 한다고 권고하고, 기업에도 장기 소유자를 추구하고 그들에게 거버넌스에서 직접 발언할 수 있는 권리를 주고 이사회에 중요한 소유자와 고객, 공급자, 직원, 지역사회 대표를 지명하라고 권고했다.

그러나 기존 경제 이론에서 다양한 이해관계자 집단은 본질적으로 이해관계가 달라 시장 계약을 통해서만 이해관계를 일치시킬 수 있을 것이라고 가정한다. 이런 집단들을 소유 구조 안에 포함시키면 거버넌스 시스템을 통해 그들의 이해관계가 서로 어긋나지 않도록 조정해야 하는데, 그러려면 거버넌스 비용이 너무 많이 들 것이라고 보기 때문이다(Birchall and Silvia, 2017). 거버넌스가 복잡해지면 복잡한 거버넌스 시스템을 유지하는 데 시간과 비용이 들고 중요한 의사결정이 지연되고 불확실성이 사업 전략에 해로운 영향을 끼칠 것이며 갈등이 노출되면 그 안에 일하는 직원들의 사기가 떨어져 상당한 비용을 치러야 한다는 것이다. 그래서 예를 들면 Williamson(1988)은 이해관계자들의 참여를 정보의 참여로 국한해야 한다고 주장한다. 그러나 Turnbull(2001)은 기업의 완전한 재설계를 옹호하며 기업의 개념을 새롭게 하면 중요 이해관계자에게 발언권과 소유권을 제공할 수 있다고 주장하고, 또한 기업에 대한 통제권을 다수의 위원회를 통해 투자자와 이해관계자가 공유하게 하면 이해가 충돌할 가능성을 줄여 대리인 비용을 감소시킬 수 있다고 한다.

따라서 이해관계자 이론에서는 이사회가 기업의 결정에 영향을 끼치거나 끼칠 수 있는 모든 이해관계자들의 이익을 대변할 뿐 아니라 이사회에서 중요한 이해관계자들이 직접 발언할 수 있는 구조를 만들어야 한다고 주장한다.

지금까지 기업 거버넌스에 관한 주요 이론과 각 이론에서 주장하는 이사회의 역할과 기능, 그러한 역할과 기능을 효과적으로 수행하기 위한 이사회의 구조와 속성을 살펴봤는데, 그것을 표로 간략히 정리하면 다음과 같다(표 4-1).

〈표 4-1〉에서 볼 수 있듯이 기업 거버넌스에 관한 주요 이론들은 이사회의 주요 역할과 기능, 이사회와 경영자의 관계, 이사회가 효과적으로 자신의 역할과 기능을 수행하는 데 필요한 속성과 구조가 다르다. 그러나 경영자와 관련한 이사회의 주요 역할과 기능은 크게 경영자에 대한 통제와 지원으로 나누어지고, 효과적인 이사회의 주요 속성과 구조로는 이사회의 대표성과 독립성, 전문

주요 이론	이사회의 주요 역할과 기능	효과적인 이사회의 주요 속성과 구조
민주적 거버넌스 이론	경영자에 대한 지원과 통제	이사회의 대표성
		이사장과 책임경영자의 분리
대리인 이론	경영자에 대한 감시와 통제	이사회의 독립성(사외이사)
		이사장과 책임경영자의 분리
청지기 이론	경영자에 대한 지원	이사장과 책임경영자의 통합
		이사장의 전문성
자원기반이론	경영자에 대한 지원	이사회의 규모(네트워크)
		이사회의 다양성
이해관계자 이론	다양한 이해관계자의 이익 대변	이사회의 다양성

성, 다양성, 규모, 이사장과 책임경영자의 분리와 통합이 거론되는 것을 볼 수 있다. 앞서 지적했듯이, 기업 거버넌스에 관한 주요 이론들은 저마다 다른 가정과 전제 아래서 이사회의 역할과 기능에 대해 서로 다른 주장을 하고 그러한 역할과 기능이 서로 충돌하지만 저마다 이사회의 역할과 기능의 어떤 측면들을 설명해준다고 보고, 다음 장에서는 협동조합 거버넌스와 관련해서는 그러한 것들이 어떤 의미가 있는지 살펴본다.

3. 협동조합 거버넌스를 둘러싼 쟁점들

Spear(2004)는 기업과 조직의 거버넌스에 대한 관심이 확산되는 이유가 영리부문에서는 첫째, 경영자의 지나친 권력과 지나치게 많은 보상 패키지, 부패, 질 낮은 의사결정, 둘째, 소유자가 경영자에게 통제력을 행사하려는 시스템이 대개 비효과적이거나 복잡하고 느리다는 우려, 셋째, 기업의 세계화로 기업 경영자의 권력을 효과적으로 제약하는 데 필요한 정부의 규제력 약화, 넷째, 환경과 공공재에 대한 시장실패(공유재의 비극)에 대한 우려의 점증으로 인해 성실한 청지기의 역할에 대한 요구가 커진 탓인데, 사회적경제 부문에서도 비슷한 우려를 자아내는 양상들이 나타나고 있다고 본다. 예를 들면, 상호조합의 탈상호화가 일어나 상업적 유연성과 도매자본에 대한 접근성을 위해 주식회사로 전환하면서 경영자는 고수익의 스톡옵션을 얻고 조합원은 몇 세대에 걸쳐 축적된 부를 자본화하여 주식으로 횡재를 하는 사태나 협동조합이 자신의 정체성과 원칙, 가치를 잃고 타락하는 현상, 또는 협동조합이라는 섬에 갇히는 경향 등이다. 따라서 Spear(2004)는 기업 거버넌스에 관한 이론이 다양하지만 민주적인 조합원 기반 조직과 관련 있는 몇 가지 이론(대리인 이론과 청지기 이론 등)을 기반으로 민주적인 조합원 조직에서 발생할 수 있는 거버넌스 문제를 살펴보고 이러한 조직에서 효과적인 거버넌스 체계를 설계할 때 요구되는 조치들을 탐구하는데, 이 절에서는 이러한 Spear(2004)의 논의를 토대로 협동조합 거버넌스를 둘러싼 쟁점들을 살펴본다.

1) 민주적인 조합원 기반 조직에서의 조합원 통제

민주적인 조합원 기반 조직에서는 1인 1표라는 민주적인 의사결정 방식을 통해 조합원이 조직의 중요한 결정에 직접 참여할 수 있도록 되어 있다. 그러나 조합의 규모가 커지고 조합원 수가 많아지면 대개는 조합원의 영향력이 조합원을 대표하는 이사회와 그런 이사회를 선출하고 주요 안건들을 토의하는 연례총회를 통해 간접적으로 행사된다. 그런데 만일 조합원의 총회 참여율이 낮다면 총회에서 결의되는 주요 안건들에 조합원 대다수의 의사가 제대로 반영되지 않을 수 있고, 그렇게 조합원 참여율이 낮은 총회에서 선출된 이사회도 조합원의 대표자로서 정당성과 신뢰를 얻기 어려울 것이다.

민주적인 조합원 기반 조직에서 조합원의 참여율이 낮은 이유로는 여러 가지가 있지만, 먼저 소비자협동조합의 경우 협동조합을 이용하는 조합원과 비조합원의 비율이 문제가 될 수 있다. 협동조합을 조합원만 이용할 경우에는 이용자로서의 조합원의 정체성이 단일하지만, 비조합원도 이용할 수 있고 조합원과 비조합원의 혜택에 큰 차이가 없다면 조합원의 정체성이 흐려져 조합원이 고객으로 전락할 수 있고, 따라서 조합원이 협동조합의 의사결정에 참여할 유인이 떨어질 수 있다.

또한 앞서 지적한 대로 그렇게 조합원의 참여율이 낮은 총회에서 선출된 이사회가 대표성이 있는가 하는 문제가 제기될 수 있는데, 그렇게 선출된 이사들의 경우 같은 사회적 집단이나 문화적 집단 출신일 가능성이 높기 때문이다. 즉, 소득과 교육 수준이 높은 지역사회의 엘리트 집단이 이사회를 장악하여 대다수 조합원의 의견이 소외될 수 있으며, 그렇게 되면 역시 조합원의 참여율이 낮아질 가능성이 있다.

주류 경제학에서는 민주적인 조합원 기반 조직에서 이렇게 조합원의 참여율이 낮은 이유로 조합원의 소유권이 제한된 것을 든다. 즉, 조합원 가운데 한 사람이 소유할 수 있는 출자지분이 낮은 수준으로 제한되어 있을 뿐 아니라 대개는 조합원의 출자좌수가 하나밖에 안 되고, 그것의 가치도 낮은 수준으로 고정되어 있고 시장에서 거래할 수도 없어 기업 재평가를 통해 사업체의 가치가 커져도 나누어 가질 수 없으니 조합원이 조직의 의사결정 과정에 적극 참여할 유인이 낮다는 것이다. 또한 조직의 의사결정 과정에 참여하려면 필요한 정보를 수집하는 비용과 노력을 들여야 하는데, 조직의 의사결정 과정에 끼칠 수 있는 영향력이 미미한 수준이라면 이에 대한 합리적 반응은 무임승차하여 다른 사람이 대신 일하게 하는 것이라는 것이다. 또한 대리투표를 통해 조합원의 의사를 결집할 수도 있지만, 이때도 대개는 이사장에게 대리투표권을 양도하는 경우가 많아 오히려 엘리트 집단의 영향력이 강해질 수 있다.

따라서 민주적인 조합원 기반 조직에서도 조합원의 참여율을 높이기 위한 노력이 필요하며, 이를 위해 조합원 혜택을 늘리거나 조합원이 조직에 참여하고 관여할 수 있는 기회를 높이는 것도 한 방법이며, 투표 방식을 혁신하여 우편투표나 모바일 투표 같은 것을 도입하는 것도 또 하나의 방법이 될 것이다.

2) 이사회의 효과성

앞서 살펴봤듯이 이사회의 주요 기능은 크게 경영자에 대한 통제와 지원으로 나누어질 수 있다. 그런데 대리인 이론에서는 경영자를 통제하는 방법으로 경영자의 보상을 조직의 성과와 연계하는 것과 인수 합병 같은 기업 통제권 시장, 법률과 규제 등을 든다. 그런데 민주적인 조합원 기반 조직에서는 이런 방법들을 쓸 수 없어 이사회가 경영자를 효과적으로 통제하기 어려울 수 있다 (Spear, 2004; Birchall, 2014)

먼저 정보가 부족한 문제가 있다. 즉, 영리기업에서는 주주들이 주가의 형태로 기업이 경쟁자들에 비해 얼마나 잘하고 있는지를 알 수 있다. 그러나 협동조합 같은 민주적인 조합원 기반 조직에서는 시장으로부터 그런 신호를 받을 수 없다. 또한 주식회사의 경우에는 주식의 시장가격을 정하는 데 도움이 되도록 정보를 공개하도록 되어 있는데, 협동조합에는 그런 규칙이 없어 경영자가 임의로 정보를 덜 공개할 수도 있다.

또한 협동조합 같은 조합원 기반 조직은 경제적 목표뿐 아니라 사회적 목표도 추구하기 때문에 기업의 목적과 성과 측정이 전통적 기업보다 훨씬 복잡하고 측정지표가 다양하다. 즉, 주식회사에서는 경영자가 주주 가치 극대화를 위해 주가로 평가되는 기업의 가치를 높이기 위해 노력하면 되는데, 협동조합이나 상호조합에서는 목표가 다양해 전략적 초점이 부족하고 이사회 수준에서 그것의 우선순위를 결정하는 데 높은 거래비용이 들 수 있다. 따라서 전통적인 영리기업보다 경영자에 대한 효과적인 보상체계를 설계하기가 어렵다.

조합과 상호조합 같은 조합원 기반 조직에서는 출자증권이 시장에서 거래되지 않기 때문에 인수와 합병 같은 기업 통제권 시장이 존재하지 않아 이를 통해 경영자를 통제할 수 없고, 경영자에 대한 유인책으로 스톡옵션 같은 인센티브를 제공할 수도 없다. 게다가 대개는 상위 급여자와 하위 급여자의 급여 격차도 일정한 비율로 제한하는 경우가 많아, 보상을 통해 경영자를 통제하고 유인하기 어렵다.

또한 목표가 여럿이고 성과측정 방식도 분명하지 않아 합의를 이루기 어려워 이사회에서 정보를 수입하여 성과를 효과적으로 모니터링하기도 어려울 수 있다. 이사회의 구성원들이 조직과 금전적 이해관계가 전혀 또는 거의 없어, 경영자를 충분히 감시하고 통제하지 않을 수도 있다. 또한 통제를 하려면 반드시 정보가 필요한데, 시간이 흐르면서 조합원이 조직과 이사회, 경영자와 서로 신뢰하는 편안한 관계가 형성되어, 적극적으로 감시하고 통제할 필요성을 덜 느낄 수도 있다. 그래서 경영자가 정보를 적극적으로 제공하지 않고 이용만 할 수 있게 하여 조합원들이 제대로 감시하려면 더 많은 노력이 필요할 수 있다.

또한 갈수록 조직의 사업이 복잡해지는데 협동조합과 상호조합 같은 조합원 기반 조직의 이사회는 전문성이 부족할 가능성에 대한 우려도 계속 제기된다. 협동조합과 상호조합의 지배적 거버넌스 이론인 민주적 거버넌스 이론에서는 이사회의 전문성보다 대표성을 우위에 두어 조합원이면 누구라도 이사회에 선출될 기회를 가질 수 있기 때문이다.

물론 위에서 제기한 민주적인 조합원 기반 조직의 거버넌스 문제는 주로 주식회사를 대상으로 한 대리인 이론에 따른 것이다. 따라서 인간은 자기 이익을 추구하는 합리적 존재라는 개인주의적 접근 방식은 집합적 요인이나 사회적 요인, 조직의 요인을 배제하지는 않아도 간과할 수 있고, 신뢰와 협력, 상호성 등에 기반을 둔 조직에는 타당성이 없을 수 있다. 하지만 민주적인 조합원 기반 조직이 자신의 정체성을 잃고 자신의 원칙과 가치를 지키지 않는 순간 이러한 문제는 언제든지 제기될 수 있다.

4. 신용협동조합에의 시사점

지금까지 제2절에서는 기업 거버넌스에 관한 주요 이론과 각 이론에서 주장하는 이사회의 역할과 기능, 효과적인 이사회의 속성과 구조를 살펴보고, 제3절에서는 이 글의 주요 대상인 협동조합과 상호조합 같은 민주적인 조합원 기반 조직의 거버넌스를 둘러싼 쟁점들을 살펴봤다. 제4절에서는 이를 기반으로 이러한 논의들이 우리나라 신용협동조합에는 어떤 시사점을 제공하는지 살펴본다.

우리나라 협동조합은 크게 관 주도형 협동조합과 민간 주도형 협동조합으로 갈라져 성장했는데, 신용협동조합은 대표적인 민간 주도형 협동조합으로서 1960년에 처음 설립된 이래 많은 변화와 함께 성장하여, 2017년 기준 조합원이 596만 7천 명에 단위조합의 수가 898개에 이르고, 총자산도 82.1조 원에 이른다(신용협동조합중앙회, 2018). 신용협동조합은 소비자(이용자)협동조합의 하나로, 원래 제도권 금융에서 소외된 사람들의 자조운동으로 출발했으나 크게 성장한 오늘날에는 신용협동조합의 정체성이 약해졌다는 비판에서 자유롭지 못하다(강승희, 2010). 이러한 비판은 사실 협동조합이 규모가 커지고 제도화하면서 흔히 부딪히게 되는데, 신용협동조합이 정체성을 잃는 순간 그것은 영리를 추구하는 상업은행과 다를 바 없는 것이 되고, 협동조합의 정체성 상실은 곧바로 협동조합 거버넌스 문제로 나타날 수 있다.

따라서 이 절에서는 이 글의 목적에 따라 지금까지의 논의를 토대로 협동조합 거버넌스의 중심에 있는 이사회의 효과성을 나타내는 지표 — 이사회의 규모, 전문성, 독립성, 다양성, 이사장과 경영책임자의 분리와 통합 — 로 제안된 것을 중심으로 신용협동조합의 거버넌스 문제를 검토한다. 그런데 앞서 살펴봤듯이 기업 거버넌스에 관한 주요 이론들은 이사회의 역할과 기능에 대한 주장을 바탕으로 효과적인 이사회의 속성과 구조를 제시하고 이것이 조직의 성과에 긍정적 영향을 미칠 것이라고 가정하지만, 이에 대한 경험적 연구들은 엇갈리는 결과를 보이는 것이 사실이다(Dalton et al., 1998; Dalton et al., 1999; Bond, 2009; Carter et al., 2010; 박지현·장영균·김태규, 2016). 따라서 역시 앞서 지적한 대로 여기서는 기업 거버넌스에 관한 주요 이론들이 서로 상충되는 주장을 하지만 저마다 이사회의 역할과 기능의 한 측면을 설명해준다고 보고, 이들의 주장을 토대로 한국 신용협동조합의 이사회 속성과 구조를 살펴보고 시사점을 찾아보기로 한다.

1) 이사회의 규모와 대표성

우리나라 신용협동조합은 신용협동조합법에 따라 이사장 1명과 부이사장 1명을 포함하여 5명 이상 9명 이하의 이사와 2명 또는 3명의 감사를 두도록 되어 있다(제27조 1항). 이에 따라 단위조합에서는 대개 7명에서 12명 사이의 임원을 두고 있으며, 평균 임원 수는 9.4명으로 확인된다. 〈그림 4-1〉에서 볼 수 있듯이, 일반적으로 단위조합의 조합원 수가 많을수록 임원 수도 증가하는 것으로 나타났지만, 그 차이가 크지는 않은 것을 알 수 있다(신용협동조합통계, 2018).[1]

또한 연도별(2008~2017)로 임원 수와 직원 수가 변화한 것을 보면(〈그림 4-2〉), 직원 수는 계속 증가했는데, 임원 수는 감소하는 추세이다. 이는 신용협동조합 전체 규모가 커지면서 직원 수는 증가했는데 단위조합의 수는 감소해(2008년에 994개였던 단위조합이 2017년에는 898개로, 2018년에는 888개로 감소했다), 전체 임원 수가 줄어든 것일 수도 있다. 하지만 단위조합의 수는 줄었어도 전체 규모는 커졌기 때문에 단위조합의 수가 줄면서 자연스럽게 나타난 현상이라기보다 협동조합의 자율적 결정에 맡겨야 할 임원 수를 협동조합법으로 제한함으로써 생

---

[1] 신용협동조합의 이사회 구성원 수에 대한 통계를 이용할 수 없어, 그 대신 이사와 감사가 포함된 임원 수로 이사회의 규모를 측정한다.

〈그림 4-1〉 단위조합의 조합원 규모별 임원 수

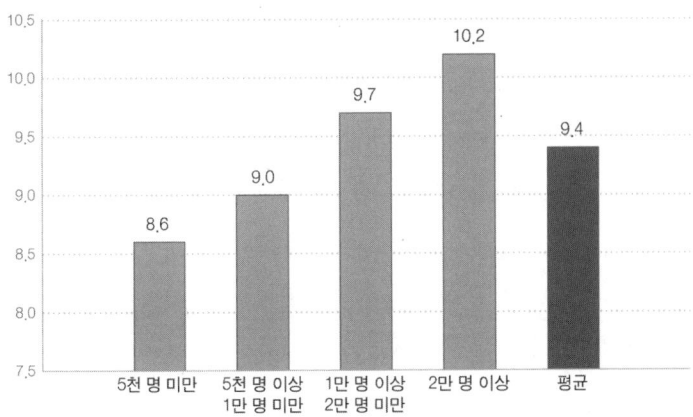

자료: 신용협동조합통계(2019).

〈그림 4-2〉 연도별 임원 수와 직원 수(2008~2017)

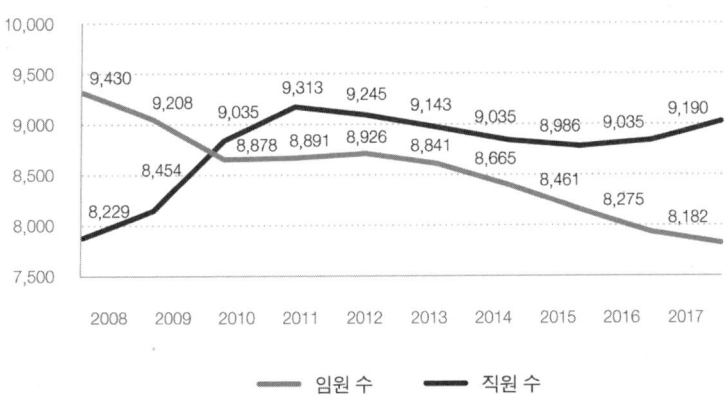

자료: 신용협동조합 통계자료(2008~2017)＊.
＊ 신용협동조합중앙회에서는 해마다 『신협통계』를 펴내는데, 여기서 〈그림 2〉 〈그림 4〉, 〈그림 5〉는 2008년
부터 2017년까지 통계자료를 토대로 구성했다.

긴 현상일 수도 있다. 조합원 수의 증가가 곧 임원 수의 증가로 나타나지는 않

고 그래야 한다는 일관된 증거도 없지만, 이것이 신용협동조합의 거버넌스와

이사회의 효과성에 대해서 무엇을 의미하는지에 대해서는 더 깊은 연구가 필요

할 것이다.

이사회의 규모에 관한 논의는 앞서 살펴본 대로 주로 자원기반이론에 근거한다. 자원기반이론에서는 이사회의 규모가 조직이 자신을 둘러싼 환경과 연결고리를 만들어 조직에 반드시 필요한 자원을 확보할 수 있는 수단일 수 있고, 따라서 Pfeffer and Salancik(1978)은 외부와 효과적으로 연결될 필요성이 클수록 이사회의 규모가 커야 한다고 했다. 그러나 이사회의 규모가 크면 전략적 행동을 추진하는 데 방해가 될 수도 있고, 이사회가 클수록 참여율과 결속력이 떨어져 합의에 이르기 어렵고, 이사회가 크고 다양할수록 최고경영자가 이사회의 평가를 조종하기 쉽다는 견해도 있다(Goodstein et al., 1994; Judge and Zeithaml, 1992). Dalton et al.(1999)은 이사회의 규모와 기업의 재무성과 사이의 관계를 다룬 연구들을 메타 분석했는데, 양자 사이에 일관된 결과가 나오지 않는다는 것을 확인했다. Bond(2009)는 협동조합이사회 규모와 재무성과의 관계를 메타 분석했는데, 역시 마찬가지 결론에 도달했다.

그렇다면 이사회의 규모와 조직의 성과 사이에는 어떤 관계가 있을까? 이사회의 규모가 조직의 성과에 영향을 주지 않는다는 말인가? Dalton et al.(1999)은 그보다는 양자의 관계가 조직이 놓인 상황에 따라 다르게 나타날 수 있고, 변수 간 내생성 문제가 있을 수도 있으며, 이사회의 속성이나 구조와 함께 이사회의 거버넌스 과정과 이사회의 행동 양태도 연구해야 한층 일관된 결과가 나오지 않을까 예측한다. 따라서 신용협동조합의 이사회 규모와 그 변화 추세가 조합의 거버넌스와 이사회의 효과성에 대해 무엇을 의미하는지는 더 탐구해보아야 할 것이다.[2]

---

2   우리나라에서는 협동조합이사회의 규모와 재무성과의 관계를 조사한 연구가 많지 않은데, 그중 이갑두(2014)는 우리나라 지역농업협동조합을 대상으로 이사회 구조와 경영 성과의 관계를 연구한 결과 이사회의 규모가 클수록 종합경영평가점수가 높아 경영 성과에 긍정적 효과를 주므로 많은 이사들이 다양한 의견을 제시하는 것이 바람직할 것으로 보인다는 결론을 내린다.

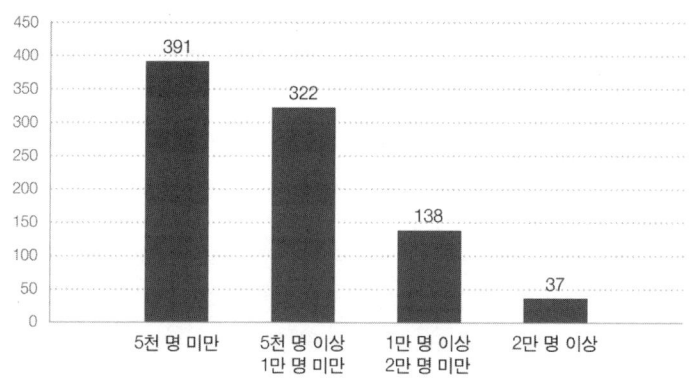

〈그림 4-3〉 단위조합의 조합원 규모별 조합 수

자료: 신용협동조합통계(2019).

　이사회의 규모는 자원기반이론의 관점에서도 볼 수 있지만 이갑두(2014)의 지적대로 그것을 이사회의 대표성을 보여주는 것으로 해석할 수도 있다. 그러나 Spear(2004)의 지적대로 이사회의 대표성은 이사회의 규모 못지않게 이사회를 선출하는 총회 참석률로도 측정할 수 있다. 그런데 우리나라 신용협동조합법에서는 총회를 "재적조합원 과반수의 출석으로 개의(開議)하고 출석조합원 과반수의 찬성으로 결의한다. 다만, 재적조합원이 500인을 초과하는 경우에는 251인 이상의 출석으로 개의하고 출석조합원 과반수의 찬성으로 결의할 수 있다"(제25조 제1항)라고 되어 있다. 그래서 2018년 기준 단위조합의 평균 조합원 수가 6880명에 이르고 조합원 수가 5000명 이상인 조합이 497개로 전체 조합의 56%에 이르는데(〈그림 4-3〉), 251인의 출석으로 조합의 중요한 안건을 의결한다는 것은 총회의 대표성에 문제가 있다는 비판도 제기된다. 게다가 신용협동조합법에서는 "지역이나 단체를 공동 유대[3]로 하는 조합의 조합원은 대리인

3　신용협동조합은 공동 유대를 바탕으로 조직된 결사체인데, 여기서 공동 유대란 "조합의 설립과 구성원의 자격을 결정하는 단위"(신용협동조합법 제2조 제3항)를 말하고, 공동 유대의 범위는

으로 하여금 선거권을 행사하게 할 수 없다"(제19조 제2항)라고 되어 있어, 표를 결집하여 조합원의 의사를 집단적으로 표현할 수도 없다(정영철, 2016). 물론 대리투표가 가능하더라도 투표권이 이사장이나 상임이사처럼 조합에서 영향력 있는 사람이나 경영자에게 대부분 위임된다면 조합원이 이사회를 효과적으로 통제할 수 없고, 그 결과 경영자도 효과적으로 통제하기 어려울 것이다. 따라서 이사회의 대표성을 확보하기 위해서는 앞서 지적한 대로 조합원의 참여를 이끌기 위한 다양한 노력(조합원 혜택 증가, 조합원의 참여와 관여기회 제고, 투표 방식의 혁신)이 필요하지만, 조합원 수가 500인 이하인 조합의 수가 2018년 기준 44개로 전체 조합에서 차지하는 비율이 0.5% 미만인 것을 고려하면 총회의 개의에 관한 법률에 관해 재고할 필요도 있을 것이다.

이사회의 규모와 대표성에 관심을 기울이는 것은 무엇보다도 그것이 조직의 성과와 관련이 있다고 가정하기 때문이다. 여기서 조직의 성과란 재무성과일 수도 있지만 조직의 정체성과 원칙, 가치를 기반으로 측정한 성과일 수 있다. 자원기반이론에서는 이사회의 규모로 동원하거나 연결할 수 있는 자원의 양을 측정하여 그것이 조직의 재무성과에 긍정적인 영향을 끼칠 것이라고 보지만, 민주적 거버넌스 이론에서는 이사회의 대표성이 곧 조직의 정체성과 원칙, 가치와 연결되어 있다. 따라서 신용협동조합이 조직의 재무성과를 높이면서 동시에 조직의 정체성과 원칙, 가치를 지키려면, 다양한 자원을 동원하거나 연결하여 조직의 전략적 결정에 기여할 수 있는 이사회도 구성해야 하지만, 이사회를 선출하는 총회의 조합원 참여율을 높이기 위한 노력과 함께 조합원 대다수의

지역과 직장, 단체로 정의된다(제12조). 여기서 "지역조합은 동일한 행정구역·경제권 또는 생활권을 공동 유대로 하는 조합"을 말하고, 직장조합은 동일한 직장을 공동 유대로 하는 조합이고, 단체는 동일한 단체(종교단체나 시장상인단체, 사단법인 등)를 공동 유대로 하는 조합이다. 전체 조합에서 지역조합이 90%를 차지하고, 단체조합과 직장조합이 각각 5%를 차지한다(2017 「신협통계」).

의견이 고루 반영될 수 있는 이사회 구성에도 관심을 기울여야 할 것이다. 특히 비조합원도 일정한 수준(대출과 어음할인을 포함한 전체 신규 대출의 3분의 1 미만의 범위)에서 신용협동조합을 이용할 수 있도록 되어 있어(시행령 제16조의 2), 자칫 혜택이나 정보 제공 등에서 조합원과 비조합원의 차이가 두드러지지 않을 경우 조합원의 정체성과 함께 협동조합의 정체성마저 흔들릴 우려가 있다는 사실도 염두에 두어야 할 것이다.

조합원의 관심 부족과 그에 따른 저조한 참여는 이사회에 의한 경영자 통제를 제약한다. 이사회를 선출하기 위한 조합원의 투표율이 낮고 그 결과 특정 집단이 이사의 선출에 중요한 영향을 미치게 되면 이사회의 합법성과 신뢰가 떨어진다. 그리고 그 결과는 곧 조직의 성과로 나타나, 조합원이 조합에 가입함으로써 당연히 누려야 할 혜택에서 소외되어 협동조합이 정체성을 상실하는 결과로 이어질 것이다.

2) 이사회의 전문성과 독립성

이사회의 전문성은 청지기 이론이나 자원기반이론에서 강조하지만, 사실 기업 거버넌스에 관한 주요 이론들은 모두 이 문제에 관심을 기울인다. 청지기 이론에서는 경영자에게 재량권을 부여하지만 경영자와 협력하여 조직의 전략적 결정에 가치 있는 기여를 하려면 이사회가 전문성이 있어야 한다고 하고, 자원기반이론에서는 이사회가 외부 자원을 동원하거나 연결하는 연결고리로서 역할을 하려면 관련 분야의 전문가 네트워크와도 연결될 필요가 있어 이사회의 전문성이 필요하다고 본다. 또한 대리인 이론에서는 경영자를 효과적으로 감시하고 통제하기 위해 그에 걸맞은 전문성이 필요하다고 본다. 다만 청지기 이론과 자원기반이론에서는 그런 역할을 사내이사도 충분히 하거나 사외이사보다 더 잘할 수 있다고 보는 반면(기업의 사정을 더 잘 알기 때문에), 대리인 이론에서는 사외이사가 경영자로부터 독립되어 있어 그러한 역할을 한층 효과적으로 할 수 있다고 본다.

마찬가지로 민주적 거버넌스 이론에서도 이사회의 전문성이 바람직하다고 본다. 그러나 그보다 이사회의 대표성이 더 중요하다고 생각하기 때문에 전문성에 상관없이 조합원이라면 누구나 이사회에 선출될 수 있어야 한다고 보고 교육과 훈련을 통해 이사회의 전문성을 기르는 방식을 택한다. 그래야 조합원의 이익을 효과적으로 대변할 수 있다고 보기 때문이다. 따라서 같은 맥락에서 사외이사제도의 도입에 대해서도 자율과 자치의 원칙에 따라 받아들이지 않거나(예를 들면, 영국 소비자협동조합) 받아들이더라도 일정한 수준으로 제한한다.

우리나라 신용협동조합법(제27조)에서는 직전 사업연도 평균잔액으로 계산한 총자산이 300억 원 이상인 지역조합이나 단체조합은 이사장이나 이사장이 아닌 이사 중에서 1명을 상임으로 둘 수 있고, 직전 사업연도 평균잔액으로 계산한 총자산이 1500억 원 이상인 지역조합이나 단체조합은 이사장과 이사장이 아닌 이사를 1명까지 상임으로 할 수 있다. 그리고 이런 상임이사장이나 상임이사는 조합 업무에 대한 전문 지식과 경험이 풍부한 사람으로서[4] 이사회의 결의를 거쳐 총회에서 선출한다. 그러나 상임이 아닌 이사장과 이사진은 역시 총

---

[4] 상임이사장과 상임이사의 자격 요건을 구체적으로 살펴보면, 상임이사장은 조합의 임원으로 4년 이상 재임한 경력이 있거나 「금융위원회의 설치 등에 관한 법률」 제38조에 따른 검사대상기관(은행, 증권금융회사, 보험회사, 농협, 수협, 상호저축은행 등)에서 금융 관련 업무에 상근직으로 10년 이상 근무한 경력이 있거나, 금융 관련 연구기관에서 연구위원으로 5년 이상 근무한 경력이 있거나, 금융감독기관 또는 금융 관련 국가직 공무원으로서 금융 관련 업무에 10년 이상 근무한 경력이 있는 사람으로 제한한다(신용협동조합 표준정관 제45조 제5항). 상임이사는 조합(다른 조합을 포함한다) 또는 중앙회에서 상근직으로 10년 이상 근무한 경력이 있거나 금융 관련 국가기관, 연구기관 또는 교육기관에 상근직으로 10년 이상 근무한 경력이 있거나 「금융위원회의 설치 등에 관한 법률」 제24조 제1항에 따라 설립된 금융감독원 또는 동 법 제38조에 따른 검사대상기관에서 금융 관련 업무에 상근직으로 10년 이상 근무한 경력이 있는 사람으로 제한한다(표준정관 제45조 제6항).

〈표 4-2〉 상임이사 외부 영입현황(2016년 4월 30일)

구분	출신					계
	신협	신협중앙회	은행	증권	기타	
지역조합	105	8	13	2	2	130
단체조합	7	1				8
계	112	9	13	2	2	138

자료: 신협중앙회(2016), 최운용(2017) 재인용.

회에서 선출되지만 일정한 자격 요건이 따로 정해져 있지 않다. 이는 협동조합과 상호조합의 지배적 거버넌스 이론인 민주적 거버넌스 이론에 따른 것이라고 볼 수 있다. 하지만 이 경우 경영책임자에 대한 감시와 통제 또는 지원이 가능하려면 그에 걸맞은 전문성이 요구되는 것 또한 사실이므로, 현재 이사진과 잠재적 이사진에 대한 적절한 교육과 훈련이 이루어지는지 점검해야 할 것이다.

신용협동조합법에서는 이런 이사진의 비전문성에 대한 우려의 결과로 "이사장을 포함한 임원의 3분의 2 이상은 조합원이어야 한다"(제27조 제2항)는 규정을 두어 사외이사의 도입 가능성을 열어두었다. 그러나 〈표 4-2〉에서 볼 수 있듯이 사외이사제도를 운영하는 조합은 미미하다. 이것은 의무 사항이 아닌 선택 사항이라서 "이사장과 업무집행권자 관점에서는 전문가가 조합의 의사결정이나 감사 기능을 수행하게 되면 자기들에 대한 견제 기능이 강화되어 이를 기피할 수도 있다"(최운용, 2017)고 한다.

그러나 사외이사의 도입이 조직의 성과에 긍정적 영향을 끼치는지는 분명하지 않다. 예를 들면, Dalton et al.(1998)은 이사회 구성(이사회 내 사외이사의 비율)과 기업의 재무성과 사이의 관계를 다룬 연구를 메타 분석한 결과 양자 사이에서 일관된 결과가 나오지 않는다는 것을 확인했다. 대리인 이론에서는 이사회에서 경영자로부터 독립된 사외이사의 비율이 높으면 기업의 재무성과에 긍정적 영향을 끼칠 것이라고 예측하지만, 다양한 연구에서 엇갈린 결과가 나온 것이다. 이는 반대로 사외이사보다 사내이사가 기업의 재무성과에 더 긍정적 영향을 미칠 것이라는 청지기 이론이나 자원기반이론의 예측 또한 엇갈린 결과가 나왔다는 말이기도 하다. 따라서 Dalton et al.(1999)이 지적한 대로 이는 상황이론이나 변수 간 내생성 문제, 거버넌스 과정과 이사회 구성원의 행동 양태에 대한 연구의 필요성 탓일 수 있지만, 역시 한 이론의 주장만을 토대로 충분한 숙고와 검증 없이 사외이사제도를 도입할 경우 자율과 자치라는 협동조합의 원칙에 반하는 결과로 인해 조직의 성과에 긍정적 영향을 주지 않을 수 있다는 점을 염두에 두어야 할 것이고, 동시에 사외이사제도 도입이 신용협동조합법에 반영된 배경에 대한 숙고도 필요할 것이다.

3) 이사장과 책임경영자의 분리와 통합

이사장과 책임경영자의 분리와 통합은 기업 거버넌스에 관한 주요 이론들 사이에서 상당히 엇갈리는 주제다. 민주적 거버넌스 이론과 대리인 이론은 인간과 조직에 대한 서로 다른 가정에서 출발하지만 결과적으로 민주적 거버넌스 이론에서는 이사회와 경영자의 견제와 균형을 근거로, 대리인 이론에서는 경영자에 대한 감시와 통제를 근거로 이사장과 책임경영자의 분리를 주장한다. 이에 반해 청지기 이론에서는 성실한 청지기로서의 경영자를 상정하여 경영자에게 되도록 많은 재량권을 부여하고 이사회와 경영자가 서로 협력하고 지원하는 관계를 추구하지만, 더 나아가 이사장과 책임경영자가 통합되면 지도부가 통일되어 한층 효과적으로 조직의 전략과 목표를 추진하여 조직의 성과에 긍정적 영향을 미칠 것이라고 한다. 그러나 이사장과 책임경영자의 분리/통합과 기업의 재무성과 사이의 관계도 분명하지 않다. Dalton et al.(1998)은 이사회의 구성과 재무성과의 관계를 다룬 연구를 메타 분석한 같은 연구에서 이사장과 책임경영자의 겸직과 기업의 재무성과 간 관계를 다룬 연구도 메타 분석했는데 역시 같은 결론에 도달했다. 이갑두(2014)도 우리나라 농업협동조합을 대상으로 조합의 이사장과 경영책임자의 겸직이 경영 성과에 미치는 영향을 분석한 결과 유의미한 결론에 이르지 못했다.

신용협동조합에서는 원래 협동조합의 전통적 운영 원리에 따라 이사장은 무보수 명예직이었으나 2000년에 신용협동조합법이 개정되면서 총자산이 300억

〈그림 4-4〉 연도별 총자산 300억 원 미만/이상 조합 수

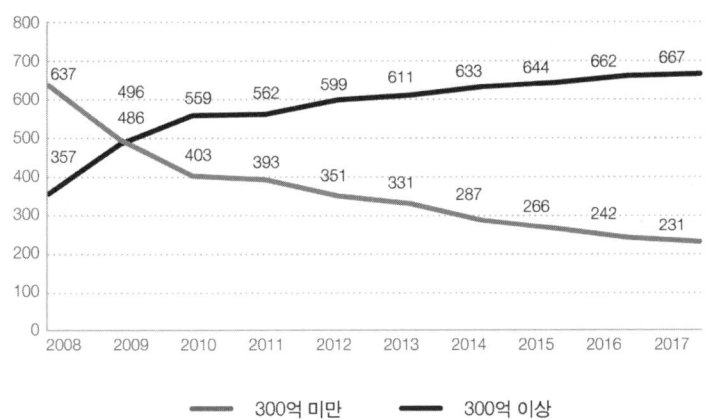

자료: 신용협동조합 통계자료(2008~2017).

〈그림 4-5〉 연도별 상임/비상임 이사장 수(명)

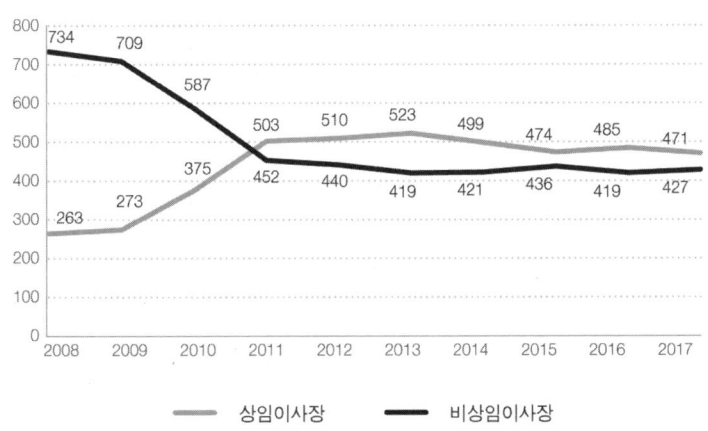

자료: 신용협동조합 통계자료(2008~2017).

원 이상인 조합(단체조합 제외)에서는 상임이사장을 두게 되었고, 2012년에는 상임이사제도가 도입되었다(최운용, 2017). 그 결과 2017년 기준 총자산이 300억 원 이상인 조합의 수는 667개로 전체 조합에서 차지하는 비율이 74%인데, 상임이사장 수는 471명으로 전체 이사장 수에서 차지하는 비율이 52.4%이다(〈그림 4-4〉, 〈그림 4-5〉). 이는 상임이사장제도를 도입하면서 상임이사장의 자격 요건을 강화하여 자격 요건이 충분하지 않은 이사장들이 비상임이사장으로 남아 있거나 민주적 거버넌스 이론에서 이야기하듯이 민주적인 조합원 기반 조직에서는 이사회와 경영자가 상호 견제와 균형 관계에 있어야 한다는 원칙에 따라 비상임이사장제도를 유지하거나 선택한 결과일 수 있을 것이다.

앞서 본대로 민주적 거버넌스 이론에서는 이사회와 경영자의 견제와 균형이 중요하다. 권력이 집중될 경우 경영자의 전횡이 일어날 수 있고, 조합원이 이를 효과적으로 통제하지 못하면 신용협동조합이 조합원을 위한 조직이 아니라 경영자와 직원을 위한 조직으로 변질될 수 있다. 감독 당국에서 경영의 전문성과 책임경영체제 구축의 필요에 따라 협동금융이라는 신협의 특수성을 외면하고 제1금융권과 동일한 감독 정책으로 신용협동조합에 상임임원제도를 도입했을 때 신용협동조합의 운동성을 강조하는 구성원들이 반발한 것도 그러한 이유에서였을 것이다(최운용, 2017). 그래서 이갑두(2014)는 지역농협을 대상으로 한 연구에서 지역농협에 상임이사제가 도입된 것은 지역농협의 필요에 따른 것이라기보다 정부 시책이나 사회적 분위기 등에 휩싸여 도입되었다는 의견을 제시한다. 신용협동조합 같은 상호금융조합이 비영리법인인데도 조합장이나 이사장 선거가 과열 양상을 보이는 것이나 "조합장이나 이사장의 전횡적 권한 행사와 비리 가능성, 조합의 부실대출로 인한 상시적 경영 개선의 필요성, 사후적인 책임 소재의 불분명 등을 개선해야"(정영철, 2016)한다며 상임이사장제도를 폐지하고 전문 경영인 체제를 도입해야 한다는 목소리마저 나온다. 따라서 상임이사장제도와 상임이사제도의 도입이 원래 취지대로 책임경영체제 구축에 기여했는지 아니면 또 다른 문제를 야기하여 조직의 성과에 부정적 영향을 끼치는지 경험적으로 검토해볼 필요가 있을 것이다.

5. 결론

이 글에서는 기업 거버넌스에 관한 주요 이론을 바탕으로 주식회사와 협동조합의 이사회의 속성과 구조가 조직의 성과에 어떻게 영향을 미치는지 살펴보고, 그것이 한국 신용협동조합에는 어떤 시사점을 주는지 검토했다.

그러나 기업 거버넌스 이론들이 저마다 이사회의 역할과 효과성에 관해 서로 다른 주장을 하고 어떤 이론도 이사회의 속성과 구조가 기업의 재무성과에 미치는 영향을 일관되게 설명하지 못해, 여기서는 각 이론마다 이사회의 역할과 기능에 대해 서로 충돌하는 주장을 하지만 그것들이 이사회의 역할과 기능의 어떤 측면은 설명해준다는 가정 아래 이사회의 효과성을 나타내는 이사회의 규모와 대표성, 전문성과 독립성, 이사장과 책임경영자의 겸직이 신용협동조합의 거버넌스 구조에서는 어떻게 나타나고 어떻게 작동하는지 살펴봤다.

그러나 신용협동조합법과 시행령, 표준정관 등 문서자료와 신용협동조합중앙회에서 펴낸 통계자료(「신협통계」)에만 의지하여 신용협동조합이사회의 구조와 속성을 검토했다는 점에서 명백한 한계가 있다. 따라서 이 글에서 각 이론에 대한 문헌연구를 통해 도출한 이사회의 효과성을 보여주는 지표들을 토대로 더 많은 통계자료와 질적 방법을 이용해 이사회의 속성이나 구조와 조직의 성과 사이의 관계를 경험적으로 좀 더 탐구해보아야 할 것이다. 그러나 연구 목적은 어떤 한 이론의 타당성을 검증하는 데 있다기보다 상황에 따라 이사회의 구조와 속성이 조직의 성과에 어떻게 영향을 미치는지 좀 더 정교하게 들여다보는 것이어야 할 것이다.

참고문헌

강승희. 2010. 「한국 신용협동조합 운동 50년」. ≪한국협동조합연구≫, 제18집 제1호, 14~169쪽.

김명록·최진배. 2016. 「한국 지역신협의 성장의 특징」. ≪지역연구≫, 제32권 4호, 75~90쪽.

박지현·장영균·김태규. 2016. 「이사회의 다양성이 기업의 사회적 성과(CSP)에 미치는 영향」. ≪사회과 학연구≫, 제42권 제3호, 93~117쪽.

송재일. 2013. 「협동조합관련제도의 기원, 함의 그리고 미래적 가치」. ≪신협연구≫, 제61권 제1호, 1~ 61쪽.

신용협동조합중앙회. 2018. 「2017 신협통계」.

이갑두. 2014. 「농업협동조합의 지배구조와 성과의 관계: 경남지역을 중심으로」. ≪지역산업연구≫, 제 37권 제4호, 353~379쪽.

전형수. 2013. 「소비자생활협동조합법 개정안에서 본 사외이사 제도의 문제점」. ≪한국협동조합연구≫, 제31집 제2호, 97~113쪽.

정영철. 2016. 「상호금융조합의 지배구조 시론: 신협을 중심으로」. ≪신협연구≫, 제67호, 119~158쪽.

최운용. 2017. 「신용협동조합 지배구조의 개선방안 연구」. 한밭대학교 대학원 석사학위논문.

Barney, J. 1991. "Firm Resources and Sustainable Competitive Advantages." *Journal of Management*, Vol. 17, No. 1, pp. 99~120.

Baysinger, B. D. and R. E. Hoskisson. 1990. "The Composition of Boards of Directors and Strategic Control." *Academy of Management Review*, Vol. 15, No. 1, pp. 72~87.

Beckman, C. and P. Haunschild. 2002. "Network Learning: The Effects of Partner's Heterogeneity of Experience on Corporate Acquisitions." *Administrative Science Quarterly*, Vol. 47, No. 1. pp. 92~124.

Birchall, J. and S. Silvia. 2017. "The Comparative Advantages of Sngle and Multi-Stakeholder Cooperatives." *Eurices Working Papers*, No. 95~117.

Blair, M. M. 1995. *Ownership and Control*. Washington, D.C.: The Brookings Institution.

Bond, J. K. 2009. "Cooperative Financial Performance and Board of Director Characteristics: A Quantitative Investigatio." *Journal of Cooperatives*, Vol. 22, pp. 22~44.

Byrd, J. and K. Hickman. 1992. "Do Outside Directors Monitor Managers? Evidence from Tender Offer Bids." *Journal of Financial Economics*, Vol. 32, No. 2, pp. 195~207.

Carter, D. A. et al. 2010. "The Gender and Ethnic Diversity of US Boards and Board Committees and Firm Financial Performance." *Corporate Governance: An International Review*, Vol. 18, No. 5, pp. 396~414.

Clarkson, M. B. E. 1994. *A Risk Based Model of Stakeholder Theory*. The Center for Corporate Social Performance and Ethics. University of Toronto.

Cornforth, Chris. 2004. "The Governance of Cooperatives and Mutual Associations: A paradox Perspective." *Annals of Public and Cooperative Economics*, Vol. 75, No. 1, pp. 11~32.

Dalton, D. R. et al. 1999. "Number of Directors and Financial Performance: A Meta-Analysis." *The Academy of Management Journal*, Vol. 42, No. 6, pp. 674~686.

Dalton, D. R. et al. 2007. "The Fundamental Agency Pproblem and Its Mitigation: Independence, Equity, and the Market for Corporate Control." *Academy of Management Annals*, Vol. 1, No. 1, pp. 1~64.

Dalton, D. R., C. M. Daily, A. E. Ellstrand and J. L. Johnson. 1998. "Meta-Analytic Reviews of Board Composition, Leadership Structure, and Financial Performance." *Strategic Management Journal*, Vol. 19, pp. 269~290.

Donaldson, L. 1990. "The Ethereal Hand: Organizational Economics and Management Theory." *Academy of Management Review*, Vol. 15, No. 3, pp. 369~381.

Donaldson, L. and J. H. Davis. 1991. "Stewardship Theory or Agency Theory: CEO Governance and Shareholder Returns." *Australian Journal of Management*, Vol. 16, pp. 49~64.

Donaldson, Thomas and E. L. Preston. 1995. "The Stakeholder Theory of the Corporation: Concepts, Evidence, and Implications." *The Academy of Management Review*, Vol. 20, No. 1, pp. 65~91.

Ellerman, D. P. 1990. *The Democratic Worker-Owned Firm*. London: Unwin Hyman. p. 52.

Fama, E. and M. Jensen. 1983. "Separation of Ownership and Control." *Journal of Law and Economics*, Vol. 26, No. 2, pp. 366~382

Finkelstein, S. and R. A. D'Aveni. 1994. "CEO Duality as a Double-Edged Sword: How Boards of Directors Balance Entrenchment Avoidance and Unity of Command." *Academy of Management Journal*, Vol. 37, No. 5, pp. 1079~1108.

Freeman, R. E. 1984. *Strategic Management: A Stakeholder Approach*. Pitman, Boston.

Ghoshal, S. and P. Moran. 1996. "Bad for Practice: A Critique of the Transaction Cost Theory." *The Academy of Management*, Vol. 21, No. 1, pp. 14~47.

Goodstein, J., K. Gautam and W. Boeker. 1994. "The Effects of Board Size and Diversity on Strategic Change." *Strategic Management Journal*, Vol. 15, pp. 241~250.

Hawley, J. P. and A. T. Williams. 1996. "Corporate Governance in the United States: The Rise of Fiduciary Capitalism." Working pape. Saint Mary's College of California, Schools of Economics and Business Administration.

Hillman, A. J., A. A. Cannella Jr. and R. L. Paetzold. 2000. "The Resource Dependence Role of Corporate Directors: Strategic Adaption of Board Composition in Response to Environmental Change." *Journal of Management Studies*, Vol. 37, No. 2, pp. 235~255.

Hung, H. 1998. "A Typology or Theories of the Roles of Governing Boards." *Corporate Governance*, Vol. 6, No. 2, pp. 101~111.

Jensen, M. C. and W. H. Meckling. 1976. "Theory of the Firm: Managerial Behavior, Agency Costs and Ownership Structure." *Journal of Financial Economics*, Vol. 3, No. 4, pp. 305~362.

Johnson, S. G., K. Schnatterly and A. D. Hill. 2013. "Board Composition Beyond Independence: Social Capital, Human Capital, and Demographics." *Journal of Management*, Vol. 20, No. 10, pp. 1~31.

Judge, W. Q. and C. P. Zeithaml. 1992. "Institutional Strategic Choice Perspectives on Board Involvement in the Strategic Decision Process." *Academy of agement Journal*, Vol. 35, pp. 766~794.

McDonnell, D., E. Macknight and H. Donnelly. 2012. *Democratic Enterprise: Ethical Business for the 21st Century*. Glasgow, Co-operative Education Trust Scotland.

Nielsen, S. 2012. "Diversity among Senior Executives and Board Directors." *The SAGE Handbook of Corporate Governance*. pp.345~362.

Novkovic, S. and K. Miner. 2015. "Introduction: Co-operative Governance Fit to Build Resilience in the Face of Complexity." *Co-operative Governance Fit to Build Resilience in the Face of Complexity*, International Co-operative Alliance.

OECD. 2017. *OECD Corporate Governance Factbook*. OECD publishing. https://www.oecd.org/daf/ca/Corporate-Governance-Factbook.pdf.

Pfeffer, J. and G. R. Salancik. 1978. *The External Control of Organizations: A Resource Dependence Perspective*. Stanford. CA: Stanford University Press.

Porter, M. E. 1992. *Capital Choices, Changing the Way American Invests in Industry*. A Research Report presented to Competitiveness and Co-sponsored by the Harvard Business School.

Robinson, G. and K. Dechant. 1997. "Building a Business Case for Diversity." *Academy of Management Executive*, Vol.11, pp.21~25.

Spear, R., 2004. "Governance in Democratic Member-Based Organizations." *Annals of Public and Cooperative Economics*, Vol.75, No.1, pp.33~59.

Turnbull, S. 1997. "Corporate Governance: Its Scope, Concerns and Theories." *Corporate Governance*, Vol.5, No.4, pp.180~205.

Turnbull, S. 2001. "The Competitive Advantages of Stakeholder Mutuals." *The New Mutualism in Public Policy*, Routledge, N.Y.

Van Ees, H. and G. van der Laan. 2012. "Boards and Board Effectiveness." *The SAGE Handbook of Corporate Governance*. London, SAGE. pp.183~195.

Westphal, J. D. and L. P. Milton. 2000. "How Experience and Network Ties Affect the Influence of Demographic Minorities on Corporate Boards." *Administrative Science Quarterly*, Vol.45, pp.366~398.

Whyte, W. F. and K. K. Whyte. 1991. *Making Mondragón: The Growth and Dynamics of the Worker Cooperative Complex*. Ithaca. NY: ILR Press.

Williamson, O. E. 1988. "Corporate Finance and Corporate Governance." *The Journal of Finance*, Vol.43, No.3, pp.567-591.

Zahra, S. A. and J. A. Pearce. 1989. "Boards of Directors and Corporate Financial Performance: A Review and Integrative Model." *Journal of Management*, Vol.15, pp.291~334.

소비자생활협동조합의 수직적 통합*

이선희·최우석

1. 서론

기업이 가치사슬(value chain)에 있는 여러 요소들을 수직적으로 통합할 것인지 외부 시장과 거래를 할 것인지에 대한 의사결정은 기업이 결정해야 하는 중요 전략 중 하나이다. 이러한 의사결정은 시장의 다변화와 정보의 빠른 확산 등의 영향으로 점점 더 복잡해지고 있다(Teece, 1992). 최근 많은 기업들은 빠른 환경 변화에 대응하기 위한 전략으로 아웃소싱 형태의 거래를 진행하고 있고, 이러한 아웃소싱은 제조에서 고객서비스에 이르기까지 매우 광범위하게 확산되고 있다. 경영전략적 차원에서 아웃소싱을 하는 목적은 적은 비용으로 전문성을 확보할 수 있고, 외부 전문가의 활용으로 서비스의 품질을 높일 수 있으며, 유연하게 조직 구조를 운영할 수 있을 뿐만 아니라 인력 활용 면에서 효율

---

*   이 장은 다음 논문을 기반으로 한 것이다. 이선희·최우석, 「소비자생활협동조합의 수직적 통합 요인: 아이쿱생협 사례연구」, ≪한국협동조합연구≫, 36권 1호(2018), 39~63쪽.

적인 장점을 갖고 있기 때문이다(서범석, 2001 재인용). 그러나 이러한 아웃소싱이 빠른 환경 변화에 대응하는 데는 유리할 수 있으나, 장기적으로는 기업의 경쟁우위를 약하게 하는 요인으로 작용할 수도 있다(Anderson and Parker, 2002). 이와 반대의 전략인 수직적 통합은 규모의 경제를 달성하고, 거래비용을 줄일 수 있는 장점이 있지만, 급변하는 경제 상황에 유연하게 적응하기에는 어려움이 따를 수 있다. 그러나 기업은 수직적 통합을 통해서 지속적인 경쟁우위 확보를 위한 장기 전략을 세울 수 있고, 이러한 지속적인 경쟁우위를 획득하기 위한 자원을 축적할 수 있는 조직 구조를 형성할 수 있다(Dierickx and Cool, 1989).

우리나라 생협의 성장은 2000년대 이후 두드러지고 있다(장승권 외, 2011). 이는 친환경 유기농산물에 대한 사람들의 인식 변화부터 농촌 살리기의 필요성 그리고 먹거리에 대한 최소한의 안전망을 확보하고자 하는 소비자들의 바람으로 나타난 결과이다. 이러한 생협은 독립적으로 존재하기보다는 생협에 물품을 공급하는 협력기업과 네트워크를 형성하며 운영되고 있는데, 생협은 유통 및 마케팅, 품질 관리, 사회적경제 연구 관련 과업을 담당하고 조합원에게 제공되는 물품은 협력기업을 통해 공급받고 있는 형태이다. 생협과 협력기업 간의 거래관계는 지분을 통한 자회사와의 거래와 외부 시장에서 계약관계를 통한 거래로 구성된다. 자회사는 조직 사업부문으로의 성격을 갖고 있으며, 이러한 자회사는 독립적인 실체이기보다는 생협에 결합되어 있는 하나의 조직으로 볼 수 있는데, 이러한 조직 구조를 수직적 통합이라 할 수 있다. 이러한 수직적 통합은 주로 거래비용이론과 자원근거이론을 기반으로 설명할 수 있다. 거래비용은 협력기업이 모기업에 내부화 되어지는 정도와 범위를 설명하는 개념으로 사용되고 있다. 특히 거래비용은 당사자 간 거래 특이성(idiosyncratic)이 클 경우 발생하는데, 거래 특이성이란 생협의 예로 들면, 생협의 입장에서 현재 거래 중인 협력기업의 물품을 제공받을 수 없을 경우 자산 특수성(asset specificity) 또는 전용 설비 등으로 인해 다른 기업에서 물품을 제공받는 데 비용이 크게 발생하는 상태를 말한다. 자원근거이론은 기업이 갖고 있는 자원이 지속적인 경쟁우위에 중요한 역할을 한다는 개념으로, 핵심 자원은 가치성, 희소성, 모방 불가능성, 대체 불가능성을 갖고 있어야 한다고 이야기한다(Barney, 1991).

우리나라 생협은 설립 목적과 가치에 있어 차이점을 보이고 있으나, 친환경 농산물 기반의 물품을 조합원에게 공급하고 있다는 공통점을 갖고 있다. 초기 조합원들은 각각 생협의 목적과 가치에 따라 조합을 선택·활동하는 경향을 보였으나, 최근 들어 조합에서 제공하는 물품의 종류와 구성 내용에 따라 조합에 가입하여 활동하는 조합원들의 수가 늘어나고 있다. 조합원의 성격이 초기 활동가[1] 중심의 조합원에서 소비자의 성격을 갖고 있는 조합원으로 그 영역이 확대되고 있다 할 수 있다. 이러한 조합원의 등장과 그 수의 증가는 생협의 사업 방향에 상당한 영향을 미친다. 기존 생협과의 경쟁뿐만 아니라 외부 시장에서 친환경유기제품을 제공하고 있는 올가푸드, 초록마을, 우리생협과 백화점 그리고 대형 유통기업의 친환경 전문 코너와의 경쟁도 고려해야 하는 상황에 직면해 있다.

시장의 치열한 경쟁에 속해 있는 현대 기업들은 생존을 위해 새로운 혁신을 개발하거나 산업 변형과 같은 방법으로 기존의 가치사슬에 있는 구성 요소들을 통합하여 기업의 지속가능한 경쟁우위를 확보하려 한다. 생협에서도 지속가능한 경쟁우위 확보를 위한 방안으로 수직적 통합을 통해 사업을 확대해나가는 방식의 경영전략을 추진하는 모습을 보이고 있다. 이러한 수직적 통합이 지속적으로 진행되고 있는 이유는 수직적 통합을 통해 기업의 성과 향상에 기반이 되는 지속가능한 경쟁우위를 확보하기 위함이라 볼 수 있다.

이 글에서는 이러한 수직적 통합을 생협의 성과 향상에 필요한 효율적인 경

---

1   생협에 소속된 조합원으로 교육과 활동에 적극적인 참여를 통해 조직에 원동력을 제공하는 주체 (송인숙 외, 2015).

영전략으로 인식하고 생협의 수직적 통합에 영향을 주는 요인들을 알아보고자 한다.

2. 이론적 배경

1) 수직적 통합(Vertical Integration)

(1) 수직적 통합 정의 및 목적

대부분의 기업은 기업이 물품을 생산하고 판매하기 위해 시장에서 원자재, 부품 또는 서비스를 구매한다. 수직적 통합이란 이렇게 개별적으로 진행하던 생산 및 유통 단계를 통합하는 것으로 기업이 생산에서 유통에 이르는 과정 중 어떤 위치에서 어느 정도의 범위를 선택할지에 대한 전략적 의사결정이다. 기업이 속해 있는 가치사슬 내에 많은 범위를 통제하면 수직적 통합의 수준이 높다고 하고 통제하는 범위가 작으면 수직적 통합의 수준은 낮다고 할 수 있다(양종택, 1996).

수직적 통합의 궁극적인 목적은 기업의 효율성 증진이다. 경제적 관점에서의 수직적 통합은 비용 감소와 환경 통제를 통해 효율성을 높이고자 하는 동기를 갖고 있다. 시장에서의 거래는 계약비용, 탐색비용, 관리비용 등 거래비용이 발생하는데, 이러한 비용 발생은 기업이 원하는 물품이 시장에 없거나 물품을 거래하는 데 많은 비용이 소요되는 시장실패가 주요 원인이다. 수직적 통합은 이러한 시장실패로 발생하는 비용을 감소시켜 기업의 효율성을 높이는 데 도움이 되는 전략이다(Williamson, 1979). 기업들은 비용 감소뿐만 아니라 경제 환경에 대한 지배력을 강화하기 위해서도 수직적 통합 전략을 활용한다.

(2) 수직적 통합의 이론적 접근

① 거래비용이론(Transaction Cost Theory)

시장은 불완전 경쟁시장으로 계약 당사자들조차 완전한 계약이 가능하지 않다는 것을 인식함에도 불구하고 불완전 계약은 발생한다. 이와 같은 거래의 불완전성으로 인해 거래비용이 발생한다. 신제도경제학파는 가격 기구를 이용함에 있어 실제로 비용이 발생함을 주장하며, 이를 거래비용이론으로 설명한다. 이러한 거래비용은 거래와 관련된 상대적인 비용에 중점을 두고 거래를 행하기 위한 수단으로 왜 시장이나 기업과 같은 거래 구조가 선택되는가에 대한 근거를 제공한다.

이러한 거래비용이론이 발생하는 원인은 인간의 기회주의(opportunism)로 인한 제한된 합리성(bounded rationality) 때문이라는 것이 Williamson(1985)의 주장이다. 기회주의는 모든 상황을 자신에게 유리하게 이용하려는 인간들의 행동 경향을 말하며(Williamson, 1985), 단순히 합리적인 계산을 통해 사익을 추구하는 것뿐만 아니라 거래 상대방이 알지 못하는 정보를 이용하여 이익을 추구하는 것을 포함한다. 이러한 기회주의적 행동을 없애거나 줄이기 위해 거래비용이 발생하는 것이다.

제한된 합리성, 기회주의와 같은 인적 요인들 뿐만 아니라 불확실성, 소수 거래대상과 같은 환경적 요인들의 결합에 의해서도 거래비용이 발생한다. 불확실성은 미래 상황을 정확히 예측할 수 없음으로 인해 발생하는데, 공급의 변동성 또는 수요 예측의 불완전성 등이 있다. 소수 거래대상은 특정 거래에 참여하거나 참여하려고 하는 거래대상 기업 수를 의미하는데, 일반적으로 많은 구매자와 생산자가 존재할 경우에는 생산 성과와 품질이 손쉽게 감시될 수 있으므로 특정 개별 기업이 기회주의적으로 행동할 가능성이 거의 없지만, 거래대상 수가 소수일 경우에는 기회주의적으로 행동할 가능성이 크다.

거래 구조의 가장 기본적인 양극단은 시장과 수직적 통합이다. 시장은 거래

활동이 독립된 시장에서 행해지는 구조이고, 수직적 통합은 거래를 기업 경계 안으로 내부화하는 거래 구조이다. 거래비용이론의 관점에 따르면, 거래비용이 최소가 되는 거래 구조를 선택하는 것이 가장 효율적이다. 만일 시장에서의 거래비용이 증가한다면 기업들은 거래를 내부화하는 거래 구조를 선택한다 (Spicer and Ballew, 1983).

거래비용이론에서 중요하게 다루어지는 수직적 통합 요인으로는 자산 특수성, 환경 불확실성, 거래빈도가 있다(Williamson, 1985). 자산 특수성은 특정 자산이 기존 거래 외에 차선적인 거래에 사용될 경우 유·무형 자산의 가치가 상당히 낮아지게 될 때 발생한다. 자산 특수성이 높은 자산이 필요한 거래인 경우 거래가 중단되면 자산 특수성이 소멸되고, 이러한 특성 때문에 자산 특수성이 높은 자산을 보유하고 있는 거래 상대방의 기회주의적 행동 위험에 직면하게 된다. 따라서 자산 특수성이 높은 자산의 거래일수록 거래비용이 높게 나타난다. 기업은 이러한 거래비용을 절감하기 위해 자산 특수성이 높은 자산 관련 거래를 내부화하는 수직적 통합을 한다(Williamson, 1979).

환경 불확실성은 경쟁이 치열하고 신제품과 신기술이 빈번히 출현하며 고객수요의 변화와 정부 정책의 변화가 심하여 의사결정 결과를 정확하게 예측하지 못하는 상태를 의미한다(Miller, 1988). 환경 불확실성이 높을 경우 거래 상대방의 기회주의적 행동을 방지하기 위해서 다른 거래 지배구조에 비해 정교하며, 높은 수준의 통제가 가능한 지배구조인 수직적 통합이 발생하게 된다(Waker and Weber, 1987).

거래빈도란 공급자와 구매자 간 거래의 반복 빈도를 이야기 한다. Williamson (1979, 1985)은 거래빈도가 높을수록 기업은 수직적 통합 전략을 선택한다고 했다. 일반적으로 거래는 거래가 발생할 때마다 비용이 발생한다. 특히 자산 특수성이 높은 물품을 빈번하게 거래할 경우 거래 상대방의 기회주의적 행동으로 인해 협상도 빈번하게 발생할 가능성이 높다. 이러한 빈번한 협상은 거래비용 증가의 원인이 되고, 이러한 비용 역시 수직적 통합 요인이 된다. 따라서 자산 특수성을 수직적 통합 요인으로 고려할 경우 거래빈도에도 주목을 해야 한다. 거래비용은 지배구조 운영에 필요한 비용 절감과 생산비용 절감 모두를 고려한 요소인데, 거래빈도가 높은 거래는 수직적 통합을 통해 거래 단위당 관리비용을 감소시킬 가능성이 높다. 따라서 거래빈도는 수직적 통합 요인이 된다.

② 자원근거이론(Resource Based Theory)

자원근거이론에서 기업 자원은 기업의 효율성과 효과를 개선하는 전략을 기업이 인식하여 실행하고 통제할 수 있는 모든 자원, 역량, 조직 내 프로세스, 기업 문화, 지식 등을 포함한다(Barney, 1991). 기업은 가치를 창출하는 전략을 실행할 때 '경쟁우위(competitive advantage)'에 있다고 하는데, 이때 가치를 창출하는 전략은 현재 또는 미래에 경쟁 기업이 같은 전략을 동시에 실행할 수 없는 전략을 의미한다. 경쟁우위에 '지속가능한(sustained)'이라는 속성을 더할 경우, 기업의 전략은 가치와 함께 이 가치를 모방할 수 없는 특징을 갖게 된다 (Lippman and Rumelt, 1982). Barney(1991)는 자원이 이런 지속가능한 경쟁우위를 창출하기 위해서는 4가지 특성 ㉠ 가치성(valuable resources), ㉡ 희소성(rare resources), ㉢ 모방 불가능성(imperfectly imitable resources), ㉣ 대체 불가능성 (substitutability)을 갖고 있어야 한다고 주장했다. 자원근거이론은 기업이 이런 자원을 요소 시장에서 구입하는 것은 매우 어려워 내부에서 개발해야 한다고 이야기하면서 이를 위해서는 시간과 비용이 많이 소요됨을 강조한다. 그럼에도 불구하고 기업은 내부적으로 지속적인 경쟁우위를 유지하기 위해 이런 자원을 축적해야 하는데 이런 과정을 거쳐 축적된 자원을 핵심 역량이라 한다.

핵심 역량이란 기업이 보유하고 있는 기술, 지식, 문화 등 기업의 경쟁우위를 위해 필요한 역량 중 핵심이 되는 역량을 의미한다. 기업의 핵심 역량은 기업이 추구하는 가치를 효율적으로 창출할 수 있도록 하고, 급변하는 경쟁 속에서 지속가능한 경쟁우위를 가질 수 있도록 돕는 역할을 한다(이택원, 2010). Barney (2003)는 핵심 역량은 기업 내 수직적 통합의 방법으로 축적해야 한다고 이야기하면서 그 이유로는 핵심 역량을 외부 시장에서 구입할 경우 이러한 핵심 역량을 갖고 있는 기업을 찾아 그들과 계약을 진행하는 과정에서 핵심 역량에 대한 정보가 다른 경쟁 기업들에게 노출될 가능성이 크고, 핵심 역량으로 인해 발생하는 경제 지대를 전용할 수 있는 가능성이 증가하기 때문이라고 주장했다.

자원근거이론에서 기업의 수직적 통합 근거는 거래 당사자들의 상대적 핵심 역량의 차이로 발생하는 생산비용과 지속적인 경쟁우위 확보를 위한 핵심 자원의 축적이다. 가치사슬에 있는 조직이 갖고 있는 핵심 역량의 차이는 각각의 기업이 유사한 활동에 다른 생산비용이 발생하고 있음을 의미한다(Argyres, 1996). 따라서 가치사슬에 있는 기업들은 생산비용에 따라 이를 내부화할 것인지 시장 거래에 맡길 것인지를 결정한다. 그러나 단순히 생산비용 우위에 따라 조직 구조를 결정하는 것은 기업 내 핵심역량 구축을 어렵게 할 수 있다. 기업은 현재 발생하는 생산비용뿐만 아니라 미래에 얻게 될 핵심역량 구축을 위해서도 수직적 통합을 하는데, 이러한 핵심역량 구축을 통해 지속가능한 경쟁우위를 확보할 수 있기 때문이다. 이러한 핵심역량 구축은 기업의 전략적 중요성에 의해 결정된다(Ulrich and Lake, 1991). Harrigan(1985)은 ㉠ 산업발전 단계, ㉡ 산업의 변동성, ㉢ 구매력의 불일치, ㉣ 기업의 전략적 중요성에 따라 기업이 수직적 통합을 결정한다고 주장하면서, 그중 기업의 전략 중요성을 강조했다. Barney (1991)는 지속적인 경쟁우위를 실현시키는 전략 수행에 이러한 핵심역량 획득의 중요성을 강조하고, 자원근거이론 지지자들은 기업구조 선택에 있어 기업의 핵심역량 보호가 중요 요인이 될 것이라고 주장한다(Barney, 1999).

(3) 수직적 통합 요인

이 글에서는 거래비용이론에 근거한 수직적 통합 요인으로 Williamson(1985)

이 주장한 자산 특수성, 환경 불확실성, 거래빈도를 요인으로 살펴보고, 자원근거이론은 Argyres(1996)와 Barney(1991)가 주장한 핵심 자원을 기반으로 한 기업의 전략적 중요성을 살펴본다.

① 자산 특수성

자산 특수성이 높은 경우 거래가 상대적으로 어려워 거래비용이 높게 발생한다. 자산 특수성은 자산의 대체 가능성이 높고 낮음으로 결정되는데, 자산 특수성이 높은 자산의 경우 대체 가능성이 낮고 자산 특수성이 낮은 자산의 경우 대체 가능성이 높다. 자산 특수성으로 인한 거래비용은 기회주의와 연결되어 발생하는데, 대체 가능성이 낮은 경우 거래 상대방의 기회주의에 노출될 가능성이 높아져 거래비용이 크게 발생할 수 있다. 이에 물품공급 기업이 제공하고 있는 물품의 자산 특수성이 높은 경우 생협은 거래비용을 낮추기 위해 수직적 통합을 전략으로 사용할 가능성이 높다. 따라서 다음과 같은 명제를 도출할 수 있다.

▬ 명제 1. 자산 특수성은 생협의 수직적 통합에 정(+)의 영향을 미친다.

② 환경 불확실성

환경 불확실성이란 환경 변화에 대한 예측 불확실성과 이로 인한 복잡성을 의미한다. 불확실한 환경에서의 계약은 미래에 발생할 다양한 사건과 상황의 정도를 예측하는 데 어려움이 있다. 이런 불확실한 환경에서 기업은 시장에서 거래하는 기업에게 요구할 과업을 사전에 모두 설정하는 것은 불가능하고, 거래 중 환경의 변화로 발생할 새로운 과업에 대한 요구를 강요하는 것도 어렵다. 생협의 경우 협력기업으로부터 물품을 수급하고 이것을 조합원에게 제공하는 것이 여타 다른 유통기업보다 더 중요하다. 이는 생협과 조합원 사이의 신뢰가 생협을 유지하는 기반이기 때문이다. 따라서 환경 불확실성, 즉 물품의 수급과 공급에 불확실성이 높은 물품의 경우 생협 내부로 조직화하는 것이 비용 절감을 위한 하나의 방안이 될 수 있다. 따라서 다음과 같은 명제를 도출할 수 있다.

■ 명제 2. 환경 불확실성은 생협의 수직적 통합에 정(+)의 영향을 미친다.

③ 거래빈도

거래빈도는 자산 특수성과 연결되어 발생한다. 일반적으로 표준화된 물품은 시장을 통해 거래빈도에 상관없이 거래가 가능한데, 자산 특수성이 큰 물품은 거래빈도가 조직구조 선택에 영향을 미친다. 생협의 물품은 자산 특수성이 매우 높다. 대부분 친환경 유기 재료를 사용해 만들 뿐만 아니라 생협을 포함한 몇몇 친환경 매장에서만 유사한 물품을 구매할 수 있기 때문이다. 따라서 생협은 거래빈도가 높은 물품의 경우, 거래비용을 감소하기 위해 수직적 통합을 조직구조 전략으로 선택할 가능성이 높다. 따라서 다음과 같은 명제를 도출할 수 있다.

■ 명제 3. 거래빈도는 생협의 수직적 통합에 정(+)의 영향을 미친다.

④ 전략적 중요성

기업은 초기 생산비용이 많이 소요되더라도 기업의 전략적 차원에서 핵심자원 축적을 위해 수직적 통합을 한다. 생협은 윤리적 소비와 생산을 지향하고, 사람 중심의 경제를 추구하기 위해 노동을 중시하고 공정하게 성과를 공유하고자 한다. 또한 사람과 자연이 공존하는 더 나은 미래를 위해 협동조합의 가치 확산을 추구하고 있다. 생협은 이러한 가치를 추구하는 데 도움이 되는 물품을 전략적 중요성 차원에서 수직적 통합할 가능성이 높다. 따라서 다음과 같은 명제를 도출할 수 있다.

■ 명제 4. 전략적 중요성은 생협의 수직적 통합에 정(+)의 영향을 미친다.

⑤ 한국 소비자생활협동조합

우리나라의 소비자생활협동조합은 유기농산물 직거래 운동을 시작으로 발전했다(정은미, 2006). 1980년 후반부터 수입농산물 개방이 본격화되면서 먹거리의 안정성에 대한 관심이 높아졌다. 수입농산물 개방으로 인해 농민들은 자구책 마련에 더욱 노력했고, 이에 대한 하나의 방안으로 유기농산물을 재배하여 이것을 소비자에게 교육하면서 유기농산물 직거래를 시작했다. 1986년 한살림소비자생활협동조합(이후 한살림)의 출현이 유기농산물 직거래 생협의 출발점이다. 1999년 소비자생활협동조합법이 제정되면서 생협은 협동조합이라는 법적 근거가 생겼고, 이를 기반으로 사회적으로도 인정받게 되었다. 유기농산물에 대한 소비자의 인식이 성장함과 동시에 시장 경쟁 또한 치열하게 전개되고 있다. 생협뿐만 아니라 일반 유통기업에서의 유기농산물 관련 경제사업 규모도 성장하고 있다(김창길, 2017). 이러한 경쟁 상황에서 생협은 가치를 유지하면서도 규모를 확대하고자 다양한 전략을 추진하고 있다.

3. 연구 방법

1) 연구 대상

수직적 통합은 주로 거래비용과 자원의 문제점을 해결하기 위한 방안으로 추진된다. 그러나 비슷한 거래비용과 자원의 문제점에 직면한 기업이 모두 수직적 통합을 추진하는 것은 아니다. 기업의 전략적 선택은 기업철학에 영향을 받는데(Adler, 1983), 생협 역시 비슷한 상황에 직면해 있지만 각각 다른 철학을 갖고 있어 추진하는 경영전략이 모두 상이하다. 우리나라 대표 생협의 기업철학을 살펴보면, 한살림은 "자연과 사람, 도시와 농촌이 함께 사는 길을 모색하기 위해 생산자와 소비자가 함께 만든 생활협동조합", 아이쿱은 "소비자가 출자하여 만든 소비자생활협동조합", 두레생협연합(이하 두레생협)은 "협동으로 삶을 풍요롭게", 행복중심연합(이하 행복중심)은 "여성이 만든, 여성이 키운, 소비자생활협동조합"이다. 2000년대 중반 이후 대형 유통업체의 등장과 유기농 수입량의 증가 등으로 생협 내 위기감이 나타났다(이수연, 2014). 이때 각각의 생협은 기업철학을 바탕으로 이 위기를 극복하고자 했는데, 한살림의 경우 생명운동을 한살림적 가치 위에 두고 운동성을 강화하면서 일부 물품에 대해서는 OEM 방식을 추진했고(이수연, 2014), 두레생협은 전략적으로 물류에 집중하며, 전문성이 강화된 자주관리제도 도입, 민중교역 전략에 힘을 쏟았다(두레생협연합, 2017). 행복중심은 여성운동단체가 중심이 된 생협으로서의 가치를 만들고 견고히 하는 데 집중했다(김인숙, 2012). 위 생협 모두 협동이라는 공동의 가치를 갖고 있지만 생협마다 협동에 대한 대상과 방법에서는 차이가 있다. 이 글은 생협 중에서 아이쿱을 단일 사례로 선정하여 연구를 진행했는데, 이는 아이쿱이 다른 협동조합과는 조금 다른 기업철학을 갖고 적극적으로 수직적 통합 전략을 추구하고 있기 때문이다. 아이쿱은 변화하는 환경에 적응하기 위해 적극적으로 안전한 식품을 개발하여 공급하고 가격경쟁력에 의지하지 않기 위해 구례와 괴산에 클러스터를 형성하여 독자 상품을 개발하는 것 등의 경영전략을 추진했고, 앞으로도 환경 변화에 주목하고 혁신적인 활동을 지속하고, 이를 통해 지속가능성을 확보하는 것을 경영 목표로 삼고 있다.[2] 이러한 적극적인 경영 활동이 수직적 통합이라는 전략 추진에도 영향을 주었고, 이것이 이 글이 아이쿱을 연구 대상으로 선정한 이유이다.

이 글은 단일사례연구 방법으로 진행했는데, 단일 사례를 선정하는 것은 연구자의 주관이 개입될 가능성이 커서 일반화의 가능성이 높지 않지만, 생협의

---

2   iCOOP소비자생활협동조합사업연합회(2017), 제19차 대의원 정기총회 자료집.

수직적 통합에 관한 분야가 아직 미진하고 이전 연구 사례가 많지 않은 주제를 탐색하고자 할 때 단일 사례가 적절한 방법이기 때문이다(Yin, 2009). 사례 선정의 과정 기준으로 주관적 판단과 객관적 지표를 함께 사용하고자 했으나, 이 분야에 대한 연구가 많지 않아 수직적 통합 생협을 선정하는 데 객관화된 지표를 사용하기 어려웠다. 따라서 이 글은 주로 연구자 주관적 판단의 근거로 연구 대상을 선정했다.

2) 분석 방법

이 글은 수직적 통합과 생협에 대한 이론적 배경을 정립하는 데 문헌자료를 활용했고, 사례 분석을 위해서는 사례연구의 핵심 자료원인 집중 인터뷰를 진행했다(Yin, 2009). 집중 인터뷰 방법을 선택한 이유는 문헌연구를 통해 조사된 일반적인 기업들의 통합 요인을 생협에도 적용할 수 있는지를 확인하고, 생협만의 독특한 특성을 확인하기 위해서는 집중 인터뷰가 적합하다고 판단했기 때문이다. 일반적인 기업의 의사결정 과정은 상위하달식으로 경영진이 대부분의 전략적 의사결정을 진행하고 이를 실무진이 따르는 방식이다. 그러나 협동조합

〈표 5-1〉 인터뷰 대상자

구분	소속	활동 기간
A	경영진	20년
B	경영진	14년
C	경영진	16년
D	활동가	14년
E	활동가	11년
F	활동가	3년
G	일반 조합원	5년
H	일반 조합원	16년
I	일반 조합원	8년

의 경우 협동조합에서 조합원은 경영진과 실무진 이상으로 협동조합 정책에 중요한 역할을 한다. 따라서 이 글은 경영진뿐만 아니라 활동가, 일반 조합원들까지 협동조합을 구성하고 있는 다양한 이해관계자들을 인터뷰 대상으로 했다.

4. 사례 분석

1) 아이쿱소비자생활협동조합

(1) 협동조합 개요

1997년 작은 규모의 친환경 농산물 직거래를 진행하던 부평, 부천, 한밭, 별내, 수원, 안산에 있는 6개의 작은 지역조합이 모여 '21세기 생협연대'를 설립, 이것이 현재 아이쿱의 시작점이 되었다. 1997년부터 2006년까지 아이쿱은 사업시스템 구축과 조합원 활동에 집중하는 전략을 실시했다. 이 시기 아이쿱은 물류사업을 통합하는 것을 시작으로 효율적인 연합회 운영에 주목했으며, 이와 더불어 지역생협의 적정 규모화를 유지하면서 조합원의 적극적인 활동을 지원했다. 특히 물류 통합전략은 경영의 효율화를 이끌었는데, 업무의 전문성을 높이는 것뿐만 아니라 취급 물량의 규모화를 통해 유통비용을 절감하는 결과를 달성했다. 이러한 전략은 지역조합의 물류사업 부담을 줄여 생협이 필요하지만 조합원 규모가 작아 운영에 어려움이 있는 지역에도 매장을 설립할 수 있게 했다. 이러한 물류 통합으로 1997년 6개의 지역조합이 2017년에는 78개로 전국적으로 확대될 수 있었다(아이쿱협동조합연구소, 2015).

아이쿱에서 공급하는 모든 물품의 정보는 모든 조합원에게 공개된다. 또한 새롭게 개발하거나 새로운 물품이 필요하다고 판단될 때에는 조합원 회의를 통해 물품 공급여부를 결정한다. 이렇게 공급된 물품은 아이쿱이 설립한 ㈜한국

친환경유기인증센터에서 3회에 걸친 검사시스템(생산과정 → 출하 전 → 유통 과정)을 통과해야만 조합원들에게 공급될 수 있는데, 이러한 철저한 시스템은 식품안전 사고와 혼입 사고를 사전에 예방하는 역할을 한다. 아이쿱에서 독자적인 인증센터를 운영하는 가장 큰 이유는 조합원과의 '신뢰'를 지키기 위해서이다. 이러한 일련의 과정을 통해 아이쿱은 소비자들이 안심하고 먹을 수 있는 안전한 식품을 개발 공급하고 있다.

(2) 수직적 통합 현황

수직적 통합이란 가치사슬에 위치한 조직을 내부적으로 통합하는 전략이다. 처음 아이쿱은 가치사슬상 유통 조직이었다. 2012년부터 아이쿱은 가치사슬상 제조 조직을 통합하여 내부화하고 있다. 따라서 아이쿱은 수직적 통합 전략을 추진하고 있다고 할 수 있다. 이 글은 지분 소유를 기준으로 자회사와 협력기업을 구분했다. 거래기업 간에 지분의 관련 여부를 기준으로 삼는 이유는 기회주의의 문제가 이러한 기준에 따라 다르게 나타날 수 있기 때문이다. Willimson

〈표 5-2〉 2016년 아이쿱 자회사 및 출자사 현황

구분	자회사	출자사
법인명	㈜쿱도우	㈜맘씨
	㈜올곧은	㈜밀크쿱
	㈜쿱라면	㈜쿱양조
	㈜쿱청과	㈜애간장
	쿱축산㈜	㈜해피푸르츠
	순천우리밀제과㈜	
	쿱베이커리㈜	
	쿱푸드시스템㈜	
	㈜쿱서비스	
	㈜미토리	
	㈜순수유	
	㈜에코푸드	

자료: iCOOP소비자생활협동조합사업연합회(2017), 제19차 대의원 정기총회 자료집.

(1988)은 지분은 의사결정 참여권과 이윤 분배권을 가지는데 이것이 거래비용에 영향을 준다고 주장하면서 이는 부채가 기업에 미치는 영향과 다르다고 언급했다. 아이쿱에서 나타나는 물품의 거래 경로는 ㉠ 자회사(출자사), ㉡ 협력기업으로 나눌 수 있다. 이 글에서 아이쿱의 수직적 통합 여부는 아이쿱이 지분을 소유하고 있는가를 기준으로 했다. 2016년 기준 아이쿱의 자회사(출자사) 현황은 〈표 5-2〉와 같다.

2) 아이쿱의 수직적 통합 요인

(1) 자산 특수성 요인

■ 명제 1. 자산 특수성은 생협의 수직적 통합에 정(+)의 영향을 미친다.

이 명제는 아이쿱이 수직적 통합을 할 때 자산 특수성이 요인으로 작용함을 의미한다. 수직적 통합을 통해 거래비용을 줄일 수 있는 이유는 아이쿱이 협력기업보다 수직적 통합한 기업과 밀접한 인적·물적 관계를 맺고 있어 기회주의를 완화할 수 있기 때문이다. 아이쿱의 모든 물품은 친환경 유기농수산물을 원·부재료로 한다. 1차 농수산물뿐만 아니라 가공품에 들어가 있는 원재료 역시 친환경 재료를 사용하여 조합원들에게 공급하는 것이 아이쿱의 가장 중요한 미션이다. 친환경 유기농수산물 재료를 기반으로 물품의 독자성을 강화하는 것과 함께 '아이쿱에서만 구입할 수 있는 물품'의 의미를 담는 마케팅도 진행하고 있다. 이러한 아이쿱의 사업활동을 통해 알 수 있듯이 아이쿱에서 판매하고 있는 물품들은 일반시장에서 판매하고 있는 물품과 비교해볼 때 특수성이 매우 높다는 것을 알 수 있다. 아이쿱이 수직적 통합을 통해 직접 생산에 참여한 이유 또한 물품이 갖고 있는 특수성이 가장 큰 요인이다.

2012년 6월에 아이쿱은 물품을 가공하는 자회사를 처음으로 설립했는데, 이것이 라면을 생산하는 쿱라면이다.

초창기 라면 생산은 A기업에서 OEM 방식으로 진행했습니다. 이때 A의 생산라인 전체가 가동되지 않고 있어서 아이쿱 라면 생산이 원활하게 이루어졌습니다. 그러나 A에서 "ㅇ면"을 출시했고, 생산라인 부족으로 아이쿱 라면 생산에 차질을 빚게 되었습니다. 대부분의 생협에서는 B에서 라면을 OEM 하고 있었습니다. 그러나 B기업은 과거 혼입사건을 일으킨 경험이 있고, 이후 경영진, 공장 등 변한 것이 없어 B기업에서 OEM 하는 것은 절대 고려하지 않았습니다. 이러한 과정을 거쳐 라면 공장인 "쿱라면"을 설립하기로 결정했습니다(경영진 A, 남).

라면 공장을 만드는 데 많은 비용이 소요됨에도 불구하고 직접 생산 공급하기로 한 이유는 친환경 재료로 만든 스프와 친환경 우리 밀로 만든 면을 사용하여 라면을 만들어줄 공장을 찾는 것이 매우 어려웠기 때문이다. 또한 스프에는 다양한 재료가 들어가야 하는데, 이 다양한 재료를 통제·관리하는 데 매우 많은 비용이 소요되는 것도 원인이었다.

생협에서 공급하는 물품의 자산 특수성은 친환경 유기농과 연결되어 있다. 생협이 설립한 목적, 생협 운영가치, 그리고 조합원들이 생협에 가입한 이유는 친환경 유기농 물품을 믿고 구입할 수 있는 곳이기 때문이다. 아이쿱은 조합원의 신뢰를 바탕으로 운영되고 있는데, 이러한 신뢰의 원천은 '혼입'하지 않겠다는 아이쿱의 신념과 연결되어 있다. 아이쿱이 자회사를 설립하여 수직적 통합을 하는 가장 큰 요인은 이러한 '혼입'의 문제, 즉 자산 특수성으로 인해 발생하는 위험을 줄이고자 함이다. 거래비용이론에서 자산 특수성이 높다는 것은 현재 거래 중인 기업의 물품을 제공받을 수 없을 경우 비슷한 물품을 다른 기업에서 제공받는 데 비용이 크게 발생하는 것을 말한다. 앞서 살펴봤듯이 아이쿱이 수직적 통합을 선택한 가장 큰 이유는 아이쿱에서 원하는 물품을 공급할 기업을 찾아 그 기업과 협력하는 데 많은 비용이 소요되기 때문이다. 결과적으로 아이쿱의 수직적 통합 전략에는 자산 특수성이 중요한 요인으로 작용한다고 할 수 있다.

(2) 환경 불확실성 요인

■ 명제 2. 환경 불확실성은 생협의 수직적 통합에 정(+)의 영향을 미친다.

이 명제는 아이쿱이 환경 불확실성으로 인해 거래비용이 클 것으로 예상되는 물품을 수직적으로 통합하는 전략을 추진한다는 의미를 담고 있다. 아이쿱의 매출 규모[3]는 우리나라 생협[4] 내에서는 가장 크지만, 전체 식품종합소매업 유통[4]에서 차지하는 비율은 매우 낮다. 일반 소비자 중심이 아닌 아이쿱의 가치와 아이쿱에서 공급하는 물품의 특성을 이해하는 조합원을 중심으로 물품을 판매하고 있기 때문이다.

아이쿱의 경우 아이쿱에서 제공하는 대부분의 물품은 조합원들의 생활에 필수적인 것으로 각각의 물품에 대한 조합원 소비의 변동성은 크지 않다. 하지만 공급의 불확실성은 크다. 앞서 언급했듯이, 아이쿱은 우리나라 생협 중 가장 큰 규모의 매출이 발생하지만, 전체 유통시장에서는 그 수가 매우 적다. OEM을 통한 생산은 OEM 기업의 생산 규모에 따라 생산량이 결정되기 때문에 아이쿱에서 필요한 양보다 많은 양을 주문·생산하여 재고가 발생하는 경우가 대부분이다. 유통기간이 긴 경우는 이런 생산시스템이 큰 문제가 되지 않지만, 유통기간이 짧은 상품인 경우 판매하지 못하고 남은 물품을 폐기해야 하는 문제가 발생하기도 한다. 더구나 아이쿱 물품의 대다수는 친환경 재료를 사용하고, 첨가물도 거의 사용하지 않기 때문에 일반시장에서 유통되는 유사한 물품의 유통기

---

3   생협매장 매출액(2016년 기준)

생협	자연드림	한살림	두레생협연합	행복중심연합회
매출액	525,600(백만 원)	391,513(백만 원)	118,320(백만 원)	20,629(백만 원)

자료: 각 생협 홈페이지.

4   2016년 식품종합소매업 매출 상위 4개 기업 매출액: 41,606,634백만 원(자료: 식품산업통계정보).

간보다 훨씬 짧다. 아이쿱은 조합원들에게 신선한 물품을 공급한다는 미션을 갖고 있는데, 이러한 미션을 달성하기 위해서는 필요한 시기에 필요한 만큼의 물품을 생산할 수 있어야 한다. 공급의 불확실성으로 인해 필요하지 않은 양의 물품을 필요하지 않은 시기에 공급받는 것은 아이쿱의 입장에서는 매우 많은 비용이 소요된다. 따라서 아이쿱이 수직적 통합 환경 불확실성이 영향을 미쳤다고 할 수 있다.

(3) 거래빈도 요인

▬ 명제 3. 거래빈도는 생협의 수직적 통합에 정(+)의 영향을 미친다.

일반적으로 거래비용이론에서 거래빈도 요인은 거래빈도가 빈번할수록 거래에서 발생하는 비용을 줄이기 위해 수직적 통합을 한다는 것이다. 아이쿱의 경우 먹거리를 조합원들에게 공급하는 생협으로 빈번한 거래빈도가 매우 중요하다. 2000년대 들어 생협의 조합원 수가 많이 증가하고 있고, 아이쿱의 조합원은 2016년 기준 21만 2216명이다. 2011년도에 약 11만 명이었던 것과 비교하면 약 2배 이상 성장했지만, 20만 명의 조합원이 OEM을 통해 외부에서 생산하는 생산량을 적정한 시기에 소비하기에는 그 수가 여전히 부족하다.

아이쿱이 제일 처음 라면을 직접 생산하기로 한 이유는 원료의 특수성으로 인한 물품의 특수성도 있지만 라면의 신선도가 너무 떨어지는 원인도 있었습니다. 초기 라면을 생산하던 A기업의 생산라인은 매우 커서 A기업이 하루 동안 생산해 아이쿱에 공급하는 라면의 양을 아이쿱 조합원이 다 소비하지 못했습니다. 한 달에 한 번 생산한 라면을 조합원들은 1상자 단위로 구입해야 했습니다. 일반적인 라면의 경우 유통기한이 매우 길지만 아이쿱 라면은 친환경 재료를 사용하고 방부제를 거의 넣지 않아 유통기한이 매우 짧습니다.[5] 1상자씩 구매해서 먹으려면 시간도 많이 걸리고 마지막에 남은 라면은 신선하지 않아 버리게 되는 경우도 있었습니다(활동가 E, 여).

일반적으로 거래빈도는 자산 특수성과 연결된다. 그러나 아이쿱의 경우 거래빈도는 자산 특수성과도 연결되지만 환경 불확실성과도 높은 관련성을 갖고 있었다. 공급의 불확실성이 거래빈도에 영향을 미친 것이다. 아이쿱에서 필요로 하는 물품은 대부분 신선도가 중요하므로 자주 거래가 발생해야 한다. 그러나 공급의 불확실성으로 인해 거래빈도가 높아야 할 물품의 거래빈도가 낮아 신선한 물품을 조합원들에게 공급할 수 없었다. 이렇게 신선도가 중요한 물품이 많은 아이쿱은 거래빈도 역시 수직적 통합 결정에 중요한 요인이다. 현재 라면 공방은 아이쿱 조합원이 소비할 수 있는 물량만을 생산하고 있기 때문에 라면의 신선도가 매우 좋아 조합원의 만족도가 매우 높다. 공장에서 필요한 수량만큼 생산하여 매장에 공급하고 있어 거래빈도가 높다. 아이쿱의 수직적 통합 전략에 거래빈도가 요인이 될 수 있음을 알 수 있다.

(4) 전략적 중요성 요인

━ 명제 4. 전략적 중요성은 생협의 수직적 통합에 정(+)의 영향을 미친다.

거래비용과 더불어 수직적 통합에 영향을 주는 요인으로 자원근거이론에서 도출한 전략적 중요성의 영향을 살펴본다. 결과적으로 전략적 중요성은 수직적 통합에 정(+)의 영향을 미친다. 전략적 중요성은 초기 거래비용이 높게 발생하는 물품을 수직적 통합하는 근거를 마련해주는데, 그 이유는 거래비용이 높게

---

5   제조사별 라면 유통기한

제조사	대표 상품	유통기한
쿱라면	레드라면	3개월
농심	신라면	6개월
오뚜기	진라면	6개월
삼양식품	삼양라면	6개월

자료: iCOOP자연드림, 농심 홈페이지, 오뚜기 홈페이지, 삼양식품 홈페이지.

발생되더라도 전략적으로 기업에 핵심 역량이 되는 물품은 수직적 통합을 통해 내재화함으로써 지속가능한 경쟁우위를 달성할 수 있기 때문이다.

아이쿱이 처음으로 자회사를 설립해 수직적 통합을 한 라면은 거래비용의 자산 특수성 요인으로도 설명할 수 있지만, 자원근거이론의 전략적 중요성으로도 설명할 수 있다. 앞서 언급했듯이 라면에는 다양한 첨가물이 들어 있어 건강에 좋은 식품은 아니지만 2015년 한국의 라면 판매량은 36억 개로 이는 세계 1위 소비량이다. 라면이 건강에 좋지 않다는 것은 모든 사람들이 아는 사실임에도 불구하고 라면 소비량은 줄어들고 있지 않다. 아이쿱이 라면 자회사를 적극적으로 추진한 이유는 시중에 나와 있는 라면을 대신할 건강하게 먹을 수 있는 라면을 조합원들에게 공급하고자 함이다. 아이쿱의 라면은 친환경원·부재료를 사용하여 만든 라면으로 가치 있고, 희소하며, 대체 불가능하고, 모방 불가능한 특성을 갖고 있는 아이쿱의 핵심 물품이다. 아이쿱은 이러한 핵심 물품을 자회사를 통한 수직적 통합의 형태로 생산·공급하고 있다. 아이쿱이 라면을 OEM할 공장을 찾는 비용이 커서 수직적 통합을 했지만, 쿱라면의 가동률은 현재 100%가 아니다. 가동률이 100%가 아니라는 것은 그만큼 아이쿱이 손실이 나고 있다는 것을 의미한다. 하지만 처음부터 가동률 100%가 아닐 것이라고 예상했음에도 쿱라면을 자회사로 수직적 통합한 이유는 전략적 중요성이 큰 요인을 한 것으로 보인다. 현재는 가동률 100%가 아니지만 라면이라는 핵심 물품이 아이쿱의 지속가능성 성장을 위한 물품으로의 역할을 하여 조합원 증진에 큰 도움이 될 것이라는 계획이 전략적 의사결정에 영향을 준 것이라 해석할 수 있다.

아이쿱의 자회사인 쿱양조에서 생산하고 있는 막걸리와 쿱도우에서 생산하고 있는 우리 밀 도우 그리고 해피푸르츠에서 생산하고 있는 다양한 음료 등은 다른 의미의 전략적 중요성 요인으로 수직적 통합된 사례이다. 유기농 1차 농산물을 생산하는 농지를 지켜나가는 것은 아이쿱의 중요한 미션 중 하나이다.[6] 그런데 이러한 1차 농산물에 대한 소비가 점점 줄어들고 있다.[7] 이러한 상황을 마주한 아이쿱은 유기농 1차 농산물을 지키기 위한 방안으로 자회사를 설립, 수직적 통합을 추진했다. 우선 우리쌀의 소비를 촉진하기 위해 쿱양조를 설립하여 유기농쌀로 만든 막걸리를 출시했고, 쿱베커리에서는 유기농쌀로 빵을 만들어 조합원들에게 공급하고 있다. 또한 우리 밀 소비를 촉진하기 위해 쿱도우를 설립하여 우리 밀 도우를 매장에 공급하고 있다. 우리 밀과 우리 쌀뿐만 아니라 유기농과일을 소비하기 위해 해피푸르츠를 설립하여 다양한 유기농과일 주스를 생산·공급하고 있다.

아이쿱은 지역클러스터 형태로 수직적 통합을 추진하고 있다. 이는 전략적 중요성 요인이 작용했다고 할 수 있는데, 연구를 통해 크게 2가지 이유를 찾을 수 있었다. 첫 번째는 협동조합 생태계 조성이라는 전략적 중요성이다. 아이쿱 사명선언문은 "함께 만드는 미래, 아이쿱", "아이쿱은 함께 행복한 삶을 만들어가는 협동조합입니다"이다. 이 사명선언문은 정직과 신뢰의 협동조합 생태계를 조성하여 이를 기반으로 노동을 존중하고 성과를 공유하는 사람 중심의 경제를 만들어가고자 하는 아이쿱의 비전을 담고 있다. 즉, 협동조합의 경제적 성공은 조합원, 생산자, 직원 그리고 지역사회와 함께 달성해야 함을 이야기하고 있다. 협동조합 생태계가 잘 조성되어 있는지 여부는 국가 차원에서의 법제도,

---

6   '우리농업지키기소비자10만인대회' 추진 선언 기자회견(아이쿱생협, 2015.2.9).

7   2016년 청과와 채소 계획대비증감율

2016년	청과	채소
계획	390	493
실적	379	466
계획대비증감율	▼2.8%	▼5.5%

양곡 소비실태

2015년	2016년
379.7억 원	400.8억 원

지료: 2016 사업연합회 정기총회 자료집.

정책 등과 협동조합 간 연대 역량을 통해 알 수 있다(김기태 외, 2014). 한국 사회에서 당장 이러한 요소들을 채울 수는 없지만, 실례를 만들어야 한다는 게 아이쿱에서 이야기하고 있는 '협동조합 생태계' 논의의 출발이다(이정주, 2013). 국가차원에서의 법제도와 정책이 협동조합 생태계 조성에 중요한 역할을 하는데, 이러한 법제도와 정책 지원을 받기 위해서는 협동조합의 장점을 부각시키는 것이 우선이다.

아이쿱의 구례와 괴산 클러스터가 이러한 협동조합의 장점인 지역 일자리와 공동체의 발전에 중요한 역할을 하고 있다. 이는 아이쿱이 수직적 통합을 클러스터 안에 진행하고 있기 때문에 나타난 결과이다. 수직적 통합이 아이쿱협동조합 생태계 조성을 위한 역할을 실행할 수 있는 기반을 마련해 주었다고 할 수 있다. 이것은 아이쿱의 수직적 통합 요인으로도 작용하는데, 전략적 중요성의 관점에서 아이쿱의 지속적인 발전을 위해서는 건전한 협동조합 생태계 형성이 반드시 필요하기 때문이다.

두 번째로 수직적 통합이 마케팅 효과로도 이어지고 있다. 자연드림파크는 '자연드림 하루 여행'과 '공방 견학·체험' 프로그램을 운영 중이다. 자연드림 하루 여행은 아이쿱이 수직적 통합을 통해 클러스터 안에 아이쿱 물품을 생산하는 공방을 설립했기에 가능한 활동이다. '자연드림 하루 여행'과 '공방 견학·체험'의 주목적은 아이쿱에서 만들고 있는 물품이 친환경 유기농 식품인지를 조합원과 일반 소비자들에게 보여주기 위함이다. 이를 통해 신규 조합원들과 일반 소비자는 아이쿱 물품에 대한 궁금증을 해결하고 아이쿱의 가치를 알 수 있게 될 것이고, 기존 조합원들과 활동가들은 아이쿱에 대한 충성도가 증가하게 될 것이다. 아이쿱의 지속가능성은 조합원 수와 조합원들의 아이쿱에 대한 충성도가 중요한 요인이 되는데, 구례와 괴산에 있는 클러스터가 이러한 역할을 하고 있다고 생각한다. 특히 구례 자연드림파크는 6차 산업의 모범 사례로 이슈화되면서 2016년 동안 238번 언론에 보도되었고 일반 소비자들이 아이쿱을 인지할 수 있는 기회를 제공했다.[8] 이는 아이쿱이 자회사를 통한 수직적 통합을 아이쿱 마케팅에 활용한 사례라 할 수 있다. 그리고 이 역시 아이쿱의 수직적 통합 요인으로도 작용한다. 전략적 중요성의 관점에서 아이쿱의 지속적인 발전을 위해서는 조합원 수의 증가와 조합원 충성도가 반드시 필요하기 때문이다.

마지막으로 아이쿱이 수직적 통합을 하는 요인 중에는 지속가능한 경영을 위한 발판을 마련하기 위함도 있다. 초기 아이쿱 매장의 수는 매우 적었다. 아이쿱의 가치에 공감하고 아이쿱의 물품을 구입하고 싶어도 매장의 접근이 용이하지 않는 경우가 대부분이었다. 그러나 요즘 아이쿱 매장은 우리 주변에서 많이 볼 수 있다.[9] 대학교뿐만 아니라 과천 서울대공원에도 입점해 있다. 이렇게 매장을 확장할 수 있었던 이유 중 하나가 바로 자회사를 통한 제조업을 아이쿱에서 적극적으로 추진하고 있기 때문이다. 유통업만 할 경우 매장에서 수익이 발생하지 않으면 매장을 늘리는 것이 매우 어렵다. 그러나 제조를 시작함으로써 자회사에서 생산한 제품들은 매장의 마진율을 높게 책정하는 것이 가능한데, 이러한 방안이 매장의 수익률을 높이는 데 도움이 되었다. 생협의 매장은 단순히 소비자에게 물품을 공급하는 곳이 아니다. 일반 소비자들에게는 생협의 가치를 전달하고 기존 소비자들에게는 교육을 하고 연대를 형성할 수 있는 장을 마련하는 독특한 공간으로의 역할을 하고 있다. 따라서 매장의 확장은 아이쿱의 가치를 알리기 위해 필요한 전략이다. 결과적으로 아이쿱의 수직적 통합 전략에는 전략적 중요도가 주요 요인이 된다.

---

8   iCOOP소비자생활협동조합사업연합회(2017), 제19차 대의원 정기총회 자료집.
9   자연드림 매장의 개설 현황

연도	2012	2013	2014	2015	2016
수	129	146	158	178	193

자료: 아이쿱생협 2012년, 2013년, 2015년, 2016년 연차보고서, 2014 사업연합회정기총회 자료집.

(5) 기타

협동조합은 일반 기업과 다른 조직 구조를 갖고 있는데, 가장 두드러진 점이 조합원에 의한 민주적 참여이다. 협동조합에 관한 다양한 정책 결정에 조합원들이 적극적으로 참여해야 하는데, 수직적 통합과 운영에 있어서도 조합원들의 의견이 중요한 역할을 했다. 일반적으로 경영전략은 경영자들의 의사결정이 중요한 역할을 한다. 하지만 협동조합은 경영자들의 의사결정에도 조합원들의 의견이 수렴되어야 하고, 결정된 내용에 대해서 조합원들에게 설명하고 그들을 설득하는 과정이 필요하다. 협동조합의 주인은 조합원이기 때문이다. 이 글의 심층 인터뷰 대상은 경영진 3인, 활동가 3인, 조합원 3인으로 구성했다. 경영전략에 대한 인터뷰에 일반 조합원이 포함되어 있는 것은 앞서 언급했듯이 협동조합의 독특한 특성 때문이다. 이 글의 인터뷰 질문은 모든 인터뷰 대상에게 유사하게 진행했는데, 수직적 통합이 아이쿱의 지속가능성에 긍정적인 영향을 줄 것이고, 그 과정에서 조합원의 의견이 적극적으로 반영되어 한다는 공통된 답변이 있었다. 그러나 한 가지 상이한 답변은 수직적 통합의 규모에 관한 것이었다. 경영진의 경우 수익과 비용적인 측면을 강조했고, 일반 조합원들은 협동조합 생태계 조성에 더 큰 방점을 두어 답변했다. 그렇지만 모든 의견을 종합해보면 수직적 통합이 생협의 가치를 더 높이는 방향으로 진행되고 있고, 앞으로도 이 방향으로 나아가야 한다는 것이다. 아이쿱의 수직적 통합 전략에 조합원들의 목소리가 반영되고 있음을 알 수 있다.

5. 결론

1) 연구 결과

기업의 내부 환경뿐만 아니라 외부 환경의 변화는 기업들의 조직 구조에 많은 영향을 미친다. 각 기업이 속해 있는 시장과 산업의 변화는 기존 사업의 수익률 감소를 초래하기도 하지만 신규 사업이 성장할 수 있는 기회를 제공해준다. 많은 기업들은 이러한 변화 속에서 도태되지 않고 성장하기 위해 내부의 조직 구조를 변경하거나 외부의 조직 구조를 통합하는 전략을 통해 시장 기회를 적극적으로 탐색한다. 이 글에서는 수직적 통합을 '외부의 조직 구조를 통합하는 전략 중 가치사슬에 있는 조직의 통합이라 보고, 이는 기업의 지속가능한 경쟁우위 창출을 위한 경영전략'으로 정의했다.

이 글의 명제는 다음과 같다. ① 자산 특수성은 생협의 수직적 통합에 정(+)의 영향을 미친다. ② 환경 불확실성은 생협의 수직적 통합에 정(+)의 영향을 미친다. ③ 거래빈도는 생협의 수직적 통합에 정(+)의 영향을 미친다. ④ 전략적 중요성은 생협의 수직적 통합에 정(+)의 영향을 미친다. 이 명제는 거래비용이론과 자원근거이론을 통해 추출한 것이다. 이 글은 거래비용이론과 자원근거이론에서 수직적 통합 요인을 설정하고 이 요인이 아이쿱의 수직적 통합을 어떻게 설명하는지에 대한 연구를 진행했다.

지금까지 기업의 수직적 통합 관련 연구는 거래비용이론과 자원근거이론 간 상호비교 관점에서의 연구가 다수를 이룬다. 이는 거래비용이론은 비용 측면을 강조하고 자원근거이론은 기업의 핵심 자원을 강조하고 있기 때문이다. 그러나 기업의 수직적 통합 관련 의사결정에 있어서 이 두 이론을 개별적으로 설명하기보다는 상호 보완적 관점에서 설명하려는 관점이 늘어나고 있다. 왜냐하면 이 두 이론이 개별적으로 수직적 통합을 설명하기에는 한계가 있고, 완벽하게 대립되는 것들도 아니기 때문이다(Combs and Ketchen, 1999). 이 글에서도 두 이론의 상호 보완적인 관점에서 연구를 진행했다.

아이쿱의 수직적 통합 분석 결과, 거래비용에서 도출한 자산 특수성, 환경 불확실성, 거래빈도와 자원근거이론에서 도출한 전략적 중요성이 아이쿱의 수직적 통합 요인으로 작용했다. 모든 의사결정에는 아이쿱이 생협으로서 가치를 지키고 지속가능한 경영을 하기 위한 전략적 중요성이 내재되어 있었다.

아이쿱에서 자산 특수성은 혼입의 문제로, 환경 불확실성과 거래빈도는 수급의 불균형으로 설명할 수 있다. 전략적 중요성은 친환경 유기농수산물을 생산하는 농가를 지키기 위함과 협동조합 생태계 조성, 마케팅 효과 그리고 매장 확대의 기반 등으로 구분하여 설명할 수 있다. 그러나 앞에서 언급했듯이 아이쿱의 수직적 통합 요인 중 기반이 되는 요인은 자원근거이론에서 도출한 전략적 중요성이었다. 전략적 중요성 요인은 자산 특수성과 환경 불확실성, 거래빈도 요인으로 설명되는 수직적 통합에도 중요 요인으로 역할을 했다.

자산 특수성 요인은 친환경유기원·부재료에서부터 시작한다. 이로 인해 혼입의 문제가 매우 중요한 사항이 되고, 생산 역시 특수한 과정이 필요한 경우가 발생한다. 또한 이러한 특수한 원재료를 사용하여 물품을 만드는 공장도 매우 한정적이다. 이러한 요인이 대체 공장을 찾는 것을 매우 어렵게 만들어 수직적 통합을 진행하는 전략 결정에 영향을 미쳤다. 그러나 친환경유기원·부재료가 원인이 되어 수직적 통합을 하는 데에는 이러한 비용적 측면뿐만 아니라 아이쿱의 가치와도 연결된다. 아이쿱의 역할은 단순히 조합원들에게 물품을 파는 유통 그 이상으로서, 친환경 유기농산물을 지켜나가는 것 또한 아이쿱의 역할이다. 친환경 유기농산물을 원·부재료로 해서 만든 물품을 조합원들에게 공급하는 과정에서 혼입 등 문제가 발생할 가능성이 높은데, 이는 신뢰 문제와 연결하여 생각해볼 수 있다. 혼입 등의 사고가 발생하는 가장 큰 이유는 협력기업과의 신뢰에 문제가 생겼기 때문이다. 아이쿱 조합원들은 아이쿱이 혼입하지 않겠다는 약속, 정확한 공정을 사용해서 만들겠다는 약속을 매우 중요시한다. 따라서 아이쿱에서 혼입 등 원재료에 대한 문제가 발생했을 때 아이쿱은 발 빠르게 조합원들에게 사실을 알리고 이러한 사고의 발생 원인을 분석하고 해결하는 과정을 조합원들이 이해할 수 있게 설명한다. 혼입 등에 대한 문제가 발생할 때 이를 해결하기 위한 다양한 방법 중에 하나가 수직적 통합을 통해 공급기업에 대한 조합원의 신뢰를 회복하는 것이다.

공급량과 소비량의 불균형은 환경 불확실성과 거래빈도 요인에 영향을 미쳤다. 일반적으로 OEM을 통한 공급이 아이쿱 소비량보다 많다. 이러한 경우 아이쿱은 재고로 인한 비용이 발생하고, 물품의 신선도에도 문제가 발생한다. 재고의 발생은 환경 불확실성의 한 형태이다(문성암, 2000). 필요하지 않은 물품을 필요하지 않은 시기에 구매해야 한다는 것은 물품에 대한 시장 지배력이 낮다는 것을 의미한다. 수직적 통합 전략을 펼치는 다양한 이유 중에 물품에 대한 시장 지배력을 높이고자 하는 것도 포함되는데, 이 경우가 그러한 이유에 포함된다고 할 수 있다. 아이쿱이 시장 지배력을 높이고자 하는 여러 가지 이유 중에는 안정적인 공급망을 통해 조합원들에게 물품을 공급함으로써 조합원과의 신뢰를 쌓기 위함이 있다. 협동조합은 다양한 이해관계자와의 신뢰를 기반으로 조직되고 운영되는 조직이다. 특히 조합원과의 신뢰 형성 정도는 협동조합 유지와 성장에 많은 영향을 미친다. 일반적으로 환경 불확실성과 거래빈도로 인해 거래비용이 상대적으로 크게 발생할 경우 기업은 수직적 통합 전략을 선택하는데, 생협의 경우에는 거래비용뿐만 아니라 조합원과의 신뢰 형성을 위한 과정으로 수직적 통합 전략을 선택한다.

기업은 환경에 대응하여 기업의 자원을 효율적으로 사용하고, 핵심 역량을 강화시키며, 이를 통해 기업의 경쟁력을 높이는 방향으로 사업 조직을 개편하는데(송원규, 2005), 아이쿱 역시 기업의 자원인 친환경원·부재료를 효율적으로 사용하고, 핵심 역량인 전략 상품을 강화시키며, 이를 통해 기업의 경쟁력을 높이는 방향인 수직적 통합으로 사업 조직을 개편하고 있다. 이와 같은 수직적 통합은 재무적으로도 큰 성과를 보여주었는데, 2017년 자연드림파크 매출액이 전년 대비 2배로 상승해 1420억 원을 기록했다. 이는 과거에는 원·부재료를 전국에 흩어져 있는 협력기업에 보내고 협력기업으로부터 받은 완성품을 전국 매장에 공급하는 방식으로 운영했지만 수직적 통합으로 인해 업체들이 한곳에 모이게 되면서 원·부재료나 물품의 품질 관리도 더욱 엄격해지고 물류비도 줄일 수 있었기 때문이다. 협동조합은 기업 차원의 이익을 넘어 사회 차원의 이익을 추구하는 조직(정선영 외, 2017)으로 이러한 조직적 특징이 경영전략을 추진하는 목적에도 드러난다. 아이쿱은 수직적 통합이라는 전략을 통해서 건전한 협동조합 생태계를 조성하고 있다. 일반적으로 기업의 전략은 기업 효율성 증진을 통한 수익 극대화이다. 그러나 아이쿱은 단순히 아이쿱의 효율성 증진을 통한 수익 극대화를 넘어서 아이쿱이 속해 있는 협동조합 생태계 발전에도 주목하고 있다. 자연드림파크 안에 있는 자회사와 문화공간이 구례와 괴산의 지역발전에 긍정적인 영향을 미치고 있고, 조합원들의 아이쿱에 대한 이해를 돕는 역할을 하고 있다. 협동조합 생태계 조성은 지역공동체 형성이 그 출발점이 된다(김기태 외, 2014). 다양한 지역공동체 형성이 지역 기반 발전에 긍정적인 영향을 미치고, 이를 통해 협동조합 생태계가 발전할 수 있는 것이다. 지역공동체 기반 형성에는 사업을 통한 일자리 창출이 중요한 역할을 하는데, 아이쿱이 추진하고 있는 지역 기반의 수직적 통합이 지역공동체 기반을 형성하는 데에 도움을 주는 일자리를 창출하고 있다. 구례 자연드림파크는 521명 정규직 직원의 평균연령이 38세로 일자리 대부분을 20~30대가 채우고 있다. 젊은이들이 농촌으로 다시 와 일할 수 있게 하기 위해서는 어떤 정책이 필요한지를 보여주는 예라 할 수 있다.

수직적 통합은 결과적으로 기업의 규모화를 이끈다. 아이쿱도 수직적 통합을 통해 규모화를 이루고 있다. 아이쿱은 이러한 규모화를 구례와 괴산 클러스터에서 진행함으로써 조합원들과 일반 소비자들에게 아이쿱의 가치를 시각적으로 보여줄 수 있는 토대를 마련했다. 아이쿱은 사업과 조직 2가지 부분에서 균형 있게 발전하는 것이 목적이다(황지애, 2015). 사업과 조직이 상호 보완하여 발전하고 있는데, 수직적 통합은 사업 부분이 조직 부분에 도움이 되는 사례라 할 수 있다. 조직 부분에서 강조하는 것은 생협의 가치이다. 이러한 가치를 많은 사람들이 공유하고 이해하고 이를 기반으로 활동하게 하는 것이 조직 부분의 주요 목적이다. 조직은 주로 교육을 통해서 이루어지고 있는데, 눈에 띄는 결과물을 보여주는 것이 매우 어렵다 할 수 있다. 이러한 조직 운영의 특성을 보완하기 위한 다양한 방법이 있는데, 그중 구례와 괴산 자연드림파크에 진행하고 있는 수직적 통합이 조합원들에게 시각적으로 본인들이 가입해 활동하고 있는 생협이 생협으로서 갖고 있는 가치와 이러한 가치를 달성하기 위해 어떠한 과정을 진행하고 있는지를 보여주는 역할을 하고 있다. 생협의 소비자는 조합원이다. 그러나 일반 소비자와는 그 성격이 매우 상이하다. 생협의 소비자인 조합원은 대부분 생협의 가치를 이해하고 생협에서 공급하는 물품의 특성에 대한 정보를 자세히 알고자 하는 사람들이다. 조합원들에게 생협의 가치와 물품의 특성을 이해하기 위한 여러 단계의 교육 과정과 함께 자연드림파크의 견학도 중요한 역할을 하고 있다.

직접 제조를 진행함으로써 매장의 수익률을 향상시켜 궁극적으로 매장 수를 확장하게 하는 것 역시 수직적 통합에서의 전략적 중요성 요인으로 설명할 수 있다. 앞서 언급했듯이 아이쿱 매장은 단순히 물품을 판매하는 곳이 아니라 아이쿱이라는 협동조합을 알리고, 아이쿱이 추구하고자 하는 가치를 실천하는 곳이다. 매장 확장을 위한 수직적 통합 전략을 통해 아이쿱의 수직적 통합 전략이 단순히 기업의 효율성 증가에만 있지 않다는 것을 확인할 수 있다.

또한 이 글을 통해 생협이 일반 기업과 다른 의사결정 과정을 거치고 있음을 확인할 수 있었다. 생협은 협동조합으로서 경영진의 독단적인 의사결정은 불가능하다. 협동조합 조합원의 의견이 협동조합 정책에 반영되어야 함은 법에서도 규정하고 있다. 아이쿱에서의 의사결정 역시 조합원의 의견이 반영되어 있음을 확인할 수 있었다. 아이쿱 경영진이 정책에 대한 방향을 설정하면 그 방향에 대해 조합원들에게 설명하고 설득하는 과정이 전체 회의와 지부 모임을 통해 진행되고 있음을 확인했다. 수직적 통합 정책에 대해서도 경영진이 조합원들에게 설명하고 설득하는 과정에 있었다. 이러한 설명과 설득 과정에 조합원들의 적극적인 참여가 있었음을 인터뷰를 통해서 알 수 있었는데, 인터뷰 대상인 활동가뿐만 아니라 일반 조합원 모두가 생협이 추진하고 있는 수직적 통합에 대한 이해가 높았고, 통합을 하고자 하는 목적에 대해 공통된 인지를 하고 있었다.

앞서 언급했듯이 이 글에서는 수직적 통합을 기업의 지속가능한 경쟁우위 창출을 위한 경영전략으로 정의했다. 일반적인 기업의 지속가능한 경쟁우위는 수익률 극대화이다. 그러나 생협의 경우 지속가능한 경쟁우위 창출은 단순히 수익률 극대화가 아닌 협동조합으로서의 가치를 확립하고 조합원과의 신뢰를 쌓아가는 과정을 통해 지속가능한 경쟁우위를 창출하고자 하는 특징을 갖고 있었다. 수직적 통합 역시 단순한 수익률 극대화가 아닌, 협동조합으로의 역할을 수행하기 위한 하나의 전략 방법으로 활용하고 있음을 연구를 통해 확인함으로써 생협의 경영전략이 일반 기업의 경영전략과 그 모습에서는 유사하지만 방법과 지향점은 상이하다는 것을 연구를 통해 확인했다.

2) 연구 시사점 및 한계

지금까지 협동조합 관련 연구에서 수직적 통합 관련 연구에 대한 논의가 미비했다. 하지만 협동조합이 성장함에 따라 규모를 확대할 필요성이 높아지면 수직적 통합이 활발히 진행될 것으로 예상할 수 있다. 이 글은 사례연구를 토대로 생협 중 수직적 통합을 진행하고 있는 아이쿱의 수직적 통합 요인으로 자산 특수성, 환경 불확실성, 거래빈도, 전략적 중요성을 확인했다. 연구 결과 4가지 요인 모두 수직적 통합 요인으로 역할을 하고 있었으나, 전략적 중요성이 모든 수직적 통합 결정에 기반이 되고 있음을 확인했다. 그 이유는 한국 생협이 갖고 있는 매우 독특한 특징 때문이라고 생각하는데, 첫 번째가 생협이 친환경유기 물품만을 공급하고 있기 때문이고, 두 번째가 조합원들이 생협을 단순히 유통 기업으로서가 아니라 제조와 연결하여 인식하고 있기 때문이다. 조합원과 생협 간의 신뢰 정도가 매우 두터우며 이러한 신뢰를 깨지 않으려는 노력이 생협의 활동적인 측면뿐만 아니라 사업적인 측면에서도 중요한 역할을 하고 있었다. 이 글을 통해서 우리나라 생협의 독특한 특징을 확인할 수 있었고, 이러한 특징 이 전략 수립에 중요한 역할을 하고 있음 역시 확인할 수 있었다.

생협의 수직적 통합 요인을 거래비용이론과 자원근거이론을 토대로 살펴본 이 글은 다음과 같은 한계를 갖고 있다.

첫째, 이 글은 생협 가운데 아이쿱을 대상으로 한 단일사례연구로 생협 전체 를 일반화하는 데 어려움이 있다. 둘째, 아이쿱이 수직적 통합으로 어떠한 재무 적 성과를 냈는지 연구하지 못했다. 셋째, 산업 조직론, 대리인 이론, 리얼옵션 이론 등 수직적 통합 관련한 다양한 이론이 있음에도 거래비용이론과 자원근거 이론에 한정하여 연구를 진행했다.

이와 같은 한계를 토대로 후속 연구를 다음과 같이 제안한다.

첫째, 아이쿱 외에 다른 생협의 수직적 통합과 같은 전략에 대한 연구가 필요 하다. 둘째, 수직적 통합이 재무적으로 어떤 성과가 있는지에 대한 연구가 필요 하다. 셋째, 거래비용이론과 자원근거이론 이외에 수직적 통합을 설명하는 다 양한 이론을 기반으로 한 연구가 필요하다.

참고문헌

김기태 외. 2014.『협동조합 키워드 작은 사전』. 알마.

김인숙. 2012.『함께 가는 여성』. 한국여성민우회. 42~43쪽.

김창길. 2017.『2017 국내·외 친환경농산물 시장 현황과 과제』. 한국농촌경제연구원. 1~11쪽.

두레생협연합. 2017.『스무살 청년 두레 뛰어넘기. 두레생협연합회 20주년 기념』. 두레생협연합.

문성암. 2000.「제품전략에 따른 공급체인 구조가 공급체인 재고에 미치는 영향에 관한 연구」. ≪경영학연구≫, 29(4), 617~642쪽.

서범석. 2001.「호텔기업의 전략적 아웃소싱에 관한 탐색적 연구」. 관광품질시스템학회. ≪관광품질시스템연구≫, 7(3), 71~95쪽.

송원규. 2005.「사업전환 전략의 과정모델 및 성공요인에 관한 연구: 종단적 심층 사례연구」. 고려대학교 박사학위논문.

송인숙·천경희.「생활협동조합 활동가의 윤리적 소비 인식과 소비에 대한 탐색적 연구」. ≪소비자정책교육연구≫, 11(2), 141~167쪽.

신창섭. 2017.「조합원의 참여과정에 관한 탐색적 연구」. ≪한국협동조합연구≫, 35(3), 1~28쪽.

아이쿱생협. 2015.2.9. '우리농업지키기소비자10만인대회' 추진 선언 기자회견.

iCOOP소비자생활협동조합사업연합회. 2017. 제19차 대의원 정기총회 자료집.

아이쿱협동조합연구소. 2015.『iCOOP생협 2015년 입문협동조합』. 알마. 262~298쪽.

양종택. 1996.「생산공정의 수직적 통합에 관한 연구」. ≪산업과 경영≫, 8(2), 1~8쪽.

유형근·이한주. 2015.「생활협동조합 조합원의 가치공감과 조합원만족이 조합원충성도에 미치는 영향」. ≪한국협동조합연구≫, 33(2), 129~158쪽.

이수연. 2014.「한국 생활협동조합의 대안적 유통체계 연구 : 한살림의 농산물 거래를 중심으로」. 고려대학교 석사학위논문.

이정주. 2013.『생협평론』. (재)아이쿱협동조합연구소.

이택원. 2010.「핵심역량 및 가치혁신전략이 기업의 성과에 미치는 영향에 관한 실증연구」. 경기대학교 박사학위논문.

인, 로버트 K.(Robert K. Yin). 2011.『사례연구방법』. 신경식·이아영 옮김. 한경사.

장승권 외. 2011.「한국과 영국의 소비자협동조합 진화과정」. ≪한국비영리연구≫, 10(2), 75~110쪽.

정선영·최우석. 2017.「조합원 참여와 소비자생활협동조합의 생산성 변화: 한살림서울소비자생활협동조합을 중심으로」. ≪한국생산관리학회지≫, 28(4), 391~415쪽.

조수미·장승권. 2016.「주요논리 관점에서 본 소비자생활협동조합의 전략: 아이쿱생협의 공정무역 사업 사례연구」. ≪한국협동조합연구≫, 34(3), 95~120쪽.

황지애. 2015.「협동의 풍경: iCOOP(아이쿱)생협 조합원들의 상호 이익 경험을 중심으로」. ≪협동조합네트워크≫, 68, 95~123쪽.

Adler, N. J. 1983. "A Typology of Management Studies Involving Culture." *Journal of International Business Studies*, 14(2), pp. 29~47.

Anderson Jr., E. G. and G. G. Parker. 2002. "The Effect of Learning on the Make/Buy Decesion." *Production and Operations Management*, 11(3), pp. 313~339.

Argyres, N. 1996. "Evidence on the Role of Firm Capabilities in Vertical Integration Decisions." *Strategic Management Journal*, pp.129~150.

Barney, J. B. 1991. "Firm Resources and Sustained Competitive Advantage." *Journal of Management*, 17(1), pp.99~120.

Barney, J. B. 1999. "How a Firm's Capabilities Affect Boundary Decisions." *Sloan Management Review*, 40(3), p.137.

Barney, J. B. 2002. *Gaining and Sustaining: Competitive Advantage*. New Jersey.

Clermont, P. 1991. "Outsourcing Without Guilt." *Computerworld*, 9, pp.67~68.

Combs, J. G. and D. J. Ketchen Jr. 1999. "Explaining Interfirm Cooperation and Performance: Toward a Reconciliation of Predictions from the Resource-based View and Organizational Economics." *Strategic Management Journal*, pp.867~888.

Dierickx, I. and K. Cool. 1989. "Asset Stock Accumulation and Sustainability of Competitive Advantage." *Management Science*, 35(12), pp.1504~1511.

Harrigan, K. R. 1985. "Vertical Integration and Corporate Strategy." *Academy of Management Journal*, 28(2), pp.397~425.

Lippman, S. A. and R. P. Rumelt. 1982 "Uncertain Imitability: An Analysis of Interfirm Differences in Efficiency under Competition." *The Bell Journal of Economics*, pp.418~438.

Miller, D. 1988. "Relating Porter's Business Strategies to Environment and Structure: Analysis and Performance Implications." *Academy of Management Journal*, 31(2), pp.280~308.

Spicer, Barry H. and Van Ballew. 1983. "Management Accounting Systems and the Economics of Internal Organization." *Accounting, Organizations and Society*, 8(1), pp.73~96.

Teece, D. J. 1992. "Competition, Cooperation, and Innovation: Organizational Arrangements for Regimes of Rapid Technological Progress." *Journal of Economic Behavior and Organization*, 18, pp.1~25.

Ulrich, D. and D. Lake. 1991. *Organizational Capability*. New York: Wiley.

Walker, G. and D. Weber. 1987 "Supplier Competition, Uncertainty, and Make-or-buy Decisions." *Academy of Management Journal*, 30(3), pp.589~596.

Williamson, O. E. 1979 "Transaction-Cost Economics : The Governance of Contractual Relations." *Journal of Law and Economics*, 22, pp.223~261.

Williamson, O. E. 1985. *The Economic Institutions of Capitalism*. Simon and Schuster.

Williamson, O. E. 1988. "Corporate Finance and Corporate Governance." *The Journal of Finance*, 43(3), pp.567~591.

농심 (http://www.nongshim.com/main/index)

두레생협 (http://dure-coop.or.kr/)

삼양식품 (http://www.samyangfood.co.kr/kor/index.do)

식품산업통계정보 (http://www.atfis.or.kr/home/M000000000/index.do)

아이쿱생협 (http://www.icoop.or.kr/)

iCOOP 자연드림 (www.icoop.or.kr/coopmall)

오뚜기 (http://www.ottogi.co.kr/main/main.asp)
㈜한국친환경유기인증센터 (www.a-cert.co.kr)
한살림 (http://www.hansalim.or.kr/)
행복중심 (http://www.happycoop.or.kr/)

제6장

협동조합의 협력적 공급사슬*

박상선·김다솜·이준겸

1. 서론

오늘날 기업들의 경쟁은 더 이상 기업 대 기업의 경쟁이 아닌 공급망 대 공급망의 경쟁으로 볼 만큼 공급망관리(supply chain management: SCM)는 기업의 성공을 위해 매우 중요한 요인으로 생각되고 있다. 성공적인 공급망관리를 이끄는 많은 중요한 요인들이 존재하지만, 이와 관련된 다수의 연구들은 가장 근간이 되는 성공 요인으로 공급망의 여러 주체들 간 협력을 꼽고 있다(Barratt, 2004). 전통적인 관점에서는 공급망 내 주체들, 단순화하자면 구매자와 공급자는 서로 적대적인 관계를 가지게 된다. 즉, 전통적인 공급망 내 구매자는 구매비용을 최소화하고 안정적 공급을 받기 위해 다수의 공급자를 경쟁시키고, 상

---

* 이 장은 다음 논문을 기반으로 한 것이다. 박상선·김다솜·이준겸, 「협동조합의 협력적 공급사슬 구축 방식: 아이쿱 생활협동조합의 사례」, ≪한국생산관리학회지≫, 29권 4호(2018.11), 419~438쪽.

대적으로 단기 계약관계를 유지하며 이를 통해 교섭력을 확보한다. 이런 방식은 구매자의 교섭력을 확보하는 데는 도움이 되지만 공급자 역시 기회주의적 자세를 가지고 단기적인 이익 극대화에 초점을 맞추게 된다. 이러한 경쟁적 환경은 구매자의 파트너, 즉 공급자는 언제든지 대체 가능하고 기회주의적 행태를 보일 것이며, 자유 시장의 원칙 아래 최대의 경쟁이 건강하고 활발한 공급 기반을 만들 것이라는 믿음에 기반하여 조성된다(Speckman et al., 1998). 이러한 배경에서 전통적으로 적대적이었던 공급망 내 구매자와 공급자의 관계는 1980년대 중반 이후 재정립된다. 처음에는 주로 일본 기업의 교훈에서 시작하여, 이후 많은 아시아, 미국, 유럽 기업들에서 발견된 사실은 공급자의 수를 줄이고 장기 계약관계를 맺어 구매자-공급자 사이의 적대적인 태도를 감소시키는 것이 품질, 유연성, 시간 기반의 경쟁 역량을 강화할 수 있고, 장기적인 관점에서 오히려 비용을 감소시킬 수도 있다는 것이었다(Maloni and Benton, 1997). 즉, 협력적 공급사슬(collaborative supply chain)을 만드는 것이 공급사슬 성과를 극대화하는 데 유리하다는 것이 주류의 관점으로 자리 잡게 되었다(Sahay, 2003). 이와 같이 공급사슬 협력의 중요성과 효용을 학계와 현장에서 모두 인정하고 있지만, 이를 실제로 구현하는 것은 쉽지 않은 일이다. 예를 들어 Kampstra et al.(2006)에 따르면 2004년 SCMR and CSC(Supply Chain Management Review and Computer Science Corporation)의 설문조사 결과, 설문에 응답한 기업의 44%가 공급자와 고객 간 협력을 위한 기능 부서를 따로 운영하고 있었지만 이 부서의 활동이 약간이라도 성공적이라고 답한 비율은 그중에서도 35%에 불과했다.

공급사슬 협력이 어려운 근본적인 이유를 일반적인 기업이 가지는 조직의 특성 혹은 문화에서 찾는 연구들이 있다. Barratt(2004)은 기업의 협력적 문화를 공급사슬 협력을 이끌어낼 수 있는 중요한 요인으로 꼽으면서, 대부분의 기업이 내·외부적으로 협력을 할 수 있는 문화를 가지고 있지 못하다고 지적했다.

이러한 문화가 존재하지 않으면, 아무리 공급사슬 협력의 중요성을 강조하더라도 실제로 이를 실행하기는 어렵다는 것이다. 이 같은 관점으로 보면 경영학에서 주로 다루는 대상인 주식회사는 건전한 경쟁을 기업 활동의 가장 근본적인 토대로 여기기 때문에 경쟁보다 협력을 우선하기는 쉽지 않다. 그러나 협동조합(Co-operative)의 영역에서는 협력의 문화가 그다지 생소한 개념이 아니다. 전 세계에서 활발히 활동하고 있는 협동조합은 태생적으로 협동과 협력을 기반으로 성장해왔다. 협동조합은 대부분 국제협동조합연맹(International Co-operative Alliance: ICA)에서 정한 협동조합의 7원칙을 중심으로 활동하고 있는데, 그 원칙 중 협력의 문화와 직접적인 연관이 있는 것이 '협동조합 간 협동'(6원칙)과 '지역사회에 대한 기여'(7원칙)이다. 이 같은 원칙을 바탕으로 협동조합은 다른 협동조합과 지역의 이해관계자들과 협력하며 상생, 발전하는 것을 매우 중요하게 여기는 문화를 가지고 있다. 이러한 협동조합의 문화는 협력적 공급사슬 관점에서도 많은 시사점을 준다. 즉, 협동조합은 태생적으로 협력의 가치를 근간으로 하고 있는 조직이며, 실제로 협력을 통해 성장해왔기 때문에 협력적 공급사슬을 구축하는 데 이미 익숙한 조직이라는 것이다. 그러나 지금까지 대부분의 협동조합 연구들은 사회, 경제, 역사학자의 관점에서 수행되어왔고, 경영학의 관점에서 연구된 것은 많지 않았다(자마니·자마니, 2012). 하지만 이제는 협동조합을 하나의 성공적인 운동으로서만이 아니라 성공적인 사업 방식으로서 경영학의 연구 대상으로도 바라볼 필요가 있다.

우리는 이러한 동기에서 협동조합을 협력적 공급사슬관리의 관점에서 살펴봤다. 특히 우리는 협동조합이 오랜 기간 지속가능성 측면에서 성공적이었던 이유 중 하나가 이들이 협력적 공급사슬 구조를 형성하기에 적합한 특성을 갖추었기 때문이라고 보고, 이를 설명하기 위해서 한국의 소비자협동조합 중 매출액 기준으로 가장 규모가 큰 iCOOP생협(이하 아이쿱생협)을 대상으로 탐색적 사례연구를 수행했다. 이를 통해 협동조합이 협력적 공급사슬을 구축하는 데 장점을 지닌다는 것을 보여주는 것이 이 글의 목적이다.

이에 따라 이 글의 연구 목적은 크게 2가지이다. 첫째, 이론적 관점에서 협동조합이 왜 협력적 공급사슬을 구축하는 데 적합한지를 특히 신뢰 구축의 관점에서 설명한다. 둘째, 사례연구를 통해 협동조합이 실제로 어떤 방식으로 신뢰를 구축하여, 공급사슬 협력을 이루어내고 있는지를 보인다.

2. 협력적 공급사슬과 협동조합

1) 공급사슬관리 패러다임의 변화: 협력적 공급사슬관리

현대 경영관리에서 공급사슬관리는 개별 기업과 전체 공급사슬의 장기적인 성과를 위해 특정 기업 내부와 공급사슬 내의 기업 전반에 걸친 기능과 전술을 시스템적이고 전략적인 방법으로 조정하는 것이라고 정의한다(Mentzer et al., 2001). 이런 공급사슬관리 개념이 등장한 것은 현대 사회에 들어오면서 기업이 더 이상 거래를 단일 개체 대 개체의 관계로 보지 않게 되면서부터이다. 이전에는 기업이 제조비용 절감에 초점을 맞췄으나, 절감 가능한 모든 제조비용을 절감하고 나자 수익과 시장점유율을 더욱 늘리기 위한 다음 단계로서 공급사슬 전체를 생각하게 된 것이다(Simchi-Levi et al., 2003). 특히, 수많은 고객, 제조업자들이 시장에서 살아남기 위해서는 개체 간의 협력이 중요함을 깨닫게 되면서부터 가치 교환을 기반으로 한 관계를 통해 상호 이익이 되는 공급사슬구조 구축의 중요성이 부각되기 시작했다(Krause et al., 1998; Sahay, 2003). 이와 관련하여 Mentzer et al.(2001)은 공급사슬의 진화 단계를 세 단계로 보았다. 첫 번째 유형인 "직접적 공급사슬"은 조직이 공급사슬상에서 자신의 직접적 공급자 및 구매자와의 관계만을 고려한다. 두 번째 유형인 "확장된 공급사슬"에서는 자신의 직접적 공급자의 공급자, 직접적 구매자의 구매자도 공급사슬 관계망에 포함한다. 마지막 유형인 "궁극적 공급사슬"은 최초 생산자로부터 최종 소비자에게 제품과 서비스가 전달될 때까지 관여하는 모든 조직들을 공급사슬 관계에 포함시킨다. 이런 상황에서 공급사슬관리는 더 이상 사슬이라는 말이 무색할 정도로 복잡한 관계망을 갖는다. 특히 궁극적 공급사슬 구조에서는 최종 소비자까지도 공급사슬의 일원으로 참여한다는 점이 주목할 만하다.

이와 같이 현대 공급사슬관리 이론들은 대체로 공급사슬 내의 여러 주체들이 서로 경쟁하기보다는 서로 협력하는 협력적 공급사슬관리(collaborative SCM)가 상호 이익과 생존에 더 유리하다고 보고 있다(Krause et al., 1998; Sahay, 2003; 이윤숙·신호정, 2008; 이수열, 2009). 이것은 현대 경영관리의 패러다임이 개별 기업 단위가 각개전투하는 것에서 벗어나 공급사슬로서 경쟁하는 것으로 전환되었음을 보여 준다(Lambert and Cooper, 2000). 게다가 최근에는 지속가능성이 중요한 화제로 대두되기 시작하면서 공급사슬은 자기 자신과 협력관계에 있는 기업뿐만 아니라 생산자, 사회, 환경 등과 같은 이해관계자들과의 관계까지 고려하게 되었다(Carter and Rogers, 2008; Seuring and Muller, 2008; Porter and Kramer, 2011; 이돈희, 2017). 이런 맥락에서 협력적 공급사슬관리는 지속가능한 공급사슬을 구축하기 위한 가장 효과적인 방법 중 하나로 주목받고 있다(Attaran and Attaran, 2007).

2) 협동조합의 구조와 원칙이 협력적 공급사슬 구축에 미치는 영향

협동조합기업 운영의 근본적인 목적은 투자수익의 극대화가 아닌 기업 활동을 통해 조합원(이용자)의 필요를 충족시키고 조합원이 이익을 얻게 하는 것이다(장종익·김신양, 2001; Birchall, 2010; 자마니·자마니, 2012). 이를 위해 협동조합은 사업을 이용할 공동의 목적을 가진 사람들이 모여 출자하고 사업을 운영하고, 따라서 사용자와 운영자 그리고 투자자가 일치한다(야마구치, 2000). 소비자가 소매 사업을 소유하고 운영하면 공급사슬상의 이해관계자 집단이 극단적으로는 소비자와 생산자 두 주체로 줄어든다. 이에 따라 공급사슬의 최종 소비자는 자신의 이해를 적극적으로 반영하고 통제하는 힘을 얻을 수 있고, 이를 통해 여러 이익을 얻을 수 있게 된다. 무엇보다 소비자협동조합은 소비자가 직접 개입하여 공급사슬을 관리하기 때문에 고객 만족이라는 공급사슬관리의 철학을 실현하는 근본적인 접근 방법 중 하나이다. 특히 소비자협동조합은 공급자와 최종 소비자가 일치하기 때문에 Mentzer et al.(2001)이 언급한 궁극적 공급사슬 구조에 가까운 형태라고 할 수 있다. 한국은 물론 세계 각국에서 가장 규모가 크고 성공적으로 운영되고 있는 협동조합이 대체로 소비자협동조합인 이유 중 하나를 여기에 서 찾을 수 있다.

국제협동조합연맹에서 제정한 협동조합의 7가지 원칙은 전 세계 협동조합이 공유하고 따르고 있는 기본 운영원칙으로 다음과 같다. ① 자발적이고 개방적인 조합원제도, ② 조합원에 의한 민주적 관리, ③ 조합원의 경제적 참여, ④ 자율과 독립, ⑤ 교육훈련 및 정보 제공, ⑥ 협동조합 간의 협동, ⑦ 지역사회에 대한 관심. 대부분의 협동조합은 '협동조합 간의 협동'과 '지역사회에 대한 관심'의 원칙에 따라 지역 단위의 조합을 중심으로 조합원들 간의 교류, 조합원과 파트너 생산자들 간의 교류 그리고 조합과 지역사회 간의 교류 등을 장려하고 상생을 추구한다. 이러한 교류와 협력은 상대방에 대한 충분한 정보를 얻을 수 있게 하고 호의적인 감정이 생기게 한다(Kramer, 1999). 이렇게 얻어진 정보 축적과 호의적 감정은 협력적 공급사슬 구축의 기반이 된다. 왜냐하면 협력적 공급사슬을 구축하기 위해서는 상대방의 과거 행위와 그들이 앞으로 하게 될 행위에 대한 약속 등의 정보가 필요하고, 따라서 반복적인 교류와 구애 행동이 필수적으로 동반되기 때문이다(Doney and Cannon, 1997). 또한 조합원들 간의 교류와 협력은 실질적으로 조직의 효율성을 높이는 역할도 한다. 정선영·최우석

(2017)은 한살림생활협동조합의 실증연구에서 조합원의 협력적 행위가 생산성 향상에 유의미한 영향을 미치는 것을 보였다.

정리하면, 협동조합의 구조와 원칙은 협력적 공급사슬 구축의 기반이 될 수 있다. 최종 소비자를 내부 공급사슬에 포함하는 소비자협동조합은 구조적으로 협력적 공급사슬 구축에 유리하다. 또한 협동을 강조한 협동조합의 원칙은 협동조합 조직 내부에서의 협력과 협동조합 간 협력의 근간이 된다.

3) 거래비용 관점에서의 협동조합과 협력적 공급사슬

많은 연구자들이 협동조합을 경제학 관점에서 연구했고, 이 중 거래비용이론을 이용한 연구들이 가장 주목할 만하다. 거래비용이론에 따르면 기업은 소비자, 근로자, 공급자, 투자자 등으로 이루어진 이용자(patron) 집단 간의 경제적 계약의 집합체이다. Hansmann(1996)은 거래비용을 소유비용과 시장계약비용으로 구분하여 거래비용이론을 발전시켰다. 여기서 소유비용은 기업을 소유하는 것과 관련된 비용으로 경영자 감독과 관련된 대리인 비용, 이질적 소유자들 간의 집단적 의사결정을 내리기 위한 비용, 현금흐름의 변동성과 관련된 위험비용 등을 포함한다. 시장계약비용은 다른 이용자 집단들과의 계약관계에서 발생하는 비용으로 시장 지배력에 의한 독과점 비용, 장기 계약에 의한 잠김효과 비용, 정보비대칭으로 인한 비용 등을 포함한다. Hansmann(1996)에 따르면 기업의 효율적 소유권자는 소유비용과 계약비용의 총합이 낮은 이용자이다. 이에 따르면 소비자의 상품 구매와 관련한 시장계약비용이 높고, 소비자가 기업을 소유하는 데 드는 비용이 낮은 경우에는 소비자협동조합이 최적의 기업 형태가 될 수 있다.

일반적인 소비재 시장에서 소비자가 판매업체를 소유하는 데 필요한 비용은 높고, 시장계약비용은 낮다. 소비자의 이질성이 높기 때문에 집단 의사결정비용이 높고, 일반적으로 경쟁업체가 많아서 독과점 비용이 낮고, 주기적으로 구매하는 상품의 경우에는 품질과 관련된 정보비대칭 비용도 낮기 때문이다 (Hansmann, 1996). 그러나 특정 상품의 경우에는 소비자의 판매업체 소유비용이 낮고 시장계약비용이 높을 수 있다. 예를 들어, 안전하고 신선하고 윤리적이고 높은 품질의 친환경 농산물이나 관련 가공식품의 경우 소비자의 동질성이 높고, 공급업체는 많지 않고, 독과점 비용이 높고, 소비자가 정확한 생산방식을 확인하기 힘들기 때문에 품질 관련 정보비대칭 비용이 높다. 이런 제품의 시장에서는 소비자가 유통 및 소매점을 소유하는 소비자협동조합을 설립하는 것이 거래비용을 최소화할 수 있다. 또한 가격과 품질 변화가 큰 농산품의 경우 소비자협동조합을 통해 가격과 품질 안정성을 추구할 수 있다면 이 또한 조합 설립의 동인이 된다. 협동조합의 소유비용 최소화를 위한 가장 중요한 과제는 조합원의 동질성을 유지하여 집단 의사결정을 내리기 위한 비용을 낮추는 것이다. 이런 의미에서 협동조합의 1인 1표 제도는 높은 품질과 안정적 가격을 원하는 소비자로 구성된 소비자협동조합에서 합리적 의사결정 방법이고 신규 조합원 확보에도 유리하다(신기엽·이인우, 2014). 이와 같이 거래비용이론은 소비자협동조합의 형성과 사업 방식을 설명하는 데 중요한 이론적 관점을 제공한다.

이 같은 거래비용이론 관점에서 볼 때 협동조합은 협력적 공급사슬 구축에 장점을 가진다. 소비자협동조합과 생산자협력조합이 효과적으로 협력하는 경우 소비자 입장에서 생산방식에 대한 신뢰가 높아져서 제품의 정보비대칭성은 더욱 낮아지고, 합리적 가격 유지를 통해 독과점 비용도 낮아진다. 따라서 소비자의 시장계약비용 역시 낮아진다. 생산자의 입장에서는 소비자협동조합과 협력적 공급사슬이 구축되면 특정 도매업체에게 낮은 가격에 제품을 팔지 않아도 되기 때문에 독과점 비용이 감소하고, 또한 도매업체에 의한 품질 결정권이 사라지기 때문에 정보비대칭 비용도 감소하여 시장계약비용이 감소한다. 게다가 가격 안정성이 높아지고 기본 수요가 보장되며 생산을 위한 기본적인 자금 등이 보조되기 때문에 위험감수비용이 낮아져서 소유비용이 낮아지게 된다. 따라서 소비자와 생산자 모두에게 협동조합을 지속하고 효율성을 높일 유인이 발생하며, 이는 협력적 공급사슬 구축의 동인이 된다. 제3절에서 중점적으로 다루게 될 신뢰와 신뢰의 구축 요인들도 소비자와 생산자의 독과점 비용과 정보비대칭 비용을 감소시켜 시장계약비용을 낮추고, 위험감수비용 등을 감소시켜 소유비용을 낮추는 역할을 한다.

3. 신뢰를 통한 협력적 공급사슬 구축

1) 신뢰와 협력적 공급사슬

신뢰가 무엇인지에 대해서는 학문 분야와 학자들마다 서로 다르게 정의 내리고 있고, 이 정의들이 양립 불가능한 경우도 있다. 그럼에도 불구하고 신뢰에 대한 정의들은 공통적으로 약점 또는 위험을 감내하는 것, 그리고 상대의 긍정적 행동을 기대하는 것 등을 포함한다(Rousseau et al., 1998; Kramer, 1999).

신뢰는 공급사슬 성과의 주요한 선행 요인이고(박상선 외, 2015), 또한 협력적 공급사슬을 구축하기 위해 가장 필요한 요소 중 하나로 알려져 있다. 기업이 협력적 공급사슬관리를 통해 성과와 지속가능성 측면에서 많은 이익을 얻을 수 있음에도 불구하고 이를 현실적으로 구현하는 데 어려움을 겪는 여러 이유 중 가장 근본적인 것은 거래 파트너 간의 신뢰 부족이다(Min et al., 2005). 일반적으로 협력적 관계가 성립되려면 높은 수준의 신뢰가 선행해야 한다(Mohr and Spekman, 1994; Smith et al., 1995; Zaheer et al., 1998; McCutcheon and Stuart, 2000; Johnston et al., 2004; Özer et al, 2011). 이는 높은 수준의 신뢰가 바탕이 되어야만 관계 당사자들이 서로를 위한 장기적인 이익에 초점을 맞춰 협력관계를 유지할 수 있기 때문이다(Doney and Cannon, 1997). 그러나 대개의 경우, 한 주체의 이익이 다른 주체의 손해에서 나오는 경우가 많아 서로 신뢰를 구축하기가 어렵다(Ballou et al., 2000; Barratt, 2004). 게다가 한 번 신뢰를 구축했다 하더라도, 파트너십 관계가 장기화됨에 따라 신뢰, 헌신, 참여의 긍정적 효과를 감소시킬 수 있는 관계적 역동성이 증가하여 오히려 신뢰가 깨지기 쉬운 상태가 되기도 한다(Grayson and Ambler, 1999). 따라서 신뢰는 구축하기가 어렵고 유지하는 것은 더 어렵다(Kramer, 1999). 이처럼 협력적 공급사슬에 필수적인 신뢰의 구축과 유지가 어렵기 때문에 지속가능한 협력적 공급사슬을 구축하고 유지하는 것이 어렵다고 할 수 있다.

Sanders(2011)는 공급사슬상의 신뢰가 구축되는 과정을 계약 기반 관점(contractual-based view)과 관계 기반 관점(relation-based view) 등 2가지 관점으로 구분했다. 계약 기반의 신뢰가 공급사슬 주체 간의 공식적 계약으로 이루어지는 신뢰라고 한다면, 관계 기반의 신뢰는 오랜 기간에 걸쳐 거래 상대 간에 이루어진 상호작용에 의해 구축되는 신뢰를 의미한다. 실제로 신뢰가 형성되는 과정에서는 이 두 관점의 신뢰가 단독으로 나타나는 것이 아니라 서로 보완하는 형태로 나타난다. 예를 들어 처음 거래를 하는 당사자들은 계약 기반 신뢰에 의존할 수밖에 없지만 관계가 지속되면서 계약서에 나타나지 않는 부분은 관계를 기반으로 신뢰하게 된다. 오랜 상호작용이 있었던 거래 당사자들은 기본적으로 관계 기반의 신뢰를 갖지만 이런 관계를 지속적으로 유지하기 위해서는 계약 기반의 신뢰 역시 필요하다.

협동조합은 오랜 기간 신뢰를 바탕으로 공급사슬 구성원과 성공적으로 협력해왔다. 자본을 중심으로 조직되는 주식회사와 다르게, 협동조합은 사람을 중심으로 조직되는 기업이기 때문에 조합원들의 상호 간 신뢰를 필요로 한다(Henry, 2005; 버첼, 2012). 이는 관계 기반의 신뢰를 형성하는 바탕이 된다. 그뿐만 아니라, 협동조합은 구조적으로도 신뢰 구축을 위한 조건을 갖추고 있다. 협동조합은 조직 특성으로 인해 관련된 공급사슬 이해관계자 중 적어도 하나 이상의 이해관계자 집단을 조합원으로 포함한다. 협동조합은 조합원에게 혜택을 제공할 의무가 있고 조합원은 조합의 운영에 대한 책임을 갖는다. 동시에 조합원은 협동조합이 자신에게 재화나 서비스를 제공하기까지의 공급사슬을 통제할 권한을 갖는다. 때문에 협동조합과 조합원 사이의 계약에는 계약 기반의 신뢰가 만들어진다. 이는 협동조합이 설립되면서 형성된 관계 기반의 신뢰를 더욱 지속가능하게 하는 요인이 될 수 있다. 소비자협동조합의 경우, 조합원들의 동의하에 생산자들과 협력적 관계를 위한 계약을 맺는다면 협동조합은 생산자들과도 신뢰를 구축할 수 있다. 그렇게 되면 소비자협동조합은 공급사슬의 최상단에서부터 최하단까지를 완전히 통합하는 협력적 공급사슬을 구축할 수 있게 된다.

2) 신뢰 구축의 요인

협동조합의 구조와 원칙과 더불어 다양한 운영 정책들은 신뢰의 구축을 용이하게 한다. 이를 분석하기 위해 먼저 신뢰 구축의 요인에 대해 살펴보고자 한다. 공급사슬 협력과 관련된 많은 연구들이 공급사슬 구성원 간의 신뢰를 구축하고 유지시키는 요인들을 밝혀냈다. 다수의 연구들이 공통적으로 주목한 신뢰 구축의 주요 요인들은 정보의 공유, 자산 특수성, 계약이행 능력, 안정적 관계, 지각된 만족, 계약 위반에 대한 심리적 우려 등이다.

정보의 공유는 신뢰구축 과정에서 가장 중요한 요인 중 하나이다. 정보의 공유는 중요한 정보가 파트너에게 전달된 정도를 의미하며 제품, 원가, 공급 및 수요 예측 등에 관한 정보 등이 주요 대상이다(Cannon and Perreault, 1999). 정보의 공유는 상대방의 행동에 대한 불확실성을 감소시키고, 상대방의 작업 방식 등을 이해할 수 있게 하고, 갈등의 해소 방법을 개발할 수 있게 함으로써 파트너 간의 신뢰와 몰입을 강화한다(Handfield and Bechtel, 2002; Huang et al., 2003; Sahay, 2003; Kwon and Suh, 2004). 또한 주요한 정보를 공유한다는 사실 자체가 상대방을 신뢰할 수 있다는 믿음을 준다(Doney and Cannon, 1997). 따라서 정보의 공유는 공급사슬상의 파트너들의 신뢰를 높인다. 거래비용 관점으로 보자면 정보의 공유는 정보비대칭 비용을 낮춰서 시장계약비용을 감소시킨다.

거래 상대의 자산 특수성(asset specificity)도 공급사슬의 구성원 간에 신뢰를 구축하는 데 중요한 요인으로 꼽힌다. 자산 특수성은 특정 파트너만을 위한 인적·물적, 혹은 지적 자산에 투자하는 것을 의미한다(Heide, 1994). 예를 들어 특정 파트너와의 업무 프로세스를 담당하는 인력, 특화된 특수 장비나 연구 개발 등이 포함된다. 이러한 특화된 자산의 용도를 변경하는 데는 상당한 비용이 수반되고, 거래비용을 최소화하려는 기업의 특성을 고려할 때 파트너를 바꾸는 것은 쉽지 않다. 따라서 자산 특수성은 파트너 관계의 연속성을 보장하고 이는 파트너 간의 신뢰 수준과 양의 상관관계를 갖는다(Heide and John 1990, Kwon and Suh, 2005).

계약이행 능력 또한 신뢰 구축의 기반이 된다. 파트너가 반복적으로 시간, 수량, 품질 등에서 약속을 이행할 수 있는 능력을 보여준다면 거래 상대방은 파트너가 항상 약속을 지킬 수 있다는 믿음을 갖게 된다(Pakir et al., 2015). Heffernan (2004)은 파트너들이 서로 하겠다고 한 것을 실제 이행함으로써 신뢰가 높아진다는 것을 보였다. 약속 이행이 쉽지 않아 보이는 경우에도 약속을 이행한다면 (예를 들어 시장에서 원자재가 부족한 상황에서도 원자재를 약속대로 공급하는 경우) 거래 상대방의 신뢰도는 더욱 높아지게 된다(Sahay, 2003). 거래비용이론의 관점으로 보면 계약이행 능력은 위험감수비용을 감소시켜 소유비용을 낮추는 역할을 한다.

안정적 서비스는 장기적인 파트너십을 바탕으로 안정적으로 거래를 유지하는 것을 의미한다. 안정적 거래는 거래관계의 지속성뿐만 아니라 물량, 가격,

품질 등이 안정적으로 유지되는 것도 포함한다. 안정적 서비스를 거래하는 관계가 구축되면 파트너 상호 간의 장기적 효용을 증진시킬 수 있는 바탕이 형성되고, 경우에 따라 장기적 효용을 위해 단기적 손해도 감수할 수 있게 된다(Yang et al., 2008). 또한 서로의 목표와 전략을 장기적으로 일치시키는 기반이 되기도 한다(Lamming and Hampson, 1996). 파트너들이 서로 안정적이고 장기적인 서비스를 제공하는 것은 상호 이익이 되는 관계에 기반하고, 이는 신뢰 구축의 바탕이 된다(Yang et al., 2008). 또한 안정적 서비스는 신뢰 강화와 양의 피드백 관계(positive feedback)에 있다. 서비스가 장기적이고 안정될수록 신뢰가 강화되고, 이렇게 강화된 신뢰는 안정적인 서비스를 유지할 수 있게 하기 때문이다(Sahay, 2003).

지각된 만족이 높다는 것은 상대방과 일하는 것이 즐겁고 상대방과의 거래 관계에 만족하는 수준이 높다는 것으로, 이는 서로 이득이 되는 파트너십을 형성하고 있을 때 가능해진다. 관계 형성에 관한 사회적 교환 이론(social exchange theory)에 따르면, 공급사슬 내에서 상대 파트너에 대한 지각된 만족의 수준이 높을수록 파트너에 대한 신뢰 수준이 높아진다(Batt, 2003; Kwon and Suh, 2004).

반면, 신뢰를 약화시키는 주요인들 중에 하나로 계약 위반에 대한 심리적 우려가 있다. 계약 위반에 대한 심리적 우려는 상대방이 계약을 이행하지 않을 수도 있다는 것을 인지하고 이를 심리적으로 걱정하는 것이다. 이는 감정적인 부

〈표 6-1〉 공급사슬 주체 간 신뢰구축 요인

신뢰구축 요인	연구
정보의 공유	Handfield and Bechtel(2002), Nyaga et al.(2010)
자산 특수성	Heide and John(1990), Kwon and Suh(2005)
계약이행 능력	Pakir et al.(2015), Heffernan(2004)
안정적인 서비스	Sahay(2003)
지각된 만족	Batt(2003), Kwon and Suh(2004)
계약 위반에 대한 심리적 우려	Hill et al.(2009)

분과 관련이 있고, 따라서 이러한 우려가 있다고 해서 반드시 상대방이 계약을 불이행하는 것은 아니다. 그러나 이러한 심리적 우려는 상대방과의 관계에서 자신이 속거나 불만족할 수도 있다는 감정을 자극하기 때문에 상대방에 대한 신뢰를 낮추는 역할을 한다(Hill et al., 2009). 〈표 6-1〉은 기존 연구에서 밝힌 공급사슬 신뢰 구축에 영향을 미치는 주요 요인들을 정리한 것이다. 다음 절에서는 아이쿱생협이 다양한 정책들을 사용해 이러한 신뢰구축 요인들을 어떻게 만들어냈는지를 보일 것이다.

4. 사례연구: 아이쿱협동조합 운영 정책과 신뢰구축 요인

소비자와 생산자의 이해관계는 일반적으로 상충됨에도 불구하고 협동조합 사업 방식에서는 소비자와 생산자가 장기적으로 상호 이익을 얻을 수 있는 협력적 공급사슬을 구축하는 것이 가능하다. 앞에서 보았듯이, 협동조합의 구조와 원칙은 서로 다른 이해를 가진 공급사슬 구성원 간에 신뢰를 구축하는 데에 장점을 지닌다. 특히 한국의 소비자협동조합은 애초에 소비자와 생산자를 보호하고 지원하는 것을 하나의 목적으로 설립된 역사적 배경 때문에 태생적으로 소비자와 생산자 간의 신뢰가 높다. 그러나 이러한 선의를 바탕으로 하는 선언적인 동인보다 더 중요한 것이 있다. 그것은 바로 공급사슬상에서의 협력을 지속시키기 위해 필요한 구체적인 신뢰구축 장치이다. 많은 협동조합들이 다양한 운영 정책을 사용해 신뢰를 구축하려는 노력을 하고 있다. 이 글에서는 한국 최대 규모(매출액 기준)의 소비자협동조합 아이쿱생협이 실행하고 있는 판매대행제, 조합비·조합원제도, 수매선수금제도 등의 정책이 공급사슬상에서의 신뢰를 구축하고 강화시키는 역할을 하는지에 대해 분석해보고자 한다.

1) 아이쿱생협

1997년 633명의 조합원으로 시작한 소비자협동조합인 아이쿱생협은 해마다 빠른 성장을 거듭하여, 2012년에는 소비자 조합원 17.1만 명, 매출액 3500억 원으로 한국의 소비자협동조합 중 가장 큰 규모의 생협이 되었고, 2016년 12월 기준으로 소비자 조합원 25만 명, 매출액 5523억 원 규모의 기업으로 성장했다. 아이쿱생협의 가장 중요한 특징 중 하나는 생산자와 소비자가 긴밀히 협력하고 있다는 점이다. 이것은 농가의 판로를 확보해주면서 안전한 식품을 공급받고자 하는 동기에서 생긴 한국 소비자협동조합의 특수성이라고도 볼 수 있다. 현대 공급사슬관리의 관점에서 보면 이러한 한국 소비자협동조합은 협력적 공급사슬관리의 매우 중요한 사례로 볼 수 있다. 생산자와 최종 소비자가 상호 이익의 증대라는 기대 심리를 바탕으로 상생 협력하여 전체 공급사슬의 성과를 증진시키고 있는 보기 드문 사례이기 때문이다. 다시 말해, 아이쿱생협은 친환경 농산물을 주요 제품으로 유통하면서 친환경 농산물 생산자들과 협력적 관계를 맺어왔기 때문에 아이쿱생협의 역사는 소비자와 생산자 간 협력의 역사이며, 협력적 공급사슬을 실질적으로 유지하고 발전시켜온 사례라고 할 수 있다.

이 글에서 우리가 아이쿱생협 사례를 연구한 이유는 이것이 Mentzer et al. (2001)이 언급한 궁극적 공급사슬에서의 협력이 어떻게 지속가능한지를 보여줄 수 있는 특수한 사례이기 때문이다. 이 사례를 통해 최초 생산자부터 최종 소비자까지를 모두 포함하고 있는 궁극적 공급사슬 협력이 협동조합 사업에서 가능하다는 설명을 할 수 있고, 협동조합에 대한 다른 연구자들의 관심을 유도함으로써 공급사슬관리 연구 영역을 더욱 확장할 수 있다.

아이쿱생협의 사례를 연구하기 위해 아이쿱생협 실무자 인터뷰, 매장 참여 관찰, 문헌자료 활용 등 다양한 방법을 통해 증거를 수집했다. 이와 같은 증거 수집 절차는 사례연구가 연구의 주제에 따라 도서관에서 자료를 찾거나 전화나 인터넷 등 다양한 경로를 통해 자료를 수집하여 활용할 수 있다는 원칙에 근거한다(Yin, 2008). 우리는 이를 통해 아이쿱생협이 공급사슬상에서 신뢰를 구축하기 위해 시행하고 있는 정책 중 특히 중요하다고 판단된 판매대행제, 조합비·조합원제도, 수매선수금제도를 연구하고, 이들이 공급사슬 구성원 간의 신뢰 구축에 어떠한 역할을 하는지를 분석했다.

2) 판매대행제

Shin et al.(2000)은 협력적 공급사슬을 효과적으로 관리하기 위해서는 구매자와 공급자 간의 관계를 긴밀하게 유지하는 것이 중요하다고 했다. 여기서 긴밀한 관계라는 것은 채널의 참여자들이 위험과 보상을 서로 공유하고 오랜 기간 관계를 유지하겠다는 의지를 말한다.

아이쿱생협은 시장의 가격변동 위험을 최소화하고 여기에서 오는 위험과 보상을 생산자, 소비자가 함께 공유하는 가격책정 방식(판매대행제)을 사용하고 있다. 판매대행제를 간단히 설명하면 아이쿱생협이 파트너 생산자로부터 매 작기별 예상 수요량을 한꺼번에 계약한 후 최소한의 소득을 선급금 형태로 보장해주고, 아이쿱생협이 소비자 조합원이나 가공업체 등에 판매를 대행함으로써 가격 안정성과 탄력성을 확보하는 제도이다. 이때 판매 가격의 결정권은 아이쿱생협에 있다. 그 대신 생산자는 계약된 양의 작물을 재배하기 위해 반드시 필요한 영농자금을 '기초 가격' 또는 '기초 소득'이라는 이름으로 파종 직후 선지급받는데, 이것은 정부의 생산표준비용 중 현금지출 부분을 기준으로 책정된다. 결과적으로 아이쿱생협은 이 현금지출 부분의 110~120%를 선급금 형태로 지급함으로써 생산자가 빚을 지지 않고 농사를 지을 수 있는 가장 기본적인 소득을 보장해서 생산자의 공급계약이행 능력을 높여준다. 이 '기초 가격'에 의한 '기초 소득'은 어떠한 상황에서도 회수되지 않고 보호되는 안정적인 소득이다.

따라서 아이쿱생협의 생산자는 소득에 대한 불확실성에서 벗어나 안심하고 농사를 지을 수 있게 되고, 이는 생산자의 심리적 우려를 줄여준다. 이렇게 계약에 의해 보호받는 생산자의 소득은 생산자가 아이쿱생협을 합리적으로 신뢰할 수 있게 한다.

또한 생산자는 아이쿱생협에 공급한 작물이 판매되고 난 후 정산 결과에 따라 추가적인 소득을 얻는다. 정산 프로세스는 다음과 같다. 아이쿱생협이 소비자 조합원이나 가공업체에 실제로 판매한 가격을 '정산 가격'이라고 하고, 판매 전 생산자와 계약을 맺을 때 소비자에게 판매할 가격에 대한 기준치를 정한 것을 '목표 가격'이라고 한다. 목표 가격에 예상 판매량을 곱하면 생산자의 목표 소득이 된다. 아이쿱생협은 소비자가 가격 변동이 심한 품목의 농산물까지도 안정적인 가격으로 공급받을 수 있게 하는 것을 중요하게 생각하기 때문에, 과거에 조합원에게 판매해온 가격을 목표 가격으로 정한다. 하지만 생산자가 농작물을 출하한 이후 아이쿱생협이 실제로 조합원에게 판매할 때에는 시장 상황을 적절히 반영하여 가격을 책정하므로 일반적으로 판매 가격(정산 가격)은 목표 가격과 차이가 난다. 단, 판매 가격의 변동 폭은 시장가격의 변동 폭보다 훨씬 작다. 따라서 소비자는 비교적 안정적 가격의 서비스를 지속적으로 공급받을 수 있고, 이를 통해 가격 변동에 대한 심리적 우려를 낮출 수 있다. 예를 들어, 배추의 시장가격이 폭등하여 기존의 소비자 조합원 가격과 차이가 클 경우, 수요가 지나치게 몰리는 현상을 피하기 위해 가격을 약간 상향 조정해서 판매한다. 실제로 2010년 가을에 배추 파동이 일어나 배추 한 포기에 1만~1만 5천 원을 호가할 때 아이쿱생협에서는 유기농 배추 한 포기를 1600원 대에 판매했다. 반면, 2011년에 배추 한 포기가 600~1000원일 때 아이쿱생협은 이를 1300원에 판매했다. 또 2013년 시중 대형마트에서 배추가 한 포기에 2750원일 때 아이쿱은 1975원에 판매했다. 2016년에는 주로 과일과 채소 품목의 가격 안정을 위해 기금을 투입했으며, 계란 파동으로 인한 유정란의 시중가격 상승에도 불구하고 큰 가격 변동 없이 물가 안정과 생산자 소득 보전에 힘썼다(한국경제, 2012.2.12; 내일신문, 2012.3.8; 아이쿱 연차보고서).

만약 정산 가격이 목표 가격보다 높아서 초과 수익이 발생하면 초과 수익 중 30%를 '가격안정기금'으로 적립하는데, 이는 시장가격의 변동에 대한 일종의 보험 역할을 하는 기금이다. 이 기금은 향후 손실이 발생할 경우를 대비해서 생산자에 대한 아이쿱생협의 계약이행 능력을 높이게 된다. 초과 수익 중 가격안정기금에 적립하고 남은 금액은 생산자에게 지급된다. 만약 정산 가격이 목표 가격보다 낮아서 손실이 발생하게 되면 그 정도에 따라 손실액의 10~50%를 가격안정기금을 이용해 생산자에게 보상한다. 즉, 가격안정기금은 생산자가 손해를 볼 경우 이를 보상할 수 있는 일종의 보험 역할을 한다. 이를 통해 생산자는 안정적 서비스를 제공할 능력을 높이게 되고 이는 공급사슬 구성원 간의 신뢰를 높이는 역할을 한 다. 아이쿱생협의 소비자 조합원은 이를 위해 매달 가격안정기금에 100원씩을 적립한다.

판매대행제에 참여하는 생산자는 기본적인 소득과 판매 소득 외에도 한 가지 더 추가적인 소득을 얻게 된다. 판매대행제에 참여하기를 원하는 생산자는 아이쿱생산자회에 1천만 원 이상을 출자하고 조합원이 되어야 하는데, 이 출자금을 아이쿱생산자회가 아이쿱의 가공업체 등에 지분 투자한다. 그래서 생산자는 이로부터 결산 이익을 배당받아 '투자이익금'이라는 추가 소득을 얻게 되는 것이다. 게다가 1차 농산물의 경쟁력이 결국 그 농산물을 기본 원료로 사용하는 가공업체의 경쟁력이 되기 때문에 이러한 지분투자 구조는 생산자의 아이쿱생협에 대한 자산 특수성을 높이게 된다. 이렇게 계약에 의해 보호받는 소득 외에도 아이쿱생협과의 긴밀한 파트너십 관계를 통해 추가적인 이익이 발생하고, 이익발생 구조가 서로 긴밀하게 얽혀 선순환 고리를 이루기 때문에 생산자와 아이쿱생협 간에는 신뢰가 형성된 다. 또한 이러한 관계는 생산자가 쉽게 파트너십을 저버리고 기회주의적인 행동을 할 수 있는 가능성을 예방함으로써 아이

〈그림 6-1〉 판매대행제에서 생산자의 소득

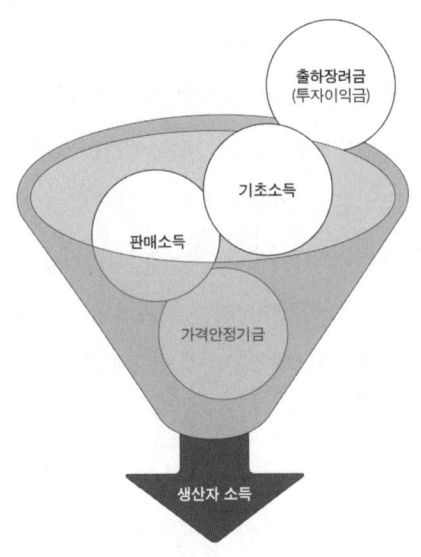

쿱생협과 생산자 파트너 간의 상호이익 관계가 단기에 그치지 않고 장기적으로 유지될 수 있게 한다. 이와 같이 판매대행제에 참여하는 생산자는 기초 소득이 보장되고, 가격안정기금을 통해 가격 변동성의 위험에 대응할 수 있으며, 추가적인 판매 소득 및 투자이익금을 받을 수 있기 때문에 아이쿱생협과 거래를 지속하려는 유인이 발생하고 신뢰가 형성된다. 〈그림 6-1〉은 판매대행제에 참여하는 생산자의 소득이 어디에서 나오는지를 정리한 것이다.

판매대행제에 참여하는 생산자는 일정 수준 이상의 소득을 안정적으로 보장받을 뿐만 아니라 판매를 어디에 어떻게 할 것인지, 상황에 따라 판매 가격은 어떻게 결정할 것인지 등을 고민하지 않고 생산에만 집중할 수 있게 된다. 따라서 판매대행제 시스템에서는 생산자가 더 좋은 품질의 농산물을 더 안정적이고 효율적으로 생산하게 될 가능성이 높아진다. 아이쿱생협 입장에서도 조합원에게 받은 주문량만큼만 생산자에게 공급받는 것이 아니라 결품이나 품질 하자에 대비한 예비 물량까지 확보하여 더 적극적으로 판매에 나설 수 있어 판매량을 확대할 수 있다, 또 판매 가격을 미리 약속하지 않기 때문에 시장 상황에 맞게 안정적이면서도 탄력적으로 가격을 조정할 수 있다. 이와 동시에 소비자 조합원과 아이쿱의 가공업체는 언제나 안정적인 가격으로 농산품을 공급받을 수 있다. 이는 가격 불확실성을 제거하여 가공업체가 아이쿱생협에 안정적으로 물품을 공급하고, 조합원은 이 물품을 안정적으로 공급받을 수 있게 된다. 이는 소비자 조합원이 아이쿱생협을 통해 소비하는 것에 대한 만족도를 높이는 역할을 한다.

결국 판매대행제에서는 생산자, 소비자, 가공업체 등 모든 이해관계자의 이익이 긴밀하게 연관되어 있다. 따라서 판매대행제는, 각 이해관계자들은 상대방이 스스로의 이익을 위해서라도 나에게 이익이 되는 행동을 할 것이라는 믿음을 갖게 함으로써 장기적으로 공급사슬 전체의 이익을 추구하게 한다. 이러한 과정에서 신뢰가 구축되고, 이것이 실제로 구현될 때 신뢰가 더욱 강화된다. 거래비용 관점에서 보면 판매대행제는 독과점 비용, 정보비대칭 비용, 위험감수비용을 감소시키는 역할을 하고, 따라서 공급사슬 협력을 강화하는 기반이 된다.

3) 조합비·조합원제도

아이쿱생협의 조합원이 되기 위해서는 협동조합 사업을 위한 자본금인 출자금을 납입해야 하며, 출자금은 조합원을 탈퇴하면 돌려받는다. 가입 시 납입하는 출자금은 기본 5만 원이며, 원하는 회원은 '책임출자금' 1백만 원을 납입할 수 있다. 이 책임출자금은 아이쿱생협의 사업에 필요한 자본금을 조합원이 충당한다는 취지로 만들어졌으며 책임출자금 조합원에게는 주택단지 신청 우선권, 차입기금 참여 자격 등의 혜택이 주어진다. 또한 매번 매장 이용 시 납입하는 출자금이 구매 금액에 따라 500원에서 1000원 발생한다. 출자금은 지역조합 활동, 생산 계약, 물류의 안전성 확보 등을 위해서 사용된다.

아이쿱생협은 출자금과는 별도로 조합비제도를 운영하고 있다. 조합원은 매달 약 1만~2만 원 내외의 조합비를 자신이 소속된 지역조합(이하 지역생협)에 납부하며 이는 각 지역생협의 운영비 등으로 사용되고 출자금과는 달리 탈퇴 시 반환되지 않는다. 아이쿱생협의 조합비제도는 1997년 소수의 조합원을 대상으로 시범 실시된 후 점차 확대되어 2016년에는 모든 조합원이 조합비를 납부하고 있을 만큼 아이쿱생협의 기본 정책으로 자리 잡고 있다. 조합비는 지역생협의 활동비, 물류비, 홍보비, 상품 안전성 검사 등의 운영비용과 더불어 조합원 교육, 지역사회 나눔 등에 사용된다. 조합비를 통해 조직 운영이 안정화되고 상품 가격을 낮출 수 있게 된다. 조합원은 조합비를 내는 대신 비회원가보다 약 20% 저렴하게 생협 상품을 구매할 수 있다. 이는 조합원의 지각된 만족을 향상시키는 역할을 한다. 조합비제도는 조합원의 아이쿱생협에 대한 자산 특수성을 높임으로써 생협 이용률을 증가시키고 조합원의 충성심을 강화시킨다. 이는 생산자로 하여금 아이쿱생산자회에 1천만 원 이상의 출자금을 납입하게 함으로써 쉽게 파트너십을 저버리지 못하게 하는 원리와 같다. 또한 매달 꾸준히 들어오는 조합비로 인해 지역생협은 안정적으로 서비스를 제공할 수 있게 운영될 뿐만 아니라 규모를 확장하려는 노력을 할 수 있다.

조합비제도에 대한 호응은 아이쿱생협이 지니고 있는 가치에 충분히 동의하고 생협을 적극적으로 이용하겠다고 다짐한 조합원의 신뢰에 기반한다. 이러한 조합원의 적극적인 동참이 없었다면 일인당 부담해야 하는 조합비는 1만~2만 원보다 높았을 것이고, 조합비 납부에 대한 할인 혜택을 크게 느끼지 못했을 것이다. 하지만 조합원의 신뢰에 기반하여 조합비제도는 효과적으로 도입되었고, 이 제도에 동참하는 조합원이 증가함에 따라 일인당 조합비가 낮아질 수 있었다. 이는 아이쿱생협에 대한 조합원의 신뢰가 다시 강화될 수 있는 기반이 될 수 있다.

조합원 일인당 납부하는 조합비 중 100원은 앞 항에서 언급한 가격안정기금으로 적립되는데, 조합원 한 사람의 기여는 작지만 전체로 보면 조합원이 이에 기여하는 금액은 2016년 기준 약 7억 원에 이를 정도로 상당하다. 이는 판매대행제에 참여하고 있는 파트너 생산자에게 아이쿱생협이 계약을 이행할 능력이 있음을 보여줌과 동시에 생산자에 대한 소비자의 연대와 신뢰를 상징적으로 드러냄으로써 생산자의 심리적 우려를 감소시키고, 신뢰를 강화한다(Hill et al., 2009).

이러한 조합비제도를 운영할 수 있었던 바탕에는 조합원제도가 있다. 조합원제도는 안정적인 소비 기반을 마련함으로써 아이쿱생협의 경영자나 파트너 생산자에게 정확한 수요 정보를 제공하여 정보 공유의 관점에서 생산자의 신뢰를 강화한다(Handfield and Bechtel, 2002; Nyaga et al., 2010). 보통 아이쿱생협은 전년도 판매량 데이터와 성장 목표를 토대로 수요를 예측하고 예상 작황상황에 따라 공급 목표를 세운다. 만약 아이쿱생협의 성장 목표가 10%인데 예상 작황상황이 좋지 않다면 공급 목표는 30~40% 증량하여 세울 수 있다. 여기에서 조합원 정보가 매우 중요한 역할을 한다. 소비자 조합원이 몇 명인지에 따라서 품목별로 어느 정도의 공급량을 준비해야 하는지가 예상되기 때문이다. 특히 소비자 조합원의 증가 추세에 따라서 공급량을 얼마나 더 늘려야 할지도 예측할 수 있다. 아직까지 조합원 시스템이 제공하는 정보를 정교한 예측 모형으로 가공하여 활용하는 수준은 아니지만, 초보적인 수준의 조합원 정보 활용도 아이쿱생협 운영에 큰 도움을 주고 있다.

또한 조합원제도를 바탕으로 한 예약제 정책은 수급이 불안정한 시기에도 상품이 안정적으로 공급되게 한다. 아이쿱생협은 계절에 따라 공급이나 가격의 불안정성이 큰 고춧가루, 김장 배추 등을 예약제 정책을 통해 한 달 이상 전부터 예약을 받아 판매한다. 몇 달 전에 예약된 제품은 공급자가 수요 정보를 미리 획득하는 데 도움을 준다. 수확되기 한 달 전에 예약된 제품의 수요 정보가 파종 단계에서의 수요 예측에 완벽한 도움을 주지는 못하지만 하루아침에 채소 가격이 급격히 오르거나 내리는 상황 속에서도 생산자가 불안해하지 않고 안정적으로 생산에 집중할 수 있게 한다. 이런 예약시스템이 아니면 배추와 같이 시간과 노력이 단기간에 집중적으로 투여되는 품목을 조합원에게 공급할 수가 없다. 수급이 불안정한 시기에도 한 달 이상 전 예약이 이루어질 수 있는 것은 고정적으로 아이쿱생협을 이용하는 소비자 조합원이 있기 때문이고, 조합원이 안정적인 가격에 농산물을 공급받을 수 있는 것은 평상시 스스로가 낸 조합비와 출자금 덕분이라고 할 수 있다. 따라서 아이쿱생협의 조합비·조합원제도는 생산자, 소비자가 모두 일정 수준의 위험을 감수하면서도 서로 협력하고, 신뢰를 강화하는 데 매우 큰 역할을 하고 있다. 거래비용 관점으로 보자면 조합원제도와 예약제도는 위험감수비용과 정보비대칭 비용을 감소시키는 방법으로 신뢰 강화에 도움을 준다.

4) 수매선수금제도

아이쿱생협은 소비자 조합원이 아이쿱생협에서 장을 보기 위해 사용할 것이라고 예상하는 금액을 연 단위, 혹은 월 단위로 미리 지불하여 적립해두고 사용하게 하는 수매선수금제도를 적극 홍보하고 있다. 수매선수금제도의 취지는 소비자 조합원이 미리 지불한 이용대금으로 파트너 생산자에게 영농자금을 선지급하여 영농철 자금이 필요한 농가가 빚을 지지 않고 생산에 전념하도록 돕는 것이다. 이를 통해 생산자가 생협에 공급하기로 한 물량을 책임감 있게 생산·공급하도록 하는 협력체계를 구축할 수 있다. 이것은 파트너 생산자가 계약 위반에 대한 심리적 우려를 갖지 않고 생산에 전념할 수 있게 하고 생산자의 계약 이행 능력을 향상시켜 아이쿱생협과의 신뢰를 강화한다(Sahay, 2003; Kwon and Suh, 2004; Hill et al., 2009). 더 나아가 수매선수금제도는 시장 상황의 변동에도 생산자가 불안감을 갖지 않고 계약한 물량을 충실히 생산할 수 있도록 안정적인 소득을 보장함으로써 생산자가 안정적으로 생산에 집중할 수 있게 한다 (Sahay, 2003). 이는 생산자가 아이쿱생협에 대해 더욱 우호적이게 만들어 신뢰를 강화시킨다.

수매선수금제도는 주로 생산의 어려움에 대해 공감하고 아이쿱생협에 충성하는 조합원이 참여한다. 2016년 12월 기준 조합원의 32%가 수매선수금제도에 참여하고 있고, 조성금액은 약 139억 원에 이른다. 수매선수금에 동참한다는 것은 조합원의 아이쿱생협에 대한 신뢰와 생산자에 대한 신뢰를 보여주는 것으로 해석할 수 있다. 왜냐하면 한 달치 또는 일 년치 예산을 아이쿱생협에 선지급하는 것은 조합원의 자산 특수성을 높여 조합원이 아이쿱생협을 쉽게 이탈하지 못하게 하기 때문이다. 의무가 아닌 이상 이러한 선택을 자발적으로 하려면 상당한 수준의 신뢰가 기반이 되어야 하며, 이러한 행동은 신뢰를 재강화하는 역할을 한다.

궁극적으로 이러한 정책을 만든 목적은 물량이 부족한 시기에 조합원을 위한 충분한 물량을 확보하기 위함이다. 그래서 아이쿱생협은 수매선수금제도에 참여하는 조합원에게 시장 상황에 크게 영향을 받는 품목을 더 좋은 조건에 구매할 수 있도록 하는 혜택을 제공하고 있다. 이는 거래비용 중 위험감수비용을 감소시키는 역할을 한다. 따라서 조합원은 날씨나 작황 상황, 시장 상황에 구애

〈표 6-2〉 아이쿱의 신뢰강화 장치와 공급사슬 신뢰구축 요인

신뢰강화 장치 〰 신뢰구축 요인	판매대행제		조합비·조합원제도		수매선수금제도	
	생산자	소비자	생산자	소비자	생산자	소비자
정보의 공유			○			
자산 특수성	○			○		○
계약이행 능력	○		○		○	
안정적 서비스	○	○	○	○	○	○
지각된 만족	○	○		○		○
심리적 우려 감소	○	○	○		○	○

받지 않고 안정적 서비스를 제공받을 수 있다. 안정적 가격에 안정적 물량을 심리적 우려 없이 공급받을 수 있다는 것은 소비자의 지각된 만족을 향상시키는 역할을 한다. 이는 소비자와 생산자가 서로 상생할 수 있는 구조를 만들어 조합원의 신뢰를 강화시킨다.

〈표 6-2〉에는 이상의 사례가 아이쿱생협에서 생산자와 소비자 간 신뢰의 어느 부분에서 강화하는지를 정리했다.

5. 결론 및 향후 연구 과제

우리는 다음과 같은 몇 가지 중요한 사실을 인식하고 연구를 진행했다. 첫째, 오늘날 기업들이 직면하고 있는 지속가능성의 위기를 해결하기 위해 협력적 공급사슬관리는 중요한 의미를 갖는다. 둘째, 그럼에도 불구하고 협력적 공급사슬관리를 실제로 구현하는 것은 쉽지 않은 일인데, 이는 기본적으로 공급사슬 상에는 이해관계가 상충되는 주체들이 활동하고 있어 이들 간에 신뢰를 구축하는 것이 어렵기 때문이다. 셋째, 이런 관점에서 협동조합에서는 공급사슬 주체 간에 신뢰 구축과 협력이 상대적으로 잘 이루지고 있음에 주목할 필요가 있다.

이에 따라 우리는 협동조합의 사업 방식이 협력적 공급사슬관리에 어떠한 장점을 갖는지에 대해 탐색적인 연구를 시도했다. 협력적 공급사슬관리와 협동조합 분야의 기존 연구를 바탕으로 협동조합의 신뢰구축 과정에 대해 탐색했고, 아이쿱생협 사례연구를 통해 협동조합의 사업 방식이 협력적 공급사슬을 구현하는 데 어떤 장점을 갖는지를 보여주었다. 이와 같은 연구 절차를 통해 우리는 다음과 같은 결론을 도출했다.

첫째, 협력적 공급사슬을 구축하기 위해서는 신뢰 구축이 선행해야 한다. 신뢰는 거래 당사자 간의 사회적 관계 축적을 통한 관계적 신뢰와 계약 혹은 이해

타산을 통한 합리적 신뢰로 구성된다. 관계적 신뢰와 합리적 신뢰는 상호 보완·강화하는 구조를 가진다. 신뢰는 정보의 공유, 자산 특수성, 계약이행 능력, 안정적 서비스, 지각된 만족, 심리적 우려 감소 등의 요소들을 통해 구축될 수 있다.

둘째, 소비자협동조합의 사업 방식은 공급사슬상의 사용자와 운영자 그리고 투자자가 일치한다는 구조적 측면에서 협력적 공급사슬 구축에 유리하다. 또한 협력을 중요시하는 협동조합의 원칙은 협동조합이 관계적 신뢰를 구축하는 데 근간이 된다. 특히 한국의 소비자협동조합은 거래 당사자인 생산자, 즉 농민에 대한 지원을 중요하게 생각하기 때문에 이러한 관계적 신뢰가 더 강하게 나타난다.

셋째, 협동조합의 경영운영 정책은 다양한 신뢰구축 요소를 강화하는 기반이 된다. 아이쿱생협의 경우 판매대행제, 조합비·조합원제도, 수매선수금제도의 운영 정책을 통해 정보 공유, 자산 특수성, 계약이행 능력, 안정적 서비스, 지각된 만족, 심리적 우려 감소의 신뢰구축 요인들을 강화시켰고, 이는 협력적 공급사슬 구축의 근간이 되었다.

협동조합이 그동안 사회학, 경제학 등의 분야에서는 많이 다루어져 왔고 널리 알려진 사업 방식임에도 불구하고 경영학 분야에서는 이에 대한 연구가 부족했다. 우리의 연구는 최근의 공급사슬관리 연구가 지향하고 있는 협력적 공급사슬관리에 대한 논의에 협동조합의 사업 방식을 하나의 모범으로 추가했다. 이를 통해 경영학적 관점에서 협동조합을 다룰 수 있는 하나의 가능성을 제시했다는 데 이 글의 의의가 있다.

그럼에도 불구하고 이 글은 다음과 같은 한계점을 가지며 향후 추가 연구가 필요하다. 첫째, 기존 공급사슬이론과 협동조합이론을 보다 더 정밀하게 연계하는 노력이 필요하다. 이 글에서는 거래비용 경제학을 기반으로 소비자협동조합과 공급사슬에 대해 기본적인 분석을 했지만 협동조합의 협력적 공급사슬 구축의 소비비용과 시장계약비용에 관한 심도 높은 분석이 필요하다. 둘째, 이 글은 아이쿱생협을 대상으로 한 단독 사례연구로서 연구 결과를 일반화하기 어렵다는 약점을 가지고 있다. 향후 연구에서는 다른 소비자협동조합이나 다른 형태의 협동조합이 가지고 있는 사업 방식과 운영 원칙 등이 신뢰와 협력적 공급사슬에 미치는 영향을 다루어 본 논의를 더욱 확장시킬 필요가 있다.

참고문헌

내일신문. 2012.3.8. "생활협동조합, 물가관리 대안될까".

박상선·이문희·이준겸. 2015. 「협동조합과 공급사슬 협력 한국생산관리학회지」. ≪한국생산관리학회지≫, 26, 351~374쪽.

버챌, 존스턴(Johnston Birchall). 2012. 『사람중심 비즈니스, 협동조합: 진화하는 조합원소유 비즈니스』. 장승권 외 옮김. 한울아카데미.

신기엽·이인우. 2014. 「거래비용이론과 협동조합 경영」. ≪농협경제연구소 CEO Focus≫, 342, 1~31쪽.

야마구치 이와오. 2000. 『新 협동조합이란 무엇인가』. 이건우 옮김. 생협중앙회출판부.

이돈희. 2017. 「지속가능 SCM 실행과 환경정책이 환경성과에 미치는 영향: 한국과 미국기업을 중심으로」. ≪한국생산관리학회지≫, 28, 433~456쪽.

이수열. 2009. 「협력적 공급사슬관리가 참여기업 성과에 미치는 영향에 대한 연구: 공급사슬 내 역량이전의 관점에서」. ≪한국경영학회지≫, 34, 85~104쪽.

이윤숙·신호정. 2008. 「구매기업과의 장기적 거래관계 형성을 위한 공급업체의 전략 수립에 관한 탐색적 연구」. ≪한국경영과학회지≫, 33, 13~30쪽.

자마니, 스테파노(Stefano Zamagni)·자마니, 베라(Vera Zamagni). 2012. 『협동조합으로 기업하라』. 송성호 옮김. 북돋움.

장종익·김신양. 2001. 『성공하는 협동조합의 일곱 가지 원칙』. (사)한국협동조합연구소 출판부.

정선영·최우석. 2017. 「조합원 참여와 소비자협동조합 생산성 변화: 한살림서울소비자생활협동조합을 중심으로」. ≪한국생산관리학회지≫, 28, 391~415쪽.

한국경제. 2012.2.12. "친환경 '생협 농산물' 판매 3년 새 2배로 껑충".

Attaran, M. and S. Attaran. 2007. "Collaborative Supply Chain Management: the Most Promising Practice for Building Efficient and Sustainable Supply Chains." *Business Process Management Journal*, 13, pp.390~404.

Ballou, R. H., S. M. Gilbert and A. Mukerjee. 2000. "New Managerial Challenges from Supply Chain Opportunities." *Industrial Marketing Management*, 29, pp.7~18.

Barratt, M. 2004. "Understanding the Meaning of Collaboration in the Supply Chain." *Supply Chain Management: An International Journal*, 9, pp.30~42.

Batt, P. J. 2003. "Building Trust Between Growers and Market Agents." *Supply Chain Management: an international journal*, 8, pp.65~78.

Birchall, J. 2010. *People-Centred Businesses: Co-operatives, Mutuals and the Idea of Membership*. Palgrave Macmillan.

Cannon, J. P. and W. D. Perreault. 1999. "Buyer-Seller Relationships in Business Markets," *Journal of Marketing Research*, 36, pp.439~460.

Carter, C. R. and S. D. Rogers. 2008. "A Framework of Sustainable Supply Chain Management: Moving toward New Theory." *International Journal of Physical Distribution & Logistics Management*, 38, pp.360~387.

Doney, P. M. and J. P. Cannon. 1997. "An Examination of the Nature of Trust in Buyer-Seller

Relationships." *The Journal of Marketing*, 61, pp.35~51.

Grayson, K. and T. Ambler. 1999. "The Dark Side of Long-Term Relationships in Marketing Services." *Journal of Marketing Research*, 36, pp.132~141.

Handfield, R. B. and C. Bechtel. 2002. "The Role of Trust and Relationship Structure in Improving Supply Chain Responsiveness." *Industrial Marketing Management*, 31, pp.367~382.

Hansmann, H. 1996. *The Ownership of Enterprise, Cambridge*. Massachusetts: The Belknap Press of Havard University Press.

Heffernan, T. 2004. "Trust Formation in Cross-Cultural Business-to-Business Relationships." *Qualitative Market Research: An International Journal*, 7, pp.114~125.

Heide, J. B. 1994. Interorganizational Governance in Marketing Channels." *Journal of Marketing*, 58, pp.71~85.

Heide, J. B. and G. John. 1990. "Alliances in Industrial Purchasing: The Determinants of Joint Action in Buyer-Supplier Relationships." *Journal of Marketing Research*, 17, pp.24~36.

Henry, H. 2005. *Guidelines for cooperative legislation*. International Labour Office.

Hill, J. A., S. Eckerd, D. Wilson and B. Greer. 2009. "The Effect of Unethical Behavior on Trust in a Buyer-Supplier Relationship: The Mediating Role of Psychological Contract Violation." *Journal of Operations Management*, 27, pp.281~293.

Huang, G., J. Lau and K. L. Mak. 2003. "The Impacts of Sharing Production Information on Supply Chain Dynamics: A Review of the Literature." *International Journal of Production Research*, 41, pp.1483~1517.

Johnston, D. A. et al. 2004. "Effects of Supplier Trust on Performance of Cooperative Supplier Relationships." *Journal of Operations Management*, 22, pp.23~38.

Kampstra, R. P., J. Ashayeri and J. L. Gattorna. 2006. "Realities of Supply Chain Collaboration." *International Journal of Logistics Management*, 17, pp.312~330.

Kramer, R. M. 1999. "Trust and Distrust in Organizations: Emerging Perspectives, Enduring Questions." *Annual Review of Psychology*, 50, pp.569~598.

Krause, D. R., R. B. Handfield and T. V. Scannell. 1998. "An Empirical Investigation of Supplier Development: Reactive and Strategic Processes," *Journal of Operations Management*, 17, pp.39~58.

Kwon, I. W. G. and T. Suh. 2004. "Factors Affecting the Level of Trust and Commitment in Supply Chain Relationships." *Journal of Supply Chain Management*, 40, pp.4~14.

Kwon, I. W. G. and T. Suh. 2005. "Trust, Commitment and Relationships in Supply Chain Management: a Path Analysis," *Supply Chain Management: An International Journal*, 10, pp.26~33.

Lambert, D. M. and M. C. Cooper. 2000. "Issues in Supply Chain Management," *Industrial Marketing Management*, 29, pp.65~83.

Lamming, R. and J. Hampson. 1996. "The Environment as a Supply Chain Management Issue." *British Journal of Management*, 7, pp.45~62.

Maloni, M. J. and W. C. Benton. 1997. "Supply Chain Partnerships: Opportunities for Operations

Research." *European Journal of Operational Research*, 101, pp.419~429.

McCutcheon, D. and F. I. Stuart. 2000. "Issues in the Choice of Supplier Alliance Partners." *Journal of Operations Management*, 18, pp.279~301.

Mentzer, J. T. et al. 2001. "Defining Supply Chain Management." *Journal of Business Logistics*, 22, pp.1~25.

Min, S. et al. 2005. "Supply Chain Collaboration: What's Happening?" *The International Journal of Logistics Management*, 16, pp.237~256.

Mohr, J. and R. Spekman. 1994. "Characteristics of Partnership Success: Partnership Attributes, Communication Behavior, and Conflict Resolution Techniques." *Strategic Management Journal*, 15, pp.135~152.

Nyaga, G. N., J. M. Whipple and D. F. Lynch. 2010. "Examining Supply Chain Relationships: Do Buyer and Supplier Perspectives on Collaborative Relationships Differ?" *Journal of Operations Management*, 28, pp.101~114.

Ozer, O., Y. Zheng and K. Y. Chen. 2011. "Trust in Forecast Information Sharing." *Management Science*, 57, pp.1111~1137.

Pakir, M. I. B. K. H., S. S. Omar and L. C. Wei. 2015. "Trustworthiness in Buyer-Supplier Relation on Supply Chain Collaboration among SMEs. In Technology Emerging Technologies." *International Symposium on IEEE*, pp.454~458.

Porter, M. and M. R. Kramer. 2011. "Creating Shared Value." *Harvard Business Review*, 89, pp.62~77.

Rousseau, D. M. et al. 1998. "Not So Different after All: A Cross-Discipline View of Trust." *Academy of Management Review*, 23, pp.393~404.

Sahay, B. S. 2003. "Understanding Trust in Supply Chain Relationships." *Industrial Management & Data Systems*, 103, pp.553~563.

Sanders, N. R. 2011. *Supply Chain Management: a Global Perspective*. Wiley Global Education.

Seuring, S. and M. Muller. 2008. "From a Literature Review to a Conceptual Framework for Sustainable Supply Chain Management." *Journal of cleaner production*, 16, pp.1699~1710.

Shin, H., D. A. Collier and D. D. Wilson. 2000. "Supply Management Orientation and Supplier/Buyer Performance." *Journal of Operations Management*, 18, pp.317~333.

Simchi-Levi, D., E. Simchi-Levi and P. Kaminsky. 2003. *Designing and managing the supply chain: Concepts, strategies, and cases*. McGraw-Hill Companies.

Smith, K. G., S. J. Carroll and S. J. Ashford. 1995. "Intra- and Interorganizational Cooperation: Toward a Research Agenda." *The Academy of Management Journal*, 38, pp.7~23.

Speckman, R. E., J. W. Kamauff and N. Myhr. 1998. "An Empirical Investigation into Supply Chain Management: a Perspective on Partnership." *Supply Chain Management: An International Journal*, 3, pp.53~67.

Yang, J. et al. 2008. "Relational Stability and Alliance Performance in supply Chain." *Omega*, 36, pp.600~608.

Yin, R. K. 2008. *Case Study Research: Design and Methods*. Sage Publications.

Zaheer, A., B. Mcevily and V. Perrone. 1998."Does Trust Matter? Exploring the Effects of Interorganizational and Interpersonal Trust on Performance." *Organization Science*, 9, pp.141~159.

제7장

소비자생활협동조합의 지식경영*

박윤규·박상선·정찬율·김다솜·이재훈

1. 서론

지식이 기업 경쟁우위 창출의 중요한 근간으로 부각되면서 지식경영에 대한 기업 및 학계의 관심이 높아지고 있다. 이에 어떻게 하면 지식을 기반으로 조직의 경쟁우위를 끌어올릴 수 있을지에 대한 많은 연구들이 수행되었다. 그런데 대부분의 지식경영 연구들은 경영자가 지식경영을 통해 조직의 성과를 올릴 수 있도록 지식경영을 위한 전략적 프로세스를 제시하거나 지식경영시스템(know-ledge management system: KMS)을 효과적으로 구축하고 활용하는 방안을 연구하는 것에 초점이 맞춰져 있다. 이는 경영자가 조직을 관리하듯 지식도 관리하고 통제할 수 있다고 보는 관점에서 비롯되었다. 이를 지식에 대한 프로세스(process) 관점이라 하는데(Hislop, 2005; Agterberg et al. 2010), 많은 기업들은 프

---

*   이 장은 다음 논문을 기반으로 한 것이다. 박윤규 외, 「CoP 활성화를 통한 지식경영: 아이쿱생협의 인트라넷 활용사례」, 《지식경영연구》, 14권 5호(2013), 35~53쪽.

로세스 관점에서 지식을 관리하고자 막대한 돈을 들여 지식경영시스템을 구축했고, 각종 보상체계를 도입하여 조직 구성원들이 지식경영에 참여하도록 시도했다. 하지만 실제로 유의미한 성과를 얻어낸 경우는 드물었다(Lave and Wenger, 1991; Edenius and Borgerson, 2003; Stenmark, 2006). 이는 지나치게 지식의 관리적 측면을 강조하여 지식과 실천(practice) 사이의 연결고리를 간과했기 때문이다(Lave and Wenger, 1991; Brown and Duguid, 1991; Stenmark, 2006). 하지만 지식경영이 실패하지 않으려면 지식경영이 조직 구성원들에 의해 일상적으로 실천되어야 한다(Brown and Duguid, 1991; Pfeffer and Sutton, 2002; 현경택·홍아정, 2010). 이에 이 글은 지식경영에 대한 실천적 관점에서 지식경영 사례를 연구했다(Brown and Duguid, 2001; Edenius and Borgerson, 2003; Agterberg et al., 2010).

특히, 사례연구 대상으로 선정한 iCOOP생협(이하 아이쿱생협)에서는 지식경영에 대한 경영자의 의도나 전략이 없었음에도 불구하고 커뮤니케이션을 위해 구축된 인트라넷을 매개로 조직 구성원이 자발적으로 지식경영을 실천해왔다. 일반적으로 경영자가 지식경영을 의도하여 지식경영시스템을 구축하고 조직 구성원들에게 지식경영에 참여하도록 각종 인센티브를 제공하는 것과 다르게 아이쿱생협에서는 지식경영이 자발적으로 일어난다는 점에서 이것은 매우 독특한 사례이다. 이런 맥락에서 이 사례연구는 지식경영을 잘 하기 위해 필요한 것은 정교한 전략이나 값비싼 지식경영시스템이 아님을 보여줄 수 있다. 그보다 더 중요한 것은 조직 구성원들이 스스로 지식경영을 실천할 수 있도록 환경을 조성해주는 것이다. 이를 위해서는 지식경영이 어떻게 실천될 수 있는지 그 본질을 이해하는 것이 필요하다. 이에 이번 사례연구는 지식경영을 위한 전략을 세우거나 시스템을 구축하지 않은 아이쿱생협에서 어떻게 인트라넷을 매개로 지식경영이 자발적으로 실천될 수 있었는지 연구하는 것을 목적으로 한다. 이로써 '지식경영은 어떻게 실천될 수 있는가'를 보여주고자 한다.

2. 이론적 배경

이 글은 지식경영시스템을 도입하는 것이 지식경영을 위한 우선적 과제가 아니라고 보았다. 그보다 더 중요한 것은 조직 구성원들이 지식경영을 일상적으로 실천하도록 하는 것이기 때문이다. 따라서 이 글은 구성원들이 지식경영을 실천할 수 있는 환경이 조성되면 지식경영시스템을 별도로 구축하지 않고도 성공적인 지식경영이 가능함을 주장하고자 한다. 이때 조직 내에 구축된 정보시스템이 지식경영시스템으로 활용될 수 있다. 이를 뒷받침하기 위해 기존 문헌들을 검토했다.

1) 인트라넷을 활용한 지식경영

조직에서 지식을 공유하기 위해 활용할 수 있는 수단은 여러 가지가 있다. 그러나 여러 전자 커뮤니케이션 수단 중에서도 인트라넷은 지식경영에 기여할 수 있는 장점이 특히나 많다(Ji and Salvendy, 2001). 여기서 인트라넷이란 "조직 구성원들이 지식에 접근하고, 서로 소통하고, 자기가 아는 것을 공유하며, 다른 사람이 아는 것을 학습하도록 돕기 위해 조직 내에 구축된 분산 하이퍼미디어 시스템(distributed hypermedia system)"이라고 정의할 수 있다(Gonzales, 1998: 97). 이것은 다른 말로 폐쇄되고 정의된 시스템 안에 웹(web)기술을 적용하는 것이라 하여 조직의 인터넷(organizationalinternet)이라고도 부른다(Jacko, Salvendy and Saintfort, 2001). 인트라넷은 사용자들로 하여금 자신들이 원하는 지식과 정보를 "끌어(pull)"오거나 "내보내(push)"는 것을 훨씬 더 용이하게 한다(Jacko et al., 2001; Ji and Salvendy, 2001). 그러면서도 인트라넷은 설치하고 관리하는 것이 굉장히 쉽고 비용 효과적이며 보편적인 인터페이스를 가지고 있기 때문에(Ji and Salvendy, 2001) 자원이 부족한 중소기업이 지식경영을 위해 사용하기에 매우 효용이 높은 도구이다.

그러나 인트라넷을 구축하는 것 자체만으로는 성공적인 지식경영을 보장할 수 없다(Edenius and Borgerson, 2003; Dalkir, 2005; Wasko and Faraj, 2005; Stenmark, 2006). 오히려 아주 간단한 기능만 제공하는 인트라넷을 가지고도 조직의 구성원들이 어떻게 활용하느냐에 따라 훌륭한 지식경영시스템 역할을 수행할 수도 있고 그 반대가 될 수도 있다. 따라서 이 글은 아이쿱생협의 사례를 통해 어떻게 인트라넷을 활용하여 자발적이고 성공적인 지식경영이 일어날 수 있는지를 규명하고자 한다.

2) 지식에 대한 관점: 프로세스 기반 관점과 프랙티스 기반 관점

지식에 대한 관점은 프로세스 기반 관점과 프랙티스 기반 관점으로 나눌 수 있다(Agterberg et al., 2010).

지식에 대한 프로세스 기반 관점은 지식이 객체로서 존재한다고 믿기 때문에 지식을 기업의 자산으로서 관리할 수 있다고 본다. 쉽게 말해 프로세스 기반 관점은 지식이 마치 상품(commodity)과 같아서 사람들로부터 분리되어 독립적으로 존재할 수 있다고 보는 실증주의적 관점이다(Hislop, 2005). 이 관점에서 지식은 형식지(explicit knowledge)와 암묵지(tacit knowledge), 개인의 지식과 집단의 지식 등으로 명확히 분류된다(Spender, 1996). 그리고 지식경영에 있어 암묵지를 성문화(codify)하여 형식지로 전환하고, 전환된 지식을 모아 저장하고 관리하는 프로세스가 강조된다. 이런 맥락에서 지식경영을 위한 규제와 인센티브도 강조된다(Dalker, 2005).

프랙티스 기반 관점은 지식이 개인이나 커뮤니티 그리고 프랙티스[1] 등에 배

---

1   여기서 프랙티스란 목적이 담긴 인간의 활동(human activity)을 의미한다.

태(embedded)되어 있기 때문에 객관적인 상태로 존재할 수 없다고 믿는다. 이런 배태성(embeddedness)을 강조하는 프랙티스 기반 관점에서 지식은 늘 인간의 활동(프랙티스)을 통해 형성되고 공유된다(Blackler, 1995). 따라서 지식경영에 있어 조직 구성원 간의 상호작용과 그 과정에서 일어나는 학습이 강조된다.

여기서 프랙티스는 2가지 본질을 담고 있다. 한 가지는 '사람들이 동참하는 그 무엇'으로서의 프랙티스이고 다른 한 가지는 '사람들의 행위에 의해 형성되는 그 무엇'으로서의 프랙티스이다(Johnson et al., 2007).[2] 쉽게 말해, 사람들이 조직에서 규범화된 행동이나 루틴을 따른다면 그들이 조직적으로 제도화된 프랙티스에 동참하고 있는 것으로 볼 수 있다. 그리고 조직에서 '특정한 사람들이 특정한 장소와 시간에 특정한 행동을 하는 것(Feldman and Pentland, 2003: 101)'은 프랙티스가 형성되고 있는 것으로 볼 수 있다. 그리고 이러한 프랙티스를 통해 학습이 일어난다(Brown and Duguid, 1991). 이런 맥락에서 조직 구성원 간에 활발한 상호작용이 일어나고 그 과정에서 학습이 일어날 때 성공적인 지식경영이 일어나고 있다고 볼 수 있다(Liebowitz and Beckman, 1998).

〈표 7-1〉 프로세스 기반 관점과 프랙티스 기반 관점에서의 지식경영

프로세스 기반 관점	프랙티스 기반 관점
• 암묵지를 형식지로 전환하는 것 • 유용한 지식을 성문화/획득하는 것 • 중앙 저장소에 지식을 모으는 것 • 지식을 (분리된 카테고리로) 구조화하고 시스템화하는 것 • 기술이 핵심인 역할을 함	• '프랙티스의 형성'과 '프랙티스에의 동참'을 통한 지식의 공유와 습득 • '농밀한' 사회적 상호작용을 통한 지식 공유와 획득 • 프랙티스에의 몰두를 통한 지식 공유와 획득 　- 실천에 의한 학습(learning by doing) 　- 관찰에 의한 학습(learning by watching) • 경영자의 역할은 사회적 상호작용을 촉진하는 것임

자료: Hislop(2005) 수정.

2　practice는 '실천'이라는 용어로 번역될 수 있다. 하지만 이 글은 일상적으로 사용되는 용어인 '실천'과 이 글이 주장하는 '프랙티스 기반 관점' 맥락에서의 '실천'을 구분하기 위해 '프랙티스'라는 용어를 쓰겠다. 즉, practice가 '사람들이 동참하는 그 무엇'과 '사람들의 행위에 의해 형성되는 그 무엇'이라는 2가지 의미를 동시에 내포함을 강조할 때는 '프랙티스'라는 용어를 사용한다.

이상의 논의를 통해 프로세스 기반 관점에서의 지식경영과 프랙티스 기반 관점에서의 지식경영이 추구하는 것이 어떻게 다른지를 〈표 7-1〉에 정리했다.

"지식은 실천이 놓은 길을 따라간다"(Brown and Duguid, 2001: 204)는 말처럼 지식의 공유와 창출에 있어 실천은 중요하다. 따라서 이 글은 실천과 지식을 긴밀히 연결시키는 프랙티스 기반 관점에서 연구를 수행했다(Dalkir, 2005; Agterberg et al., 2010). 다음에서는 프랙티스를 기반으로 형성되는 두 종류의 사회적 네트워크인 실행공동체(Communities of Practice: CoP)와 실행네트워크(Network of Practice: NoP)에 대한 개념을 탐구하겠다.

3) CoP와 NoP

프랙티스 기반의 관점에서 Brown and Duguid(2001)는 조직의 학습과 지식의 이동을 이해하는 데 필수적으로 두 종류의 사회적 네트워크 이론이 적용되어야 한다고 보았다. 하나는 조직 내부에서 구성원 간의 긴밀한 상호작용을 기반으로 프랙티스를 공유하고 실천하는 공동체인 CoP에 대한 이론이고, 다른 하나는 개인 또는 집단이 프랙티스를 공유하고 실천하는 큰 규모의 느슨한 네트워크인 NoP에 대한 이론이다. 주로 기업들은 조직 외부와의 지식 공유를 위해 NoP에 접근한다(Agterberg et al., 2010). 그리고 이 2가지 네트워크 모두 기본적으로는 자발성을 띤다는 공통된 특징이 있다(Brown and Duguid, 2001; Wasko, Faraj and Teigland, 2004; Agterberg et al., 2010).

Wenger(2000: 229)에 의하면 CoP는 '사회적 학습을 위한 기본 단위'이다. 이러한 CoP는 새로운 조직 구성원이 조직의 지식을 습득하는 것을 돕고 내부자가 되는 과정에서 필요한 지식을 제공한다. 즉, CoP는 조직 내 구성원들이 긴밀한 상호작용을 통해 서로의 지식을 확인하고 공유할 수 있는 장인 것이다(Wasko and Faraj, 2005). 그래서 CoP의 구성원들은 서로를 잘 알고 함께 일하며 공동의 노하우와 프랙티스를 공유한다는 특징이 있다(Brown and Duguid, 2001). 또 이들은 면대면(face-to-face)으로 만나 지속적이고 직접적인 협상, 커뮤니케 이션 그리고 조정을 통해 공동의 의미를 형성하고(joint sense-making) 문제를 해 결(problem solving)한다. 그런 만큼 강력한 유대관계와 호혜 규범이 바탕이 되 는데 여기서 조합원의 기여, 동료 간의 협력관계, 서로에 대한 배려 그리고 정 직성 등은 CoP 내에서 신뢰를 구축한다(Adler, Kwon and Heckscher, 2008). 이러 한 CoP들로 구성된 조직 또는 팀은 그 자체로 하나의 CoP가 될 수 있다.

그런데 조직은 외부의 불확실한 환경에 적용하기 위해 스스로 변할 뿐 아니 라 이에 적합한 조건들을 만들어내기 위해 노력한다. 그렇기 때문에 조직 내 지 식과 프랙티스에만 의존할 경우 변화하는 환경에 적응하는 데 한계가 발생할 수 있다. 그래서 점점 더 많은 기업들은 외부로부터 지식을 획득하려고 노력하 고 있다. 이런 맥락에서 NoP는 지리적으로 분산되어 있는 지식을 통합하는 견 인차 역할을 수행한다고 여겨져 많은 기업들의 관심을 받고 있다(Agterberg et al., 2010; Soekjad, 2010).

일반적으로 NoP는 공통된 프랙티스를 공유하지만 지리적으로 분산된 사람 들 혹은 그룹들끼리 연결된 네트워크를 말한다(Brown and Duguid, 2001). 이들 은 프랙티스를 공유하는 데에 동참하기는 하지만 서로를 알게 되거나 면대면으 로 만날 기회를 아예 갖지 않을 수도 있다(Wasko and Faraj, 2005). 그 대신에 NoP에서 구성원들은 간접적인 링크를 통해 공동의 작업을 실행하거나 개인이 나 그룹 간에 지식을 공유하고 학습하는 것이 가능해진다(Wasko, Faraj and Teigland, 2004). NoP를 형성하는 링크들은 뉴스레터, 웹사이트, 게시판, 컨퍼런 스 그리고 전문가 모임 등 다양한 경로를 포함한다(Brown and Duguid, 2001). 이 같은 링크들을 통해 형성된 NoP 구성원 간의 관계는 느슨한 연결망을 형성 하여 개방적이고 자율적인 참여를 촉진한다. 그리고 새로운 지식을 생산하는 것보다는 기존의 지식을 전달하고 공유하는 데 더 효과적이라는 특징을 갖는다

(Takhteyev, 2009). 특히, NoP에서 전자 커뮤니케이션 도구는 구성원들이 기존의 커뮤니티에서 벗어나 새로운 아이디어를 공유하게 하며 시공을 초월한 커뮤니케이션을 할 수 있게 한다(Brown and Duguid, 2001). 이는 컴퓨터 기반의 전자 커뮤니케이션이 다른 어떤 소통 채널보다도 직접적이고 실시간적이며 역동적이기 때문이다(DeSanctis and Monge, 1999).

많은 연구자들은 조직이 경쟁우위를 획득하기 위해서는 서로 보완적으로 작용하는 CoP와 NoP 2가지 모델이 필요하다고 주장한다(Brown and Duguid, 2000; Wasko and Faraj, 2005). 특히 Takhteyev(2009)는 구성원들이 상황학습(situated-larning)이 가능한 CoP에 정기적으로 참여함과 동시에 부호화된 지식의 교류가 가능한 NoP에 참여하면 CoP와 NoP의 강점을 극대화할 수 있다고 했다. 비록 CoP와 NoP가 자발성을 갖기 때문에 기업이 이것을 지식경영에 활용하려는 시도는 이것의 자율성을 해칠 수 있지만, 조심스럽게 다루어진다면 조직의 경쟁역량을 강화시킬 수 있다(Agterberg et al., 2010). 다시 말해, 기업이 지식을 기반으로 경쟁우위를 갖기 위해서는 자율적인 CoP를 통해 내부 지식을 활용하는 능력과 외부 네트워크 연결을 통해 커뮤니티 안으로 흘러 들어오는 지식을 증대시키는 것이 필요하다(Wasko and Faraj, 2005). 따라서 프랙티스 관점에서의 지식경영은 CoP와 NoP의 이러한 상호 보완적 기능을 효과적으로 활용할 것을 주문한다(Agterberg et al., 2010). 다음에서는 CoP와 NoP가 어떻게 활성화될 수 있는지를 기존 연구를 통해 더 자세히 살펴보겠다.

4) CoP의 활성화 조건

CoP는 다음과 같이 개인적·조직적 특성 그리고 문화적 특성에 따라 활성화될 수 있다.

우선 개인적 특성에서, 개인의 학습 욕구는 지식 공유에 영향을 준다(Wasko

and Faraj, 2005). 따라서 개인이 학습에 대한 의지를 갖고 학습의 필요성을 인식하는 것이 중요하다(Krogh, 1998; 백윤정·김은실, 2008).

조직적 특성에서, 지식 공유가 가능한 환경을 조성하거나 조직 내 학습을 촉진시키는 리더의 존재는 CoP를 활성화한다(Fahey and Prusak, 1998; Lin and Lee, 2004). 그리고 조직의 구성원들이 지식경영에 대한 중요성을 인식하는 것도 CoP를 활성화하는 요인으로 꼽힌다(Davenport and Prusak, 1998). 또한 지식 공유에 대한 보상체계를 도입하는 것 역시 조직 내 지식 공유를 촉진하는 데 효과적인 방법이다(Gupta and Govindarajan, 2000).

문화적 특징에서, 조직 구성원의 능력과 지식에 대한 신뢰는 CoP를 활성화하는 중요한 요소이다(Nelson and Cooprider, 1996; Tsai and Ghoshal, 1998). 이와 더불어 구성원과 밀접한 관계를 가지고 원활한 상호작용을 가능하게 하는 친밀감의 형성, 보유한 지식을 제공하고 받아들이는 지식에 대한 개방성등도 CoP를 활성화한다(Krogh, 1998).이러한 문화적 요소들은 지식의 흐름을 원활하게 하는 커뮤니케이션을 촉진시킨다(Gupta and Govindarajan, 2000).

5) NoP의 활성화 조건

Agterberg et al.,(2010)는 조직의 지식경영을 위한 NoP 활성화 조건을 4가지 측면에서 제시했다. 첫째, 네트워크를 통해 공유되는 지식이 조직에 유의미해야 하고 조직의 경계 내에서 통합되어야 한다. 둘째, 네트워크에서 공유되는 지식이 네트워크 구성원들의 일상적인 업무에도 밀접하게 관련되어 있어야 한다. 셋째, 네트워크 구성원들 간에 소속감, 신뢰 그리고 상호 기대와 같은 강력한 사회적 유대가 형성되어야 한다. 마지막으로, 네트워크 안에서 구성원들 간의 연결성이 뛰어나고, 누가 무엇을 알고 있는지와 그들에게 어떻게 접근할 수 있는지에 대해 알 수 있어야 한다. 이 같은 조건들을 충족할수록 NoP의 활성화가능성이 높아진다.

기존 연구를 검토한 결과, 프로세스 관점에서의 지식경영은 관리자가 조직 구성원들의 암묵지를 형식지로 전환하여 모으고 저장하고 관리하는 프로세스에 초점을 맞추었기 때문에 지식과 실천을 연결시키지 못한다는 것을 확인했다. 이 맥락에서 인트라넷과 같은 전자 커뮤니케이션 도구는 지식경영에 활용될 수 있는 매우 효과적인 도구이기는 하지만 인트라넷의 구축 자체가 지식경영을 보장하지는 못한다는 결론을 도출했다.

그런데 CoP는 긴밀한 관계를 바탕으로 조직 내부에서의 상황학습과 지식 창출을 가능하게 하며, NoP는 느슨한 연결망을 바탕으로 부호화된 지식 전달 및 공유가 용이하기 때문에 개방적이고 자율적인 참여를 가능하게 한다. 그리고

〈표 7-2〉 CoP와 NoP 비교

구분	CoP(실행공동체)	NoP(실행네트워크)
상호작용의 주체	• 조직 내부 구성원	• 지리적으로 분산된 개인이나 소규모 그룹 또는 조직
상호작용 주체들 간 연결 방식	• 면대면 만남	• 간접적인 링크 (예: 뉴스레터, 웹사이트, 게시판 등)
상호작용 주체들 간 관계의 특징	• 서로 긴밀하게 연결됨 • 강력한 유대관계와 호혜 규범 • 지속적이고 직접적인 협상, 커뮤니케이션 및 조정	• 서로 느슨하게 연결됨 • 개방적이고 자율적인 참여 • 비슷한 업무를 수행하는 사람들끼리 연결된 네트워크 • 서로를 잘 모름 • 면대면 만남이 적거나 거의 없음
역할	• 상황학습을 가능하게 함 • 조직 내 구성원들 간의 지식 공유, 학습, 지식 창출 및 커뮤니케이션 • 새로운 조직 구성원의 내부화 과정에 필요한 지식 제공 • 공동의 프랙티스 및 노하우 공유 • 공동의 의미 형성 및 문제해결	• 부호화된 지식이 교류되게 함 • 조직이 외부로부터 새로운 지식을 얻는 것을 촉진 • 조직 외부와의 커뮤니케이션과 지식 공유 • 공동의 작업을 실행 • 지식 전달 및 공유
활성화 조건	• 개인의 학습 욕구 • 학습을 촉진시키는 리더의 존재 • 지식경영의 중요성에 대한 인식 • 보상체계 • 신뢰, 친밀감, 개방성	• 조직에 유의미한 지식 • 일상적인 업무와 밀접하게 관련된 지식 • 강력한 사회적 유대관계 • 뛰어난 네트워크 연결성 • 지식의 위치 파악 및 접근 가능성

NoP가 전자 커뮤니케이션 도구(예: 인트라넷)를 활용하면 훨씬 더 빠르고 광범위한 지식 공유가 가능하다. 이것은 프랙티스를 공유하거나 형성하기 위해 인트라넷이 사용될 때 활발한 지식경영이 일어날 수 있음을 의미한다. 이는 다른 말로, 인트라넷이 스스로 지식경영을 활성화하는 것이 아니라 프랙티스를 적극적으로 공유하고 형성하고자 하는 구성원들이 인트라넷을 활용할 때 지식경영이 활성화됨을 의미한다. 이렇게 인트라넷을 매개로 형성된 네트워크는 NoP라고 볼 수 있다. 그리고 NoP에서 공유되고 형성되는 프랙티스가 업무와 관련된 프랙티스일 때 NoP는 활성화된다. 따라서 업무와 관련된 프랙티스가 공유되고 형성될 수 있도록 조직 내 업무 프로세스를 인트라넷에 집중시키면 그 인트라넷을 매개로 NoP가 형성될 수 있다. 이렇게 활성화된 NoP에서는 CoP와 같이 강력한 유대관계가 나타날 가능성이 있다. 또, 이러한 NoP는 NoP를 구성하는 CoP들의 역량을 강화시키고 활성화한다. 그리고 활성화된 CoP들은 NoP에 적극적으로 프랙티스를 공유함으로써 다시 NoP를 강화시킬 수 있다.

이에 이 글은 별도의 지식경영시스템을 구축하지 않아도 조직 내 업무 프로세스를 인트라넷 같은 특정한 정보시스템에 집중시키면 CoP와 NoP가 활성화되어 활발한 지식경영이 일어날 수 있다는 것을 밝히고자 한다.

3. 연구 설계

＊ 단일사례연구

이 글은 지식경영은 '어떻게' 실천될 수 있는가에 대한 질문에 답하기 위해 사례연구를 수행했다(Yin, 2011). 그래서 단순한 형태의 인트라넷을 매개로 자발적이고 성공적인 지식경영이 일어나고 있는 아이쿱생협을 사례로 선택했다. 단일사례연구를 수행한 이유는 아이쿱생협에서의 인트라넷 활용 사례가 기존의 지식경영 사례들과는 다르게 최고경영자가 지식경영을 의도하지 않았는데도 지식경영이 실천되는 현상을 보여주는 매우 독특한 사례이기 때문이다(Yin, 2011). 이 사례를 연구함으로써 성공적인 지식경영의 본질은 경영자의 지식경영전략이나 지식경영시스템이 아닌 지식경영을 실천하는 조직 구성원 그 자체에 있다는 것을 다시 확인할 수 있다.

＊ 분석 단위
CoP와 NoP는 자발적으로 형성되기 때문에 인위적으로 형성된 팀 또는 조직과는 다르다. 그러나 조직의 지식경영에 있어 CoP와 NoP를 분석할 때 특정한 팀이나 조직을 CoP 또는 NoP로 보는 경우가 여럿 있다(방유성·이명성, 2000; 고준·엄기용, 2006; 백윤정·김은실, 2008; 김동헌·김영재·이영찬, 2010; Agterberg et al., 2010; Soekjad et al., 2011). 따라서 이 글에서는 사례로 택한 아이쿱생협 전체와 그 회원조합들이 조합원들에 의해 자발적으로 결성되었으며 공동의 프랙티스를 공유하고 실천하는 조직이라는 점에 착안하여 각 회원조합을 하나의 CoP로 보았고 아이쿱생협 전체 구성원이 CUG(Closed User Group)라는 내부 인트라넷을 통해 연결된 것을 하나의 NoP로 보았다. 이는 각 회원조합은 같은 지역에 거주하는 조합원들이 면대면 만남을 통해 긴밀한 상호작용을 하는 공동체이기 때문이고, CUG는 지리적으로 멀리 떨어진 아이쿱생협 구성원 또는 조직들을 연결해주는 간접적인 링크이기 때문이다.

＊ 개방형 심층 인터뷰
사례를 분석하기 위해 이 글은 아이쿱생협 관계자로부터 추천받은 5곳의 회원조합들을 방문하여 총 25명의 임직원들을 대상으로 일대일 개방형 심층 인터뷰와 관찰을 실시했다. 개방형 심층 인터뷰는 피면담자가 자유로운 분위기 속에서 자신의 경험을 솔직하게 이야기할 수 있도록 유도하기 때문에 인터뷰를

하는 동안 연구자가 기대하지 못했던 새로운 사실을 발견할 가능성을 높여준다 (Merton and Kendall, 1946). 정확한 연구 결과를 얻기 위해 이 글은 인터뷰 과정에서 구조화된 질문을 피하고 연구자의 의견 표출을 최소화하여 유도된 답변을 피하려 노력했다. 그리고 다양한 현상에 대한 자료를 수집하기 위해 연구 주제를 강제하지 않고, 비구조화된 질문(unstructured questions)을 통해 다양한 자료를 수집하고자 했다. 인터뷰는 경우에 따라 넓은 범위의 주제를 다루었고, 현상에 대한 즉흥적이고 자발적인 답변을 유도하여 깊은 내용을 다루고자 했다. 또한 피면담자의 부담감을 줄여주기 위해 녹취를 배제하고 복수의 연구자가 인터뷰를 진행하는 동안 인터뷰 내용을 메모했다. 그리고 인터뷰 결과의 신뢰성과 타당성을 높이기 위해 회원조합의 내부 활동과 인트라넷 사용에 대한 자료를 수집하여 삼각화(triangulation)의 자료원으로 삼았다. 수집한 자료와 인터뷰 내용 분석 그리고 관찰 결과를 종합하여 5개 조합의 사례를 비교 분석하고 아이쿱생협이 지식경영을 의도하지 않고도 어떻게 지식경영을 실천할 수 있었는지 규명했다.

이 글의 사례연구 대상인 아이쿱생협에 대한 설명은 다음과 같다.

1) 아이쿱생협 개요

아이쿱생협은 '사업의 집중과 조직의 분화'라는 모토 아래 중소 규모 소비자협동조합(이하 생협)들이 연합한 조직이다. 아이쿱생협을 통해 회원조합들은 유기농 식품을 중심으로 다양한 상품을 공동으로 구입·생산·가공하고 유통한다. 이와 동시에 아이쿱생협의 각 회원조합들은 소비자협동조합 운동체로서 때로는 독립적으로, 때로는 공동으로 기업 활동의 다양한 문제들을 해결한다. 따라서 아이쿱생협은 CoP들의 연합체라고 볼 수 있다.

1998년 전국에 퍼져 있던 6개의 작은 생협들이 연합하여 설립된 아이쿱생협은 인터넷 주문을 통한 가정 공급을 시작한 이후로 점차 성장했고, 공동 브랜드인 '자연드림' 브랜드 출범 이후에는 전국 자연드림 매장을 기반으로 급격하게 성장했다. 2013년 기준 75개의 회원조합을 보유한 아이쿱생협은 매출액 기준 국내 최대의 생협연합회가 되었다.[3]

2) 아이쿱생협의 정보시스템

아이쿱생협은 ERP, POS, CPG, CUG, 블로그 그리고 지역조합별 홈페이지 등을 기본적인 정보시스템으로 활용하고 있다. 아이쿱생협 정보시스템의 구축 배경은 다음과 같다.

설립 초기에 아이쿱생협은 설비에 투자할 자원이 부족하여 판매 및 재고관리와 회계 관리에 어려움을 겪고 있었다. 그러던 중 부정확한 재고관리와 회계 업무로 인해 손실을 보는 상황이 발생했다. 이를 해결하기 위해 여러 차례에 걸쳐 조직에 맞는 전산 프로그램을 외주로 개발했다. 이와 함께 인터넷이 널리 보급되어 아이쿱생협은 온라인 쇼핑몰을 개점했다. 이때만 해도 아이쿱생협에는 오프라인 매장이 없었다. 그래서 온라인 쇼핑몰 덕분에 이전에는 전화 주문밖에 이용할 수 없었던 조합원들이 인터넷상에서 물품을 주문할 수 있게 되었다. 그 덕분에 사업의 효율성이 상당히 개선되고 조합원들의 이용률이 늘어나게 되었다.

이후 사업 규모가 점점 커지자 아이쿱생협은 외주 생산의 형태로 만들던 프

---

3   아이쿱생협의 2012년 매출액은 3449억 원이다. 현재 아이쿱생협 75개 회원조합에 소속된 총 조합원은 17만 명이고, 이 가운데 활동가는 3173명이다. 그리고 전국의 회원조합과 연합회에 소속된 직원은 1468명이다. 아이쿱생협이 15년 전 6개의 회원조합과 663명의 조합원을 기반으로 시작되었던 것과 비교하면 엄청난 성장을 이룬 것임을 알 수 있다(자료: 아이쿱생협 2013년 연차보고서).

로그램에 한계를 느끼기 시작했다. 그래서 프로그램 개발 직원을 채용하여 직접 내부 프로그램을 개발했다. 현재 아이쿱생협의 인트라넷 역할을 하는 CUG는 이 시기에 만들어진 매우 단순한 온라인 커뮤니티 공간이었다. 그리고 이것은 제대로 된 사무실조차 없었던 아이쿱생협의 회원조합들이 조합 내·외부적으로 원활하게 소통할 수 있는 거의 유일한 공간이었다.

특이한 점은 초기의 CUG와 10여 년이 지난 지금의 CUG가 기능상 크게 변화하지 않았다는 것이다. 그럼에도 불구하고 CUG는 지금까지도 아이쿱생협의 업무 및 소통에 있어 핵심적인 역할을 하고 있다. 크게 보면 게시판 기능과 쪽지 기능이 전부인 CUG에서 기본적인 소통에서부터 결재까지 아이쿱생협의 거의 모든 업무가 처리되고 있는 것이다. CUG가 아이쿱생협에서 어떻게 활용되고 있는지 조금 더 자세히 설명하면 다음과 같다.

아이쿱생협 CUG의 기본 형태는 게시판이다. 전체 사용자를 위한 기본적인 공지 게시판에서부터 각 회원조합과 부서들을 위한 업무 게시판, 지식 관련 게시판, 업무 개선과 건의 게시판, 인사 변동사항을 알리는 게시판, 조합 협력 게시판, 모범직원 추천 게시판, 휴가 휴직에 관한 게시판, 경조사 알림 게시판 등 세부 목적에 따라 다양한 게시판들이 있으며 필요에 따라 게시판들이 추가적으로 만들어져 사용되고 있다.

CUG는 문서를 찾거나 구성원들의 연락처와 프로필을 검색할 수 있도록 검색 기능을 제공한다. 각 사용자들을 위해서는 개인별 문서함이 있어 마치 이메일처럼 자신에게 공유된 글들을 보관하고 확인할 수 있다. 또 각 사용자들은 CUG상에서 새로운 문서를 생성하고 공유하는 것이 가능하다. 이 외에도 사용자 간 사적인 커뮤니케이션을 가능하게 하는 쪽지 기능을 제공하여 사용자들이 CUG 내에서 간편하게 소통할 수 있다.

이 글은 어떻게 이렇게 간단한 기능만을 제공하는 CUG를 매개로 자발적인 지식경영이 일어날 수 있었는지에 주목했다.

3) 아이쿱생협의 조직 구성원

이 글의 분석 단위인 아이쿱생협의 각 회원조합[4]은 크게 보면 조합원(소비자)과 직원으로 구성된다. 조합원들은 생협의 주인이자 소비자로서 생협의 운영과 활동에 참여할 수 있다. 다시 말해, 생협에서는 운영 주체가 조합원이기 때문에 조합원을 중심으로 모든 일들이 일어난다. 아이쿱생협에서 조합원들은 통상적으로 활동 수준에 따라 일반 조합원, 기초 활동가, 중심 활동가 그리고 핵심 활동가로 구분된다.

일반 조합원은 생협의 운영에는 거의 관여하지 않고 생협 물품 소비와 서비스 이용만 주로 하는 조합원을 말한다. 기초 활동가는 생협 내에서 마을 단위 동아리를 운영하는 리더이다. 이들은 마을지기 또는 동아리장이라고도 불린다. 기초 활동가는 가장 초보적인 활동가라고 볼 수 있다. 중심 활동가로는 특정한 주제하에 구성된 위원회의 위원장 등이 해당된다. 마지막으로, 핵심 활동가는 각 조합의 이사장 및 이사들을 지칭한다. 핵심 활동가들은 각 조합은 물론 아이쿱생협연합회 전체의 중요한 의사결정을 담당하고 다른 생협과의 관계에서 중요한 역할을 수행한다. 이들은 다른 생협의 활동가들과 주기적으로 만나 활동 사례를 공유하고 토론하거나 아이쿱생협연합회의 경영자들과 만나 아이쿱생협 전체에 관한 중요한 의사결정을 내린다.

각 조합의 직원들은 사무국 직원과 매장 직원으로 나뉜다. 그리고 모든 조합은 아이쿱생협의 공동 브랜드인 '자연드림' 매장을 운영하는데 그 매장을 운영하는 직원들을 매장 직원이라고 부른다. 그리고 각 생협의 사무국에는 매장 운영과 조합원 활동을 지원하는 직원들이 있는데 이들이 사무국 직원이다. 〈그림 7-1〉에 아이쿱생협의 조직 구성원들을 나타냈다.

---

4   아이쿱생협의 회원조합들은 '생협', '지역생협', '회원생협', '조합' 등 다양한 명칭으로 불린다.

〈그림 7-1〉 아이쿱생협의 조직 구성원

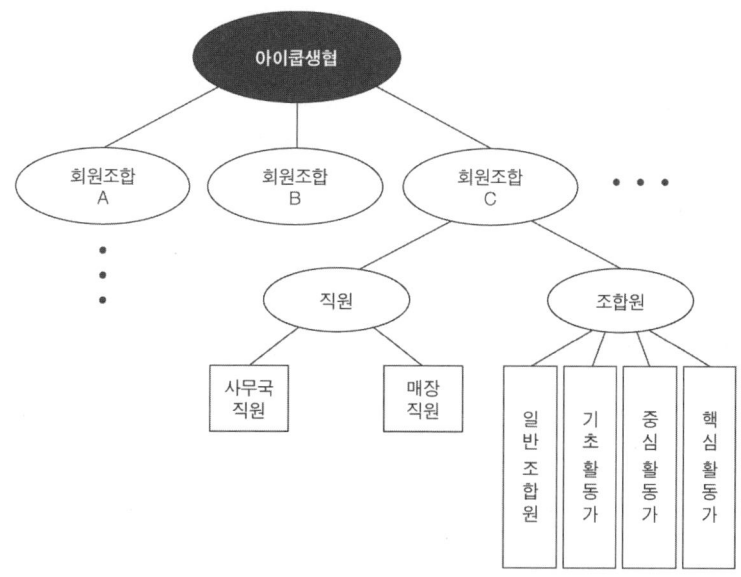

　현재 CUG에는 각 조합의 기초 활동가, 핵심 활동가, 팀장급 이상의 매장 직원, 사무국 직원 그리고 연합회의 경영진과 직원들이 접속할 수 있다. CUG에는 누군가가 문서를 공유할 때마다 공유받을 사람을 지정하게 되어 있는데, 이 때문에 CUG 접속 권한을 가진 사람들 사이에서도 접근 가능한 정보의 양이 달라질 수 있다. 예를 들어, 핵심 활동가와 연합회의 경영진은 모든 문서에 '기본 공유자'로 설정되어 있기 때문에 CUG에 올라오는 모든 문서를 공유받는다. 반면, 기초 활동가들은 상대적으로 공유받는 글이 적다. 따라서 CUG 내에서도 핵심 활동가들은 정책과 환경을 조성하는 리더(leader) 역할을 하게 되고 기초 활동가들은 공유된 지식을 습득하고 활용하는 리더(reader) 역할을 하게 된다 (Preece and Shneiderman, 2009). 그러나 생협 내에서의 활동을 통해 리더(reader)들은 리더(leader)로 성장하게 된다.

4. 연구 결과

별도의 지식경영시스템을 구축하지 않아도 조직 내 업무 프로세스를 특정한 정보시스템에 집중시키면 CoP와 NoP가 활성화되어 활발한 지식경영이 일어난다는 것을 사례를 통해 증명하고자 이 글은 인터뷰 결과를 다음과 같이 주제별로 분류하여 분석했다. 우선 제1항에서는 CUG가 지식경영을 목적으로 구축된 시스템이 아니라는 것을 확인하고, 제2항에서는 아이쿱생협의 업무 프로세스가 CUG에 집중된 것이 NoP를 어떻게 활성화하는지 분석했다. 제3항에서는 CUG를 매개로 CoP와 NoP가 어떻게 서로 영향을 주고받는지 분석했다.

1) 지식경영시스템으로 구축되지 않은 인트라넷

아이쿱생협의 인트라넷인 CUG는 지식경영시스템으로 구축되지 않았음에도 불구하고 마치 지식경영시스템인 것처럼 활용되고 있다. 인터뷰에 임한 아이쿱생협 구성원들이 인식하는 CUG의 기능은 크게 '소통'과 '업무' 2가지였다. 그리고 이 두 기능에 의해 업무와 관련된 정보와 노하우 등이 공유되었다. 그런데 CUG가 지식경영시스템으로 구축된 것이 아니라고 보는 가장 큰 이유는 이것을 관리하는 관리자가 없기 때문이다. 일반적으로 지식경영시스템은 경영자의 의지로 설계되고 구축된다. 그리고 그 안에 담기는 문서와 정보들을 담당 관리자가 관리한다(Edenius and Borgerson, 2003). 그러나 CUG는 4천 명 이상의 구성원들이 사용하고 있음에도 불구하고 그 안에서 공유되는 글들을 관리하는 전담 관리자가 없다. 이는 CUG라는 도구를 유지·보수하는 기술자가 없다는 말이 아니라 CUG 내의 콘텐츠(contents)를 관리하고 통제하거나 CUG 사용 방식을 규제하는 관리자가 없다는 말이다. 이에 대해 아이쿱생협의 직원은 다음과 같이 말했다.

CUG는 이용을 많이 하는데 관리되는 건 없는 것 같아요.

CUG에는 관리자가 없지요. 고장 나면 고칠 기술자가 없다는 것이 아니라 청지기가 없다는 말이죠. 새로운 게시판이 필요하다는 요청이 들어올 때 전산관리부서의 직원들이 게시판을 추가해주고 그러는 정도예요. CUG는 누가 관리하고 그러는 게 아니라 다들 알아서 사용하는 거죠.

즉, 아이쿱생협의 구성원들이 CUG에서 공유하는 정보는 관리자에 의해 의도적으로 통합되거나 정리되지 않는다. 따라서 CUG상에서 지식경영이 일어난다면 그것은 의도된 것이 아니라 자발적으로 실천된 것이라 볼 수 있다.

2) 조직의 업무 프로세스가 집중된 정보시스템에서 형성되는 NoP

CUG가 아이쿱생협의 핵심적인 정보시스템인 이유는 CUG를 통해 거의 모든 업무들이 처리되기 때문이다. 게다가 CUG는 아이쿱생협 내 다른 정보시스템과 연동되어 있지 않다. 그래서 CUG 외의 정보시스템을 주로 사용하는 사람이라 할지라도 업무 보고나 결재를 위해서는 반드시 CUG를 사용해야 한다. 즉, 아이쿱생협의 거의 모든 업무 프로세스가 CUG에 집중되어 있기 때문에 아이쿱생협의 전 구성원들은 업무를 위해 정기적으로 CUG에 접속해야만 하는 것이다. 예를 들어 CUG에서는 아이쿱생협의 모든 회원조합이 공유해야 하는 공지 사항이나 업무처리 사항부터 조직에서 추진하는 작은 프로젝트에 관한 사항까지 조직의 크고 작은 모든 업무들이 공유된다.

또 '조합공지함'이라는 것이 있는데 조합비 인출일자가 변경이 된다거나 그럴 때, 그 달에 전체적인 공지가 필요할 때 조합공지함, 조합협력방을 매일매일 확인하게끔 하고 서로 공유하게끔 해요. 모든 업무는 CUG를 통해 한다고 보면 돼요. 생협축제를 한다고 하면 '생협축제방'을 열어 공유가 필요한 사람들을 다 공유해놓아요. 그러면 매일 회의하지 않아도 그 안에서 계속 의견을 주고받고 하며 회의가 되지요. 그러다가 중요하게 회의가 필요할 때에만 회의를 하면 됩니다.

그리고 위에서 언급한 '생협축제방'같이 소수의 사람들이 함께 작업하는 프로젝트에 관련된 게시판은 그 프로젝트와 관련된 사람들에게만 공유된다. 매일 CUG를 통해 공유되는 수많은 글들이 모든 사람들에게 공유되면 사용자가 자신이 꼭 봐야 할 문서를 걸러내기 어렵기 때문이다. 이 때문에 문서를 작성하는 사람은 해당 문서를 반드시 보아야 할 사람을 선별하여 '공유를 건다'. 예를 들면 한 활동가는 정보가 모든 구성원들에게 공유되었을 때의 어려움을 다음과 같이 말했다.

어떤 게시판엔 글이 진짜 많아요. 대부분의 게시판에 가면 글이 쫙 있어요. 아이쿱 연구소에서도 글을 굉장히 많이 올리는데, 공개하는 것은 좋지만 과연 몇 사람이나 볼까 하는 생각이 들어요. 올리는 글이 다 길고 생각하면서 봐야 해서 얼마나 볼까 싶어요.

CUG에서는 공유자가 공유받을 사람 또는 집단을 지정해주기 때문에 CUG 사용자들은 수많은 글들 중에서 자신이 꼭 봐야 할 글이 무엇인지 알 수 있다. 이에 대해 한 핵심 활동가는 다음과 같이 말했다.

(내 문서함에) ®이라는 빨간색 동그라미가 뜨면 아직 확인을 안 했다는 뜻인데, 이것으로 읽지 않은 글들도 확인할 수 있게 돼요. 확인을 안 하면 그런 빨간 동그라미가 70~80개는 달려요. 활동가들은 ®을 무서워해요.

공유되는 글들이 대개 업무와 관련된 것이기 때문에 CUG 사용자들은 '빨간 동그라미'가 달린 글은 어떻게든 다 확인한다. 이에 한 직원은 다음과 같이 말했다.

바쁠 때는 글들을 제목만 대충 훑고 확인을 안 하는데, 2~3일만 확인 안 하면 40~50개 ®이 떠요. 이사장님들은 100건 정도. CUG 확인이 중요한 업무죠.

이 때문에 조직 구성원들의 CUG 접속 빈도가 매우 높다. 그리고 이미 인터 뷰를 통해 확인했듯 공개적으로 공유되는 정보도 매우 많다. 그러다 보니 업무를 처리하러 CUG에 들어왔다가 우연히 다른 게시판의 글을 읽게 되거나 자신과 직접적으로 관련이 없는 글도 읽게 된다. 그리고 그 과정에서 학습이 일어난다. 이에 대해 아이쿱생협의 활동가와 직원들은 다음과 같이 말했다.

CUG를 보면 첫 화면에 게시판이 뜨는데, 그 게시판이 제일 중요해요. 그것을 통해서 '이게 뭐지?' 하면서 꼼꼼하게 보게 되는 글이 많아요. 그게 저한테는 중요해요. 그것을 통해 중요한 정보를 얻어요. 중요한 창구이지요.

CUG에서는 업무적인 공유와 지식정보 공유 이렇게 2가지 종류의 공유가 일어나는데 이사들은 활동(업무)에 관련된 공유를 합니다. 시스템이 잘 되어 있어서 이사들에게 공유되는 글은 안 볼 수가 없어요. 처음에는 공유되는 글 위주로 보다가 이제는 '이건 뭘까?' 이렇게 궁금해하며 다른 것도 보게 되면서 확장되고 있어요.

공개되는 정보가 많고 그 정보가 실시간으로 올라오다 보니 완결된 업무에 대한 정보는 물론 진행 중인 업무의 현황과 내용까지도 알 수 있다. 그래서 구성원들은 조직에서 벌어지고 있는 일들을 파악하기 위해 CUG에 접속하기도 한다. 이는 다음과 같은 활동가의 말에서 알 수 있다.

현재 일어나는 활동을 파악하고 다른 조합의 일을 파악하는 것이 중요해서 CUG에 참여했어요.

특히, CUG에서는 구성원들이 직접 소통을 하지 않고 공유된 글들의 목록을 훑어보는 것만으로도 학습이 일어난다. 이것은 업무 처리를 위한 CUG가 프랙티스가 공유되는 장으로 변화되는 대목인 것이다. 그리고 이를 통해 조직의 지식경영에 있어 NoP가 매우 중요한 역할을 함을 보여준다. CUG에 처음 접속했을 때의 느낌을 묻자 직원과 활동가는 다음과 같이 대답하여 CUG를 매개로 한 NoP의 효과성을 보여주었다.

(CUG를 들어가게 되면서) 많은 것을 알게 되었어요. 그냥 보고만 지나쳐도 (이전보다) 훨씬 더 많은 정보를 얻게 돼요.

(처음 CUG에 접속했을 때) '아! 생협의 모든 게 여기에 있구나!'라는 생각을 했어요. 공개되는 정보의 깊이가 다르더라고요. 마을모임 안건지에는 이미 결정이 된 사안이 나오는데, CUG에는 결정 과정이 올라오고… 논의가 무엇이 이루어지고 있는지가 흐름이 보이니까 '생협의 흐름이 여기 있구나'라는 생각이 들었어요. 핵심이 여기에 있다고 생각해요.

그리고 이러한 CUG의 중요성에 대해 아이쿱생협의 구성원들은 다음과 같이 피력한다.

필요한 자료를 다 거기(CUG)에 올리기 때문에 다른 네트워크는 필요 없어요.

이상의 논의를 통해 CUG가 아이쿱생협의 업무를 위한 핵심적인 정보시스템으로 기능한다는 것을 확인했다. 이 때문에 4천 명 이상의 아이쿱생협 구성원들이 수시로 CUG에 접속하여 업무를 본다. 그 과정에서 업무와 관련된 정보들이 CUG에 집중적으로 공유된다. 또, CUG 내 거의 모든 정보가 구성원들에게 공개되다 보니 자신의 업무를 처리하기 위해 CUG에 접속한 구성원이 자연스럽게 다른 게시판의 글들을 읽으며 학습을 하게 된다. 즉, CUG 내 다양한 정보원을 통해서 스스로 새로운 지식을 습득하고 조직 전체에서 일어나고 있는 일들을 파악할 수 있게 되는 것이다. 이는 CUG를 매개로 하는 NoP를 형성한다.

▬ 결과 1: 조직이 사용하고 있는 여러 정보시스템 중 특정한 정보시스템에 업무 프로세스가 집중되면 업무에 밀착된 정보가 집중적으로 공유되어 NoP가 형성될 수 있다.

3) 업무프로세스가 집중된 인트라넷 내에서 CoP와 NoP의 상호작용

아이쿱생협의 거의 모든 업무가 처리되고 공유되는 공간인 CUG는 아이쿱생협 운영에 관여하는 모든 직원과 활동가들이 매일 접속하는 곳이다. 심지어 하루 종일 CUG에 접속해 있는 경우도 허다하다. 그런 만큼 업무를 처리하러 CUG에 접속했다가 당장의 업무 처리에는 필요하지 않지만 알아두면 유용한 정보들을 접하게 되기도 한다. 그리고 그러한 정보들을 구성원이 습득하고 학습하고 다시 공유하는 과정에서 NoP가 형성된다. 이렇게 형성된 NoP는 이것을 구성하는 CoP들의 활성화를 통해 상호 활성화된다. 그래서 NoP 구성원 간의 관계는 CoP 구성원 간의 관계만큼 친밀하고, CoP 구성원들은 NoP를 통해 다양한 정보와 노하우들을 얻을 수 있어 역량이 더 강화된다. 그리고 CoP의 역량이 강화되고 활성화될수록 NoP 내에서 공유되고 형성되는 프랙티스의 양과 질도 높아진다. 이것을 증명하기 위해 다음에서는 CoP와 NoP의 상호작용을 통해 CUG 내에서 구성원들이 서로 얼마나 긴밀한 유대관계를 형성하고 있는지, 그리고 프랙티스가 어떻게 공유되고 형성되는지를 분석하겠다.

(1) 구성원 간의 친밀성

지리적으로 분산된 아이쿱생협의 각 조합 구성원들은 간접적인 링크인 CUG를 매개로 하나의 NoP를 형성한다. 그런데 간접적으로 연결된 네트워크임에도 불구하고 면대면 관계를 갖는 CoP와 같은 친밀함이 내재되어 있다. 심지어 한 번도 본 적이 없는 관계라 할지라도 CUG 안에서 구성원들은 면대면으로 만나는 것 같은 친밀함을 느낀다. 사적으로 만난 적 없는 구성원들이 CUG에서 서로 도움을 주고받을 때 경험하는 친밀함에 대해 아이쿱생협의 활동가와 직원들은 다음과 같이 말했다.

처음에 (아이쿱생협에) 왔을 때 놀랐던 것은 굉장히 협조적이라는 생각이 들었어요. 처음 활동을 시작했을 때 강화마을에 취재를 가는 업무가 떨어졌는데 같은 조합 활동가에게 이걸 어떻게 해야 하냐고 물어봤더니 바로 CUG에 들어가서 누구누구에게 연락하라고 그러는 거예요. 그래서 그 사람에게 쪽지로 연락했더니 바로 답장이 오더라고요. 그래서 놀랐죠. 자기 정보공유를 잘 해줘요. 우리가 사적으로 언니동생 하면서 친밀한 것은 아닌데 이런 친밀함이 있어요… 적극적으로 도와줘요. 구하기 어려운 정보를 물어보는데도 잘 알려줬어요.

그죠! 얼굴도 본 적 없는 사람들이죠. 사실 업무 자체가 많고 그래서 통화가 어렵거든요. 그래서 쪽지를 남기거나 문서를 남기라고 하죠. 그게 가장 확실해요.

(도움이 필요할 때) 다른 지역생협에 물어볼 수 있다는 게 강점이에요. 다 오픈되어 있으니까. 다른 기업은 어떻게 다른 곳에 전화해서 물어보겠어요? 알려주려고도 안 하

고 숨기죠. 그러다 보니 안 좋은 건. 대책 없이 하는 데도 있다는 거예요. '아, 저기서 물어보면 되지.' 이러면서. 하지만 다 잘 하고 있어요. 자기 것이라고 안 내놓거나 노하우라고 숨기지 않아요.

이렇게 아이쿱생협의 구성원들이 언제든 원할 때 모르는 사람에게도 도움을 청할 수 있고 즉각 답을 얻을 수 있는 이유는 아이쿱생협의 거의 모든 업무가 CUG를 통해 처리되기 때문이다. 다시 말해, 아이쿱생협의 운영에 관여하는 모든 구성원들은 CUG에 항시 접속하기 때문에 구성원들은 언제나 CUG상에서 자기에게 도움을 줄 수 있는 다른 누군가를 만날 수 있다. 그리고 CUG에는 구성원들의 사진 및 프로필과 연락처가 공개되어 있기 때문에 서로 한 번도 본 적이 없는 사이라 할지라도 CUG상에서 소통할 때 마치 서로를 잘 아는 것 같은 느낌을 갖는다. 때문에 지리적으로는 분산되어 있는 아이쿱생협의 구성원들이 온라인상에서는 언제나 한자리에 모여 있는 것과 같은 효과를 준다. 게다가 CUG의 구성원들은 각자의 조합에서 활발한 CoP 활동을 한다. 그래서 면대면으로 만날 수 없는 시간에도 소통하고 정보를 공유하기 위해 CUG에 접속한다. 그리고 CUG상에서 다른 조합의 구성원들과 상호 작용하며 정보를 주고받는 것이 자신의 조합 활동에 도움이 된다는 것을 알기 때문에 더 적극적으로 활동한다. 때문에 CoP 구성원 간의 긴밀한 유대관계가 CUG상의 NoP에도 전달되고 CUG 구성원 간에도 친밀한 관계가 형성된다. 이는 활동가들의 증언을 통해 확인할 수 있다.

일주일에 며칠을 CUG에 들어가서 활동을 했어요. 심지어 남편들이 신흥종교집단에 들어간 것으로 착각할 정도로 적극적으로 참여했어요.

(활동가들은 CUG에) 매~일 들려요!! 'CUG 들어가지 않기 운동, CUG 끊기 운동'을 해

야 한다는 말이 돌 정도예요. 우스갯소리긴 하지만. 너무 많이 해서 줄여야 한다는 얘기죠.

…우리가 함께 간다는 느낌이 있어요. 기본적으로 공동체에 관한 문화가 형성되어 있어요.

각 지역생협은 서로를 경쟁의 관계로 보지 않고 서로 돕는 것이라고 생각하고 있어요. 따라서 서로 Best Practice를 (공유)하는 데는 최고예요. 서로 힘들기 때문에 적극적으로 도와주지요.

다음에서는 CUG를 매개로 프랙티스가 어떻게 공유되고 형성되는가를 확인하겠다.

(2) 프랙티스의 공유

CUG가 아이쿱생협의 업무를 처리하는 주요한 공간이다 보니 업무와 관련된 모든 일들은 CUG에 기록으로 남는다. 이와 더불어 아이쿱생협의 모든 구성원들은 업무와 관련하여 수행한 모든 활동을 문서화하여 공유한다. 그리고 업무에 도움이 될 만한 자료들도 문서화하여 공유한다. 그리고 그렇게 공유된 자료들을 구성원들이 찾아서 학습하고 실천한 후에 결과를 CUG에 공유함으로써 피드백을 준다. 이에 대해 아이쿱생협의 활동가는 다음과 같이 말했다.

우리는 모든 것을 문서로 남겨요. 일어나는 모든 일을 CUG에 월별로 정리해서 올리지요. 그리고 모든 조합의 이사회는 '학습회'를 하는데 (학습회의 내용은 각 이사회에서 정한다. 예를 들면 매장사업 경영을 모른다거나 정책 변화가 있을 때 정책 학습회 등을 한다.) 그 학습의 문서도 CUG에 이사장이 정리해서 올려요. 즉, 모든 일들에 대한 기록이 CUG에 있지요. 필요하다면 CUG에서 찾아서 학습하고 토론한 것도 올려요.

인터뷰에서도 알 수 있듯 모든 활동을 문서로 남기는 것은 아이쿱생협 공통의 프랙티스로 정착되었다. 그리고 그 프랙티스 덕분에 구성원들은 자신이 직접 참여하지 못한 활동에도 간접적으로 참여할 수 있다. 예를 들면 한 활동가는 CUG의 문서를 통해 자신이 참여하고 싶었던 활동에 간접적으로 참여하여 실천 지식을 공유할 수 있었다는 것을 다음과 같이 말했다.

…참여하고 싶은데. 일정이 안 맞아서 참여를 못한 것이기 때문에 어떻게 진행되는지 궁금하기도 하고, 전체적으로 일어나는 일들을 파악하고 있으면 생각이 공유되니까. 또, CUG에 들어가면 지식게시판이 있는데, 거기에 들어가서 지식을 많이 보고 학습합니다.

또, CUG를 통해 다른 조합의 경험과 노하우를 공유받아 자기 조합의 활동에 적용하기도 한다. 그리고 그것의 유용성을 깨달아 자신의 경험도 CUG에 공유한다. 예를 들면 다음과 같다.

이사회에서 활용하기 위해 CUG의 정보들을 습득해요.

CUG에 문서를 다 남겨놓으면, 행사계획이 세워지면. 예를 들어 올해 총회에서 내가 선거 관련된 것을 맡았으면 CUG에 들어가서 작년 총회선거 관련 문서를 검색하여 공부해요. 이렇게 전에 했었던 것들을 다시 검색해서 공부하고 참고하기 때문에 꼭 문서나 댓글 등을 CUG에 남겨놓고 보관하는 겁니다.

아이쿱생협의 NoP에서는 이미 형성된 프랙티스가 공유될 뿐만 아니라 새로운 프랙티스가 형성되기도 한다. 이러한 현상에 대해서는 다음 항에서 확인하겠다.

(3) 프랙티스의 형성

CoP나 NoP는 프랙티스를 기반으로 형성되기 때문에 공동의 프랙티스를 지속적으로 형성하는 것이 이런 공동체나 네트워크를 유지하는 가장 큰 힘이다. CUG에서는 그것이 매우 활발하게 일어난다. 그리고 그것이 CUG를 유용하게 만든다. 예를 들면 전국에 흩어져 있는 75개의 조합들은 CUG를 통해 공동의 프랙티스를 꾸준히 만들어낸다. 그것은 CUG를 통해 지식경영이 일어나게 하는 가장 큰 토대이다. CUG의 기능 중 어떤 것이 가장 유용하다고 생각하느냐는 질문에 아이쿱생협의 활동가는 다음과 같이 말해 공동의 프랙티스를 형성했을 때 CUG가 얼마나 큰 힘을 발휘하는지 증명해주었다. 이는 기술(예: 지식경영 시스템)이 지식경영을 가능하게 하는 것이 아니라 오히려 지식경영의 실천이 기술을 유용하게 만든다는 해석도 가능하게 한다.

> 그리고 우리는 지역생협이 75개가 있잖아요. 중앙 집중적으로 어떤 이슈가 있을 때 내용을 만들어내고 실천한다고 했을 때 CUG가 있어서 집중해서 '확~' 할 수 있잖아요… '일사불란'이라고 하면 좀 그렇지만 (CUG에)전체 지역생협을 움직이게 하는 힘이 있는 거죠. 예를 들면, 캠페인을 할 때 집중하게 하고 힘을 발휘하게 하는 힘이 있어요. 집중하게 하고, 성과가 나게 하고, 효율적이게 해요.

그 밖에 일상의 업무 속에서도 공동의 프랙티스가 형성된다. 다음의 인터뷰 내용은 소소한 일상의 업무에서도 공동의 프랙티스가 형성됨을 보여준다.

> 항상 CUG 공유방에 그 달의 일정표를 올리는데, 어느 분이 일정표를 올릴 때 늘 시작

하는 글로 인문학적인 책에서 따온 문구를 한 줄씩 넣기 시작했어요. 그러니까 다른 사람들도 따라 하기 시작하더라고요. (이제는 모두가) 그런 글을 넣기 위해 책을 찾아 공부도 하고. 그리고 나도 그런 글을 한 줄씩 넣기 위해서 책도 뒤적거리고 공부해요.

이처럼 누군가의 작은 행동도 CUG에서는 공동의 프랙티스로 형성되어갈 수 있다. 그뿐만 아니라 CUG에서는 구성원들이 함께 공동의 문제를 해결해 나감으로써 새로운 프랙티스를 형성하기도 한다. 예를 들면, 아이쿱생협에서 어떤 새로운 시스템을 도입하면, 그 시스템을 적용해본 전국의 조합들이 새로운 시스템에서 발견되는 문제점들을 공동으로 해결해나간다. 구체적인 예는 다음과 같다.

12개 조합에서 올라온 의견을 보면 '이런 것들이 올라오는구나…' 하며 다양성을 경험해요. 그리고 그러한 의견들은 (아이쿱생협)전체 차원에서 반영을 해요. 예를 들어 (새로 도입한) 선결제 시스템에 대해 조합원들이 불편해한다는 문제점이 제기되면 반영이 되고 개선이 돼요. 합리적이고 최선의 방안으로 계속 업그레이드되고 있다고 생각해요.

마지막으로, 개별 조합에서 겪고 있는 문제도 CUG상에 이야기함으로써 공동으로 해결되기도 한다. 예를 들어 어떤 조합에서 '우리 조합에 어떤 문제가 발생했다. 조언을 달라'는 글을 CUG에 남기면 수많은 조합들이 그 글에 댓글을 남기고 공동으로 해당 조합의 문제를 해결해간다. 이에 대한 인터뷰 내용은 다음과 같다.

조합에서 조합원 모니터링을 하면서 (문제가 생기면) CUG에 문서를 생성해요. "우리 생협에서 이런 문제가 있는데 댓글 바랍니다" 하면 사람들이 보고 조언도 해주고 다른 조합들도 보면서 '이런 문제가 있을 수 있구나' 하면서 대비도 하고. 그러고 나서 바뀐 것이 있으면 바뀌었다고 또 올려요.

이렇게 문제가 생기면 CUG상에서 조언을 구하고 이를 본 구성원들이 자신의 노하우를 전수하고 그것을 적용한 구성원이 다시 피드백을 올리는 과정을 통해 학습이 일어나고 공동의 프랙티스가 형성되는 것이다.

앞서 설명한 제1, 2, 3항의 내용을 종합하면 지식경영시스템으로 구축되지 않은 CUG를 매개로 CoP와 NoP가 활성화되어 지식경영이 실천되고 있다고 볼 수 있다. 이는 업무 프로세스가 집중되어 있는 CUG 안에서 아이쿱생협 운영에 참여하는 조직의 모든 구성원들이 서로 긴밀하게 연결되기 때문이다. 특히, CUG는 접속 권한을 가진 모든 구성원들이 CUG상의 거의 모든 정보에 접근할 수 있도록 되어 있고 필요한 자료나 도움을 줄 수 있는 사람을 찾아 연락할 수 있도록 연락처와 프로필이 개방되어 있다. 그래서 CUG에 접속하는 구성원들은 직접 조직의 모든 일에 참여하거나 조직의 모든 구성원들을 만나지 않아도 CUG를 통해 조직에서 일어나는 일들을 생생하게 알 수 있고 다른 조합의 구성원들도 쉽게 만날 수 있다. 이러한 CUG의 내부자에 대한 개방성은 업무 프로세스가 집중되어 있는 CUG에서 구성원 간에 긴밀한 상호작용과 강력한 호혜 규범이 나타나게 하여 NoP는 물론이고 NoP를 구성하는 CoP들까지도 활성화한다. 따라서 다음과 같은 연구 결과를 얻었다.

결과 2: 조직의 업무프로세스가 집중된 정보시스템에서 정보시스템 내 정보와 사용자에 대한 정보가 내부자에게 개방되면 CoP와 NoP가 활성화되어 지식경영이 실천될 수 있다.

5. 결론 및 연구의 한계

이 글은 지식경영시스템 구축에 대한 경영자의 의도나 전략이 없었음에도 불구하고 커뮤니케이션을 위해 구축된 인트라넷을 매개로 자발적이고 성공적인 지식경영이 실천되고 있는 아이쿱생협의 사례를 통해 '지식경영은 어떻게 실천될 수 있는가'를 보여주고자 했다. 그리고 지식과 실천이 분리될 수 없다고 보는 프랙티스 기반 관점에서 지식경영을 바라보았다. 이에 CoP와 NoP 개념에 기반하여 사례를 분석하고 다음과 같은 결론을 도출했다.

첫째, 조직이 사용하고 있는 여러 정보시스템 중 특정한 정보시스템에 업무 프로세스가 집중되면 업무에 밀착된 정보가 집중적으로 공유되어 NoP가 형성될 수 있다. 왜냐하면 어느 한 가지 정보시스템에 조직의 업무프로세스가 집중되면 조직의 구성원들은 그 정보시스템에 접속을 할 수밖에 없기 때문이다. 구성원들이 지속적으로 한 정보시스템에서 업무에 관련된 모든 사항들을 공유하게 되면 그 시스템에는 다양하고 방대한 양의 자료가 쌓이게 된다. 그리고 조직의 구성원들이 업무를 처리하기 위해 해당 정보시스템에 접속했다가 그런 다양하고 방대한 자료에 노출되게 된다. 이것은 조직 구성원들의 자연스러운 학습을 유도하여 NoP를 형성한다.

둘째, 조직의 업무 프로세스가 집중된 정보시스템에서 정보시스템 내 정보와 사용자에 대한 정보가 내부자에게 개방되면 CoP와 NoP가 활성화되어 지식경영이 실천될 수 있다. 일반적으로 정보시스템을 매개로 연결된 구성원들은 서로를 간접적으로밖에 알 수가 없어 그 관계가 느슨할 수밖에 없다. 그런데 정보시스템 내에서 공유되고 있는 모든 정보와 NoP 구성원들에 대한 정보까지도 내부자들에게 개방되면 CUG에 접속하는 구성원들은 직접 조직의 모든 일에 참여하거나 조직의 모든 구성원들을 만나지 않아도 CUG를 통해 조직에서 일어나는 일들을 생생하게 알 수 있고 다른 조합의 사람들과도 알게 될 수 있다.

이 때문에 CUG 내에서 강력한 호혜 규범과 긴밀한 상호작용이 일어나서 CoP
와 NoP가 활성화된다.

위의 두 결과를 종합하면, 기업이 별도의 지식경영시스템을 구축하지 않아
도 조직 내 업무 프로세스를 특정한 정보시스템에 집중시키면 그 정보시스템을
매개로 CoP와 NoP가 활성화되어 자발적인 지식경영이 일어날 수 있다는 결론
을 내릴 수 있다. 이는 프로세스 관점에서 지식경영을 하던 경영자들에게도 시
사점을 줄 수 있다. 이 글은 기존의 프로세스 관점에서는 지식경영시스템을 구
축하고도 구성원들의 실천을 이끌어내기 어렵다는 점을 지적했다. 왜냐하면 프
로세스 관점에서는 암묵지를 성문화하여 형식지로 공유하는 프로세스에 초점
이 맞춰져 있어 구성원 간 상호작용을 통한 지식의 공유와 획득 과정을 간과했
기 때문이다. 그런데 이 글에서 관찰된 NoP도 사실상 인트라넷상에서 성문화
된 지식인 '문서'를 공유하는 활동을 중심으로 형성되었다. 그럼에도 불구하고
일반적인 지식경영 프로세스와 다른 점은 이러한 문서공유 활동이 자발적으로
이루어진다는 것과 그 과정에서 자발적인 학습과 긴밀한 상호작용이 일어난다
는 점이다. 결과적으로 이 글은 프로세스 관점에서 지식경영을 시도하던 경영
자들도 관점을 조금만 전환하면 기존의 방식대로 구성원들에게 지식공유를 강
요하거나 인센티브를 통해 억지로 동기를 부여하지 않아도 성공적인 지식경영
을 할 수 있음을 보여주었다.

이 글의 한계는 연구 대상인 아이쿱생협이 소비자협동조합이라는 비영리 성
격의 특수한 조직이라는 점에 있다. 애초부터 소비자협동조합은 소비자들에 의
해 자발적으로 결성된 조직이기 때문에 자발적인 지식경영이 일어날 수 있는
특수한 환경이 이미 제공되어 있었을 수 있다. 이는 향후에 더 연구되어야 할
사항이다. 하지만 이것이 지식경영이 자발적인 실천에 기초한다는 연구 결과와
는 대립하지 않는다.

참고문헌

고준·엄기용. 2006. 「온라인 실행공동체(Communities-of-Practice) 활성화 요인과 스폰서의 영향」. ≪경영정보학연구≫, 16(2), 183~205.

김동헌·김영재·이영찬. 2010. 「CoP 활동이 사회적 자본과 조직성과에 미치는 영향: 유한킴벌리, 포스코, 건강보험심사원 사례를 중심으로」. ≪지식경영연구≫, 11(3), 77~90쪽.

방유성·이명성. 2000. 「성공적 지식경영을 위한 CoP 운영전략: S사의 지식경영구축 사례를 중심으로」. ≪지식경영연구≫, 1(1), 127~137쪽.

백윤정·김은실. 2008. 「실행공동체(CoP)내 지식공유의 영향요인: 구조적 특성과 관계적 특성의조절효과를 중심으로」. ≪지식경영연구≫, 9(2), 63~86쪽.

현경택·홍아정. 2010. 「기업의 지식경영 실행에 관한 질적연구: S기업의 지식경영 실천 사례」. ≪지식경영연구≫, 11(1).

Adler, P. S., S.-W. Kwon and C. Heckscher. 2008. "Professional Work: The Emergence of Collaborative Community." *Organization Science*, 19(2), pp.59~376.

Agterberg, M. et al. 2010. "Keeping the Wheels Turning: The Dynamics of Managing Networks of Practice." *Journal of Management Studies*, 47(1), pp.85~108.

Blackler, F. 1995. "Knowledge, Knowledge Work and Organizations: An Overview and Interpretation." *Organization Studies*, 16(6), pp.1021~1046.

Brown, J. S. and P. Duguid. 1991. "Organizational Learning and Communities-of-Practice: Toward a Unified View of Working, Learning, and Innovation John." *Organization Science*, 2(1), pp.40~57.

Brown, J. S. and P. Duguid. 2001. "Knowledge and Organization: A Social-Practice Perspective." *Organization Science*, 12(2), pp.198~213.

Dalkir, K. 2005. *Knowledge Management in Theory and Practice*. Elsevier/Butterworth Heinemann.

Davenport, T. H. and L. Prusak. 1998. *Working Knowledge*. Harvard Business Review Press.

DeSanctis, G. and P. Monge. 1998. "Communication Processes for Virtual Organizations." *Journal of Computer-Mediated Communication*, 3(4).

Edenius, M. and J. Borgerson. 2003. "To Manage Knowledge by Intranet." *Journal of Knowledge Management*, 7(5), pp.124~136.

Fahey, L. and L. Prusak. 1998. "The Eleven Deadliest Sins of knowledge Management." *California Management Review*, 40(3), pp.265~276.

Feldman, M. S. and B. T. Pentland. 2003. "Reconceptualizing Organizational Routines as a Source of Flexibility and Change." *Administrative Science Quarterly*, 48(1), pp.94~118.

Gonzalez, J. S. 1998. *The 21st-century Intranet*. Prentice-Hall, Inc.

Gupta, A. K. and V. Govindarajan. 2000. "Knowledge Flows within Multinational Corporations." *Strategic Management Journal*, 21(4), pp.473~496.

Jacko, J. A., G. Salvendy and F. Sainfort. 2001. "Intranets and Organizational Learning: A Research and Development Agenda." *International Journal of Human-computer Interaction*, 14(1), pp.93~130.

Ji, Y. G. and G. Salvendy. 2001. "A Framework for Improving Organizational Learning Through a User-Adaptive Intranet Portal Organizational Memory Information System." *The International Journal of Aviation Psychology*, 11(2), pp.123~148.

Johnson, G. et al. 2007. *Strategy as Practice: Research Directions and Resources*. Cambridge University Press.

Krogh, G. von. 1998. "Care in Knowledge Creation." *California Management Review*, 40(3), pp.133~153.

Lave, J. and E. Wenger. 1991. "Situated learning: Legitimate peripheral participation." in R. Pea and J. S. Brown (Eds.). *Learning in doing*, Vol.95, p.138. Cambridge University Press.

Liebowitz, J. and T. J. Beckman. 1998. "Knowledge Organizations: What Every Manager Should Know." *Taylor and Francis*. p.208.

Lin, H.-F. and G.-G. Lee. 2004. "Perceptions of Senior Managers toward Knowledge-Sharing behaviour." *Management Decision*, 42(1), pp.108~125.

Merton, R. K. and P. L. Kendall. 1946. "The Focused Interview." *American Journal of Sociology*, 51(6), pp.541~557.

Nelson, K. M. and J. G. Cooprider. 1996. "The Contribution of Shared Knowledge to IS Group Performance." *MIS Quarterly*, pp.409~432.

Pfeffer, J. and R. Sutton. 1999. *The Knowing-Doing Gap: How Smart Companies Turn Knowledge into Action*. Harvard Business Press.

Preece, J. and B. Shneiderman. 2009. "The Reader-to-Leader Framework: Motivating Technology-Mediated Social Participation." *Transactions on Human-Computer Interaction*, 1(1), pp.14~33.

Soekijad, M. B. van den Hooff, M. Agterberg and M. Huysman. 2011. "Leading to Learn in Network of Practice: Two Leadership Strategies." *Organizations Studies*, 32(8), pp.1005~1027.

Spender, J. C. 1996. "Organizational Knowledge, Learning and Memory: Three Concepts in Search of a Theory." *Journal of Organizational Change Management*, 9(1), pp.63~78.

Stenmark, D. 2002. *Information vs. Knowledge: The Role of intranets in Knowledge Management*. 35th Hawaii International Conference on System Sciences.

Takhteyev, Y. 2009. "NETWORKS OF PRACTICE AS HETEROGENEOUS ACTOR-NETWORKS." *Information, Communication and Society*, 12(4), pp.566~583.

Tsai, W. and S. Ghoshal. 1998. "Social Capital and Value Creation: The Role of Intrafirm Networks." *Academy of management Journal*, 41(4), pp.464~476.

Wasko, M. M. and S. Faraj. 2005. "Why Should I Share? Examining Social Capital and Knowledge Contribution in Electronic Networks of Practice." *MIS Quarterly*, 29(1), pp.35~57.

Wasko, M. M., S. Faraj and R. Teigland. 2004. "Collective Action and Knowledge Contribution in Electronic Networks of Practice." *Journal of the Association for Information Systems*, 5(11-12), pp.493~513.

Wenger, E. C. 2000. "Communities of Practice and Social Learning Systems." *Organization*, 7(2), pp.225~246.

Yin, R. K. 2009. "Case Study Research: Design and Methods." *Essential Guide to Qualitative Methods in Organizational Research* (4th ed.).

협동조합의 출자금과 자기자본*

서진선·최우석

1. 서론

주식회사는 투자자가 소유하고 통제하는 투자자소유기업인 반면, 협동조합은 이용자인 조합원이 소유하고 통제하는 조합원소유기업이다. 1인 1표라는 민주적 통제를 기반으로 조합원과 지역사회에 필요한 제품과 서비스를 공급하고 있다(Defourny and Develtere, 1999). Birchall(2004)에 따르면, 협동조합은 빈곤 감소, 성평등 향상, 건강복지서비스 제공, 환경의 지속가능성 등에 기여하고 있다. 지민진(2013)은 우리나라 시장과 생협의 생산자 가격 변화에 따른 소비자 가격 변화에 미치는 영향, 즉 비대칭적 가격전이 효과를 분석했다. 분석 결과, 생협의 비대칭적 가격전이 효과가 시장보다 덜하고 생산자 가격이 하락할 때

---

* 이 장은 다음 논문을 기반으로 한 것이다. 서진선·최우석, 「협동조합 출자금과 비분할 적립금의 자기자본-부채 분류: 협동조합 관련법 중심으로」, ≪대한경영학회지≫, 33권 5호(2020), 859~ 883쪽.

생협에서만 소비자 가격이 당기에 모든 품목에서 유의하게 하락하는 것을 실증함으로써 생협이 소비자 편익을 증가시키는 것을 보여주었다. Erdal(2011)은 이탈리아 세 도시의 비교를 통해 노동자협동조합에서 일하는 조합원이 많을수록 지역사회의 사회적 자본이 크다는 것을 보여준다. 협동조합의 긍정적인 사회적 영향력을 확인한 유엔은 2012년을 협동조합의 해로 선언한다. 특히, 빈곤 감소와 사회 통합에 대한 영향력에 주목했다.[1] 2015년에는 유엔 회원국이 모여 빈곤 감소, 성평등, 양질의 교육, 양질의 일자리와 경제성장 등 지속가능발전목표(Sustainable Development Goals) 17개와 세부 목표 169개를 합의했는데, 이는 '미래 세대의 필요를 충족시킬 수 있으면서 오늘날의 필요도 충족시키는' 개념을 바탕으로 구성되었다. 협동조합이 이러한 지속가능발전목표를 실현하는 데 있어 매우 적절하고 중요한 조직이라는 광범위한 인식과 합의를 국제노동기구(International Labor Organization: ILO), 유엔, 그리고 국제협동조합연맹(International Co-operative Alliance: ICA) 등에서 가지고 있다(Wanyama, 2014). 협동조합은 조합원들을 위해 경제적 기회를 찾아내고, 사회적 약자들의 이해를 지키기 위해 그들에게 권한을 부여하고, 개별 위험을 집단 위험으로 전환시키면서 가난한 사람들에게 안전망을 제공하기 때문이다. 즉, 협동조합은 지속가능경영을 실천하고 있는 것이다.

기업이 발전하고 성장하기 위해서는 그에 따른 제도와 정책이 뒷받침되어야 한다. 그러나 현 경제 제도의 많은 부분은 주식회사를 중심으로 진화해온 측면이 있다. 기업과 산업의 성장을 위해 필요한 제도 중 하나가 회계기준이며, 협동조합 역시 사업을 운영하는 조직으로서 재무 보고를 해야 하고 이를 위한 회계기준이 필요하다. 우리나라는 협동조합을 위한 통일된 회계기준이 없으며, 현재 사용되고 있는 회계기준도 주식회사 중심으로 발전한 것이기 때문에 협동

---

[1]   https://www.un.org/en/events/coopsyear/

조합에 대한 적합성 문제가 지적되고 있다(구정옥, 2018). 이러한 문제는 주주 이익을 극대화하려는 주식회사의 목적과 조합원의 필요를 충족시키려는 협동조합의 목적이 서로 다르기 때문에 발생하는 것이다.

계정과목별로 협동조합과 주식회사의 차이는 주로 자본조달 원천에서 나온다. 즉, 재무상태표 대변의 계정과목에서 차이가 있다. 부채에서 협동조합의 독특한 계정과목은 조합원 차입금으로, 자신의 조합원으로부터 차입금 형태로 자금을 조달하는 것이다. 우리나라에서는 주식회사 외에는 회사채를 발행할 수 없기 때문에 우리나라 협동조합은 회사채 계정과목이 없다.[2] 협동조합의 자기자본 계정과목은 주식회사와 다른, 독특한 특징을 가진다. 조합원이 협동조합에 가입할 때 납입하는 조합원 출자금은 의결권, 배당권 등의 자기자본 속성과 함께 조합원이 탈퇴하면 상환해야 하는 의무를 가지는 부채 속성을 지닌다. 그리고 명확하게 계정과목으로 나타나지는 않고 적립금과 잉여금에 내포되어 있는 비분할 적립금이 있다. 이는 주식회사에는 없는 개념으로 조합원이 탈퇴하더라도, 심지어 청산 시에도 조합원에게 상환되지 않고 남아 있는 자본이다.

조합원은 자신의 필요를 충족시키고자 협동조합을 소유하고 통제한다. 즉, 조합원은 협동조합의 주인이고, 주인으로서 조합원이 납입하는 출자금을 자기자본으로 볼 수 있다. 그래서 협동조합 진영에서 출자금은 자연스럽게 자기자본으로 여겨진다(Andrews, 2015; Roelants, 2016). 그러나 주식회사와 다른 재산권 구조, 즉 1인 1표로 대표되는 민주적 통제와 상환 가능성 그리고 잔여재산청구권(residual claims)의 제한이라는 특징을 가진 출자금은 현재의 회계기준에서 부채로 분류될 수 있다. 출자금을 부채로 분류할 경우 협동조합의 자기자본이

---

2   세계 300대 협동조합의 자본 원천을 조사한 결과에서 세계의 많은 협동조합은 회사채를 사용하고 있었다(Andrews, 2015). 그리고 우리나라에서 농업협동조합 중에서 중앙회와 농협은행은 예외적으로 농업금융채권을 발행할 수 있다(농업협동조합법 제153조 농업금융채권의 발행).

감소하여 부채비율의 증가와 같이 재무지표에 영향을 미치고, 이는 자본조달에 있어 부정적인 영향을 줄 수 있을 것이다. 신용사업을 수행하는 금융협동조합의 경우 출자금이 자기자본이 아니라 부채로 분류되면 영업에 더 많은 어려움을 겪을 수 있다. 왜냐하면 금융사업 규모가 자기자본과 연계하여 정해질 수 있으며 BIS 자기자본비율과 같은 자본적정성 지표는 조직의 평판에 영향을 줄 수 있기 때문이다. 협동조합의 자본조달 제약이 투자자와의 정보비대칭 때문에 발생할 수 있는데(Seo and Choi, 2019), 주식회사의 관점에서 출자금의 분류는 출자금의 특징을 적절하게 보여주지 못하기 때문에 협동조합에 대한 정보비대칭을 높여 자본조달을 제약하는 요인이 될 수도 있다.

한국 채택 국제회계기준 중 '기업회계기준서 제1032호 금융상품: 표시(IAS 32 Financial Instruments: Presentation)'는 거래 상대방에게 현금 등 금융자산을 인도하기로 하는 계약상 의무가 있을 때 금융상품을 금융부채로 분류하도록 한다. 이 기준에 따르면 협동조합은 조합원이 탈퇴하거나 제명되는 경우 출자금을 환급해야 하기 때문에 출자금은 부채로 분류된다. 2002년 IAS 32 초안이 발표되고 협동조합 진영에서 문제를 제기한 후 국제재무보고기준해석위원회(International Financial Reporting Interpretations Committee: IFRIC)는 IAS 32의 협동조합 출자금 적용 문제를 검토·심의하고 협동조합 등으로부터 의견을 수렴한 다음 2004년 11월에 국제재무보고기준해석서(IFRIC Interpretations) 제2호 '조합원 지분과 유사지분(Members' Shares in Co-operative Entities and Similar Instruments)'을 발표했다(구정옥, 2005). 이 해석서는 "조합이 조합원 지분의 상환을 거절할 수 있는 무조건적인 권리를 보유하고" 있거나 "법률, 규정 또는 정관은 조합원 지분의 상환을 무조건 금지하거나 유동성 기준에 기초하여 금지하는 등의 다양한 금지 조항을 부과할 수 있으며 법률, 규정 또는 정관에 의하여 상환이 무조건 금지되면 조합원 지분은 자본으로 분류한다"고 명시하고 있다. 국내 협동조합 기본법과 개별법 그리고 각 표준정관의 출자금 및 자기자본과 관련한 조항들이 각기 달라 협동조합 출자금의 자기자본 여부가 협동조합 법적 유형에 따라 서로 다르게 해석될 여지가 있는 것으로 보인다.

협동조합이 주식회사의 자본 구조와 다른 두 번째 특징은 비분할 적립금(in-divisible reserves)이다. 비분할 적립금은 협동조합 영업 활동의 결과로 나타난 잉여금의 일부를 개별 조합원들에게 분배하지 않고 협동조합 내부에 남는 자산이다. 이는 ICA의 협동조합 7원칙 중 제3원칙에도 명시되어 있다. 비분할 적립금은 협동조합의 존속기간 동안에는 누구에게도 분배되지 않고, 심지어 청산 후에 남더라도 분배되지 않는다. 비분할 적립금은 협동조합을 개인이나 국가가 소유하는 것이 아니라 사람들이 집단적이고 분산적으로 통제권을 소유하는 공동소유권의 특징을 더 분명하게 보여준다(Bajo and Roelants, 2011). 현재 미국재무회계기준위원회(U.S. Financial Accounting Standards Board: FASB)와 국제회계기준위원회(International Accounting Standards Board: IASB)에서 제시한 기준과 국내 협동조합법에서 비분할 적립금과 관련한 규정은 명확하지 않는 것 같다.

이 글은 FASB와 IASB 등에서 검토한 자기자본 분류 접근법을 살펴보고 각 접근법을 기준으로 협동조합 출자금과 비분할 적립금의 자기자본 여부를 확인하는 것을 목적으로 한다. 자기자본은 어떤 특징을 가지고 있어야 하는지, 그리고 협동조합의 정의와 원칙에 부합하는 기준은 무엇인지를 파악할 때 협동조합 출자금과 비분할 적립금에 대한 분석이 이루어질 수 있을 것이다. 이를 통해 협동조합 회계기준 제정과 장기적으로 이해관계자와 협동조합 간 정보비대칭의 감소, 이를 통한 경쟁력 향상에 도움을 줄 수 있을 것이다.

이후 이 글의 구조는 다음과 같다. 제2절에서 협동조합 출자금의 특징과 자기자본-부채 분류 접근법을 설명한다. 제3절에서 연구 방법과 수집된 자료를 소개하고, 제4절에서 각 접근법과 법적 내용에 따른 각 협동조합 유형의 출자금과 비분할 적립금을 자기자본과 부채로 분류할 것이다. 마지막 제5절에서 요약과 시사점을 도출한다.

2. 선행연구

1) 협동조합 출자금

협동조합은 투자이익을 극대화하려는 것이 목적이 아니라 이용자인 조합원들의 편익을 도모하기 위해 설립된다. 소비자, 생산자, 직원으로서 협동조합 사업을 이용하기 위해서는 조합원으로 가입해야 하며, 가입 시 일정 금액 이상의 출자금을 납입한다. 조합원은 이사 선출 등의 의결권을 가지는데, 이 의결권은 출자한 금액과는 상관이 없고 조합원 자격이 있는 사람들에게 동일하게 부여된다. 즉, 출자금을 납입하고 조합원이 된 사람은 1인 1표로 대표되는 민주적인 의사결정 구조에 참여할 수 있다. 출자금은 조합원 자격과 협동조합 사업을 이용할 수 있는 수단이면서 동시에 협동조합에 자본을 제공하는 형태이다. 이러한 특징을 출자금의 이중 속성이라고 부를 수 있다(López-Espinosa, Maddocks and Polo-Garrido, 2009).

조합원은 2가지 배당을 통해 잉여금 분배에 참여할 수 있다. 하나는 출자금에 비례한 배당이며, 다른 하나는 협동조합을 이용한 금액과 비례하여 배당을 주는 이용실적배당이다.[3] 대부분의 국가에서 일반적으로 출자배당은 그 한도가 제한되어 있으며, 일부 국가에서는 비조합원과의 거래로부터 발생한 이익에 대해서는 배당을 금지하고 있다(박광동 외, 2019). 이용실적배당은 조합원과 협동조합 간 거래에서 발생한 잉여금에 대한 분배이며, 원가 경영을 하는 협동조합의 입장에서는 가격을 조합원이 지급해야 하는 원가보다 높게 책정했기 때문에 잉여금이 발생했고, 이 잉여금을 이용 실적에 따라 환급해주는 것이다. 우리

---

3   협동조합은 투자이익을 목적으로 하지 않기 때문에 배당이라는 표현 대신 출자보상, 이용실적환급이라는 표현을 사용하기도 한다(박광동 외, 2019).

나라 협동조합기본법에 따르면, 출자에 대한 배당은 출자금의 10%로 한정하고 있으며, 배당금 총액의 50% 이상은 이용실적배당을 하도록 규정하고 있다.

조합원이 협동조합을 탈퇴하고 협동조합과의 거래를 그만둘 때는 자신의 출자증권(출자금)을 타인에게 양도하는 것이 아니라 출자금을 환급받는다. 하지만 조합원은 지분의 시장가치로 환급받는 것이 아니라 출자금 액면가에 해당하는 금액을 환급받을 수 있다.[4] 반면에, 협동조합에서 적립금을 초과하는 손실이 발생할 때는 손실분을 출자금에서 제외하고 환급해주며, 조합원이 책임지는 손실 한도는 출자금의 액면가로 제한된다.

Cook and Iliopolous(1999)와 Chaddad and Cook(2004)은 재산권 이론의 관점에서 주식회사의 보통주와 협동조합의 출자금을 비교했다. 잔여재산청구권은 기업이 발생시키는 순이익에 대한 권리이다. 임금과 이자와 같이 약속된 금액을 지급한 후에 남은 재산에 대한 권리를 말한다. 순이익은 불확실하고 손실이 날 수 있기 때문에 잔여재산청구권을 가지고 있는 당사자는 기업의 잔여 위험을 보유하고 있다. 잔여재산청구권자가 자산의 사용, 양도, 처분 등 자산에 대한 통제를 행사할 수 있는 권리인 잔여통제권(residual right of control)을 보유할 때 그 자신의 수익을 극대화하기 위해서 효율적인 의사결정을 내릴 수 있을 것으로 본다(Milgrom and Roberts, 1992). 잔여재산청구권자는 순이익에 대한 권리를 가지고 있기 때문에 일반적으로 잔여재산청구권을 행사하는 데 제한을 받지 않는다. 하지만 협동조합은 출자금 배당에 제한을 두고 있으며 탈퇴 시 출자금액만을 환급받을 수 있다. 이는 잔여재산청구권 제한을 의미하고 자산의 투자와 처분에 영향을 미칠 수도 있다. 또한 조합원은 잔여통제권자이지만 원칙적으로 출자증권(출자금)을 양도할 수 없으며,[5] 협동조합의 특징인 1인 1표라는

---

4   협동조합에 따라 출자금과 총회에서 확정된 준비금, 배당금을 출자금으로 전환한 회전출자금 등을 환급받을 수 있다.

민주적인 의사결정은 개인이 투자한 금액에 비례해 의결권을 가지는 것이 아니므로 투자에 대한 통제권을 완전히 가진다고 볼 수 없다는 점에서 잔여통제권 또한 제한되어 있다. 이러한 협동조합 출자금을 Cook and Iliopolous(1999)는 '모호하게 정의된 재산권'으로 보았고, 이로 인해 자본조달과 관련해서 무임승차자 문제, 포트폴리오 문제, 투자 기간의 문제 등이 발생한다고 주장했다.[6]

〈표 8-1〉은 협동조합 출자금과 주식회사 보통주의 특징을 비교해 보여준다.

〈표 8-1〉 협동조합 출자금과 주식회사 보통주의 특징

특징	협동조합 출자금	주식회사 보통주
이중 속성	○	x
발행가격	액면가	제한 없음
이사 선출권리	○	○
총회 참석권리	○	○
조합원 참여로부터 얻는 경제적 혜택	○	x
증권 보유로부터 얻는 경제적 혜택	x	○
배당이나 이자에 대한 상한	○	x
양도 가능성	없거나 제한적임	○

---

5   법적으로 조합원 출자지분의 양도가 불가능한 것은 아니다. 하지만 양도를 하려면 총회의 의결이나 협동조합의 승인을 필요로 한다(예: 협동조합기본법 제24조 3항, 농업협동조합법 제23조 1항). 즉, 원칙적으로 불가능하지만 필요에 따라 제한적으로 양도가 가능한 것으로 볼 수 있다. Cook and Iliopolous(1999)와 Chaddad and Cook(2004) 등의 연구자들은 그들의 분류에 따라 전통적인 협동조합은 출자증권의 양도가 불가능한 것(non-transferable)으로 정리한다. 반면에, López-Espinosa et al.(2009, 2012)은 "조합원 출자증권은 일반적으로 제한된 양도 가능성(limited transferability)"이라고 표현하고 있다.

6   이러한 주장은 개인을 제한된 합리성을 가지고 기회주의적 행동을 하는 존재로 가정하는 신제도주의적 관점에서 이루어진 것이다. 임영선(2004)에 따르면, 무임승차자 문제는 신규 조합원이나 비조합원이 기존 조합원이 조성한 공동 재산을 이용하여 혜택을 받게 됨으로써 발생하는 문제이다. 포트폴리오 문제는 조합원 출자금을 거래할 수 없고 가치의 재평가도 이루어지지 않기 때문에 조합원이 개별 위험 선호에 따른 투자 포트폴리오를 구성하지 못하는 문제이다. 투자 기간의 문제는 현재의 투자가 미래의 이익이 될 수 있지만 조합원의 은퇴·탈퇴로 인해 이러한 이익을 누리지 못할 것으로 예상하여 과소 투자하는 문제이다.

조합원 탈퇴 시 환급	○	x
액면가로 상환	○	해당 사항 없음
투표권	조합원 자격에 부가된 투표권 (1인 1표)	1주당 부가된 투표권 (1주 1표)
비분할 적립금(공동소유자본)	○	x
유한책임	○	○
최후순위 증권	○	○
손실 흡수	○	○

자료: López-Espinosa et al.(2009).

2) 비분할 적립금

조합원 출자금이 조합원 개인의 소유권을 나타내는 것이라면 비분할 적립금 (indivisible reserves)은 조합원들의 공동소유권을 보여주는 것이다. 이는 협동조합 영업 활동의 결과로 나타난 잉여금을 개별 조합원들에게 분배하지 않고 조합 내부에 유보하여 적립한 자산이다. 개인이 소유하는 사유재산(private property)과 국가가 소유하는 공공재산(public property)과 달리 공유재산(commons) 또는 공동-사유(common-private) 재산으로 볼 수 있다(Bajo and Roelants, 2011). 이러한 비분할 적립금은 사람들이 집단적이고 분산된 통제권을 가지는 협동조합의 특징을 더 분명하게 보여준다.

비분할 적립금은 자본조달의 한 방편으로 협동조합에 영구적인 자본을 제공한다는 점에서 의의가 있다. 일부 오래된 협동조합의 경우 비분할 적립금이 협동조합 전체 자산의 90%에 이르기도 한다(Roelants, 2016). 또한 비분할 적립금은 손실을 완충함으로써 안정적인 재무구조를 갖추고, 이를 통해 채권자의 이해관계를 보호할 수 있다(Cobia and Brewer, 1989). 조합원 탈퇴 시 출자금이 환급되면서 자기자본의 변동이 생기는데, 이는 채권자를 보호하지 못할 가능성을 의미한다. 비분할 적립금은 후순위 자본이기 때문에 채권자의 이익을 보호할 수 있는 수단이 된다. 그리고 일부 국가에서는 협동조합이 주식회사로 전환할 때 일반적으로 비분할 적립금은 전환된 조직이 아니라 연합회나 협동조합 연대기금 등에 귀속되기 때문에 주식회사로의 전환에 대한 인센티브를 감소시킨다 (Reynolds, 2013). 이는 협동조합 정체성과 협동조합 조직을 유지하는 데 중요한 장치가 될 수 있다.

비분할 적립금은 청산 시에 조합원에게 분배할 수 있는지에 따라 2가지 유형으로 구분할 수 있다. 첫 번째는 협동조합이 존속하는 동안에는 분배되지 않지만 청산 시에는 조합원에게 분배할 수 있는 비분할 적립금으로, 이 글에서는 이를 '가형 비분할 적립금'으로 명명한다. 협동조합의 존속 기간에 조합원이 탈퇴할 경우, 출자금과 준비금 등은 환급받을 수 있지만 그 외의 적립금은 분배받을 수 없다.

두 번째 유형은 존속 기간뿐만 아니라 청산 시에도 조합원들에게 분배할 수 없는 적립금으로, 이 글에서는 '나형 비분할 적립금'으로 명명한다. 만약 청산 시 부채 등을 상환하고 남은 비분할 적립금은 연합회, 협동조합 연대기금, 유사한 목적의 협동조합 등으로 이전된다. 유럽과 남미의 많은 국가에서 잉여금의 일정 비율을 나형 비분할 적립금으로 쌓게 하고 이에 대해서 세제 혜택을 부여하고 있다. 우리나라에서는 사회적협동조합이 해산할 경우 잔여재산은 연합회, 유사한 목적의 사회적협동조합, 비영리법인 등에 귀속된다고 협동조합기본법에 명시되어 있다.

3) 자기자본-부채 분류 접근법

(1) 국제회계기준

한국회계기준원 회계기준위원회에서 채택한 국제회계기준(International Financial Reporting Standards: IFRS)의 '재무 보고를 위한 개념 체계'에서 "자본은 기업의 자산에서 모든 부채를 차감한 후의 잔여지분이다". 그래서 IFRS하에서 자기자본인지를 확인하려면 먼저 부채가 무엇인지를 정의해야 한다. 개념 체계에서 정의하는 부채는 "과거 사건에 의하여 발생했으며 경제적 효익을 갖는 자원이 기업으로부터 유출됨으로써 이행될 것으로 기대되는 현재 의무이다". 여기서 중요한 점은 과거 사건으로부터 발생해 현재 지니는 의무가 있는가 여부이다.

'기업회계기준서 제1032호 금융상품: 표시'에서 거래 상대방에게 현금 등 금융자산을 인도하기로 하는 계약상 의무가 있을 때 금융상품은 금융부채로 분류된다. 이 기준에 따르면, 협동조합은 조합원이 탈퇴하거나 제명되었을 경우 출자금을 환급해야 하기 때문에 출자금이 부채로 분류될 수 있다. IAS 32 초안이 공개되었을 때 많은 국가의 협동조합 진영에서 협동조합의 특성을 고려하지 않고 있다며 반대 의견을 밝혔고, 2003년 공청회에서도 IAS 32 원칙을 조합원 출자금에 적용하는 것에 문제를 제기했으며 IASB는 이 문제점을 인정했다(구정옥, 2005). IFRIC는 협동조합 진영에서 제기한 문제를 검토 및 의견 수렴 후 2004년에 국제재무보고기준해석서 제2호 '조합원 지분과 유사지분'을, 국내에서는 2015년에 '기업회계기준해석서 제2102호 조합원 지분과 유사지분'을 제정·발표하여 "조합이 조합원 지분의 상환을 거절할 수 있는 무조건적인 권리를 보유하고" 있으면 조합원 지분을 자기자본으로 분류할 수 있도록 했다.[7]

(2) 기본소유권 접근법

금융상품의 자기자본-부채 분류와 관련한 프로젝트는 FASB와 IASB에서 꾸준히 이어져 오고 있다. IAS 32 이전에도 관련 의견과 자료를 내놓았고, 그 이

---

7   영국의 Co-operative Group의 경우 *Annual Report*의 재무제표 주석에 관련 내용과 이사회의 상환거부 권리를 가지고 있음을 명시하고 있다. "IFRIC 2는 출자증권이 자기자본으로 분류되기 위해서 요구되는 특징을 명확히 하고 있다. 이사회는 두 종류의 출자증권의 상환을 거절할 수 있는 무조건적인 권리를 가지고 있기 때문에, 법인 출자증권과 개인 출자증권 모두 자기자본으로 간주된다"(Co-op Annual Report, 2017: 131).

후에도 두 위원회를 중심으로 논의가 진행되고 있다. 금융상품의 자기자본-부채 분류 문제는 협동조합이 겪는 문제이기는 하지만 협동조합만의 문제는 아니다. 혁신적인 하이브리드 금융상품들이 등장하면서 금융상품의 복잡성과 다양성은 그 상품들을 자기자본 또는 부채로 분류하는 데 어려움을 주고 있다(Ryan et al., 2001; Kimmel and Warfield, 1995).

2007년 FASB는 '자기자본 특성을 가진 금융상품에 대한 예비검토보고서(Pre-liminary Views, Financial Instruments with Characteristics of Equity)'를 발행한다. 이 보고서는 3가지 접근법을 제시하고 있으며, 그중 기본소유권 접근법(Basic Ownership Approach)이 금융상품을 자기자본으로 분류해야 하는지를 결정하는 데 적절한 기법이라고 결론을 내렸다. 기본소유권 접근법은 자기자본에 대해 가장 좁은 정의를 내리고 있으며, 다음의 2가지 특징을 지니고 있다.

① 만약 현재 기업이 청산된다면 자산에 대한 최후순위 청구권이 자기자본으로 분류된다.
② 증권 보유자는 상위의 청구권들이 상환된 후 남은 자산에서 소유지분만큼 받을 자격이 주어진다. 배당받는 금액의 상한과 하한이 없어야 한다.

FASB는 예비검토보고서에서 기본소유권 접근법을 적절한 기법이라고 결론을 내리는 데 있어서 주요한 고려 사항은 간결성과 기업의 잔여재산을 자기자본으로 보는 일반적인 생각이라고 했다. 즉, 기본소유권 특징을 지닌 금융상품을 보유한 사람들이 최종적인 위험을 부담하고 기업의 최종적인 이익에 대한 권리를 보유한다는 것이다. 그리고 기본소유권 접근법이 재무제표의 투명성과 비교 가능성을 증가시킨다고 보았다. 기본소유권 상품을 자기자본으로 분류하는 것이 재무제표 이용자로 하여금 기업의 순자산을 감소시키는 청구권(예: 부채)을 쉽게 확인할 수 있게 한다는 것이다. 두 번째 특징은 단순히 청산 시점의 상황을 가정한다기보다는 자기자본으로 분류되는 금융상품은 청산 이전의 시점에서도 그 가치가 재평가되어야 한다는 특징을 가진다고 보는 것이 타당할 것이다.

(3) 소유권-청산 접근법

소유권–청산 접근법(Ownership-Settlement Approach)의 기본적인 원칙은 기업 실체는 금융상품의 수익과 청산 요건을 기반으로 그 금융상품을 분류할 수 있다는 것이다. 청산 요건이 없는 금융상품은 자기자본으로 분류된다. 소유권–청산 접근법에서는 다음의 3가지 유형이 자기자본으로 분류된다.

① 기본소유권 금융상품
② 영구적 금융상품
③ 기본소유권 금융상품과 관련되어 발행되는 간접소유권 금융상품

영구적 금융상품(perpetual instruments)은 기업이 계속 기업으로 존속하는 한 청산을 요구받지 않는 상품으로 우선주와 같은 금융상품을 포함한다. 발행자에게 콜옵션이 있는 보통주나 우선주가 의무적으로 상환되지 않는다면 영구적이라고 볼 수 있다.

간접소유권 금융상품(indirect ownership instruments)은 영구적이지 않지만 기본소유권 금융상품의 가치와 연동되어 기본소유권 금융상품의 공정가치와 동일한 방향으로 공정가치가 변하는 상품이다. 간접소유권 금융상품 소유자는 기본소유권 금융상품의 수익과 유사한 수익을 가져야 하고 계약에 따라 최종적으로 기본소유권 금융상품의 소유자가 되어야 한다. 기본소유권 금융상품과 연계되어 있는 파생상품 또는 하이브리드 상품이 간접소유권 금융상품이다.

(4) 기대결과 재평가 접근법

기대결과 재평가 접근법(Reassessed Expected Outcomes Approach)으로, 상품을 구분하고 분류하기 위해 확률-가중 결과[8]를 사용한다. 기대결과 재평가 접근법의 기본 원칙은 기본소유권 금융상품의 공정가치와 같은 방향으로 공정가치가 변하는 상품은 자기자본으로 고려하고 그렇지 않으면 자기자본이 아닌 것으로 고려하는 것이다. 즉, 상품이 어떻게 구조화되고 발행되었든 상관없이 비슷한 경제적 결과를 가지는 금융상품에 대해서는 동일한 회계처리를 하는 것이다. 소유권-청산 접근법과 유사한 점은 금융상품의 분류는 금융상품의 수익이 기본소유권 금융상품의 수익과 유사한지에 따라 결정된다는 것이고, 소유권-청산 접근법과 다른 점은 결과가 보고 시점마다 재평가되어야 한다는 것이다.

청산의 형태가 상품의 분류에 영향을 주지 않고, 앞선 두 방법보다 나은 방법으로 특정 상품의 경제적 효과를 제시한다. 다만 상품을 분류하고 측정하는 데 사용되는 공식이 복잡하고 설명하기 어려울 수 있으며, 현재의 회계 방법보다 분류해야 할 금융상품들이 더 많아지기 때문에 기대결과 재평가 접근법을 사용하는 데 이익보다 많은 비용이 발생할 수 있다.

(5) 손실흡수 접근법

Proactive Accounting Activities in Europe Working Group은 자기자본의 분류 기준으로 손실흡수 접근법(Loss Absorption Approach)을 제안한다(PAAinE, 2008). 손실흡수 접근법은 기업 실체의 관점에서 이익과 손실이 주주의 것이 아니라 기업의 것이라고 가정하고 있다. 손실흡수 접근법은 손실이 발생했을 때

---

8   전환사채라면, 전환이 발생할 확률, 확률을 가중평균한 금액, 확률을 가중평균한 발생 일자에 기초하여 결과가 측정되고, 전환이 발생되어 확률을 가중평균할 수 있는 금액은 자기자본으로 구분하고 전환되지 않는 부분은 부채로 분류한다.

손실을 흡수하는 금융상품을 자기자본으로 분류하는 것이다. 만약 부분적으로 손실을 흡수하는 상품일 경우, 손실을 흡수하는 부분은 자기자본으로, 그렇지 않은 부분은 부채로 분류한다.

위험자본은 발생한 손실을 흡수함으로써 청구권에 해당하는 금액이 자동적으로 감소한다. 그래서 손실흡수자본은 비위험자본의 청구권자를 보호하는 데 있어 완충 장치로서 역할을 할 수 있다. 완전자본잠식기업의 경우 부채의 공정가치가 감소하기 때문에 부채도 손실을 감당한다고 할 수 있다. 하지만 부채의 공정가치 감소가 청구권 그 자체의 감소가 아니기 때문에 손실흡수 접근법에서는 위험자본으로 간주하지 않는다. 위험자본의 완충 기능은 투자자와 채권자에게 의사결정을 위한 유용한 정보를 제공할 수 있다. 이러한 손실흡수 접근법은 공정가치로 평가되지 않고 조합원의 요청 시 환급되는 출자금을 지닌 협동조합의 입장을 상당히 반영한 것이라고 볼 수 있다.

(6) 시점-금액 접근법

자기자본 특징을 지닌 많은 금융상품에 대해서 IAS 32를 적용하는 것은 대부분의 사용자들에게 유용한 정보를 제공해왔다. 하지만 IASB는 보다 복잡하고 다양한 특징을 지닌 금융상품이 증가하면서 어려움이 발생했고, 이러한 어려움에 대처하기 위한 노력으로 IASB는 금융상품의 분류에 관한 예비보고서를 2018년에 발표했다(IASB, 2018).

시점-금액 접근법에서는 〈표 8-2〉와 같이 금융상품이 다음의 특징을 하나라도 포함할 때 그 상품을 부채로 분류한다.

① 청산과 다른 특정 시점에 경제적 자원을 이전하는 피할 수 없는 의무
② 기업의 이용 가능한 경제적 자원과는 독립적인 금액에 대한 피할 수 없는 의무

〈표 8-2〉 시점-금액 접근법에 따른 자기자본-부채 분류

금액 특징에 따른 분류 시점 특징에 따른 분류	기업의 이용 가능한 경제적 자원과 독립적인 금액에 대한 의무	독립적인 금액에 대한 의무 없음
청산이 아닌 특정 시점에 경제적 자원을 이전해야 하는 의무	부채(예: 단순 회사채)	부채(예: 공정가치로 상환 가능한 주식)
특정 시점에 이전해야 하는 의무 없음	부채[예: 주식-결제 회사채 (share-settled bonds)]	자기자본(예: 보통주)

IASB는 2가지 특징이 재무제표 이용자들에게 유용한 정보를 제공할 것으로 보았다. 먼저 ①의 특징은 자금 유동성과 현금흐름에 대한 평가와 관련된 것으로, 청산 이전의 특정 시점에 현금이나 금융자산의 이전을 요구하는 금융상품에 대한 정보를 제공한다. 이 특징은 재무제표 이용자들이 특정 시점에 기업이 그들의 의무를 이행할 수 있는 현금이나 금융자산을 가질 수 있는지를 평가하는 데 도움을 줄 수 있다. ②의 특징은 기업의 지급 능력과 수익성에 대한 평가와 관련된 것으로, 기업이 특정 시점에 그 의무를 이행할 수 있는 충분한 경제적 자원을 가지고 있는지, 그리고 금융상품이 요구하는 수익을 만족시킬 만큼 충분한 수익을 생산하고 있는지를 재무제표 이용자들이 평가하는 데 도움을 줄 수 있다.

IASB는 단순히 부채와 자기자본 분류에 대한 정보뿐만 아니라 〈표 8-2〉와 같이 4가지 유형으로 분류된 금융상품을 모두 공개함으로써 추가적인 정보를 제공할 것을 요구한다. 위원회는 이러한 특징들이 기업의 재무적 위치와 재무성과에 대한 평가에 적절한 정보를 제공할 것으로 기대한다. 추가적으로 위원회는 경제적 자원을 어떻게 사용하는지에 영향을 미칠 수 있는 권리(예: 의결권)와 같은 특징에 기반을 둔 자기자본-부채 분류를 생각해보았지만 채택하지 않았다.

3. 연구 방법

이 글은 앞서 검토한 자기자본-부채 분류 접근법을 살펴보고 각 접근법에 맞춰서 협동조합 출자금과 비분할 적립금의 자기자본 여부를 확인하는 것을 목적으로 한다. 앞서 살펴본 접근법들 중에서 기대결과 재평가 접근법만이 금융상품의 경제적 특징을 기준으로 하고 있으며, 현재까지 제시된 대부분의 자기자본-부채 분류 접근법은, FASB(2007)가 밝히고 있듯이, 경제적 특징보다는 주로 법적 형태에 의존하고 있다. 따라서 이 글에서 사용되는 자기자본-부채 분류 기준은 선행연구에서 밝힌 재무 보고를 위한 개념 체계에서의 부채의 정의, 기업회계기준서 제1032호, 기업회계기준해석서 제2102호, 기본소유권 접근법, 소유권-청산 접근법, 손실흡수 접근법, 시점-금액 접근법이다. 기대결과 재평가 접근법은 각 협동조합 출자금의 경제적 특징을 분석하는 방법과 이 글의 범위에서 벗어나기 때문에 제외된다. 이러한 분류 기준을 사용하여 국내에서 협동조합 관련법의 출자금과 비분할 적립금 내용을 중심으로 분석한다.

분석 대상은 농업협동조합법, 중소기업협동조합법, 수산업협동조합법, 신용협동조합법, 산림조합법, 소비자생활협동조합법, 협동조합기본법 등 7개 법률과 그 표준정관이고, 명시된 순서대로 각 협동조합법이 제정되었으며, 가장 최근에 만들어진 협동조합기본법은 2011년 12월에 제정되었다. 각각의 법에 따라 단위조합들, 즉, 농업협동조합(농협), 중소기업협동조합(중기협), 수산업협동조합(수협), 신용협동조합(신협), 산림조합, 소비자생활협동조합(생협), 일반협동조합과 사회적협동조합(사협) 등 총 8개 협동조합의 출자금과 비분할 적립금을 분석한다. 각 법률과 표준정관은 2019년 11월 말 기준으로 수집되었다.

각 협동조합법과 표준정관에서 출자금 및 지분, 손실의 보전, 청산 잔여재산 관련 조항들을 정리한 다음에 자기자본-부채 분류 접근법들을 기준으로 각 협동조합의 출자금과 비분할 적립금이 자기자본인지 부채인지를 분석한다. 신용

〈표 8-3〉 출자금 및 비분할 적립금 관련 조항

구분		지분환급	손실부담 (환급거부)	손실보전	지분	청산 잔여재산
중기협	법	제26조 탈퇴자의 지분의 환불과 그 정지	제26조 탈퇴자의 지분의 환불과 그 정지			
	표준정관	제17조 탈퇴자의 지분의 환불과 그 정지	제17조 탈퇴자의 지분의 환불과 그 정지	제69조 결손의 처리	제18조 지분의 범위	제74조 청산재산의 처리
	규약례			제91조 손실금의 보전	제89조 지분의 계산 제90조 지분대장	
일반협동조합	법	제26조 지분환급청구권과 환급정지	제27조 탈퇴조합원의 손실액 부담 제29조 총회의 의결사항	제51조 손실금의 보전과 잉여금의 배당		제59조 잔여재산의 처리
	표준정관	제16조 탈퇴·제명조합원의 지분환급청구권	제17조 탈퇴조합원의 손실액 부담 제34조 총회의 의결사항	제68조 손실금의 보전	제20조 지분의 범위	제73조 청산 잔여재산의 처리
사협	법	제89조 출자금 환급청구권과 환급정지	제90조 탈퇴조합원의 손실액 부담	제98조 손실금의 보전과 잉여금의 배당		제104조 잔여재산의 처리
	표준정관	제16조 탈퇴·제명조합원의 출자금환급청구권	제17조 탈퇴조합원의 손실액 부담 제33조 총회의 의결사항	제69조 손실금의 보전		제73조 청산 잔여재산의 처리
농협	법	제31조 지분환급청구권과 환급정지	제32조 탈퇴조합원의 손실액 부담	제68조 손실의 보전과 잉여금의 배당		제86조 청산 잔여재산 제87조 청산인의 재산분배 제한
	표준정관	제13조 지분환급	제14조 탈퇴조합원의 손실액 부담	제149조 결손보전	제28조 지분계산	제153조 청산
수협	법	제33조 지분환급청구권과 환급정지	제34조 탈퇴조합원의 손실액 부담	제71조 손실의 보전과 잉여금의 배당		제88조 청산 잔여재산 제89조 청산인의 재산분배 제한

구분		지분환급	탈퇴손실	손실보전/배당	지분계산	청산
수협	표준정관	제27조 지분환급청구권과 환급정지	제28조 탈퇴조합원의 손실액 부담	제76조 결손금 보전과 잉여금의 배당	제30조 지분계산	제82조 청산
산림조합	법	제28조 지분환급청구권과 환급정지	제29조 탈퇴조합원의 손실액 부담	제56조의3 손실의 보전과 잉여금의 배당		제71조 청산 잔여재산 제72조 청산인의 재산분배 제한
	표준정관	제20조 지분환급	제21조 탈퇴조합원의 손실액 부담	제79조 결손보전	제33조 지분계산	제83조 청산
신협	법	제17조 탈퇴하거나 제명된 조합원에 대한 출자금 등의 환급	제17조 탈퇴하거나 제명된 조합원에 대한 출자금 등의 환급	제52조 손실금의 처리		제58조 청산 잔여재산
	표준정관	제16조 탈퇴하거나 제명된 조합원의 출자금 등의 환급	제16조 탈퇴하거나 제명된 조합원의 출자금 등의 환급	제70조 손실금의 처리	제27조 지분계산	제77조 청산 잔여재산의 처리
생협	법	제20조 지분환급청구권		제50조 손실금의 보전과 잉여금의 배당		제56조 잔여재산의 처리
	표준정관	제16조 탈퇴·제명조합원의 지분환급청구권		제61조 손실금의 보전		제66조 청산 잔여재산의 처리

사업을 수행하는 협동조합의 경우 법률로 자기자본을 정의한 경우가 있다.[9] 이 글에서는 자기자본의 정의가 법률에 명시되어 있다고 하더라도 출자금과 비분할 적립금에 관한 조항이 자기자본 여부의 판단 기준이 된다. 〈표 8-3〉은 분석에 사용된 각 법과 표준정관 조항을 정리한 것이다.

---

9 농업협동조합법 제67조 2항, 수산업협동조합법 제68조, 산림조합법 제56조의2 2항, 신용협동조합법 제2조 9항. 신용사업을 수행하는 협동조합의 경우 자본적정성을 판단하기 위해 자기자본 비율과 같은 재무지표를 사용하는데, 이러한 자본적정성과 관련된 지표를 산출하기 위해 자기자본이 정의되어 있는 것으로 보인다.

4. 분석 결과

1) 출자금 및 비분할 적립금 관련 조항 비교

각 협동조합의 출자금 및 비분할 적립금 관련 조항은 〈표 8-3〉을 중심으로 비교한다. 먼저, 농협, 수협, 산림조합, 일반협동조합, 사협에서는 법에 따라 지분환급은 조합원 탈퇴 당시 회계연도의 다음 회계연도부터 이루어질 수 있다. 신협법은 '지체 없이' 출자금을 환급해주어야 한다고 명시되어 있다. 세계신협 협의회는 조합원 출자금을 언제든지 상환해주어야 할 의무가 있기 때문에 자본이 아닌 것으로 보고 있다(구정옥, 2005). 이러한 관점은 조합원이 탈퇴할 때 출자금을 '지체 없이' 환급하는 데 영향을 준 것으로 보인다. 생협법은 특별히 환급 시기를 언급하고 있지 않다. 그러나 일부 생협들은 자신들의 정관에 환급 시기를 명시하고 있어 환급 시기와 관련된 문제를 인지하고 있는 것으로 보인다. 중기협법도 환급 시기를 언급하고 있지 않지만 지분을 직전 사업연도 말의 조합 재산으로 정한 것으로 보아 탈퇴 당시 회계연도에 환급이 이루어지는 것으로 보인다. 사협의 경우 지분이라는 표현 대신 출자금 환급이라는 표현을 사용하는데 이는 조합원들에게 배당하지 않고 출자금액 이상 환급해주지 않는 사협의 특징 때문인 것으로 보인다.

둘째, 탈퇴조합원의 손실부담과 손실금의 보전과 관련해서 생협법을 제외한 나머지 협동조합법에서는 손실액을 조합원이 부담할 수 있도록 명시되어 있으며, 손실보전의 순서는 약간의 차이가 있지만 크게 다르지 않다. 생협법은 손실액이 적립금을 초과할 경우 다음 회계연도에 이월하도록 명시하고 있지만 조합원 탈퇴 시 출자금에서 손실액을 부담할 수 있다는 조항은 없다. 신협법은 손실로 인해 납입출자금을 감소시킬 경우 총회에서 출석조합원의 3분의 2 이상의 찬성과 중앙회장의 승인을 얻어야 가능하다고 구체적으로 명시하고 있다.

셋째, 지분을 계산하는 내용은 협동조합법에는 없고, 표준정관에 포함되어 있다. 농협, 수협, 산림조합, 중기협, 신협, 일반협동조합의 표준정관에 지분에 포함되는 출자금과 준비금을 명시하고 있다. 출자금에는 납입출자금과 회전출자금이 있으며, 잉여금이 지분으로 포함이 되려면 매 회계연도 총회에서 잉여금의 일부를 지분으로 확정해야 한다. 생협과 사협은 지분계산과 관련된 조항이 없다. 두 유형의 조합에서는 조합원이 탈퇴할 경우 출자금만 환급이 가능한 것으로 해석할 수 있다. 생협과 사협의 법과 표준정관의 지분환급청구권에서도 출자금 환급을 청구할 수 있다고 명시되어 있다. 모든 법과 표준정관에서 협동조합이 존속하는 경우 조합원이 탈퇴할 때 자신의 지분 비율만큼 환급받는 것이 아니라 출자금과 총회에서 지분으로 확정한 준비금까지 환급받을 수 있다. 지분으로 확정되지 않은 잉여금에 대해서 조합원이 개인적 권리를 주장할 수 없는 것으로 보이며, 이를 협동조합 존속기간 동안 조합원들에게 배당되지 않는 비분할 적립금으로 볼 수 있다. 모든 협동조합법에서 명시적으로 비분할 적립금을 명시하지 않았지만 최소한 '가형 비분할 적립금'이 있는 것이다.

마지막으로, 청산 시 잔여재산은 농협과 사협, 그리고 보건·의료사업을 하는 생협을 제외하고는 지분 비율에 따라 조합원에게 분배된다. 농협은 표준정관 제28조에 따라 조합원에게 분배하는 재산 이외의 재산은 청산 총회에서 정하는 조합에 귀속하는 것을 원칙으로 하고 있다. 사협은 잔여재산을 상급 사회적협동조합연합회, 유사한 목적의 사회적협동조합, 비영리법인·공익법인, 국고 중 하나에 귀속한다. 법과 표준정관에 따르면 농협과 사협, 그리고 보건·의료사업을 하는 생협은 청산 시에도 조합원들에게 분배되지 않는 적립금, 즉 '나형 비분할 적립금'을 가진다. 수협, 산림조합, 신협, 중기협은 지분 비율에 따라 잔여재산이 조합원에게 분배되고 생협과 일반협동조합은 출자좌수의 비율에 따라 분배된다. 생협은 잉여금에서 지분으로 확정되는 금액이 없어 지분과 출자좌수의 의미가 다르지 않아 문제될 것이 없지만 일반협동조합은 지분으로 확정된 준비금이 있기 때문에 출자좌수의 비율과 지분의 비율에 따라 계산되는 분배금액이 다를 가능성이 있다.

2) 출자금 분류

〈표 8-4〉는 자기자본-부채 분류 접근법에 따라 각 협동조합의 출자금을 분석한 내용을 보여준다. 농협, 수협, 산림조합은 관련 조항의 세부적인 부분은 차이가 있을지라도 출자금 분류가 동일하여 하나로 묶어 나타낸다. 개념 체계에서의 부채의 정의, 기업회계기준서 제1032호, 소유권-청산 접근법은 협동조합 유형과 상관없이 동일한 결과를 보여준다.

〈표 8-4〉 출자금의 자기자본-부채 분류

분류 접근법	농협, 수협, 산림조합	신협	중기협	생협	일반협동조합	사협
개념 체계에서 부채의 정의	• 탈퇴 의사를 밝힌 조합원의 출자금은 부채 • 탈퇴 하지 않는 조합원의 출자금은 자기자본					
기업회계기준서 제1032호	부채					
기업회계기준해석서 제2102호	부채	부채	부채	부채	총회 의결사항으로 환급을 거부할 수 있다면 자기자본	
기본소유권 접근법	부채 (1) 충족 (2) 미충족	부채 (1) 보류 (2) 미충족	부채 (1) 보류 (2) 미충족	부채 (1) 미충족 (2) 미충족	부채 (1) 충족 (2) 미충족	부채 (1) 충족 (2) 미충족
소유권-청산 접근법	부채	부채	부채	부채	부채	부채
손실흡수 접근법	자기자본	보류	보류	부채	자기자본	자기자본
시점-금액 접근법	(1) 의무는 있지만 (2) 의무는 없는 부채	(1) 의무는 있지만 (2) 의무는 없는 부채	(1) 의무는 있지만 (2) 의무는 없는 부채	(1), (2) 의무가 있는 부채	(1) 의무는 있지만 (2) 의무는 없는 부채	(1) 의무는 있지만 (2) 의무는 상황에 따라 다른 부채

주 1: 기본소유권 접근법의 특징
　　(1) 만약 현재 기업이 청산된다면 자산에 대한 최후순위 청구권이 자기자본으로 분류됨.
　　(2) 증권 보유자는 상위의 청구권들이 상환된 후 남은 자산에서 소유지분만큼 받을 자격이 주어짐. 배당받는 금액의 상한과 하한이 없어야 함.

주 2: 시점-금액 접근법의 특징
    (1) 청산과 다른 특정 시점에 경제적 자원을 이전하는 피할 수 없는 의무.
    (2) 기업의 이용 가능한 경제적 자원과는 독립적인 금액에 대한 피할 수 없는 의무.

개념 체계에서 정의한 '부채는 과거 사건으로부터 발생하여 경제적 효익을 갖는 자원이 유출됨으로써 이행될 것으로 기대되는 현재 의무'이다. 협동조합 출자금은 조합원의 탈퇴에 따라 환급되어야 하지만 조합원이 탈퇴하지 않을 경우에 출자금을 환급해주어야 할 의무가 현재는 없다고 할 수 있다. 즉, 조합원 탈퇴라는 사건이 발생하지 않는다면 자원을 유출해야 할 현재의 의무도 없다는 것이다. 그렇기 때문에 탈퇴 의사를 밝힌 조합원의 출자금은 부채로, 탈퇴하지 않는 조합원의 출자금은 자기자본으로 분류될 수 있다.

기업회계기준서 제1032호(IAS 32)에서는 '현금 등 금융자산을 인도하기로 하는 계약상 의무가 있을 때 금융상품을 금융부채로 분류'한다. 기업회계기준서 제1032호에서는 현재 의무와 상관없이 계약상의 의무가 있으면 부채로 분류되기 때문에 조합원이 탈퇴할 때 출자금을 환급해야 하는 협동조합 입장에서 출자금은 부채로 분류된다.

기업회계기준해석서 제2102호 조합원 지분과 유사지분에 따르면, '법률, 규정 또는 정관으로 조합이 조합원 지분의 상환을 거절할 수 있는 무조건적 권리를 보유하고 있으면 조합원 지분을 자기자본으로 분류할 수 있다. 그러나 농협, 수협, 산림조합, 신협, 중기협, 생협의 법과 표준정관에서는 조합원 지분 또는 출자금 상환의 거절과 관련된 내용은 발견되지 않는다. 그렇기 때문에 농협 등의 출자금은 부채로 분류될 수 있다. 반면에, 협동조합기본법의 일반협동조합과 사협은 탈퇴조합원에 대한 출자금 환급이 총회의 의결사항이다. 이는 "탈퇴조합원에 대한 출자금 환급을 총회의 의결사항으로 규정함으로써 출자금이 자본금이라는 점을 명확히" 하기 위해서 2014년 1월에 개정된 것이다. 출자금 환급을 총회의 의결사항으로 규정한 개정 이유를 고려하고, 출자금 환급이 총회의 의결에 따라 거부될 수 있다면 일반협동조합과 사협의 출자금은 자기자본으로 분류될 수 있다.

기본소유권 접근법은 2가지 특징 - 최후순위 청구권과 제한 없이 소유지분만큼 잔여재산을 분배받는 것 - 을 모두 지니고 있어야 금융상품을 자기자본으로 분류할 수 있다. 최후순위 청구권은 선순위 청구권이 먼저 상환된 후 자신의 몫을 청구할 수 있는 권리로, 최후순위 청구권으로 기업의 순자산에 따라 손실부담 여부를 중심으로 분석한다. 농협, 수협, 산림조합, 일반협동조합, 사협은 탈퇴 조합원에게 출자금 범위에서 손실을 부담하게 하고 있어 최후순위 청구권으로서 역할을 하고 있다고 볼 수 있다. 또한 당 회계연도에 탈퇴하면 다음 회계연도에 출자금 환급이 가능하기 때문에 당기에 발생한 손실을 흡수할 수 있다. 하지만 농협, 수협, 산림조합, 일반협동조합의 조합원은 지분의 범위로 계산된 금액만큼 분배받을 수 있고, 사협의 조합원은 출자금액을 한도로 분배받을 수 있다. 즉, 배당받는 금액의 상한이 존재한다. 그렇기 때문에 두 번째 특징을 충족시키지 못하고 농협 등의 출자금은 부채로 분류된다. 신협과 중기협은 첫 번째 특징을 충족시키는지는 모호한 측면이 있고 두 번째 특징을 충족시키지 못하고 있어 부채로 두었다. 두 협동조합 모두 출자금에서 손실액을 제외하고 환급할 수 있지만 신협은 탈퇴조합원에게 '지체 없이' 출자금을 환급해주어야 하고, 중기협도 지분환급 시기에 대한 구체적인 언급은 없지만 당 회계연도에 지분을 환급해줄 수 있는 것으로 보인다. 이는 회기 중간에 결산을 하여 조합원의 손실액을 계산하는 실무적인 어려움이 있을 것으로 예상된다. 그래서 두 협동조합은 전기까지의 손실을 부담하더라도 당기 손실을 탈퇴 시점에 부담시킬 수 있는지 의문이다. 생협은 손실에 대한 부담이나 잔여재산을 배당받는 2가지 특징을 법과 표준정관에서 확인할 수 없다. 생협의 출자금은 2가지 특징 모두를 충족하지 못하는 부채이다.

소유권-청산 접근법에서 모든 협동조합의 출자금은 부채로 분류될 수 있다.

소유권-청산 접근법은 기본소유권 접근법 외에도 영구적 금융상품, 기본소유권 금융상품과 관련되어 발행되는 간접소유권 금융상품이 있다. 기본소유권 접근법은 앞서 분석했고, 간접소유권 접근법은 이 글에서 다루는 범위가 아니므로 이 글에서는 출자금이 영구적인지 여부가 소유권-청산 접근법에서 중요한 기준이다. 영구적이라는 것은 의무적으로 상환이 되지 않는 것을 말하는데, 출자금은 증권 보유자인 조합원이 탈퇴하면 언제든지 증권의 청산을 요구할 수 있기 때문에 부채로 분류될 수 있다.

손실흡수 접근법에서는 다수 협동조합의 출자금이 자기자본으로 분류될 수 있다. 각 출자금의 손실흡수 여부에 관해서는 앞서 기본소유권 접근법의 최후순위 청구권인지를 확인할 때 분석되었다. PAAinE(2008)은 손실을 흡수하는 자본이 고정된 수익을 줘야 하는 자본보다 후순위라는 점에서 손실흡수 접근법이 최후순위 청구권과 양립할 수 있음을 설명한다. 농협, 수협, 산림조합, 일반협동조합과 사협은 탈퇴조합원에게 손실을 부담하게 하고 있어 출자금은 손실흡수 역할을 하고 있다. 반면에 신협과 중기협은 앞서 설명한 바와 같이 전기까지의 손실은 흡수하나 당기의 손실을 흡수할 수 있는지는 확실치 않다. 생협은 손실흡수와 관련된 조항이 없어 손실흡수 역할을 하고 있다고 볼 수 없다. 그래서 농협, 수협, 산림조합, 일반협동조합과 사협의 출자금은 자기자본으로, 생협의 출자금은 부채로 분류할 수 있고, 신협과 중기협의 출자금은 확실치 않아 보류로 두었다.

시점-금액 접근법은 ① 특정 시점에 경제적 자원을 이전해야 하는 의무와 ② 이용 가능한 경제 자원과는 독립적인 금액에 대한 의무 중 하나라도 있을 경우에 금융상품을 부채로 분류해야 한다. 시점-금액 접근법에서 모든 협동조합의 출자금은 부채로 분류되지만 ②의 의무의 충족 여부에서 차이를 보인다. 농협, 수협, 산림조합, 중기협, 신협, 일반협동조합은 조합원이 탈퇴하는 시점에 경제적 자원을 이전해야 하는 의무가 발행한다. 그러나 기업의 이용 가능한 경제적 자원과 독립적인 금액에 대한 의무는 없다. 즉, 농협 등의 지분은 기업의 이용 가능한 경제적 자원과 연동된다. 손실에 대해서는 부담하고 있으며, 제한 적이기는 하지만 총회를 통해 잉여금의 일부를 준비금으로 분배함으로써 이익 에 참여하기도 한다. 중기협과 신협은 손실과 이익 모두 제한적으로 참여하고 있다. IASB(2018)에서 요구하는 표현을 사용하여 농협 등의 출자금은 ①의 의 무는 있지만 ②의 의무는 없는 부채로 분류될 수 있다. 생협은 손실부담과 지분 의 증가 등의 조항이 없기 때문에 생협 출자금은 ①, ②의 의무가 있는 부채로 분류될 수 있다. 사협의 경우 손실부담에 대해서 ②의 의무가 있으나 이익 참여 에 대해서 ②의 의무가 없다. 즉, 손실이 발생하여 출자금 이하로 떨어질 경우 에는 기업의 이용 가능한 경제적 자원과 연동이 되고, 잉여가 발생할 경우에는 기업의 이용 가능한 경제적 자원과 무관하게 출자금 금액에 대한 의무를 가지 게 된다. 그래서 ①의 의무는 있지만 ②의 의무는 상황에 따라 다른 부채로 명 명했다.

3) 비분할 적립금 분류

수협, 산림조합, 중기협, 신협, 생협, 일반협동조합은 명시적으로 쓰여 있지 않지만 존속기간 동안에는 조합원들에게 배당되지 않고 청산 시에는 조합원들 에게 분배 가능한 '가형 비분할 적립금'을 가지며, 농협과 사협은 청산 시에도 조합원들에게 분배되지 않는 '나형 비분할 적립금'을 보유한다. 그러나 비분할 적립금의 유형과 상관없이 비분할 적립금은 〈표 8-5〉와 같이 각 접근법에 따라 동일하게 분류할 수 있다.

비분할 적립금은 경제적 자원이 이전되어야 하는 의무도 없으며, 기업이 존 속하는 한 누구에게도 상환을 요구받지 않아 영구적으로 남을 수 있고, 손실을 흡수하는 역할을 할 수 있다. 또한 특정 시점에 경제적 자원을 이전하는 의무와

〈표 8-5〉 비분할 적립금의 자기자본-부채 분류

분류 접근법	수협, 산림조합, 신협, 중기협, 생협, 일반협동조합	농협, 사협
비분할 적립금 유형	가형 비분할 적립금	나형 비분할 적립금
개념 체계 부채의 정의	자기자본	
기업회계기준서 제1032호	자기자본	
기업회계기준해석서 제2102호	자기자본	
기본소유권 접근법	부채	
소유권-청산 접근법	자기자본	
손실흡수 접근법	자기자본	
시점-금액 접근법	자기자본	

기업의 이용 가능한 경제적 자원과 독립적인 금액에 대한 의무도 없다. 그렇기 때문에 기본소유권 접근법 이외의 나머지 자기자본–부채 분류 기준에서 비분할 적립금은 자기자본으로 분류될 수 있다.

기본소유권 접근법에서 언급하는 최후순위 청구권이 단일한 자본 유형을 일컫는 것이라면 출자금이 비분할 적립금보다 더 후순위이기 때문에 비분할 적립금은 자기자본으로 분류되지 않을 수 있다. 그리고 기본소유권 접근법은 개인의 소유권에 기반을 두고 있어서 증권을 보유한 개인에게는 제한 없이 지분만큼 받을 수 있는 자격이 주어진다. IASB와 FASB는 경영진을 주주의 대리인으로 보고 잔여적 특징을 가진 주주의 이익을 강조한다는 측면에서 자본주 이론(proprietary perspective)을 수용하고 있는 것으로 보인다(Van Mourik, 2010). 이러한 이유로 2007년 예비보고서에서 FASB는 기본소유권 접근법을 선호한 것으로 보인다. 하지만 비분할 적립금은 공동의 소유권에 기반을 두고 있어 어떤 개인이 비분할 적립금에 대한 권리를 주장할 수 없다(López-Espinosa, Maddocks and Polo-Garrido, 2012). 즉, 비분할 적립금은 증가 또는 감소할 수 있으나 청산 전까지는 분배받을 수 없다. 나형 비분할 적립금은 청산 후에도 개인들에게 분배되지 않는다. 이와 같은 이유로 비분할 적립금은 기본소유권 접근법 아래에서 부채로 분류된다.

5. 요약 및 결론

협동조합은 지속가능경영을 실천하는 조직으로, 유엔의 지속가능목표가 제시하고 있는 빈곤 감소, 양질의 일자리 제공, 불평등 감소, 지속가능한 공동체 등에 기여하고 있다. 협동조합이 발전하기 위해서는 사회제도와 정책이 뒷받침되어야 한다. 회계기준은 경제조직의 중요한 제도라고 할 수 있지만 현재 협동조합이 사용하는 회계기준은 주식회사를 중심으로 발전되어왔다. 그래서 기존의 회계기준이 협동조합에 적합한가라는 문제가 지적되고 있다. 특히 출자금에 대한 쟁점은 오랫동안 이어지고 있으며, 주식회사에는 없는 비분할 적립금에 대해서도 고찰해볼 필요가 있다. 협동조합 출자금은 조합원이 협동조합에 가입할 때 납입하는 것으로, 조합원은 1인 1표의 의결권을 부여받고, 협동조합과의 거래를 통해 혜택을 받으며, 탈퇴할 때 출자금을 환급받는다. 이러한 특징은 출자금이 자기자본과 부채의 속성을 모두 지니고 있다는 것을 보여준다. 협동조합의 또 다른 중요한 자본은 비분할 적립금으로 잉여금을 개별 조합원들에게 분배하지 않고 조합 내부에 유보한 자산이다. 이 글의 목적은 자기자본-부채 분류에 관한 여러 접근법을 살펴보고, 각 접근법을 기준으로 협동조합 출자금과 비분할 적립금의 자기자본 여부를 확인하는 것이다.

협동조합의 출자금뿐만 아니라 자기자본과 부채의 특징을 가지는 복잡하고 다양한 구조의 금융상품이 발행되면서 IASB, FASB 등은 금융상품을 자기자본과 부채로 분류하는 어려움을 인지했고, 이를 보완하면서 자기자본-부채라는 이분법적인 분류를 유지할 수 있는 기준을 만들려고 노력했다. 분류 접근법을 고안할 때 고려하는 중요한 기준은 투자자를 비롯한 이해관계자들에게 적절한 정보를 제공하는가 여부였다(FASB, 2007; PAAinE, 2008; IASB, 2018). 어떤 정보를 제공할 것인가에 따라 하이브리드 증권의 분류가 달라질 수 있다. 하이브리드 증권이 단순히 파생금융상품에 한정된 것이라면 분류에 따른 영향력이 한정적일 수 있지만 협동조합의 조합원 출자금과 같이 금융상품이 그 조직의 핵심적인 소유권 구조와 관련이 있다면 그 금융상품의 자기자본-부채 분류는 매우 중요한 일일 것이다. 조직이 성장하고 발전하려면 그 조직에 맞는 환경이 뒷받침되어야 할 것이다. 그러나 기본소유권 접근법과 소유권-청산 접근법 등의 접근법은 주식회사에서 나타나는 소유권 구조와 기업의 순자산에 관심을 가지는 투자자의 이해관계에 집중하고 있다(López-Espinosa et al., 2009). 주식회사를 중심으로 발전한 자기자본-부채 분류 및 회계기준이 소유권 구조와 목적이 다른 협동조합에 적합하지 않을 수 있으며, 협동조합에 대한 적절한 정보를 제공하지 못할 수도 있다. 이 글은 이러한 쟁점을 파악하고 협동조합에 적합할 수 있는 기준을 찾기 위한 연구로 볼 수 있다.

자기자본-부채 분류 기준으로 재무 보고를 위한 개념 체계의 부채의 정의, 기업회계기준서 제1032호, 기업회계기준해석서 제2102호, 기본소유권 접근법, 소유권-청산 접근법, 손실흡수 접근법, 시점-금액 접근법을 사용했다. 그리고 농업협동조합법, 중소기업협동조합법, 수산업협동조합법, 신용협동조합법, 산림조합법, 소비자생활협동조합법, 협동조합기본법과 그 표준정관을 대상으로 관련 조항을 분류 기준에 비추어 분석했다.

분석 결과, 협동조합들의 출자금은 많은 경우 부채로 분류되었고, 기업회계기준해석서 제2102호에 따라 일반협동조합과 사협의 출자금, 손실흡수 접근법에 따라 농협, 수협, 산림조합, 일반협동조합, 사협의 출자금은 자기자본으로 분류될 수 있었다. 반면에, 비분할 적립금은 기본소유권 접근법을 제외하고 나머지 접근법에서는 자기자본으로 분류될 수 있었다. 기업 실체의 관점에서 손실을 흡수하는 위험자본을 자기자본으로 보는 손실흡수 접근법이 협동조합에 가장 친화적인 분류 접근법이고, 반대로 개인의 소유권에 기반을 두고 있는 기본소유권 접근법은 협동조합에 친화적인 접근법은 아닌 것으로 보인다.

이 글의 시사점은 다음과 같다. 첫째, 협동조합에 적합한 자기자본-부채 분류 접근법이 필요하다. 주식회사와 달리 협동조합은 조합원에게 혜택을 주기 위한 목적으로 상호성과 연대에 기초하여 설립되고 운영되는 기업이다. 그렇기 때문에 주식회사를 중심으로 발전한 접근법이 협동조합에 적합하지 않을 수 있고, 협동조합의 주인인 조합원이 납입한 출자금은 많은 경우 부채로 분류된 것을 볼 수 있었다. 협동조합의 목적과 운영에 적합한 접근법을 채택하는 것이 조합원을 비롯한 협동조합 이해관계자에게 더 적절한 정보를 제공할 수 있을 것이다.

둘째, 협동조합에 출자금 환급을 거부할 수 있는 조건을 명시하는 것이 단기적으로 출자금을 자기자본으로 분류할 수 있는 방법이다. 비록 이 조건이 ICA의 협동조합 1원칙인 자발적이고 개방적인 조합원제도를 부분적으로 제약할 가능성이 있더라도 다른 접근법보다 용이하게 출자금을 자기자본으로 분류할 수 있다. 현재 기업회계기준해석서 제2102호에 따라 자기자본으로 분류될 수 있는 것은 일반협동조합과 사협이다. 최소한 표준정관에 출자금 환급을 거부할 수 있는 조항을 포함시켜서 개별 협동조합이 이를 인지하고 자유롭게 선택하게 할 필요가 있어 보인다.

셋째, 협동조합의 자기자본 강화를 위해 비분할 적립금을 장려하는 것이 필요하다. 제시된 분류 접근법하에서 조합원 출자금은 부채로 분류될 가능성이 큰 반면에, 비분할 적립금은 대부분 자기자본으로 분류된다. 이탈리아를 비롯한 유럽 국가에서는 협동조합이 잉여금을 나형 비분할 적립금으로 분류할 경우 해당 금액의 전체 혹은 일부에 대해서 비과세 혜택을 줌으로써 장려하고 있다 (박광동 외, 2019). 이는 잉여금의 내부 유보를 촉진시키고 채권자의 이해관계를 보호하는 수단을 마련하여 자본조달을 보다 용이하게 할 수 있다.

마지막으로 협동조합법들 간에 유사한 내용들에 대해서 통일성을 갖출 필요가 있다. 각각의 협동조합법은 각기 다른 소관 부처에서 발전해왔다. 비슷한 사업 구조를 가진 협동조합의 지분환급, 탈퇴조합원의 손실액 부담, 손실의 보전 등 크게 다르지 않는 부분부터 유사하게 맞춰 나감으로써 혼란을 줄이고 협동조합 간 비교 가능성을 향상시킬 수 있을 것이다. 이는 협동조합의 회계기준을 제정하는 데에도 도움이 될 것이다.

이 글은 자기자본과 부채를 분류하는 여러 접근법에 따라 각 협동조합 법규와 표준정관을 비교 분석했다. 협동조합의 특징이 반영되어 조합원 출자금과 비분할 적립금에 관한 회계기준이 명확해지면 투자자 등 이해관계자들과의 정보비대칭성이 감소할 것이다. 그 결과 조합원으로부터의 추가출자, 은행 등 외부 금융기관으로부터의 차입이 보다 용이해질 것이다. 특히 협동조합기본법 개정으로 인해 2020년 10월부터 일반협동조합은 우선출자제도[10]를 이용할 수 있는데, 협동조합 특징을 반영한 자기자본-부채 분류기준은 우선출자증권의 계정 분류를 명확히 하고 우선출자증권의 발행을 통한 자본조달에도 도움을 줄 것으로 기대된다. 이를 통해 협동조합의 경쟁력을 향상시키고 더 많은 사회적 영향력을 창출할 수 있을 것이다.

---

10 협동조합 우선출자제도란 협동조합이 주식회사의 '우선주(preferred share)'와 같은 우선출자증권을 통해 자본을 조달하는 제도이다. 주식회사 우선주와 같이 협동조합의 우선출자증권은 잔여재산청구권과 이익청구권의 우선순위가 사채보다 후순위이지만 보통주보다 선순위이다. 배당금을 지급하지 않아도 법적으로 채무불이행이 되지 않으며, 수익성이 악화되거나 기업의 재무상태가 좋지 않으면 배당의 연기 또는 취소가 가능하다.

참고문헌

구정옥. 2005. 「IFRIC 2의 제정과 한국협동조합을 위한 시사점」. ≪한국협동조합연구≫, 23(1), 23~57쪽.

구정옥. 2018. 「한국의 협동조합회계: 실태와 문제점」. ≪산업혁신연구≫, 34(1), 217~240쪽.

박광동 외. 2019. 「주요국의 협동조합 관련 법체계 연구」. 한국법제연구원.

임영선. 2004. 「협동조합의 새로운 자본조달 제도」. ≪농협조사월보≫, 559, 1~16쪽.

지민진. 2013. 「소비자생활협동조합의 가격안정성에 관한 연구: iCOOP생협에서의 가격전이 효과 분석을 중심으로」. 성공회대학교 일반대학원 석사학위논문.

농업협동조합법. 법률 제15337호. 2017.12.30.

사회적협동조합 표준정관례. 개정 2017.3.

산림조합법. 법률 제16199호. 2019.1.8.

산림조합정관(예). 개정 2015.7.16.

소비자생활협동조합 표준정관례. 고시 제2010-10호. 2010.10.28.

소비자생활협동조합법. 법률 제16179호. 2018.12.31.

수산업협동조합법. 법률 제16509호. 2019.8.20.

신용협동조합 표준정관. 개정 2016.12.21.

신용협동조합법. 법률 제16292호. 2019.1.15.

일반협동조합 표준정관례. 개정 2017.3.

중소기업협동조합 정관례. 고시 제2017-5호. 2017.8.29.

중소기업협동조합 회계준칙(예산회계규약례). 개정 2008.12.23.

중소기업협동조합법. 법률 제16174호, 2018.12.31.

지구별수산업협동조합정관(예). 고시 제2016-186호, 2016.12.12.

지역농업협동조합 정관례. 고시 제2018-44호. 2018.6.11.

한국회계기준원 회계기준위원회. 기업회계기준서 제1032호. '금융상품: 표시'.

한국회계기준원 회계기준위원회. 기업회계기준해석서 제2102호 '조합원 지분과 유사지분'.

한국회계기준원 회계기준위원회. 재무 보고를 위한 개념 체계.

협동조합기본법. 법률 제14845호. 2017.8.9.

Andrews, A. M. 2015. *Survey of Co-operative Capital*. Madison, Filene Research Institute.

Bajo, C. B. S. and B. Roelants. 2011. *Capital and the Debt Trap: Learning from Cooperatives in the Global Crisis*. Hampshire: Palgrave Macmillan.

Birchall, J. 2004. *Cooperatives and the Millennium Development Goals*. International Labour Organization.

Chaddad, F. R. and M. L. Cook. 2004. "Understanding New Cooperative Models: an Ownership-Control Rights Yypology." *Applied Economic Perspectives and Policy*, 26(3), pp.348~360.

Cobia, D. W. and T. A. Brewer. 1989. "Equity and Debt." *Cooperatives in Agriculture*, pp.243~266.

Cook, M. L. and C. Iliopoulos. 1999. "Beginning to Inform the Theory of the Cooperative Firm: Emergence of the New Generation Cooperative." *Finnish Journal of Business Economics*. 4, pp.525~535.

Co-op Annual Report 2017. Co-operative Group Limited. Retrieved from https://assets.ctfas
sets.net/5ywmq66472jr/4hTPNfivzyEMW82oouCUiQ/ef3c1fe8840656141404c042a6d8aa9d/Co-
op_Annual_Report_2017.pdf.

Defourny, J. and P. Develtere. 1999. "The Social Economy: The Worldwide Making of a Third Sec-
tor." in J. Defourny, P. Develtere and B. Fonterneau (Eds.). *L'Economie Sociale au Nord et
au Sud.* Brussels and Paris: De Boeck. pp.15~40.

Erdal, D. 2011. *Beyond the Corporation: Humanity Working.* London: The Bodley Head.

Financial Accounting Standards Board (FASB). 2007. *Preliminary Views, Financial Instruments with
Characteristics of Equity.*

International Accounting Standards Board (IASB). 2018. *Discussion Paper, Financial Instruments
with Characteristics of Equity.*

Kimmel, P. and T. D. Warfield. 1995. "The Usefulness of Hybrid Security Classifications: Evidence
from Redeemable Preferred Stock." *Accounting Review*, 70(1), pp.151~167.

López-Espinosa, G., J. Maddocks and F. Polo-Garrido. 2009. "Equity-Liabilities Distinction: The Case
for Co-operatives." *Journal of International Financial Management and Accounting*, 20(3),
pp.274~306.

López-Espinosa, G., J. Maddocks and F. Polo-Garrido. 2012. "Co-operatives and the Equity-Liabilities
Puzzle: Concerns for Accounting Standard-setters." *Accounting Horizons*, 26(4), pp.767~787.

Milgrom, P. R. and J. D. Roberts. 1992. *Economics, Organization and Management.* New Jersey:
Prentice-Hall.

Proactive Accounting Activities in Europe Working Group. 2008. *Discussion Paper, Distingushing
Between Liabilities and Equity.* European Financial Reporting Following Staff of the Account-
ing Standards Advisory Group.

Reynolds, B. J. 2013. "Indivisible Reserves: Some See Unallocated Equity as a Way Co-ops Can Help
Fortify Their Future." *Rural Cooperatives.* pp.12~15.

Roelants, B. 2016. "Capital Building in Industrial and Service Co-operatives." in T. S. Chieh, C. T.
Weber (eds.). *The Capital Conundrum for Co-operatives.* ICA. pp.22~32.

Ryan, S. G. et al. 2001. "Evaluation of the FASB's Proposed Accounting for Financial Instruments
with Characteristics of Liabilities, Equity, or Both." *Accounting Horizons*, 15(4), 387~400.

Seo, J. and Choi, W. 2019. "Financing Consumer Cooperatives." in S. Jang (eds.). *The Management
of Consumer Co-operatives in Korea.* Oxon: Routledge. pp.64~80.

Van Mourik, C. 2010. "The Equity Theories and Financial Reporting: an Analysis." *Accounting in
Europe*, 7(2), pp.191~211.

Wanyama, F. O. 2014. *Cooperatives and the Sustainable Development Goals: A Contribution to
the Post-2015 Development Debate.* Geneva: International Labour Organization.

제9장

협동조합의 체계적 위험 추정*

서진선·최우석

1. 서론

주식회사는 투자자가 소유하고 통제하고 이익에 대한 권리를 가지는 투자자소유기업(investor-owned business)의 전형적인 유형이다. 반면에, 투자자가 아닌 소비자, 생산자, 또는 직원과 같은 다른 이해관계자가 기업을 소유하고 통제하고 혜택을 가지는 조합원소유기업(member-owned business)이 존재한다.[1] 조합원소유기업의 일반적인 조직 형태가 협동조합이다. 우리나라에서 2000년대 후반부터 사회적경제가 확산되고 있는데, 협동조합은 사회적경제의 중요한 한

---

*   이 장은 다음 논문을 기반으로 한 것이다. 서진선·최우석, 「협동조합의 체계적 위험 추정에 관한 연구: 소비자생활협동조합을 중심으로」, ≪협동조합경영연구≫, 51권 0호(2019), 75~96쪽.

1   이러한 구분은 기업을 둘러싸고 있는 많은 이해관계자 중에서 한 이해관계자 집단이 기업을 소유할 때 발생하는 소유비용과 나머지 이해관계자 집단이 그 기업과 거래하기 위해 발생하는 시장계약비용 등의 거래비용 총합이 가장 적은 형태로 조직이 구성된다는 Hansmann(1996) 이론에 기초하고 있으며, 이는 거래비용이론에 기반을 둔 기업이론을 바탕으로 하고 있다.

축을 담당하고 있다. Spear(2000)는 협동조합이 시장실패와 경제위기 등에 효과적으로 대응하고, 제품과 서비스에 대한 조합원과 협동조합 간 정보비대칭을 줄여주고, 개인들이 자립할 수 있는 효과적인 도구로서 기능하며, 지역사회에서 관계적 자본 또는 사회적 자본을 증진시킬 수 있다고 주장한다. 또한 협동조합은 빈곤을 완화하는 데 도움을 줄 수 있다(Birchall, 2003). 협동조합이 경제조직으로 가난한 사람들에게 소득을 올릴 기회를 제공하고, 교육과 운영 참여의 기회를 부여함으로써 그들 스스로 해결책을 만들도록 도와주며, 사람들이 연대를 통해 위험을 공동으로 관리하고 결과적으로 자신들의 안전망을 넓히게 하는 역할을 한다는 것이다. 이러한 점에 주목하여 정부도 협동조합을 사회적경제기업의 한 유형으로 보고 이를 활성화하기 위한 노력을 하고 있는데, 협동조합이 고용 창출과 고용 안정, 소득양극화 해소 및 사회안전망 강화 등에 기여할 것으로 기대하고 있다(일자리위원회, 2017).

1주 1표를 행사하는 투자자소유기업과 달리 협동조합은 조합원들이 자신들의 필요를 충족하고자 설립하고 1인 1표라는 민주적인 통제를 원칙으로 하는 기업이다. 조합원은 출자금을 납입함으로써 협동조합에 가입하는데, 이때 조합원은 투자이익이 아니라 협동조합을 이용할 때 발생하는 효용을 기대하면서 출자금을 납입한다. 조합원이 협동조합에 납입한 자기자본에 대한 기대효용을 추정할 수 있다면 협동조합의 성과를 평가하거나 조합원의 효용을 높이는 사업을 선택하는 데 도움을 줄 수 있을 것이다. 이러한 조합원의 기대효용이 주식회사의 투자자들의 기대수익률과 유사하다고 가정하면 조합원의 기대효용을 협동조합의 자기자본비용으로 볼 수 있을 것이다. 하지만 지금까지 협동조합 자기자본비용에 관한 연구는 거의 없는 것으로 보인다. 이는 아마도 국내에서 협동조합의 규모가 작거나 농업과 신용사업과 같이 제한된 영역에서 협동조합이 있었기 때문에 연구자들의 관심을 받지 못했을 수 있다. 2012년 12월 협동조합기본법 시행 후 현재까지 설립된 일반협동조합의 수는 1만 3955개, 인가된 사회적협동조합의 수는 1367개(2019년 5월 2일 기준) 규모로 성장했지만 시행된 지얼마 되지 않아 연구를 수행하기에는 자료가 부족하다. 소비자생활협동조합(이하 생협)은 소비자가 조합원으로 참여하여 설립하고 운영하는 협동조합으로, 1999년 법 시행 후 지속적으로 성장하여 2017년 말 기준 주요 4개 생협연합회 매출액은 1조 1184억 원에 이른다.[2] 매출액 규모나 사회적 영향력의 관점에서 생협은 신용사업을 하지 않는 협동조합 가운데 국내 대표적인 협동조합으로 볼 수 있다. 그러므로 이 글은 생협에 초점을 두고 연구를 진행하고자 한다.

기업의 자기자본비용을 추정하기 위해 이론적으로, 실무적으로 많이 사용하는 방법은 자본자산가격결정모형(capital asset pricing model: CAPM)이다. Copeland et al.(2014)은 관련 연구에서 CAPM의 비현실적인 가정이 완화되었을 때에도 그 유용성은 변하지 않았다고 평가하고 있으며, Pettit(1999)는 CAPM이 자기자본비용을 추정하기 위한 가장 실용적인 접근법이라고 보았다. 1998년 한 연구에 따르면, 미국 27개 선도기업 중 81%, 10개 금융자문기관 중 80%가 자기자본비용을 추정하기 위해 CAPM을 사용한다고 했으며, 2013년 연구에서도 19개 선도기업 중 90%, 11개 금융자문기관 중 100%가 CAPM을 사용한다고 응답했다(Bruner et al., 1998; Brotherson et al., 2013). 이들의 연구를 통해 CAPM이 자기자본비용 추정을 위한 선도기업과 금융자문기관이 선택하는 주요한 모형임을 알 수 있다. CAPM에 따르면, 체계적 위험은 자기자본비용을 결정하는 데 있어 가장 중요한 변수이다. 한 기업의 체계적 위험은 그 기업의 증권 수익률과 시장포트폴리오 수익률의 공분산과 시장포트폴리오 수익률의 분산에 의해서 결정된다. 그러나 주식회사와 달리 협동조합의 출자증권은 상장할 수 없기 때문에 증권 수익률에 관한 정보가 없어 체계적 위험을 직접적으로 추

2   LIFEIN, "'생협 4대천왕' 올해는 뭐하나?", 2018년 4월 5일. http://www.lifein.news/news/arti-
     cleView.html?idxno=1446.

정할 수 없다.

이 글은 협동조합 자기자본의 체계적 위험을 추정하는 것을 목적으로 한다. 협동조합의 체계적 위험을 추정하기 위해서 이 글에서는 기본베타(fundamental beta)라는 방법을 사용한다. 이는 상장기업의 재무변수와 체계적 위험 간 관계를 분석하고, 이렇게 분석된 관계를 비상장기업의 재무변수에 적용함으로써 비상장기업의 체계적 위험을 추정하는 방법이다.

이 글의 나머지 구성은 다음과 같다. 제2절에서는 체계적 위험 추정에 관한 이론적 배경과 선행연구를 검토한다. 제3절에서 연구 모형을 제시하고 표본을 선정한다. 제4절에서는 분석 결과를 보고한 후, 마지막 제5절에서 요약 및 결론을 제시한다.

2. 이론적 배경 및 선행연구

1) 체계적 위험 추정

CAPM은 시장의 균형 상태에서 자산의 체계적 위험과 기대수익률 간의 관계를 설명한다. 위험의 양을 보여주는 체계적 위험은 베타(β_i)라고도 불리며, 아래의 식과 같이 자산 i의 수익률과 시장포트폴리오 m의 수익률 간 공분산을 시장포트폴리오 m의 수익률 분산으로 나눈 값으로 시장포트폴리오 위험에 자산 i가 얼마나 공헌하는지를 상대적 크기로 표현한 것이다.

$$\beta_i = \frac{\sigma_{im}}{\sigma_m} = \frac{Cov(\widetilde{R}_i, \widetilde{R}_m)}{Var(\widetilde{R}_m)}$$

σ_{im} = 자산 i 수익률과 시장포트폴리오 m 수익률의 공분산

σ_m = 시장포트폴리오 m 수익률의 분산

베타를 추정하기 위한 일반적인 방법은 주식시장에서 거래된 과거 시장가격을 통해 상장기업의 주가수익률과 코스피 등의 주가지수의 수익률을 사용하는 것으로, 시장베타(market beta)라고 명명할 수 있다. Damodaran(2012)은 비상장기업의 베타를 추정하는 방법으로 회계베타(accounting beta)와 바텀-업 베타(bottom-up beta)[3] 그리고 기본베타를 제시한다.

회계베타는 시장포트폴리오의 회계이익과 개별 기업의 회계이익의 공분산으로 표현된다. Ball and Brown(1969)은 처음으로 회계베타가 기업의 체계적 위험과 유의하게 양(+)의 관계가 있음을 보여준다.[4] Bowman(1979)은 체계적 위험과 재무변수들 간의 관계에 대한 이론적 기반을 제시하려고 노력했는데, 아래와 식과 같이 시장베타(β_i)와 회계베타(β_i^A) 사이에 양(+)의 관계를 보여준다.

$$\beta_i = \frac{S_m}{S_i}\frac{Cov(X_i, X_m)}{Var(X_m)} = \frac{S_m}{S_i}\beta_i^A$$

S_m = 시장포트폴리오 m의 자기자본

S_i = 기업 i의 자기자본

X_m = 시장포트폴리오 m의 회계이익

X_i = 기업 i의 회계이익

β_i^A = 기업 i의 회계베타

---

3 Palliam(2005)은 바텀-업 베타를 순수접근베타(pure play)라고 명명하고 있으며, 그는 비상장기업의 자기자본비용 추정을 위해 바텀-업 베타, 회계베타, 그리고 장기채권이자율에다가 일정 % 포인트(% p)를 가산하는 방법을 제시한다.

4 Ball and Brown(1969)은 회계베타라고 명시적으로 명명하지 않았지만 그들이 사용한 변수들은 회계베타의 개념과 일치하는 것이다.

이 방법은 2가지 한계점이 있다. 첫째, 비상장기업은 일반적으로 1년에 한 번 회계이익을 측정하기 때문에 관측 수가 적어 제한된 검정력(statistical power)을 가진다. 둘째, 회계이익은 종종 조정되거나 경영자 판단의 영향을 받을 수 있어서 회계베타가 잘못 측정될 수 있다(Damodaran, 2012).

바텀-업 베타는 비상장기업이 자신들과 유사한 업종의 상장기업들을 선정하여 이들의 시장베타를 추정해서 활용하는 것이다. 상장기업들의 재무위험이 서로 다를 수 있기 때문에 추정된 시장베타에 재무 레버리지를 고려하여 무차입베타(unlevered beta)로 변환시킨다. 이 무차입베타에 비상장기업의 재무 레버리지를 고려하여 베타를 추정하는 방식이다. 다만 동일 산업에서 비상장기업과 동일한 위험과 동일한 규모를 가지는 상장기업을 찾는 것이 어려울 수 있다. 장지인·이경주(1999)와 정유경 등(2010)은 바텀-업 베타를 사용하여 비상장기업의 베타를 추정했다.

기본베타는 상장기업의 시장베타와 그 기업의 관측 가능한 재무변수들 간의 관계를 분석하고, 이렇게 분석된 관계를 비상장기업의 재무변수에 적용하여 베타를 추정하는 것이다. Brotherson et al.(2013)의 연구에서 선도기업의 일부와 조사된 금융자문기관의 73%가 기본베타를 체계적 위험으로 사용하는 것으로 나타난다. 국내에서는 김권중·이은상(1999)이 비상장기업의 베타를 추정하기 위해 기본베타를 사용한다. 기본베타를 추정하기 위해서는 먼저 재무변수가 시장베타와 유의한 관계가 있는지를 파악해야 할 것이다.

이 글에서는 협동조합의 체계적 위험으로 기본베타를 사용한다. 회계베타를 추정하기 위한 충분한 관측 수를 확보할 수 없었는데, 이는 표본생협의 영업 기간이 길지 않았기 때문이다. 바텀-업 베타의 경우 생협의 기업 규모와 유사한 규모의 상장기업을 찾을 수 없었기 때문에 바텀-업 베타 추정에 어려움이 있었다.

2) 체계적 위험과 재무변수관계

재무변수를 통한 체계적 위험의 추정에 관한 연구는 Beaver et al.(1970)의 선도적인 연구 이후 1970년대와 1980년대에 많은 연구가 수행되었고, 1990년대와 2000년대 들어 특정 분야와 특정 주제로 확산되는 경향이 있다.

체계적 위험은 개별 기업의 수준이 아니라 시장 전반에 영향을 미치는 사건들에 대한 민감도로 볼 수 있다. 시장 전반에서 일어난 이러한 사건들은 시장에서 결정되는 증권의 가격에 영향을 미치기도 하지만 기업의 매출과 비용 등 이익의 불확실성에 영향을 미치면서 재무제표에도 영향을 줄 수 있다. 그렇기 때문에 시장에서 결정되는 주가수익률로 추정하는 체계적 위험과 그 증권을 발행한 기업의 재무변수 간에는 일정한 관계가 있을 것으로 예상할 수 있다. 이러한 체계적 위험과 재무변수 간 관계를 사용하여 비상장기업과 같이 시장가격이 관찰되지 않는 기업의 체계적 위험을 추정할 수 있다.

(1) 재무 레버리지

Hamada(1969)는 기업이 부채를 사용할 때 발생하는 재무위험이 체계적 위험에 미치는 영향을 보여준다. 부채를 차입한 기업의 체계적 위험은 무차입기업의 체계적 위험에 법인세율을 고려한 부채비율만큼 증가한다. 즉, 다른 조건이 동일하다면 재무 레버리지가 증가할수록 기업의 체계적 위험은 증가한다. 선행연구에서 일반적으로 재무 레버리지로 사용되는 변수는 부채비율(부채/자기자본) 또는 총부채비율(부채/자산)인데, 이론적으로 재무 레버리지를 계산할 때 분모에는 보통주의 시장가치를 포함시켜서 사용한다(Copeland et al., 2014,). 그렇지만 Callahan and Mohr(1989)에 의하면 많은 실증연구에서 체계적 위험과 장부가치 재무 레버리지 역시 유의한 양(+)의 관계를 보여주고 있다.

체계적 위험과 재무 레버리지의 관계에 대한 실증분석은 대부분 유의한 양

(+)의 관계를 보여주는 연구도 많고 유의하게 나타나지 않는 경우에도 양(+)의 관계를 나타낸다. Ben-Zion and Shalit(1975), Bildersee(1975), Elgers and Murray(1982), 김종대(2001) 등의 연구에서 재무 레버리지와 체계적 위험 간에 유의한 양(+)의 관계가 나타난다. 하지만, Beaver et al.(1970), Eskew(1979), Elgers(1980) 등의 연구에서는 유의하지 않았다.

(2) 이익 변동성

위험이란 기댓값으로부터의 변동 가능성을 말하기 때문에 회계이익의 변동성을 측정하는 것은 기업의 위험을 측정하는 것이라고 할 수 있다. 그러나 기업의 회계이익 변동성은 체계적 위험과 기업 특유의 위험을 모두 반영한 총위험으로 볼 수 있다. 만약 기업의 체계적 위험이 총위험이나 기업 특유의 위험과 양(+)의 상관관계를 가진다면 회계이익 변동성을 체계적 위험의 대용치로서 볼 수 있을 것이다(Beaver et al., 1970). Bowman(1981)은 이익 변동성과 체계적 위험의 관계는 기업과 시장포트폴리오 회계이익 간 상관계수의 부호에 달렸는데, 만약 기업의 회계이익과 시장포트폴리오의 회계이익이 양(+)의 상관계수를 가진다면, 그 기업의 회계이익 변동성과 체계적 위험은 양(+)의 상관관계를 가진다고 한다. Ryan(1997)은 관련 연구에서 이익 변동성이 체계적 위험과 가장 강한 관계를 보여주는 재무변수라고 평가한다.

Beaver et al.(1970), Bildersee(1975), Eskew(1979), Brimble and Hodgson(2007), Elgers and Murray(1982) 등의 연구에서 이익 변동성은 체계적 위험과 유의한 양(+)의 관계를 가지는 것으로 나타난다.

(3) 기업 규모

Bowman(1979)은 두 기업이 합병해서 기업 규모가 커지더라도 합병한 기업의 체계적 위험은 두 기업의 체계적 위험이 단순가중평균이 된다는 것을 보여줌으로써 기업 규모와 체계적 위험이 무관하다고 한다. 하지만 Fama and French(1992)를 비롯한 많은 연구들은 기업 규모와 체계적 위험이 음(-)의 관계가 있음을 실증적으로 보여주고 있다. 만약 기업의 개별 자산 또는 각 사업부의 수익성이 완벽한 양(+)의 상관관계를 가지지 않는다면, 대기업이 중소기업보다 더 낮은 이익률 변동을 가질 것이다. Ben-Zion and Shalit(1975)에 따르면, ① 대기업 증권의 높은 시장성, ② 낮은 파산 확률, ③ 기업 내 사업의 다각화 정도, ④ 규모의 경제로 인한 수익 향상 등의 이유 때문에 기업 규모가 클수록 체계적 위험이 더 낮을 수 있다.

Ben-Zion and Shalit(1975), Capstaff(1992), Elgers and Murray(1982), Eskew (1979)는 기업 규모와 체계적 위험 간 유의한 음(-)의 관계를 보여준다. Beaver et al.(1970)과 Bildersee(1975)의 연구는 유의하지 않지만 음(-)의 관계를 보여준다. Castagna and Matolcsy(1978)와 Brimble and Hodgson(2007)의 연구에서는 기업 규모가 체계적 위험과 양(+)의 관계를 보인다. 그들은 대기업이 더 위험한 사업들을 수행하고 있기 때문에 더 높은 체계적 위험이 나타나는 것으로 보았다.

(4) 배당 성향

Beaver et al.(1970)은 기업의 이익과 관련한 미래 불확실성에 대해서 경영진이 어떻게 인식하는지를 볼 수 있는 정보를 배당 성향을 통해서 전달할 수 있다고 주장한다. 즉, 만약 기업이 일정 수준의 배당금 기준을 정한 이후 배당금을 삭감하기 꺼린다면, 그리고 한 회기의 순이익 100% 이상을 배당금으로 지급하는 것에 부정적이라면, 이익 변동성이 더 큰 기업은 더 낮은 비율의 배당금을 지급한다는 것이다. Bildersee(1975)는 무배당과 배당연기 선언과 같은 경영 의사결정이 있을 때 체계적 위험이 유의하게 증가한다는 것을 보여준다.

배당 성향을 변수로 사용한 논문의 다수에서 배당 성향은 체계적 위험과 유의한 음(-)의 관계를 가지는 것으로 나타난다(Beaver et al., 1970; Ben-Zion and Shalit, 1975; Elgers, 1980; Elgers and Murray, 1982; Castagna and Matolcsy, 1978). 반면에, Eskew(1979), Brimble and Hodgson(2007), Capstaff(1992) 등 일부 연구에서는 유의하지 않은 결과를 보여주고 있다.

(5) 성장성

경쟁적인 시장에서 초과이익을 벌 수 있는 기회는 다른 기업들이 진입함으로써 사라질 수 있는데, 이 과정에서 초과이익의 흐름은 정상적인 이익의 흐름보다 더 불확실할 수 있다. 그렇기 때문에 높은 성장률은 높은 체계적 위험으로 나타날 수 있다. 또한 높은 성장률을 유지하기 위해 더 많은 이익을 유보하는데, 이는 배당 성향이 낮아지는 것을 의미한다. 앞서 '배당 성향' 부분에서 논의했듯이, 낮은 배당 성향을 가진 기업이 더 위험하다는 것을 암시하는 것이다. 그렇기 때문에 성장률과 체계적 위험은 양(+)의 관계를 가질 것이다(Beaver et al., 1970). Logue and Merville(1972)은 더 빠르게 성장하는 기업은 더 많은 경쟁에 부딪히고 경기변동에 더 민감할 것이기에 높은 체계적 위험을 가진다고 주장한다.

Beaver et al.(1970), Eskew(1979)의 연구는 대부분 유의한 양(+)의 관계를 보여준다. Castagna and Matolcsy(1978)의 연구도 상관관계 분석에서 체계적 위험과 양(+)의 관계를 보인다. Elgers and Murray(1982)의 연구에서는 2개의 연구 대상기간 중에서 체계적 위험과 유의하지 않은 기간도 있으며, Brimble and Hodgson(2007)의 연구에서도 5개의 연구 모형 가운데 2개의 모형에서만 성장성이 유의하게 나타난다.

(6) 유동성

일반적으로 유동자산이 비유동자산보다 변동성이 적은 이익을 가질 수 있다. 예를 들면, 현금은 수익이 발생하지 않지만 변동성도 없기 때문에 무위험자산으로 볼 수 있다. 그러므로 유동성이 높은 기업은 더 낮은 위험을 가질 수 있다. 그러나 Jensen(1986) 의하면 상당한 잉여현금흐름을 가진 경영자는 수익성이 불분명한 사업에 자산을 투자할 수 있으며, 이는 조직의 비효율성을 증가시켜 위험을 높일 수 있다. 그래서 유동성이 높은 기업의 체계적 위험이 더 높을 수도 있다.

통계적으로 유의한 결과가 많지 않으며 회귀계수의 방향도 약간 혼재되어 나타난다. 유동성과 체계적 위험의 관계에 관한 연구 가운데 Brimble and Hodgson(2007)의 5개 연구 모형 중 한 모형에서, 그리고 Castagna and Matolcsy(1978)의 상관분석에서 유의한 음(-)의 관계가 나타나는 반면, Capstaff(1992) 연구에서는 유의한 양(+)의 관계가 나온다. 나머지 연구는 유의하지 않은 결과를 보여준다.

3. 연구 모형

1) 연구 모형

이 연구의 목적은 생협의 체계적 위험을 기본베타로 추정하는 것이다. 이를 위해서 ① 표본 기간의 상장기업의 시장베타와 재무변수 간 유의한 회귀계수를 확인하고, ② 그 회귀계수를 생협의 재무변수에 적용하여 기본베타를 추정한다.

이 연구에서는 상장기업의 주가자료와 재무자료를 사용하는데, 이는 횡단면자료가 여러 시계열에 걸쳐 기록된 패널자료이므로 분석을 위해 패널회귀모형을 사용한다. 그리고 이 연구의 표본은 주식시장의 모집단으로부터 추출된 것이기 때문에 패널자료 분석을 위해서 오차항이 확률분포를 따른다고 가정하는 확률효과모형을 사용한다.[5] 패널자료의 특성상 1계 자기상관(first-order auto-correlation)이나 시간특성효과가 존재할 수 있다. 검정 결과, 1계 자기상관과 시간특성효과가 존재하는 것으로 확인되었기 때문에 이를 통제하는 모형을 사용한다. 두 요인을 동시에 통제하는 모형이 없기 때문에 각 효과를 통제하는 두 모형을 사용하여 추정한 결과를 함께 제시한다.

이 연구에서 사용되는 회귀분석모형은 (식 1)과 (식 2)와 같다. (식 2)는 연도 더미를 추가한 것이다. 종속변수는 기준연도의 시장베타가 사용되고 독립변수는 선행연구를 통해서 선정한 변수로 재무 레버리지, 이익 변동성, 기업 규모, 배당 성향, 성장성, 그리고 유동성을 사용한다.

(식 1)

$$\beta_{i,t} = (\alpha_0 + u_i) + \alpha_1 F_{i,t} + \alpha_2 S_{i,t} + \alpha_3 D_{i,t} + \alpha_4 G_{i,t} + \alpha_5 L_{i,t} + \alpha_6 V_{i,t} + e_{i,t}$$

(식 2)

$$\beta_{i,t} = (\alpha_0 + u_i) + \alpha_1 F_{i,t} + \alpha_2 S_{i,t} + \alpha_3 D_{i,t} + \alpha_4 G_{i,t} + \alpha_5 L_{i,t} + \alpha_6 V_{i,t} + \Sigma Year_t + e_{i,t}$$

$\beta_{i,t}$ = t기 기업 i의 시장베타
$F_{i,t}$ = t기 기업 i의 재무 레버리지

---

5   하우스만 검정(Hausman test) 결과, 1% 유의수준에서 귀무가설이 기각되어 고정효과모형을 선택해야 하는 것으로 나왔다. 하지만 민인식·최필선(2016)은 자료에서 패널 개체의 특성을 의미하는 u_i에 대한 추론이 1차적 판단 기준임을 제시하는데, 이는 패널 개체가 모집단 그 자체인지, 아니면 모집단에서 무작위로 추출된 표본인지가 중요한 판단 기준이라는 것이다. 또한 Clark and Linzer(2015)는 몬테 카를로 시뮬레이션을 통해 일반적인 상황에서는 확률효과모형이 고정효과모형보다 더 나은 추정치를 구할 수 있음을 보여주었다. 이 글은 패널 개체가 모집단에서 추출된 표본이라는 사실과 Clark and Linzer(2015)의 연구에 근거하여 확률효과모형을 사용한다.

$S_{i,t}$ = t기 기업 i의 기업 규모

$D_{i,t}$ = t기 기업 i의 배당 성향

$G_{i,t}$ = t기 기업 i의 성장성

$L_{i,t}$ = t기 기업 i의 유동성

$V_{i,t}$ = t기 기업 i의 이익 변동성

$Year_t$ = t기 기준연도

(식 1)과 (식 2)에 대한 회귀분석 실시 후 유의하지 않은 변수들은 제외하고 유의한 변수들만으로 다시 회귀분석을 실시한다. 이렇게 확인된 시장베타와 각 재무변수 간 회귀계수를 생협의 재무변수와 대응시켜서 생협의 기본베타를 추정한다. 회귀모형이 2개이기 때문에 각 생협마다 2개의 기본베타가 추정된다.

López-Espinosa et al.(2009)이 지적한 바와 같이 협동조합은 이익 극대화를 목적으로 하지 않기 때문에 협동조합의 영업위험은 투자자소유기업의 영업위험과 다를 수 있다. 특히, 소비자협동조합은 도·소매업이라는 업종의 특징 때문에, 그리고 소비자가 조합원이라서 안정적인 매출을 기대할 수 있기 때문에 영업위험이 투자자소유기업보다 더 낮을 가능성이 있다는 지적도 있다. 하지만 현재까지 협동조합의 영업위험과 관련된 실증연구는 없으며, 향후에 추가적인 연구가 필요한 부분이다. 이 글에서는 투자자소유기업이 투자자의 이익을 극대화하기 위해 활동하는 것과 같이 협동조합은 조합원 혜택을 극대화하기 위해 활동한다는 점에서 협동조합의 영업위험과 투자자소유기업의 영업위험이 비슷하다고 가정한다. 이러한 가정 위에서 생협의 기본베타를 추정할 것이다.

2) 표본 선정

이 연구의 목적을 달성하기 위해서 상장기업과 생협 등 2가지 종류의 표본을

수집한다. 첫 번째 표본인 상장기업은 코스피(KOSPI, 유가증권시장)와 코스닥 (KOSDAQ) 시장에 상장되어 있는 기업들로 FnGuide의 DataGuide와 NICE평가 정보의 KISVALUE를 사용하여 표본 기간인 2008년부터 2016년까지 두 시장에 상장되어 있는 기업들의 일별 주가와 거래량, 그리고 재무제표 자료를 확보했 다.[6] 수집된 자료 중 2008~2009년 자료는 성장성 변수 산출 후 제외되어 실제 분석의 표본 기간은 2010~2016년이다. 표본 선정과정은 다음과 같다.

① 금융 및 보험업에 속하지 않는 기업
② 표본기간 동안 상장을 유지한 기업
③ 공정거래위원회가 지정한 대규모기업집단에 속하지 않는 기업
④ 기준연도 당기와 차기에 시장이전을 하지 않은 기업[7]
⑤ 기준연도 당기와 차기 결산월이 12월인 기업[8]
⑥ 기준연도 당기와 차기 거래중지일 또는 거래량이 0인 영업일이 20일 이내
  인 기업

금융 및 보험업을 수행하는 기업은 비금융기업들과 비교해 사업의 내용과 회계정보가 매우 다르기 때문에 분석의 일관성을 위해서 제외한다. 체계적 위 험과 재무변수의 관계를 보다 효율적으로 추정하기 위해서 균형패널자료를 사 용한다. 이를 위해 표본기간 동안 상장을 유지한 기업을 선정한다. 두 번째 표

---

6   표본 기간을 2008~2016년으로 설정한 이유는 두 번째 표본인 iCOOP소비자생활협동조합연합 회 소속 생협들의 사업 기간과 일치시키기 위해서이다.
7   시장이전이란 주로 코스닥에서 코스피로 증권시장을 이전한 것을 말한다.
8   예를 들면, 당기 2007년의 결산월이 6월인데 차기 결산월이 변경될 경우 변경된 연도의 재무제 표 작성 기간이 변경되기 때문에 표본들 간 재무제표 작성 기간이 달라진다. 표본의 통일성을 위 해 표본 기간 중 결산월이 변경된 기업을 제외한다.

본인 생협은 자산이나 매출액 기준에서 작은 규모의 기업이다. 이러한 기업의 특성과 일치시키기 위해 상장기업 중에서 공정거래위원회가 지정한 대규모기업집단에 속하지 않는 기업을 연구의 대상으로 한다. 표본의 동질성을 위해 결산월이 12월이고 표본기간 동안 시장이전을 한 기업은 제외한다. 시장이전의 경우 체계적 위험 베타를 추정하기 위해 사용되는 시장지수가 중간에 변경되기 때문이다. 주식시장에서 거래가 이루어지지 않거나 개별적인 이유로 주권매매가 잠시 정지되어 거래량이 0일 수 있다. 거래량이 0인 일수가 20일을 초과하게 되면 시장베타 추정에 왜곡을 줄 수 있다고 판단하여 제외한다. 이렇게 선정된 첫 번째 표본은 코스피와 코스닥 상장기업 각각 239개, 398개로 총 637개 기업이다.

이 연구는 두 번째 표본으로 iCOOP소비자생활협동조합연합회 소속의 생협을 선정한다. iCOOP생협은 2017년 말 5538억 원의 매출액을 기록하여 4개 생협연합회 총매출액 1조 1184억 원의 절반을 차지하고 있으며, 95개의 생협이 소속되어 있어 연합회 중에서 가장 많은 생협이 소속되어 있다. 자료 수집은 (재)아이쿱협동조합연구소의 협조하에 소속 생협에게 연구의 필요성을 알린 후 (재)아이쿱협동조합연구소로부터 재무제표[9] 자료를 전달받았다. iCOOP생협은 2008년을 시작으로 각 생협의 사정에 따라 순차적으로 매장을 개설했다. 그렇기 때문에 자료는 2008년부터 존재하며 표본 기간은 2010년부터 2016년이다.

---

[9] 협동조합은 재무제표에 대한 외부감사를 받을 의무가 없으며 지역의 iCOOP생협은 규모가 작아서 외감법에 의하더라도 외부감사 대상이 되지 않는다. 즉, iCOOP생협의 재무제표는 외부감사를 받지 않았다. 그러나 iCOOP생협은 그 사업 구조가 상대적으로 단순하여 회계 쟁점이 발생할 부분이 적고, 연합회를 통해서 회계처리에 관한 지침, 조언 등을 받고 있으며, 연합회는 쟁점 사항이 있을 경우 외부 전문가들에게 조언을 받아 회계처리 방침을 정한다. 또한, 연합회는 단위 생협을 대상으로 회계와 감사를 위한 집체교육 및 방문교육을 실시하고 있다. 각 단위 생협의 총회 전에 각 생협의 감사가 회계 및 운영에 관한 내부감사를 실시하고 있다. 이러한 사실을 바탕으로 이 글은 iCOOP생협의 재무제표 신뢰성에 큰 문제가 없을 것으로 보고 연구를 진행했다.

성장성 변수를 측정하기 위해서 매장이 개설된 사업연도와 그 차년도 재무자료는 성장성 변수 측정 후 제외되었다. 최종적으로 63개 생협의 체계적 위험을 추정했다.

3) 변수의 선정

(1) 시장베타 추정

시장의 역사적 주가수익률로 추정하는 시장베타는 기업 i의 수익률과 시장포트폴리오 m의 수익률 간 공분산을 시장포트폴리오 m의 수익률 분산으로 나눈 값으로, 아래의 식과 같이 추정한다.

$$\beta_i = \frac{\sigma_{im}}{\sigma_m^2} = \frac{Cov(\tilde{R}_i, \tilde{R}_m)}{Var(\tilde{R}_m)}$$

시장베타를 추정하기 위해서는 많은 것을 고려해야 한다. 시장베타를 추정하기 위해서는 베타 추정기간(time periods), 수익률 측정기간(observation period), 그리고 시장지수의 선택 등이 요구된다(Bruner et al., 1998; Brotherson et al., 2013). 시장베타 추정기간은 2년이며, 수익률 측정기간은 5영업일로 한다.[10] 즉, 주간 수익률을 사용하여 베타를 추정한다. 시장수익률을 측정하기 위한 시장지수로 각 상장기업이 속해 있는 시장이 선택되고 각 시장수익률과 그 소속 상장기업의 수익률을 대응시켜 시장베타를 추정한다.

---

10 이익의 변동성을 측정하기 위해 2년 이상의 기간이 요구되고 생협의 제한된 시계열 자료로 인해 2년을 기준으로 변수를 측정한다. 그리고 주간 수익률(weekly returens)을 사용한 이유는 일간 수익률(daily returns)을 사용할 경우 거래가 적은 기업에서 발생할 수 있는 베타의 잠재적 하향 편의와 월간 수익률(monthly returns)을 사용할 경우 생기는 잠재적 비안정성(non-stationarity)을 회피하기 위해서이다.

(2) 재무변수

표본상장기업에서 시장베타와의 관계를 분석하기 위해 선정된 재무변수는 재무 레버리지, 기업 규모, 배당 성향, 성장성, 유동성, 이익 변동성 등 6개 변수이다. 각 변수의 조작적 정의는 〈표 9-1〉과 같다. 표에서 확인할 수 있듯이 각 재무변수는 베타 추정기간과 동일하게 2년을 기준으로 측정된다. 표본생협의 재무변수의 조작적 정의도 동일하다.

〈표 9-1〉 재무변수의 조작적 정의

변수		조작적 정의
재무 레버리지	$F_{i,t}$	$\left(\sum_{k=1}^{2} Liabilities_k / \sum_{k=1}^{2} Assets_k\right) \times 100$
기업 규모	$S_{i,t}$	$ln\left(\dfrac{Assets_k + Assets_{k+1}}{2}\right)$
배당 성향	$D_{i,t}$	$\left(\sum_{k=1}^{2} Cash\ Dividend_k / \sum_{k=1}^{2} Net\ Income_k\right) \times 100$
성장성	$G_{i,t}$	$\left(Assets_t - Assets_{t-1}\right) / Assets_{t-1} \times 100$
유동성	$L_{i,t}$	$\left(\sum_{k=1}^{2} Current\ Assets_k / \sum_{k=1}^{2} Current\ Liabilies_k\right) \times 100$
이익 변동성	$V_{i,t}$	$\sqrt{\dfrac{\sum_{k=1}^{2}(ROA_k - \overline{ROA})^2}{2}}$

k=기간 t의 하위기, t=기간

4. 연구 결과

1) 변수의 기술 통계량 및 상관관계

〈표 9-2〉는 3822개(기업-기준연도) 표본상장기업에 대한 연도별 기술 통계량을 보여준다. 표본기업의 시장베타는 기준연도에 따라 차이가 있지만 시장평균

<표 9-2> 상장기업 베타와 변수의 기술 통계량

기간		시장베타	재무 레버리지	기업 규모	배당 성향	성장성	유동성	이익 변동성
2010-11	평균	0.97	39.03	25.54	15.43	23.72	252.99	2.66
	표준편차	0.40	17.85	0.97	252.64	25.75	344.95	5.09
2011-12	평균	0.98	39.33	25.60	31.15	19.62	257.44	2.38
	표준편차	0.40	18.27	0.98	484.76	26.49	364.55	3.11
2012-13	평균	0.86	38.71	25.63	1.33	11.70	260.35	2.51
	표준편차	0.50	18.49	0.97	422.42	22.71	417.76	3.58
2013-14	평균	0.82	38.45	25.66	8.46	8.92	262.59	2.53
	표준편차	0.50	18.74	0.97	171.11	22.35	533.67	4.11
2014-15	평균	0.88	37.59	25.70	-8.80	9.13	264.33	2.69
	표준편차	0.44	18.77	0.97	543.10	26.10	498.21	4.34
2015-16	평균	0.93	36.87	25.74	9.48	10.50	287.53	3.17
	표준편차	0.45	18.74	0.97	122.93	26.91	620.87	9.79

인 1에 가까운 것으로 나타난다. 2011-12 기준연도의 베타평균이 0.98로 가장 높고, 2013-14 기준연도의 베타평균은 0.82로 가장 낮은 것으로 나타난다. 재무 레버리지는 평균적으로 30%대 후반을 보이고 있으며 기준연도별로 평균과 표준편차가 일정하다는 것을 알 수 있다. 기업 규모는 큰 차이를 보이고 있지 않지만 점점 규모가 커지는 것을 확인할 수 있다. 자산금액은 2010-11 기준연도 평균 2078억 원에서 2015-16 기준연도 평균 2541억 원으로 꾸준히 증가하고 있다. 배당 성향과 성장성의 평균은 기준연도별로 큰 차이를 보이고 있지만 성장성 변수의 표준편차가 배당 성향의 표준편차에 비해 비교적 일정하다는 것을 알 수 있다. 유동성 평균은 250~300 사이로 일정하게 나타나고 있으며 표본 기간 중에는 갈수록 조금씩 커지고 있다. 이익 변동성은 2015-16 기준연도를 제외하고는 2.5 내외의 평균을 보이고 있다. 2015-16 기준연도의 이익 변동성의 평균과 표준편차가 다른 기준연도보다 큰 것을 확인할 수 있다.

표본기간의 전체 자료를 이용하여 분석한 변수 간 상관분석 결과는 <표 9-3>과 같다. 시장베타는 재무 레버리지, 성장성, 그리고 이익 변동성과 유의한 양

〈표 9-3〉 상장기업의 상관분석 결과

구분	시장베타	재무 레버리지	기업 규모	배당 성향	성장성	유동성	이익 변동성
시장베타	1**						
재무 레버리지	.107**	1**					
기업 규모	-.120**	.189**	1**				
배당 성향	-.010**	-.016**	-.002**	1**			
성장성	.099**	.012**	.098**	.013**	1**		
유동성	-.009**	-.422**	-.113**	.004**	.000**	1**	
이익 변동성	.072**	.051**	-.205**	-.007**	-.124**	-.014**	1**

주: **는 1% 수준에서 유의하다는 것을 의미함.

〈표 9-4〉 생협 변수의 기술 통계량

기간		재무 레버리지	기업 규모	성장성	유동성	이익 변동성
2010-11	평균	47.01	20.71	91.51	192.24	2.62
	표준편차	16.94	0.57	70.50	140.05	2.26
2011-12	평균	54.01	20.76	54.12	196.92	2.56
	표준편차	16.52	0.53	49.39	134.66	2.24
2012-13	평균	52.23	20.73	33.67	256.54	4.33
	표준편차	20.51	0.52	51.14	193.82	3.81
2013-14	평균	50.86	20.80	28.74	280.81	4.70
	표준편차	22.14	0.54	39.48	170.72	3.98
2014-15	평균	53.26	20.79	22.78	269.43	3.08
	표준편차	27.97	0.58	41.61	167.32	3.86
2015-16	평균	49.40	20.77	18.76	483.43	7.97
	표준편차	35.29	0.70	44.69	518.85	13.72

(+)의 상관관계를 보이는 반면, 기업 규모와는 유의한 음(-)의 상관관계를 보여

준다. 이는 선행연구의 예측과 상관분석 결과가 대체적으로 일치하고 있다는

것을 보여준다. 배당 성향과 유동성은 베타와 유의한 관계를 가지고 있지 않지

만 선행연구의 예측과 같이 음(-)의 방향성을 보여준다.

　〈표 9-4〉는 246개(생협-기준연도) 표본생협에 대한 연도별 기술 통계량을 보

여준다. 표본생협은 배당이 가능하나 표본기간 동안 배당이 없었기 때문에 배

당 성향은 0이므로 기술 통계량에서 제외된다. 표본생협의 재무 레버리지는 평

균적으로 50% 내외로 표본상장기업보다 더 높은 재무 레버리지를 보이고 있다. 기업 규모는 표본상장기업보다 작고, 연도별로 조금씩 편차가 있지만 평균적으로 12.6억 원의 자산을 보유하고 있다. 성장성의 평균은 28.74~91.51%로 표본기간 동안 표본생협은 매우 빠르게 성장해왔다. 유동성 평균은 192~483 사이로 표본기간 동안 큰 변동성을 보여주고 있으며, 표본기간 동안 갈수록 커지고 있다. 이익 변동성은 표본기간 동안 평균 2.62~7.97로 변동 폭이 큰 것으로 보인다. 특히 2015-16 기준연도는 유동성과 이익 변동성이 그 이전 기간에 비해 더 큰 값을 보여주고 있다.

표본기간 전체 자료를 이용하여 분석한 표본생협의 변수 간 상관분석 결과는 〈표 9-5〉와 같다. 상장기업과 달리 생협의 재무 레버리지는 기업 규모와 유의한 음(-)의 상관관계를 보이고 있지만 유동성과 이익 변동성은 상장기업과 동일한 방향으로 재무 레버리지와 상관관계가 있는 것으로 나타난다. 기업 규모도 상장기업의 경우와 마찬가지로 성장성과는 유의한 양(+)의 상관관계, 이익 변동성과는 유의한 음(-)의 상관관계를 보여준다. 성장성도 상장기업과 비슷하게 이익 변동성과 유의한 음(-)의 상관관계를 보여준다. 표본생협의 재무 변수 간 상관관계는 재무 레버리지와 기업 규모의 관계를 제외하고 표본상장기업과 유사한 것을 알 수 있다.

〈표 9-5〉 생협의 상관분석 결과

구분	재무 레버리지	기업 규모	성장성	유동성	이익 변동성
재무 레버리지	1**				
기업 규모	-.249**	1**			
성장성	-.031**	.350**	1**		
유동성	-.435**	.037**	-.039**	1**	
이익 변동성	.262**	-.244**	-.219**	-.066**	1**

주: **는 1% 수준에서 유의하다는 것을 의미함.

2) 표본상장기업의 시장베타와 재무변수 간 회귀분석 결과

〈표 9-6〉은 637개 표본상장기업들을 대상으로 분석한 재무변수와 시장베타의 패널회귀분석 결과를 보여준다. 유의하지 않은 변수는 제외한 후 유의한 변수만으로 회귀 분석한 결과이다. (식 1)은 자기상관을 통제한 분석 결과이고 (식 2)는 연도더미를 포함시켜서 시간특성효과를 통제한 분석 결과이다. 확률효과모형의 유의성을 나타내는 Wald chi2 값은 각각 86.65와 187.15로 1% 유

〈표 9-6〉 상장기업의 패널회귀분석 결과

구분		(식 1) 자기상관 통제 회귀분석	(식 2) 연도효과 통제 회귀분석
상수		2.3784010***	2.3552170***
재무 레버리지		0.0023340***	0.0019934***
기업 규모		-0.0620548***	-0.0597532***
성장성		0.0018293***	0.0018601***
이익 변동성		0.0038619***	0.0052428***
연도-더미	2012-13		-0.0742327***
	2013-14		-0.1054658***
	2014-15		-0.0472501**
R2		4.62%	5.45%
Wald chi2		86.65***	187.15***
관측치(집단수)		3,822(637)	3,822(637)

주: ***와 **는 각각 1%와 5% 수준에서 유의하다는 것을 의미함.

(식 1) 자기상관 통제 회귀분석모형

$$\beta_{i,t} = (\alpha_0 + u_i) + \alpha_1 F_{i,t} + \alpha_2 S_{i,t} + \alpha_3 D_{i,t} + \alpha_4 G_{i,t} + \alpha_5 L_{i,t} + \alpha_6 V_{i,t} + e_{i,t}$$

(식 2) 연도효과 통제 회귀분석모형

$$\beta_{i,t} = (\alpha_0 + u_i) + \alpha_1 F_{i,t} + \alpha_2 S_{i,t} + \alpha_3 D_{i,t} + \alpha_4 G_{i,t} + \alpha_5 L_{i,t} + \alpha_6 V_{i,t} + \Sigma Year_t + e_{i,t}$$

의수준에서 각 회귀모형이 유의하다는 것을 알 수 있다. 모형의 설명력을 나타내는 R^2 값은 각각 4.62%와 5.45%로 자기상관 통제모형보다 시간특성효과 통제모형이 조금 더 높게 나타난다.[11] 다중공선성을 평가하는 지수인 VIF 값은 연도더미를 제외한 모형에서는 최대 1.257, 연도더미가 포함된 모형에서는 최대 1.723으로 나타나 다중공선성 문제는 없는 것으로 보인다.

두 모형은 회귀계수의 크기가 조금 차이가 날 뿐 유사한 결과를 보여주고 있다. 재무 레버리지, 기업 규모, 성장성, 이익 변동성은 시장베타와 1% 수준에서 유의한 관계를 갖고 있는 반면에, 배당 성향과 유동성은 시장베타와의 유의한 관계를 보여주지 않는다.[12]

비록 시장가치가 아닌 회계장부가치로 재무 레버리지(부채/자산)를 측정했을지라도 재무 레버리지는 시장베타에 양(+)의 영향을 미치는 것으로 나타났다. 이는 Hamada(1969)의 이론과 선행연구 결과와 일치한다. 부채의 비율이 증가할수록 자기자본의 체계적 위험이 높아지는 것이다. 자산의 자연로그 값으로 측정한 기업 규모는 시장베타와 음(-)의 관계를 가지고 있는 것으로 나타난다. 이는 대기업집단에 속하지 않은 표본상장기업에서 기업 규모가 커질수록 체계

---

11 종속변수인 시장베타의 변동 중 독립변수인 재무변수에 의해 설명되는 부분, 즉 결정계수(R^2)는 5% 내외로 나타났다. 각 변수들의 조작적 정의를 어떻게 하느냐에 따라, 그리고 어떤 변수들이 추가되느냐에 따라 결정계수(R^2) 값이 달라질 수 있다. 이 연구는 생협의 기본베타를 추정하는 것이 목적이기 때문에, 생협의 운영 기간과 재무자료에 맞춰서 2년 평균 재무변수를 측정했고, 이에 따라 상장기업의 시장베타와 재무변수도 2년을 기준으로 측정했다. 그래서 더 높은 R^2 값이 나오는 연구 결과가 있음에도 불구하고 연구 목적에 맞는 회귀분석 결과를 사용했다. 참고로 2009~2016년 동안의 재무변수 평균값을 설명변수로 사용하고 업종별 더미변수 등을 추가했을 때 수정된 R^2 값은 19.7%까지 나타났다. 이는 우리나라 1989~1996년 자료를 사용하여 시장베타와 재무변수 간 관계를 분석한 박순식(1999)의 연구에서 나타난 수정된 R^2 값 7.12~10.04%보다 높은 것이다. 하지만 표본생협 중에서 8년간 영업한 생협은 없었기 때문에 19.7%의 수정된 R^2 값을 가진 회귀분석 결과를 생협에 적용할 수 없는 것으로 보았다.

12 배당 성향과 유동성을 포함한 회귀모형에서 유동성 회귀계수의 방향은 양(+)으로 나타났고, 배당 성향의 회귀계수는 0과 다르지 않는 것으로 나타났다.

적 위험이 감소한다는 것을 의미하고, 큰 기업일수록 덜 위험하다는 시장의 믿음을 보여주는 것일 수 있다. Fama and French(1992)의 연구를 비롯한 다수의 선행연구 결과와 일치하는 것이다. 성장성은 시장베타와 양(+)의 관계를 가지는 것으로 나타나, 이 연구의 결과는 선행연구의 이론적 설명과 실증분석의 결과와 일치한다는 것을 보여준다. 즉, 성장성이 높을수록 초과이익의 흐름이 보다 불확실해질 수 있어서 체계적 위험이 증가한 것으로 볼 수 있다. 이익 변동성이 증가할수록 시장베타 또한 증가하는 관계를 보여준다. 이익 변동성은 기업의 총위험으로 볼 수 있기 때문에, 이익 변동성과 시장베타가 양(+)의 관계를 가진다는 것은 기업의 총위험과 체계적 위험이 양(+)의 상관관계를 가진다는 일반적 추론에 부합하는 것이라고 할 수 있다.

배당 성향은 상관분석의 결과와 마찬가지로 시장베타와 관계가 없는 것으로 나타났는데, 표본상장기업에서 배당 성향은 체계적 위험에 관한 정보를 전달하지 않는다고 해석할 수 있다. 유동성도 시장베타와 유의한 영향을 미치지 않았는데, 이 결과도 표본상장기업의 유동성은 체계적 위험을 평가하는 데 중요한 변수가 아닌 것으로 볼 수 있다.

유의하게 나타난 재무변수의 회귀계수와 기준연도 더미변수의 회귀계수는 표본생협의 재무변수와 대응시켜서 생협의 기본베타를 추정하기 위해 사용된다. 자기상관 통제모형과 시간특성효과 통제모형을 사용했기 때문에 두 모형 결과를 모두 사용하여 각 생협별로 2개의 기본베타를 추정한다. 각 모형별로 산출된 회귀계수를 적용하여 생협의 기본베타를 구하는 식은 아래 2개의 식과 같다. 기본베타 1은 자기상관 통제모형의 회귀계수를 적용한 것이고, 기본베타 2는 시간특성효과 통제모형의 회귀계수를 적용한 것이다.

기본베타 1

$$\beta_{i,t} = 2.3784010 + (0.0023340 \times F_{i,t}) - (0.0620548 \times S_{i,t}) + (0.0018293 \times G_{i,t}) + (0.0038619 \times V_{i,t})$$

기본베타 2

$$\beta_{i,t} = 2.3552170 + (0.0019934 \times F_{i,t}) - (0.0597532 \times S_{i,t}) + (0.0018601 \times G_{i,t}) + (0.0052428 \times V_{i,t}) - (0.0742327 \times Year_{2012-13}) - (0.1054658 \times Year_{2013-14}) - (0.0472501 \times Year_{2014-15})$$

〈표 9-7〉 생협의 기본베타 추정

기간	표본 수	기본베타 1		기본베타 2	
		평균	표준편차	평균	표준편차
2010-11	15	1.38	0.13	1.40	0.13
2011-12	32	1.33	0.10	1.34	0.10
2012-13	47	1.29	0.11	1.23	0.11
2013-14	49	1.28	0.09	1.19	0.09
2014-15	52	1.27	0.10	1.23	0.09
2015-16	51	1.27	0.13	1.29	0.13
Total	246	1.29	0.11	1.26	0.12

위의 두 식을 통해 추정된 표본생협의 기본베타는 〈표 9-7〉과 같다. 기본베타 1과 2의 전체 평균은 각각 1.29와 1.26으로 기본베타 1이 약간 더 높다. 연도별로 살펴보면, 기본베타 1은 2010-11 기준연도가 가장 높은 1.38이고 이후로 점점 감소하는 경향을 보이지만 2012-13 기준연도 이후로는 큰 차이를 보이지는 않는다. 기본베타 2는 2010-11 기준연도가 가장 높고, 이후 감소하다가 다시 증가하는 경향을 보인다. 이는 2012-13, 2013-14, 2014-15 연도더미의 회귀계수가 음수이기 때문이다. 전반적으로 2010-11, 2011-12 기준연도의 기본베타가 상대적으로 크고, 이후에 큰 차이를 보이지 않는 이유는 앞선 기준연도의 표

본들은 대부분 사업을 처음 시작하기 때문에 규모도 작고 성장률이 큰 생협들만 있는 반면, 그 이후로는 초기 단계를 지난 생협과 초기 단계에 있는 생협이 함께 있기 때문인 것으로 보인다.

모든 기준연도에서 기본베타 1과 2 모두 상장기업의 시장베타보다도 크고 시장포트폴리오 베타인 1보다 큰 것으로 나타났다. 이러한 결과는 일반적인 기대보다 높은 것으로 보인다. 왜냐하면 생협이 영위하는 도·소매업은 다른 업종에 비해 상대적으로 위험이 낮은 것으로 인식되고 있기 때문이다. 또한, 생협의 주인은 소비자 조합원이고, 조합원은 자신들의 생협을 통해 주로 구매를 하기 때문에 생협은 안정적인 매출을 가질 수 있을 것으로 기대된다. 산출된 기본베타 값을 분석하기 위해서 표본생협과 표본상장기업의 재무변수들을 비교했다. 첫째, 표본생협의 재무 레버리지는 표본상장기업의 재무 레버리지보다 더 높다. 즉, 총부채비율이 더 높기 때문에 더 높은 체계적 위험을 가지는 것이다. 둘째, 기업 규모도 표본생협이 표본상장기업보다 훨씬 작다. 기업 규모가 클수록 덜 위험하다는 믿음이 반영된다면 표본생협이 표본상장기업보다 더 위험한 것이다. 셋째, 표본생협의 성장률도 표본상장기업보다 크다. 성장률이 높을수록 초과이익 흐름이 더 불확실하기 때문에 체계적 위험이 더 높을 수 있다. 마지막으로 이익 변동성의 경우에도 2010-11 기준연도를 제외하면 표본상장기업보다 표본생협의 이익 변동성이 더 크다는 것을 알 수 있다. 회계이익의 변동성은 직접적으로 기업의 위험을 측정하는 것이므로 이익 변동성이 더 높은 표본생협이 표본상장기업보다 더 높은 위험을 가진 것으로 볼 수 있다.

5. 요약 및 결론

이 글은 투자자가 아닌 소비자, 생산자, 또는 직원 등의 이해관계자가 소유하고 통제하고 혜택을 가지는 협동조합에 주목한다. 사회적경제의 중요한 한 축으로서 협동조합은 고용 창출과 고용 안정, 소득양극화 해소 등의 효과를 가질 것으로 기대되고 있다. 국내에서 신용사업을 하지 않는 협동조합 중에서 생협은 2017년 말 기준 전체 매출액이 1조 1184억 원 규모로 성장하여 국내 조합원 소유기업의 대표적인 유형이라고 할 수 있다. 하지만 협동조합의 성과를 평가하거나 조합원의 기대효용을 높이는 사업을 선택하는 데 도움이 될 수 있는 협동조합의 자기자본비용과 그 핵심인 체계적 위험에 관한 연구는 거의 없는 편이다. 이에 이 글은 협동조합 자기자본의 체계적 위험을 추정하는 것을 그 목적으로 한다. 체계적 위험 추정에 관한 이론적 배경과 선행연구를 통해 기본베타를 사용하기로 하고 체계적 위험과 관계가 있을 것으로 예상되는 재무 레버리지, 이익 변동성, 기업 규모, 성장성, 유동성, 배당 성향 등의 재무변수를 확인했다. 표본상장기업을 대상으로 패널회귀분석한 결과, 재무 레버리지, 이익 변동성, 기업 규모, 성장성 변수가 시장베타와 유의한 관계를 가지고 있었다. 이러한 유의한 회귀계수를 생협의 재무변수에 적용함으로써 생협의 기본베타를 추정했다.

이 글의 결과는 다음과 같다. 첫째, 상장기업의 재무변수 중에서 재무 레버리지, 이익 변동성, 성장성 변수는 시장베타와 유의한 양(+)의 관계를 가지고, 기업 규모는 시장베타와 유의한 음(-)의 관계를 가진다. 유동성과 배당 성향은 시장베타와 관계가 없는 것으로 나타난다. 유의한 관계를 보여준 각 변수는 선행연구의 예상과 일치하는 방향을 보여주고 있다. 즉, 부채가 증가할수록, 이익 변동이 클수록, 성장률이 높을수록 기업의 체계적 위험은 증가하고 자산 규모가 클수록 기업의 체계적 위험은 감소한다. 둘째, 추정된 생협의 기본베타는

1.19~1.40로 상장기업의 시장베타보다 크고 시장포트폴리오 베타인 1보다 큰 것으로 나타났다. 기본베타는 상장기업의 시장베타와 재무변수의 유의한 회귀계수를 생협의 재무변수에 적용하여 추정하는 것으로, 생협의 기본베타가 더 큰 이유는 평균적으로 생협의 재무 레버리지, 성장률, 이익 변동성은 상장기업보다 높고, 자산 규모는 상장기업보다 작기 때문이다.

이 글은 국내 생협의 체계적 위험을 재무변수를 통해 처음으로 추정했다는 점에서 의의가 있다. CAPM에서 체계적 위험은 자기자본비용을 결정하는 가장 중요한 변수이다. 하지만 협동조합의 출자증권은 국내에서 상장이 되지 않기 때문에 역사적 시장가격으로 그 체계적 위험을 추정할 수 없다. 이 글에서는 기본베타 방법으로 체계적 위험을 추정했고, 이렇게 추정된 체계적 위험을 사용하여 향후에 자기자본비용을 추정할 수 있을 것이다. 협동조합은 투자이익을 목표로 하지 않기 때문에 추정된 자기자본비용을 기대수익률이라고 볼 수는 없을 것이다. 하지만 추정된 자기자본비용은 협동조합의 성과평가, 경영 의사결정 등에 사용할 수 있을 것이다. 즉, 자기자본비용은 협동조합이 조합원들의 기대효용을 충족시켰는지를 평가하고 조합원의 기대효용을 높이는 의사결정을 하는 데 도움을 줄 수 있을 것이다. 향후에는 실제로 CAPM의 다른 변수를 함께 고려하여 생협의 자기자본비용을 추정해봐야 할 것이다. 이 글의 두 번째 의의는 상장기업의 시장베타와 재무변수 간 유의한 회귀계수를 제공한다는 점이다. 제시된 회귀계수는 협동조합뿐만 아니라 비상장기업의 기본베타를 추정하는 데도 사용할 수 있다. 이는 사회적경제조직의 투자를 담당하는 사회적 금융 관련 기관과 비상장기업에 투자하는 일반 금융기관 모두에게 위험이 적절히 반영된 자본비용을 추정하는 방법과 투자 시 고려할 수 있는 추가적인 기준을 제공해주는 것이다.

이 글의 한계와 향후 과제는 다음과 같다. 첫째, 생협이 영위하고 있는 도·소매업이라는 특징을 반영하지 못했다. 회귀분석에서 업종별 더미변수를 포함시켜 회귀계수를 추정할 수 있으나 이 연구에서는 유의한 값이 나오지 않아 업종별 더미변수를 제외했다. 향후 다양한 업종의 사업을 하고 있는 협동조합을 위한 연구에서는 이러한 업종별 특징이 포함되어 체계적 위험을 추정할 수 있어야 할 것이다. 둘째, 협동조합의 특징이라고 할 수 있는 조합원에 관한 분석이 제외되었다. 투자자소유기업인 상장기업은 조합원이 없기 때문에 시장베타와 조합원 수와의 관계를 구할 수 없다. 하지만 최우석·서진선(2014)의 연구에서 생협의 조합원 수는 매출액, 부채금액, 차입금액, 부채비율, 수익률 등과 유의한 관계가 있었다. 즉, 조합원 수는 체계적 위험에 영향을 주는 변수들과 관계가 있는 것으로 보인다. 그렇기 때문에 향후에 조합원 수를 활용하여 생협의 체계적 위험 추정을 시도할 수 있을 것이다.

참고문헌

김권중·이은상. 1999. 「회계변수를 이용한 베타계수 추정과 기간통신 사업자의 자본비용 측정」. ≪경제연구≫, 15, 101~132쪽.

김종대. 2001. 「연결재무구조와 체계적 위험간의 상관관계분석-연결정책수립을 위한 실증연구」. ≪경영학연구≫, 30, 855~876쪽.

민인식·최필선. 2016. 『STATA 패널데이터 분석』. 파주: ㈜지필미디어.

박순식. 「회계위험변수 베타예측모형과 위험수준별 예측오차분석」. ≪재무관리연구≫, 16, 215~241쪽.

일자리위원회·관계부처 일동. 2017. 『사회적경제 활성화 방안』.

장지인·이경주. 1999. 「비상장 통신사업자의 자본비용 추정에 관한 연구: 한국통신의 경우」. ≪정보통신정책연구≫, 6, 35~57쪽.

정유경·안윤영·구원일. 2010. 「비상장 외식기업의 가중평균자본비용 추정에 관한 연구: 썬앳푸드와 아모제를 중심으로」. ≪관광학연구≫, 34, 411~432쪽.

최우석·서진선. 2014. 「부채의 사용이 소비자생활협동조합의 재무성과에 미치는 영향: iCOOP 소비자생활협동조합 사례」. ≪사회적기업연구≫, 7, 91~115쪽.

Ball, R. and P. Brown. 1969. "Portfolio Theory and Accounting." *Journal of Accounting Research*, 7, pp.300~323.

Beaver, W., P. Kettler and M. Scholes, "The Association Between Market Determined and Accounting Determined Risk Measures." *Accounting Review*, 45, pp.654~682.

Ben-Zion, U. and S. S. Shalit. 1975. "Size, Leverage, and Dividend Record as Determinants of Equity Risk." *Journal of Finance*, 30, pp.1015~1026.

Bildersee, J. S. 1975. "The Association Between a Market-Determined Measure of Risk and Alternative Measures of Risk." *Accounting Review*, 50, pp.81~98.

Birchall, J. 2003. *Rediscovering the Cooperative Advantage-Poverty Reduction through Self-help*. International Labour Organisation.

Bowman, R. G. 1979. "The Theoretical Relationship between Systematic Risk and Financial (accounting) Variables." *Journal of Finance*, 34, pp.617~630.

Bowman, R. G. 1981. "The Theoretical Relationship Between Systematic Risk and Financial (accounting) Variables: Reply." *Journal of Finance*, 363, pp.749~750.

Brimble, M. and A. Hodgson. 2007. "Assessing the Risk Relevance of Accounting Variables in Diverse Economic Conditions." *Managerial Finance*, 33, pp.553~573.

Brotherson, W. T. et al. 2013. "'Best Practices' in Estimating the Cost of Capital: An Update." *Journal of Applied Finance*, 23, pp.1~19.

Bruner, R. F. et al. 1998. "Best Practices in Estimating the Cost of Capital: Survey and Synthesis." *Journal of Applied Finance*, 8, pp.13~28.

Callahan, C. M. and R. M. Mohr. 1989. "The Determinants of Systematic Risk: A Synthesis." *Financial Review*, 24, pp.157~181.

Capstaff, J. 1992. "The Usefulness of UK Accounting and Market Data for Predicting the Perceived

Risk Class of Securities." *Accounting and Business Research*, 22, pp.219~228.

Castagna, A. D. and Z. P. Matolcsy. 1978. "The Relationship between Accounting Variables and Systematic Risk and the Prediction of Systematic Risk." *Australian Journal of Management*, 3, pp.113~126.

Clark, T. S. and D. A. Linzer. 2015. "Should I Use Fxed or Random Effects?" *Political Science Research and Methods*, 3, pp.399~408.

Copeland, T. E., J. F. Weston and K. Shastri. 2014. *Financial Theory and Corporate Policy* (4th Edition). Pearson Education Limited.

Damodaran, A. 2012. *Investment Valuation: Tools and Techniques for Determining the Value of Any Asset* (3rd Edition). John Wiley & Sons.

Elgers, P. T. 1980. "Accounting-Based Risk Predictions: A Re-Examination." *Accounting Review*, 55, pp.389~408.

Elgers, P. T. and D. Murray. 1982. "The Impact of the Choice of Market Index on the Empirical Evaluation of Accounting Risk Measures." *Accounting Review*, 57, pp.358~375.

Eskew, R. K. 1979. "The Forecasting Ability of Accounting Risk Measures: Some Additional Evidence." *Accounting Review*, 54, pp.107~118.

Fama, E. F. and K. R. French. 1992. "The Cross-section of Expected Stock Returns." *Journal of Finance*, 47, pp.427~465.

Hamada, R. S. 1969. "Portfolio Analysis, Market Equilibrium and Corporation Finance", *Journal of Finance*, 24, pp.13~31.

Hansmann, H. 1996. *The Ownership of Enterprise*. Havard University Press.

Jensen, M. C. 1986. "Agency Costs of free Cash Flow, corporate finance, and takeovers." *American Economic Review*, 76, 1986, pp.323~329.

Logue, D. E., and L. J. Merville. 1972. "Financial Policy and Market Expectations." *Financial Management*, 1, pp.37~44.

López-Espinosa, G., J. Maddocks and F. Polo-Garrido. 2009. "Equity-Liabilities Distinction: The Case for Co-operatives." *Journal of International Financial Management and Accounting*, 20, pp.274~306.

Palliam, R. 2005. "Estimating the Cost of Capital: Considerations for Small Business." *Journal of Risk Finance*, 6, pp.335~340.

Pettit, J. 1999. "Corporate Capital Costs: A Practitioner's Guide." *Journal of Applied Corporate Finance*, 12, pp.113~120.

Ryan, S. G. 1997. "A Survey of Research Relating Accounting Numbers to Systematic Equity Risk, with Implications for Risk Disclosure Policy and Future Research." *Accounting Horizons*, 11, pp.82~95.

Spear, R. 2000. "The Co-operative Advantage." *Annals of Public and Cooperative Economics*, 71, pp.507~523.

협동조합의 부가가치보고서*

최은주

1. 서론

협동조합은 조합원들의 요구를 실현하기 위해 설립되어 조합원의 자발적 가입과 경제적·사회적 참여로 운영되며 운영 결과는 조합원 총회에서 사업 보고 및 결산승인 절차를 통해 공개되고 공유된다. 또한 협동조합기본법에 따라 조합원 수가 200명 이상이거나 직전 사업연도 결산보고서상 출자금 납입총액이 30억 원 이상인 협동조합과 모든 사회적협동조합은 매년 시·도 또는 협동조합연합회 인터넷 홈페이지에 경영공시를 하고 있는데 이를 통해 협동조합의 경영성과가 사회적으로도 공유되고 있다. 경영공시는 협동조합이 설립 목적을 실현하고 협동조합의 운영 원칙에 맞게 운영되었는지를 대내외적으로 보고하기 위한 것으로 정관과 규약 또는 규정, 사업결산보고서, 총회 등의 활동 상황, 사업

---

* 이 장은 다음 논문을 기반으로 한 것이다. 최은주, 「협동조합 회계보고를 위한 부가가치보고서의 유용성」, ≪한국협동조합연구≫, 37권 1호(2019), 21~40쪽.

결과보고서가 공시 대상이 된다. 그런데 현재 공시되고 있는 협동조합의 사업결산보고서가 과연 협동조합의 정체성을 드러내기에 적합한 것인가에 대해서는 비판의 여지가 있다. 주식회사에서 사용하는 재무제표와 동일하게 재무상태표에서는 자산과 부채 및 자본 현황을, 손익계산서에서는 매출에서 제반비용을 제한 후 남게 되는 당기순이익을 보여주는 형식으로 구성되어 있기 때문이다. 협동조합과 주식회사 모두 기업 자산의 궁극적 소유자인 주주(조합원)에게 귀속되는 당기손익과 누적손익을 보여주는 재무정보를 제공하는 데 초점을 맞추고 있는 것이다. 그러나 협동조합이 주식회사와 다른 목적을 위해 설립되고 다른 원리로 운영되는 조직이라는 점을 고려할 때 협동조합의 특성에 적합한 회계보고 양식을 탐색할 필요성이 제기된다.

협동조합의 경영성과 보고를 중심으로 생각해볼 때 협동조합과 주식회사의 가장 근본적인 차이점은 주식회사와 달리 협동조합에서는 이용자가 곧 소유자라는 점이다. 주식회사의 소유인 주주에게는 자본의 투자수익률을 높이는 것이 일반적으로 주된 관심사이며 지분의 시장가치에 따라 지분을 자유롭게 양도할 수 있지만 협동조합의 조합원에게 출자는 소유 그 자체를 목적으로 한다기보다는 협동조합을 이용하기 위한 수단으로 활용되는 측면이 크다. 따라서 협동조합에서 조합원은 출자 규모와 관계없이 동일한 의결권을 가지고 있으며 협동조합의 설립 목적에 따라 조합원의 요구를 실현하기 위해 의결권을 행사한다. 이와 동일선상에서 협동조합의 이익에 대해서 출자액을 근거로 하는 배당과 함께 이용액에 따른 배당도 가능하며 오히려 후자가 더 중요시되는 경향이 있다. 또한 협동조합은 연대와 형평, 자조와 같은 사회적 가치를 조직의 정체성으로 삼고 있으므로 1인 1표라는 형식적인 민주성을 넘어 조직 운영의 모든 면에서 협동조합의 정체성이 발현될 것으로 기대된다. 주식회사도 사회공헌 활동을 중요하게 생각하는 경우도 있지만 이것이 조직 정체성의 일부를 구성하지 못하고 투자수익이라는 가치를 넘어서기도 어렵다. 협동조합(또는 사회적협동조

〈표 10-1〉 협동조합과 주식회사의 비교

구분		협동조합		주식회사
설립 목적		조합원의 요구 충족	(사회적협동조합: +공익 추구)	투자수익 극대화
소유권	소유자	이용자-조합원		불특정 다수(투자자-주주)
	제한	개인소유 제한(지분한도)		개인소유 제한 없음
	이전	지분거래·양도 제한		지분거래·양도 자유(2차 시장)
통제권	통제자	조합원: 이용자-투자자		일반 주주 : 투자자
	의결권	1인 1표(민주적 관리)		1주 1표
수익권	이용배당	중시	(사회적협동조합: 배당 없음)	없음
	투자배당	제한적(최소배당)		중시
	지분 재평가	없음		상시적(자본시장)

자료: 임영선(2014: 89)에서 일부 발췌하여 수정함.

합)과 주식회사는 〈표 10-1〉에서 보여주는 바와 같이 설립 목적뿐만 아니라 소유권, 통제권, 수익권 차원에서도 큰 차이가 있기 때문에 기업의 경영 성과를 담고 있는 재무 정보의 내용과 형식이 동일한 것이 부적절해 보일 수밖에 없다.

협동조합의 성과 측정과 보고는 주식회사와 다르게 이루어져야 한다는 공감대는 이미 상당히 확산되었으나 구체적으로 무엇을 어떻게 측정하고 보고할 것인가에 대해서는 매우 다양한 의견이 제시되고 있다. 먼저, 재무 성과와 함께 사회적 성과를 나타내는 지표를 찾는 데 중점을 둔 연구들이 있다. 협동조합에서 사회적 성과가 창출되는 과정을 다룬 신창섭·박창길(2013)의 연구는 생협의 사회적 성과로 "조합원 정서의 함양, 정책에 대한 효능감, 조합원 삶의 변화, 생산자의 경제적 삶의 개선, 평판 향상, 시중 물품의 사양 향상, 지역사회 투자자"를 도출해냈다. 사회적 성과와 재무 성과의 균형 추구를 담고 있는 Kaplan and Norton의 균형성과표(BSC)를 활용하여 성과지표를 탐색하는 연구도 이루어졌다. 권응환·김순우·신미향(2017)은 작은 규모의 협동조합이 각자의 브랜드가 아닌 공동의 브랜드를 구축했을 때 사업 성과를 더 높일 수 있는가를 검증했는데, 사업 성과지표를 기업가치 증가와 매출 증가로 구분하고 기업가치 증가의 증거로 일반적인 수익률 지표 외에 제품 선호도, 평판, 새로운 시장 개척 가능

〈표 10-2〉선행연구에서 사용된 비재무적·사회적 성과지표

주제	성과지표
협동조합의 사회적 성과 탐색	조합원 정서의 함양, 정책에 대한 효능감, 조합원 삶의 변화, 생산자의 경제적 삶의 개선, 평판 향상, 시장 일반의 물품사양 향상, 지역사회 투자자
사업 성과지표 중 기업가치 증가	일반적인 수익률 지표 외에 제품 선호도, 평판, 새로운 시장 개척 가능성
균형성과표 활용	학습·성장 요인, 내부 프로세스 요인, 고객 요인과 재무 성과지표 사이의 관계

성을 측정했다. 마찬가지로 균형성과표를 활용한 임현묵·서진선·최우석(2018)의 연구는 의료복지사회적협동조합을 대상으로 균형성과표의 학습·성장 요인, 내부 프로세스 요인, 고객 요인과 재무 성과지표 사이의 관계를 검토했다. 이와 같이 협동조합의 성과지표를 찾기 위한 연구에서는 전형적인 경영 성과지표 외에도 비재무적·사회적 성과지표를 사용하려는 시도가 이루어졌다.

다른 한편에서는 재무 성과를 주식회사와 다르게 측정하기 위한 협동조합 회계기준과 회계시스템에 대한 연구가 이루어지고 있다. 협동조합 회계기준에 대한 대표 연구자인 유종오(2018)는 주식회사나 비영리단체와 다른 협동조합의 특성을 고려하여 재무 정보의 이용자인 조합원들은 위탁한 자산(출자금, 조합비 등)의 투명하고 안전한 관리 여부, 협동조합의 설립목적 실현 여부, 나아가 조합의 지속가능성을 판단할 수 있는 정보를 필요로 하며 2차 청구권자는 자금회수 가능 여부를 평가할 수 있는 재무 정보를 필요로 한다고 본다. 따라서 재무제표의 요소는 큰 틀에서 그대로 유지하되 협동조합의 성격에 맞게 용어를 변경하는 것이 필요하다고 주장한다. 구정옥(2017)의 연구에서 제시되는 삼중 성과 회계시스템(Three Bottom Line)은 가치지향 조직으로서의 협동조합이 경영 활동과 직·간접적으로 관련된 모든 이해관계자에 대한 책임을 인식하여 경제적 성과, 사회적 성과, 환경적 성과를 하나의 회계보고에 통합적으로 보고할 수 있도록 만들어진 프레임워크다. 한편 캐나다에서 진행되고 있는 협동조합 회계 설계 프로젝트를 소개한 톰 웨브(2017)는 협동조합의 프레임워크를 〈표 10-3〉

〈표 10-3〉 협동조합 회계 프레임워크

구성 요소	세부 지표
조합원 요구 충족 지수	제품 품질, 단위 원가와 가격, 시장점유율, 정확한 배송, 민주적 통제, 조합원 참여, 조합원 교육 프로그램, 제품 수량
협동조합 운영 영향 지수	유의미한 업무, 안정성, 건강과 안전, 급여, 노동자 참여, 공급자, 참여적 경영
사회경제적 변화 지수	자연 존중, 조직 가치, 윤리적 가치, 사회적 목적, 협동조합 원칙, 참여적 민주주의
재무적 건전 지수	유동성, 영업 효율성, 주식가치, 자본적정성, 협동조합 자본, 위험평가

과 같이 제안했다. 이것은 협동조합의 이해관계자와 가치, 재무 등이 총망라된 매우 포괄적인 틀이다.

협동조합의 회계 책임을 보여주기에 적절한 지표나 회계시스템에 대한 선행연구를 종합하면 기업의 투자자 관점이 아닌 조합원의 관점에 설 것, 경영 성과 지표를 다양화할 것, 협동조합의 사회적·환경적 책임을 인식하고 협동조합과 관계된 이해관계자를 고려할 것을 요구하고 있다. 이 글은 협동조합이 주식회사와 다른 목적으로 설립되고 다른 원리로 운영되므로 협동조합에 적합한 회계시스템을 만들어야 한다는 선행연구의 문제의식을 공유하면서 협동조합의 가치와 원칙을 담아내기에 적절한 협동조합 재무보고 양식을 탐색하는 데 집중하고자 한다. 특히 다양한 이해관계자들이 참여하여 민주적 운영 원리에 따라 경영 의사결정이 이루어지는 협동조합은 이해관계자들에게 필요한 정보를 제공하는 내용을 성과 보고에 포함시킬 필요가 있다. 이런 점을 고려하여 기업의 부가가치가 어떻게 창출되고 누구에게 분배되는지를 보여주는 부가가치보고서를 협동조합 회계보고의 틀로 활용할 가능성을 살펴보고자 한다.

이 글은 다음과 같이 구성된다. 제2절에서는 부가가치보고서의 개념과 이론적 기초, 선행연구를 검토하고 제3절에서는 일반협동조합과 사회적협동조합 각 사례의 경영공시 내용을 부가가치보고서 양식에 맞춰 재구성함으로써 기존의 손익계산서와 다른 부가가치보고서의 유용성을 도출한다. 이 글의 시사점과 한계는 결론 부분에서 제시된다.

2. 부가가치보고서의 개념과 이론적 기초

1) 부가가치보고서의 개념과 유용성

"부가가치회계는 기업이 산출하는 부가가치를 회계학적으로 처리하는 것에 관하여 연구하고 설명하는 학문 분야이다"(이병길·임재희, 2002). 부가가치회계는 자본 출자자(주주) 외에도 채권자, 노동자, 정부 등을 기업의 이해관계자로 보고 이들에게 지급하는 이윤과 이자, 임금, 임차료, 조세 등을 기업이 창출한 경제적 가치를 이해관계자에게 분배한 것으로 본다. 이것은 곧 주주와 모든 자본 공급자들의 장·단기 대여자본에 대한 보상과 노동자, 정부의 보상으로 표현될 수 있으며 이런 보상을 모두 합한 것을 부가가치라고 한다(Morley, 1979).

현행 회계제도는 (주주의) 이익을 '어떻게 측정하는가'에 중점을 두고 있다. 현재 사용되고 있는 손익계산서 형식은 4가지 이익 개념, 즉 매출액에서 매출원가를 제외한 매출이익(영업수익), 영업 활동으로 인한 수익과 영업 활동에 따르는 비용의 차이인 영업이익, 여기에 영업외수익과 영업외비용을 가감한 경상이익, 그리고 법인세를 제하고 남게 되는 당기순이익이 계산되고 표현되는 구조를 가지고 있다. 4가지 이익 개념 속에서 주주를 제외한 다른 이해관계자의 이익은 주주에게 비용을 유발하는 대상이고, 모든 비용을 차감한 후 남게 되는 이익을 구하는 과정은 곧 영업 활동과 비영업 활동을 통해 얻게 되는 주주의 이익으로 귀결되는 과정이다.

그러나 기업이 주주의 이익을 위해서만 봉사하는 조직이 아니라 기본적으로는 조합원들의 조합 이용 목적을 실현하는 것이고 협동조합의 활동이 다양한 이해관계자들과의 협동을 통해 이루어지는 조직이라는 관점에서 본다면 궁극적으로 주주의 이익만을 중요한 이익으로 보여주는 손익계산서 양식은 협동조합기업의 이익을 적절하게 표현하고 있다고 볼 수 없다. 기업과 관련된 다양한 이익의 주체 중에서 일부만을 보여주는 매우 제한적인 양식이기 때문이다. 그렇다면 기업에는 어떤 이해관계자가 관여되어 있으며, 관련된 여러 이해관계자의 이익은 어떻게 보여줄 수 있는가? 여기에 대한 하나의 대안이 바로 '누구의 이익을' 측정할 것인가에 초점을 둔 부가가치보고서라고 할 수 있다.

부가가치 개념은 각 나라마다 다른 과정을 거처 국가정책에 편입되었지만 대부분 생산성 향상을 나타내는 수단으로 도입되었다. 회계보고 양식으로서의 부가가치보고서는 영국에서 처음 시도되었다. 1975년에 한 연구 집단이 영국 회계기준운영위원회에 'The Corporate Report'라는 토론 자료를 제출했는데 (Morley, 1979), 이 자료는 공공기관이나 민간기업 또는 협동조합이나 비영리조직 등 모든 형태의 조직이 자신들의 사업 결과를 법적 권리 유무에 관계없이 보고할 책임이 있는 모든 이해관계자에게 보여주기 위해 재무 보고를 제출해야 한다는 점을 밝히고 있다. 여기서 말하는 보고 책임은 법적 의무를 넘어서는 포괄적인 개념으로 주주에 대한 책임 외에 기업이 맺고 있는 재무적·비재무적 성

〈표 10-4〉 The Corporate Report의 부가가치보고서 예시

과목	당해 연도(당기)	전년도(전기)
I. 매출액	£103.9	
1. 구입 재료, 서비스	67.6	
2. 부가가치(A)	36.3	
II. 다음과 같이 분배		
1. 종업원에게 지급액:	25.9	
- 임금, 연금, 기타 수당	25.9	
2. 자본 공급자에게 지급액:	1.7	
- 차입금 이자	0.8	
- 주주배당	0.9	
3. 정부에게 지급액:	3.9	
- 미지급법인세	3.9	
4. 자산의 유지, 확장준비금:	4.8	
- 감가상각비	2.0	
- 유보이익	2.8	
III. 부가가치 총액(B)	£36.3	

자료: ASSC(1975: 50).

격의 모든 관계에 대한 책임을 포함한다. 예컨대 기업이 지역사회의 자원을 사용하기 때문에 가지게 되는 지역사회에 대한 책임, 노동자의 삶에 영향을 미치기 때문에 가지게 되는 노동자에 대한 책임 등이 그것이다. 이런 관점에서 보고 주체의 자원과 성과에 대한 경제적 측정 결과와 정보에 대해서 이해관계자들과 소통하는 것이 재무 보고의 목적으로 제시되어 있다(ASSC, 1975: 9). 이 보고서가 제안하는 부가가치보고서의 형식은 〈표 10-4〉와 같다.

표에서 생산된 부가가치(A)는 매출액에서 외부 구입재료와 서비스를 공제해서 계산할 수 있다. II 부분은 생산된 부가가치(A)가 종업원, 자본 공급자, 정부, 자산 유지에 어떻게 분배되었는지를 표시하고 있으며 각각의 이해관계자에게 분배된 부가가치를 모두 합하면 부가가치 총액(B)을 계산할 수 있다. 부가가치 보고서의 상단은 생산된 부가가치를, 하단은 생산된 부가가치의 분배된 상태를 보여주는 방식으로 구성되어 있다(A=B).

부가가치회계나 부가가치보고서라는 프레임워크 자체는 어느 특정 기업 형태에만 활용될 수 있는 재무보고 형식은 아니다. 주식회사 기업을 대상으로 생산성을 측정하기 위한 지표로 부가가치 개념을 사용하거나(한국생산성본부, 2015) 기존 재무 보고와 함께 추가적인 가치 관련성을 가지는 회계정보로서 부가가치 보고서의 역할이 조명되기도 했다(Machado, Macedo and Machado, 2015; 김정연, 2011; 윤순석, 1999). 또한 부가가치보고서가 기업의 사회적 책임이 강조되면서 재무적 성과와 함께 사회적·환경적 영향을 포함하는 통합 보고를 위한 틀이나 (Haller and Staden, 2014; Aldama and Zicari, 2012), 재무 성과의 분배 현황을 파악하기 위한 수단으로(김승용·마승수, 2017; 김승용, 2011; 안태식·양대천·이상열·표세원, 2006) 그리고 정책 평가의 틀로(Shaoul, 1997) 사용되기도 한다.

이와 같이 부가가치보고서의 활용 가치는 매우 다양하며 부가가치보고서가 생산된 부가가치를 여러 이해관계자에게 어떻게 분배하는지를 보여주는 보고 양식이라는 점에서 협동조합에의 적용 가능성도 고려해볼 수 있다. 협동조합

유형 중에는 성격이 다른 이해관계자가 조합원으로 참여하기도 하고 다중이해
관계자협동조합이 아니더라도 다양한 참여자들이 관여하는 조직 특성을 지니
고 있다. 또한 다른 협동조합과의 연대와 협력, 지역사회 기여를 중요한 원칙
중의 하나로 여기고 있고 실제로 실천하려 노력하기 때문에 부가가치보고서가
협동조합의 참여자들에게 의사결정에 적절한 회계정보를 제공할 수 있을 것으
로 기대할 수 있다.

2) 부가가치보고서의 이론적 기초

(1) 이해관계자 이론

19세기 이후 유럽에서는 자본주의 시장경제가 확대되면서 주식회사 형태의
기업이 급속히 성장했는데 이 시기 주식회사에 생긴 가장 큰 변화는 외부 투자
자의 유한책임이 명문화되었다는 점이다. 영국에서는 1855년에 제정된 기업법
에서 경영자를 포함하는 모든 주주의 유한책임을 법제화했다(Tricker, 2012). 미
국에서는 Santa Clara County-Southern Pacific Railroad 사이의 소송(1886)과
Dodge-Ford 사이의 소송(1919)을 통해 미국 수정헌법 14조의 규정을 받는 법
인격이 주식회사에 부여되고 주주에게 가장 좋은 이익을 제공해야 하는 주식회
사의 법적 의무가 규정되었다(Luhman and Cunliffe, 2013; Sundaram and Inkpen,
2004). 이러한 과정을 거치면서 주주들의 기업에 대한 투자가 확대되었고 주식
회사의 기업 규모도 점점 커졌다. 그러나 자본주의 시장경제가 발전하면서 독
과점이나 정보비대칭, 부의 외부 효과로 인해 불평등과 빈부 격차, 환경 파괴와
같은 사회문제가 나타났고 이와 같은 시장실패 현상이 시장경제의 효율적 자원
배분에 대한 신뢰를 무너뜨리게 되었다. 시장실패에 대한 대응은 다양한 방향
과 내용으로 이루어졌으며 경영학에서는 이것이 이해관계자 이론이 등장하는
배경이 되었다.

이해관계자 이론은 조직 경영에서 윤리와 가치를 고려하는 조직경영이론이다. 이해관계자라는 개념은 1960년대에 처음 제시되어 다양한 방향으로 분화하면서 발전하다가 프리먼에 이르러 경영전략과 결합하여 기업의 목적 달성에 영향을 미칠 수 있는 여러 집단을 기업의 전략 설계에서 고려해야 한다는 것으로 발전했다(Freeman and Reed, 1983). 이후 이해관계자 개념이나 이해관계자 모형, 이해관계자 경영과 이론 등 다양한 측면에서 수많은 연구가 이루어졌다(Roberts and Mahoney, 2004; Donaldson and Preston, 1995).

이해관계자를 둘러싼 논의에서 쟁점 중 하나는 누가 이해관계자인가라는 물음이다. 프리먼은 이해관계자를 "조직의 목표 달성에 영향을 줄 수 있거나 영향을 받을 수 있는 어떤 집단이나 개인"으로 정의하고(Freeman and Reed, 1983), 주주를 가장 중요한 이해관계자로 인정하지만 주주 외에 다른 이해관계자도 기업의 중요한 협력자로 부각시킨다는 점에서 기존의 주주이론과 차이가 있다(Freeman, 1994).

이해관계자 이론을 둘러싼 논란은 최근까지 이어지고 있지만 프리먼이 일관되게 강조하는 것은 기업의 경영 활동이 가치와 분리될 수 없는 가치창출 행위라는 점이다. 기업의 이윤은 기업 활동의 결과일 뿐이지 그 자체가 목적이 아니고 주주는 기업의 중요한 이해관계자이긴 하지만 다른 이해관계자들과 협업하여 기업의 목적을 이루고 가치를 창조하는 존재다(Freeman, Wicks and Parmar, 2004). 이러한 프리먼의 주장은 기업의 지배구조에 대한 새로운 차원의 논의를 이끌어내는 데 기여했다. 지배구조 논의에서 지배적인 지위를 차지하고 있던 주주-대리인 이론이 기업의 경영 활동을 가치중립적인 것으로 본다고 비판할 뿐만 아니라 대리인 이론을 비판하는 다른 지배구조이론, 예를 들어 청지기 이론이나 자원기반이론 등도 결국은 주주의 이익을 중심에 두고 있다는 점에서는 동일하다는 점을 일깨워준 것이다. 이해관계자 이론은 주주 이외의 기업 이해관계자들이 기업의 가치창출 과정에 협업하는 주체로 인식되게 하는 관점의 전환을 자극했다는 점에서 의미를 가진다.

　이해관계자 이론과 논쟁은 회계 연구자들에게도 유의미한 영향을 미쳤다. 이해관계자에 대한 광범위한 연구 문헌을 정리한 Roberts and Mahoney(2004)에 따르면 이해관계자 이론을 둘러싼 논쟁은 주로 주주에 대한 경영자의 법적·수탁 책임, 기업의 궁극적인 목적, 기업 내 정당한 이해관계자의 확인과 그들의 권리를 둘러싸고 벌어지고 있는데 이런 쟁점들이 회계 책임, 성과, 보고시스템을 개발하는 데 있어서 회계가 가지는 역할과 직접 연관되어 있기 때문에 회계 연구와 실무에도 중요하다. 이해관계자 이론에 대한 일부 연구는 현실의 "자본주의를 새롭게 재개념화"하기 위한 이론적 토대로 이해관계자 이론을 활용할 필요가 있다는 주장으로까지 나아가지만, 이해관계자 회계 연구를 통해 이해관계자를 공정하게 대우하고 경영 의사결정에 필요한 정보를 제공하기 위한 회계시스템과 재무보고 모형을 개발하는 방법을 설명하기 위해 노력해야 한다는 주장이 보다 현실적이다(Roberts and Mahoney, 2004).

　이러한 주장은 이해관계자 연구를 협동조합 회계보고에서 어떻게 활용할 수 있을지에 대한 과제를 던진다. 이해관계자 관점은 자본주의 시장경제에서 주류 기업 형태인 주식회사에서부터 출발하고 있지만 주식회사의 경영 활동을 가치중립적으로 보는 관점을 지양하고 경영과 가치의 결합이 필요하다는 주장을 제시하는 이론이다. 그러나 이해관계자에 대한 고려가 궁극적으로는 주주 이익 극대화로 협소하게 귀결될 수도 있고 이와 반대로 현재의 사회와 경제에 대한 '재개념화'를 위한 인식의 틀로 활용될 수도 있다(Roberts and Mahoney, 2004). 더 나아가 비판적 입장을 취하는 연구자들처럼 현재의 조직 내에 존재하는 이해관계자들 사이의 재분배를 둘러싼 갈등 상황을 인식하지 못한 우매함으로 종말을 맞을 수도 있다. 결국 이해관계자 관점을 누가 어떤 가치 지향을 가지고 활용하는가에 따라 전혀 다른 결론과 가능성에 이르게 될 수 있다. 어느 방향으로 갈 것인가에 대한 답을 협동조합의 정체성에서 찾을 수 있을 것으로 본다.

(2) 협동조합의 정체성

협동조합은 자본주의 시장경제로 인한 불평등이 심화되면서 기업 내에서 권리를 보호받지 못한 이해관계자들이 자신들의 요구를 실현하기 위한 사업체를 만들면서 등장했다. 소비자들은 기업과의 정보비대칭 상황에서 정보가 투명하게 공개되는 소비자소유협동조합을 설립했으며 노동자들은 주주의 이익 보호를 위해 자신들의 권리가 제대로 보호받지 못하거나 고용의 안정성이 흔들릴 때 노동자소유협동조합을 직접 설립하고 운영하는 방식으로 대응했다. 협동조합의 사상적 원천이라 이야기되는 19세기 공상적 사회주의자들은 자본주의의 병폐를 제거하기 위해서 "평등 사회와 생산과 소비가 공동화된 사회"를 건설해야 한다고 주장했고(임영선, 2014) 현실에서 최초의 성공한 협동조합인 로치데일공정선구자조합은 소비자와 노동자가 민주적인 관계로 재구조화되는 사회를 지향했다. 이 시기 협동조합 리더들은 자본주의적 생산관계가 심화됨에 따라 노동자가 생계 수단인 노동과 분리되면서 일터가 파괴되었고 이로 인해 노동이 시장에서 거래되는 금전적 관계로 변질되었다고 보았다. 따라서 더 협동적인 경제로 회귀하는 것이야말로 이러한 노동의 소외 문제를 해결하는 방법이라고 믿었다(Luhman and Cunliffe, 2013). 협동조합 선구자들의 성공과 실패를 발판삼아 수많은 협동조합이 성장하게 되었고 이러한 축적된 경험을 통해 국제협동조합연맹(International Co-operative Alliance: ICA)은 ICA 100주년 기념대회(1995년)에서 협동조합의 정체성에 관한 성명을 제출했다.

협동조합의 가치와 원칙을 살펴보면 협동조합이 민주주의, 평등, 형평, 사회적 책임, 타인에 대한 배려 그리고 협동조합 간 협동, 지역사회에 대한 기여와 같은 타인과의 관계를 중요하게 생각하는 조직이라는 점을 알 수 있다. 노동자협동조합은 고용을 위해 빵을 만드는 조직이지만 빵을 먹는 소비자에 대한 책임을 인식하고 있다. 소비자협동조합은 좋은 품질의 상품을 적당한 가격에 구매하기 위한 조합이지만 상품을 만드는 생산자나 조합의 운영에 참여하는 직원

<표 10-5> 협동조합의 가치와 원칙

기본적 가치	자조, 자기 책임, 민주주의, 평등, 형평, 인내
윤리적 가치	정직, 공개, 사회적 책임, 타인에 대한 배려
원칙	자발적이고 개방적인 조합원제도, 조합원에 의한 민주적 관리, 조합원의 경제적 참여, 자율과 독립, 교육·훈련 및 정보 제공, 협동조합 간 협동, 지역사회에 대한 기여

자료: 장종익(2003).

에 대한 책임을 놓치지 않는다. 협동조합도 자본주의 시장경제에서 지속적으로 사업을 영위하고 성장하기 위해서는 적절한 이익의 생성과 축적이 필요하지만 소유자의 이익을 극대화하기 위해 다른 이해관계자의 이익을 극소화하는 방법을 선택하지는 않는다.

이런 점에서 협동조합과 주식회사는 다른 운영 원리로 움직이는 조직이라는 것을 알 수 있으며 바로 이 점 때문에 협동조합에서는 이해관계자 이론을 주주이익의 극대화를 위한 방편으로서의 이론이 아닌 기업의 정당한 이해관계자를 확인하고 정당한 권한을 가진 이해관계자들의 협력적 노력을 통해 사회적으로 더 책임감 있는 의사결정을 할 수 있도록 지원하는 이론으로 활용할 수 있게 된다. 그리고 의사결정에 참여하는 이해관계자들의 협력과 경영 성과, 이익 분배를 드러낼 수 있는 회계보고 양식으로 부가가치보고서가 적절해 보인다.

(3) 부가가치회계를 활용한 선행연구

부가가치 개념이나 부가가치회계를 활용한 연구는 앞서 언급했듯이 다양한 유형으로 나누어볼 수 있지만 여기서는 이 글과 관련 있는 부가가치의 분배 현황을 보여주는 양식으로서의 연구만을 검토한다.

① 부가가치 분배를 보여주는 틀로서의 부가가치회계

부가가치회계는 기업의 다양한 이해관계자의 입장에서 부가가치가 분배되는 상황을 보여준다. 따라서 기업이 산출한 부가가치가 각 이해관계자에게 어떤 비율로 분배되었는지, 그 분배가 공정하게 이루어졌는지를 분석하는 것이 가능하다. 부가가치의 분배에 초점을 맞춘 연구로 부가가치 구성 요소의 하방 경직성에 대한 연구가 있다(김승용·마승수, 2017; 안태식 외, 2006). 안태식 외 (2006)는 경영 환경이 크게 변화할 때 부가가치의 구성 요소 사이에 분배가 어떻게 변화하는가를 분석했다. 김승용(2011)의 연구도 안태식 등과 같이 부가가치 구성 요소의 하방 경직성을 검증했지만 안태식 등이 검증했던 단기 효과와 함께 장기적인 분석을 포함시켜 장·단기의 차이를 검증했다는 점과 저성장 산업과 고성장 산업의 차이를 추가한 점이 다르다. 김승용·마승수(2017)는 한국에서 1981년 이후 노동시장의 유연성이 다르다는 점에 착안하여 이러한 노동시장의 유연성 차이가 부가가치 분배 행태, 특히 노동의 분배 행태에 미치는 영향을 실증 분석했다. 노동 유연성에 영향을 미친 사건으로는 1987년 민주화 운동과 1997년 IMF 사건을 제시하고 각 사건을 전후로 전체 시기를 3개의 구간으로 나누고 상장기업 7217개 기업-연도 부가가치 분배 자료를 분석했다. 노동 유연성 수준이 낮아질수록 잉여인력 보유 비율보다 해고에 따른 조정비용이 높아지므로 잉여인력을 보유하여 부가가치 분배액은 덜 감소하는 것으로 결론을 내리고 있다.

② McDonald와 Puxty의 CI 모형

1980년대 초반 영국 비판회계학파는 경영자와 주주의 필요에 따른 회계정보를 제공하는 데 충실한 회계시스템을 노동자가 경영 의사결정에 참여하기 위해 필요한 회계정보를 제공할 수 있는 시스템으로 변화시켜야 한다고 주장하며 현재 시스템을 대체할 회계시스템으로 상호 교류식 회계(The Rotation Accounts)를 제안했다(김승용, 1990) 상호 교류식 회계의 문제의식은 회계 보고가 법적 소유권을 가진 사람들(주주)뿐만 아니라 조직의 생존과 성장에 대해서 정당한 이해관계를 가진 사람들, 즉 노동자, 채권자, 정부 등을 위해서도 만들어져야 한다는 것이다. 이들이 보기에 기존의 손익계산서와 재무상태표는 지분투자자들과 다른 참여자들의 권리 사이에는 근본적인 차이가 있다는 생각을 암묵적으로 내포하고 있다는 것이다. 이런 문제점을 해결하기 위해 McDonald and Puxty(1979)는 CI(Contribution-Inducement) 모형에 따라 조직의 사회경제적 현실을 설명한다.

CI 모형은 조직을 '2명 이상의 사람들이 모여 의식적으로 협력하는 시스템'(Barnard, 1938: 65)으로 보거나 기업을 '경영자, 노동자, 주식 소유자, 공급자, 고객, 법률가와 과세자 등 구성원들의 연합체'(Cyert and March, 1959)로 보는 입장을 따르고 있다. 이런 관점에서 조직이 효율적이기 위해서는 협력적 시스템에 자신의 에너지를 투입하려는 개인에게 적절한 보상이 주어져야 하므로(Barnard, 1938: 92) 조직은 참여자들의 연합체 내에서 안정성을 유지하기 위해 참여자들에게 잉여를 적절하게 분배하고 재분배하고자 한다(McDonald and Puxty, 1979). 이 과정에서 참여자들은 누구나 기여와 보상 사이의 차이(surplus)를 크게 남기려고 하기 때문에 이해관계가 충돌하면서 갈등이 발생할 수 있으며 이 갈등을 조절하고 그들의 결정이 조직의 필요를 충족시킬 수 있게 만드는 역할은 경영자의 몫이다.

모든 참여자의 입장에서 보면 다른 참여자가 받는 보상은 비용이 되고 조직에 남는 잉여는 자신의 보상을 높이기 위해 협상할 수 있는 대상으로 볼 수 있기 때문에 McDonald and Puxty(1979)는 모든 참여자가 동등한 재무 정보를 얻을 수 있는 '교류식(rotating)' 재무보고 양식을 제안한다. 〈표 10-6〉과 같이 손익계산서는 각 참여자 그룹별로 작성되고 재무상태표는 모든 참여자를 동등하게 다루는 방식으로 만들어진다. 이들이 제안한 양식은 'The Corporate Report'에서 제시된 양식과 달리 모든 이해관계자들이 각자의 입장에서 작성된 손익계산서를 받는 것과 유사하다.

CI 모형이 주는 시사점은 각각의 참여자들이 조직에 참여해서 얻는 잉여가 어느 정도인지를 보여주는 방식으로 기업의 재무 보고를 작성해서 참여자들의

〈표 10-6〉 상호 교류식 재무보고 양식의 예(노동자 관점)

손익계산서		재무상태표	
보상(Inducement)	참여자	자산	
매출액	고객	고정자산	
(−)재료 및 서비스 구입비	공급자	유동자산	
대출 이자	채권자	참여자가 보유하는 총자산	
세금	중앙정부	**참여자**	**이해관계의 성격**
소득세		주주	주식
의료보험료		채권자	채권, 어음
지방세	지방정부	중앙정부	미지급 법인세
배당	주주	경영자	미지급 급여 및 수당
급여(경영자)	경영자	노동자(경영자 제외)	미지급 급여 및 수당
감가상각		공급자	외상매입
잔여액(Residual)		(−)	
급여 및 수당(총액)	노동자	고객	외상매출
(−)퇴직금		지방정부	선납지방세
(−)소득세와 의료보험료		미처분 잉여금	
당기잉여(Surplus)		이월잉여	
		당기잉여	
		참여자에게 귀속되는 총액	

자료: McDonald and Puxty(1979).

의사결정이 제대로 보상받고 있는지를 보여줄 수 있어야 한다는 점을 제시한 것이다. 이런 주장이 담긴 상호 교류식 재무 보고는 실제로 적용하기에 매우 복잡하다는 문제에도 불구하고 기업의 재무제표와 이해관계자를 직접 연결하려고 시도했다는 점에서 의미가 있다. 그러나 손익계산서와 재무상태표가 담고 있는 주식회사의 논리를 벗어나지 못하고 있다는 한계를 드러내고 있다.

3. 협동조합 회계보고 양식으로서 부가가치보고서의 유용성

1) 협동조합 부가가치보고서 모형 설계

이 글은 부가가치보고서가 기존 재무보고 방식인 손익계산서에서는 표현되지 않는 이해관계자 사이의 부가가치의 분배라는 관점을 반영하고 있다는 점에 주목한다. 이 보고서를 활용하면 어떤 활동을 통해 산출된 부가가치가 협동조합에 참여하는 이해관계자들에게 어떻게 분배되었는지를 평가하고 이 회계정보를 차기 예산수립이나 경영 의사결정에 활용할 수 있다. 이 절에서는 현재 협동조합 홈페이지(www.coop.go.kr/COOP)에 공시하고 있는 A, B 협동조합 사례를 통해 공시된 손익계산서를 부가가치보고서 모형으로 변형시켰을 때 기업의 활동을 다르게 이해할 수 있음을 제시하고자 한다.

A 협동조합은 지역사업형협동조합으로 소비자와 후원자 조합원으로 구성되어 있다. 2017년 사업기간 동안 영업손실이 발생했으나 판매장려금, 후원금 등의 영업외수익이 영업외비용보다 훨씬 많아서 1억 원 이상의 당기순이익이 발생했다. 협동조합에서 소유자인 조합원의 이익을 많이 남기는 것이 좋은 일이기는 하나 조합이 추구하는 유일한 목표는 아니다. 만약 지역주민인 취약계층에게 서비스를 제공하는 사업에서 정부보조금을 받아 사업을 수행했을 때 협동조합에서 조합원의 이익을 많이 남기는 것은 그만큼 취약계층에게 분배되어야 하는 몫이 분배되지 못했다는 것을 의미할 수도 있으며 그렇다면 협동조합의 설립 취지에 합당하지 않다. 또한 기존 손익계산서에서는 매출과 영업외수익이 구분되어 있다. 주식회사의 경우 본질적 영업 활동이 아닌 사업을 통해 수익이 발생했을 때 영업외수익으로 분류하여 영업이익 계산에서 배제하기 때문이다. 그러나 A 협동조합의 경우 식자재 판매 사업과 정부로부터 보조금이나 사업비를 받아서 취약계층을 지원하는 사업 모두 지역사업형협동조합으로서의 본질

적 사업에 해당하므로 영업수익과 비영업수익을 나누는 실익이 존재하지 않는다. 오히려 A 협동조합이 일 년 동안 어떤 사업을 누구로부터 위탁받아서 누구를 위해 사업을 시행했으며 이 사업을 수행하기 위해 어떤 사람들이 얼마나 기여를 하고 보상을 받았는가를 표시하는 보고서가 A 협동조합의 활동을 역동적으로 보여주고 다양한 이해관계자들의 의사결정에 필요한 정보를 더 많이 제공할 수 있을 것이다.

〈표 10-7〉에서 A 협동조합의 기존 손익계산서 항목과 부가가치보고서 항목을 비교하여 제시했다. 부가가치보고서는 산출된 부가가치와 분배된 부가가치로 구분하여 표시했으며 잉여 부가가치가 누구에게 분배되는지도 보고서에 포함했다.

다음은 일반협동조합 사례이다. 협동조합 홈페이지에 경영 성과를 공시한 B 협동조합은 사업자와 소비자, 직원으로 구성된 다중이해관계자협동조합으로 정관에 따르면 일반적인 사업 외에 농·수·축산물 등의 유통업, 생활에 필요한 공동이용시설 설치·운영, 생활 개선 및 교육문화복지 향상을 위한 사업(방과 후 학교 등), 재생에너지 홍보 교육 등의 사업을 운영하고 있다. 이 조합은 유통상품 판매를 통해 매출이 발생했지만 판매관리비가 매출총이익을 초과하여 당기순손실로 이어졌다. 이 조합의 손익계산서를 부가가치보고서 양식에 맞춰 재작성하면 〈표 10-8〉과 같다.

〈표 10-7〉과 〈표 10-8〉을 비교해보면 A, B 두 협동조합의 공통점과 차이점을 확인할 수 있다. 두 조합은 공통적으로 조합원, 노동자(임직원), 정부, 지역사회, 후원자와 공급자가 이해관계자로 참여하고 있다. 다만 A 협동조합의 경우 보조금이나 프로젝트사업비를 지급하고 효과를 점검하는 정부 이해관계자가 참여하여 부가가치 창출에 기여하고 있다. 또한 조합원이 부가가치 창출에 얼마나 기여하는지를 확인할 수 있다. 두 협동조합에 모두 지역사회가 참여자로 기록되고 있으나 A의 경우에는 직접 협동조합의 사업에 참여하는 이해관계자

〈표 10-7〉 A 협동조합 부가가치보고서 모형(예시)

기존 손익계산서		부가가치보고서		
구분	금액	보상	참여자	금액
매출 – 매출원가 = 매출총이익 – 판매비와 관리비 　급여 및 수당 　퇴직급여 　복리후생비/4대보험료 　교육훈련비 　감가상각비 　기타 서비스 비용 = 영업손익 + 영업외수익 　후원금 　프로젝트사업비 　보조금 – 영업외비용 　사업비 = 법인세차감전손익 – 법인세 등 = 당기순손익		부가가치 산출 　매출(예: 식자재 판매) 　후원금 　(프로젝트) 사업비 　보조금 　(-)재료/서비스 구입비 부가가치 분배 　급여 및 수당 　　복리후생비/4대보험료 　　교육훈련비 　　퇴직급여 　급여 및 수당 　　복리후생비/4대보험료 　　교육훈련비 　　퇴직급여 　세금 　취약계층 지원사업 　교육훈련비 　감가상각비 잉여금(손실) 　유보	조합원/비조합원 후원자 정부/관련 기관 정부/관련 기관 공급자 노동자(직원) 노동자(경영자) 정부 지역사회 조합원 조합 조합	

〈표 10-8〉 B 협동조합 부가가치보고서 모형(예시)

기존 손익계산서		부가가치보고서		
구분	금액	보상	참여자	금액
매출 – 매출원가 = 매출총이익 – 판매비와 관리비 　급여 및 수당 　퇴직급여 　복리후생비/4대보험료 　감가상각비 　기타 서비스 비용 　연대활동비 = 영업손익 + 영업외수익 　후원금 – 영업외비용 　기부금 = 법인세차감전손익 – 법인세 등 = 당기순손익		부가가치 산출 　매출(예: 농산물 판매) 　후원금 　(-)재료/서비스 구입비 부가가치 분배 　급여 및 수당 　　복리후생비/4대보험료 　　교육훈련비 　　퇴직급여 　세금 　감가상각비 　연대활동비 　기부금 잉여금(손실) 　배당(%) 　유보	조합원/비조합원 후원자 공급자 노동자(임직원) 정부 조합 지역사회(해당 기관) 지역사회 조합원 조합(원)	

로, B의 경우에는 기부금을 지급받는 대상으로 비능동적 부가가치 분배 대상이
되었다. A의 경우 임원과 직원의 급여를 별도로 작성하고 있어서 두 집단의 부
가가치 분배 비율을 확인할 수 있으나 B는 두 항목을 구분하여 작성하지 않았
다. A는 사회적협동조합이라 잉여금이 모두 조합의 자산으로 유보되지만 B는
조합원에게 출자금과 이용액에 따른 배당이 이루어지고 나머지는 조합에 유보
된다.

여기서는 두 협동조합의 실제 손익계산서를 바탕으로 부가가치보고서를 작
성했지만 사회적협동조합과 일반협동조합 또는 소비자협동조합, 노동자협동조
합, 사업자협동조합 등과 같이 법인 형태나 참여자 유형에 따라 일정한 양식을
만들어 사용한다면 개별 조직의 이해관계자들에게 필요한 정보를 제공할 뿐만
아니라 동일한 형태의 법인들을 비교하는 틀로도 사용될 수 있다.

2) 부가가치보고서의 유용성

선행연구에 따르면 부가가치보고서에서는 기업에 자원을 제공한 자를 모두
가치 창출에 영향을 미친 이해관계자로 보기 때문에 노동자의 근로 의욕을 고
취하고 협조적인 태도를 유도할 수 있고, 노동소득분배율 정보를 활용해서 성
과급을 도입하여 생산성 향상을 유도할 수 있으며, 부가가치를 기업 간 규모와
중요성을 비교하는 도구로 사용할 수 있다(Morley, 1979). 또한 공익성이 큰 기
업의 부가가치를 공시하여 사회적 책임의 이행 여부를 평가할 수 있다는 점이
장점으로 제시되기도 한다(윤순석, 1999).

부가가치보고서를 협동조합에 적용했을 때는 또 다른 유용성을 발견할 수
있다. 첫째, 협동조합이 설립 목적에 맞게 영업 활동을 하고 있는지를 파악할
수 있다. 협동조합기본법에서 협동조합은 "재화 또는 용역의 구매·생산·판매·
제공 등을 협동으로 영위함으로써 조합원의 권익을 향상하고 지역사회에 공헌

하고자 하는 사업 조직"으로, 사회적협동조합은 "협동조합 중 지역주민들의 권익·복리 증진과 관련된 사업을 수행하거나 취약계층에게 사회서비스 또는 일자리를 제공하는 등 영리를 목적으로 하지 아니하는 협동조합"으로 정의된다. 부가가치보고서를 통해 어떤 사업에서 부가가치가 산출되고 누구에게 재화와 서비스가 얼마나 제공되는지를 검토하여 협동조합이 설립 목적에 부합하게 사업을 영위했는지 평가할 수 있다.

둘째, 협동조합 부가가치 분배 측면에서 이해관계자들에게 부가가치가 어떻게 분배되고 있는지를 파악할 수 있다. 조합원 입장에서 조합의 영업 활동이 조합원의 필요와 요구에 맞게 설계되고 운영되었는지, 조합원에게 적절하게 부가가치가 분배되고 있는지를 판단할 수 있다. 노동자 입장에서 자신의 기여(contribution)가 적절한 수준에서 보상(inducement)받고 있는지, 보상의 내용은 적당한지, 경영자와 일반 직원의 보상 차이는 어느 정도인지 파악하고 유사한 성격과 규모가 다른 협동조합과의 비교도 가능해진다. 지역주민과 지역사회의 입장에서 협동조합이 어떻게 기여하고 있는지도 파악할 수 있다.

셋째, 부가가치의 산출 측면에서 보면 조합의 부가가치가 어느 사업을 통해, 어느 이해관계자와의 거래를 통해 얼마나 산출되는지를 파악할 수 있다. 〈표 10-7〉에서 보듯이 부가가치가 산출되는 사업별로 산출 규모를 측정함으로써 어떤 사업이 부가가치 창출에 가장 크게 기여하는지, 가장 적게 기여한다면 이유는 무엇인지를 파악할 수 있다.

넷째, 조합원과 비조합원 계정을 구분하여 부가가치의 산출과 분배를 별도로 기록하고 조합원과 비조합원의 부가가치 산출 비율에 따라 부가가치 분배 비율을 조절함으로써 협동조합의 정체성에 맞게 조합이 공동으로 보유하는 비분할 적립금을 만들 수 있는 근거를 마련할 수 있다. 조합원과의 거래를 통해 산출된 부가가치 중에서 판매나 노동과정 등 협동조합의 영업활동 과정에서 조합원에게 귀속될 수 있음에도 지속가능한 경영을 위한 운영자금 유지나 긴급한 필요에 대응하기 위한 자금 등 여러 이유로 부가가치의 일부가 조합에 유보된 채로 남아 있을 수 있다. 이 유보된 부가가치는 조합 해산 시 조합원에게 분배될 수 있다. 하지만 비조합원과의 거래를 통해 산출되었으나 경영 과정에서 분배되지 않은 부가가치는 조합원에게 귀속되는 몫이라고 할 수 없으므로 비분할 적립금으로 조합이 보유할 수 있는 근거가 되는 것이다.

4. 결론

이 글은 협동조합이 추구하는 가치가 주식회사와 본질적으로 다르기 때문에 협동조합의 성과를 보여주는 재무 보고도 다른 방식이어야 한다는 문제의식에서 출발했다. 주식회사는 주주를 중심으로 구성된 조직이며 최소한 회계상으로는 다른 구성원들이 이해관계자로서의 지위를 인정받지 못하고 있다. 주식회사의 손익계산서는 매출에서 당기순이익 사이에 있는 모든 항목이 주주의 이익을 감소시키는 비용으로 인식되므로 주주 이익의 최대화를 지향하는 주식회사에서는 주주와 기타 나머지 구성원이 적대적 관계에 놓일 수밖에 없게 된다.

이와 달리 이해관계자 관점에서 보면 한 기업 내에서 주주와 다른 이해관계자는 적대적 관계가 아닌 협력하는 관계에 있으며 기업의 가치창출 활동에 공동으로 참여한다. 이를 위해 기업은 여러 이해관계자가 참여할 수 있는 의사결정 구조를 만들고 이들의 이해관계를 조정할 수 있는 전략적 프로세스를 만드는 것이 필요하다. 그런데 이해관계자 이론은 어떤 관점에서 접근하는가에 따라 전혀 다른 방향으로 이해될 수 있다는 것을 선행연구가 보여주고 있으므로 위의 논리가 성립되기 위해서는 협동조합이라는 조직의 정체성에 어울리게 이해하는 것이 필요하다. 협동조합은 정직, 공개, 사회적 책임, 타인에 대한 배려와 같은 윤리적 가치의 실현을 지향하는 조직으로 다수 조합원의 참여로 설립되고 내·외부의 여러 이해관계자들과 협력하고 연대하면서 설립 목적을 실현해간다. 따라서 협동조합에서 이해관계자 관점은 어느 한 이해관계자 집단의 이익을 극대화하기 위한 수단이 아니라 협동조합의 정체성을 드러내고 강화하는 원리가 된다.

이에 근거하여 이해관계자 관점을 담고 있는 부가가치보고서가 협동조합 회계보고 양식으로서 적절하게 활용될 수 있다는 주장이 가능해진다. 부가가치보고서는 주류 회계 영역에서 활용되던 도구였으나 그것이 등장한 배경이나 담고 있는 가치 등을 볼 때 협동조합에 적용하면 조직의 특성을 잘 드러낼 수 있다. 그것은 단순히 기존 손익계산서를 재구성해서 만들어지는, 성격이 동일하지만 형태만 다른 재무보고서에 머무르지 않고, 한걸음 더 나아가 협동조합의 이해관계자가 효과적으로 목적을 이루어나가는 활동을 보여주는 회계정보로 활용될 수 있는 것이다.

협동조합 조직 특성에 적합한 재무보고 양식과 회계정보 처리기준을 수립하고, 협동조합 회계 및 세무 관련 제도를 만드는 일은 앞으로 우리 사회가 해결해나가야 하는 쉽지 않은 과제이지만 협동조합이라는 조직의 실천을 통해 사회적·경제적 변화를 확산시키기 위해 꼭 필요한 일이다. 부가가치보고서는 이러한 시도와 도전 과정에서 만나는 작은 가능성에 불과하지만 협동조합이라는 조직이 주식회사와 다른 조직이라는 점을 드러내는 관점의 전환을 담고 있다는 점에서 협동조합 회계보고 양식으로서의 부가가치보고서에 대한 연구는 의미 있는 도전이라고 생각한다.

이 글은 협동조합의 재무보고 양식으로서 부가가치보고 양식의 활용 가능성을 탐색했으나 기존 부가가치보고서가 주식회사의 손익계산서를 변형하여 만들었다는 점에서 주식회사의 회계 논리에서 벗어나기 어렵다는 점이 한계로 지적될 수 있다. 누구에게 어떻게 분배되었는지에 대한 정보를 통해 협동조합의 의사결정에 활용될 수 있는 정보를 담고 있기는 하나 여기에서 사용되는 값이

도출되는 과정에는 아직 기존 회계기준이 적용되어 있기 때문이다. 이익의 분
배 이전에 협동조합에서 이익의 개념을 어떻게 정의할 것인지, 어떤 과정을 통
해 도출한 것인지에 대한 논의와 이익의 누적된 상태를 보여주는 재무상태표에
대한 논의 등 협동조합 회계보고와 관련된 여러 쟁점을 부가가치보고서가 모두
담아내지는 못한다. 이러한 한계는 협동조합이라는 조직의 특성에 적합한 회계
공준의 설계 및 보편화를 통해 해결될 수 있을 것이다.

참고문헌

구정옥. 2017. 「TBL 회계시스템과 협동조합」. ≪서울여자대학교 사회과학논총≫, 24, 1~22쪽.

권용환·김순우·신미향. 2017. 「공동브랜드마케팅역량이 협동조합의 사업성과에 미치는 영향: 부산, 울산, 경남의 협동조합을 중심으로」. ≪한국협동조합연구≫, 35(1), 33~67쪽.

김승용. 1990. 「기업의 부가가치 회계모형과 분배구조 분석에 관한 연구」. 전남대학교 박사학위논문.

김승용. 2011. 「부가가치 구성 요소의 비대칭성에 관한 연구」. ≪국제회계연구≫, 35, 49~70쪽.

김승용·마승수. 2017. 「노동유연화가 부가가치 분배행태에 미치는 영향: 노동분배를 중심으로」. ≪국제회계연구≫, 76, 181~204쪽.

김정연. 2011. 「부가가치 정보의 가치관련성」. ≪재무와회계정보저널≫, 11(1), 1~21쪽.

버챌, 존스턴(Johnston Birchall). 2003. 『21세기의 대안 협동조합운동』. 장종익 옮김. 파주: 들녘.

신창섭·박창길. 2013. 「소비자생활협동조합의 사회적 성과 창출과정에 대한 질적연구」. ≪한국협동조합연구≫, 31(2), 1~30쪽.

안태식·양대천·이상열·표세원. 2006. 「부가가치 구성 요소의 하방경직적 행태에 관한 연구: 외환위기 전·후 기간의 비교를 중심으로」. ≪관리회계연구≫, 6(1), 27~45쪽.

웨브, 톰(Tom Webb). 2017. 「협동조합 회계보고: 캐나다의 경험과 한국협동조합을 위한 제언」. ≪한국협동조합연구≫, 35(1), 145~159쪽.

유종오. 2018. 「협동조합 회계기준의 필요성과 방향」. ≪생협평론≫, 32, 160~171쪽.

윤순석. 1999. 「부가가치 정보의 유용성과 활용방향에 대한 연구」. ≪회계저널≫, 8(2), 55~80쪽.

이병길·임재희. 2002. 「부가가치회계의 발전에 관한 연구」. ≪경영교육저널≫, 1, 1~37쪽.

임영선. 2014. 『협동조합의 이론과 현실』. 한국협동조합연구소.

임현묵·서진선·최우석. 2018. 「의료복지사회적협동조합에서 비재무요인이 재무성과에 미치는 영향: BSC 기법을 중심으로」. ≪사회적기업연구≫, 10(2), 61~92쪽.

한국생산성본부. 2015. 「2015 상장기업의 부가가치 분석」. 한국생산성본부.

Aldama, L. P. and A. Zicari. 2012. "Value-Added Reporting as a Tool for Sustainability: a Latin American experience." *Corporate Governance*, 12(4), pp.485~498.

ASSC(The Accounting Standards Steering Committee). 1975. "The Corporate Report." discussion paper.

Barnard, C. I. 1938. *The Functions of the Executive*. Harvard University Press: Cambridge, Mass.

Cyert, R. M. and J. G. March. 1959. "A Behavioral Theory of Organizational Objectives." in J. S. Ott, J. M. Shafritz, Y. S. Jang, (eds.). *Classic Readings in Organization Theory*. WADSWORTH CENGAGE Learning: Canada. pp.139~148.

Donaldson, T. and Lee E. Preston. 1995. "The Stakeholder Theory of the Corporation: Concepts, Evidence and Implications." *Academy of management review*, 20(1), pp.65~91.

Freeman, R. E. 1994. "The Politics of Stakeholder Theory: Some Future Directions." *Business Ethics Quarterly*, 4(4), pp.409~421.

Freeman, R. E. and D. Reed, 1983, "Stockholders and Stakeholders: a New Perspective on Corporate Governance." *California Management Review*, 25(3), pp.88~106.

Freeman, R. E., A. C. Wicks and B. Parmar. 2004. "Stakeholder Theory and 'The Corporate Objective Revisited'." *Organization Science*, 15(3), pp.364~369.

Haller, A. and C. Staden. 2014. "The Value Added Statement-an Appropriate Instrument for Integrated Reporting." *Accounting, Auditing & Accountability Journal*, 24(7), pp.1190~1216.

Luhman, J. T. and A. I. Cunliffe. 2013. *Key concepts in Organization Theory*. SAGE Publications: New Delhi.

Machado, M., M. Macedo and M. Machado. 2015. "Analysis of the Relevance of Information Content of the Value Added Statement in the Brazilian Capital Markets." *Revista Contabilidade & Financas*, 26(67), pp.57-69.

McDonald, D. and A. G. Puxty. 1979. "An Inducement-Contribution Approach to Corporate Financial Reporting." *Accounting, Organizations and Society*, 4(1/2), pp.53~65.

Morley, M. F. 1979. "The Value Added Statement in Britain." *The Accounting Review*, 54(3), pp.618~629.

Roberts, R. W. and L. Mahoney. 2004. "Stakeholder Conceptions of the Corporation: Their Meaning and Influence in Accounting Research." *Business Ethics Quarterly*, 14(3), pp.399~431.

Shaoul, J. 1997. "The Power of Accounting: Reflecting on Water Privatization?" *Accounting, Auditing & Accountability Journal*, 10(3), pp.382~405.

Sundaram, A. and A. Inkpen. 2004. "The Corporate Objective Revisited." *Organization Science*, 15 (3), pp.350~363.

Tricker, B. 2012. *Corporate Governance*. Oxford: Oxford University Press.

한국사회적기업진흥원 협동조합 홈페이지 (www.coop.go.kr/COOP)

소비자생활협동조합에 대한 사회 인식*

신효진·이상훈

1. 문제 제기

1) 연구 배경

도농상생, 우리 농업과 농촌 살리기, 안전한 먹거리의 대중화 등으로 이해되는 한국 소비자생활협동조합(이하 생협)의 사명(mission) 수행은 이에 대한 사회의 이해와 인지 속에서 확산되고, 그 가치를 유의미하게 확장할 수 있다. 생협의 중심축이라 할 수 있는 조합원은 조합원인 동시에 우리 사회의 구성원으로 사회 변화를 각자의 삶 속에서 수용하며, 생협의 가치를 일상생활에 담아낸다. 생협이 추구하는 자신의 상(像)은 생협이 기반을 두고 있는 우리 사회와의 관계

---

* 이 장은 다음 논문을 기반으로 한 것이다. 신효진·이상훈, 「소비자생활협동조합에 대한 사회 인식 연구: 1993년부터 2016년까지의 언론 보도 분석을 통해서」, ≪한국협동조합연구≫, 36권 2호 (2018), 25~49쪽.

속에서 변화하고 조정된다. 우리 사회가 생협을 어떻게 이해하고 있는지를 살펴보는 작업은 생협이 사회적으로 확장하기를 원하는 제 가치가 어떻게 해석되고 있는지를 가늠하게 한다. 또한 현재 생협의 위치를 점검하고, 생협이 추구하는 핵심 가치를 달성하기 위해 어떤 요소들을 고려해야 하는지 기본적인 아이디어를 얻을 수 있다.

일반적으로 언론은 사람들에게 현실 세계의 인식 혹은 사회적 현실 구성에 커다란 영향을 미칠 것이라고 이해된다(강내원 외, 2010). 사회의 담론을 형성하는 주요 매체이기 때문이다. 특히 신문은 사회에서 새로운 사건과 사실, 해설들을 언어의 형태로 독자들에게 전달하는 공적인 매체이며 세상을 마주하게 하는 대표적인 매체이다(송희영, 2006; 장호순, 2012; 마지연, 2015). 신문기사에서 생협이 어떻게 다루어지고 있는지를 확인하는 과정은 생협에 대한 사회의 관점, 인식을 확인하는 하나의 방법이 될 수 있다. 실제로 경제적·사회적 환경의 변화 속에 생협을 포함한 협동조합, 사회적기업 등 사회적경제 영역의 중요성이 두드러짐에 따라 언론에서는 생협을 통한 다양한 공동체의 활성화, 새로운 경제모델의 추진 등을 기사화하여 정부의 변화된 정책 입장을 제시하는 것은 물론 일반 대중의 관심을 이끌어내고 있다. 이처럼 신문기사의 내용을 살펴본다는 것은 생협에 대한 사회의 인식을 확인하는 데 용이하다.

이에 이 글은 생산자와 소비자의 자발적 참여 속에서 형성된 생협이 쌀 시장 개방과 국내 농업환경 변화로 생산 기반의 어려움을 겪은 생산자, 그리고 신뢰할 수 있는 안전한 먹거리를 적정가격으로 찾고자 한 소비자들의 관계에서 나아가 점차 시대적 맥락에 조응하기 시작한 시점(1993년)을 연구의 출발점으로 삼았다. 협동조합기본법 제정 이후 사회적경제 영역의 중요한 행위자로 생협이 부상된 시점(2016년)까지를 이 연구의 기간으로 설정하여 신문기사 속 생협을 살펴봤다. 이 글은 생협을 다룬 신문기사의 특성을 확인하기 위해 텍스트 마이닝으로 신문기사에서 가장 많이 등장하는 키워드를 선별하고, 연관관계 분석으로 추출된 키워드를 개괄적으로 분석했다. R 프로그램을 활용해 신문기사별 생협 관련 단어의 최빈도수를 도출하고, 각 단어들이 어떤 집단으로 구분되는지를 포착하여 생협이 이야기하는 주된 이슈가 사회적으로 어떻게 해석되고 있는지를 확인했다. 이를 통해 생협의 핵심 가치가 사회에서 어떻게 이해되고 있는지 살펴볼 수 있다.

2) 선행연구

우리 사회에서 생협은 안전한 먹거리를 취급하는 유통 플랫폼 이상의 의미를 갖는다. 대안적인 유통 질서를 소비자-생산자의 협력 구조를 통해 구축한 소비자 주권 운동의 실현(김철규 외, 2012; 장원석·이지은, 2009; 장종익, 2012), 시민의 참여가 중심이 된 새로운 시민사회운동의 전개(하승우, 2009), 결혼과 육아로 경력이 단절된 여성들의 사회적·경제적 참여의 통로(백은미, 2012) 등 생협은 우리 사회의 모순을 새로운 방식으로 해결한 결사체이며 사업체로 이해되고 풀이된다. 기존의 연구들은 이러한 생협의 특징을 각 학문 분과의 특성에 따라 세밀하게 다루고 있다.

이처럼 이론적으로 탐구된 생협을 대중은 어떻게 인식하고 있을까. 이를 살펴보기에 용이한 방법은 언론의 보도를 살펴보는 것이다. 많은 사람들이 알아야 할 뉴스라도 언론이 보도하지 않으면 사람들은 이를 인식하지 못할 뿐만 아니라 이 세상에 존재하지 않는 사건이 되어버릴 수 있다(고영철, 2013). 언론의 보도는 사회의 관심을 반영하는 한편 사회적 인식을 확장시킨다. 대중매체에서 다루는 정보들이 말과 글로 남겨지게 되면, 그것들이 모여서 특정 주제의 담론으로 형성된다(김영욱·함승경, 2014; 백선기·김소라, 1998; 이정민·이상기, 2014). 다양한 유형의 담론 중 특히 신문, 방송 같은 대중매체에서 문자와 영상 등을 통해 생성되어 불특정 다수에게 전파되는 미디어 담론은 시대적 흐름과 밀접하게 연관되어 공중의 의제 설정에 영향을 준다. 김해연·강진숙(2016)은 미디어 담론이 생산·유통되는 과정에서 '언어'의 규칙과 상징적 전달 매체의 형식을 지닌 담론은 수용자에게 일정한 영향력을 행사하며, 여기에서 생산된 담론은 특정한 방식으로 사회적 여론을 형성하는 계기로 작용한다고 말한다. 이러한 맥락에서 미디어 담론은 "사람들로 하여금 세계와 사회에 대한 인식을 갖게 만드는 틀"(류희림, 2013)[1]로 이해되기도 하며, "세상을 바라보는 방식을 바꾸는"(고영철, 2012) 중요한 사회적 기능을 수행하는 것으로 설명되기도 한다.

언론에서 다루는 텍스트는 단순히 텍스트로 머무르지 않고 사회의 여론 형성에 적극적으로 관여하는 특징을 갖는다. 여기서 텍스트는 주변의 여러 사회적 맥락들과 함께 연결되어 해석되는데 김광우(2010)는 동일한 텍스트 또는 기호라 하더라도 발화하는 주체들이 누구이고 그들의 정체성 내지 의도 등에 따라 전혀 다른 차원의 상이한 의미를 생성한다고 말한다. 진공 상태가 아니라 사회 문화적 환경과 서로 상호 작용하며 형성되는 뉴스에서 생협을 어떻게 다루고 그 내용이 어떻게 변화해 왔는지를 탐색하는 과정은 사회에서 생협이 어떻게 이해되고 있는지를 살펴보는 데 도움이 될 수 있다.

그동안 생협에 대한 사회의 관심과 이해는 주요 먹거리 이슈(미국산 쇠고기 수입, 배추 파동 등)를 분기점으로 강화되었으며, 이는 생협의 양적 성장에도 큰 영향을 끼쳤다. 최근에는 사회적경제에 대한 높은 관심 속에 사회적경제 영역의 주요 행위자 중 하나로 생협이 언급되고 있다. 이러한 외부의 움직임 속에 생협 내부에서도 그동안 추구해온 생협의 가치와 방향성이 조합원들의 다양성

---

1   이러한 논의에 더해 류희림(2013)은 "뉴스는 현실의 재구성이며 사전에 치밀하게 준비된 극본에 따라 연출되는 가공된 현실"이라고 덧붙였다. 설양환(2017)은 "신문기사는 미디어 수용자들에게 특정 사안에 대한 정보를 제공할 뿐만 아니라 해당 사안을 이해하도록 하는 일정한 틀(frame)을 제공하는데, 신문이 만들어낸 담론에는 특정 사안의 목적과 방향성에 대한 특정한 해석이 담겨 있다"고 언급했다.

추구 경향과 맞물려 확장되고 있다.

생협의 움직임을 생협 밖에서 어떻게 이해하고 있는지, 즉 생협에 대한 사회적 인식을 보다 객관적인 데이터를 통해 확인하려는 시도는 그동안 부족했다. 2015년 12월 발행된 계간 ≪생협평론≫에서 협동조합에 대한 언론보도 현황을 확인한 조현경(2015)의 글과 ≪한국협동조합연구≫에 게재된 논문을 중심으로 국내 협동조합 연구 경향을 분석한 염찬희(2015)의 글이 협동조합에 대한 내·외부의 인식이 어떻게 이루어지고 있는지를 객관적으로 살펴보기 위한 움직임의 일부라 할 수 있다. 앞선 두 선행연구의 경우 생협을 특정하여 논의를 따로 다루고 있지 않아 우리 사회에서 생협을 어떻게 받아들이고 있는지를 확인하는 것이 쉽지 않다. 이에 생협에 대한 언론 보도의 특성을 알아보고 주요 단어들을 확인함으로써 언론을 통해 생협에 대한 정보가 대중에게 어떤 이슈를 중심으로 전달되고 있는지를 살펴보고자 한다.

2. 연구 방법

1) 분석 대상 및 분석 기간

이 글에서는 생협에 대한 우리 사회의 대중적 인식을 확인하기 위해 신문기사를 활용했다. 신문은 종합적이고 보편적인 대중매체이면서 사회적 현상을 시의적절하게 반영하고 있기 때문에, 특정 시기에 게재된 신문기사를 통해 사회의 관심과 동향을 살펴볼 수 있다(김춘경·이주옥·송영주, 2009). 그렇지만 발행되는 모든 신문의 기사를 분석하는 일은 효율성의 측면에서 논란의 여지가 있기 때문에 경향신문, 동아일보, 조선일보, 중앙일보, 한겨레를 포함한 5개 신문을 분석 대상으로 설정했다. 5개 신문을 분석 대상으로 선정한 이유는 구독률, 발행 부수에 있어 상위 순위를 보여 사회현상에 대한 공신력 있는 정보를 제공하고 있다고 봤기 때문이다. 한편, 사회의 특정 현상에 대한 시각과 평가가 신문마다 조금씩 다를 수 있다는 가정하에(유선영, 2004), 보수적인 성향과 진보적인 성향의 신문을 함께 선정하여 서로 다른 관점을 확인하고자 했다.[2]

생협과 관련한 신문기사의 수집 기간은 1993년부터 2016년까지로 설정했다. 1993년은 당시 생협들의 연합조직인 소비자협동조합중앙회가 중앙회 및 단위조합의 명칭을 소비자협동조합에서 생활협동조합(생협)으로 변경한 시점이다. 한편 새로운 정부가 출범하고 세계화를 내세워 자본거래의 자유화, 서비스 시장의 자유화 등 자본시장 개방과 더불어 각종 규제가 완화되기 시작한 시점이며, 우루과이라운드의 타결로 일부 농축산물의 전면 수입자유화가 결정되었던 때이기도 하다. 1993년은 본격적인 시장 개방과 국내 농업시장의 변화로 생산기반의 불안정화를 겪고 있는 생산자들과 안전한 먹거리에 대한 소비자들의 필요가 생협이라는 매개체를 통해 보다 빈번하게 연결된 시점이라고 볼 수 있다. 2016년은 협동조합기본법이 시행된 지 4년차에 접어든 시점으로 사회적경제의 양적 팽창이 소규모 신생 협동조합의 주도하에 이루어지며, 생협과의 연결망 확장과 지역생협들의 지역사회 활동이 활발하게 전개되었던 때이다. 이러한 흐름 속에서 생협에 관한 기사는 어떤 방식으로 이루어지고 있었는지를 살펴보려 한다.

기사 검색은 크게 개별 언론사에서 운영하고 있는 홈페이지와 한국언론재단에서 제공하는 뉴스 데이터베이스인 빅카인즈(BIGKinds)의 검색시스템을 이용하여 관련 자료를 수집했다. 구체적으로 한겨레와 경향신문은 빅카인즈(http://www.bigkinds.or.kr)를 이용했고, 동아일보, 조선일보, 중앙일보는 빅카인즈에서

---

2   일부 선행연구(김경희·노기영, 2011; 손지형·하승태·이범수, 2013)에서 조선일보와 중앙일보, 동아일보를 보수신문으로, 한겨레와 경향신문을 진보신문으로 구분하고 있다.

검색이 되지 않기 때문에 각각 동아닷컴(http://www.donga.com), 조선닷컴(http://www.chosun.com), 중앙일보(http://joongang.joins.com)를 이용하여 관련 자료를 검색했다. 자료 수집을 위한 검색어로는 '생협', '생활협동조합', '소비자생활협동조합', '소비자협동조합', '소협'이라는 단어를 1회 이상 쓴 기사를 모두 수집했다. 검색 단어에 '협동조합'이 들어가 있기 때문에 생협이 아닌 다른 유형의 협동조합에 관련된 기사들이 함께 포함되었다. 이 경우에는 기사의 내용을 확인하여 이 연구의 목적과 취지에 맞게 자료의 범위와 크기를 한정했다. 이 과정에서 의료생협(111건), 신협(29건), 대학생협(60건), 주택협동조합(14건), 공동육아협동조합(50건), 기본법 협동조합(23건)에 관한 기사가 제외되었다. 이렇게 검색된 총 1078건의 기사는 각 신문사별로 경향신문 190건, 동아일보 119건, 조선일보 136건, 중앙일보 124건, 한겨레 509건이다.

2) 분석 방법

이 글은 R 프로그램의 텍스트 마이닝 분석을 활용해 신문기사에서 언급된 키워드 중 유의미한 키워드를 도출하고 이들 간의 관계를 탐색했다. 텍스트 마이닝은 방대한 텍스트 뭉치에서 의미 있는 정보를 추출해내고, 다른 정보와의 연계성을 파악하는 등 단순한 정보 검색 그 이상의 결과를 얻을 수 있도록 한다(한진성·윤지환, 2016). 기사에 대한 텍스트 마이닝을 활용한 연구들이 다수 진행되었는데, 감미아·송민(2012)의 신문사에 따른 기사의 내용 및 논조 차이점 분석, 구정우·조성권(2017)의 ODA 관련 기사현황 분석, 김민정·김철주(2017)의 숭례문 관련 기사 트렌드 분석 등이 있다. 생협의 역할과 의미를 사회적 맥락 속에서 살펴보려는 연구는 꾸준히 이루어졌지만, 독자적이고 자율적인 위치에서 그 자체가 하나의 사회제도로 작용하는 언론에서 생협을 어떻게 바라보고 있는지에 대한 연구는 부족했다. 이에 이 글은 텍스트 마이닝 기법을 바탕으로 한 토픽모델링을 통해 언론 보도 속 생협의 양태를 살펴봤다. 토픽모델링은 유사한 의미를 가진 단어들을 클러스터링하는 방식으로 주제를 추론하는 모델로 연구자의 선험적인 가정 없이 단어의 통계적 분포와 동시출현 패턴에 따라 전체 문서에 잠재되어 있는 주요 토픽들을 분류할 수 있다(Blei et al., 2003; Blei, 2012). 이러한 토픽모델링 알고리즘은 연구자가 직접 텍스트를 읽어가며 코딩해야 했던 전통적인 담론 분석(discourse analysis)이나 내용 분석(content analysis)과는 달리, 속도와 객관성을 유지하면서 방대한 규모의 텍스트 내용과 질을 객관적으로 분석할 수 있다는 장점이 있다(이태준 외, 2017).

분석을 위해 모든 신문기사의 본문만을 .hwp 파일로 저장하고, 이를 R에서 사용하기 위해 .txt 형식의 파일로 변환했다. 수집한 모든 텍스트 파일은 R 프로그램을 통해 기호와 숫자, 영문을 제거했다. R 프로그램을 좀 더 손쉽게 이용하기 위해 R Studio라는 보조 프로그램을 설치하여 사용했으며, 한 글자 연어 처리 KoNLP 패키지를 이용하여 명사만을 추출했다. 추출된 명사는 불용어(stopwords) 처리를 거쳐 구조화된 데이터로 변환했다. 이는 텍스트 데이터를 수치형 자료로 표현하기 위한 전처리 과정을 의미한다.

핵심 키워드 분석과 연관 분석 단계에서는 R Studio 프로그램으로 신문기사별 키워드 분석과 근접성 분석을 실시했다. 분석 과정은 박정 외(2017)의 연구를 참고하여, 구체적으로 데이터 전처리된 텍스트를 말뭉치(corpus)로 변환하고 이를 다시 단어 문서행렬(term document matrix)로 변환한 뒤, matrix 변환, 각 행의 합 계산을 통해 분석을 실시했다.

3. 연구 결과

1) 기사의 형식 분석

총 1078건의 기사[한겨레(509건), 경향신문(190건), 조선일보(136건), 중앙일보(124건), 동아일보(119건)]를 확인할 수 있었다. 2007년 이전까지 연평균 24.5건의 기사가 게재되었는데, 2008년 이후 약 3배가량 증가된 78.9건의 기사가 게재되었다. 기사의 증가를 통해 생협에 관한 사회적 관심이 지속적으로 증가되고 있음을 유추할 수 있다.

기사의 양이 증가한 시기를 살펴보면, 우선 1994년 김영삼 정부 당시 쌀 개방 대응에 따라 농어촌 발전을 위한 개혁 과제로 소비자협동조합 육성 및 소비자협동조합법 제정이 정책적으로 다루어지면서 관련 기사의 보도 증가로 기사의 양이 증가함을 볼 수 있다. 또한 2000년대 끊임없이 발생한 먹거리·생필품 파동(2004년 불량만두 파동, 2005년 기생충알 김치, 2008년 멜라민 분유 파동과 미국산 쇠고기 파동, 2010년 배추값 폭등, 2016년 가습기 살균제 등)으로 인한 이슈가 사회적으로 제기되면서 식품안전성을 담보하는 생협운동에 관한 기사가 확산된 것을 볼 수 있다. 한편, 2012년 협동조합기본법 제정 이후 생협을 포함해 사회 전반적으로 높아진 협동조합에 대한 관심이 반영되어 2012년과 2013년의 기사가 특히 많다(〈그림 11-1〉 참고).

동일한 내용의 기사라도 어떤 형태로 보도되는지에 따라 기사를 읽는 이들의 반응이 달라질 수 있다. 이에 기사의 종류 ― 한국언론진흥재단에서 제공하는 15개 유형 ― 를 일부 조정하여 단신, 해설, 스케치, 기획, 인터뷰, 칼럼논단의 6개 항으로 분류하여 그 빈도를 살펴봤다(김진훈·하승미, 2015). 기사의 형태는 윤석홍·김춘옥(2004)의 구분에 따라 사실 파악만을 전달하기 위한 기사를 단신으로, 사실을 상세히 설명한 기사는 해설로 구분했다. 그 외 장소나 행사를 이

<그림 11-1> 1993~2016년 연도별 기사 수 분석 현황

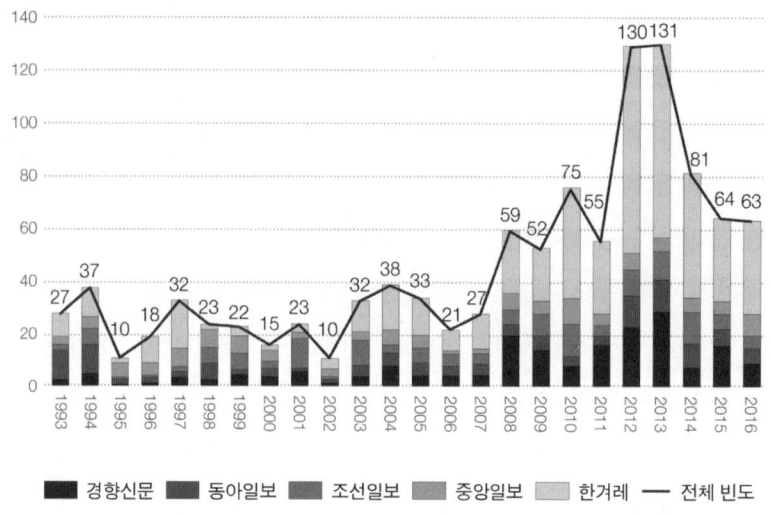

<표 11-1> 기사 형태별 분석 현황

기사 형태	빈도(건)	%
단신	180	16.7
해설	392	36.4
스케치	156	14.5
기획	165	15.3
인터뷰	69	6.4
칼럼논단	116	10.7
계	1,078	100

야기 중심으로 풀어쓴 스케치, 특정 주제를 정해서 상세히 전달하는 기획, 대화
형식으로 쓴 인터뷰, 현안에 대한 언론사 혹은 기고자의 입장을 밝히는 칼럼논
단으로 기사의 성격을 세분화하여 확인했다.

신문의 특성상 사실을 상세히 설명하는 해설 형태의 기사가 가장 많았다
(36.4%). 해설 형태의 보도가 많다는 것은 다양한 층위의 독자들에게 소구하기
위해 신문들이 사실 전달 위주의 기사에 집중하고 있다는 것을 보여준다. 기획

기사의 비중(15.3%)이 상대적으로 높게 나타나는데, 이는 조선일보 '더 나은 미래', 한겨레 '헤리리뷰'와 같은 별도의 발행지면에서 생협을 포괄한 사회적경제와 관련된 다양한 이슈들을 심층 보도하고 있기 때문으로 이해된다. 시대의 흐름, 주목받는 이슈 등을 새로운 시각으로 재조명해 작성하는 기획 기사는 생협을 다양한 관점에서 조명해 대중에게 흥미를 이끌 수 있기에 이런 기사가 생협을 다룬 기사의 형태 중 세 번째로 높게 나타났다는 것은 사회적 인식의 측면에서 긍정적인 의미를 갖는다.

생협을 다룬 기사를 신문의 게재지면에 따라 살펴본 현황은 〈표 11-2〉와 같다. 사회면에서 생협을 다룬 기사가 370건(34.3%)으로 가장 높았다. 사회의 다양한 이슈를 보도하는 사회면에서는 지역사회, 여성, 대안운동, 환경 등과 같은 특정 이슈 속에서 생협을 다루고 있었는데, 이는 언론에서 생협을 단순히 친환경 농산물의 유통 플랫폼으로만 이해하고 있지 않다는 것을 보여준다. 다음으로 높은 빈도를 보인 게재지면은 경제면으로 총 281건(26.1%)의 기사가 보도되었다. 식품가격의 폭등, 대형마트의 독과점 문제와 같은 국내 유통시스템 관련 이슈의 대안으로 생협을 보도하는 기사와 윤리적 소비, 공정무역 등 대안적 경

〈표 11-2〉 기사 게재지면 분석 현황

게재지면		빈도(건)	%
종합		11	1.0
정치		28	2.6
경제		281	26.1
사회	사회 일반	370	34.3
	지역	166	15.4
문화		54	5.1
국제		21	1.9
오피니언		78	7.2
별도 발행지면		26	2.4
기타(건강, 과학)		43	4.0
계		1,078	100

제모델로 생협을 다룬 기사가 경제면에서 보도되고 있다. 사회면에서 다루어진 생협 관련 보도와 같은 맥락에서 단순히 유통 플랫폼으로서의 생협이 아니라 생산자와 소비자의 직거래를 통해 발생되는 경제적 순기능에 대한 내용이 강조되고 있음을 알 수 있다.

이 외에 지역생협의 행사 등을 소개하는 기사가 지역면(15.4%)에서 단순보도 형태로 게재되고 있었다. 한편, 해당 신문이 어떤 시각과 논조를 갖고 있는지 보다 명확하게 드러내는 오피니언 페이지에 생협 현장 활동가, 전문가들의 글이 실렸는데 그 활용의 정도가 크지 않았다.

다양한 지면 유형에서 생협과 관련된 기사들이 실렸는데 일상생활의 여러 곳에서 접점이 발생하는 생협의 특성이 반영되고 있다고 볼 수 있는 한편, 생협에 대한 관심과 이해가 다양한 영역에서 확장되고 있는 것이라고 추측할 수 있다.

신문은 게재지면의 제한으로 인해 담을 수 있는 기사의 수와 양이 한정적이다. 그래서 기사의 길이를 확인하는 것은 신문사가 생협에 어느 정도 관심을 갖고 있는지를 나타내는 중요한 지표가 될 수 있다. 물론 기사의 길이가 길다는 것이 기사의 질을 보장하는 것은 아니지만, 보다 전달할 수 있는 정보의 양이 많아지는 것은 사실이다(김진훈, 2015). 이에 생협을 다룬 기사 크기의 변화를 알아보기 위해 단순 단신기사 180건을 제외한 나머지 기사 898건을 (띄어쓰기 포함) 1000자 이하(소), 1001~3000자 이하(중), 3001자 이상(대)의 형태로 분류하여 그 빈도를 살펴봤다. 그 결과는 〈표 11-3〉과 같다.

기사는 1001~3000자 이하의 중간크기 기사(63.0%)가 가장 많이 다루어지고 있는 것으로 나타났다. 〈그림 11-2〉에서 보는 바와 같이 기사의 크기를 연도별로 확인했을 때 1000자 이상의 기사가 점차 증가하고 있음을 볼 수 있다. 물론 기사의 크기만으로 신문사가 생협에 관련된 주제에 관심이 높다고 단정할 수 없지만, 생협을 다루는 기사의 크기가 커진다는 것은 이슈의 중요도를 반영하고 있는 것으로 이해할 수 있다.

<표 11-3> 기사의 크기 분석 현황

기사 크기	빈도(건)	%
소	239	26.6
중	566	63.0
대	93	10.4
합계	898	100

<그림 11-2> 1993~2016년 연도별 기사의 크기 분석 현황

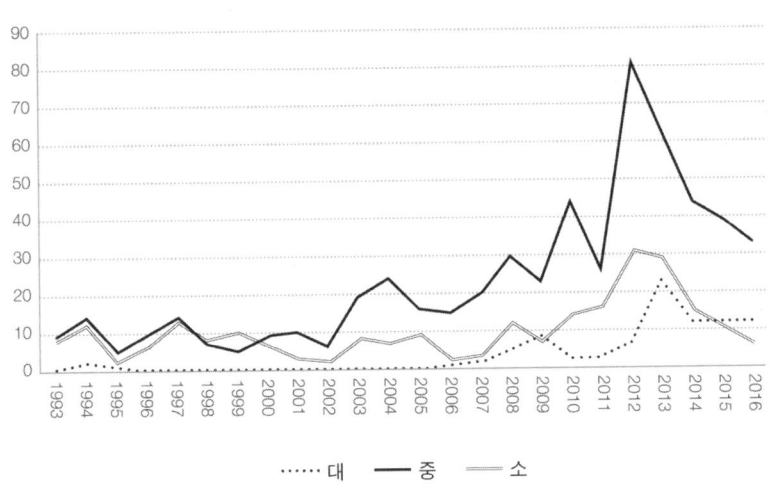

2) 기사의 내용 분석

단순 단신기사[3]를 제외한 898건의 기사를 중심으로 내용 분석을 실시했다.

---

3   단신기사는 1~2개 또는 2~3개의 문장으로 된 짧은 기사로, 아래와 같이 단순 단체소식 등을 전달
하는 기사의 경우 분석에서 제외했다.
*서울 서초구청 주차장에서 '생산자·소비자 한마당: 모여라! 민우잔치 한마당'을 연다. 이날 행사
는 길놀이로 시작해 생활재 마당·알뜰 녹색장터·전통놀이 마당 등의 행사가 열리고, 놀이마당
과 집단 퍼포먼스 공연에 이어 대동놀이로 막을 내린다. _ "5월 27일 여성계 쪽지", 한겨레, 2004.
5. 26.*

〈표 11-4〉 신문기사별 분석대상 단어 현황

구분	단어 수(개)
경향신문	22,249
동아일보	21,369
조선일보	28,060
중앙일보	18,626
한겨레	107,443
전체 기사	197,747

단어가 두 글자 이상인 명사 중심의 형태소 분석을 통해 추출된 단어의 현황은 〈표 11-4〉와 같다. 신문사별로 생협 관련 기사의 양적 편차가 있기 때문에 분석대상 단어 수에도 차이가 확인된다.

신문사별 빈도수 상위 10개 단어는 〈표 11-5〉와 같다. 상위 단어의 도출에 있어서도 신문사별로 보도된 기사의 양의 차이로 인해 상위 단어의 빈도수 차이가 확인된다. 협동조합, 사회, 경제, 조합원, 지역이라는 단어가 공통적으로 확인된 상위 단어이다(〈그림 11-3〉 참고). 2012년 협동조합기본법 제정 이후 관련 기사가 급증했는데 협동조합 활성화 측면에서 기대되는 생협의 역할 등에 관한 기사가 다루어지고 있다.

보수 성향의 신문과 진보 성향의 신문이 생협 관련 기사를 보도할 때 보도 관점에서 차이가 있는지를 확인하기 위해 경향신문과 한겨레, 동아일보와 조선일보, 중앙일보를 각각 묶어 빈도가 높은 단어를 확인했다(〈표 11-6〉).

보수 성향의 신문은 협동조합(542), 기업(344), 사회(342), 유기(329), 생활(304)의 순서로 단어 사용의 빈도가 높았으며, 진보 성향의 신문은 협동조합(2259), 사회(984), 경제(855), 조합원(794), 기업(747)의 순으로 단어 사용이 잦았다. 도출된 단어는 보수 성향의 신문과 진보 성향의 신문이 유사하나 상대적으로 보수 성향의 신문은 유기농 농산물 유통 플랫폼, 소비자 먹거리 운동의 관점에서 생협을 바라보고 있으며, 진보 성향의 신문은 지역사회(마을) 안에서 사회적·경

<表 11-5> 신문사별 빈도수 상위단어 목록(10개)

구분	단어 현황
경향신문	협동조합(446), 경제(212), 사회(210), 마을(181), 기업(163), 조합원(126), 주민(123), 사람(119), 운영(90), 사회적(87)
동아일보	협동조합(205), 농산물(173), 소비자(136), 유기(118), 식품(107), 제품(104), 친환경(96), 생활(92), 사회(90), 운동(84)
조선일보	협동조합(223), 기업(222), 사회(162), 우리(155), 유기(120), 마을(118), 사업(118), 지역(114), 사회적(108), 생활(108)
중앙일보	협동조합(144), 생활(104), 여성(91), 유기(91), 사회(90), 단체(87), 운동(85), 제품(82), 우리(79), 시민(78)
한겨레	협동조합(1813), 사회(774), 지역(693), 조합원(668), 경제(643), 우리(623), 소비(588), 기업(584), 소비자(520), 운동(453)

<그림 11-3> 1993~2016년 상위 10개 단어의 흐름

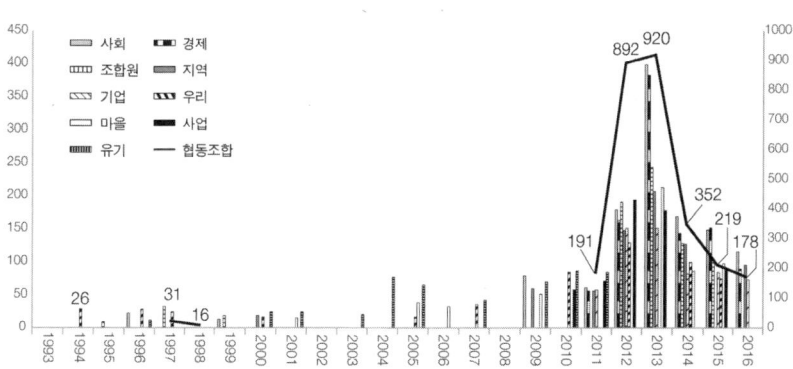

<표 11-6> 보수신문과 진보신문의 빈도수 상위단어 목록(20개)

조선일보, 중앙일보, 동아일보		한겨레, 경향신문	
단어	빈도수	단어	빈도수
협동조합	542	협동조합	2,259
기업	344	사회	984
사회	342	경제	855
유기	329	조합원	794
생활	304	기업	747
농산물	294	지역	744
소비자	278	우리	623
우리	277	소비	588
운동	257	소비자	520

사업	256	마을	507
지역	251	운동	483
제품	241	사업	478
운영	227	사람	468
조합원	225	생활	434
마을	199	주민	422
지원	196	유기	413
판매	196	가격	387
회원	196	생산자	378
주민	189	운영	374
단체	184	생협	373

제적 결사체로 생협이 소비자 조합원들과 함께 운동을 전개하는 것으로 생협을 보도하고 있다고 유추해볼 수 있다.

2000년대 후반 이후 신자유주의의 확산으로 사회 이슈에 대한 보도에서도 보수와 진보 성향의 언론보도 관점에 차이가 나타나기 시작한다. 방희경·유수미(2015)는 신자유주의 논리 측면에서 보수는 개인의 자유를 중시하고 진보는 공동의 이익을 중시한다고 본다. 개인의 자유를 중시하는 보수의 입장에서는 개인이 보다 자신의 삶의 방식을 선택할 수 있는 자유를 누리는 것을 중요시한다. 반면 진보는 '연대'와 '공동의 이익'을 위해서 공동체 구성원 모두가 함께 인간다운 삶을 보장하는 것에 방점을 둔다. 언론의 보도가 어떤 언어로 의미화되고 있으며 그 의미화의 방향이 어떻게 전개되고 있는지를 신문사가 제시하는 특정 프레임 속에서 확인할 수 있다.

생협 관련 언론보도 현황이 시간의 흐름에 따라 어떻게 변화하고 있는지를 확인하기 위해 추가적으로 연구 기간의 각 상위빈도 어휘(〈표 11-7〉)와 5년 단위로 확인되는 최빈단어 10개가 무엇인지를 살펴봤다(〈그림 11-4〉).

〈표 11-7〉에서 볼 수 있듯이 특정 시기에 생협이 안전한 먹거리와 관련하여 주목한 사회적 이슈에 대한 기사들이 해당 시점에 상당수 다루어졌음을 확인할

〈표 11-7〉 1993~2016년 연도별 상위 10개 단어 현황

1993	여성 (45)	생활 (41)	운동 (32)	농산물 (29)	네트워크 (24)	농민 (23)	소비자 (23)	회원 (21)	의원 (20)	활동 (19)
1994	소비자 (43)	농산물 (41)	농촌 (40)	농민 (33)	운동 (33)	우리 (32)	생활 (31)	협동조합 (26)	도시 (25)	생산자 (25)
1995	조합 (20)	농산물 (16)	생산자 (15)	소비자 (14)	재배 (13)	조합원 (13)	회원 (13)	공동체 (10)	배달 (9)	생활 (8)
1996	우리 (32)	생활 (26)	유기농산물 (23)	운동 (19)	유기 (15)	일상 (14)	농산물 (14)	농촌 (14)	서울 (14)	교구 (13)
1997	아이들 (41)	생활 (40)	주민 (38)	여성 (37)	운동 (36)	조합원 (36)	유기농산물 (33)	협동조합 (31)	농산물 (29)	우리 (28)
1998	학교 (26)	소비자 (17)	대통령 (16)	직거래 (16)	협동조합 (16)	생활 (15)	정부 (13)	빈민 (12)	학생 (12)	농산물 (10)
1999	조합 (24)	조합원 (23)	생산자 (18)	사회 (17)	생활 (17)	아줌마 (16)	농산물 (15)	소비자 (15)	교육 (14)	식품 (14)
2000	유기 (28)	단체 (23)	생명 (23)	지역 (22)	연대 (20)	우리 (20)	유기농산물 (20)	시민 (18)	운동 (16)	농업 (15)
2001	유기 (27)	운동 (25)	회원 (22)	시작 (20)	마을 (19)	매장 (19)	환경 (19)	농약 (18)	운영 (18)	생산자 (17)
2002	유기농산물 (31)	운동 (20)	시민 (19)	농산물 (17)	농약 (15)	재배 (13)	단체 (10)	건강 (9)	채소 (9)	대안 (8)
2003	아이들 (36)	회원 (34)	부엌 (29)	농산물 (28)	학교 (28)	유기 (24)	운영 (23)	친환경 (22)	학교급식 (22)	유기농산물 (20)
2004	유기 (80)	농산물 (66)	식품 (49)	소비자 (37)	친환경 (36)	유기농산물 (33)	안전 (32)	생활 (31)	제품 (31)	인증 (28)
2005	유기 (68)	여성 (44)	마을 (42)	단체 (33)	농산물 (31)	친환경 (31)	운동 (24)	생산 (20)	우리 (20)	농약 (19)
2006	운동 (51)	시민 (37)	마을 (36)	단체 (34)	생명 (33)	공동체 (31)	농법 (28)	농업 (26)	사람 (25)	아이들 (25)
2007	운동 (66)	소비 (45)	유기 (45)	우리 (39)	여성 (31)	자연 (31)	제품 (31)	활동 (31)	책임 (29)	커피 (29)
2008	쇠고기 (86)	소비자 (69)	식품 (64)	제품 (59)	공정무역 (53)	운동 (53)	유기농산물 (51)	친환경 (51)	수입 (49)	시민 (42)
2009	소비 (171)	공정무역 (125)	친환경 (91)	소비자 (84)	사회 (82)	유기 (73)	제품 (73)	생산자 (65)	지역 (63)	마을 (55)
2010	친환경 (102)	소비 (89)	유기 (89)	우리 (87)	배추 (67)	사업 (61)	단체 (60)	무상급식 (59)	운동 (59)	가격 (58)
2011	협동조합 (191)	유기 (86)	기업 (74)	소비 (66)	사회 (64)	친환경 (60)	사업 (60)	경제 (59)	지역 (59)	가격 (51)
2012	협동조합 (892)	기업 (196)	조합원 (192)	사회 (181)	경제 (165)	사업 (153)	지역 (150)	우리 (131)	소비자 (112)	정부 (106)
2013	협동조합 (920)	사회 (399)	경제 (383)	조합원 (245)	마을 (215)	지역 (209)	기업 (180)	운영 (165)	지원 (155)	사업 (154)

2014	협동조합 (352)	사회 (171)	경제 (146)	조합원 (130)	지역 (129)	우리 (102)	마을 (89)	지원 (88)	사업 (85)	소비자 (80)
2015	협동조합 (219)	경제 (154)	사회 (150)	조합원 (106)	마을 (100)	기업 (90)	사업 (87)	문제 (82)	지원 (81)	우리 (77)
2016	협동조합 (178)	사회 (118)	지역 (98)	GMO (96)	경제 (92)	교복 (86)	학교 (77)	사업 (76)	소비 (75)	생산 (63)

〈그림 11-4〉 시기별 상위 10개 단어 현황과 빈도수

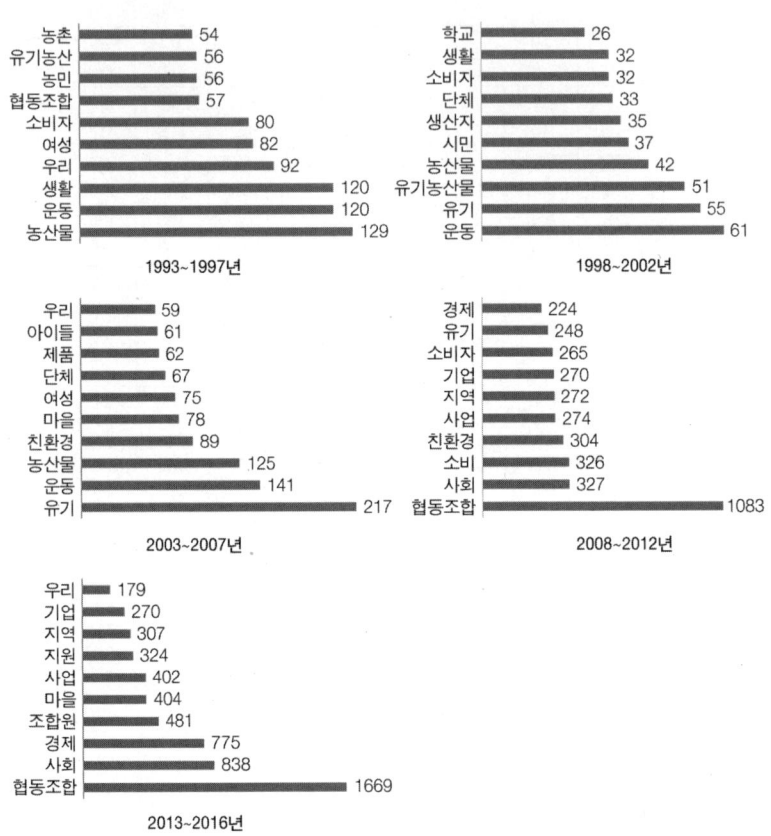

수 있다(2008년 '쇠고기', 2010년 '배추', '무상급식', 2016년 'GMO'). 소비자의 안전한
식품에 대한 요구가 소비자의 직접 참여와 적극적인 홍보, 그리고 그 과정에서
형성된 내부 조합원 간의 탄탄한 결속력으로 경제적인 인프라를 구축해가는 생

협의 핵심 특징이 안전한 먹거리 이슈와 결합되어 보도되었다.[4]

한편 '운동', '농산물', '유기농산', '생활'과 같은 단어가 생협에 관한 언론 보도 10년(1993~2002년)간 꾸준히 사용됨을 확인할 수 있다(〈그림 11-3〉). 시기별 특징을 살펴보면 1993~1997년에는 '여성', '우리', '생활', '운동', '농산물' 등의 단어가 빈번하게 언급되고 있는데 우리 농산물을 취급하는 결사체로서의 생협을 조명하고 있다고 추측할 수 있다. 1998~2002년에는 '시민', '농산물', '유기농산물', '유기', '운동' 등의 단어 사용이 높은데 이는 먹거리 파동에 따른 안전한 먹거리, 특히 유기농산물에 대한 관심이 높아지면서 이러한 운동을 꾸준히 실행해온 생협에 대한 조명이 진행된 것으로 볼 수 있다. 2003~2007년에도 '친환경', '농산물', '유기', '운동'과 같은 단어 사용빈도가 높았는데 꾸준히 안전한 먹거리에 대한 관심 속에 친환경이라는 개념으로 생협에 대한 관심이 확장됨을 확인할 수 있다.

생협에 관한 언론 보도가 급증한 2008년부터 협동조합이라는 단어의 사용이 다른 단어보다 월등히 높은 수치를 보인다. 이는 2012년 협동조합기본법 제정 이전과 이후 관련 보도의 증가와 연관된 것으로 확인된다. 2008년부터 2012년까지의 신문기사에서 '사업', '기업', '경제'라는 단어가 상위 단어로 새롭게 등장했는데 이는 친환경 유기농업이라는 특정 산업 분야에서 생협의 규모가 확장됨에 따라 사업, 기업과 같은 단어들이 빈번하게 사용된 것으로 보인다. 2013년부터 2016년까지의 신문기사에서는 '조합원', '지원'이라는 단어가 최빈단어로

4 　소비의 당사자인 생협 조합원들이 적극적으로 먹거리 이슈에 대응하는 다음과 같은 기사를 참고할 수 있다.
　　(중략) 생협은 지난해 6월 미국산 쇠고기 수입이 재개되었을 때 전국에서 회원 200여 명으로 '소비자 감시단'을 꾸린 바 있다. 시·도별로 감시단은 미국산 쇠고기를 파는 업소를 방문해 항의하고, 1인 시위 등도 펼쳤다. 최근 미국산 쇠고기 판매를 처음 시작한 서울 금천구 O사를 맨 처음 찾아가 항의한 것도 생협 주부들이었다. (중략) _ "'미 쇠고기 감시단' 행동개시", 한겨레 2008. 7.7.

확인되었다.

전체 신문기사로부터 핵심 주제를 확인하기 위해 토픽모델링을 진행했다. 토픽모델링은 한 문서 내에 동시에 출현하는 단어와 그 의미들의 집합적 관계를 분석하는 기법으로, 특정 사회현상에 두드러지게 나타나는 핵심 주제, 즉 이슈의 동향이나 패턴을 파악하는 데 효과적인 군집화 알고리즘이다(이태준 외, 2017). 토픽모델링 중 가장 많이 활용되고 있는 LDA 기법을 사용하여 분석을 진행했다. LDA는 문서 내, 문서 간 단어들의 분포를 통해 토픽을 찾아내는 확률분포모델로 주제와 특성별로 문서를 그룹핑하는 데 사용된다.

생협 관련 신문기사를 주제별로 분류한 사전 연구자료가 부재하기 때문에 이 글에서는 주제의 수를 10으로 가정했다(조승연 외, 2015). LDA 토픽모델링에서는 주제의 수가 주어져 있지 않은 경우에 여러 번의 시행 후 가장 적절하다고 판단되는 수를 선택하거나, LDA 토픽모델링 방법에서 자동으로 주어지는 주제의 수를 활용한다(Wang and Blei, 2009).

토픽은 〈표 11-8〉과 같이 확인되었으며, 각 토픽에서 언급 빈도가 높은 10개의 상위 단위를 정리했다. Park and Song(2013)에 의하면, LDA 모델은 텍스트

〈표 11-8〉 신문기사의 토픽과 포함 단어

구분	주제명	포함 단어(상위 10개)
토픽 1	친환경 무상급식	급식, 무상, 단체, 정부, 후보, 추진, 의료, 의원, 친환경, 조례
토픽 2	마을공동체	마을, 주민, 학교, 어린이, 지역, 공간, 아이들, 협동조합, 동네, 공동체
토픽 3	여성과 소비 운동	운동, 소비, 사회, 윤리, 여성, 시민, 생활, 문제, 활동, 정치
토픽 4	가정	아이들, 집, 아이, 사람, 생각, 시간, 엄마, 할머니, 음식, 마음
토픽 5	식품안전	식품, 표시, 사용, 수입, 안전, 쇠고기, 방사능, 검사, 제품, GMO
토픽 6	사업체로서의 생협	조합원, 출자금, 수수료, 회원, 규모, 매출, 매장, 평균, 조합, 사업
토픽 7	소비자 - 생산자 직거래	유기농, 농산물, 가격, 소비자, 생산자, 생산, 친환경, 직거래, 농민, 유기농산물
토픽 8	농업·농촌 살리기	농촌, 생명, 귀농, 농사, 논, 원주, 도시, 농업, 농민, 사찰
토픽 9	공정무역	공정무역, 커피, 설탕, 제품, 공정, 초콜릿, 여행, 세계, 판매, 영국
토픽 10	협동조합과 정책	경제, 사회, 기업, 수, 설립, 지원, 지역, 일자리, 정부, 금융

형식 데이터의 단어들과 구조를 통해 문서를 토픽으로 분류하는데, 각 토픽의 주제는 토픽을 구성하는 단어들 사이의 관계를 바탕으로 연구자들이 추론하여 판단한다. 이에 단어들의 집합으로부터 토픽의 내용과 의미를 추론하여 상위 단어들의 관계를 설명할 수 있는 토픽의 주제를 정했다.

∗ 토픽 1: 친환경 무상급식

생활의 이슈를 공론의 장으로 확장시키는 시민운동 참여에 적극적인 생협의 특징이 '친환경 무상급식'이라는 주제로 신문에서 다루어졌다. 2010년 지방선거를 앞두고 생협을 비롯해 전국 2200여 개 시민단체가 참여한 시민연대기구(친환경 무상급식 풀뿌리 국민연대)의 출범과 각 지역별로 생활정치 측면에서 친환경 무상급식을 전개하는 데 적극 참여한 지역생협들의 모습이 보도되었다.

∗ 토픽 2: 마을공동체

매장이 없었던 생협 운영 초기에는 배송의 효율성을 높이고, 협동조합의 기본 정신인 공동체 정신을 살리기 위해 3~10가구 이상의 단체 가입을 기본으로 했다. 그래서 생협의 조합원이 되기 위해서는 마을 안에서 공동체를 구성하고, 주 1~2회 공동체 단위로 전화 주문을 받아 배달된 물품들을 분배하는 작업을 직접 소비자 조합원이 맡아야 했다. 초기 생협 가입방법을 보도하고 있는 신문 기사들은 생협의 '공동체 정신' 강조와 지역과 생활 현장을 중심으로 한 생협의 특징을 담고 있다. 이후 생활의 터전인 마을을 중심으로 생협이 소비자 모임을 넘어 지역사회연대의 촉진제이자 매개체로 기능하고 있음을 마을모임, 지역사회연대 활동 등의 기사로 다루었다. 특히 신문사별로 각 지역의 소식을 다루는 별도의 지면에서 지역생협의 활동을 빈번하게 다루었다.

＊ 토픽 3: 여성과 소비 운동

소비자 주권과 사회참여 의식이 높은 조합원들이 생협 안팎에서 사회의 다
양한 활동에 참여하고 있는 모습이 보도되었다. 기사를 통해 안전한 먹거리에
대한 필요성으로 생협에 가입한 소비자들이 점차 생활의 문제를 포함해 전 사
회적인 영역으로 관심사를 확대시켜가는 과정이 확인된다. 예를 들어, 조선일
보는 평범한 주부에 머물러 있던 생협 조합원들이 생활정치에 주체로 등장했다
는 사실을 보도하며, 이들을 '사회주부'로 지칭한다. 기존 여성운동과는 차별화
되어 생활의 영역에서 협동의 관계성으로 다양한 사회 이슈에 대응하는 생협
조합원들이 신문의 주요 관심사로 다루어졌다. 예를 들어, 지역사회에 대형마
트나 기업형 슈퍼마켓(SSM)이 등장할 때 생협 조합원들이 반대 시위에 적극 참
여하며 지역 내 중소상인들과의 연대를 도모한다는 기사를 들 수 있다. '토픽 4'
와 연결되어 생협의 주부 조합원이 생협 안에서 여성 활동가로, 리더로 성장하
며 한 단체의 주체가 되어 가정의 경계를 넘어 사회에서 식품안전과 지역이슈
운동의 중심에 선 모습도 보도되었다.

＊ 토픽 4: 가정

가족에게 '안전한 밥상'을 차려주기 위해 소비자들은 생협을 찾는다. 특히 아
이들의 건강을 걱정하는 엄마로서 안전한 먹거리의 안정적인 공급 체계를 제공
하는 생협의 가치에 공감한다. 아이를 키우면서 자연스럽게 형성된 지역 네트
워크 속에서 엄마들은 서로 생협 가입을 권유하는 한편, 엄마와 아이의 눈높이
에 맞춘 생협의 다양한 교육 프로그램에 참여한다. 신문은 이러한 활동에 참여
한 엄마와 아이들의 모습을 보도한다.

＊ 토픽 5: 식품안전

조류독감과 광우병 사건, 불량만두 등 식품안전에 대한 문제 제기는 이 글이

설정한 연구기간 동안 꾸준히 발생했다. 식품 파동은 단지 일부 몰지각한 식품업자나 허술한 식품위생 정책 어느 하나만의 문제가 아니다. 때문에 생협은 자체적으로 식품안전의 기준을 높인 대안물품, 친환경생활물품, 공정무역 물품 등을 생산·유통하며 기존 시스템의 대안을 구축해갔다. 한편 식품안전 관련 정책에 대한 소비자들의 목소리를 하나로 모으는 창구 역할을 하고 있다. 특히 2008년, 정치적·사회적 이슈로 부각된 한·미 쇠고기 협상 논란은 안전한 먹거리를 주된 사명으로 하는 생협의 주요한 논의 의제로 부각되어 생협단체들이 참여한 촛불시위 관련 기사와 생협 조합원인 여성이자 주부의 사회운동 참여를 강조한 기사('토픽 3'과 연관)가 빈번하게 보도되었다.

＊ 토픽 6: 사업체로서의 생협

협동조합은 '공동으로 소유하고 민주적으로 운영되는' 사업체이기 때문에 조합원들의 출자금은 주된 자본의 원천이다. 조합원, 출자금과 같은 협동조합의 기본 원칙과 특징을 보여주는 단어들이 생협에 관한 신문기사에도 다루어졌다. 2000년대 들어 생협에서 매장을 개설하기 시작하면서 사업체로서 생협의 규모를 언급한 기사, 우리 밀 베이커리 등 특색 있는 상품 구색을 보이는 생협 매장을 다룬 기사가 확인되었다. 생협은 단순 개별집단의 이익을 추구하는 사업체 또는 사회적 가치를 추구하는 비영리단체로 구분할 수 없다. 일종의 '공익적 사업체'라고 할 수 있는 생협의 특징을 어느 한쪽에 치우지지 않고 다루는 기사가 필요하다.

＊ 토픽 7: 소비자-생산자 직거래

1990년대에 접어들면서 식품안전성에 대한 문제가 사회문제로 인식되기 시작한다. 이를 극복하기 위한 방안으로 소비자와 생산자 간 직거래를 통해 안전한 먹거리, 친환경 유기농산물의 공급이 생협을 통해 이루어진다. 생협의 특징이며 장점이라 할 수 있는 친환경 유기농산물의 생산자 직거래 유통 관련 기사는 연구 설정기간 동안 신문기사에서 꾸준히 다루어온 주요 이슈이다. 보수언론에서도 먹거리 문제에 대안으로 제시된 생협의 유기농산물 취급과 유통의 특징을 기사에서 언급하고 있다. 안전한 먹거리를 필요로 하는 일반인들이 생협에 관한 정보를 얻는 통로로 신문기사가 중요한 역할을 했을 것이라는 예상을 하게 한다.

＊ 토픽 8: 농업·농촌 살리기

지난 1994년 우루과이라운드에 따른 농산물 시장 개방 이후 소비자는 농민을 살리고, 농민은 소비자의 먹거리를 책임진다는 출발점에서 생협은 뿌리를 내렸다. 농업의 사회적 위치가 축소됨에 따라 기업농의 규모화된 경작으로 수출 경쟁력을 높이자는 정책이 꾸준히 진행되어왔고, 농촌의 상당수를 차지하는 소농과 고령농은 일종의 구조조정 대상으로 이야기되었다. 생협은 '토픽 7'에서 확인할 수 있듯이 소비자와 생산자 간 직거래를 통해 농가소득 지지와 농산물 수급 안정을 위해 노력해왔다. '생명'과 '원주'라는 단어가 함께 묶여 있는 것은 한살림의 활동과 관련한 신문 보도로 인한 것이라고 볼 수 있다.

＊ 토픽 9: 공정무역

'공정무역'과 관련된 생협의 활동이 활발해짐에 따라 2008년부터 이와 관련된 기사들이 보도되었다. 우리나라에서 원료가 나지 않는 제품의 경우 해외의 농민운동 단체, 협동조합이 만든 제품을 공정무역을 통해 확보하고 있는 생협을 두고 공정무역을 통한 거래라는 경제적 측면의 기사만이 아니라 조합원들의 기금마련 활동으로 제3세계 농민들을 지원하고 있다는 기사들이 보도되었다.

＊ 토픽 10: 협동조합과 정책

1999년 제정된 소비자생활협동조합법(이하 생협법)은 사실상 환경농업육성
법(1997년)의 후속 조처에 가까운 것으로 생협을 친환경 농산물의 판매처 정도
로 인식하고 있는 정부의 관점을 보여줬다. 당시의 생협법은 생협이 농·축·수
산물과 함께 환경 제품만을 취급하도록 사업 범위를 제한했으며, 생협연합회를
결성할 수 있는 근거 조항도 부재했다. 이런 상황에서 식품안전, 환경과 조화를
이루는 농업을 바라는 소비자들의 적극적인 참여 속에 2010년 생협법이 개정
된다. 이로 인해 사업 범위의 제한이 풀려 일반 농산물뿐 아니라 공산품 판매가
가능해졌으며, 연합회 설립의 근거가 마련되었다. 생협에 대한 사회적 기대가
시대의 흐름에 따라 변화하면서 정부의 제도적 변화와 지원 속에 달라지고 있
는 생협의 모습과 위상을 기사를 통해 확인할 수 있다. 한편, 제도상의 한계를
이야기하는 현장의 목소리가 다양한 방식으로 드러났다. 또한 2012년 12월 1일
부터 '협동조합기본법' 시행으로 지속적인 경기 침체 속에서 서민, 지역경제의
활성화는 물론 일자리 창출의 측면에서 협동조합 경제, 협동조합 사회에 대한
기대가 높아지면서 생협에 부여된 역할과 가치, 지원의 필요성이 보도되었다.

농촌과 도시, 생산과 소비의 영역을 함께 아우르는 구조를 만드는 것에서 시
작된 생협의 활동은 이러한 목표의 구체적인 실천 방법으로 친환경 유기농산물
의 소비자-생산자 직거래를 통해 생활 속에서 협동의 영역들을 확장하며 다양
한 사업과 활동을 전개해왔다. 생활인인 조합원들의 일상을 이해하면서 그에
기반해 사회적·경제적 이슈들을 조합원들의 조직된 힘으로 해결해가는 모습이
언론을 통해 다루어져 왔음을 볼 수 있다.

추가적으로 전체 키워드 간의 관계를 확인하기 위해 근접성 분석을 실시했
다. 〈그림 11-5〉에서 볼 수 있듯이 협동조합이라는 주된 키워드를 중심으로 주
요 키워드들이 집중되어 있는 구조를 확인할 수 있다. 여기에서 공동 육아, 시
민단체와 운동, 공동체와 지역, 마을, 사회적기업, 조합원과 가입, 출자금으로

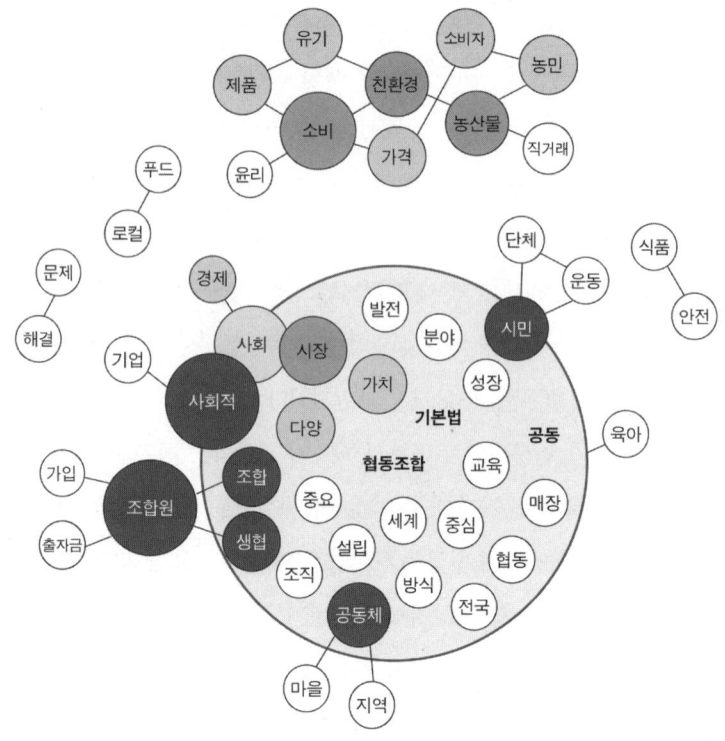

키워드들이 확장된다. 언론 보도에서 협동조합이라는 키워드가 생협의 다양한 가치와 지향점을 보여주는 각종 키워드를 묶는 큰 범주로 확인된다.

협동조합이라는 키워드와 관련된 주요 키워드와는 별개로 소비와 친환경, 농산물, 식품안전, 로컬푸드, 해결과 문제라는 각각의 키워드 집단이 작지만 각자의 집합을 구성하고 있다. 특히 '소비'라는 단어와 친환경, 가격, 소비자, 농산물, 농민 각각의 키워드가 근접한 집단을 형성하고 있는데 친환경 유기농산물이 소비자와 농민의 직거래를 통해 거래되고 있으며, 이는 가격 안정성의 측면은 물론 소비의 윤리성 측면에서도 연관되어 보도되고 있다고 볼 수 있다. 한편 식품안전, 로컬푸드와 같은 단어는 안전한 먹거리 확보와 지역경제 발전에 기여하는 생협의 특징이 신문 보도를 통해 나타나고 있음을 보여준다. 이를 통해 개인의 필요를 충족시키기 위한 소비 공간만이 아니라 소비자 주권과 생산자-소비자 간 상생의 관계가 구축되는 사회망의 공간으로 생협이 갖는 순기능이 지속적으로 알려질 것이라고 예상할 수 있다.

4. 결론

이 글은 1993년부터 2016년까지 5개 주요 일간지를 중심으로 생협 보도현황 분석을 통해 생협에 대한 외부 인식을 살펴봤다. 연도별 기사 현황, 기사 형태와 기사 게재지면에 따른 기사 현황, 기사 크기에 따른 기사 현황을 살펴본 형식에 따른 분석과 신문기사의 주요 키워드를 바탕으로 생협에 관한 논의를 살펴본 내용에 따른 분석을 실시했다. 이를 통해 확인한 주요 결과 및 함의는 다음과 같다.

첫째, 불안정한 경제 상황의 대안으로 생협을 비롯한 협동조합, 사회적경제에 대한 관심과 기대가 지속적으로 증가하는 상황에서 신문기사의 전체적인 보도량과 보도되는 신문기사 크기가 증가하고 있었다. 2007년 이전까지 연평균 24.5건의 기사가 게재되었는데, 2008년 이후에는 약 3배가량 증가한 연평균 78.9건의 기사가 게재되었다. 식품안전에 대한 이슈가 발생할 때는 안전한 먹거리를 취급하는 생협의 특징이, 협동조합기본법 제정 전후를 중심으로는 협동조합으로서의 생협의 의미가 활발히 다루어졌다. 한편, 생협 관련 보도는 신문사별로 양적 차이가 존재했다. 총 1078건의 기사 중 진보 성향의 신문에서 699건, 보수 성향의 신문에서 379건의 기사가 보도되었다. 또한 사용 빈도가 높은 단어의 현황을 살펴본 결과 진보 성향의 신문은 협동조합(2259), 사회(984), 경제(855), 조합원(794), 기업(747)의 순으로, 보수 성향의 신문은 협동조합(542),

기업(344), 사회(342), 유기(329), 생활(304)의 순서로 사용이 높게 나타났다. 추가적으로 사용 빈도가 높게 나타난 단어들과 함께 살펴볼 때 보수 성향의 신문은 유기농 농산물 유통 플랫폼, 소비자 먹거리 운동의 관점에서, 진보 성향의 신문은 지역사회(마을) 안에서 사회적·경제적 결사체로서 생협이 소비자 조합원들과 함께 운동을 전개하는 것으로 생협을 보도하고 있는 것으로 나타났다.

둘째, 생협 관련 언론보도 현황이 시간의 경과에 따라 어떻게 변화했는지를 알아보기 위해 시기별 최빈단어의 현황을 살펴본 결과 '운동', '농산물', '유기농산', '생활'이라는 단어가 10년(1993~2002년)간 꾸준히 나타났다. 2008년 '쇠고기', 2010년 '배추', '무상급식', 2016년 'GMO'와 같은 단어 사용의 빈도가 두드러졌는데 안전한 먹거리 이슈가 활발했던 시기에 생협에 관한 보도가 함께 증가함을 확인할 수 있다. 생협에 관한 언론 보도가 급증한 2008년부터 협동조합이라는 단어가 월등히 높은 사용 빈도를 보였으며 이는 협동조합기본법 제정 이전과 이후 관련 보도 증가와 연관된 것으로 확인된다. 한편, 2008~2012년은 '사업', '기업', '경제'가, 2013~2016년은 '조합원', '지원'이 상위 단어로 확인되었다.

셋째, LDA 토픽모델링을 통해 10개의 토픽을 확인했으며 각 토픽은 〈친환경 무상급식〉, 〈마을공동체〉, 〈여성과 소비 운동〉, 〈가정〉, 〈식품안전〉, 〈사업체로서의 생협〉, 〈소비자-생산자 직거래〉, 〈농업·농촌 살리기〉, 〈공정무역〉, 〈협동조합과 정책〉으로 명명했다. 신문에서 다룬 생협 관련 기사들을 살펴보면 안전한 먹거리의 대안적 유통 플랫폼으로서만이 아니라 마을과 공동체, 공정무역, 정책 등 다양한 이슈 속에서 생협이 다루어지고 있음을 확인할 수 있다. 한편, 기존의 생협 관련 연구 동향에서 확인할 수 있듯이, 여성의 참여가 확산·확장되는 학습의 공간, 지역사회의 연대를 촉진하는 매개체로서의 생협, 농업·농촌의 든든한 지지자로서의 생협에 관한 기사들도 찾아볼 수 있었다. 주요 키워드를 통해 향후 생협이 어떤 이미지를 강화시키는 것이 유의미할지 참고할 수 있다.

언론 보도를 살펴보는 것은 단순히 사실 확인을 넘어서 생협이라는 주제가 시기별·신문사별 특징에 따라 어떻게 새로운 의미를 구성하고 논의의 변화를 거치는지를 이해하는 데 도움이 된다. 이 과정에서 생협이 중요하게 고려하고 있는 핵심적인 가치들이 사회적으로 어떻게 인식되고 있는지를 확인할 수 있다. 설양환(2017)은 특별한 지식이 없는 일반인들은 특정 이슈에 대한 해석의 틀을 언론이 제공하는 정보를 통해 얻기 때문에 언론사가 말하는 의미 방향을 대체로 수용하는 경향이 있다고 말한다. 언론에서 생산되는 기사의 정보와 지식들은 단순히 필요한 정보만을 제공하는 것에 그치지 않고 이슈에 대한 특별한 방향성을 갖게 하며 이는 대중에 의해 소비된다. 생협의 대한 사회적 인식은 사회 구성원 간 공유된 의미와 해석, 소통과 협력을 강화시키는 이슈 커뮤니케이션 전략의 발굴 및 운영(김영욱, 2012)을 통해 본래 생협이 대중에게 전달하고자 하는 의미를 명확히 전달할 수 있다. 생협뿐만 아니라 언론 역시 소비자의 알 권리, 다양한 사회적 활동의 주체인 생협을 보도기사로 충분히 담아낼 때 공공성을 담보한다고 할 수 있을 것이다.

이 글은 기존의 양적 조사연구나 질적 자료분석과 달리 신문기사 형태로 이미 공개되어 있는 텍스트 빅데이터를 활용하여 생협에 관한 논의가 어떻게 전개되고 있는지를 살펴보고자 했다. 향후 생협을 다룬 언론 보도로부터 확인한 10개 토픽을 바탕으로 생협의 현황과 발전 방향을 모색하는 연구로의 확장도 가능할 것이다. 또한 소비자들의 사회적 인식까지 폭넓게 이해하기 위해서 신문기사 이외에 트위터나 페이스북과 같은 소셜 네트워크상의 텍스트 데이터 등 대중의 관심이 잘 반영되어 있는 자료들을 수집·활용하여 생협에 관한 관심과 논의를 추가적으로 파악하는 것도 필요하다. 한편, 뉴스 정보원, 작성 기자 현황 등을 추가로 분석하여 생협 관련 신문기사의 전문성과 신뢰성 확보 수준을 살펴보는 것은 물론 생협 관련 기사의 방향성(호의적, 부정적 또는 중립적)을 확인하여 언론사별 생협에 대한 기사의 기본적인 논지를 확인해볼 수도 있을 것이다. 그럼에도 이 글은 생협에 대한 사회적 인식이 어떻게 형성되고 있는지를 이해하는 기초연구로서 언론의 보도 형태를 확인했다는 점에 의의가 있다고 하겠다.

참고문헌

감미아·송민. 2012. 「텍스트 마이닝을 활용한 신문사에 따른 내용 및 논조 차이점 분석」. ≪지능정보연
구≫, 18(3), 53~77쪽.

강내원·안순철·서형석. 2010. 『다매체시대의 뉴스이용과 사회자본 형성』. 서울 : 한국언론진흥재단.

고영철. 2012. 「한미 지역일간지 1면 기사의 보도방식 비교: 기사의 길이, 리드 및 인용구 서술방법, 인
용구의 수, 제목의 표현방식 등」. ≪언론과학연구≫, 12(3), 37~78쪽.

고영철. 2013. 「캠페인 관련 뉴스 프레임 및 뉴스정보의 출처에 관한 연구: 국내 5대 일간지의 '세계 7대
자연경관 선정 캠페인' 보도를 중심으로」. ≪정치커뮤니케이션연구≫, 30, 187~250쪽.

곽정인·김희진. 2010. 「1920년대 신문에 나타난 자녀양육 기사 중 건강 및 위생 관련 내용분석」. ≪유
아교육연구≫, 30(2), 83~108쪽.

구정우·조성권. 2017. 「언론을 통해 본 한국의 ODA: 토픽모델링을 활용한 신문기사 분석, 1993~2016」.
≪국제지역연구≫, 26(3), 173~210쪽.

김경희·노기영. 2011. 「한국 신문사의 이념과 북한 보도방식에 대한 연구」. ≪한국언론학보≫, 55(1),
361~387쪽.

김광우. 「방송보도의 의제형성과 내부 의사결정의 연계성 연구: 제주지역의 2010년 광역단체장선거를
중심으로」. 성균관대학교 박사학위논문.

김민정·김철주. 2017. 「텍스트 마이닝을 활용한 숭례문 관련 기사의 트렌드 분석」. ≪한국콘텐츠학회논
문지≫, 17(3), 474~485쪽.

김영욱. 2012. 「담론경쟁으로서 PR커뮤니케이션: 새로운 패러다임과 이론의 방향성 설정」. ≪커뮤니케
이션 이론≫, 8(1), 352~386쪽.

김영욱·함승경. 2014. 「금연과 흡연의 담론 경쟁: 비판적 담론 분석(CDA)의 적용」. ≪한국언론학보≫,
58(5), 333~361쪽.

김진훈·하승미. 2015. 「신문에 보도된 직업재활 관련 기사 분석」. ≪한국사회복지조사연구≫, 44, 135~
160쪽.

김철규·김진영·김상숙. 2012. 「대안 먹거리 운동과 한국의 생협: 한살림을 중심으로」. ≪지역사회학≫,
14(1), 117~143쪽.

김춘경·이주옥·송영주. 2009. 「국내 신문기사 및 연구논문을 통해 본 아동학대 동향 연구」. ≪놀이치료
연구≫, 13(3), 83~97쪽.

김해연·강진숙. 2016. 「국내 아동학대 뉴스에 대한 비판적 담론분석: '원영이 사건'을 중심으로」. ≪한국
언론학보≫, 60(6), 283~312쪽.

노수진·윤영민. 2013. 「우울증에 관한 언론 보도 분석: 온라인 뉴스 미디어를 중심으로」. ≪한국언론정
보학보≫, 61, 6~27쪽.

류희림. 2013. 「한국 방송뉴스의 경제보도와 위기담론의 상관성 연구: KBS, SBS, YTN의 경제위기보도
비교분석을 중심으로」. 성균관대학교 박사학위논문.

마지연. 2015. 「비혼과 만혼의 사회적 담론 연구: 주요 일간지 기사분석을 중심으로」. 이화여자대학교
석사학위논문.

박정·조완섭·이종범. 2017. 「R을 활용한 실과 교육과정 텍스트 마이닝 분석」. ≪한국실과교육학회지≫,

30(2), 17~33쪽.

방희경·유수미. 2015. 「한국 언론과 세대론 전쟁(실크세대에서 삼포세대까지): '위기론'과 '희망론' 사이에서 아슬아슬한 줄타기」. ≪한국언론학보≫, 59(2), 37~61쪽.

백선기·김소라. 1998. 「지배담론과 대항담론: 동성애에 대한 '매스미디어'와 '게이커뮤니티'의 담론관계를 중심으로」. ≪커뮤니케이션학 연구≫, 6, 78~114쪽.

백은미. 2012. 「생협운동 경험을 통한 여성들의 살림가치에 대한 의미 고찰」. ≪여성학연구≫, 22(2), 71~107쪽.

설양환. 2017. 「국내 신문기사에 나타난 영재교육 및 영재에 대한 담론분석」. 건국대학교 박사학위논문.

손지형·하승태·이범수. 2013. 「미디어 관련법 보도의 뉴스 프레임 연구」. ≪언론학연구≫, 17(2), 89~116쪽.

송희영. 2006. 「신문과 담론분석: 독일의 '빌트 紙'와 한국의 '조선일보'를 중심으로」. ≪카프카연구≫, 15, 163~181쪽.

염찬희. 2015. 「한국 협동조합 연구 경향 분석: 1983년~2014년의 ≪한국협동조합연구≫ 게재 논문을 중심으로」. ≪한국협동조합연구≫, 33(3), 91~108쪽.

유선영. 2004. 『미디어의 세대차이 담론』. 한국언론재단.

이정민·이상기. 2014. 「민생 없는 민생 담론: 한국 종합일간지 사설에 대한 비판적 담론 분석」. ≪한국언론정보학보≫, 67, 88~118쪽.

이태준·이승배·오창동. 2017. 「원자력 이슈에 대한 정부와 언론의 커뮤니케이션 전략 비교연구: 토픽모델링의 적용」. ≪언론과학연구≫, 17(3), 172~229쪽.

장원석·이지은. 2009. 「소비자생활협동조합(생협)의 성과와 과제」. ≪한국협동조합연구≫, 27(1), 179~200쪽.

장종익. 2012. 「친환경농식품의 생산 및 거래의 특징과 한국 생협의 발전」. ≪한국협동조합연구≫, 30(2), 23~41쪽.

장호순. 2012. 『현대 신문의 이해』. 나남.

조승연 외. 「고객 온라인 구매후기를 활용한 추천시스템 개발 및 적용」. ≪Information Systems Review≫, 17(3), 77~93쪽.

조현경. 2015. 「사회적경제 생태계 조성을 둘러싼 협동조합 관련 언론 보도 심층 분석」. ≪생협평론≫, 21(겨울호), 10~25쪽.

하승우. 2009. 「한국의 시민운동과 생활정치의 발전과정」. ≪시민사회와 NGO≫, 7(2), 39~72쪽.

한진성·윤지환. 2016. 「소셜 빅데이터 텍스트 마이닝을 활용한 부산국제영화제(BIFF) 활성화 방안 연구: 영화제 개최 전·후 비교 분석을 중심으로」. ≪관광학연구≫, 40(1), 133~145쪽.

Blei, D. M. 2012. "Probabilistic Topic Models." *Communications of the ACM*, 55(4), pp.77~84.

Blei, D. M., A. Y. Ng and M. I. Jordan. 2003. "Latent Dirichlet Allocation." *Journal of Machine Learning Research*, 3(Jan), pp.993~1022.

Park, J. H. and M. Song. 2013. "A Study on Research Trends in Library & Information Science in Korea Using Topic Modelling." *Korea Society for Information Management*, 30(1), pp.7~32.

Wang, C. and D. M. Blei. 2009. "Decoupling Sparsity and Smoothness in the Discrete Hierarchical Dirichlet Process." *Advances in Neural Information Processing Systems*, pp.1982~1989.

제12장

소비자생활협동조합의 브랜드*

임선아·이상훈

1. 서론

오늘날 글로벌 경쟁 시대 속에 소비자들의 생활양식과 문화양식이 급격히 변화하면서 마케팅 환경은 다양성과 복잡성이 증가했고 이로 인해 경쟁은 점점 더 치열해지고 있다. 기업들은 기술 발전으로 인해 제품 또는 서비스만으로 차별화 우위를 찾기 어려우며 유사 업종 간 경쟁이 치열하다. 마케팅은 이제 고객과의 거래가 아닌 관계에 초점을 맞추고 있으며, 고객은 기업의 파트너로 인식되어야 하고, 기업은 품질·서비스·혁신 등을 통해 고객과의 장기적인 관계를 유지하는 데 전념해야 한다(Webster, 1992).

고객과의 관계는 신뢰를 바탕으로 이루어지며, 신뢰를 바탕으로 장기간 축

---

*   이 장은 다음 논문을 기반으로 한 것이다. 임선아·이상훈, 「소비자 생활협동조합의 브랜드 이미지가 브랜드 커뮤니티 동일시와 장기적 관계 지향성에 미치는 영향에 관한 연구」, ≪한국협동조합연구≫, 37권 3호(2019), 1~26쪽.

적된 고객 만족은 해당 서비스를 유지하고, 추가적인 서비스와 제품을 구매하게 하며 긍정적인 입소문으로 이어진다. 이를 목표로 하는 관계 마케팅(relationship marketing)은 신뢰를 바탕으로 장기간 고객과의 관계를 향상시키고 상호 이익을 극대화할 수 있는 마케팅이다(Morgan and Hunt, 1994).

Fournier(1998)는 고객이 브랜드에 대해 인식하는 것은 기업과 고객의 장기적인 관계 형성에 가장 핵심적인 결정 요인이며, 소비자와 브랜드 사이에서 이루어지는 경험적 관계는 이론적 차원에서뿐만 아니라 브랜드 관리 차원에서도 매우 가치 있는 개념이라고 설명한다. 그래서 많은 기업들이 브랜드를 관리하고 이를 통한 고객 확보와 유지에 노력을 기하고 있으며 브랜드를 기업의 잠재적 가치로 인식하고 하나의 자산으로 관리하고 있다. 즉, 브랜드 자산(brand equity)은 기업의 시장점유율과 수익성을 보장하고, 소비자의 구매 결정에 영향을 미친다. Keller(1993)가 말하는 소비자 기반의 브랜드 자산은 브랜드의 각종 마케팅 활동을 통해 강하고, 호의적이며, 독특한 연상(브랜드 이미지)으로 형성된 브랜드 지식이 고객 반응을 창출하는 차별적인 효과이다. 브랜드 자산을 창출하는 주요 요인인 브랜드 지식은 소비자 기억 속에서 브랜드와 연결된 다양한 연상들을 지닌 브랜드 이미지와 브랜드 인지도로 구성된다. 특히 강하고, 호의적이며, 독특한 연상을 지닌 긍정적 브랜드 이미지를 확립하는 것은 소비자 반응에 영향을 미치는 브랜드 지식 구조를 창출하고 다양한 유형의 브랜드 자산을 창출하는 것이다(Keller, 2007). 이는 브랜드 이미지가 특정 브랜드의 소비자의 미래 구매행동(Johnson and Puto, 1987; Fishbein, 1967)과 브랜드 자산 형성에 영향(Biel, 1992)을 미친다는 것을 의미한다.

소비자생활협동조합(생협)은 생산자와 소비자 간의 대면적 관계를 제도화하고자 하며, 생산자와 소비자 간의 신뢰 구축과 확대를 조직 운영의 근간으로 삼고 있다(권미영, 2010). 생협은 소비자들에게 안전한 먹거리에 대한 신뢰를 바탕으로 형성된 곳으로 생산자와 소비자, 소비자(user)와 소비자(owner) 간의 호혜적인 관계를 바탕으로 유대관계를 유지하며, 사회적 활동을 이끄는 것이 중요하고 이를 위해 관계 마케팅이 필요하다.

브랜드 커뮤니티는 브랜드 충성 고객들 사이에 구조화된 관계 구축을 목적으로 하고 있으며, 브랜드 커뮤니티를 개발하고 구축하는 것은 고객과의 관계 마케팅을 실현하는 데 중요한 수단이 되기 때문에 일반 기업들은 고객과의 관계를 강화시키기 위한 방안으로 사용하고 있다(Muniz and O'Guinn, 2001).

생협은 브랜드 커뮤니티의 일종으로 물품을 구매하고 이용하기 위해 조합원 가입 절차를 거치며, 조합원 가입비를 내야 하는 곳으로 소비자인 조합원들은 확실한 가입 동기와 목적을 가지고 있다. 생협에서는 다양한 행사와 활동들이 진행되고 있어 생협의 실무에서 브랜드 지식과 브랜드 커뮤니티 동일시의 효과를 보고 있다. 하지만 이에 대해 실증적으로 검증한 연구는 없었으며, 조합원을 대상으로 하는 마케팅 연구도 전무한 상황이다.

일반 기업들도 고객관계 관리 차원에서 회원제를 운영하는 경우가 증가하고 있으며(이예나·이상훈, 2014), 브랜드 커뮤니티를 성공으로 이끌기 위해서는 커뮤니티가 소비자에게 어떠한 영향을 미치는지, 영향력을 증가시키는 요인이 무엇인지 이해하고 파악할 필요가 있다. 또한 브랜드 커뮤니티에 대한 선행연구를 살펴보면, 대부분의 연구들이 온라인 브랜드 커뮤니티(virtual brand community)를 중심으로 보았다. 생협의 경우, 온라인 브랜드 커뮤니티도 존재하지만, 오프라인 브랜드 커뮤니티(real brand community)가 강한 편인데, 이에 대한 연구는 아직 부족한 실정이다. 그리하여 조직의 특성에 적합한 마케팅 기법의 개발과 관련 연구가 부족한 한국의 생협 분야에 적합하고 중요하다고 판단되는 관계 마케팅에 대한 연구를 통해 이론적·실무적 함의를 도출하고자 한다.

2. 이론적 배경

1) 소비자생활협동조합

국제협동조합연맹(ICA)은 협동조합을 '함께 소유하고 민주적으로 통제하는 사업체를 통해 공통의 경제적·사회적·문화적 욕구와 갈망을 충족하고자 자발적으로 단결한 사람들의 자율적인 조직'이라 설명한다. 소비자생활협동조합법 제1장 1조에 따르면 소비자생활협동조합은 '상부상조의 정신을 바탕으로 한 소비자들의 자주, 자립, 자치적인 활동을 촉진함으로써 조합원의 소비생활 향상과 국민의 복지 및 생활문화 향상에 이바지'하기 위해 설립된 조직이다. 우리나라에서 생협(소비자생활협동조합)으로 불리는 소비자생활협동조합은 지난 2008년 미국산 쇠고기의 수입재개 문제와 멜라닌 분유, 2017년 살충제 계란 파동 등 식품 관련 문제들이 발생하면서 소비자들은 안전한 식품에 대한 대안으로 생협을 찾았다. 지난 10년간 아이쿱생협과 한살림의 조합원 수는 22만 5393명에서 90만 6184명으로 약 3배 이상 늘었으며, 2017년 기준 총 매출액이 9771억 원에 달한다.[1]

이러한 성장에는 친환경 유기농 식품 시장이 지니고 있는 정보의 비대칭성 문제를 생산자와 소비자의 신뢰관계 구축을 통해 해결하기 위해(장종익, 2012) 활동가 조직과 직원 조직의 노력이 큰 역할을 했다(염찬희, 2010). 생협이 지난 십여 년간 크게 성장할 수 있었던 것은 소득수준의 향상과 식품안전, 환경문제에 대한 관심의 확산 등이 배경일 수 있다(이은정·장승권, 2013; 신효진·이상훈, 2018).

---

1   "국내 생협계 양대 산맥, 아이쿱과 한살림이 지역사회에 기여하는 방법", 조선일보, 2018년 6월 25일.

친환경 식품이나 친환경(LOHAS) 이미지에 대한 연구는 있지만, 생협의 이미지에 대한 연구는 거의 없는 실정이다. 기존에 연구된 친환경 이미지를 살펴보면, 김진갑·이연정(2012)의 연구에서 친환경 이미지는 사회 지향성, 건강, 가족 지향성, 환경 지향성, 안전, 지속가능성, 그리고 건강한 조리로 구성되어 있다고 보았으며, 황태경(2017)은 품질/안전 이미지, 건강 이미지, 가족 지향 이미지, 사회 지향 이미지, 그리고 자연 지향 이미지 등으로 친환경 이미지가 구성되어 있다고 말한다.

임유진(2013)의 연구에서 친환경 소비자의 특징은 가격이 비싸더라도 자신의 가치에 부합하는 재화 및 서비스에 대해서는 언제든 지불할 준비가 되어 있으며, 제품 구매 시 친환경적인 방법으로 생산되었고, 재생 가능한 원료를 사용했으며, 지속가능한 환경보호를 실천하는 기업이 생산한 것을 중요하게 생각하며 소비한다고 설명한다.

위의 선행연구들을 통해 친환경 농·축·수산물과 안전한 제품을 생산·판매하는 우리나라 생협의 특성과 친환경 제품을 소비하는 조합원들의 특성을 통해 생협의 이미지를 유추할 수 있다.

생협 역시 시장 내에서 경쟁하는 하나의 기업이며 브랜드이다. 따라서 생협의 조합원들을 대상으로 하는 연구에 있어 이러한 특성들을 충분히 이해하고 적용할 필요가 있다.

2) 브랜드 이미지

브랜드란 제품 혹은 서비스의 제조업자나 판매업자가 누구인지 파악할 수 있게 하는 이름, 용어, 사인, 심벌, 디자인 또는 이들의 결합을 말한다. 소비자들은 제품을 구성하는 중요한 요소 중의 하나로 브랜드를 생각하며, 브랜드에 의미를 부여한다(Kotler, 2015). 브랜드는 소비자에게 가치를 제공하고 기업의 평판을 높이는 촉매 또는 도우미 역할을 수행한다. 특히 오늘날 기업의 실제적 가치가 미래의 이득이나 소득과 같은 유형자산이라면, 기업의 잠재적 가치는 브랜드의 무형자산이라 할 수 있다. 브랜드 자산은 소비자의 기억 속에서 브랜드와 관련해 긍정적이고, 강력하면서 독특한 연상들을 갖고 있을 때 발생하여 소비자가 제품이나 서비스를 구매 결정하는 데 영향을 미친다. 이러한 브랜드 자산은 새로운 고객을 유입하고, 기존 고객을 유지·강화하며, 제품에 가격 프리미엄을 형성해 이익의 증가, 브랜드 확장 및 시장의 경쟁적 우위를 제공한다 (Aaker, 1991).

Keller(1993)는 소비자 중심의 브랜드 자산을 특정 브랜드의 마케팅 활동에 대한 소비자들의 반응을 차별화하는 브랜드 지식의 효과로 보았으며 브랜드 자산의 원천을 소비자의 브랜드 지식이라 했다. 따라서 브랜드 자산의 가치는 소비자가 가지고 있는 브랜드 지식에 따라 달라질 수 있기 때문에 브랜드 자산 가

〈그림 12-1〉 Keller(1993)의 CBEE 모델

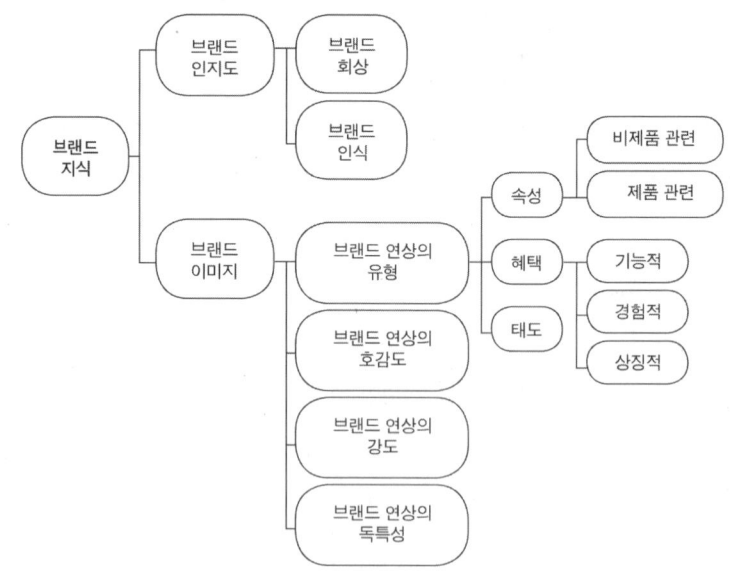

치를 알아보기 위해서는 브랜드 지식을 파악하는 것이 가장 중요하다.

Keller(1993)의 CBBE(customer-based brand equity) 모델은 브랜드 자산을 창출하기 위해 브랜드 지식 구조가 구축되는 과정을 설명한다. 〈그림 12-1〉과 같이 브랜드 지식은 기억 속에서 브랜드와 연결된 다양한 연상들을 지닌 브랜드 노드들로 구성되고 개념화된다. 2가지 구성 요소인 브랜드 인지도와 브랜드 이미지의 관점에서 특징을 찾을 수 있다.

브랜드 이미지는 특정 브랜드와 관련된 연상들로 제품의 속성, 제품의 혜택, 태도와 관련되어 있다. 그 브랜드에 대한 연상을 호의적으로, 강력하고, 독특하게 떠올릴수록 브랜드 이미지는 긍정적으로 형성된다. 브랜드의 제품 속성, 혜택, 태도 등을 통해 소비자가 갖고 있는 브랜드와 관련된 여러 연상들이 결합되어 형성된다. 즉, 소비자의 기억 속에서 특정 브랜드를 중심으로 이 브랜드와 관련된 다양한 연상들이 그물처럼 연결되어 있다(곽동성 외, 2014).

(1) 브랜드 연상의 유형

특정 브랜드와 관련된 연상들은 제품의 속성, 제품의 혜택, 그리고 태도와 관련된 연상들이 있다. 제품 속성은 제품이나 서비스를 설명하는 특징이나 성격(Myers and Shocker, 1981)으로 소비자가 추구하는 제품이나 서비스의 기능을 행하는 데 있어 필수적이며 고유한 속성인 제품과 관련된 속성을 말한다. 이와는 달리 비제품 관련 속성은 구매나 소비와 관련된 제품이나 서비스의 외적 측면으로 가격 정보, 포장, 사용자 이미지, 사용 패턴 등이 있다(Keller, 1993). 둘째로 제품 혜택은 소비자들이 제품과 서비스의 속성으로부터 얻고자 하는 개인적인 가치로서 기능적·경험적·상징적인 혜택으로 나뉜다(Park, Jaworski, and MacInnis, 1986). 기능적 혜택은 제품 관련 속성으로서 제품이나 서비스의 소비로 인한 내재적인 이점을 말하는 것으로, 심리적이거나 안전의 욕구와 같이 아주 기본적인 동기와 연결되어 문제의 해결이나 제거와 같은 것과 관련이 있다.

경험적인 혜택은 제품 관련 속성과 일치하지만 제품이나 서비스의 사용으로부터 느끼는 감정과 관련된 혜택을 말하는 것으로 감각적인 즐거움이나 다양성, 그리고 인지적인 자극물과 같이 경험적인 요구를 만족시키는 혜택이다. 상징적인 혜택은 제품이나 서비스의 구매로 얻는 외적인 이점이다. 일반적으로 비제품 관련 속성에 해당하며 타인에게 자신을 인정받기를 원하는 사회적 인정 욕구와 개인적인 표현을 나타내는 혜택이다. 셋째로는 브랜드 태도와 관련된 연상이다. 브랜드 태도는 브랜드에 대한 소비자의 전반적인 평가를 말하는 것(Wilkie, 1986)으로서 소비자가 제품에 대하여 느끼는 지각된 품질 또는 해당 브랜드의 특별한 혜택과 연상된 제품 속성의 함수로 설명할 수 있다(Keller, 1993).

(2) 브랜드 연상의 호감도

호의적인 브랜드 연상은 브랜드가 기본적 욕구와 이차적 욕구를 충족시킬 수 있는 적절한 속성 및 혜택들을 가지고 있음을 소비자에게 확신시킴으로써 창출된다. 따라서 브랜드에 대한 호의적 연상은 소비자들에게 브랜드를 위해 마케팅 지원 프로그램에 의해 제공되는 바람직하고 성공적인 제품으로 인식되도록 하는 연상들이다. 예를 들어 매우 편리하고 신뢰할 만하며, 효과적이고 효율적이라고 그려지는 브랜드이다(Keller, 2007).

(3) 브랜드 연상의 강도

브랜드 연상은 브랜드 노드의 연결 강도에 따라 달라질 수 있다. 연상의 강도는 정보가 소비자의 기억으로 들어가는 방법(인코딩)과 브랜드 이미지의 일부로 유지되는 방법(저장)에 달려 있다. 강도는 암호화할 때 정보가 받아 처리하는 양(정보에 대해 생각하는 양)과 정보가 암호화할 때 수신하여 처리하는 질(정보에 대해 생각하는 방식)에 따라 달라진다(Keller, 1993). 즉, 소비자가 제품 정보에 관하여 깊이 생각하고, 그것을 기존 브랜드 지식에 강하게 연결시킬수록 브랜드 연상은 강해질 수 있다.

(4) 브랜드 연상의 독특성

브랜드 연상은 다른 경쟁 브랜드와 공유하거나, 공유하지 않을 수도 있다. 브랜드 포지셔닝의 핵심은 소비자들이 왜 그 특정 브랜드를 구매해야 하는지에 대한 설득력 있는 이유를 소비자들에게 제시해주는 지속적인 비교 우위나 독특한 판매 계획을 갖고 있어야 한다(Aaker 1982; Ries and Trout 1979; Wind 1982). 이러한 차별성을 지닌 브랜드 연상은 경쟁 브랜드와 직접적인 비교를 통해 명시적으로 전달될 수 있으며, 암묵적으로 강조 표시될 수 있다. 또한 제품 또는 비제품 관련 속성 또는 기능적·경험적·이미지 혜택을 기반으로 할 수 있다(Keller, 1993).

브랜드 지식은 브랜드 인지도와 브랜드 이미지의 2가지 측면으로 구성되는데 이 글에서 브랜드 이미지를 중심으로 연구하는 이유는 생협은 일반 기업과 다르게 소비자생활협동조합으로서 소비자가 소유자인 고유한 멤버십을 가진 독특성을 지니고 있기 때문이다. 일반 기업의 소비자와 다르게 생협 조합원들은 브랜드 인지도 수준이 높다. 위에서 설명한 생협의 독특성 때문에 브랜드 이미지의 요소 중에서 브랜드 연상의 강도도 제외했다. 소비자이자 소유자이기 때문에 브랜드 연상의 강도가 매우 높다고 판단이 된다.

3) 브랜드 커뮤니티 동일시

브랜드 커뮤니티는 브랜드를 추종하는 사람들 사이에서 조직화된 사회적 관계를 바탕으로 전문화된 비지리적 경계를 지닌 커뮤니티를 말한다. 브랜드 커뮤니티는 브랜드 제품 또는 서비스가 중심이 되어 전문화되었다. 다른 일반 커뮤니티처럼 브랜드 커뮤니티의 특징에는 공동의 의식, 의례와 전통, 도덕적 책임감이 있다. 각각의 특성은 상업적 성격을 가진 대규모의 문화 속에 자리 잡고 있으며, 고유의 표현을 지니고 있다. 브랜드 커뮤니티는 브랜드의 거대한 사회적 구조의 일부이며, 브랜드의 궁극적인 자산에 중요한 역할을 한다(Muniz and O'Guinn, 2001).

브랜드 커뮤니티 동일시는 본인이 구성원이라 느끼며 브랜드 커뮤니티에 속하는 것이다(Algesheimer, Dholakia and Herrmann, 2005). 정체성(identity)이 다른 것과 비교해 독특하고 구분되는 것이라면, 커뮤니티 동일시는 서로가 공유하고 있는 공통의 정체성이다(Bhattacharya, Rao and Glynn, 1995; Tajfel and Turner, 1985). 그래서 사회적 정체성은 인지적이고 정서적인 요소들이 포함된 브랜드 커뮤니티와 같은 집단에서 중요하다(Bergami and Bagozzi, 2000; Bhattacharya and Sen, 2003). 소비자가 브랜드 커뮤니티와의 사이에서 느끼는 사회적 정체성이 동일시로 이어지기 때문이다(Bagozzi and Dholaia, 2006).

4) 장기적 관계 지향성

장기간에 걸쳐 상호의존적인 활동의 결과가 구매자에게 이득이 된다고 지각하는 것을 장기적 관계 지향성이라고 정의한다(Keller and Thibaut, 1978). 관계 마케팅에서 장기적 관계 지향성은 거래에 있어 상대방과의 관계를 가장 중요하게 생각하는 것을 말하며 고객과의 지속적인 관계를 개발·유지하는 것에 초점을 둔다(Berry and Parasuraman, 1991). 단기적 거래를 지향하는 구매자의 경우 현재의 선택과 결과에만 관심을 가지지만, 장기적인 관계를 추구하는 구매자는 현재보다는 미래 목표를 달성하는 데 초점을 맞춘다(Noordewier et al., 1990; 주성래, 2003; 김지연, 2005).

3. 연구 가설 및 연구 모형

1) 브랜드 이미지와 브랜드 커뮤니티 동일시 효과

브랜드 이미지는 소비자의 기억 속에 내제되어 있는 연상(Keller, 2003)으로 브랜드 이미지가 브랜드 자산에 직접적인 영향을 미친다고 했다(Berry, 2000). Scott and Lane(2000)의 연구에서 동일시는 2가지 요소에 의해 영향을 받는 것으로 밝혀졌다. 첫 번째, 이해관계자에게 매력적인 이미지의 전달에 의해서, 두 번째, 이해관계자들이 대상에 지닌 태도와 대상의 매력에 의해 이해관계자들의 인식이 확장되어 동일시에 영향을 준다. 이는 이미지와 동일시가 밀접한 연관이 있음을 시사한다. 많은 마케팅 연구자들은 브랜드 동일시라는 개념에 기초하여 소비자들이 왜, 어떤 상황에서 특정 기업이나 브랜드와 의미 있는 관계를 맺으려 하게 되는가를 탐색해왔다(Bhattacharya and Sen, 2003; So, King, Sparks and Wang, 2013). 소비자가 지각하는 브랜드에 대한 동일시는 상호작용을 통해 형성된 준거집단의 기대와 사회화된 기대를 특정 브랜드나 상품에 투사하는 것을 말하며(Escalas and Bettman, 2005), 이러한 동일시는 비슷한 이미지를 소비하는 상징적 소비로 연결된다. 즉, 브랜드 동일시란 소비자의 자아 이미지와 브랜드 이미지가 일치하는 정도를 말하며 자아 이미지와 브랜드 이미지가 일치할수록 브랜드 동일시가 높게 나타난다. 따라서 브랜드 이미지가 어떻게 형성되어 있는지가 브랜드 동일시 형성에 영향을 미친다.

브랜드 동일시는 브랜드와의 관계 만족도에 영향을 미칠 뿐 아니라 브랜드 충성도에도 직접적인 영향을 미친다. 즉, 소비자가 자신의 이미지에 잘 부합하는 브랜드에 지속적인 이용(구매) 행동을 보이며, 점차 구매량을 증가함으로써 브랜드 충성 행동과 적극적 참여 행동, 브랜드 몰입과 공동체 의식이 일어난다(이유재·라선아, 2002). 특히, 특정 브랜드에 대한 커뮤니티가 구축되는 경우, 소비자와 브랜드의 관계는 깊고 넓게 형성되기 때문에 동일시가 일어나게 된다 (Bagozzi and Dholakia, 2006).

브랜드 커뮤니티 내에서 상호작용이 증가함에 따라 긍정적이고, 강력하며, 독특한 브랜드 이미지가 형성되고 심화되어 브랜드 지식으로 발전된다. 또한 제품이나 서비스를 보다 자주 이용하고, 커뮤니티 내에서의 활동 시간이 더 증가되어 브랜드 커뮤니티 동일시에 유의한 영향을 미치게 될 것이다. 브랜드 커뮤니티 동일시는 소비자 자신을 커뮤니티의 일원으로 지각하는 것(안광호·박운용·김미진, 2006)으로 브랜드 커뮤니티에 대한 감정적 유대감이 높고(서문식·김유경, 2003), 브랜드 정보와 경험을 교환하는 구성원 간의 상호작용 수준이 높아질수록(곽기영·옥정봉, 2011) 브랜드 커뮤니티 동일시가 높아진다.

생협은 일반 기업과 달리, 조합원들의 요구와 참여로 운영되는 인적 결사체로 조합원들에 의해 공동으로 소유되고 민주적으로 운영되는 것이 원칙이다. 이에 생협은 조합원(user)과 조합원(owner), 조합원과 생협 브랜드 간의 다양한 상호작용을 통해 관계가 형성되고 유지·발전되는 대표적인 사회적 장으로서 브랜드 커뮤니티가 강하게 형성된다.

소비자들은 브랜드 이미지가 갖는 기능적·경험적·상징적 혜택을 근거로 해당 브랜드의 가치를 평가한다. 생협 브랜드와 관계를 형성한 조합원들은 생협 브랜드 이미지를 얼마나 강하게 형성하고 있는가에 따라 생협 브랜드에 대한 애정을 공유할 수 있는 다른 조합원들과 적극적으로 브랜드 이미지를 탐색하고 상호작용을 갖는다. 나아가 생협 브랜드와의 관계가 깊어져 생협 브랜드 커뮤니티 동일시가 물품만 구매하는 일반 조합원들과 다르게 형성될 가능성이 높아진다.

따라서 이 글은 브랜드 이미지의 구성 요소인 브랜드 연상의 유형과 브랜드 연상의 호감도, 브랜드 연상의 독특성과 브랜드 커뮤니티 동일시 간의 관계를 파악하고자 다음의 가설을 제안한다.

가설 1. 브랜드 이미지는 브랜드 커뮤니티 동일시에 긍정적인 영향을 미칠 것이다.

가설1-1: 브랜드 연상의 유형은 브랜드 커뮤니티 동일시에 정(+)의 영향을 미칠 것이다.

가설1-2: 브랜드 연상의 호감도는 브랜드 커뮤니티 동일시에 정(+)의 영향을 미칠 것이다.

가설1-3: 브랜드 연상의 독특성은 브랜드 커뮤니티 동일시에 정(+)의 영향을 미칠 것이다.

2) 브랜드 커뮤니티 동일시와 장기적 관계 지향성 효과

동일시된 구성원들은 기업의 성공에 영향을 준다(Ashforth and Mael, 1989). 동일시된 구성원들은 일관성을 유지하며 자신의 업무를 수행하고, 조직과 구성원들을 위해 협동하고, 도움이 되는 행동을 함으로써 기업의 장기간 성공에 도움이 된다(Ashforth and Mael, 1989; Scott and Lane, 2000).

소비자가 특정 기업이 판매하는 상품을 지속적으로 구매하는 것은 소비자의 기업 동일시와 밀접한 관련이 있다(임종원·김병재, 2009). 소비자가 동일한 브랜드를 애호하는 사람들로 형성된 커뮤니티와의 지속적인 관계 속에서 브랜드 커뮤니티 동일시가 형성되면 기존의 브랜드에 대해 더욱 호의적인 태도와 구매 행동, 충성도를 보인다(서문식·김유경, 2003; 안광호·박운용·김미진, 2006). 브랜드 커뮤니티 동일시와 충성도가 높아지면, 커뮤니티 구성원인 소비자들은 브랜드 커뮤니티에 소속되었다는 것에 행복함과 만족감을 느끼며(안광호·박운용·김미진, 2006), 구성원 간의 커뮤니케이션 빈도가 높아져 관계 지속에 대한 효과성이 증가된다(Stoel, 2002). 기업은 브랜드 커뮤니티 내 상호작용을 통해 소비자와의 관계를 향상시킴으로써 장기적인 관계를 구축할 수 있다.

생협이라는 브랜드 커뮤니티에서 조합원들은 가입 시 출자금을 지불하며,

생협의 제품에 대한 소비 활동(이용)뿐 아니라 모임 활동, 물품 활동, 교육 활동, 식품안전 활동 등에 적극적으로 참여한다. 이를 통해 조합원들은 생협의 이용자이자 주인으로서 커뮤니티의 구성원이라고 지각하고 강한 소속감을 갖게 되며, 생협 브랜드 커뮤니티에 대한 높은 동일시를 느끼게 된다. 생협에 대한 애착과 커뮤니티 동일시를 가진 조합원들은 커뮤니티에 긍정적 태도와 충성도가 증가하여 생협 발전을 위해 제품과 서비스에 대한 의견을 표출하고 제품 개발에 참여하는 등의 긍정적인 행동을 하게 된다.

소비자인 조합원이 생협이라는 특정 브랜드 커뮤니티에 대한 경험과 활동이 많다면 장기간에 걸쳐 관계를 유지하고 있다는 것이다. 이러한 관점에서 이 글은 다음의 가설을 제안한다.

━ 가설 2. 브랜드 커뮤니티 동일시는 장기적 관계 지향성에 정(+)의 영향을 미칠 것이다.

3) 소비자 통제성의 조절 효과

이 글의 대상인 생협의 특성을 고려해볼 때, 조합원의 통제성에 따라 브랜드 이미지의 영향이 달라질 수 있다. 조합원들의 통제성을 이해하기 위해서는 선행연구에서 살펴본 통제성에 대한 기본적인 정의에 더해 생협의 특수성을 고려해야 한다. 생협의 조합원은 일반 소비자와 같은 구매 활동을 할 뿐만 아니라, 생협이 제공하는 각종 정책 및 프로그램들의 수혜자 또는 제공자가 되기도 하며 의사결정에 참여할 수 있다(이예나·이상훈, 2014).

통제성은 개인이 자기 자신, 타인들, 그리고 주변 환경을 얼마나 통제하려 드는가에 관한 것이다(이학식 외, 2015). 통제성은 개인의 신념 및 감정과 관련된 것으로 대상에 대한 직접적인 경험과 사회화를 통해 형성된다(Pierce, O'Driscoll and Coghlan, 2004). 대상을 통제하거나 통제 행동을 통해 능률이 올라가고 쾌락의 감정을 느끼며, 특정한 결과를 얻음으로써 외적 만족을 만들어낸다(Pierce, Kostova and Dirks, 2001). Pierce, Kostova and Dirks(2001)는 통제성이 소유 경험의 발전에 기여하는 중요한 구성 요소로서 대상을 통제하고, 대상을 잘 알며, 대상에 참여하는 3가지 경로를 통해 조직 내에서 심리적 소유 상태를 나타낼 수 있다고 했다. 대상에 대한 통제성이 결국 그 대상에 대한 소유의 감정을 불러일으키기 때문이다(Csikszentmihalyi and Halton, Dixon and Street, 1957; Rochberg-Halton, 1980; Sartre, 1943/1969; Tuan, 1980, 1984; White, 1959; Pierce, O'Driscoll and Coghlan 2004).

안광호·박운용·김미진(2006)은 브랜드 지식 수준이 높은 회원들이 낮은 회원들과 비교해 브랜드 커뮤니티 동일시에 미치는 영향이 더 강한 것을 확인했다. 이는 브랜드 지식의 주요한 구성 요소인 브랜드 이미지가 어떻게 형성되는가에 따라서 브랜드 커뮤니티 동일시 형성에 영향을 미치는 것을 유추할 수 있다. 특히 브랜드 커뮤니티 구성원이 느끼는 통제성의 수준이 브랜드 커뮤니티 동일시 형성에 영향을 미칠 가능성이 높다. 통제성을 강하게 느끼는 소비자들은 자신이 가입한 브랜드 커뮤니티에 대해 확신을 가지며 커뮤니티 안에서 더 많은 의견을 제시할 것이다. 브랜드 커뮤니티 구성원들은 브랜드 커뮤니티 안에서 자신과 친숙한 브랜드에 대해 다양한 커뮤니케이션 활동을 함으로써 브랜드와의 관계를 형성하고 소속감을 느끼며 브랜드 커뮤니티에 일체감을 갖게 될 것이다. 브랜드 커뮤니티에 대한 소유감이 높아지면 브랜드 커뮤니티에 대해 더욱더 일체감을 느끼기 때문에 같은 수준의 브랜드 이미지를 가지고 있더라도 통제성을 강하게 느끼는 구성원들이 더 강한 브랜드 커뮤니티 동일시를 할 것이다.

생협 브랜드 커뮤니티에서도 생협 브랜드 이미지가 높은 조합원들은 적극적이고 다양한 활동을 할 가능성이 크다. 높은 통제성을 지닌 조합원들은 단순 소비활동뿐만 아니라 조직 내 모임이나 동아리 활동, 이사회와 총회 참여를 통해 다양한 정보와 지식, 경험을 공유하고, 새로운 제품, 서비스 등을 개발하는 데 지원함으로써 일반 소비자가 아닌 내부 관계자가 되어 생협 브랜드 커뮤니티에 소속감을 느끼며 브랜드 커뮤니티 동일시가 강하게 될 것이다. 반대로 통제성이 낮은 조합원들은 타 브랜드의 친환경 제품들과 가격 비교를 하는 기본 소비 활동을 하고, 이사회, 총회 등에 권한을 행사하지 않고 위임하는 등 브랜드 커뮤니티에 대한 낮은 소속감과 일체감으로 브랜드 커뮤니티 동일시가 낮을 것이다. 조합원들이 지닌 생협 브랜드 커뮤니티에 대한 통제성의 차이에 따라 브랜드 이미지와 브랜드 커뮤니티 동일시는 다르게 나타날 것이라 유추할 수 있으며 다음의 가설을 제안한다.

 ▬ 가설 3. 브랜드 이미지의 구성 요소들이 브랜드 커뮤니티 동일시에 미치는 영향력에서 소비자의 통제성은 조절 효과를 가질 것이다. 통제성이 높은 소비자들이 낮은 소비자들에 비해서 영향력이 크게 나타날 것이다.

〈그림 12-2〉 연구 모형

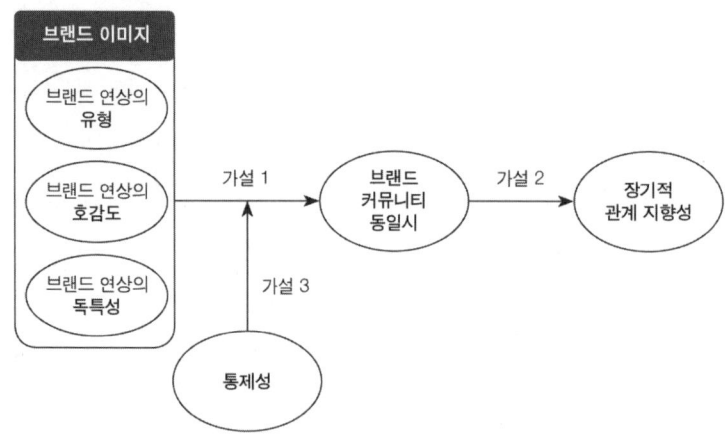

4. 연구 방법

1) 자료 수집 및 연구 표본의 특성

이 글은 관계 마케팅의 중심으로 대두되고 있는 브랜드 커뮤니티를 대상으로 브랜드 지식의 구성 요소들 중 브랜드 이미지가 브랜드 커뮤니티 동일시와 장기적 관계 지향성에 미치는 영향에 대해서 밝히고자 한다. 이러한 목적을 달성하기 위하여 선행연구들이 사용한 척도를 근거로 사용했으며, 이를 생협의 전·현직 이사들과 전문가들의 의견에 맞춰 수정하여 실증 분석했다.

이 글을 위해 실시된 설문조사 대상자는 서울 및 수도권 소재의 아이쿱생협 자연드림 조합원 333명이다. 설문조사는 2018년 9월부터 10월 초까지 약 한 달간 진행되었다. 수집된 총 333부의 설문지 중에 심한 결측지나 이상값을 나타내는 36부를 제외하고 최종적으로 297부가 분석에 사용되었다.

설문 응답자의 특성을 살펴보면, 모두 여성(297명, 100%)이며, 가입 연수로 살펴보면 2007년 이전 가입자 28명(9.4%), 2008~2010년 가입자 96명(32.3%), 2011~2013년 가입자 77명(25.9%), 2014~2016년 가입자 57명(19.2%), 2017년 가입자 27명(9.1%), 2018년 가입자 12명(4.0%)으로 나타났다. 연령별로 살펴보면 30대 57명(19.2%), 40대 189명(63.6%), 50대 39명(23.1%), 60대 이상 12명(4.1%)으로 나타났다. 30~40대 여성의 비중이 크게 나타난 것은 한국 생협 조합원의 일반적인 특성에 기인한다. 응답자인 조합원은 여러 개의 활동과 활동가를 할 수 있다.

이 조사에서 활동과 활동가 경험을 살펴보면 마을모임 149명(50.1%), 동아리(소모임) 144명(48.5%) 순으로 높았으며 활동하지 않는 조합원들이 90명(30.4%), 활동가 경험이 없는 조합원 130명(43.8%), 지기 107명(36.0%), 이사 102명(34.2%) 순이다.

〈표 12-1〉 연구 표본의 특성(N=297)

구분		사례 수(명)	백분율(%)
가입 연수	2007년 이전	28	9.4
	2008~2010년	96	32.3
	2011~2013년	77	25.9
	2014~2016년	57	19.2
	2017년	27	9.1
	2018년	12	4.0
연령	20대	0	0
	30대	57	19.2
	40대	189	63.6
	50대	39	13.1
	60대 이상	12	4.1
활동 (중복 응답)	물품활동팀	56	18.5
	교육활동팀	51	17.2
	식품안전활동팀	39	9.7
	마을모임	149	50.1
	동아리(소모임)	144	48.5
	없음	90	30.4
활동가 경험 (중복 응답)	이사	102	34.3
	팀장	37	12.5
	지기	107	36.0
	없음	130	43.8
합계		297	100

2) 변수의 측정

(1) 브랜드 이미지

브랜드 이미지는 '브랜드 연상의 집합'(Keller, 1993)이라 정의한다. Keller (1993)의 CBBE(customer-based brand equity, 소비자 중심의 브랜드 자산) 구성 기본 개념에서 브랜드 이미지에는 4가지 구성 요소 ─ 브랜드 연상의 유형, 브랜드 연상의 호감도, 브랜드 연상의 강도, 브랜드 연상의 독특성으로 구성된다. 그중 3가지 요소를 중점으로 살펴봤다. 브랜드 연상의 유형은 타 친환경 브랜드와 구별되는 조합원들이 지각하는 생협의 속성과 혜택으로 정의했다. 브랜드 연상의 유형은 Keller(1993)와 Aaker(1996)를 바탕으로 Shankar, Azar and Fuller(2008), Burmann, Jost-Benz and Riley(2009)가 사용한 척도를 근거로 이 글의 목적에 맞게 수정·보완했다. 측정 개념은 리커트 7점 척도(1=전혀 그렇지 않다, 4=보통이다, 7=확실히 그렇다)로 측정했다.

브랜드 연상의 호감도는 타 친환경 브랜드와 구별되는 조합원들의 연상에 대한 호의적 태도로 정의한다. 브랜드 연상의 호감도는 Keller(1993)를 바탕으로 Yoo, Donthu and Lee(2000), 이정미(2015)와 마미영(2015)의 선행연구에서 개발한 설문 항목의 일부를 이 글에 맞게 수정·보완했다. 측정 개념은 리커트 7점 척도로 측정했다.

브랜드 연상의 독특성으로는 타 친환경 브랜드와의 차별적인 정도로 정의한다. Keller(1993)가 사용한 척도를 이 글의 목적에 맞게 수정·보완했다. 측정 개념은 리커트 7점 척도로 측정했다.

(2) 브랜드 커뮤니티 동일시

브랜드 커뮤니티 동일시는 커뮤니티의 목표에 동의하며 커뮤니티와 자신이 일체감을 느끼는 정도로 정의한다. 브랜드 커뮤니티 동일시는 Mael and Ashforth (1992)의 선행연구에서 개발한 설문 항목의 일부를 이 글에 맞게 수정·보완했다. 측정 개념은 리커트 7점 척도로 측정했다.

(3) 장기적 관계 지향성

장기적 관계 지향성은 생협과 지속적이고 꾸준히 관계를 유지하며 긍정적 구전을 하는 정도로 정의한다. 장기적 관계 지향성은 김지연(2006)과 서은경· 이선재(2006)의 선행연구에서 개발한 설문 항목의 일부를 이 글에 맞게 수정· 보완했다. 측정 개념은 리커트 7점 척도로 측정했다.

(4) 통제성

통제성은 조합원인 개인이 생협에 영향력을 느끼는 정도로 정의한다. 통제성은 Pierce, O'Driscoll(2004), Peck and Shu(2009), Fuchs, Prandelli and Schreier(2010)의 선행연구에서 개발한 설문 항목의 일부를 이 글에 맞게 수정·보완했다. 측정 개념은 리커트 7점 척도로 측정했다.

5. 연구 결과

1) 타당성 및 신뢰성 분석

이 글에서 사용된 여러 개념들을 측정하기 위해 여러 가지의 측정 항목을 사용했는데, 자료의 분석에 앞서 측정 항목을 선별하고 정교화하는 과정이 필요하다. 이런 교화 과정은 ㉠ 측정 항목의 선별과 정교화, ㉡ 신뢰성 분석, ㉢ 타당성 분석으로 이루어졌다(Churchill, 1979).

측정 항목의 선별과 정교화를 위해 요인 분석을 실시했다. 일반적으로 요인분석은 이론 변수들을 측정하는 데 있어 각 항목의 신뢰성(reliability), 집중 타당성(convergence validity), 판별 타당성(discriminant validity)의 개괄적인 방향을 보여줄 수 있기 때문에 많은 연구자들이 요인 분석을 측정 항목의 사전 평가에서 사용하고 있다(김병재, 2007). 요인분석 과정을 통해 부적절한 항목들을 일부 제거한 후 측정 항목의 신뢰성과 타당성을 평가하기 위해 신뢰성을 Cronbach Alpha 값에 의해 분석했고, 확인적 요인 분석을 통해 구성 개념들의 집중 타당성을 검토했다.

신뢰성은 반복하여 측정했을 때 결과가 얼마나 일관성 있게 나타나느냐를 판단하는 개념이다. 연구에서 사용한 측정 도구의 신뢰성을 판단하기 위해서는

〈표 12-2〉 측정 항목의 신뢰도 측정 결과

구성 개념		측정 항목의 구성 내용	α 값
브랜드 이미지	브랜드 연상의 유형	모임팀을 알고 있는 정도 물품활동팀의 활동을 알고 있는 정도 교육활동팀의 활동을 알고 있는 정도 식품안전활동팀의 활동을 알고 있는 정도 우리 밀 운동을 알고 있는 정도 위안부 피해자 연대 활동을 알고 있는 정도 공정무역운동을 알고 있는 정도 바디버튼 캠페인을 알고 있는 정도 GMO 완전표시제 캠페인을 알고 있는 정도 수매선수금을 알고 있는 정도 독자인증시스템을 알고 있는 정도 브랜드 철학을 알고 있는 정도 상품취급원칙을 알고 있는 정도 브랜드 슬로건을 알고 있는 정도	.968
	브랜드 연상의 호감도	브랜드가 좋은 정도 브랜드가 마음에 드는 정도 브랜드에 호감이 가는 정도 브랜드 선호 정도 타 친환경 브랜드와 비교 시 품질의 정도 타 친환경 브랜드와 비교 시 안전의 정도 타 친환경 브랜드와 비교 시 믿음의 정도 타 친환경 브랜드와 비교 시 유용의 정도	.947
	브랜드 연상의 독특성	협동조합의 정의와 가치를 알고 있는 정도 협동조합과 일반 기업의 차이를 알고 있는 정도 생협과 일반 기업의 차이를 알고 있는 정도	.933
브랜드 커뮤니티 동일시		브랜드 비난이 나에 대한 비난으로 느껴지는 정도 미디어에서 브랜드 비난이 나에 대한 비난으로 느껴지는 정도 브랜드 칭찬이 나에 대한 칭찬으로 느껴지는 정도 조합원들과 같은 목표를 공유하는 정도	.898
통제성		의견을 제시했을 때 반영될 것이라 믿는 정도 제안한 개선점이 조직에 영향을 미칠 수 있다고 느끼는 정도 생산할 제품들을 결정할 영향력을 지니고 있다고 느끼는 정도 판매할 제품들을 결정할 영향력을 지니고 있다고 느끼는 정도	.955
장기적 관계 지향성		출자금 증자/수매선수금을 신청하려는 정도 하루 여행에 참여하려는 정도 이용의 불편함에도 관계를 계속 유지하려는 정도 이용의 불편함에도 탈퇴 의지가 없음의 정도 타 친환경 매장 추천 시 계속 이용하려는 정도 타인에게 소개하려는 정도 타인에게 조합원 가입을 권유하려는 정도	.936

<표 12-3> 전체 모형의 요인 분석과 측정항목 평가

개념 변수	성분						CR	AVE
	1	2	3	4	5	6		
연상의 유형 1	.846							
연상의 유형 2	.818							
연상의 유형 3	.810							
연상의 유형 4	.805							
연상의 유형 5	.797							
연상의 유형 6	.788							
연상의 유형 7	.784						.926	.472
연상의 유형 8	.753							
연상의 유형 9	.715							
연상의 유형 10	.702							
연상의 유형 11	.686							
연상의 유형 12	.656							
연상의 유형 13	.650							
연상의 유형 14	.632							
연상의 호감도 1		.841						
연상의 호감도 2		.826						
연상의 호감도 3		.821						
연상의 호감도 4		.791						
연상의 호감도 5		.762					.943	.683
연상의 호감도 6		.650						
연상의 호감도 7		.744						
연상의 호감도 8		.743						
장기적 관계 지향성 1			.800					
장기적 관계 지향성 2			.779					
장기적 관계 지향성 3			.769					
장기적 관계 지향성 4			.757				.908	.586
장기적 관계 지향성 5			.641					
장기적 관계 지향성 6			.615					
장기적 관계 지향성 7			.603					
통제성 1				.854				
통제성 2				.840			.915	.732
통제성 3				.838				
통제성 4				.816				

연상의 독특성 1					.718		
연상의 독특성 2					.705	.886	.723
연상의 독특성 3					.699		
커뮤니티 동일시 1						.707	
커뮤니티 동일시 2						.687	
커뮤니티 동일시 3						.652	.805	.512
커뮤니티 동일시 4						.645	

내적 일관성을 측정하는 Cronbach Alpha 값과 개념 신뢰도(construct reliability: CR) 값을 파악한다. 일반적으로 2가지의 값이 0.7 이상을 나타내면 측정 문항의 신뢰성이 높다고 평가한다(이훈영, 2012).

신뢰성 검증의 결과는 〈표 12-2〉와 〈표 12-3〉에 제시했다. 각 측정 항목들에 대한 Cronbach Alpha 값과 CR 값이 모두 0.8 이상의 높은 수치를 나타내어 측정 도구로서 신뢰성을 갖춘 것으로 판단된다.

타당성이란 측정을 위해 개발한 도구를 사용하여 측정하고자 하는 개념이나 속성을 얼마나 정확하게 측정할 수 있는가를 나타내는 지표로 정의한다(이훈영, 2012). 이 글은 각 구성 개념의 집중 타당성과 판별 타당성을 검증하기 위해 전체 요인들을 대상으로 탐색적 요인 분석을 실시한 후 통계적으로 이를 검증하기 위하여 AMOS 21.0을 이용하여 확인적 요인 분석을 실시했다. 요인분석 결과는 〈표 12-3〉과 같다.

이훈영(2012)은 구조 방정식 모형을 평가하는 기준으로 카이제곱(χ^2) 검정과 적합도 지수인 GFI(goodness of fitIndex), 적합도(GFI)에 자유도를 반영한 수정된 적합도 지수 AGFI(adjusted goodness fo fit index), 그리고 평균 잔차제곱의 제곱근인 RMR(root mean square residual) 등을 제시하고 있다. 적합도를 판단하는데 있어 모든 지수를 만족해야 하거나, 어떤 절대적인 기준이 있는 것이 아니다. 즉, 일부 기준을 충족하지 못하더라도 최종적으로는 연구자가 수용 가능한여부를 판단해야 하는 것이다.

이 글에서는 적합도 지수 중 χ^2(p 값), RMR, GFI, NFI, IFI, CFI 값을 사용하여 모델의 적합도를 판단했다. 각 적합도 지수에 있어 모델이 적합하다고 판단하는 기준은 RMR 값 0.5 이하, GFI, AGFI, NFI, IFI, CFI 값은 각각 0.9 이상일 때는 좋은 적합도를 나타낸다고 본다.

분석에 의하면 적합도 지수는 RMR=0.032, GFI=0.914, NFI=0.926, IFI=0.921, CFI=0.919로 적합도 평가기준을 만족시켰다.

일반적으로 평균 분산추출 지수 0.5 이상, 개념 신뢰도 0.7 이상의 값을 나타내면 집중 타당성이 높다고 할 수 있다. 브랜드 연상의 유형을 제외한 모든 요인의 AVE 값이 0.5 이상을 보이고 있어 집중 타당성이 확인되었다. 임종원·김병재(2009)를 기준으로 브랜드 연상 유형의 경우 AVE가 기준에 다소 못 미치나 근사치에 가깝고 Cronbach Alpha 값이 0.926이므로 판별 타당성을 확보한 것으로 판단할 수 있다.

다음으로 판별 타당성의 평가를 위해 구성 개념 간 상관관계를 보여주는 상관계수의 신뢰구간(상관계수 ±2SE)에 1.0이 포함되지 않는지의 여부(Anderson and Gerbing, 1988)를 평가했다. 〈표 12-4〉는 6개 구성 개념들 간의 상관계수를 나타낸 것이다. 모든 상관계수의 신뢰구간에 1.0이 포함되고 있지 않으므로, 구성 개념들 간에 판별 타당성이 존재한다고 볼 수 있다

〈표 12-4〉 각 구성 개념에 대한 판별 타당성

구성 개념	1	2	3	4	5	6
연상의 독특성	1					
연상의 유형	0.563~0.979	1				
연상의 호감도	0.264~0.596	0.459~0.499	1			
커뮤니티 동일시	0.402~0.822	0.432~0.884	0.444~0.704	1		
통제성	0.264~0.596	0.371~0.747	0.315~0.523	0.377~0.813	1	
장기적 관계 지향성	0.275~0.651	0.401~0.841	0.438~0.797	0.405~0.909	0.297~0.705	1

2) 가설 검증

가설 1과 가설 2에 대한 적합도 분석을 실시한 결과, 전체 모형과 측정모형의 부합도는 χ^2=55.438, df=32, p=0.000, RMR=0.047, GFI=0.936, NFI=0.951, IFI= 0.953, CFI=0.953으로 양호한 수준으로 나타났다.

설정된 가설들에 대한 검증은 구조모형 내 변수 간의 경로계수 값과 통계적 유의성을 보고 판단하게 된다. 이 글에서 가설 1, 가설 2의 검증 결과에 대한 요약은 〈그림 12-3〉과 같다. 이하 각 관련 가설들에 대한 검증 결과를 살펴보면 다음과 같다.

첫째, 브랜드 연상의 유형(생협의 속성과 혜택)과 브랜드 커뮤니티 동일시 간의 경로계수의 값은 0.931(p<0.01)로 나타나 "브랜드 연상의 유형(생협의 속성과 혜택)은 브랜드 커뮤니티 동일시에 정(+)의 영향을 미칠 것이다"라는 가설 1-1은 유의수준 99.9%에서 통계적으로 지지되는 것으로 나타났다.

둘째, 브랜드 연상의 호감도와 브랜드 커뮤니티 동일시 간의 경로계수는 0.480(p<0.01)으로 나타나 "브랜드 연상의 호감도는 브랜드 커뮤니티 동일시에 정(+)의 영향을 미칠 것이다"라는 가설 1-2는 유의수준 99.9%에서 통계적으로

〈그림 12-3〉 실증분석의 결과

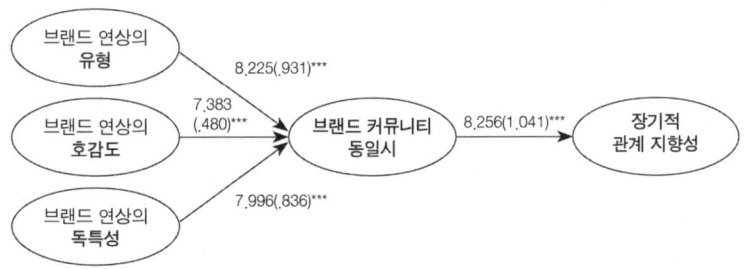

모형적합도 χ^2=55.438(df=32, p=0.000) RMR=0.047, GFI=0.936, NFI=0.951, IFI=0.953, CFI=0.953
( ): 표준 경로계수, *: p<0.1, **: p<0.05, ***: p<0.01

지지되었다.

셋째, 브랜드 연상의 독특성(협동조합의 이해)과 브랜드 커뮤니티 동일시 간의 경로계수 값은 0.836(p<0.01)으로 나타나 "브랜드 연상의 독특성(협동조합의 이해)은 브랜드 커뮤니티 동일시에 정(+)의 영향을 미칠 것이다"라는 가설 1-3은 유의수준 99.9%에서 통계적으로 지지되었다.

따라서 "브랜드 이미지는 브랜드 커뮤니티 동일시가 높게 나타날 것이다"라는 가설 1은 채택되었다.

브랜드 이미지를 통하여 형성된 브랜드 커뮤니티 동일시가 장기적 관계 지향성까지 연결될 수 있는지에 대하여 검증하고자 가설 2를 설정했다. 이를 검증하기 위하여 브랜드 커뮤니티 동일시를 독립변수로 하고, 장기적 관계 지향성을 종속변수로 보았다. 가설 2에 대한 검증 결과를 살펴보면 다음과 같다.

브랜드 커뮤니티 동일시와 장기적 관계 지향성 간의 경로계수 값은 1.041(p<0.01)로 나타나 가설 2는 유의수준 99.9%에서 통계적으로 지지되는 것으로 나타났다. 따라서 "브랜드 커뮤니티 동일시는 장기적 관계 지향성에 정(+)의 영향을 미칠 것이다"라는 가설 2는 채택되었다.

3) 통제성이 브랜드 지식과 브랜드 커뮤니티 동일시 간의 인과관계에 미치는 조절 효과

이 글은 생협의 조합원을 연구 대상으로 했다. 즉, 생협 조합원들의 일반적인 특성을 고려할 때, 통제감이 높은 조합원들과 통제감이 낮은 조합원들 간에 브랜드 이미지 구성 요소의 차이와 브랜드 커뮤니티 동일시 정도 간의 관계를 검증하고자 했다.

총 297명의 조합원들을 통제성이 높은 집단과 낮은 집단으로 분류하기 위해 4개의 측정 항목을 사용했다. 군집분석 결과 통제성이 높은 조합원이 239명,

〈표 12-5〉 통제성의 조절 효과의 분석 결과

model	DF	CMIN(χ^2)	p
제약모델	6	17.071	.009

*p<0.1, **p<0.05, ***p<0.01

통제감이 낮은 조합원이 57명으로 분류되었다.

먼저 조합원들의 통제성 수준에 따라 경로계수에서 차이가 나는지 검증하기 위해, 구조방정식 모형 분석을 실시했다. 그 결과는 〈표 12-5〉에 제시한 바와 같다. 우선 브랜드 이미지 구성 요소 → 브랜드 커뮤니티 동일시의 경로계수를 free로 둔 모델을 기본 모형(baseline model)으로 하고, 조합원의 통제성이 높은 집단과 낮은 집단의 경로계수가 서로 동일하다는 제약모델(restricted model) 간의 자유도 차이는 6이고 χ^2의 변화량은 17.071이며 p 값이 .009로 유의미하게 나와 브랜드 이미지의 구성 요소인 브랜드 연상의 유형, 브랜드 연상의 호감도, 브랜드 연상의 독특성과 브랜드 커뮤니티 동일시에 미치는 영향관계를 통제성이 전체적으로 조절하는 것으로 나타났다.

브랜드 이미지의 각 구성 요소들과 브랜드 커뮤니티 동일시의 관계에 대한 결과는 〈그림 12-4〉와 같으며 구체적으로 살펴보면 다음과 같다.

높은 통제성을 지닌 집단의 경우, 브랜드 연상의 유형, 브랜드 연상의 호감도 그리고 브랜드 연상의 독특성이 브랜드 커뮤니티 동일시에 통계적으로 유의미한 정(+)의 영향을 미치는 것으로 나타났다. 낮은 통제성을 지닌 집단의 경우에는 브랜드 연상의 유형과 브랜드 연상의 독특성이 브랜드 커뮤니티 동일시에 영향을 미치지 못하지만, 브랜드 연상의 호감도만이 커뮤니티 동일시에 영향을 미칠 때 통제성의 조절 효과가 있는 것으로 나타났다.

특히 브랜드 이미지의 구성 요소 중 브랜드 연상의 호감도가 브랜드 커뮤니티 동일시에 미치는 영향은 낮은 통제성을 지닌 집단(경로계수 0.691)이 높은 통

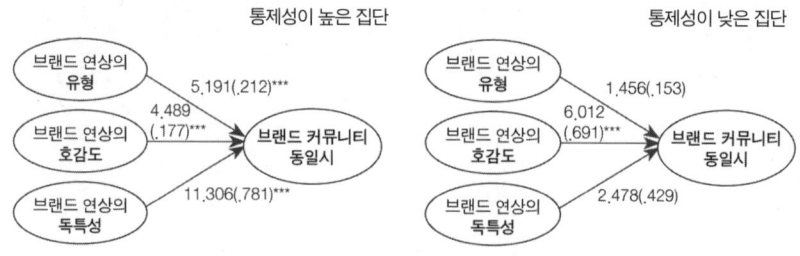

〈그림 12-4〉 통제성의 조절 효과

통제성이 높은 집단   통제성이 낮은 집단

( ): 표준 경로계수, *: p<0.1, **: p<0.05, ***: p<0.01

제성을 지닌 집단(경로계수 0.177)보다 더 크다는 결과가 나타났다.

이는 일반 조합원들이 생협 브랜드가 조합원의 필요를 충족시키는 속성과 혜택을 갖고 있다고 느끼는 브랜드 연상의 호감도가 브랜드 커뮤니티 동일시를 강화하는 데 중요한 요인임을 알 수 있다.

6. 결론

1) 연구 요약 및 시사점

이 글은 브랜드 지식 중 브랜드 이미지의 구성 요소들이 브랜드 커뮤니티 동일시에 미치는 영향을 알아본 후에 이러한 브랜드 커뮤니티 동일시와 장기적 관계 지향성 간의 관계가 어떻게 성립되는가에 대해 연구했다. 특히 브랜드 지식에 관한 중점적인 연구가 미비한 현실에서 생협의 조합원들을 대상으로 생협에 대한 브랜드 이미지의 구성 요소들의 조건을 검증하고자 했다. 조합원의 통제성을 기준으로 높은 통제성 집단과 낮은 통제성 집단으로 구분하여 조합원의 통제성에 따라 브랜드 이미지의 구성 요소와 브랜드 커뮤니티 동일시의 관계에 어떤 차이가 있는지를 알아보았다. 연구의 결과를 요약하면 다음과 같다.

첫째, 브랜드 이미지의 구성 요소인 브랜드 연상의 유형(생협의 속성과 혜택), 브랜드 연상의 호감도와 브랜드 연상의 독특성은 브랜드 커뮤니티 동일시에 정(+)의 영향을 미치는 것으로 나타났다. 소비자인 조합원이 브랜드 지식으로 이용과 출자, 참여에 대해 아는 정도와 생협의 철학과 정체성에 대한 이해의 정도, 호감도, 전반적인 협동조합에 대해 얼마나 알고 있는가에 따라 생협이라는 브랜드 커뮤니티 동일시 형성에 있어 더 큰 영향력을 가질 수 있다는 것이다. 브랜드 이미지에 대한 인식이 높은 소비자들이 브랜드에 대해 보다 강한 일체감을 느끼며 브랜드 발전을 한 적극적인 활동들로 연결되어 마케팅 실무에 효과적으로 사용될 수 있다.

둘째, 이와 같이 브랜드 이미지를 통해 형성된 브랜드 커뮤니티 동일시는 장기적 관계 지향성으로 이어지는 것을 확인했다. 특히 생협은 브랜드 커뮤니티의 일종으로 소비자(조합원)들이 브랜드 커뮤니티 동일시를 하느냐 안 하느냐가 장기적 관계 지향성을 결정하는 데 영향을 미치게 되는 것이다. 따라서 커뮤니티 동일시 정도가 큰 소비자들이 많은 커뮤니티의 경우 기업의 마케팅 전략에 있어 경쟁적 우위를 제공할 수 있는 잠재력을 가지고 있음을 보여준다.

셋째, 이 글에서는 생협 조합원들의 통제성이 높을수록 브랜드 이미지의 구성 요소들이 브랜드 커뮤니티 동일시에 미치는 영향력이 더 강하게 나타날 것이라고 가정했다. 통제성이 높은 집단의 경우, 브랜드 이미지의 구성 요소인 브랜드 연상의 유형, 브랜드 연상의 호감도, 브랜드 연상의 독특성 모두가 브랜드 커뮤니티 동일시에 영향을 미치는 것을 확인했다. 그러나 통제성이 낮은 집단의 경우, 브랜드 연상의 호감도가 브랜드 커뮤니티 동일시에 영향을 주는 것으로 나타났다. 특히 브랜드 이미지의 구성 요소 중 브랜드 연상의 호감도가 브랜드 커뮤니티 동일시에 미치는 영향은 낮은 통제성을 지닌 집단이 높은 통제성을 지닌 집단보다 더 크다는 결과가 나타났다.

2) 실무적 시사점

생협은 소비자들에게 안전한 먹거리에 대한 신뢰를 바탕으로 형성된 곳으로 생산자와 소비자, 소비자(user)와 소비자(owner) 간의 호혜적인 관계를 바탕으로 유대관계를 유지하며, 사회적 활동을 이끌기 위해 관계 마케팅이 중요하다. 이 글은 앞에서 살펴본 연구 결과와 의의를 바탕으로 관계 마케팅이 현장에서 활용될 수 있는 가능성과 시사점을 제시하고자 한다.

첫째, 브랜드 이미지의 구성 요소를 통해 알아본 소비자들의 활동 의식과 브랜드 커뮤니티에 대한 긍정적인 반응이 브랜드에 대한 장기적 관계 지향성과 직접적인 관련이 있다는 것을 확인했다. 브랜드 지식이 커뮤니티 동일시를 형성하는 데 영향을 미친다는 실증분석의 결과는 생협의 마케팅 실무에 직접적으로 활용될 수 있다.

생협에서는 다양한 행사, 모임 활동들이 진행되고 있어 생협의 실무에서 브랜드 지식과 브랜드 커뮤니티 동일시의 효과를 보고 있었지만 실증적으로 검증한 연구는 없었으며, 조합원을 대상으로 하는 마케팅 연구도 전무한 상황이다. 아이쿱생협의 경우, 월 1회씩 신규 조합원 모임이 있어 협동조합이 무엇인지, 생협과 기업과의 차이는 무엇인지, 물품들이 정말 안전하게 생산되고 있는지에 대한 교육과 커뮤니케이션이 이루어진다. 그러나 최근에 신규 조합원 가입 절차의 까다로움이라는 진입 장벽을 낮추기 위해 신규 조합원 모임이 줄어들고, 교육이 간소화되고 있는 추세이다. 따라서 이 글은 생협의 마케팅 실무에서 브랜드 지식이 가질 수 있는 잠재력을 확인해주는 연구로서 그 의미를 가질 것이다. 전략적 차원에서 좀 더 자세히 설명하면, 생협의 브랜드 커뮤니티 동일시를 높여 장기적 관계 지향성을 향상시키기 위해 브랜드 이미지의 3가지 요소(브랜드 연상의 유형, 브랜드 연상의 호감도, 브랜드 연상의 독특성)에 대해 조합원들에게 다음과 같은 전략적 접근이 필요하다. ㉠ 브랜드 연상의 유형에서는 모임 및 활동팀의 활동에 대해 자세히 알아야 하고, 우리 밀, 위안부 피해자 연대 활동, 공정무역, 바디버든, GMO 등 생협이 펼치고 있는 사회적 운동에 대해서 자세히 알고 있어야 하고, 수매선수금, 독자인증시스템, 브랜드 철학, 상품취급원칙, 브랜드 슬로건 등 생협의 운영 원칙에 대해서 자세히 알아야 한다. ⓛ 브랜드 연상의 호감도에서는 생협 브랜드의 선호성, 호감도 등이 높아야 하고, 타 친환경 브랜드와 비교했을 때 품질, 안전, 믿음, 유용 등에서 더 높은 신뢰성을 갖도록 해야 한다. 따라서 철저한 관리와 문제 발생 시 빠른 대처로 소비자인 조합원들에게 신뢰를 심어줄 수 있어야 한다. ⓒ 브랜드 연상의 독특성에 있어서는 협동조합의 가치와 일반 기업과의 차이 등에 대해 정확하게 알 수 있도록 해야 한다. 따라서 사회적경제, 협동조합, 생협 등에 대한 교육이 철저히 이루어져야 한다. 즉, 조합원이 귀찮아하고, 교육을 수행하기 힘들어서 교육을 포기하거나 등한시하게 되면 조합원들이 장기적으로 관계를 유지하기보다 상황에 따라 관계를 빨리 포기할 가능성이 높아진다.

일반 기업에서는 브랜드 커뮤니티가 소비자들이 제품에 대한 정보만 획득하고 제품을 구매만 하는 공간이 아닌 지속적인 활동을 하는 공간이 될 수 있도록, 기업적인 측면에서 다양한 콘텐츠를 개발하고 구축하여 커뮤니티를 활성화한다면 소비자와 장기적인 관계를 유지할 수 있다. 또한 브랜드 지식의 다양한 구성 요소들의 관리가 장기적인 관계 지향성을 증가시키는 요인으로서 성공적인 관계 마케팅을 이끌어낼 수 있을 것이다.

둘째, 생협 조합원들의 통제성의 조절 효과를 실증적으로 분석한 결과, 통제성이 낮은 일반 조합원들은 브랜드 이미지의 구성 요소 중 브랜드 연상의 호감도가 브랜드 커뮤니티 동일시에 더 큰 영향을 미치는 것으로 나타났다. 이는 브랜드 연상의 호감도가 일반 조합원들에게 브랜드 커뮤니티 동일시를 강화하는 데 중요한 요인으로 일반 조합원들이 가지고 있는 또 다른 특성을 밝혔다는 점에서 의미가 있다. 즉, 생협의 마케팅 실무자들에게 신규와 일반 조합원들에게 생협이라는 브랜드 커뮤니티를 운영하는 데 있어 호감도가 중요한 마케팅 전략이라는 것을 시사한다.

일반 기업에서 마케팅 실무자들은 심리적 소유 관점에서 제품, 서비스 및 브랜드와 소비자 간의 상호작용을 이해하는 것이 중요하다. 소비자의 심리적 소유권은 마케팅 활동에서 제품, 서비스 및 브랜드와의 고객관계를 이해하는 데 필요한 수단이 되고, 소비자를 위한 가치 창출 및 해당 전략 수립에 대한 새로운 아이디어를 개발하는 데 도움이 될 것이다.

셋째, 소비자들의 브랜드 커뮤니티에 대한 동일시를 강화하는 것이 기업들이 브랜드 커뮤니티를 운영하는 데 있어 중요한 마케팅 전략이 될 수 있음을 보여준다. 즉, 커뮤니티의 호감도와 활동 의식이 높아지고, 자사 브랜드에 대한 지식의 향상과 직접적인 경험을 통해 기존에 소비자가 가지고 있던 브랜드 이미지가 강화되어 광고에 대한 이점 없이 놀라울 정도로 강력한 브랜드 이미지를 창출하게 될 것이다. 따라서 커뮤니티 동일시 정도가 큰 소비자들이 많은 커뮤니티의 경우 기업의 마케팅 전략에 있어 경쟁적 우위를 제공할 수 있는 잠재력을 가지고 있음을 시사한다.

3) 연구의 한계점

이 글의 한계점과 그에 따른 연구 과제는 다음과 같다.

첫째, 독립변수로 제시된 브랜드 연상의 유형, 브랜드 연상의 호감도, 브랜드 연상의 독특성이 브랜드 지식의 구성 요소를 모두 반영하지 못했다는 한계점을 가진다. 브랜드 지식을 연구하기 위해서 브랜드 커뮤니티 특성과 관련하여 다양하고 심층적인 연구가 필요하다.

둘째, 이 글에서는 일반 기업과 다른 생협의 조합원을 대상으로 연구가 진행되어 브랜드 커뮤니티 일반 기업이나 소비자 중심의 브랜드 커뮤니티와 다른 특성을 지녔다. 추후 연구의 대상을 달리하여 브랜드 지식과 브랜드 커뮤니티가 일반 기업과 협동조합에서 어떻게 다르게 나타나는지를 비교 분석해보는 것도 의미 있는 연구가 될 수 있을 것이다.

셋째, 이 글에서 사용된 구성 개념들의 측정과 관련된 문제이다. 브랜드 이미지, 브랜드 커뮤니티 동일시, 장기적 관계 지향성과 같은 이 글의 주요 구성 개념은 기존의 연구를 참고하여 4~14개의 측정 항목을 개발하고 분석을 통해 신뢰성과 타당성을 입증했으나, 생협의 물품을 이용하는 소비자인 동시에 조직의 민주적 의사결정에 참여할 수 있는 구성원이라는 생협의 특수성이 있어 측정 항목을 보다 구체적으로 준비하여 심층적 내용을 분석하고 싶었다. 그러나 설문 항목을 작성함에 있어서 개념의 명확성을 유지하기 위해 조합원들의 조건 차이에 따른 상황을 반영할 수가 없었다. 향후 연구에서는 조합원들을 대상으로 질적 차원의 실증연구를 통해 조합원들의 상황에 따른 차이를 파악하는 보다 심층적인 연구가 이루어진다면 좀 더 자세한 특성을 고려할 수 있을 것이다.

참고문헌

곽기영·옥정봉. 2011. 「온라인 브랜드 커뮤니티 몰입이 브랜드 충성도에 미치는 영향」. ≪한국경영과학
   회지≫, 36(3), 1~26쪽.

권미영. 2010. 「생협 회원의 사회적 자본과 사회적 협력에 관한 연구: 한살림 이용자를 중심으로」. 고려
   대학교 대학원 석사학위논문.

김지연. 2006. 「소비자 특성별 장기적 관계 지향성 형성과정 연구」. ≪한국복식학회≫, 56(3), 91~106쪽.

김진갑·이연정. 2012. 「일식레스토랑의 로하스이미지요인이 메뉴선택과 고객만족에 미치는 영향」.
   ≪한국조리학회≫, 18(4), 166~182쪽.

마미영. 2015. 「대형마트 PB제품 정보탐색과 정보활용에 따른 소비자만족도」. 건국대학교 대학원 박사
   학위논문.

서문식·김유경. 2003. 「온라인 브랜드 공동체 의식이 브랜드 커뮤니티 동일시와 브랜드 태도에 미치는
   영향에 관한 연구」. ≪마케팅관리연구≫, 8(2), 49~77쪽.

서은경·이선재. 2006. 「여성패션 체험마케팅이 장기적 관계 지향성에 미치는 효과 연구: 중노년층 여성
   을 중심으로」. ≪한국복식학회≫, 58(3), 34~48쪽.

신효진·이상훈. 2018. 「소비자생활협동조합에 대한 사회 인식 연구: 1993년부터 2016년까지의 언론 보
   도 분석을 통해서」. ≪한국협동조합학회≫, 36(2), 25~49쪽.

아이쿱협동조합연구소. 2015. 「2015년 아이쿱생협 조합원의 소비생활과 의식에 관한 조사」. 아이쿱협
   동조합연구소.

아이쿱협동조합연구소. 2015. 『icoop생협 2015년 입문 협동조합』. 알마.

안광호·박운용·김미진. 2006. 「소비자-브랜드 관계의 질이 브랜드충성도와 브랜드커뮤니티 충성도에
   미치는 영향에 관한 연구: 커뮤니티 규모와 브랜드지식수준의 조정효과」. ≪소비자학연구≫,
   17(4), 193~215쪽.

이예나·이상훈. 2014. 「스토리텔링 구성 요소가 소비자의 태도와 구매의도에 미치는 영향: 소비자 생활
   협동조합을 중심으로」. ≪한일경상학회≫, 65, 3~28쪽.

이유재·라선아. 2002. 「브랜드 퍼스낼리티-브랜드 동일시-브랜드자산 모형」. ≪마케팅연구≫, 17(3),
   1~32쪽.

이은정·장승권. 2013. 「협동조합의 조직학습: 아이쿱생협 사례를 중심으로」. ≪한국인적자원개발학회≫,
   16(2), 101~133쪽.

이정미. 2015. 「브랜드 개성, 소비자 성격, 그리고 브랜드 선호도에 관한 탐색적 연구」. 홍익대학교 대학
   원 석사학위논문.

이학식·안강호·하영원. 2015. 『소비자행동: 마케팅전략적 접근』. 집현재.

이훈영. 2012. 『이훈영교수의 연구조사방법론』. 청람.

임유진. 2013. 「친환경 브랜드 이미지가 구매의도에 미치는 영향: 친환경 브랜드동일시를 중심으로」.
   성균관대학교 대학원 석사학위논문.

임종원·김병재. 2009. 「브랜드 커뮤니티 내 관계 심화 과정에 관한 연구: 커뮤니티 경로와 브랜드 경로
   를 중심으로」. ≪마케팅연구≫, 24(1), 203~229쪽.

장종익. 2012. 「친환경농식품의 생산 및 거래의 특징과 한국 생협의 발전」. ≪한국협동조합학회≫,

30(2), 23~41쪽.

켈러, 케빈 레인(Kevin Lane Keller). 2007. 『브랜드 매니지먼트』. 이상민·김준석·최윤희 옮김. 비즈니스북스.

황태경. 2017. 「친환경 식품 이미지가 지각된 가치와 지불의도에 미치는 영향: 조절 초점의 조절효과」. 세종대학교 대학원 박사학위논문.

Berry, Leonard L. 2000. "Cultivating Service Brand Equity." *Journal of the Academy of Marketing Science*, 28, pp. 128~137.

Fuchs, Christoph, Emanuela Prandelli and Martin Schreier. 2010. "The Psychological Effects of Empowerment Strategies on Consumers' Product Demand." *Journal of Marketing*, 74, pp. 65~79.

Keller, Kevin Lane. 1993. "Conceptualizing, Measuring, and Managing Customer-Based Brand Equity." *Journal of Marketing*, 57, pp. 1~22.

Keller, Kevin Lane. 2003. "Brand Synthesis: The Multi Dimensionality of Brand Knowledge." *Journal of Consumer Research*, 29, pp. 595~600.

Mael, Fred and Blake E. Ashforth. 1992. "Alumni and Their Alma Mater: A Partial Test of the Reformulated Model of Organizational Identification." *Journal of Organizational Behavior*, 13, pp. 103~123.

Morgan, Robert M. and Shelby D. Hunt. 1994. "The Commitment-Trust Theory of Relationship Marketing." *The Journal of Marketing*, 58, pp. 20~38.

Muñiz Jr., Albert M. and Thomas O'Guinn. 2001. "Brand Community." *Journal of Consumer Research*, 27(4), pp. 412~432.

Peck, Joann and Suzanne B. Shu. 2009. "The Effect of Mere Touch on Perceived Ownership." *Journal of Consumer Research*, 3, pp. 434~447.

Pierce, Jon L., O'Driscoll, Michael P. and Coghlan, Anne-Marie. 2004. "Work Environment Structure and Psychological Ownership: The Mediating Effects of Control." *The Journal of Social Psychology*, 144(5), pp. 507~534.

Pierce, Jon L., Tatiana Kostova and Kurt T. Dirks. 2001. "Toward a Theory of Psychological Ownership in Organizations." *Academy of Management Review*, 26(2), pp. 298~310.

Scott, S. G. and V. R. Lane. 2000. "A Stakeholder Approach to Organizational Identity." *Academy of Management Review*, 25(1), pp. 43~62.

소비자생활협동조합의 윤리적 소비의식*

이승주

1. 서론

소비문화가 발달하면서 소비자들의 소비수준 또한 눈부시게 향상되었다. 그러면서 학자, 소비자, 시민단체 등을 중심으로 개인들의 소비 행태를 바람직한 방향으로 전환하고자 하는 다양한 소비 운동들이 전개되고 있다. 예컨대 환경과 동물에 대한 관심이 높아지면서 제품의 경제적인 효용성만을 기준으로 하기보다 환경이나 동물의 생명에 미치는 영향까지 고려한 소비를 한다거나, 가능하면 공정무역제품을 구매하려고 하는 등 이웃, 자연, 더 나아가 지구를 생각하는 소비 운동들이 자주 목격된다. 이처럼 상품이나 서비스를 구매할 때 윤리적 가치를 고려해 소비하는 윤리적 소비는 소비자들의 교육 수준과 사회경제적 수준이 크게 향상되면서 주목을 받고 있다.

───────────

*   이 장은 다음 논문을 기반으로 한 것이다. 이승주, 「윤리적 소비의식과 실천의지 간 부조화 요인 분석: 아이쿱(iCOOP) 조합원을 중심으로」, ≪한국협동조합연구≫, 38권 1호(2020), 57~84쪽.

이러한 윤리적 소비 운동은 최근 일부 대기업들에서도 나타난다. 이들 기업은 동물의 권리를 보호하는 제품이나 공정무역제품 등의 유통·판매를 늘리고, 해당 제품군의 소비를 적극 독려하는 광고나 캠페인을 제작하기도 한다. 그러나 아직까지 이러한 윤리적 소비 운동은 주로 소비자생활협동조합이 주도하고 있는 양상이다. 윤리적 소비 운동을 지역사회에 널리 전파하고 있는 대표적 협동조합들로 미국의 파크슬로프식료품협동조합(Park Slope Food Co-operative)이나 영국의 로치데일공정선구자조합(The Rochdale Society of Equitable Pioneers), 프랑스의 라루브(La Louve) 등을 꼽을 수 있다. 우리나라에서도 아이쿱(iCOOP), 한살림, 두레 등과 같은 소비자생활협동조합이 오래전부터 사회적 가치를 존중하고 자연환경을 보호하는 윤리적 소비 운동을 꾸준히 지속해오고 있다. 특히 아이쿱은 2008년부터 이 협동조합의 정체성을 윤리적 소비로 선언하고, 그동안 환경 친화적이고 사회적 가치를 담고 있으나 너무 값이 비싸서 조합원들이 구매를 망설였던 제품들을 유통 혁신과 마진을 줄여 보다 낮은 가격에 공급함으로써 사회적 가치가 담긴 제품을 구매하고자 하는 소비자 욕구를 실천할 수 있도록 돕고 있다. 이러한 협동조합들의 윤리적 소비 운동 확산 노력에 힘입어 최근 들어 소비자생활협동조합의 조합원들을 대상으로 조합 이용 동기와 윤리적 소비, 소비 간 연관성을 파악하는 연구들이 속속 등장하고 있다. 대표적으로 송인숙·천경희(2015)와 이득연·황미진(2013)의 연구에서는 소비자생활협동조합들이 윤리적 소비와 같은 사회적으로 바람직한 가치 실현을 위해서 적극적으로 노력하고 있고, 조합원들 개개인 또한 가급적 사회적 가치가 담긴 제품들을 적극적으로 구매한다고 밝히고 있다.

이처럼 소비자생활협동조합은 윤리적 소비 운동에 선도적 역할을 담당하고 있다. 그러나 소비자생활협동조합의 조합원들이 과연 일상생활에서도 적극적으로 윤리적 소비를 실천하고 있는지는 의문이다. 「아이쿱(iCOOP) 조합원의 소비생활과 의식에 관한 조사」(2015)에서 조합원들에게 윤리적 소비를 중요하게 생각하는지 묻는 질문에 부정적으로 답변한 비율은 1~5%였다. 한편 아이쿱의 정체성을 윤리적 소비로 정한 것에 대해 어떻게 생각하는지를 묻는 질문에는 대략 24%의 조합원들이 "적절하다고 생각은 하나 실천하기에는 부담스럽다"거나 "적절하지 않다고 생각한다", "관심 없다", "잘 모르겠다"라는 답변을 했다. 이런 결과를 비추어 볼 때 조합원들은 윤리적 소비를 중요하게 인식하고 있긴 하나, 아직까지 윤리적 소비를 실천하는 데 있어서는 소극적인 것으로 보인다.

이런 맥락에서 이 글은 조합원들의 윤리적 소비에 대한 의식과 윤리적 소비의 실천 의지 사이에 간극이 발생하는 요인을 분석하고자 한다. 이를 위해 우리나라 대표적 소비자생활협동조합 중 하나인 아이쿱 조합원을 분석 표본으로 활용하여 과연 어떤 요인들이 윤리적 소비에 대한 인식과 실천 의지 간 부조화를 발생시키는지를 설명하고자 했다. 이 글의 결과는 향후 아이쿱과 같이 윤리적 소비를 조직의 주요 목표로 내세우고 있는 소비자생활협동조합에서 더 많은 조합원들이 윤리적 소비 실천에 참여하도록 하기 위해 어떤 점이 더 보완되어야 할지 탐색해볼 수 있는 기회를 제공할 수 있을 것으로 기대한다.

2. 이론적 배경

1) 윤리적 소비

흔히 경제학에서는 소비 행위를 소비자 개인의 경제적 판단에 근거해 내려지는 합리적인 행위로 정의한다. Marshall(1920)은 합리적 사고를 하는 소비자들이 물건을 구매할 때 자신에게 발생할 수 있는 기대효용과 그로 인해 추가되는 비용을 고려해 자신들의 순효용이 가장 극대화되는 지점에서 소비 행위를 한다고 주장한다. 그동안 이처럼 경제학에서는 소비 행위를 판단하는 기준으로 주로 가격이나 제품의 질과 같이 매우 가시적이고 객관적인 기준만을 중요시했다. 그런데 최근에는 소비 행위를 판단하는 기준에 눈에 보이지 않고 단기간에 그 효과가 나타나지 않는 사회적 가치가 포함되어, 그 결과 사회공동체를 위한 윤리적 소비 행위가 강조되고 있다. 이때 윤리적 소비란 소비자가 자신의 윤리적 가치판단을 반영한 소비 행위로 소비자의 주관적 가치판단이 윤리적 소비에서 드러난다(Cowe and Williams, 2000). 윤리적 소비자로서 개인은 제품을 구매하는 소비자이기도 하지만, 우리 사회가 지속가능한 발전을 거듭할 수 있도록 사회적 책무를 다하는 "소비자 시민성"을 갖춘 사회·정치적 구성원이기도 하다(Cronin, 2000). 그렇기 때문에 윤리적 소비 행위는 단순히 소비자의 합리적 판단에 따른 효용 극대화의 결과로 나타난 행위 이상의 의미를 갖는다. 이런 맥락에서 윤리적 소비는 소비자의 선택이 당장 자신에게 눈앞의 이득으로 돌아오진 않더라도 장기적으로 보았을 때 사회공동체 전체에 도움이 되도록 행동하는 이타적 소비로 간주된다(박미혜·강이주, 2009). 윤리적 소비자는 되도록이면 녹색제품이나 공정무역제품을 주로 소비하고자 하며, 아동노동 착취, 동물 학대 등 비윤리적 과정을 거쳐 생산한 제품에 대해 불매운동을 전개한다(박미혜·강이주, 2009).

최근 우리는 주위에서 윤리적 소비를 통해 개인의 만족보다 사회적 기여를 우선시하고 사회 구성원으로서 책무를 다하는 소비 행위를 실천해나가는 사례들을 자주 목격한다. 가장 대표적인 것이 공정무역제품 소비이다(Clark and Unterberger, 2007). 공정무역제품이란 노동자의 인권 보호 및 환경 보전 등의 사회적 책무를 다하는 생산자의 제품을 의미한다. 영국의 The Co-operative group이나 미국의 Equal Exchange 등 대표적인 협동조합들이 해외 각지에서 공정무역운동에 선도적인 역할을 해오고 있다. 이들 협동조합은 공정무역제품을 시장에 유통시켜 생산자에게 제품의 정당한 보상을 담보해주고 세계 공동체가 함께 발전할 수 있도록 노력한다. 우리나라의 경우도 아이쿱이나 두레, 한살림과 같은 소비자생활협동조합에서 공정무역제품의 소비 확대를 위해 다양한 노력을 기울이고 있다.

한편 윤리적 소비는 환경이나 동물 복지, 인권을 침해하는 생산자들의 제품들을 보이콧하는 행위(consumer boycott)로 나타나기도 한다(Harrison et al., 2005). 몇 해 전 가맹 대리점에 제품을 강매하는 등 비윤리적인 소위 '갑질'을 일삼던 남양유업에 대한 제품불매운동이나 '땅콩 회항'으로 사회적 물의를 빚은 대한 항공에 대한 탑승불매운동, 그리고 사향고양이를 가두어두고 커피 열매로 생명을 연명하게 하는 것이 밝혀지면서 동물 학대라는 지탄을 받은 루와 커피에 대한 소비 거부 등 제품의 소비를 떨어뜨림으로써 해당 기업의 자발적인 시정 노력을 이끌어내고자 하는 행위가 바로 대표적인 부정적 소비 운동에 속한다.

또한 지역에서 생산된 제품을 소비하려는 노력이 소비자운동으로 발현된 로컬푸드운동도 윤리적 소비의 한 형태이다(박미혜·강이주, 2009). 미국, 캐나다 등지의 100마일 다이어트 운동이나 일본의 지산지소운동이 이러한 로컬푸드운동의 대표적 사례로 꼽힌다. 이와 같은 로컬푸드운동은 지역에서 생산되는 산품을 우선적으로 소비하게 되기 때문에 지역경제를 살리는 효과를 가져오고, 국가적으로 국내 생산품 소비를 장려함으로써 생산자들이 보다 나은 제품을 제공할 수 있는 기회를 제공해주게 되어서 궁극적으로 외부 자원에 대한 의존도를 줄이는 효과까지 가져온다(윤병선, 2008).

최근 소비자들이 윤리적 소비에 대한 관심이 높아지고, 실제로 윤리적 소비를 실천하고자 하는 사람들이 점차 늘어나고 있다. "착한 소비 경험 및 관련 인식 조사"(윤덕환 외, 2017) 결과 윤리적 경영을 실천하는 기업의 제품이 조금 비싸더라도 구매할 의향이 있다고 응답한 사람들의 비율은 68.9%에 이른다. 특히 이 조사 결과 50대 이상의 소비자의 경우 77%에 달하는 응답자가 윤리적 소비를 실천할 의향이 있음을 보였다. 물론 연령대가 낮아지면서 윤리적 소비 실천 의사가 약해지긴 하나, 여전히 모든 연령대에서 최소 63% 이상의 응답자들이 적극적인 윤리적 소비 실천 의사를 밝히고 있다(윤덕환 외, 2017).

그렇다면 설문 결과대로 우리나라에서 윤리적 소비 행위가 실제로도 잘 이행되고 있으며, 이와 같은 윤리적 소비 트렌드가 널리 확산되고 있는가? 아시아·태평양 지역 국가들을 대상으로 실시한 착한소비지수 국가별 비교에서 한국은 14개 국가 중 11위를 차지했다. 또한 윤덕환 외(2017)의 연구 결과 "공정무역제품을 구매해본 경험이 있냐"는 질문에 "그렇다"고 대답한 비율이 2015년에도 약 25%에 불과했는데, 2017년에도 27%로 나타나 우리나라에서 윤리적 소비 행태가 눈에 띄게 증가하지 않는 것으로 보인다. 같은 보고서에서는 친환경제품의 구매 경험을 묻는 질문에만 40% 이상이 "그렇다"고 답했을 뿐, 나머지 장애우가 만든 제품의 구매나 사회적 약자가 만든 제품을 구매한 경험이 있다는 답변은 각각 25%, 17%에 그쳤다고 밝히고 있다(윤덕환 외, 2017). 그런데 2015년 설문 당시 "향후 윤리적 소비 운동에 참여 의향이 있다"고 묻는 질문에 단지 1.6%만이 향후 참여 의사가 없다고 부정적인 의견을 보였기 때문에, 이와 같이 해를 거듭해도 거의 비슷한 수준의 소비 행태가 되풀이되고 있는 것은 고민해볼 필요가 있다. 따라서 과연 어떤 요인 때문에 윤리적 소비 의식과 실천 의지 간에 이와 같은 간극이 발생하는지 객관적인 자료를 통해 보다 정확한 진단이 필요하다. 이 글은 이러한 목적 아래 여러 선행연구들에서 소비자들의 윤리적 소비에 대한 결정 요인으로 언급된 변수들을 중심으로 분석을 시행했다.

2) 윤리적 소비 결정 요인

최근 윤리적 소비가 사회적으로 큰 공감을 얻어 널리 확산되고 그 양상이 다양해지면서 윤리적 소비 결정 요인에 대한 다양한 연구들이 진행되고 있다. 허은정(2011)은 윤리적 소비가 학력, 성별, 소득 등의 인구사회학적 특성의 차이에 따라 다르게 나타난다고 보았다. 해당 연구 결과 고졸에 비해 전문대 이상의 학력을 가진 소비자들이 윤리적 소비에 대해 더 호의적인 태도를 보였고, 여성의 경우가 남성의 경우보다 윤리적인 소비에 관심을 갖고 있는 것으로 드러났다. 더불어 가계소득이 400만 원 이상인 소비자의 경우 그 아래 소득 계층보다 훨씬 더 윤리적 소비에 긍정적인 태도를 보이는 것으로 나타났다.

또한 윤리적 소비는 개인의 사회적 가치관에 따라 영향을 받을 수도 있다 (Shaw et al., 2000). 이 경우 윤리적 소비를 하는 사람들은 자신의 욕구를 만족시키는 소비뿐만 아니라 소비자로서 자신이 지켜야 할 사회적 가치를 소비 행위에 투영시킨다(Webster, 1975; Miller, 2001; Shaw et al., 2000). 그 결과 소비자는 더 이상 개인적 관심이나 취향만을 반영해 소비의 우선순위를 결정하지 않고, 사회·환경을 위한 공동체적 가치까지 반영해 최종 윤리적 소비 행위를 결정한다고 본다.

한편 윤리적 소비의 취지에 공감하는 소비자라 할지라도 이러한 의식이 반드시 윤리적 소비 행위로 연결된다고 보기 어렵다는 연구 결과도 있다. Carrigan and Attalla(2001)는 윤리적 소비 행위를 저해하는 대표적 요인 중 하나로 제품 가격을 꼽는다. 최근 여러 연구들에서 소비자들이 윤리적 소비에 관심이 많아 소비 시 공익적 가치를 중시한다고 강조하나, 해당 연구 결과 소비자들이 경제적인 조건을 우선 따져본 후 가장 효용 극대화를 이루는 지점에서 소비를 결정하는 것으로 나타났다. 즉, 소비자들이 인식적 측면에서는 윤리적 소비를 중요하게 생각하나, 막상 윤리적 소비를 실천할 때는 눈에 보이지 않는 사회적 가치만큼의 더 높은 가격을 지불할 의사가 크지 않았다. 이에 Carrigan and Attalla(2001)는 소비자들에게서 윤리적 소비에 대한 명분과 실제 소비 행위 간 간극을 발생시키는 주요 요인 중 하나가 바로 가격이라고 보았다. 또한 제품의 질도 윤리적 소비의 중요한 고려 요소이다. 통상 합리적 경제행위를 지향하는 소비자들은 높은 가격이 높은 질을 보장해준다고 믿고 있다. 따라서 소비자들은 가격 대비 품질 수준이 기대에 못 미칠 경우 윤리적 소비라는 명분하에 실제로 소비 행위를 하진 않는다. 예컨대 윤리적 소비의 대표적 행태 중 하나인 공정무역제품 소비를 할 때도 많은 소비자들은 윤리적 가치보다 제품의 질에 기초하여 구매 여부를 결정한다. 그 결과 일반적으로 소비자들은 질적으로 미흡한 제품에 대해서는 소비 결정을 유보하는 것이 보통이다(박선우·윤혜현, 2015).

Carrigan and Attalla(2001)도 윤리적 소비를 결정하는 중요한 요소 중 하나로 제품의 질을 꼽았으며, 제품의 질이 떨어지는 경우 아무리 윤리적 소비 의식이 중요하다고 하더라도 해당 상품은 외면받게 된다고 보았다. 이처럼 윤리적 소비에 대한 중요성을 인식하더라도 윤리적 소비 실천 의지로까지 나아가지 못하게 하는 요인들이 존재하기 때문에, 환경 친화적인 제품이나 공정무역제품, 사회적기업에서 생산된 제품에 대한 소비가 예상보다 높지 않은 것으로 추측된다. 이처럼 소비자의 윤리적 소비에 대한 의식과 실제 실천 의지 간에 간극이 발생하고 있음에도 아직까지 이와 같은 둘 사이의 부조화를 개선하고자 하는 노력은 우리 사회에서 그리 크지 않은 것으로 보인다.

이러한 상황 아래 소비자를 중심으로 구성된 소비자생활협동조합은 조합원들의 윤리적 소비 동참을 유도하여 우리 사회에서 더욱더 많은 사람들이 윤리적 소비를 행동으로 실천하는 데 선도적인 역할을 담당할 수 있는 가능성이 높다. 이득연·황미진(2013)은 소비자생활협동조합의 조합원들이 조합원으로 활동하며 조합에서 판매하는 제품을 구매하는 이유 중 하나가 바로 윤리적 소비의 실천에 있다고 보았다. 특히 윤리적 소비자는 자신의 소비 행위가 사회에 영향을 미쳐 소비에 있어 바람직한 변화를 이끌어내는 것을 주요 행위 목표로 설정한다(McEachern and McClean, 2002). 이런 맥락에서 소비자의 윤리적 소비 의식의 향상을 주요한 운영 목적 중 하나로 내세우고 있는 소비자생활협동조합은 윤리적 소비를 우리 사회에서 뿌리내리게 하는 매우 효과적 수단으로 활용할 수 있다. 특히 아이쿱과 같은 소비자생활협동조합은 2008년부터 조합의 정체성을 윤리적 소비로 선언하고 있는바, 이 글에서는 윤리적 소비의 실천과 확산을 위해 관련 요인들을 우리나라 대표적 소비자생활협동조합인 아이쿱 조합원들을 중심으로 파악해보았다.

3. 연구 방법

1) 연구 대상

이 글에서는 2015년에 진행된 「아이쿱(iCOOP) 조합원의 소비생활과 의식에 관한 조사」 자료를 활용했다. 이 글의 분석에서 활용한 원 자료는 아이쿱협동조합연구소로부터 제공받았다. 아이쿱협동조합연구소에서는 연구자가 아이쿱과 관련된 연구 주제에 관해 제안서를 제출하면 연구 목적을 검토 후 그 타당성과 학술적 가치가 인정된 연구에 한해 연구자에게 연구 목적안에서 활용 후 폐기를 조건으로 보유하고 있는 원 자료를 제공해준다. 아이쿱은 2009년부터 3년마다 전국 지역조합 조합원 중 표본을 선정하여 이들을 대상으로 소비생활과 의식에 관한 조사를 진행해오고 있다. 아이쿱의 2015년 조사에서는 아이쿱생협사업연합회 소속 83개 조합원 수에 비례해 표집한 오프라인을 주로 이용하는 조합원들과 온라인 매장을 주로 이용하는 조합원들을 포함해 총 1636명의 조합원을 대상으로 하고 있다. 이들 조합원을 대상으로 한 인구사회학적 특성, 조합원의 가입 관련 정보, 장보기 관련 실태뿐만 아니라 윤리적 소비에 대한 정보들이 해당 조사에 포함되어 있다. 이 조사는 전체 조합원 18만 9901명 중 신뢰수준 95%에서 신뢰할 만한 규모인 1500명을 목표 표본으로 삼았고, 실제 최종 1636명의 표본을 확보했다. 특히 이 조사에서는 각 지역조합의 조합비, 조합원 수에 비례해 할당 표본추출 방식을 사용하여 대표성을 확보하고자 했다.

해당 자료에서는 조합원을 대상으로 조사한 윤리적 소비에 대한 조합원의 의식에 대한 정보를 제공한다. 이와 동시에 적극적으로 윤리적 소비를 실천하고 싶다거나, 실천하기 부담스럽거나, 또는 아이쿱의 정체성을 규정함에 있어 윤리적 소비는 적절치 않다는 등의 답변을 통해 조합원의 윤리적 소비에 대한 실천 의지의 정보도 함께 담겨져 있다. 따라서 이 자료는 윤리적 소비에 대한 조합원의 의식과 실제 실천 의지 간의 부조화가 나타나는 요인을 탐색하기에 적절한 자료로 판단된다. 분석에 활용된 변수인 학력, 가구 소득, 사회적 가치관, 아이쿱 제품의 상대적 가격대, 상품 질에 대한 만족도뿐만 아니라 개인 정보를 나타내는 연령, 가구원 수 문항에서 무응답으로 답변한 표본을 모두 제한 후, 총 1456개의 표본을 추출했다. 〈표 13-1〉에는 분석 대상의 일반적 특성을 제시하고 있다.

분석 대상의 평균연령은 42세였으며, 평균 가구원 수는 3.72명이었다. 표본 중 대졸(전문대 졸 포함)이 78.23%로 가장 많은 비중을 차지했으며, 그 뒤로 대학원 졸 이상, 고졸 이하가 각각 12.77%, 9%를 차지했다. 월평균 가구 소득은 월 400만 원 미만 소득 비중이 28.71로 가장 많았다. 그 뒤로 월평균 600만 원 이상의 소득 계층(27.40%), 400만~500만 원 미만의 소득 계층(24.79%) 순이었다.

아이쿱에서 판매하는 제품의 질에 대한 조합원의 만족도는 〈표 13-2〉에 제

〈표 13-1〉 일반적 특성(n=1,456)

변수(연속형)	평균값	표준편차	변수(범주형)		비중(%)
연령	42.06	6.768	학력	고졸 이하	9.00
				대졸(전문대 졸 포함)	78.23
				대학원 졸 이상	12.77
가구원 수 (명)	3.72	.888	월평균 가구 소득	400만 원 미만	28.71
				400만~500만 원 미만	24.79
				500만~600만 원 미만	19.09
				600만 원 이상	27.40

〈표 13-2〉 아이쿱 제품의 질과 가격에 대한 만족도(%)

구분	매우 그렇다	그런 편이다	보통이다	그렇지 않은 편이다	전혀 그렇지 않다
제품의 신뢰	31.50	61.28	6.88	0.21	0.14
제품의 만족	19.23	68.54	11.33	0.62	0.27
구분	매우 저렴	비교적 저렴	보통	비교적 비싼 편	매우 비싼 편
제품의 가격	4.60	35.03	52.68	7.14	0.55

시된 바와 같이 상당히 긍정적으로 나타났다. 우선 아이쿱 제품을 신뢰할 수 있는지에 대한 물음에 대해 표본의 92% 이상이 아이쿱 제품을 신뢰했고, 아이쿱 제품을 신뢰하지 않는 조합원은 1%를 넘지 않았다. 제품의 만족도도 제품의 신뢰와 유사한 패턴을 보이고 있다. 구체적으로 전반적인 아이쿱 제품의 만족도에 있어 매우 만족하는 조합원의 비중은 제품의 신뢰도보다 많이 떨어지긴 하나, 여전히 "매우 그렇다"는 답변과 "그런 편이다"라는 답변을 합친 긍정적인 답변의 비중이 87.77%로 높았다. 한편 제품의 가격에 대한 물음에서도 비교적 긍정적인 답변이 부정적인 답변보다 많았다. 다만 가격 만족도는 보통이라고 답변한 비율이 50% 이상을 차지하는 것으로 나타나, 제품의 신뢰나 만족도를 묻는 질문과 비교할 때 매우 높았다. 가격이 비싸다고 가격 만족도에 대해 부정적인 의견을 표명한 조합원도 7% 정도로 나타나 제품의 질보다는 가격에 있어 그 만족도가 상대적으로 떨어지는 것을 확인했다.

아울러 2015년 「아이쿱(iCOOP) 조합원의 소비생활과 의식에 관한 조사」에서는 조합원들이 어떤 사회적 가치관을 가지고 있는지도 함께 제시하고 있다. 조사 결과 〈표 13-3〉에 나타난 대로 우선 평소에 사회적 문제에 관심을 많이 가지고 있다고 답한 사람의 비중이 전체 중 53.98%로 과반을 넘었다. 그 뒤로 보통이라고 답한 사람이 42.03%로 나타났으며, 사회적 문제에 관심이 없다고 답한 사람은 4.53%에 불과했다. 본인이 다른 사람들과 더불어 살아간다고 느끼는지에 대한 질문에 긍정적으로 답변한 사람은 80%가 넘은 반면, 해당 문항에 부

〈표 13-3〉 사회적 가치에 대한 의식(%)

구분	매우 그렇다	그런 편이다	보통이다	그렇지 않은 편이다	전혀 그렇지 않음
평소 사회적 문제에 관심이 많다	10.23	43.75	42.03	3.43	0.55
다른 사람들과 더불어 함께 살아간다고 느낀다	22.32	59.27	16.90	1.30	0.21

〈표 13-4〉 윤리적 소비에 대한 의식(%)

구분	전혀 중요하지 않음	중요하지 않음	보통	다소 중요	매우 중요
사업자의 정당한 이익 존중	0.07	0.41	16.35	63.46	19.71
제품 구매 시 생산자와 사회에 미치는 영향 고려	0.14	1.03	22.46	58.59	17.79
비윤리적 생산 제품 구매 제외	0.14	0.62	10.58	46.63	42.03
환경에의 고려	0.07	0.76	16.69	51.99	30.49
지역 생산품 소비	0.82	4.33	25.55	47.05	22.25
지역공동체 활성화 고려	0.69	3.71	34.96	43.48	17.17
공정무역제품 소비	0.69	3.71	34.96	43.48	17.17
불필요한 소비 절제	0.14	0.69	10.85	53.09	35.23
시간, 재능의 나눔	0.14	0.76	21.36	49.73	28.02

정적으로 답변한 사람은 1%대에 그친 것으로 나타났다. 따라서 이 조사 결과 조합원 대부분이 공동체적 사회적 가치를 중요시하는 것으로 유추해볼 수 있다.

윤리적 소비에 대한 조합원의 의식을 묻는 질문은 총 9가지 문항으로 구성되어 있다. 우선 상거래를 할 때 사업자의 정당한 이익을 존중하는 것이 중요한지에 대해 묻는 질문에 83.17%가 긍정적으로 답변했으며, 그 외에도 "비윤리적으로 생산된 제품은 보이콧하는 것이 중요하다", "소비 결정 시 환경에 대한 고려가 중요하다", 그리고 "불필요한 소비는 절제하는 것이 중요하다"는 문항에 80% 이상이 긍정적으로 답했다. 한편 "제품 구매 시 생산자와 사회에 미치는 영향에 대한 고려가 중요하다", "지역 생산품을 소비하는 것이 중요하다", "지역공동체 활성화를 할 수 있는 방안을 고려한 소비가 중요하다", 혹은 "공정무역

제품을 소비하는 것이 중요하다"라는 문항에 대해서는 중요하다고 답변한 비율이 여전히 높긴 하나, 상대적으로 앞선 4가지 문항에 대한 답변보다는 긍정적인 비중이 낮았다. 특히 이들 3가지 문항에 대한 답변에는 보통이라고 답변한 비율이 20% 이상 최대 35%가량까지 올라가, 조합원들이 아직까지 윤리적 소비를 지역공동체, 사회 전체, 국제사회와 같이 거시적인 사회 발전 가능성과 연결시키기보다는 미시적인 측면에서 본인 자신의 소비실천의식과 연결시키는 성향이 상대적으로 큰 것으로 추측된다.

그러면 이들 분석 표본의 실제 윤리적 소비 실천 의지는 어떠한가? 2015년 「아이쿱(iCOOP) 조합원의 소비생활과 의식에 관한 조사」에서는 아이쿱의 윤리적 소비 정체성과 조합원의 실천 의지를 묻는 문항에 "적절하다고 생각하고 적극적으로 실천하고 싶다", "적절하다고 생각하나 실천하기에는 부담스럽다", "생협이 추구하기에는 적절하지 않다고 생각한다", "관심 없다", 혹은 "잘 모르겠다"로 답변하도록 하고 있다. 이에 대해 76.03%는 적극적으로 실천할 의사를 표명했으나, 나머지 24%는 부정적으로 답했다.

2) 연구 변수

(1) 종속변수: 윤리적 소비 의식과 실행 의지 간의 부조화

일반적으로 소비는 인간이 자신의 욕구를 충족하기 위해서 필요한 재화나 서비스를 소모하는 행위를 의미한다(Blackwell et al., 2006). 이때 윤리적 소비는 Maslow가 제시한 다양한 욕구 중에서 상위 차원의 욕구로 간주되는 신념과 자아실현에 대한 욕구를 충족하기 위해 행하는 일련의 도덕적 소비 행위로 정의될 수 있다(박미혜·강이주, 2009). 홍연금 외(2011)는 이러한 윤리적 소비를 구체적인 소비자의 행동이라기보다 사회적 주제에 대한 관심이 내적으로 나타나는 의식의 한 형태로 보았다. 한편 소비 의식은 소비 행위를 통해 자신의 욕구를 충족하려고 할 때 특정 소비 행위를 가장 선호하는 개인적 신념을 말한다(Sheth et al., 1991). 소비 의식은 소비자들이 소비하고자 하는 상품이나 서비스에 자신의 욕구를 투영하게 되며, 해당 상품이나 서비스의 특성이 소비자 자신의 내면에서 요구하는 욕구와 일치할 때 소비로 이어진다(Zander and Hamm, 2010). 선행연구들의 개념들을 종합해볼 때, 윤리적 소비 의식이란 소비 행동을 할 때 그 행동이 사회공동체와 환경에 미칠 결과를 고려해 최대한 사회에 도움이 되는 방향으로 소비를 하고자 하는 감정 상태로 볼 수 있다.

이와 같은 윤리적 소비 의식은 다양한 형태로 발현되는데, 우선 Clark and Unterberger(2007)는 윤리적 소비가 환경을 생각하는 소비, 공정무역제품에 대한 소비, 비윤리적 생산기업 제품에 대한 보이콧, 지역 내 생산제품 구매로 나타난다고 보았다. Harrison et al.(2005)은 윤리적 소비가 판매자들이 윤리적 제품 판매를 확대하도록 유도하는 관계적 소비로 표출되기도 한다고 주장한다. 2015년 「아이쿱(iCOOP) 조합원의 소비생활과 의식에 관한 조사」에서는 윤리적 소비 의식의 항목으로 상기 선행연구들에서 제시한 모든 항목들을 포함하여 조합원의 이러한 윤리적 소비 의식에 관해 묻고 있다. 해당 설문에서는 사업자의 정당한 이익을 존중하는 것이 중요한지, 제품 구매 시 생산자와 사회에 미치는 영향을 고려하는지, 비윤리적인 행위로 문제가 된 제품을 보이콧하는지, 환경에 미치는 영향에 대해 고려하면서 소비를 하는지, 가까운 지역 내 제품을 선택하는지, 지역사회 공동체 활성화를 위해 노력하는지, 공정무역제품을 소비하는지 등 선행연구에서 제시한 윤리적 소비 유형에 포함되는 문항뿐만 아니라 더 나아가 불필요한 소비를 절제하는지, 그리고 나의 시간과 재능을 통해 도움이 필요한 사람들에게 나눔을 실천하는지까지 9가지 윤리적 소비에 대한 의식을 묻고 있다. 이처럼 해당 자료에서는 여러 문항을 통해 조합원의 윤리적 소비 의식에 대해 묻고 있기 때문에, 요인 분석을 통해 타당도를 검토하고 Cronbach Alpha 값을 통해 신뢰도를 측정했다.

〈표 13-5〉 윤리적 소비 의식의 변수를 구성하는 문항에 대한 요인 분석과 신뢰도 분석 결과

구분	요인 적재값	아이겐 값	누적 설명력	Cronbach Alpha
사업자의 정당한 이익 존중	0.6393			
구매가 생산자와 사회에 미칠 영향 고려	0.7428			
비윤리적 생산 제품 구매 제외	0.6056			
환경에의 고려	0.7603			
지역 생산품 소비	0.6511	4.57407	0.5082	0.8761
지역공동체 활성화 고려	0.7463			
공정무역제품 소비	0.7658			
불필요한 소비 절제	0.7442			
시간, 재능의 나눔	0.7401			

이 글에서 9개의 문항이 윤리적 소비 의식의 변수를 구성하는 데 타당한지 파악하기 위해 탐색적 요인 분석을 시행했다. 우선 요인 분석에 적절한지를 파악하기 위해서 KMO(Kaiser-Meyor-Olkin) 검정을 실시한 결과 그 값이 0.903이었고, Bartlett 구형성 검정 통계 값은 5287.335(df=36, p<.000)으로 나타나 요인 분석에 적절한 자료로 판단된다. 요인 분석은 주 성분 분석(principle component analysis)을 활용했으며, 직각회전방법 중 배리맥스(varimax) 방식으로 요인 회전했다. 요인 분석을 실시한 결과 윤리적 소비에 대한 의식을 구성하는 각 변수의 공통성 값이 0.4 이하로 나타나는 항목이 없는 것으로 나타났다. 따라서 윤리적 소비 의식을 묻고 있는 모든 설문 항목을 해당 변수 구성에 포함시켰다. 또한 Cronbach Alpha 값을 활용해 신뢰도를 측정했는데, 통상 Cronbach Alpha 값이 0.6 이상이면 신뢰도가 있다고 판단한다(Nunally, 1978). 신뢰도 분석 결과 계수가 0.8761로 매우 높게 나타나 변수를 구성하는 문항들이 높은 신뢰도를 보이는 것으로 드러났다. 여러 유사 문항을 묶어 하나의 변수로 만들어 사용한 이유는 각 문항을 따로 변수들로 포함하여 분석을 시행할 경우 모수 추정 시 자유모수치가 증가하는 문제가 발생할 수 있는바 이를 낮추기 위함이다(Kishron and Widamn, 1994). 이처럼 단일한 내용을 측정하는 여러 문항들을 묶

어서 하나의 변수로 만들 때는 통상 이들 항목의 총합을 사용하거나 묶여진 문항들의 평균값을 활용한다. 이 글에서는 후자의 경우인 묶여진 문항들을 평균내어 그 평균값을 사용하는 방식을 취했다.

한편 윤리적 소비에 대한 의식을 묻는 문항들은 각각의 윤리적 소비 유형에 대한 의식이 중요한지를 묻고 있는지 매 문항마다 "전혀 중요하지 않다(1)", "중요하지 않다(2)", "보통이다(3)", "중요하다(4)", "매우 중요하다(5)"로 5점 리커트 척도를 기준으로 측정된다. 따라서 중간 점수인 "보통(3)"으로 응답한 응답자들을 윤리적 소비 의식이 있는 조합원으로 간주할지 판단이 필요하다. 이 글에서는 우선 신지은 외(2008)의 연구 결과에서 밝히고 있듯이 "보통"의 범주를 없앨 때 해당 응답자들이 부정적인 의사 표현으로 이동하는 경향이 크다는 결과를 기초로 하여, 9개의 유형별 윤리적 소비 의식을 묻는 모든 문항 점수를 평균 냈을 때 "보통"을 나타내는 3점 이하는 윤리적 소비 의식이 없는 것으로 판단했으며 3보다 큰 경우에만 윤리적 소비 의식이 있는 것으로 보았다. 이런 과정을 거쳐 윤리적 소비 의식이 있을 경우 1, 그 반대의 경우는 0의 값을 갖는 더미변수로 변환했다. 이렇게 전체 9개 항목의 평균을 통해 파악한 결과 윤리적 소비에 대한 의식이 있는 조합원은 전체 표본 중 96.02%를 차지했으며, 윤리적 소비 의식이 없는 조합원은 대략 4%였다.

한편 장덕현·조성겸(2017)은 "보통이다"라는 중간점을 제거했을 때 설문의 유형과 난이도에 따라 긍정과 부정의 응답 비율에 비례해서 분산되거나 균등하게 혹은 반비례해서도 분산될 수 있다고 보았다. 이 글에서는 윤리적 소비 의식을 나타내는 9개의 변수를 활용해 평균값으로 윤리적 소비 의식의 정도를 측정했기 때문에, 해당 변수는 다른 범주형 변수들과 달리 "보통이다(3)"부터 "중요하다(4)" 사이에 점수를 갖게 된다. 따라서 윤리적 소비 의식이 있는 것으로 판단하는 임계치를 3으로 결정할지 4로 결정할지에 따라 윤리적 소비 의식이 있다고 분류되는 표본의 비율이 달라질 수 있다. 이처럼 긍정의 임계값(threshold value)을 어디 수준으로 정하는지에 따라 표본의 비율이 달라진다면, 그 결과 분석 결과에도 영향을 미칠 수 있다.

이에 이 글에서는 긍정의 임계값을 3.5로 설정했을 때의 결과와 4.0으로 설정했을 때의 분석 결과를 제시하고, 각각의 모형 적합도를 AIC(akaike information criterion) 및 BIC(bayesian information criterion)로 비교하여 가장 모형 적합도가 높은 모형을 선정했다.

한편 소비자의 실천 의지는 특정 상품이나 서비스에 대한 소비 욕구를 미래에 소비 행동으로 실현시키고자 하는 소비자의 의지를 의미한다(Engel et al., 1993). 특히 특정 소비에 대한 의식이 실제 소비 행위로 이어지게 하는 연결고리 역할을 해준다는 점에서, 소비자의 실천 의지는 미래에 나타날 소비 행동을 미리 예측해볼 수 있는 중요한 변수이다(Shaw and Shui, 2003). 실제로 실천 의지와 실제 소비 행위 간에는 일정 수준 정(+)의 관계가 나타나고, 그 결과 소비자의 실천 의지는 실제 소비 행위의 예측변수로도 자주 활용된다(김봉준 외, 2007). 윤리적 소비는 개인의 사회적 책임감에 대한 신념과 태도가 소비 욕구로 표출된 것이라는 Cowe and Williams(2000)의 의견을 반영할 때, 윤리적 소비에 대한 실천 의지는 소비자의 윤리적 소비에 대한 욕구를 확인하고 이러한 의식의 흐름을 실제 윤리적인 소비 행위로 실현하고자 하는 의지를 의미한다고 볼 수 있다.

이 글에서는 2015년 「아이쿱(iCOOP) 조합원의 소비생활과 의식에 관한 조사」 설문 문항 중 현재 아이쿱생협의 윤리적 소비 정체성에 대해 묻는 질문에 "적절하다고 생각하고 적극적으로 실천하고 싶다(1)", "적절하다고는 생각하나 실천하기에는 부담스럽다(2)", "생협이 추구하기에 적절하지 않다고 생각한다(3)", "관심 없다(4)", "잘 모르겠다(5)"로 답변한 문항을 조합원의 윤리적 소비의 실천 의지가 있는지 파악하는 변수로 선정했다. 이 문항에 대한 답변을 기초로 적극적 실천 의사를 표명한 (1) 답변만 윤리적 소비의 실천 의지가 있는 것으로 보아 1로 처리하고, 나머지는 윤리적 소비의 실천 의지가 없는 것으로 판단하고 0으로 처리하여 더미변수화했다.

이렇게 도출한 윤리적 소비 의식에 대한 더미변수와 윤리적 소비의 실천 의지에 대한 더미변수들을 활용해 윤리적 소비 의식과 실천 의지 간의 부조화를 판단하는 새로운 변수가 구성되었다. 구체적으로 윤리적 소비 의식이 있으면서 실천 의지도 있는 경우는 0으로, 윤리적 소비 의식은 있으나 실천 의지는 없는 경우는 1로, 윤리적 소비 의식도 없고 실천 의지도 없는 경우는 2로, 윤리적 소비 의식은 없으나 실천 의지는 있는 경우 3으로 코딩했다. 〈표 13-6〉에는 각각의 항목에 포함되는 조합원의 비중을 제시하고 있다.

우선 윤리적 소비가 중요한지 묻는 질문에 대한 응답 평균이 3.0점보다 높았을 때 윤리적 의식이 있다고 본 경우, 표본 중 74% 이상이 윤리적 소비의 중요성을 인지하고 윤리적 소비의 실천 의지도 있는 것으로 파악되었다. 한편 윤리적 소비의 중요성은 인식하고 있지만 윤리적 소비에 대한 실천 의지는 낮은 경우는 약 22%였으며, 윤리적 소비의 중요성은 인식하지 못하나 조합원으로서

〈표 13-6〉 윤리적 소비 의식과 실천 의지 간의 일치·불일치 여부

임계치	구분	비중
윤리적 소비 의식 긍정 응답의 판단 기준(3.0)	윤리적 소비 중요성 인식 높음 + 윤리적 소비 실천 의지 있음	74.18
	윤리적 소비 중요성 인식 높음 + 윤리적 소비 실천 의지 없음	21.84
	윤리적 소비 중요성 인식 낮음 + 윤리적 소비 실천 의지 없음	2.13
	윤리적 소비 중요성 인식 낮음 + 윤리적 소비 실천 의지 있음	1.85
윤리적 소비 의식 긍정 응답의 판단 기준(3.5)	윤리적 소비 중요성 인식 높음 + 윤리적 소비 실천 의지 있음	67.93
	윤리적 소비 중요성 인식 높음 + 윤리적 소비 실천 의지 없음	17.38
	윤리적 소비 중요성 인식 낮음 + 윤리적 소비 실천 의지 없음	6.59
	윤리적 소비 중요성 인식 낮음 + 윤리적 소비 실천 의지 있음	8.10
윤리적 소비 의식 긍정 응답의 판단 기준(4.0)	윤리적 소비 중요성 인식 높음 + 윤리적 소비 실천 의지 있음	46.84
	윤리적 소비 중요성 인식 높음 + 윤리적 소비 실천 의지 없음	9.07
	윤리적 소비 중요성 인식 낮음 + 윤리적 소비 실천 의지 없음	14.90
	윤리적 소비 중요성 인식 낮음 + 윤리적 소비 실천 의지 있음	29.19

윤리적 소비의 실천 의지는 보이는 반대의 경우가 1.85%를 차지했다. 거꾸로 윤리적 소비의 중요성을 인식하지 못하면서 실천 의지도 낮은 조합원은 2.13%를 차지했다. 윤리적 소비 의식에 대해 긍정 응답으로 간주하는 기준을 3.5, 4.0으로 높이는 경우 점차 윤리적 소비의 중요성을 인지하고 윤리적 소비의 실천 의지가 있는 표본의 비율은 줄어들고, 반대로 윤리적 소비의 중요성도 인지하지 못하고 윤리적 소비의 실천 의지도 없는 표본의 비율은 늘어난다. 또한 윤리적 소비 인식에 대해 긍정적으로 판단하는 기준을 3.5, 4.0으로 높일수록 윤리적 소비에 대한 중요성은 인식하면서 윤리적 소비의 실천 의지가 없는 표본의 비율은 줄어드는 반면, 반대로 윤리적 소비에 대한 중요성은 인식하지 못하나 윤리적 소비의 실천 의지는 있는 표본의 비율은 늘어난다. 종합해볼 때 윤리적 소비 의식의 긍정 응답을 3~4 사이 어디에 기준을 둘 것인가에 따라 비중의 차이가 나타나는 것을 확인할 수 있었으며, 또한 조합원들의 윤리적 소비 의식과 윤리적 소비의 실천 의지 간 부조화 현상이 2가지 방향으로 나타날 수 있음도 확인했다.

그러나 이 글은 소비자들이 윤리적 소비에 대한 중요성을 인식하면서도 이러한 높은 윤리적 소비 의식이 소비의 실천 의지로까지는 이어지지 않는 요인이 무엇인지를 파악하는 것을 주요 목적으로 하고 있다. 따라서 이 글에서는 상기 최종 생성된 종속변수 항목 중 윤리적 소비 의식이 높으면서 윤리적 소비의 실천 의지가 있는 경우에서 윤리적 소비 의식은 높은데 윤리적 소비의 실천 의지가 없는 경우로 이동하게 되는 요인에 대한 분석이 주가 된다. 다만 윤리적 소비 의식은 여전히 낮으나 윤리적 소비의 실천 의지는 높음으로 이동하는 요인이 과연 앞선 분석의 결과와 다른지, 다르다면 어떠한 요인들이 반대의 경우 영향을 미치는지 비교하는 것도 중요하다고 판단했다. 따라서 윤리적 소비 의식이 낮으면서 윤리적 소비의 실천 의지가 없는 경우에서 윤리적 소비 의식은 여전히 낮은데 윤리적 소비의 실천 의지는 보이는 경우로 이동하는 요인에 대한 분석도 함께 진행하여 그 결과를 별도로 제시했다.

(2) 독립변수

이 글은 선행연구에서 밝힌 윤리적 소비 결정에 영향을 줄 수 있는 요인들을 분석에 활용했다. 구체적으로 인구사회학적 특성 중 학력과 소득을 분석에 포함시켰다. 허은정(2011)은 성별에 따라서도 윤리적 소비 행동에 차이가 나타나는 것으로 보고 있으나, 해당 성별에 대한 정보가 이 자료에는 없어 포함시키지 못했다.

또한 2015년 「아이쿱(iCOOP) 조합원의 소비생활과 의식에 관한 조사」 자료

〈표 13-7〉 주요 변수의 요약

구분			설명
종속변수	높은 윤리적 소비 의식과 실천 의지 간 부조화	더미변수	높은 윤리적 소비 의식과 높은 실천 의지=0 높은 윤리적 소비 의식과 낮은 실천 의지=1
	낮은 윤리적 소비 의식과 실천 의지 간 부조화	더미변수	낮은 윤리적 소비 의식과 낮은 실천 의지=0 낮은 윤리적 소비 의식과 높은 실천 의지=1
독립변수	학력	순서형	고졸 이하=1/ 대졸(전문대 졸 포함)=2 / 대학원 졸 이상=3
	소득	순서형	100만 원 미만=1/ 100만~200만 원 미만=2 200만~300만 원 미만=3/ 300만~400만 원 미만=4 400만~500만 원 미만=5/ 500만~600만 원 미만=6 600만~700만 원 미만=7/ 700만 원 이상=8
	사회공동체적 가치 추구	연속형	"평소에 사회적 문제에 관심이 많다"는 문항에 대한 답 "전혀 그렇지 않다(1)"부터 "매우 그렇다(5)"까지의 숫자와 "다른 사람들과 더불어 함께 살아간다고 느낀다"는 문항에 대한 답 1~5까지 숫자의 합을 평균 낸 값
	제품에 대한 신뢰	순서형	전혀 그렇지 않다=1/ 그렇지 않은 편이다=2/ 보통=3 그런 편이다=4/ 매우 그렇다=5
	제품에 대한 만족	순서형	전혀 그렇지 않다=1/ 그렇지 않은 편이다=2/ 보통=3 그런 편이다=4/ 매우 그렇다=5
	가격	순서형	아이쿱생협의 가격은 다른 구매처에 비해 어떠하냐는 설문에 대한 답으로 "매우 저렴(1)"~"매우 비쌈(5)"

에서는 사회에 대한 조합원의 의식을 묻는 설문 문항을 포함하고 있다. 구체적으로 평소에 사회적 문제에 관심이 많은지, 다른 사람들과 더불어 살아간다고 느끼는지 질문을 통해 조합원의 사회공동체적 가치를 파악하고 있다. 따라서 2개 문항을 하나로 묶어 총합을 평균 낸 묶음지표를 공동체적 사회적 가치 추구 정도를 나타내는 변수로 활용했다.

이 외에도 제품의 질과 관련해서는 아이쿱 제품을 어느 정도 신뢰하는지와 아이쿱 제품에 대해 어느 정도 만족하는지 파악한 변수들을 활용했으며, 제품의 가격과 관련해서는 다른 생협의 가격에 비해 아이쿱 제품의 가격이 "매우 저렴", "저렴", "보통", "비쌈", "매우 비쌈" 5가지 척도로 측정한 변수를 사용했다. 〈표 13-7〉에서는 이 글에서 활용한 모든 변수들을 요약 제시했다.

(3) 연구 방법

우선 이 글에서 활용된 변수들 간의 연관성을 확인하기 위해 상관분석을 실시했고, 이후 로지스틱 분석을 통해 윤리적 소비 의식과 실천 의지 간에 부조화가 나타나는 요인이 무엇인지를 파악했다. 이 글에서 윤리적 소비 의식과 실천 의지 간 부조화를 나타내는 종속변수는 더미변수로 범주형 변수이다. 이처럼 종속변수가 범주형 변수일 경우는 선형회귀분석의 최소자승추정법(ordinary least square: OLS)으로 추정한 추정량은 더 이상 최량선형불편추정량(the best linear unbiased estimator: BLUE)이 될 수 없다(Long and Freese, 2001). 즉, OLS 추정량에는 편의가 발생하게 되고, 그 결과 더 이상 효율적이지 못한(inefficient) 추정량이 된다. 구체적으로 이 글은 어떠한 요인들이 윤리적 소비를 중요시하는 의식과 이를 실천하고자 하는 의지 사이에 부조화를 발생시키는지를 분석하고자 하는 목적을 가지고 있기 때문에, 종속변수를 "높은 윤리적 소비 의식을 가지고 있으면서 실천 의지까지 있음(0)"과 "높은 윤리적 소비 의식을 가지고 있으나 실천 의지는 없음(1)"으로 해서 이분형 변수로 설정했다. 거꾸로 낮은 윤리적 소비 의식을 가진 조합원이 높은 윤리적 소비의 실천 의지를 나타내는 요인이 무엇인지를 밝히고자 하는 추가적인 분석에서도 "낮은 윤리적 소비 의식을 가지고 있고 실천 의지도 낮음(0)"과 "낮은 윤리적 소비 의식을 가지고 있으나 윤리적 소비의 실천 의지는 높음(1)"으로 나뉘는 이분형 변수가 활용된다. 이와 같이 종속변수가 더미변수 형태를 띠는 경우는 독립변수와 종속변수 간에 비선형관계가 나타나게 되고, OLS 선형회귀분석 시 필요한 주요 가정 중 정규성과 등분산성 가정을 충족하지 못한다. 이 경우 이항 로지스틱 모형을 사용해 분석을 시행하는 것이 바람직하다(Long and Freese, 2001).

로지스틱 함수는 시그모이드 함수(sigmoid function)의 S자 형태를 선형함수로 전환하여 0과 1만으로 나타나는 종속 변수를 −∞에서 ∞까지로 그 범위를 조정한다. 이때 로지스틱 함수는 승산(odds)에 자연로그를 취해 만들어지고 그 일반적인 형태는 식 ①과 같이 나타낸다.

$$Logit(p) = In(\frac{p}{1-p}) \quad ①$$

이러한 로짓 변환을 통해 도출한 로지스틱 모형은 식 ②와 같이 표현된다.

$$Logit(p) = In(\frac{p_i}{1-p_i}) = \alpha + \beta_1 x_1 + \beta_2 x_2 + \beta_3 x_3 \ ... \ + \beta_n x_n \quad ②$$

식 ②에서 p는 윤리적 소비 의식과 실천 의지 간의 부조화가 나타날 확률을 의미하고, $x_1, x_2, ..., x_n$은 이 글에서 활용된 독립변수들을 나타낸다. 식 ②는 단순선형회귀모형과 유사한 형태를 띠고 있으나, 로지스틱회귀모형에서는 독립변수 값에 따른 로지스틱 함수 값이 정규분포가 아니라 이항분포를 따른다고 가정한다. 따라서 계수 추정 시 OLS로 추정하지 않고, 최대우도법(maximum likelihood estimation: MLE)으로 추정하게 된다. 또한 이처럼 이항 로지스틱 모형을 통해 분석을 시행한 경우 전체적으로 회귀모형이 얼마나 적합한지를 검증하는 방법으로 Hosmer-Lemeshow 적합도 검정을 활용한다. 이때 Hosmer-Le meshow 검정결과모형이 적합하면 근사적으로 χ^2 분포를 따르게 된다고 본다. Hosmer-Lemeshow 검정의 χ^2 값은 종속변수의 예측값와 실제값의 일치 정도를 나타내는데, 그 값이 낮을수록 적합도가 높다는 것을 의미하고 검정 결과 유의하지 않게 나타나야 적합한 모형이 된다(Hosmer and Lemeshow, 2013).

또한 윤리적 소비 의식에 대한 긍정 응답의 기준을 달리해서 분석한 3개의 로지스틱 모형 중 가장 적합도가 높은 모형을 찾아내기 위해서 AIC와 BIC를 활용했다. AIC는 실제 자료의 분포와 통계모형이 예측하는 분포 사이의 차이를 나타내는 Kullback-Leibler 발산에 대한 추정치를 통해 모형의 적합도를 판단한다. 이때 여러 경쟁모형 중 AIC가 가장 작은 모형을 모형 적합도가 좋은 모형으로 간주한다. 한편 BIC는 Bayesian Factor에 대한 추정치이다. BIC는 AIC와 유사하나 모형의 간명성을 자유도를 통해 판단하게 된다. BIC도 AIC처럼 그 값이 작을수록 모형 적합도가 우수하다는 것을 나타낸다. 따라서 이 글에서는 AIC와 BIC를 모두 고려하여 소비 의식에 대한 긍정 응답의 기준을 달리한 3가지 모형 중 가장 모형 적합도가 높은 모형을 선정했다.

4. 분석 결과

로지스틱 분석에 앞서 이 글에서 사용된 변수들 간의 연관성을 파악하기 위해서 상관분석을 실시하여 그 결과를 〈표 13-8〉에 제시했다. 상관분석 분석 결과 독립변수들 중에서 "사회공동체적 가치 추구", "제품에 대한 신뢰", "제품에 대한 만족도", 그리고 "가격"의 경우 윤리적 소비 의식과 실천 의지 간의 부조화와 통계적으로 유의한 상관관계를 보였다. 상관관계 분석 결과를 통해 사회공동체적 가치 추구 또는 아이쿱에서 판매하는 제품에 대한 신뢰나 만족도가 높은 윤리적 소비 의식을 가지고 있으면서도 윤리적 소비의 실천 의지는 낮은 부

〈표 13-8〉 상관관계 분석 결과

	학력	소득	사회공동 체적 가치 추구	제품 신뢰	제품 만족도	가격	높은 윤리적 소비 의식과 낮은 실천 의지	VIF
학력	1							1.01
소득	-.061**	1						1.01
사회공동체적 가치 추구	-.036	.073*	1					1.06
제품 신뢰	.006	.046*	.206***	1				1.33
제품 만족도	-.001	.022	.179***	.486***	1			1.33
가격	.002	-.054**	-.037	-.224***	-.247***	1		1.07
높은 윤리적 소비 의식과 낮은 실천 의지	.006	.030	-.183***	-.233***	-.129***	.084***	1	

	학력	소득	사회공동 체적 가치 추구	제품에 대한 신뢰	제품에 대한 만족도	가격	낮은 윤리적 소비의식과 높은 실천의지	VIF
학력	1							1.04
소득	-.061**	1						1.06
사회공동체적 가치 추구	-.036	.073*	1					1.05
제품 신뢰	.006	.046*	.206***	1				1.45
제품 만족도	-.001	.022	.179***	.486***	1			1.48
가격	.002	-.054**	-.037	-.224***	-.247***	1		1.32
낮은 윤리적 소비 의식과 높은 실천 의지	.000	-.085	.489***	.141	.085	-.023	1	

$* p<.05, ** p<.01, *** p<.001$

조화 현상을 감소시킬 수 있는 요인일 수 있음을 예측해볼 수 있다. 거꾸로 상기의 상관분석 결과만을 기초로 판단할 때 제품의 높은 가격은 높은 윤리적 소비 의식을 가지고 있으나 윤리적 소비의 실천 의지가 낮아지는 부조화 현상을 오히려 부추길 수 있는 변수로 작용할 수 있다. 그 외에 학력이나 소득은 종속 변수와 통계적으로 유의한 상관관계를 보이지 않았다.

한편 동일한 변수들이 낮은 윤리적 소비 의식을 갖고 있으나 윤리적 소비에 대한 실천 의지는 높게 나타나는 부조화 현상과는 어떠한 상관관계를 보이는지도 함께 살펴봤다. 그 결과 사회공동체적 가치를 추구하는 성향이 높은 경우에만 낮은 윤리적 소비 의식을 가지고 있더라도 윤리적 소비를 실천하고자 하는 의지가 높게 나타났을 뿐, 그 외 어떠한 변수도 종속변수와의 통계적으로 유의한 상관성을 보여주진 않았다. 따라서 상관분석 결과만을 기초로 판단하건대 앞서 분석 결과와 달리 제품에 대한 신뢰나 만족도, 제품 가격은 낮은 윤리적 소비 의식과 높은 실천 의지를 나타내는 부조화 현상에 중요한 요인으로 작동할 가능성이 낮을 것으로 판단된다.

아울러 독립변수들 간의 다중공선성(multicollinearity) 여부를 파악하기 위해서 분산팽창인수(variance inflation factor: VIF) 값을 측정했다. 이때 통상 VIF가 10 이상일 경우 다중공선성이 문제가 되는 것으로 본다(Hair et al., 2019). 이 연구 모형에서 활용한 변수들은 모두 VIF 값이 1에 가까운 값을 나타내고 있는바 측정 결과 독립변수들 간의 다중공선성의 문제는 없는 것으로 판단했다.

〈표 13-9〉에는 로지스틱 분석 결과를 제시했다. 우선 전체적인 모형의 적합도를 확인하기 위해 Hosmer-Lemeshow 검정을 실시한 결과 Hosmer-Lemeshow $\chi^2 r$ 값은 각각 432.70, 409.05, 298.22로 나타났으며, p=0.7967, 0.7024, 0.8251로 유의수준 0.05보다 훨씬 크기 때문에 귀무가설이 채택되어 해당 로지스틱 모형들이 적합한 것으로 드러났다. 다만 3가지 모형의 모형 적합도를 AIC와 BIC를 기준으로 비교한 결과, 윤리적 소비 의식에 대한 긍정 응답의 임계치를 4.0으로 두고 윤리적 소비 의식과 실천 의지 간의 부조화 변수를 종속변수로 만들어 분석을 시행한 〈모형 3〉의 AIC 값과 BIC 값이 각각 687.8699와 720.7145로 가장 작아 3가지 모형 중 가장 모형 적합도가 높은 모형으로 선정되었다. 이에 〈모형 3〉을 기준으로 분석 결과를 살펴보면, 여러 독립변수 중에서 "사회공동체적 가치 구추" 변수와 "제품에 대한 신뢰" 변수들만이 99.9%의 신뢰 수준에서 통계적으로 유의미한 것으로 나타났다. 나머지 학력, 소득, 제품

〈표 13-9〉 로지스틱 분석 결과 1(높은 윤리적 소비 의식과 실천 의지 간 부조화)

	변수	Coefficient	S.E	Odds Ratio
〈모형 1〉 윤리적 소비 의식 긍정 응답 판단 기준 (3.0)	학력	.01599	.20747	1.01612
	소득	.10355	.05755	1.10910
	사회공동체적 가치 추구	-.64241***	.12040	.52602
	제품에 대한 신뢰	-.75809***	.11842	.46855
	제품에 대한 만족도	-.02474	.13393	.97556
	가격	.18205	.10146	1.19967
	Log likelihood	-686.50841	Pseudo χ^2	0.0749
	AIC	1387.017	BIC	1423.641
	Hosmer-Lemeshow χ^2		432.70(p=0.7967)	
〈모형 2〉 윤리적 소비 의식 긍정 응답 판단 기준 (3.5)	학력	.03726	.22966	1.03796
	소득	.17202**	.06328	1.18771
	사회공동체적 가치 추구	-.61054***	.13048	.54305
	제품에 대한 신뢰	-.79398***	.13293	.45204
	제품에 대한 만족도	-.01523	.14638	.98488
	가격	.19473	.11028	1.21499
	Log likelihood	-576.28182	Pseudo χ^2	0.0761
	AIC	1166.564	BIC	1202.367
	Hosmer-Lemeshow χ^2		409.05(p=0.7024)	
〈모형 3〉 윤리적 소비 의식 긍정 응답 판단 기준 (4.0)	학력	.12363	.30921	1.01612
	소득	.15404	.08350	1.10910
	사회공동체적 가치 추구	-.81266***	.17518	.52602
	제품에 대한 신뢰	-.40711***	.17902	.46855
	제품에 대한 만족도	-.10796	.19862	.97556
	가격	.29498*	.14781	1.19967
	Log likelihood	-336.93494	Pseudo χ^2	0.0624
	AIC	687.8699	BIC	720.7145
	Hosmer-Lemeshow χ^2		298.22(p=0.8251)	

* p<.05, ** p<.01, *** p<.001

만족도, 가격 변수들은 통계적으로 유의하지 않았다. "사회공동체적 가치 추구"
변수와 종속변수 간에는 부(-)적 관계가 나타난다. 이는 평소에 사회문제에 관심이 적고 사회공동체적 가치에 중요한 의미를 두지 않는 조합원일수록 높은 윤리적 소비 의식을 가지고 있으면서 그 실천 의지는 낮은 부조화 현상이 나타날 확률이 커짐을 의미한다. 마찬가지로 아이쿱에서 판매하는 제품에 대한 신뢰와 윤리적 소비 의식과 실천 의지 간 부조화도 부(-)적 관계를 보였다. 즉, 아이쿱에서 판매하는 제품을 신뢰하지 않는다면, 윤리적 소비 의식이 높아도 실제 실천 의지로 이어지지 않는 부조화 현상이 나타날 가능성이 높다.

윤리적 소비 의식에 대한 긍정 응답과 부정 응답을 구분하는 기준을 각각 3.0점과 3.5점에 둔 모형에서도 그 기준을 4.0점으로 두었을 때의 분석 결과와 동일하게 "사회공동체적 가치 추구" 변수와 "제품에 대한 신뢰" 변수가 종속변수 사이에 통계적으로 유의미한 부(-)적 관계를 보였다. 이는 평소에 사회공동체적 가치를 중요시하지 않거나 아이쿱에서 유통하는 제품에 대해 신뢰가 낮으면 높은 윤리적 소비 의식을 가지고 있더라도 이 의식이 윤리적 소비의 실천 의지로 이어지지 않음을 다시 한 번 확인시켜준다.

가격은 종속변수와 통계적으로 유의미한 정(+)적 관계를 보였다. 따라서 Carrigan and Attalla(2001)의 주장처럼 제품 가격이 비쌀수록 윤리적 소비가 중요하다는 것을 인식하면서도 윤리적 소비에 대한 실천 의지는 나타나지 않을 가능성이 높아질 것으로 예측된다.

한편 윤리적 소비 의식과 실제 실천 의지 간의 부조화는 낮은 윤리적 소비 의식을 가지고 있지만 실제 실천 의지는 높은 경우로도 나타날 수 있다. 따라서 이 글에서는 추가적인 분석을 진행했다. 낮은 윤리적 소비 의식과 실천 의지 간의 부조화에 미치는 요인 분석 시에도 윤리적 소비 의식에 대한 긍정과 부정의 응답을 가르는 기준을 3.0, 3.5, 4.0, 3가지로 구분하여 분석했다. 3가지 모형 모두 Hosmer-Lemeshow χ^2 값이 각각 53.27, 141.15, 276.32였으며, p 값 역시 0.1595, 0.2014, 0.4832로 유의수준 0.05보다 큰 것으로 밝혀졌다. 따라서 분석 결과 이들 모형도 역시 전체적인 모형 적합도는 크게 문제가 되지 않는 것으로

〈표 13-10〉 로지스틱 분석 결과 2(낮은 윤리적 소비 의식과 실천 의지 간 부조화)

	변수	Coefficient	SE	Ods Ratio
〈모형 4〉 윤리적 소비 의식 긍정 응답 판단 기준 (3,0)	학력	-.76374	1.13473	.46591
	소득	-.34404	.27458	.70889
	사회공동체적 가치 추구	2.99557***	.87434	19.99687
	제품에 대한 신뢰	.71744	.61052	2.04919
	제품에 대한 만족도	.21981	.41543	1.24583
	가격	.56810	.51044	1.76492
	Log likelihood	-29.670873	Pseudo χ^2	0.2594
	AIC	73.34175	BIC	87.76485
	Hosmer-Lemeshow χ^2		53.27(p=0.1595)	
〈모형 5〉 윤리적 소비 의식 긍정 응답 판단 기준 (3,5)	학력	.06840	.45542	1.07079
	소득	.09465	.12640	1.09928
	사회공동체적 가치 추구	1.05838***	.30673	2.88170
	제품에 대한 신뢰	.35319	.24483	1.42360
	제품에 대한 만족도	.09362	.25042	1.09814
	가격	.05094	.24286	1.05226
	Log likelihood	-136.35953	Pseudo χ^2	0.0596
	AIC	286.7191	BIC	310.1821
	Hosmer-Lemeshow χ^2		141.15(p=0.2014)	
〈모형 6〉 윤리적 소비 의식 긍정 응답 판단 기준 (4,0)	학력	.15718	.28119	1.01612
	소득	-.07585	.07647	1.10910
	사회공동체적 가치 추구	.51092**	.16605	.52602
	제품에 대한 신뢰	.90286***	.15739	.46855
	제품에 대한 만족도	-.01769	.16482	.97556
	가격	-.05178	.13636	1.19967
	Log likelihood	-376.70984	Pseudo χ^2	0.0717
	AIC		BIC	
	Hosmer-Lemeshow χ^2		276.32(p=0.4832)	

* $p<.05$, ** $p<.01$, *** $p<.001$

판단된다. 아울러 AIC와 BIC를 기준으로 할 때, 〈모형 4〉가 73.34175, 87.76485로 가장 작은 값을 가지고 있어 가장 우수한 모형으로 선정되었다. 이에 〈모형 4〉를 기준으로 분석 결과를 제시해보면, 사회공동체적 가치와 부조화 사이에만 통계적으로 유의미한 정(+)적 관계를 보이는 것을 알 수 있다. 즉, 평소에 사회공동체적 가치를 중요하게 여기는 조합원이라면 비록 윤리적 소비에 대한 인식 수준이 낮더라도 실제로 윤리적 소비 실천에 대한 의지는 높게 나타날 가능성이 있다. 아울러 〈모형 5〉, 〈모형 6〉의 분석 결과에서도 모두 사회공동체적 가치 추구 수준 변수가 공통적으로 부조화 현상이 나타날 가능성을 높이는 요인으로 나타났다. 이러한 결과는 평소에 사회공동체적 가치를 중요시하는 태도가 평소에 낮은 윤리적 소비 의식을 가지고 있어도 윤리적 소비에 대한 실천 의지는 높여주는 주요 요인임을 재확인시켜 주는 것이다.

5. 결론 및 시사점

그동안 여러 연구에서 교육 수준이 높거나(허은정·김우성, 2012; 홍은실·신효연, 2010; Adams and Raisborough, 2008) 더 많은 정보를 소유한 소비자가(유소이, 2012; Carrigan and Attalla, 2001; Nicholls and Lee, 2006) 윤리적 소비에 적극적으로 참여한다고 밝혔다. 그 결과 대부분의 윤리적 소비에 대한 정책이나 캠페인은 윤리적 소비 결정이 소비자의 소득수준이나 지식, 정보의 습득 정도에 따라 다르게 결정된다는 가정하에 이루어져 왔다. 그 결과 대부분의 연구에서도 개인의 사회·경제적 상황에 초점을 맞춰 소비 의사의 결정 요인들을 주로 분석해 왔다. 그런데 이들 연구는 개인 차원에서 윤리적 소비 행위를 하는 것이 과연 본인에게 좋은 일인지, 자신에게 어떠한 효용 가치를 증가시켜 주기에 이처럼 윤리적 소비를 실천하려고 하는 것인지 대한 진지한 고민이 결여되어 있다 (Barnett et al., 2005). Titus and Bradford(1996)는 개인 차원에서 윤리적 소비가 바람직하다는 인식을 가지고 있고 이를 실천할 수 있는 여력이 있다고 해서 반드시 윤리적 소비 행위로 이어지지 않는다고 주장한다. 예컨대 환경을 생각하고 동물 보호, 인권 보장 등 사회공동체를 위해 적극적으로 윤리적 소비 운동에 참여하는 소비자의 경우 윤리적 소비에 관한 인식 수준이 높아지고 더 많은 관련 정보들을 습득할수록 윤리적 소비 행위의 실천으로 발현될 가능성이 높다. 반면 윤리적 소비가 바람직하다고 생각하나 실제로는 가격이나 제품의 질 등 여러 가지 면을 고려할 때 합리적이라고 판단되는 경우에만 윤리적 소비 행위를 하는 소비자는 관련 정보의 습득이나 인식 수준이 높아진다고 해서 반드시 윤리적 소비 행위를 하지는 않을 것이다. 즉, 윤리적 소비가 사회적으로 바람직한 소비라는 것을 인지하면서도 여전히 실제 소비 행위를 할 때는 이러한 사회적 책임감이 제품 선택에 크게 작용하지 않는다. 특히 대부분의 소비자는 가격만 싸다면 반드시 윤리적인 기업에서 생산된 제품이 아니더라도 자기 눈앞의 이익을 외면하지 못하는 경향이 있다(Creyer and Ross, 1997). Fisherman(2011)은 세계 최대의 유통 공룡인 월마트의 가격 파괴 이면에 노동력 착취와 납품업체에 대한 갑질이 만연하고 있음을 폭로했다. 그럼에도 여전히 월마트는 온라인 유통의 최강자인 아마존의 최대 경쟁자로 꼽힐 만큼 꾸준히 성장을 지속했다. 이처럼 월마트 사례는 여전히 같은 품질이면 한 푼이라도 더 싼 곳을 찾게 되는 소비자의 심리와 "나 하나쯤 어때"라는 링겔만 효과(Ringelmann Effect)가 우리 사회에서 팽배해 있음을 보여준다. Cowe and Williams(2001)는 이러한 소비 현상을 일컬어 "30 대 3 신드롬"이라고 지칭한다. 이는 기업이 사회적 책무를 잘 실천하고 있는지 의식하는 소비자는 30%나 되는데도 이러한 의식을 반영해 실제로 윤리적 소비를 실천하는 비중은 3%에 불과한 역설적인 상황을 뜻한다.

그러면 왜 이런 차이가 발생한 것일까? 이 연구 결과 소비자들이 윤리적 소비가 바람직하다고 의식하면서도 윤리적 소비의 실천 의지로 이어지지 않는 이유가 선행연구들에서 주요 요인으로 꼽던 개인적 특성을 나타내는 소득이나 학력 등의 이유 때문은 아닌 것으로 보인다. 그보다는 얼마나 사회적 가치를 추구하고 사회적 책무를 다하고자 하는 사회공동체적 시민의식을 평소에 가지고 있는지에 따라 윤리적 소비 의식과 실천 의지 사이의 간극이 나타날 가능성이 달라지는 것을 확인했다. 구체적으로 아이쿱 조합원 중 평소에 자기 자신만을 생각하는 사람들은 이타적인 가치관을 가지고 있는 사람보다 높은 윤리적 소비 의식을 실제 소비 실천으로 이어갈 가능성이 적은 것으로 판단된다. 따라서 이런 소비자들은 평소에 자신의 소비가 주변 사람들에게 영향을 줄 수 있고, 더 나아가 사회문제를 유발하는 데 일조할 수 있다는 생각으로의 전환이 필요하다. 이런 맥락에서 윤리적 소비를 실천하고 있는 소비자는 현대 소비사회에서 화폐라는 도구를 가지고 사회적 책임을 이행하는 "소비자 시민성"을 발현하고 있는 것이다(Cronin, 2000). 아이쿱, 한살림, 두레생협과 같은 소비자생활협동조합은 그동안 착취를 통해 생산된 제품들의 판매를 지양하고 공정한 대가를 지불한 공정무역제품들의 유통·판매를 확대해나가는 등 다양한 방법을 통해 사회적 연대를 강화하는 관계적 소비 행위를 독려해오고 있다. 아이쿱 조합원을 대상으로 한 이 글의 연구 결과에서 조합원이 아이쿱에서 유통·판매하는 제품에 대한 신뢰도가 낮을수록 높은 윤리적 소비 의식이 실천 의지로 발현되지 못하는 부조화 현상이 나타날 가능성이 높은 것으로 드러났다. 이런 분석 결과에 비추어 과연 더 많은 조합원들이 높은 윤리적 소비 의식을 실제 실천 의지로 이어가도록 하기 위해서는 어떠한 노력이 필요할까? 윤리적 소비를 강조하는 것이 소비자로 하여금 자신의 희생을 감수해서라도 윤리적 소비를 반드시 해야 한다는 의미는 아니다. 이 경우 소비자 효용의 총량이 줄어들어 윤리적 소비 운동이 지속되기 어렵다(Barnett et al., 2005). 따라서 윤리적 소비를 촉진시키기 위해서는 소비자들 스스로 사회적 책임의식을 통한 소비의 공공성을 증진시키고자 하는 노력도 중요하나, 이에 못지않게 철저한 관리를 통해 일정 수준으로 판매되는 제품의 질을 꾸준히 유지해서 조합원들이 항상 믿고 구매할 수 있도록 신뢰도를 강화하는 노력이 윤리적 소비 의식을 윤리적 소비의 실천 의지로 이끄는 데 매우 중요하다. 아이쿱, 한살림, 두레생협과 같은 대표적 소비자생활협동조합들은 그동안 친환경 인증 마크가 있는 제품을 공급하고, 자체 인증시스템을 도입해 철저히 품질을 관리함으로써 조합원들에게 친환경적인 질 좋은 상품을 제공하고자 노력하고 있다. 구체적으로 생협에서 유통·판매하는 물품에 대해 자체적으로 방사능 검사나 잔류농약 검사를 한다든지, 직접 생산지를 방문해서 생산과정을 모니터링하는 노력들을 꾸준히 이어오고 있다. 예컨대 아이쿱은 현재도 다양한 독자적 인증시스템을 개발하기 위해 많은 투자를 하고 있으며, 한살림의 경우도 자주인증이라는 조합원 참여형 자체 인증시스템을 개발하여 이를 적극 활용함으로써 조합원의 신뢰성을 확보하는 노력을 이어오고 있다.

또한 이 글의 연구 결과, 제품 가격이 윤리적 소비 의식과 실천 의지 간의 부조화를 발생시키는 요인 중 하나로 드러났다. 따라서 아무리 윤리적 소비가 바람직한 것이라고 알고 있더라도 가격이 너무 비싸면 소비자는 윤리적 소비를 선뜻 실천하기 어려운 상황에 처할 수 있다. 이러한 가격경쟁력 측면에서도 소비자생활협동조합은 그동안 많은 노력을 기울여왔다. 예컨대 아이쿱과 같은 소비자협동조합은 현재도 공정무역제품 유통·판매, 지역경제 활성화를 위한 지역 생산품을 유통·판매하고 있고, 환경 친화적 제품 장려 등 다양한 형태로 윤리적 소비 운동을 전개해 나가면서 단순히 이런 제품들을 조합원에게 사회공동체적 가치를 앞세워 강요하기보다는 생산자와의 직거래나 유통 단계의 효율화 방안을 끊임없이 연구하여 거품을 거두어낸 착한 가격에 착한 소비를 통해 소비자 시민성을 발휘할 수 있도록 조합원들에게 기회를 제공하고 있다. 또한 과대한 상품 포장이나 대대적인 홍보비용을 아껴 자체 인증시스템을 개발하는 등 품질 관리에 적극 투자함으로써 품질까지 보장하면서 원가 절감을 통한 착한 가격으로 조합원들이 믿고 구매할 수 있는 제품을 공급하고자 노력해왔다. 이처럼 양질의 제품을 싼 가격에 제공함으로써 소비자생활협동조합은 다양한 사회적 소비 운동을 통해 조합원들이 사회공동체적 문화에 대한 경험을 높이고, 그 결과 다시 사회공동체적 의식이 높아지는 데 크게 기여하고 있다. 특히 조합원들은 이처럼 조합에 가입하여 제품을 소비하면서 자연스레 윤리적 소비에 지속적으로 노출되고, 이를 통해 자신만의 비용·편익에 기초한 기존의 소비 행태로부터 가족과 환경, 더 나아가서 자신이 속한 사회, 그리고 그보다 더 넓은 세계라는 사회공동체적 가치를 우선시하는 소비 행태가 자신의 효용 가치를 높이는 것이라는 사고를 가진 구성원으로 차츰 변화해간다(송인숙, 2005). 그리하여 조합원들은 소비자생활협동조합과 같은 조직 활동을 통해 사회문제에 대한 관심을 스스로 높여 수준 높은 시민의식을 형성할 수 있게 되고, 자연스럽게 이와 같은 윤리적 사고를 반영한 소비 행태가 소비자 자신의 효용을 극대화하는 결과를 낳게 될 것이다. 이런 맥락에서 윤리적 소비 운동을 더 넓게 확산하기 위한 소비자생활협동조합의 작은 노력들이 모일 때 보다 큰 사회적 울림을 만들어낼 수 있을 것으로 기대한다.

다만 이 글은 다음과 같은 한계가 있으므로 해석에 주의를 요한다. 불과 몇 년 전 만해도 지역과 환경을 고려한 윤리적 소비 행위는 소수의 소비자들에게서 전문 매장을 통해 이루어지는 특별한 행위로 인식되었다. 그런데 최근 상품의 가치에 중점을 두는 소비자들이 많아지면서 윤리적 소비가 확산되고 있는 추세이다. 이처럼 윤리적 소비가 매년 빠른 속도로 성장하고 있음을 고려할 때 이 글에서 활용한 2015년 「아이쿱 조합원 설문조사」 표본은 최근 조합원의 윤리적 소비에 대한 인식을 정확하게 반영하지 못할 수 있다. 다만 이 글에서 활용한 윤리적 소비 의식과 실천 의지 간 부조화를 파악할 수 있는 변수를 만들기 위해서는 조합원들의 윤리적 소비의 실천 의지에 대한 설문 문항이 필요한데, 가장 최근에 이루어진 2018년 조사에서는 해당 문항이 빠져 있어 2015년 자료를 활용했다. 따라서 2015년과 2020년의 소비 트렌드에는 어느 정도 차이가 발생할 수 있으므로 추후 이 글의 분석 결과를 활용 시 이 점을 반드시 고려할 필요가 있다. 아울러 이 글에서는 자료의 한계로 인해 윤리적 소비 의식이 실제 소비 행위로 이어지지 않는 부조화 현상을 살펴볼 수 없었고, 차선책으로 윤리적 소비 의식과 소비의 실천 의지 간에 나타나는 부조화를 분석변수로 만들어 활용했다. 물론 선행연구들에서 소비의 실천 의지는 의식이 실제 소비 행위로 이어지는 연결고리로서 강한 정(+)의 상관관계가 나타나고 있다고 하나, 여전히 실천 의지는 아직까지 실제 소비가 나타난 게 아니기 때문에 의식과 행위 간에 부조화가 나타나는지를 정확하게 파악하기 어렵다는 문제가 있다. 따라서 향후 조합원을 대상으로 하는 의식 조사에서는 윤리적 소비를 실제로 얼마나 실천하고 있는지에 대해 구체적으로 파악하는 노력이 필요할 것으로 보인다. 그럼에도 이 글은 윤리적 소비 의식과 윤리적 실천 의지 간 부조화가 나타나는 요인에 대해 선행연구보다 폭넓은 요인들을 대상으로 보다 심도 있는 논의를 제공했다는 점에서, 향후 소비자생활협동조합에서 조합원들의 윤리적 소비 의식과 행동 간의 간극을 좁히기 위해 어떤 방안을 모색해야 할지에 대해 중요한 정보를 제공할 수 있을 것으로 기대한다.

참고문헌

박미혜·강이주. 2009. 「윤리적 소비의 개념 및 실태에 대한 고찰」. ≪한국생활과학회지≫, 18(5), 1047~1062쪽.

박선우·윤혜현. 2015. 「공정무역커피 구매고객의 소비가치와 태도 및 행동의도와의 인과관계 연구: 윤리적 소비의식의 조절효과」. ≪외식경영연구≫, 18(6), 183~195쪽.

송인숙. 2005. 「소비윤리의 내용과 차원정립을 위한 연구」. ≪소비자학연구≫, 16(2), 37~55쪽.

송인숙·천경희. 2015. 「생활협동조합 활동가의 윤리적 소비 인식과 실천에 대한 탐색적 연구」, ≪소비자정책교육연구≫, 11(2), 141~167쪽.

신지은·정민주·이석훈. 2008. 「등급형 질문문항에 대한 응답경향 연구」. ≪통계연구≫, 13(1), 48~65쪽.

유소이. 2012. 「윤리적 제품에 대한 소비자 구매 갭: 공정무역커피를 대상으로」. ≪소비자문제연구≫, 41, 1~18쪽.

윤덕환 외. 2017. '2017 착한 소비 경험 및 관련 인식 조사'. 마크로밀 엠브레인.

윤병선. 「로컬푸드 관점에서 본 농산가공산업의 활성화 방안」. ≪산업경제연구≫, 21(2), 501~522쪽.

이득연·황미진. 2013. 『생활협동조합을 통한 윤리적 소비 확산 방안 연구』. 한국소비자원.

허은정. 2011. 「소비자의 윤리적 상품에 대한 태도 및 구매의도의 관련요인 분석」. ≪소비자학연구≫, 22(2), 89~111쪽.

허은정·김우성. 2012. 「소비자의 윤리적 소비행동과 관련요인 분석」. ≪소비자학연구≫, 23(4), 105~130쪽.

홍연금·송인숙·천경희. 2011. 「대학생의 윤리적 소비에 대한 의식과 실천에 관한 연구」. ≪생활과학연구논집≫, 31(1), 114~128쪽.

홍은실·신효연. 2010. 「대학생 소비자의 윤리적 소비와 관련변인」. ≪한국가정관리학회지≫, 28(5), 131~149쪽.

Adams, M. and J. Raisborough. 2008. "What Can Sociology Say About Fair Trade?: Class, Reflexivity and Ethical Consumption." *Sociology*, 42(6), pp.1165~1182.

Barnett, C., P. Cafaro and T. Newholm. 2005. "Philosophy and Ethical Consumption." in R. Harrison, T. Newholm and D. Shaw (eds.). *The Ethical Consumer*. London, UK: Sage. pp.11~24.

Blackwell, R. D., P. W. Miniard and J. F. Engel. 2006. *Consumer Behavior*. Mason, Ohio: Thomson South-Western.

Carrigan, M. and A. Attalla. 2001. "The Myth of the Ethical Consumer – Do Ethics Matter in Purchase Behaviour?" *Journal of Consumer Marketing*, 18(7), pp.560~577.

Clark, D. and R. Unterberger. 2007. *The Rough Guide to Shopping with a Conscience*. New York, NY: Rough Guides.

Cowe, R. and S. Williams. 2000. "Who Are the Ethical Consumers?" *Co-operative Bank Report*, pp.1~44.

Creyer, E. H. and W. T. Ross. 1997. "The Influence of Firm Behavior on Purchase Intention: Do Consumers Really Care about Business Ethics?" *Journal of Consumer Marketing*, 14(6), pp.421~433.

Cronin, A. M. 2000. *Advertising and Consumer Citizenship*. London: Routledge.

Engel, J. F., R. D. Blacwell and P. W. Miniard. 1995. *Consumer Behavior* (8th ed.). Forth Worth: Dryden Press.

Fisherman, C. 2011. *The Wal-Mart Effect: How the Worlds Most Powerful Company Really Works and How Its Transforming the American Economy*. New York: Penguine Books.

Hair, J. F. et al. 2019. *Multivariate Data Analysis*. Andover, Hampshire: Cengage Learning EMEA.

Harrison, R., T. Newholm and D. Shaw. 2005. *The Ethical Consumer*. London: Sage Publications.

Hosmer, D. W. and S. Lemeshow. 2013. *Applied Logistic Regression*. New York: Wiley.

Kishron, J. M. and K. F. Widaman. 1994. "Unidimensional Versus Domain Representative Parceling of Questionnaire Items: An Empirical Example." *Educational and Psychological Measurement*, 54(3), pp.757~776

Long, J. S. and J. Freese. 2001. *Regression Models for Categorical Dependent Variables Using STATA*. Texas: STATA Press.

Marshall, A. N. 1920. *Principles of Economics*. 8th Edition. London: Macmillan.

McEachern, M. G. and P. McClean. 2002. "Organic Purchasing Motivations and Attitudes: Are They Ethical?" *International Journal of Consumer Studies*, 26(2), pp.85~92.

Miller, D. 2001. *The Dialectics of Shopping*. Chicago, Chicago: University of Chicago Press.

Nicholls, A. and N. Lee. 2006. "Purchase Decision-Making in Fair Trade and the Ethical Purchase Gap: Is There a Fair Trade Twix?" *Journal of Strategic Marketing*, 14, pp.369~386.

Nunally, J. C. 1978. *Psychometric Theory*. New York: Praeger.

Retrieved. https://www.econlib.org/library/Marshall/marP.html (검색일: 2020.1.27).

Shaw, D. and E. Shiu. 2003. "Ethics in Consumer Choice: A Multivariate Modelling Approach." *European Journal of Marketing*, 37(10), pp.1485~1498.

Shaw, D., E. Shiu and I. Clarke. 2000. "The Contribution of Ethical Obligation and Self-Identity to the Theory of Planned Behaviour: An Exploration of Ethical Consumer." *Journal of Marketing Management*, 16, pp.879~894.

Sheth, J. N., B. I. Newman and B. L. Gross. 1991. "Why We Buy What We Buy What We Buy: A Theory of Consumption Values." *Journal of business Research*, 22(2), pp.93-96.

Titus, P. A. and J. L. Bradford. 1996. "Reflection on Consumer Sophistication and Its Impact on Ethical Business Practice." *Journal of Consumer Affairs*, 30(1), pp.170~195.

Webster, F. E. 1975. "Determining the Characteristics of the Socially Conscious Consumer." *Journal of Consumer Research*, 2, pp.188~196.

Zander, K. and U. Hamm. 2010. "Consumer Preferences for Additional Ethical Attributes of Organic Food." *Food Quality and Preference*, 21(5), pp.495~503.

소비자생활협동조합의 인적자원개발*

김아영·장지연·장승권

1. 서론

기획재정부의 협동조합 웹사이트(http://www.coop.go.kr/COOP/)에 의하면, 2012년 협동조합기본법 제정 후 설립된 협동조합 수는 2020년 9월 기준, 1만 8천 개가 넘는다. 이 외에도 개별법에 근거해 설립된 농협, 신협, 새마을금고 등도 활동 중이다. 그중 소비자생활협동조합(이하 생협)은 1980년대부터 활발하게 조직되기 시작했다(아이쿱협동조합연구소, 2016; 이재욱, 2011). 시민사회의 성장, 친환경 농업 확대, 소비자 의식 고양과 함께 발전한 생협은 2017년 1조 원이 넘는 공급액(매출액)을 달성했다(〈표 14-1〉 2017년 4대 생협 연간 공급액 합산).

생협은 협동조합에 대한 시민 인식의 변화, 관련 법령과 정부 정책의 변화 등

---

* 이 장은 다음 논문을 기반으로 한 것이다. 김아영·장지연·장승권, 「소비자생활협동조합의 인적자원개발: 한국 소비자생활협동조합의 조합원개발 현황과 아이쿱생협의 조합원 이사개발 사례」, ≪인적자원개발연구≫, 21권 3호(2018.9), 203~228쪽.

과 함께 발전하고 있다. 그러나 이러한 양적 성장을 보이는 협동조합, 특히 생협의 인적자원개발에 대해서는 많은 연구가 이루어지지 않았다. 사람 중심 비즈니스(Birchall, 2010)라고 불리는 협동조합의 특징을 생각해본다면 인적자원개발이라는 주제가 가지는 중요성에 비해 연구가 부족한 것이다.

이 글의 목적은 한국 생협의 인적자원개발을 기술하고, 이를 분석하여 협동조합 인적자원개발의 실제를 이해하는 것이다. 이를 위해 한국 생협(가장 규모가 큰 4개 생협인 아이쿱, 한살림, 두레, 행복중심)의 인적자원개발 현황을 정리했다. 그리고 실천공동체(community of practices)의 속성을 가지고 다양한 실천을 수행해나가는 아이쿱생협의 조합원 이사 개발 사례를 연구했다. 특히 아이쿱 내부의 문헌을 분석했고, 직접 참여관찰을 통해 연구했다.

'협동조합(생협)의 인적자원개발은 어떻게 이루어지는가?', '생협의 조합원이 이사회에 참여하게 되는 과정과 역량이 개발되는 과정은 어떠한가?'라는 질문에서 시작한 이 글은 다음과 같이 구성되었다. 첫째, 협동조합의 인적자원개발에 대해 살펴보기 위해 기존 연구와 문헌을 살펴봤다. 둘째, 한국의 협동조합(생협) 인적자원개발 현황을 기술했다. 셋째, 이 글의 사례연구에서 활용한 상황학습이론과 실천공동체에 대해 리뷰했다. 넷째, 아이쿱생협의 조합원 인적자원개발 사례를 분석했다. 마지막으로 한국 생협의 인적자원개발에 주는 시사점을 토론했다.

2. 문헌연구

협동조합의 인적자원개발에 관한 연구를 살펴보면 주로 협동조합이 성장하거나 확산되는 과정에서 교육이 담당하는 역할과 중요성을 규명하는 연구들이 실행되었다. 예를 들어, 염찬희(2011)와 구정옥(2016)은 각각 1960년대 한국에 신용협동조합을 탄생시키고, 이후 협동조합 교육 방식으로 소비자협동조합, 의료협동조합, 수협, 축협 등의 생성과 확산에 기여한 '협동교육연구원'의 역할을 조명했다. 그리고 영국의 협동조합 연구자인 Shaw(2015)는 영국 협동조합의 역사에서 교육이 차지해온 중요한 역할을 설명하며 거버넌스와 교육의 관계를 강조했다. 구성원들의 거버넌스 참여는 교육을 통해 경영 활동으로 연결되고, 이러한 경영 참여는 다시 교육에 대한 필요를 불러온다는 것이다.

협동조합에서 교육을 종업원 역량 개발 이상의 관점에서 조망하고, 조직의 변화·성장 과정과 학습의 관계를 탐구한 사례연구도 이루어졌다. 김활신·장승권(2015)은 노동자소유기업인 우진교통의 조직혁신과정 연구를 통해 노동자협동조합과 유사한 조직 특성이 학습 조직의 형성을 촉진함으로써 성과에 영향을 미치는 과정을 규명했다. 원종호·장승권(2017)은 해피브릿지가 주식회사에서 노동자협동조합으로 전환되어가는 과정을 자기조직화의 관점으로 접근하여 조직 내 다이내믹스의 변화를 기술하고, 자발적 학습 문화의 출현에 주목했다. 조혜진(2018)은 5개의 돌봄사회적협동조합 사례를 연구했는데, 이들의 지속가능성을 높이는 중요 요인 중 하나로 인적자원개발을 지목했다.

한편, 협동조합 상황에서 일어나는 학습의 원리를 탐구하는 연구도 진행되었다. 이은정·장승권(2013)은 아이쿱생협 사례연구를 통해 가치 적합이 조직학습에 미치는 영향을 탐색하면서, 활동가 조직이 직원 조직보다 구성원의 개인-조직 가치 적합이 높아 이중고리학습이 잘 일어난다고 말한다. 의사결정의 권한이 있고 공개적 논의가 활발한 활동가 조직에서 조직의 지배 가치까지 검토하고 조정하는 이중고리학습이 일어난다는 것이다. 김형미(2016)는 일본의 코프아이치생협에서 조합원 활동이 주민복지활동으로 확장되는 과정을 실천공동체의 관점에서 분석하고 설명했다. Otaka(2017)는 일본 노동자협동조합 사례연구를 통해, 동일본 재난지역 등에서 이질적인 참여 주체들이 대화를 통해 학습이 일어날 수 있는 소통 공간을 창출하는 과정이 지역공동체 기반 협동조합의 결성과 확산에 중요한 역할을 했다고 설명한다.

협동조합 개별 사례를 대상으로 한 질적연구 외에 다른 접근의 연구도 있다. 예를 들면, 봉미란·이영민(2015)은 기존의 기업가 역량모델을 활용해 협동조합 종사자의 필요 역량을 도출하는 연구를 진행했다. 그 결과 7개 역량군, 17개 역량으로 구성된 모델이 도출되었는데, 일반 기업가 모델과 달리 타인 지향성 역량군이 가장 높은 비중을 차지하는 것으로 나타났다. 구정옥(2017)은 협동조합 기본법 환경에서 협동조합교육의 현황을 고찰하고, 추진 체계 및 지원방식 개선, 대학 연계, 연구지원 강화, 연합회 활성화 등의 필요성을 제시한 바 있다.

이 글은 종사자가 아니라 조합원을 대상으로 하는 인적자원개발 연구라는 면에서 기존의 인적자원개발 연구들과 구별된다. 일반 기업을 대상으로 한 인적자원개발 연구는 주로 종사자(경영자와 직원)를 연구 대상으로 하여 이루어진다. 봉미란·이영민(2015)의 협동조합 종사자 역량모델 도출 연구는 이런 관점으로 접근한 연구라 할 수 있다. 그러나 협동조합교육의 현황에 대한 구정옥(2017)의 연구에서는 협동조합교육의 대상 범주가 임원, 조합원, 직원, 일반인(설립 희망자) 등으로 나누어진다고 주장한다. 협동조합은 조합원 중심의 운영을 지향하는 조직이고, 협동조합기본법에 근거한 국내 협동조합들은 대부분 설립 초기임을 감안할 때, 조합원 인적자원개발 연구는 중요성을 갖는다.

또한 이 글은 조합원 인적자원개발을 연구하는 데 있어 실천공동체 이론에 기반한다는 점에서 기존의 협동조합 연구와 차별성을 갖는다. 국내에서 상황학습이론을 기반으로 하는 실천공동체 연구는 2000년 기업 맥락에서 시작되어 공공 분야로 확대되었으나, 2013년 이후 감소세에 있다(임규연·김영주·은주희, 2017). 기업 맥락에서 실천공동체가 주목받은 것은 지식경영의 한계나 문제점을 보완하고 인재 육성의 대안으로 여겨졌기 때문이다(최미나·유영만, 2003). 그러나 임규연 등(2017)의 기존 연구 리뷰를 통해 확인되는 것은, 기업 맥락에서 실천공동체가 지식경영시스템에 대한 보완 활동으로 간주되었다는 것이다. 또한 일본 생협의 성장 사례를 실천공동체로 설명한 연구가 있으나(김형미, 2016), 한국 생협의 작동 과정을 상황학습 관점에서 이론적으로 설명하려는 시도는 아직 없다.

3. 한국 생협의 인적자원개발

1) 한국 생협의 현황

생협은 소비자들의 경제적·사회적·문화적 필요와 열망을 충족하고 복지를 향상시키기 위하여, 공동으로 사업체를 조직하고 그 구성원이 상호 협력하여 사업체를 운영하는 자발적 결사체이다. 한국의 생협은 도시 소비자의 구매력을 바탕으로, 농촌지역에 친환경 농업이 가능한 구조를 제시하고 농가 소득을 안정화하려는 사회운동의 일환으로 1980년대에 본격화되었다. 이후 1998년 소비자생활협동조합법(생협법)이 제정되면서 생협 활동이 더욱 촉진되었는데, 생협법 제정 당시에는 '친환경 농·수·축산물' 등으로 사업 범위가 한정되어 있었으나, 2010년 법 개정을 통해 '소비생활 전반에 필요한 물품'으로 사업 범위가 확장되었다. 생협들은 1990년대 후반에 공동 물류 등 사업 협력과 상호 연대를 목적으로 연합회를 결성하기 시작했고, 현재는 4개 연합회를 중심으로 운영되

〈표 14-1〉 4대 생협 현황(2017년)

구분	두레	아이쿱	한살림	행복중심
설립 연도	1997년 7월	1998년 3월	1988년 4월	1989년 12월
조합원 수	201,964명	262,507명	643,677명	38,473명
연간 공급액	1,208억 원	5,538억 원	4,233억 원	204억 원

자료: 4대 생협 2018년 총회 자료집 내용을 바탕으로 정리.

고 있다(아이쿱협동조합연구소, 2016).

2) 생협 인적자원개발 현황

생협에서 조합원 인적자원개발이 어떻게 이루어지고 있는지 살펴보기 위해, 두레, 아이쿱, 한살림, 행복중심 등 4대 생협연합회의 2017~2018년 총회 자료 집과 연차보고서를 분석했다(〈표 14-2〉 참고). 지역생협에 대한 교육 지원은 연합회의 고유한 기능이기 때문이다. 이들 자료에서 2016~2017년 사업보고 및 2017~2018년 사업계획 부분에 명시된 조합원 교육 및 역량개발 관련 내용을 대상으로 분석을 진행했다.

〈표 14-2〉 4대 소비생협 사업보고서

구분	자료명
두레	• 두레소비생협연합회 정기 대의원총회 자료집 - 2017년 제20차-법인7차, 2018년 제21차-법인8차
아이쿱	• 아이쿱소비자활동연합회 전국 대표자회의 자료집 - 2017년 제1차, 2018년 제1차 • 아이쿱소비생협사업연합회 대의원 정기총회 자료집 - 2017년 제19차, 2018년 제20차 • 아이쿱 연차보고서 – 함께 만드는 미래, iCOOP - 2016년, 2017년 연차보고서
한살림	• 한살림연합 정기총회 자료집 - 2017년 제7차, 2018년 제8차 • 한살림 이야기. 사람과 사람, 사람과 자연 – 다시 함께 더 새롭게 - 2017년, 2018년 소개자료
행복중심	• 행복중심소비생협연합회 정기 대의원총회 - 2017년 제7차, 2018년 제8차

(1) 생협별 인적자원개발의 목적, 추진 체계 및 중점 추진사항

생협에서 인적자원개발을 추진하는 목적은 각 생협연합회의 연간 사업보고 및 차기년도 계획에서 '핵심 과제', '사업 방향', '중점 사업목표', '목적' 등으로

〈표 14-3〉 생협별 조합원 인적자원개발 비교

생협명	두레	아이쿱	한살림	행복중심
목적	조합원이 만들어가는 협동가치 강화운동, 조합원 주권 확대와 성숙한 조직문화, 조합원의 성장	조합원 자치 강화, 조합원 리더 성장, 조직 활동가에게 교육·훈련 기회 제공, 세대 교체와 리더십	사업·활동역량 강화, 업무 개선 및 안정화, 중장기 안정적인 운동 및 사업 확대기반 마련	생활 속 문제해결, 더 많은 민주주의가 가능한 지역공동체 만들기, 지역공동체 리더 발굴과 양성
추진 체계	조합원 교육 및 활동 기반 강화 전담조직 구성 (두레교육활동 센터, 2017년)	교육기획TF(2016년), 전담조직 구성(연합회 교육연대국, 지원센터 학습성장부문, 2018년)	한살림연수원 구성 (2015년), 연수 프로그램 개발, 학습코치 양성, 학습자료 개발	교육·조직·비전 위원회 구성(2017년), 비전 실현을 위한 조직 활동가 양성
중점 추진 사항	조합원 활동의 리더 역량 강화, 소통·공유 위한 활동 플랫폼 구축	실천을 통한 성장 도모, 찾아가는 교육 실현, 참여형 교육 형태로 전환 위한 자료 제공	자기 돌봄, 관계 역량, 참여자 중심, 건강한 조직문화 형성, 자기학습 교육패러다임 기반 교육연구체계 재구성	지역공동체 리더 발굴과 양성, 여성 주체, 지역사회, 협동복지 비전 실행, 조직활동기술 교육

표현된 내용을 통해 확인할 수 있다. 이는 〈표 14-3〉에 정리된 바와 같이 조합원 자치 강화(주권 확대), 조합원 성장(리더 양성), 사업·활동역량 강화, 운동·사업 확대기반 마련 등이다.

조합원 인적자원개발의 중요성에 대한 생협의 인식은, 관련 전략 수립 및 전담 조직의 구성 노력을 통해 드러난다. 두레와 아이쿱은 조합원 활동과 교육을 긴밀하게 연결하여 활성화하려는 목적으로 각각 '두레교육활동센터'와 '아이쿱 소비자활동연합회 교육연대국'을 구성했다. 한살림은 고유한 가치와 철학을 바탕으로 조합원과 임직원을 위한 연수 프로그램을 개발·운영하는 '한살림연수원'을 설치했고, 행복중심은 비전 실현을 위한 조직 활동가 양성을 목적으로 '교육·조직·비전 위원회'를 구성했다.

이들 전담 조직에서 강조하는 중점 추진사항을 통해 각 생협의 조합원 인적자원개발 전략 또한 가늠해볼 수 있다. 두레는 조합원 리더의 역량 강화 및 소통·공유 플랫폼 구축을 핵심 과제로 삼고 있고, 아이쿱은 학습·나눔·실천을 통한 성장과 참여형 교육, 찾아가는 교육을 강조한다. 한살림은 자기 돌봄, 관계

역량, 참여자 중심성을 키워드로 하며, 자기학습 교육패러다임으로 전환을 추구한다. 행복중심은 여성 주체, 지역사회, 협동복지 비전을 실현할 수 있는 리더의 발굴과 육성을 지향한다.

생협마다 고유한 사업 전략 및 조직 현황을 토대로 하는 조합원 개발 전략의 차이를 확인할 수 있으나, 리더 육성을 중점적으로 추진하면서, 관계역량 강화(나눔, 공유)를 중요시하고, 현장 중심의 교육(실천, 찾아가는 교육)을 추구하는 공통된 흐름 또한 확인할 수 있다.

(2) 조합원 역량개발 프로그램 현황

조합원 대상 교육과정은, 생협의 사업과 활동에 조합원이 참여하는 실천 맥락을 중심으로 구성되어 있다. 생협 조합원의 실천 활동은 사업 관여도 및 거버넌스 참여도에 따라 입문, 활동 참여 및 사업 운영, 조합 경영으로 구분해볼 수 있는데, 각 영역의 활동은 관련된 역량개발 프로그램에 의해 뒷받침된다.

생협 조합원은 가입 후 협동조합의 개념과 원리에 대해 교육받을 수 있고, 캠페인/소식지/기획강좌 등을 통해 안전한 먹거리, 도농 연대, 여성주의 등 각 생협이 지향하는 가치를 소개받는다. 참여 의사가 있는 경우 지역별 소모임, 학습회 등에서 활동하는데, 일정 교육을 받으면 물품 심의, 식생활 교육 등 연합회 차원의 사업에 참여하기도 한다. 매장 관리자나 교육 담당자로 일하는 경우에는 유통/회계 교육 및 내부강사 양성과정 등 실무에 필요한 직무교육을 제공받게 된다. 생협에서 이사진은 조합원을 대표해 사업과 활동을 아우르는 주요한 인적자원으로, 이들을 위한 교육과정은 입문-심화 단계, 이사-이사장 코스 등으로 체계화되어 있다.

생협명	두레	아이쿱	한살림	행복중심
조합 입문	• 협동조합교육	• 가입 교육(온라인) • 한걸음 교육	• 가치와 한살림운동	• 신입조합원 교육
활동 참여 사업 운영	• 기획강좌, 토론회 • 생활재 자주 관리사 양성, 식생활 강사 및 내부강사 양성	• 대의원 놀이터/토론회, 물품 심의, 인증홍보, 소비자 점검, 공정무역 강사, 창업지원	• 살림꾼 교육 연수, 자주 인증, 식생활 교육, 생명학교 교사 양성, 학습 코치 양성	• 여성 활동가 아카데미, 식생활 교육강사, 생활 재 및 인증 위원회 교육, 책읽기 모임
	• 유통 마케팅 교육 • 인사노무/세무회계 • SNS 동영상 교육	• 지역별 직무 관련 • 학습회, 회계 교육	• 홍보/IT, 인사/회계 • 물품, 매장, 자주학습모임	• 매장활동교육 • 총회준비교육 • 사회적 회계 교육
조합 경영	• 이사 교육(신임, 심화) • 이사장 교육(신임, 연수, 공부 모임), 관리자 리더십	• 임원학교(이사 입문/심화/연수, 열린 학교, 캠프) • 이사장 연수, 이사 성장(토론, 워크숍)	• 살림꾼 교육연수(신임자, 경영, 리더십, 조직문화) • 마음살림, 갈등 해결, 성과 관리	• 이사 교육, 워크샵 • 여성 활동가 리더십 워크샵, 비전포럼, 지역단체 탐방

4. 상황학습 및 실천공동체

1) 상황학습

영어에서 'situation(상황)'이나 'situated(상황화된)'는 'situate(상황화하다)'라는 동사를 기본으로 하고 있으며 'situate(상황화하다)'는 '맥락 안에 두다(put in context)'라는 의미를 갖는다. 따라서 상황의 의미를 설명하기 위해서는 '맥락'의 의미를 파악해야 한다. '맥락'이라는 말은 라틴어 'contextus'에서 유래한다. 'con'은 '함께'라는 뜻을, 'textus'는 '엮다'라는 뜻을 갖는데 여러 요소들을 함께(con) 엮어서(textus) 대상의 실체를 보게 하는 것이 '맥락'이다. '맥락'의 영어사전의 의미는 '어떤 것을 완전히 이해하고 접하게 하는 생각, 서술, 사건 등을 구성하는 주변 조건들'이다. 국어사전에서는 '맥락'을 '사물 따위가 서로 이어져 있는 관계나 연관'이라고 설명한다. 정리하면 어떤 대상을 그 대상 자체로 이해할 수 있게 연결된 것들, 예를 들면 줄거리, 생각, 사건 등이 맥락이다.

'맥락 안에 두는 것'을 '상황화하는 것'이라고 한다면 '상황'은 맥락이 담긴 무엇이라고 볼 수 있다. 국어에서 '상황'은 '어떤 일의 그때의 모습이나 형편'이라는 뜻으로 '특정한 시간에 주체가 벌이거나 주체가 당하는 일과 관련된 주변 전체의 장면'이라는 뜻이다. 상황은 수많은 개체들이 한데 어우러져 있는 영화의 한 장면과 같다고 할 수 있다. 그 개체들은 각각 독립된 것이기도 하지만 동시에 각각 비중이 다른 다양한 역할로 어우러져 독특한 질을 가진 커다란 장면을 만들어낸다.

Dewey(1985)는 『민주주의와 교육(Democracy and Education)』에서 인간은 상황적 존재임을 주장한다. 그는 인간이 상황과의 상호작용을 통해 생존하고 기능을 개발하고 자신의 의미를 찾으며 살아가는 존재라고 설명한다. Schön(1983)은 인간이 상황 속에 존재하고 진리나 지식은 인간이라는 존재에서부터 파생된 것이기 때문에 진리 또는 지식도 상황 안에 존재해야 한다고 주장했다.

Brown, Collins and Duguid(1989)는 지식이라는 것은 대상 자체의 불변하는 속성에 대한 것이 아니라, 그 대상을 적절히 사용하기 위해 지속적으로 논의된 공동체의 산물이라고 설명한다. 지식의 중심이 되는 도구적 맥락이나 관점은 그 지식을 사용하는 개인과 그 개인을 포함하는 공동체의 상황에 의해 결정된다.

'상황학습'은 1980년대 후반부터 지금까지 다양한 형태로 발전했으며 그중 대표적인 것이 Collins, Brown and Holum(1991)과 Brown et al.(1989)의 연구를 바탕으로 하는 인지적 도제제도(cognitive apprenticeship) 방식의 상황학습이론과 Lave and Wenger(1991)의 실천공동체(Communities of Practice: CoP)를 통한 상황학습이론이다.

Collins et al.(1991)은 지식의 필요와 활용을 고려하지 않고 단순히 지식 자체만 가르치는 전통적 학습에서 벗어나, 지식이 삶에서 드러나게 된 맥락과 지식을 활용하는 맥락을 함께 가르치는 학습의 필요성을 제시했다. 그리고 이를 위해서는 전문가가 학습자의 수준과 흥미를 진단하여 적합한 교육과정과 방법을 제공하는 것처럼, 학습 과정에 학습자들의 상황을 반영하기 위해 노력하는 것이 중요하다고 강조했다.

2) 실천공동체

Brown et al.(1989)은 지식이 사용되는 상황이 개인의 필요를 넘어 사회적 요구에 의해 이루어지는 것으로 보았다. 그러므로 살아 있는 지식을 습득하기 위해서는 사회 문화 속에 들어가 그 문화의 구성원이 되어 지식에 관한 사회적 관점을 획득해야 한다. 그래야만 개인적 필요와 사회적 요구에 부합하는 지식을 사용할 수 있다고 보았기 때문이다. 이런 점에서 그들은 학습을 문화화(enculturization) 과정이라 했다.

Lave and Wenger(1991)는 이 같은 가정에서 한 발 더 나아가 학습 상황이 일어나는 사회적 환경을 문화화하려 했다. 그들은 도제제도로부터 힌트를 얻어 이상적인 학습공동체의 예로 실천공동체를 제시했다. 실천공동체는 실천과 의미를 공유하는 집단이다. 즉, 공동체에 속한 구성원들에 의해 그 안에서 이루어지는 행위의 의미가 공유되는 하나의 활동 체제를 실천공동체로 보았다.

Wenger, McDermott and Snyder(2002)는 공동체가 개발하고 공유하고 유지하는 구체적 지식을 '실천'이라고 보았다. 그들에 의하면 구성원들끼리 공유하는 학습의 역사가 곧 실천이며 하나의 실천공동체를 이룬다는 것과 그 안에서 학습해간다는 것은 동일한 지식이나 기술을 공유하는 것 그 이상을 의미한다. 실천공동체는 특정한 시공간의 형태를 갖춘 정형화된 모임이 아니라 오랜 시간을 걸쳐 형성되며 다른 실천공동체와 접경을 이루어 존재하거나 또는 중복된다. 그리고 그 가운데에서 사람, 활동, 그리고 세계 사이에 존재하는 관계의 그 물망이 형성되는 것이다.

Wenger(1998)는 실천공동체가 단순히 학습을 촉진하는 방법론이 아니라, 공동체에 참여 혹은 접속하는 것 자체가 학습을 추동하는 상황 혹은 환경요인이 될 수 있다고 보았다. 또한 실천과 공동체라는 개념의 조합인 실천공동체는 호혜적 관여(mutual engagement), 공동 업무(joint enterprise), 공동 자산(shared repertoire)의 차원에서 다양한 실천이 있어야 한다고 설명했다. 공동체가 유지·존속하기 위해서는 참여자들 간의 인간관계가 있어야 하며 실천은 공동체 내 참여들이 서로에 대해 관여하는 가운데 일어나야 하는데 이것이 호혜적 관여다. 공동 업무는 역할, 성격, 인간관계 등이 다 포함되어 있기 때문에 복잡하다. 구성원들이 처한 상황과 그들이 취하는 전략은 각기 다르지만 소통하는 가운데 전략들은 전형화·구조화되기 때문에 공동으로 업무를 수행하는 법을 배우지 않으면 안 된다. 실천공동체의 공동 자산에는 일상의 관례, 말, 각종 도구나 행동방식, 이야기, 제스처, 개념 등이 있다. 공동 자산은 참여와 객체화의 조합에서 나온다. 업무나 구성원들 사이에 주고받는 정체성에 대한 표현들 또한 실천공동체의 공동 자산이라고 할 수 있다.

손민호(2005)는 실천공동체가 공동체에 참여하는 구성원들이 의미를 발견하는 공간이기는 하지만 실천을 공유한다는 것이 곧 구성원들 간의 조화나 협력을 의미하는 것은 아니라고 주장한다. 즉, 실천공동체는 그 자체가 선하지도 악하지도 않으며 긍정적이지도 부정적이지도 않은, 참여가 일어나는 상황을 의미한다는 것이다.

실천공동체를 이해하기 위해서는 이를 설명하는 몇 가지 개념을 살펴볼 필요가 있다(Wenger, 1998). 첫째, 실천공동체에서 거론되는 '실천' 개념은 활동을 포함하지만 활동 그 자체만 말하는 것은 아니다. 여기에는 명시적 부분과 암묵적 부분이 모두 포함되어 있다. 둘째, 하나의 실천공동체가 의미를 갖는 이유는 우리가 어떤 공동체의 실천에 '관계'하기 때문이다. 실천공동체의 구성원들이나 지적·물적 자산들은 공동체 구성원들의 지속적 관계 맺기를 통해 발전해갈 수 있다. 관계의 행위는 공동체의 일을 창출할 수 있는 힘의 원천이며, 역량을 형성하고 그것을 경험할 수 있는 맥락을 창출하기 때문이다. 셋째, 실천공동체는 '경계'를 형성하고 자신만의 정체성을 구축한다. 그러나 경계란 제도적 경계와 언제나 일치하는 것은 아니다. 경계 규정의 상당 부분은 멤버십과 관련되기 때문에 경계는 참여의 문제이고 정체성의 문제로 이해해야 한다. 경계 구분은 일상에서 마주치는 상황 속에서 타인들과 구분되는 무리를 짓기 위해 자기들끼리 무엇인가를 조정할 때 흔히 관찰된다(Giddens, 2001). 넷째, 실천공동체에서 정체성이란, 단순히 공동체에 대해서 자기 동일시를 하거나 이미지로 만들어낸 결과가 아니라, 공동체 참여자의 구체적인 경험이자 그가 지닌 역량의 표현이다. 실천공동체에서 정체성은 삶의 궤적 전 과정에 걸쳐 지속적으로 형성된다. 그러므로 정체성 형성의 문제는 시간과 사회적 맥락을 동시에 고려해야 한다(Wenger, 1998).

실천공동체는 구성원 간 상호작용을 기반으로 지식 생산이 가능하다는 특성을 가지고 있으며 자신이 속해 있는 맥락에서 지식을 실천할 때 동기가 증진될 수 있다(Lemke, 1997). 이런 이유로 기업들은 조직에서 필요한 지식 확산과 생산성 증대를 위한 핵심 전략으로 실천공동체에 주목했다(최미나·유영만, 2003). 최종인·홍길표·장승권(2011)은 실천공동체 창출 성과를 측정한 결과, 실천공동체가 조직의 도전적·자율적 풍토에 긍정적 영향을 미친다고 보고했다. 이영민·송미정(2010)은 실천공동체 구성원들이 공동체 활동에 적극적일수록 직무 성과와 조직문화에 긍정적인 영향을 미치고 있음을 밝혔다.

5. 생협 인적자원개발 사례

이 글은 일련의 연관관계를 갖는 하나의 현상에 집중함으로써 그 현상을 특징짓는 중요한 요인들의 상호작용을 발견해내기 위해 '사례연구' 방법을 채택했다. 질적연구의 목적이 경험의 의미를 이해하는 데 있다고 볼 때, 결과보다는 과정에, 검증보다는 발견에 더 관심을 가질 필요가 있으므로 실천 맥락에 깊숙이 들어가 이들의 실천을 탐색하기 위해 노력했다.

질적연구의 주요 자료는 참여관찰을 통한 현장 기록, 정보 제공자와 면담 내용의 전사본을 통한 기록, 그리고 연구 현장에서 얻은 문화유물 자료와 비개입적 자료, 조사 중에 얻은 사회적 현상과 관련된 기록물을 포함한다(Hatch, 2002). 이 연구를 위해 연구자들은 조합원 이사의 실천에 대해 다양한 경로 자료를 수집했다. 특히 연구자 중 한 명이 2007년부터 2017년까지 아이쿱생협의 조합원 이사로 활동했기 때문에 시간의 흐름에 따른 조합원 이사들의 성장과 변화를 가늠할 수 있었다.

아이쿱은 조합원 리더의 역량 강화를 위해 2014년부터 이사 성장 프로그램을 운영하고 있다. 이사 성장 프로그램은 워크숍과 토론회로 진행되며 지역조합 이사회가 스스로 주제를 선정해 진행한다. 연합회에서는 한 해 동안 이루어진 이사 성장 프로그램 결과를 취합하여 다음 해를 위한 자료를 구성하고 지역조합에 제공한다. 2018년 상반기에는 총 51개 지역조합의 418명 조합원 이사들이 참여했다.

연구자는 아이쿱생협 이사회의 실천과 학습에 대해 살펴보기 위해 2018년 1월부터 7월까지 진행된 51개 지역생협의 이사 성장 프로그램 결과보고서를 분석했으며, 17개 조합의 이사회 토론회(2018년 1월부터 7월까지)에 직접 참여하여 이사들을 면담했다. 연구자는 17개 지역생협을 1회씩 방문하여, 총 17회 이사회 토론회를 직접 진행했다. 이사회 토론회 참가자는 지역생협당 평균 10명의

<표 14-5> 이사회 토론회 및 그룹면담

지역	토론회 진행 조합 수	그룹면담 참여 조합 수
서울·수도권·강원·제주	6개	4개
중부·호남	4개	3개
영남	7개	3개
합계	17개	10개

이사이며, 총 170여 명이 참가했다. 토론회 후에 지역생협당 3~4명씩 총 10개 조합 30여 명의 이사들과 그룹별(지역생협별) 면담을 했다. 이사회 토론회와 그룹면담을 진행한 지역조합과 참여자 수는 <표 14-5>와 같다.

이 글은 생협 조합원의 역량 개발이 일어나는 과정을 상황학습이론을 바탕으로 분석한다. 상황학습이론은 '인간은 사회적 존재'라는 것을 학습에서 근본적 사항이라 여기고, 지식은 대상의 적절한 사용을 위해 지속적 논의를 거친 공동체의 산물로 간주한다(Wenger, 1998). 이런 관점에서 공동체는 구성원들의 행위에 가치를 부여하고 그 행위를 하나의 역량으로 인정하는 사회적 실체이며, 실천은 구성원들이 공유하는 행위 양식이나 이해의 틀이다. 개인은 이런 공동체의 실천에 참여해 정체성을 구성하고 성장해가며 학습을 경험한다.

1998년 연합회 결성을 시작으로 연간 5500여 억 원 거래 규모로 성장한 아이쿱생협은 2018년 7월 기준, 98개 지역생협에 참여하는 27만여 명 조합원들에 의해 소유되고 통제되는 조직이다. 연합회와 지역생협의 핵심의결기구인 이사회는 조합원 가운데 선출된 이사들로 구성되는데, 이들은 자신의 임기 동안 각 조합의 업무 집행을 책임진다. 아이쿱은 조합원 자치 강화를 목표로 조직 활동가에게 교육·훈련 기회를 제공하고 조합원 이사의 성장을 도모하는 다양한 활동을 진행해왔다. 아이쿱에서 역량 개발의 주요 대상인 조합원 리더는 단위조합의 경영을 책임지는 조합원 이사를 의미한다.

1) 생협의 조합원 이사

아이쿱 전체로 보면 지역생협마다 10명씩, 약 1천여 명의 이사들이 활동하고 있다. 조합원 이사들은 조합원을 대표해 자산을 관리하고 기관 운영을 책임지는 자원봉사자들이다. 이들은 협동조합의 가치와 원칙에 입각하여 조합원을 위한 다양한 사업과 활동을 수행하며 조합원들이 협동조합에 관심을 가지고 지속적으로 참여하도록 훈련하고 개발하는 역할을 수행한다.

조합원 이사들은 대체로 고학력 기혼 여성으로서 육아와 자녀 교육에 대한 관심과 사회적으로 의미 있는 활동에 참여하려는 욕구가 높다. 이들은 평범한 생활인으로서 각자 생활의 필요에 따라 조합에 가입하는데, 이후 자신들의 욕구에 부합하는 활동에 노출되면서 자원봉사활동을 시작한다.

아이쿱생협의 조합원들은 대부분 가족의 건강에 대한 관심과 안전한 식품에 대한 요구를 해결하기 위해 가입한다(손범규·이예나, 2015). 가입할 때 협동조합에 대한 설명을 듣긴 하지만, 가입 절차가 주로 매장에서 간단하게 이루어지기 때문에 별다른 주의를 기울이지 않다가 조합원 모임이나 행사 참여를 권유받고 우연한 기회에 참여하게 되면서 다양한 경로와 방식으로 협동조합에 대한 경험을 이어간다. 같은 지역에 사는 조합원들이 모이는 마을모임이나 비슷한 관심거리를 나누는 동아리 모임 등에 참여하면서 먼저 가입했거나 모임 리더로 활동하는 사람들과 이야기를 나누게 되는데 이 과정에서 비로소 자신이 가입한 곳이 협동조합이라는 사실을 인식하게 되고 자료나 문서가 아니라 사람들과의 관계 속에서 협동조합을 경험하게 된다.

단순히 집 앞에 있는 매장에 들렀다가 마을모임이라는 걸 안내받았어요. 처음에는 모르는 사람들과 만나는 자리가 어색해서 참석하는 게 꺼려졌는데 가보니 그동안 만났던 동네 엄마들하고는 조금 다른 이야기를 하는 것 같아서 새로웠어요. 단순한 먹을거리 정보를 나누는 게 아니라 그게 왜 문제인지에 대해 이야기를 하더라구요. 먹을거리의 문제는 개인적으로 잘 골라서 되는 게 아니라는 걸 말하는데 되게 신선했어요(D아이쿱생협 ㄱ이사).

처음에는 물건만 사려고 했는데 이런저런 설명을 하면서 출자금, 조합비, 공정무역기금 등 뭔가 내라는 게 많더라구요. 도대체 이 돈을 어디에 사용하는지 궁금해서 모임에 나가게 되었어요. 많은 조합원들이 내는 돈으로 좋은 일을 많이 하더라구요. 특히 평소에 환경문제에 대해 관심이 많았는데 논 생물 조사도 하고 비닐봉투 대신 천으로 만든 장바구니를 사용하자는 캠페인도 하고⋯ 그래서 꾸준하게 그런 활동에 참여하게 되었죠(S아이쿱생협 ㅇ이사).

이러한 경험을 긍정적으로 받아들인 조합원들은 조합원 모임뿐 아니라 교양강좌나 생산지 체험, 생산자와의 교류 등 조합원들을 위한 다양한 행사에 참여하게 되면서 '소비자 알 권리 캠페인'이나 '공정무역 캠페인' 등 공익적 가치를 추구하는 사회 활동에 참여하게 된다. 그 과정에서 간편한 건강 요리법부터 자신의 감정 살피기, 타인과의 소통 방법 등에 대한 교육과정에 참여하게 되고, 실천가와 전문가를 만나 협동조합의 정의와 역사, 협동과 연대의 세계사 등에 대해 이야기를 나눌 수 있는 기회를 갖게 된다.

적극적 참여 의사를 가진 조합원은 모임의 리더가 되고, 한 발 더 나아가 조합원 이사가 되기도 한다. 지역생협은 직원을 따로 두지 않고 조합원 이사들이 스스로 조직을 관리하고 사업을 운영한다. 따라서 대부분의 조합원 이사들은 협동조합을 실제 제대로 운영하기 위해서는 경영에 대한 전문 지식과 정보를 습득해야 한다고 느끼면서, 뭘 하더라도 일단은 배워야 하고 많이 알고 있어야 한다는 생각을 갖게 된다.

생협에 가입하게 된 배경이나 과정이 조금씩 다름에도 불구하고 이들은 공통적으로 협동조합에 대해 높은 관심과 흥미를 가지고 있고, 새로운 배움에 대해서 두려움보다는 열정을 지니고 있다. 실제 여러 조합원 이사들은 자칫 무거울 수도 있는 이사로서의 책임을 감내하며 활동에 참여하는 동기로, 다양한 교육과 훈련의 기회를 든다.

조합원 이사들은 연합회에서 진행하는 〈이사코스 입문-심화-연수〉 프로그램이나 〈열린 임원 학교〉 등 조합원 임원을 위한 교육과정을 통해 협동조합에 대한 새로운 안목을 갖게 되지만, 진짜 협동조합을 이해하게 되는 곳은 현장이라고 입을 모은다. 이들은 주로 지역생협의 조합원과 소통하는 과정에서 학습의 필요성을 깨닫고 적극적으로 배움의 기회를 만들기 위해 노력한다. 또한 동료 이사들과 지속적인 상호작용을 통해 필요한 지식과 태도를 습득하고 의견과 행동을 조율해가며 스스로 역할을 찾아간다.

조합원 이사가 발굴되고 육성되는 과정은 지역생협 이사회를 하나의 실천공동체로 바라보고 접근했을 때 보다 잘 이해될 수 있다.

2) 이사회 참여의 의미

아이쿱생협의 조합원 이사들은 생협법에 근거해 정해진 자격을 갖추면 대의원 총회에서 선출된다. 선출 과정을 통해 이사회에 공식적으로 참여할 수 있는 합법성을 부여받고 조합 경영에 참여할 수 있는 정당성을 확보한다.

Wenger(1998)는 실천과 의미를 공유하는 실천공동체에 참여하는 것 자체가 학습을 추동하는 상황 혹은 환경적 요인이 될 수 있다고 보았다. 조합원 이사들은 이사회에 참여하는 실천을 통해 다른 사람이나 환경과 다양한 차원의 관계를 맺게 된다. 이를 통해 참여자들은 상대에 대해 알아가게 되며 관여한 것과 어떤 식으로든 영향을 주고받는다. 이사 활동의 목적이 서로 알아가는 것 자체는 아니지만 이것이 실천적 참여를 통해 얻는 소득이라고 할 수 있다. 그리고 이러한 소득이 그들의 실천을 지속가능하게 하는 동력이라는 것을 참여의 경험 속에서 깨닫는다.

조합원 이사들은 협동조합에 대한 이해가 상대적으로 낮은 다른 조합원들이 참여를 통해 조합에 대한 관여도를 높일 수 있도록 안내하고 이끄는 역할을 자신의 일로 인식한다. 따라서 이들에게 스스로 학습하고 실천하는 활동은 중요한 일상이다. 무엇을 배우고 이해하면 그것을 다시 다른 조합원들에게 교육하게 된다는 점에서, 이들에게 학습이란 다른 조합원들을 교육하기 위한 수단으로 인식되는 경향이 있다.

아이쿱생협의 조합원 이사들은 정관에 명시된 역할을 형식적으로 수행하는 것을 넘어, 직접 조합원과 소통하면서 협동조합의 가치와 원칙에 입각해 상황을 해석하고 조율해 나가려는 노력을 기울인다. 이들은 조합원, 이사, 협동조합운동가, 시민운동가의 특성을 동시에 갖추어가며 학습하고 성장한다. 이들은 다른 영역의 자원봉사자나 비영리단체 이사와 구별되는 '생협 이사'라는 정체성을 추구한다.

스스로 설정한 새롭고 도전적인 역할을 실현하기 위해 조합원 이사들은 보다 심층적이고 지속적인 학습에 대한 요구를 공유한다. 이들은 현실적인 지식과 정보를 얻고 창출하기 위해 개인적·조직적 차원에서 노력하고, 이사로서 합당한 역량 개발에 상당한 시간과 관심을 기울인다. 조합원 이사들은 자신들이 '알고 있는 것'을 '설명하고 실천할 수 있는 것'으로 전환시키기 위해 노력한다.

조합원 이사들은 교육과 학습의 중요성을 절감하며 개인과 조직적 차원에서 자기주도학습을 실천한다. 이들은 조합원을 상대로 협동조합이나 식품안전의 문제, 환경문제 등 조합의 현안에 대해 설명하거나 교육하는 역할을 수행함과 동시에 지속적으로 스스로 학습과 탐구를 해나간다. 그 과정에서 다른 지역생협의 조합원 이사들과도 활발하게 교류한다. 이들의 이러한 실천은 학습자 중심성, 자기 주도성, 맥락 중심성, 능력 중심성, 경험 중심성의 특징을 보인다.

실천은 학습이 일어나는 맥락적 조건이며 어떤 실천에 참여한다는 것은 그 자체가 곧 무대이기도 하고 대상이기도 하며, 길이기도 하고, 목적이기도 하다(손민호, 2005).

3) 호혜적 관여를 통한 역량 개발

역량 개발에 대한 조합원 이사들의 요구에 부응해 연합회에서는 이사 학습회, 이사 성장 워크숍, 협동학교 등 프로그램을 운영하고, 토론회, 초청 강연 등을 정기적으로 개최한다. 또한 온라인으로 정보를 공유할 수 있는 인트라넷을 운영한다. 이런 요소들이 조합원의 역량 개발을 온전히 담보하는 것은 아니지만, 실천공동체의 원활한 가동을 뒷받침하는 공동 자산으로서 의미를 갖는다.

실천공동체에서 실천은 공동체 참여자들이 서로에 대해 관여하는 가운데 일어난다. 조합의 이사가 되기 위해서는 각 지역생협마다 조금씩 다르기는 하지만 1년 이상 조합원 자격을 유지해야 하며, 일정 기간 조합원 모임의 리더로 활동하거나 생협 활동을 펼치는 각종 위원회 또는 팀의 일원으로 활동한 경험이 있어야 한다.

그러나 이러한 몇 가지 자격 조건을 갖춘다고 해서 해당 공동체의 온전한 구성원이 되었다고 보기는 어렵다. 일단 공동체 구성원으로의 최소한을 충족시켰다는 것은 Lave and Wenger(1991)에 의하면 '합법적 주변 참여(legitimate peripheral participation)'가 가능해졌다는 것이고, 그것으로 해당 공동체의 실천에 참여할 수 있는 합법성이 인정된다는 것일 뿐, 당사자가 전적인 참여(full participation)가 가능할 만큼의 역량을 갖추지 못했으므로 실현은 어렵다고 보아야 한다. 앞으로 어떻게, 어디까지 실천에 참여가 가능한지는 공동체의 조건과 함께 개인의 노력에 의해 결정된다. 개인이 노력의 방향을 설정하고 정도를 결정하는 것 자체가 중요한 실천이지만 대부분 참여자들은 이러한 것을 눈치채지 못하며 지나게 된다.

이사가 되기 전에는 비슷한 주제로 활동하는 사람들과 상호작용을 통해 인간관계를 형성한다. 이런 관계는 이사가 된 후에도 각종 학습과 정보 교류를 원활하게 하는 원천이 되기도 한다. 이사의 임기는 2년이지만 연임에 대한 제한이 없기 때문에, 활동 기간 측면에서 신임 이사부터 4년 이상 재임한 이사까지 다양하다. 신임 이사는 선배 이사들과 함께 역할 수행을 위해 많은 실천을 하게 되는데, 이때 이사의 업무 관련 지식을 단순히 공유한다고 해서 공동체의 일이 순조롭게 돌아가는 것은 아니다. 이들은 지속적으로 서로의 의견과 행동을 맞추기 위해 노력한다. 공동체의 업무는 각자의 개성이 아닌 서로의 관계에 의해 조율되고 진행되기 때문에, 실천공동체에서는 구성원의 이질성을 조율하는 '관계성'이 중요하다. 이런 관계성은 이들이 관여하는 실천공동체의 유지와 성장의 방향에 중요한 영향을 미친다.

처음 이사가 되었을 때는 뭐가 뭔지 하나도 모르겠더라구요. 이사가 되기 전에 물품활동위원회 위원으로 꽤 활동했고 그러면서 이사들을 옆에서 지켜봤었거든요. 처음 이사를 해보면 어떻겠냐고 제안을 받았을 때는 그동안 본 것도 있고 그래서 잘하지는 못해도 그냥 할 수 있을 것 같았는데 막상 이사가 되니 부담도 되고 많이 힘들었어요(A아이쿱생협 ㅂ이사).

이사가 되고 1년 정도 지나니까 처음보다 나은 것도 있고 더 힘든 것도 있어요. 일은 한 번 해본 거라 이제는 따라가는 데 급급한 게 아니라 스스로 뭔가 생각하면서 하는 것 같아요. 그런데 다른 사람들과 같이 일하는 건 여전히 어려운 것 같아요. 일하는 사람만 하는 것 같기도 하고 사람마다 생각이 다르니까 저랑 안 맞을 때는 정말 힘들어요. 왜 이사가 되었나 후회스러울 만큼요(G아이쿱생협 ㄱ이사).

조합원 이사를 위한 교육 내용은 협동조합의 가치와 원칙, 협동조합 운영과 회계, 아이쿱생협의 정책과 역사 등으로 구성된다. 그러나 조합원 이사들은 이 과정을 이수한다고 해서 진짜 조합원 이사가 되었다고 느끼지 않는다. 서로 다른 배경과 생각을 가진 조합원들이 참여하고 그 밖에 다양한 이해관계자와 함께하는 상황에서 협동조합의 가치와 원칙을 구현하는 것은 쉬운 일이 아니기 때문이다. 신임 이사들은 선배 이사들을 보면서 협동조합에 대한 지식이나 정보 외에 협동조합의 이사로서 갖추어야 할 태도와 책임에 대해 자연스럽게 배우게 된다고 말한다. 많은 조합원 이사들은 조합원 이사가 갖추어야 할 능력이 지식과 정보의 양이나 질에 의해서만 결정되는 것은 아니라고 말한다. 이들은 이사로서 역할을 잘 수행하기 위해서는 최종적으로 동료 이사들과 다른 활동가, 조합원, 나아가서는 지역조합과 관련된 여러 사람들과의 관계가 중요하다고 입을 모은다. 그중에서도 동료 이사들과의 관계에 대해 더욱 중요하게 생각하며 그들과 다양한 관계가 형성되지 않으면 이사 활동 자체가 곤란해진다고 여긴다.

아이쿱생협의 조합원 이사들은 외재하는 지식을 획득하는 것이 아니라 상호작용의 실천 행위를 통해 관계를 형성하고 그 관계 속에서 함께 사용하는 지식과 관계의 결과물로 형성되는 지식을 구성해간다. 조합원 이사들은 이사회의 원활한 운영을 위해 끊임없이 노력한다. 서로가 이해하고, 공감하고 때로는 오해하고 그것을 이해하려고 애쓰거나 혹은 미해결의 상태로 남겨놓고 넘어가기도 한다. 지식과 정보, 기술에 대한 것은 개인 차원에서 관리될 수 있는 문제이지만, 사람들 사이에 얽힌 문제들은 개인의 노력으로만 관리되기에는 현실적으로 어려운 부분이 많기 때문이다. 사람들 간의 문제, 즉 관계의 형성과 유지를 위한 지속적인 변화의 과정은 그것 자체가 해당 공동체에 참여하는 사람들에게 학습이다. 참여자들은 공동체에서 다른 사람들과 더불어 실천에 참여함으로써 변화하게 되는데 그 변화를 학습이라고 할 수 있다.

현재 아이쿱생협의 조합원 이사들은 임기를 시작한 이사들과 1회 이상 연임하고 있는 이사들로 구분된다. 조합원 이사가 되기 전, 이력이 다양하기 때문에 신임 이사라고 해서 협동조합에 대한 지식이나 정보, 경험의 정도가 연임을 하는 이사들에 비해 상대적으로 부족하다고 단정 지을 수는 없다. 오히려 신임 이사임에도 불구하고 연임하는 이사들만큼 또는 그 이상의 능력을 가지고 있을 수 있다는 점에서 이들 관계를 학교 선후배나 도제시스템에서 볼 수 있는 도제와 장인의 관계처럼 단순화하기에는 무리가 있다.

그럼에도 불구하고 연임하는 이사들이 신임 이사들에게 모델이 되는 이유는 그들이 해당 공동체 내에서 지금껏 수행해온 실천 때문이다. 이사회에서 신참과 고참의 기준이 경력의 문제만은 아니지만, 이곳에서도 어쩔 수 없이 고참과 신참은 일을 해결하는 노련함으로 구분되는데 그 노련함은 다양한 상황을 경험하면서 얻어지는 소득이기 때문이다. 고참의 경험은 대부분 신참에게는 유익할 뿐 아니라 그 자체로서 교육과정인 셈이다.

아이쿱생협 이사회는 소비자생활협동조합으로서 매년 총회와 조합원 모임, 생산지 교류, 물품 활동, 신입조합원 만남, 식품안전교육 등 비슷한 실천들을 반복한다. 그러나 이러한 반복을 단순한 재생산이라고 할 수 없다. 왜냐하면 이사들은 이질적 특성을 가진 구성원들 간에 협력관계를 유지하기 위해 부단한 교류와 소통을 하기 때문이다. 절차상으로는 별다를 것이 없다 하더라도 사람과 상황은 매번 다르기 때문에 기본적으로는 어떤 경우도 똑같은 어려움을 겪지는 않으며 단적으로는 이전에 어려웠던 부분이 현재에는 심각한 문제가 되지 않을 수도 있다.

조합원 이사들은 협동조합 이사로서 역할을 수행하는 것이 어려운 일이라는 데 공감하며 호혜와 신뢰를 바탕으로 협동하려는 태도를 유지한다. 또한 이들은 스스로 협동조합의 가치를 확산시키는 사회적 활동에 참여하는 것에 자부심을 가지고 있으며 다른 자원봉사와는 다르게 전문성을 높이기 위해 노력해야 한다고 생각한다. 그러나 어떤 일도 시간이 지나면 자동으로 능력이 생기고, 전문성이 길러지는 것은 아니다. 그것은 자신의 노력과 함께 해당 공동체에서 구성원들의 인정 속에 진행될 때 가능하다(손민호, 2006).

많은 조합원 이사들은 이를 위해 구성원들의 호혜적 관여가 필요하고 이러한 관계를 유지하기 위해서는 구분이나 서열과 같은 계층이 필요하다고 생각한다. 이사회 내에서 드러나는 힘과 의존, 전문 역량과 무기력감, 협력과 경쟁, 성공과 실패와 같은 속성들은 해당 공동체의 구성원들이 적극적으로 관여하기 때문에 나타나는 현상이기 때문에 구성원들 사이의 서열과 계층 현상이 이사회의 유지와 발전에 기여한다고 본다. 이들은 서로 돕지 않으면 손해라는 것도, 구성원들 사이의 마찰과 갈등이 결국 이사회 내에서 있을 수밖에 없는 현상이라는 것도 인정하고 거기서부터 문제를 해결하기 위해 다양한 방법을 모색해야 한다고 말한다.

협동조합 이사는 조합원 대표로서 책임과 권한에 대해 민감해야 한다고 생각해요. 그런데 막상 뭔가를 결정해야 할 때는 어떻게 해야 협동조합의 원칙에 맞게 하는 건지 고민이 돼요. 심지어 이사회 내에서 의견이 다를 때는 더욱더 혼란스럽죠. 그럴 때 팀워크가 중요한 것 같아요. 조합원 모임은 모임팀에서, 물품에 대해서는 물품활동팀에서 내는 의견에 더 무게가 실리죠(A아이쿱생협 ㄱ이사).

처음에는 굉장히 고민스러웠는데 지금은 조금 여유가 생겼어요. 서로 생각이 아주 많이 다른 것 같았는데 이야기를 하다 보면 비슷할 때도 있고 설령 다르다 해도 나중에 보면 결과가 크게 다르지 않을 때도 있고. 그래서 요즈음에는 누가 강하게 주장하면 그냥 그대로 따라가기도 해요. 그래서 잘되면 좋고 안 되면 또다시 하면 되고. 이사가 되고 나서 제일 많이 배운 건 협동인 것 같아요(P아이쿱생협 ㅂ이사).

조합원 이사들은, 이사회가 제 역할을 잘하기 위해서는 협동조합에 대한 전문 지식과 정보만큼이나 서로 함께하고자 하는 마음가짐이 중요하다고 생각한다. 그리고 이것을 협동과 팀워크라는 말로 구분하여 표현한다. 배려하고 도움을 주려는 마음을 협동이라고 한다면, 팀워크는 분명한 목표를 달성하기 위해 의식적으로 전문성을 추구하는 노력과 그에 따른 역할 분담이다. 이들은 이사회 구성원들 중 누군가는 그곳에서, 누군가는 저곳에서 각자 맡은 일을 하며 자리를 유지해야 공동 업무를 완수할 수 있다고 생각한다.

그러나 자기 자리를 벗어나지 않고, 자신의 업무만 수행한다고 해서 무조건 이사회가 잘 돌아가거나 좋은 결과가 나오는 것은 아니다. 조합원 이사들의 협동과 팀워크는 다양한 차원에서 나타나는데 특히 연임을 하는 이사들은 이사회 내에서 자신들의 활동 폭을 조절해가면서 때로는 소극적 참여나 비참여를 통해 이사회가 잘 돌아갈 수 있도록 노력한다. 이들은 전면에 나서서 일상적 문제를 해결하거나 조합원과의 소통을 전담하기보다는 신임 이사들에게 그 자리를 내어주면서 협동과 팀워크를 경험하게 한다. 비참여의 역설이다(Wenger, 1998).

협동조합의 조합원 이사들이 가장 현실적으로 느끼는 어려움은 '현장에서 만나는 조합원과 어떻게 관계를 맺을 것인가?'이다. 거의 모든 조합원 이사들의 고민은 여기서부터 시작되고 이와 관련해 조금씩 수월함을 느낄 때 스스로 진정한 협동조합의 이사가 되고 있다는 느낌을 갖게 된다.

이사회 구성원이 다양하기 때문에 조합원과 만나 함께 무엇인가를 시도하는 일에 더 많은 관심을 갖는 참여자들이 있는가 하면, 협동조합에 대해 공부하고 자료를 올리는 일에 흥미를 가진 참여자들도 있다. 대외적인 일을 처리하는 데 능숙한 참여자들도 있고 자신의 전문성 제고를 위한 노력에 관심을 갖고 눈을 외부로 돌리려 노력하는 참여자들도 있다. 이들은 자신이 할 수 있는 일을 잘 찾아서 어떤 방식으로든 공동체에 기여하고 있다.

4) 정체성 변화를 통한 성장

실천공동체에 참여를 통한 학습은, 단순히 기술과 정보를 축적하는 과정이 아니라 무엇이 되는지, 되지 않는지의 과정, 즉 존재의 방식과 능력의 변화 과정을 의미한다(Wenger, 1998). 실천공동체에서 학습은 정체성에 관한 경험이라 할 수 있다. 정체성은 삶의 전 과정을 통해 지속적으로 형성되기 때문에 기본적으로 시간과 관련되지만, 무엇보다 사회적 맥락 속에서 구성된다. 따라서 단순히 선형적 시간 속성에 따르기보다는 좀 더 복잡한 상호작용의 과정에서 형성되고 변화하는 것으로 이해해야 한다.

Wenger(1998)는 개인의 경험과 그에 대한 사회적 해석이 이루어지는 참여, 그리고 객체화의 누적된 결과로 정체성이 형성된다고 설명한다. 정체성은 주체성과 동일시의 관점으로 설명 가능하며 정태적인 것이 아니라 동태적이다. 아이쿱생협의 조합원 이사들은 각자 고유한 삶의 여정 속에 만들어지는 개인의 정체성과, 그들이 참여하는 협동조합과 이사회의 정체성 사이에서 지속적 상호작용을 통해 개인과 공동체의 변화하는 정체성을 구성한다. 특히 이들은 조합원의 대표로 조합을 잘 운영하는 것과, 협동조합의 이사로서 사회적 실천을 행하는 것을 중요하게 여긴다. 따라서 자신들의 공동체를 지속시켜 나가는 데 중요한 요소로 전문성과 시민의식을 꼽는다.

이사코스 심화 과정에서 제가 이사로서 했던 활동을 협동조합의 정의와 7원칙에 비추어 정리해봤는데 그러면서 조합원 이사로서 느끼는 자긍심이 높아졌어요. 이번 과정을 통해 이사로서 조금 더 성장했음을 느낄 수 있었고, 구체적으로 활동 영역에서 어떤 역할을 수행해야 할지 계획이 생겼다고 해야 할까요(C아이쿱생협 ㄱ이사).

협동조합에 대한 이해를 통해 조합 활동이나 운동, 캠페인에 대해 일정의 동력을 얻은 느낌이 들어요. 다른 조합 이사의 활동으로부터 아이디어도 얻고 나와 비슷한 고민을 하고 있다는 걸 통해 그동안 나의 활동이 틀리지 않았다는 격려도 되었구요. 조합 운영에 대해서는 조합비의 유기적인 쓰임에 대해 이해하고 알게 되었지만 회계 용어나 관련법 등은 여전히 어려워요(B아이쿱생협 ㅎ이사).

조합원 이사들은 협동조합을 운영하기 위해서는 전문성이 필요하다고 생각하기 때문에 그에 적합한 지식을 습득하는 데 관심이 많다. 그래서 지역조합과 연합회 차원에서 다양한 형태와 방식의 학습회나 특강 등이 개최되면 이들은 적극적으로 참여한다. 이러한 모습은 외부인으로부터 조합원 이사인 자신을 구분하려는 경계 짓기의 전형으로 볼 수 있다.

내·외부에 협동조합의 가치와 원칙을 강조함으로써 스스로 위상을 만들어가는 노력을 기울이는 것 역시 경계 구축의 예로 볼 수 있다. 경계란 한 공동체를 다른 세계와 구분 지으려 할 때 사용되는 말이다. 그래서 다소 부정적이고 배타적인 의미로 해석되기도 하지만, 실제 어떤 공동체도 다른 실천공동체와 분명하게 선을 그을 수 있는 경계를 갖지는 못한다. 현실적으로 그러한 이분법적 구분이 가능하지 않기 때문이다.

그럼에도 불구하고 공동체에 대한 논의에서 여전히 경계가 유의미한 것은 지속적으로 경계를 만들거나 허물어 버림으로써 공동체의 정체성을 형성해나갈 수 있기 때문이다. 예를 들어, 특정 공동체의 규칙과 흔히 사용하는 자료와 도구, 내부에서 주로 사용하는 표현 등은 해당 공동체 밖에 있는 사람들에게는 익숙하지 않다. 이런 것들이 이곳과 다른 곳을 구분 짓는 경계이다. 공동체의 구성원들은 자신들의 공동체 정체성을 위해서 지속적으로 공간적·실천적 경계를 넘나드는 수고를 아끼지 않는다.

아이쿱생협의 조합원 이사들은 경계 구축은 물론 경계를 넘나들거나 변경하는 과정을 통해 조합원 의식을 높이고 개인과 공동체의 정체성을 형성한다. 조합원 이사들은 경제적 가치와 사회적 가치를 동시에 추구하는 협동조합의 특성상 지식과 정보 그리고 다양한 관점들에 의해 도전을 받기도 하고 자신들이 전문가는 아니라는 것을 알고 있기 때문에 한계를 느끼기도 한다. 그럴 때 이론적 지식의 본질로 들어가지 못하는 데서 자신이 속한 공동체의 경계를 실감하게 된다. 이들은 협동조합이 사업체인 동시에 비영리조직으로서 이중적 성격을 가지기 때문에 스스로 범주화하는 것이 쉽지 않음을 느낀다. 그럼에도 불구하고 지속적으로 자신들만이 할 수 있고 해나가야 하는 영역을 만들어가면서 차별화하려는 노력을 기울인다.

조합원 이사들은 시간이 지날수록 자신들이 협동조합에 대해서 잘 알고 또한 이것을 잘 실천해가는 사람들로 인식되기를 원한다. 이들은 자신들이 추구하는 가치가 사회적 지지를 받고 자신들의 역량과 전문성이 인정받는다고 느낄 때 최선을 다하려는 마음을 갖게 되고, 맡은 역할에 최선의 노력을 기울이게 된다고 말한다. 어떠한 공동체든 자신들의 공동체성을 구현하기 위해 노력하기 마련인데, 이러한 노력의 좋은 예는 일종의 경계를 형성하는 것이다. 경계는 다른 공동체와 분명한 차별성을 추구하며 자신들만의 관계 고리를 구현하는 것을 의미한다. 그러므로 경계 구축은 외부자들이 공동체의 실천에 접근하는 것을 차단하기 위해서만 존재하는 것이 아니라, 내부자를 단속하는 기능 또한 갖는다. 공동체는 다른 공동체와 구분을 위해 경계를 만들어내기도 하지만 한편으로는 다른 공동체와 연계할 수 있는 방안 또한 구현한다(Wenger, 1998).

아이쿱생협의 조합원 이사들은 협동조합의 이사로서 역량을 강화하기 위해 노력한다. 지역생협 이사회 토론회의 자료로 활용되는 교육훈련 교재에 의하면 이들은 조합원 이사로서 현장에서 역량과 자질을 성장시키기 위해 노력한다.

협동조합 임원의 역량과 자질은 타고나는 것이 아니다. '임원은 누구인가'라는 스스로의 질문을 통해 개발되고 훈련된다. 협동조합 활동의 현장에서 다양한 문제를 해결해가며 자신의 변화를 체득하며 임원은 성장해나간다. 머리가 아닌 가슴으로 임원의 역할을 수행하자…(중략)(아이쿱 교육훈련과정 교재 「아이쿱 임원」 중에서).

능력과 역량은 비슷한 뜻을 담고 있지만 같은 의미로 사용되지 않고 서로 조금 다른 의미를 가진다. 능력이라는 말은 어떤 일을 할 수 있는지 없는지를 구분하기 위해 사용되는 데 반해, 역량이라는 말은 주어진 상황에서 얼마나 최적의 힘을 발휘하여 문제를 조율하고 해결하는가를 나타내는 데 사용된다. 역량과 관련한 담론은, 객관적이고 절대적인 지식에 대한 소유보다는 각자 자신들을 둘러싼 사회적 환경을 관리하고 운용하는 개인의 수행성(performativity)에 더 큰 비중을 두고 있다(손민호, 2006).

조합원 이사에게 요구되는 것은 단순하게 할 수 있는지 없는지를 묻는 능력의 문제가 아니다. 조합원 이사들은 스스로 이 부분에 대해 많은 생각을 하며 어떠한 경우에도 그러한 점을 명심해야 한다고 말한다. 이것이 그들이 말하는 '협동조합 이사다움'이다. 이들은 다양한 실천을 통해 자신들의 능력을 기르고 주어진 상황에서 잘 활용할 줄 아는 것이 자신들에게 요구되는 역량이라고 생각한다.

조합원 이사들은 스스로 전문성을 갖춘 협동조합 이사가 되기를 원하지만 전문성을 갖추기 위해 필요한 것이 협동조합에 대한 학문적이거나 전문적인 지식은 아니라고 말한다. 오히려 지나치게 이론적이거나 방대한 지식은 조합원과 만나는 현장을 일방적인 지식 전달이 이루어지는 교실로 변하게 하거나 이사회를 탁상공론으로 몰아갈 수 있다고 우려한다. 연임한 이사일수록 이런 생각에 더 공감하게 되는데 이것은 누구한테 배운 것이 아니라 조합원 이사로서 자신의 실천적 경험을 통해 획득하게 된 앎이고 지식이다.

조합원 이사로서 역할과 책임보다는 지식과 정보의 학습이 상대적으로 더 중요한 시기는 신임 시절이다. 신임 이사들은 공동체에 참여하게 되면서 협동조합의 가치와 원칙의 적용이나 협동조합에 대한 스토리텔링 구성 능력이 점차 고참의 경지에 이르게 된다. 한편으로 고참 이사들은 일정 부분 책임을 지고 조정과 관리를 해야 하는 선배의 역할을 맡게 되면 다시 그 역할의 신참이 된다. 결국 공동체의 일원으로 성장해 나간다는 것은 지속적인 역할 변화에 부응하는 노력이다. 이런 노력은 개인뿐 아니라 다시 공동체의 변화와 성장을 위한 일종의 동력으로 작용하게 된다.

아이쿱생협의 조합원 이사들은 자신의 성장과 발전에 큰 의미를 부여한다. 처음 이사회의 구성원이 되었을 때는 공동체에 적응하여 자연스럽게 일체가 되는 것에 몰두하지만 차츰 자신들의 공동체를 바라볼 수 있는 여유를 가지게 되면서 개인이 아닌 공동체 전체의 큰 그림에 더 관심을 가지고 노력하게 된다. 신임이라고 해서 무조건 고참들의 행동을 따라 하거나 그들의 생각에 동조하지는 않는다. 자신이 가지고 있는 조합원 이사가 되기 전의 경험과 지식에 비추어 비교하고 반성해보는 과정을 통해 앞으로 자신이 나아가야 할 바에 대한 아이디어를 얻는 기회로 삼기도 한다.

Wenger(1998)는 참여의 중요 요인으로 쌍방향 소통을 들고 있다. 쌍방향 소통이 있는지 없는지가 참여의 핵심이라는 것이다. 여기서 쌍방향 소통이 있다는 것은 곧 참여자들이 서로의 정체성에 관해 인정한다는 것을 뜻하며 조합원 이사들은 쌍방향 소통 안에서 정체성을 형성해나간다. 실천에 대한 성찰을 통해 새로운 실천을 만들어가며 조합원 이사로서 지속가능한 활동을 만들어낸다.

지금까지 실천공동체를 통한 상황학습이론을 바탕으로 아이쿱의 조합원 이사 역량개발 과정에 대해 살펴봤다(〈그림 14-1〉). 아이쿱의 조합원 이사 역량개발 과정은 마치 익숙하지 않은 길에서 자전거 타는 방법을 익히는 것과 같다. 조합원 이사들은 핸들을 잡거나 페달을 밟는 것과 같은 자전거 타기의 기본적인 기능들을 익히면서 동시에 장애물을 넘어야 하는 새로운 상황을 해결하기 위해 필요한 기능들을 함께 학습해간다. 이러한 경험들 가운데 실패를 경험하

〈그림 14-1〉 아이쿱 이사회와 실천공동체

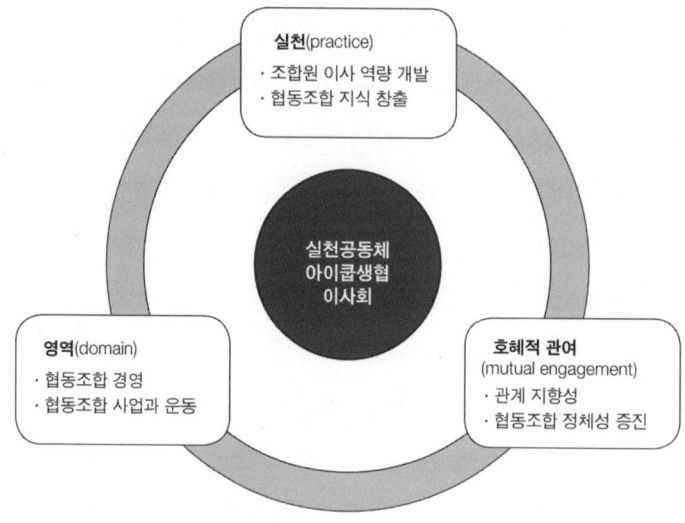

기도 하고 시행착오를 반복하기도 한다. 평범한 주부가 조합원이 되고 조합원 이사가 되는 과정을 통해 완벽하지 못한 상태가 만들어내는 연습과 변주를 함께 반복한다.

6. 결론

이 글은 협동조합에서 조합원 인적자원개발이 어떻게 이루어지는지를 이해하기 위해 한국 4개 생협의 사업보고서를 통해 조합원 인적자원개발 현황을 개괄하고, 그중 아이쿱의 조합원 이사 개발 사례를 문헌과 참여관찰을 통해 분석했다.

생협 조합원들은 사업 관여도에 따라 캠페인/교육, 매장 관리, 조합 경영 등 다양한 실천 활동에 참여하는데, 조합원 대상 교육과정은 이런 실천 맥락을 중심으로 구성되고 운영된다. 설립 20~30년차를 맞은 국내 생협들은 조합원 주권을 확대하고 사업과 활동의 역량을 강화하려는 목적으로 조합원 교육을 핵심 과제로 채택하고 있고, 관련 전략 수립 및 전담 조직 구성 등 노력을 기울인다. 이들은 조합원 리더 양성을 향후 운동·사업 확대를 위한 기반으로 인식하기도 하고, 조합원의 성장 자체를 활동의 목적으로 삼기도 한다.

생협연합회 차원에서 이사 역량개발의 중요성을 인지하고 여러 가지 교육·연수 프로그램을 마련해 제공하고 있으나, 아이쿱생협 사례연구를 통해 드러난 것은, 이사가 발굴되고 개발되는 핵심 기제는 개별 지역생협 이사회가 실천공동체의 원리로 조직되고 운영되어왔기 때문이라는 것이다.

이 글은 아이쿱의 지역생협 이사회를 하나의 실천공동체로 보고 접근하여, 조합원 이사들이 해당 실천공동체에 참여해 역량을 개발하고 정체성을 형성하며 성장하는 과정을 다음과 같이 파악했다.

첫째, 조합원 리더는 대의원 총회를 통해 이사로 선출되면서 경영 참여에 합법성을 부여받는다. Wenger(1998)는 실천과 의미를 공유하는 실천공동체에 참여하는 것 자체가 학습을 추동하는 상황 혹은 환경적 요인이 될 수 있다고 보았다. 이사회 참여는 여러 차원의 관계 형성을 수반하는데, 이 관계는 구성원들의 실천을 지속시키는 원동력이 된다. 조합원 이사는 생산자·조합원과 소통하는 과정에서 학습의 필요성을 절감하게 되고, 학습을 자신의 필요에 의해 운영되는 일상적인 일로 인식한다.

둘째, 조합원 이사들은 협동조합 경영이라는 공동 업무를 수행함에 있어, 동료 이사들과 서로 관여하며 활동하는 문화를 익히고, 참여와 경험 속에서 의미를 협상해나간다. 신임 이사는 고참 이사와 함께 활동하며 지식이 출현하는 맥락과 이를 활용하는 맥락을 생협 경영이라는 상황 속에 익혀나간다. 그 과정에서 학습은 지속적이고 암묵적인 경험이 축적되어 표출되는 현상으로 나타난다.

셋째, 조합원 이사들은 '임원은 누구인가'라는 질문을 스스로에게 던지며 협동조합 활동 현장에서 다양한 문제를 해결하는 과정을 통해 정체성의 변화를 경험한다. 이들은 협동조합 임원으로서 전문성과 시민의식을 갖추어야 한다고 생각하여 다양한 학습 기회에 적극적으로 참여하고, 내·외부에 협동조합의 가치와 원칙을 강조함으로써 차별적 경계를 구축해 스스로 위상을 만들어가는 노력을 기울인다. 그 과정에서 평범한 소비자가 조합원이 되고 조합원 이사로 성장하는 것을 경험하게 된다.

이 글은 한국 사회에서 협동조합이 지속적으로 확산되어 감에도 불구하고 협동조합 인적자원개발 연구는 드문 상황에서, 아이쿱생협의 조합원 개발 사례 연구를 통해 인적자원개발 연구의 폭을 넓혔다는 데 의의가 있다. 또한 사람 중심 비즈니스인 협동조합에서 조합원의 인적 결합을 통한 역량 개발과 성장 과정을 상황학습이론으로 접근하여 이해하려는 새로운 시도이다.

연구자들은 이 글을 통해 20년 전에 결성되어 협동조합 정체성을 유지하며 성장해온 생협에서 조합원 개발이 구체적으로 어떻게 이루어지는지 탐색하고 이론적 설명을 시도했다. 이론적 시사점은 협동조합의 인적자원개발을 실천공동체 관점에서 분석했다는 점이다. 그동안 영리조직인 기업이나 비영리조직인 학교 등에 실천공동체 개념을 적용하여 이론적 적합성을 확인해왔으나, 협동조합으로 확대하여 설명한 것은 많지 않았다. 특히 한국 협동조합(생협)의 조합원 이사들을 대상으로 진행된 이 연구는 실천공동체 이론을 더 확장하는 기여를 했다고 본다.

실무적 관점에서 보면, '협동조합 사업 개발은 어떻게 하는가?'라는 질문을 하는 신생 협동조합들에게 시사점이 있을 것이다. 기업의 사업 개발은 사업 기회를 인식한 사업가가 자원을 결집시켜가는 과정으로 설명되는 반면(정승화, 2005), 협동조합의 사업 개발은 조합원의 필요를 결속시켜 사업을 시작하고, 협동의 방식으로 필요한 자원을 조달해가는 과정으로 설명된다(Birchall, 2010). 현실 세계에서 협동조합이 조합원과 맺는 관계는 소비자, 생산자, 노동자, 그리고 소유자 등 특정 차원에 머무르지 않고 다차원적이며 총체적이다. 조합원 관계를 자원으로 인식하고, 다양한 방식의 참여와 결합을 시도하는 과정은 적절한 조합원 역량 개발을 통해 뒷받침될 수 있다. 협동조합은 조합원의 응집력이 발현되어야 생존하고 성장할 수 있다. 이런 측면에서 조합원 개발은 협동조합 사업 개발에서 중요한 과제이다.

그러나 이 글의 한계는 협동조합 인적자원개발의 중요한 대상인 경영자와 직원 등 종사자를 연구하지 못한 점이다. 또한 협동조합 중에서도 생협이라는 특정 유형의 협동조합을 연구했다는 점은 장점인 동시에 한계점이다. 농협과 같은 생산자협동조합, 직원이 주인이며 종사자인 직원(노동자)협동조합 등 다양한 유형의 협동조합이 실천하는 인적자원개발을 다루지 못했다.

이러한 한계를 고려하면, 미래의 연구 방향은 분명하다. 연구 대상을 경영자와 직원들로 확장하고, 협동조합의 다양한 유형별로 연구해야 할 것이다. 같은 맥락에서 보면, 아이쿱생협의 사례만이 아니라 한국 주요 생협 모두를 복수 사례로 연구해야 할 것이고, 생협 경영자와 직원에 대한 인적자원개발도 다루어야 할 것이다. 이런 향후의 연구 과제를 고려하면, 이 글이 한국 협동조합의 인적자원개발에 중요한 토대가 될 수 있을 것이라고 판단한다.

참고문헌

구정옥. 2016. 「안티고니쉬 성인교육운동의 한국적 적용: 1960년대~1970년대 협동교육연구원 사례」. ≪한국협동조합연구≫, 34(2), 143~169쪽.

구정옥. 2017. 「협동조합기본법에 의한 협동조합교육 현황과 문제점」. ≪한국협동조합연구≫, 35(1). 115~143쪽.

김형미. 2016. 「안심을 엮어내는 실천공동체: 코프아이치의 주민복지활동」. ≪한국협동조합연구≫, 34(2). 117~141쪽.

김활신·장승권. 2015. 「조직학습 관점에서 바라본 노동자소유기업의 조직변화: 우진교통 사례」. ≪한국협동조합연구≫, 33(3). 33~61쪽.

봉미란·이영민. 2015. 「협동조합 종사자 역량모델 분석과 개발」. ≪예술인문사회융합멀티미디어논문지≫, 5(5). 271~278쪽.

손민호. 2005. 『구성주의와 학습의 사회이론』. 용인: 문음사.

손민호. 2006. 「실천적 지식의 일상적 속성에 비추어 본 역량(competence)의 의미: 지식기반사회? 사회기반지식!」. ≪교육과정연구≫, 24(4). 1~25쪽.

손범규·이예나. 2015. 「2015년 아이쿱생협 조합원의 소비생활과 의식에 관한 조사」. 아이쿱협동조합연구소.

아이쿱협동조합연구소. 2016. 『iCOOP생협 2016년 입문 협동조합』. 알마.

염찬희. 2011. 「한국 협동조합들의 산실: 협동교육연구원」. ≪협동조합네트워크≫, 55, 74~100쪽.

원종호·장승권. 2017. 「조직변화와 자기조직화: 해피브릿지의 노동자협동조합 전환 사례」. ≪Korea Business Review≫, 21(1). 261~282쪽.

이영민·송미정. 2010. 「공공기관 재직자의 실천학습공동체 활동이 사회적 자본 형성과 조직성과에 미치는 영향: 서울시 A 기관 사례를 중심으로」. ≪HRD연구≫, 12(1), 1~22쪽.

이은정·장승권. 2013. 「협동조합의 조직학습: 아이쿱 생협 사례를 중심으로」. ≪인적자원개발연구≫, 16(4), 101~133쪽.

이재웅. 2011. 「2011 한살림 생협학교 자료집」. http://archive.hansalim.or.kr.

임규연·김영주·은주희. 2017. 「기업 및 공공조직 실천공동체(CoP) 국내 연구동향 분석: C4P모델 구성요소를 중심으로」. ≪기업교육과 인재연구≫, 19(3). 241~268쪽.

정승화. 2005. 『사업개발론』. 파주: 법문사.

조혜진. 2018. 「돌봄 사회적협동조합의 지속가능 요인」. 동의대학교 박사학위논문.

최미나·유영만. 2003. 「지식창출 및 공유전략으로서의 실행공동체(CoP: Communities of Practice) 발전과정에 관한 사례연구」. ≪교육정보미디어연구≫, 9(4). 177~208쪽.

최종인·홍길표·장승권. 2011. 「국가연구개발조직에서의 CoP 운영특성과 CoP 성과와의 관계연구」. ≪벤처창업연구≫, 6(3), 177~191쪽.

Birchall, J. 2010, *People-Centred Businesses: Co-operatives, Mutuals and the Idea of Membership*. Springer.

Brown, J. S., A. Collins and P. Duguid. 1989. "Situated Cognition and the Culture of Learning." *Educational Researcher*, 18(1). pp.32~42.

Collins, A., J. S. Brown and A. Holum. 1991. "Cognitive Apprenticeship: Making Thinking Visible." *American Educator*, 6(11). pp.38~46.

Dewey, J. 1985. *Democracy and Education* (Vol.9). Carbondale: Southern Illinois University Press (Original work published 1916).

Giddens, A. 2001. *Sociology* (4th ed.). Cambridge: Polity Press.

Hatch, J. A. 2002. *Doing Qualitative Research in Education Settings*. SUNY Press.

Lave, J. and E. Wenger. 1991. *Situated Learning: Legitimate Peripheral Participation*. Cambridge: Cambridge University Press.

Lemke, J. L. 1997. "Cognition, Context, and Learning: A Social Semiotic Perspective." in D. Kirshner and J. A. Whitson (Eds.). *Situated Cognition: Social, Semiotic, and Psychological Perspectives*. New Jersey: Lawrence Erlbaum Associates, Inc. pp.37~56.

Otaka, K. 2017. "From 'Employed Work' to 'Associated Work' in a Diverse Society: A Challenge of Social Enterprise in Creating a New Paradigm of Community Development Learning Through Works with Multi-Stakeholders." *Asia Pacific Education Review*, 18(2). pp.235~242.

Schön, D. A. 1983. *The Reflective Practitioner*. New York: Basic Books.

Shaw, L. 2015. "A Turning Point? Mapping Co-operative Education in the UK." in T. Woodin (Ed.). *Co-operation, Learning and Co-operative Values*. Routledge. pp.160~175.

Wenger, E. 1998. *Communities of Practice: Learning, Meaning, and Identity*. Cambridge: Cambridge University.

Wenger, E., R. McDermott and W. Snyder. 2002. *Cultivating Communities of Practice: A Guide to Managing Knowledge*. Harvard Business Press.

소비자생활협동조합의 조직변화*

오보영·장승권

1. 서론

　급변하는 사회 환경과 불확실성에 따라 조직의 생존과 성장에 대응하기 위한 움직임으로 조직변화에 대한 관심은 지속되어왔다(Alvesson and Sveningsson, 2015; Langley et al., 2013; Orlikowski, 1996; Poole, 2004; Porras and Silver, 1991; Tsoukas and Chia, 2002; Van de Ven and Poole, 1995). 많은 조직 연구자들은 조직변화를 각각 경영자 개인의 전략적 선택 혹은 산업 및 제도적 환경 변화에 따라 조직의 성공과 실패로 설명해왔다(MacKay and Chia, 2013: 209). 경영자에 의한 전략 변화(Carpenter, Gelekanycz and Sanders, 2004; Child, 1972; Hambrick and Mason, 1984; Prahalad and Bettis, 1986), 혹은 환경 변화에 대응하여 생존한 혹은 도태되는 조직으로 설명되었다(Baum and Rao, 2004; Baum and Shipilov, 2006;

---

* 　이 장은 다음 논문을 기반으로 한 것이다. 오보영·장승권, 「한국 소비자생활협동조합의 조직변화: 아이쿱소비자생활협동조합 사례」, ≪인적자원개발연구≫, 22권 3호(2019.9), 1~36쪽.

Hannan and Freeman, 1984, 1989; Reed, 2006).

조직변화 연구에서 변화란 더 나은 성과와 목표로 나아가기 위한 일시적 단계(transitory phase)라고 설명된다(Chia, 1999: 211). 즉, 경영자의 전략과 제도적 환경 변화가 존재하고, 이를 달성하기 위한 목표로 조직변화가 설정된다. 그러나 의도하지 않은 조직변화, 예컨대 전략을 실행하는 과정에서 발현되는 조직변화, 그리고 전략을 둘러싼 이해관계자와의 상호작용과 함께 변형되거나 왜곡되는 변화는 간과되었다(Chia, 1999; Hatch, Schultz and Skov, 2015; Langley et al., 2013; MacKay and Chia, 2013; Orlikowski, 1996; Tsoukas and Chia, 2002).

조직변화와 전략에 대한 문제의식은 인적자원개발 전략에도 동일하게 적용된다. 인적자원개발은 조직 경쟁력을 조직의 고유하고 희소한 내부자원에 기반한다는 자원 기반 관점과 연결된다(Barney, 1991; Wernerfelt, 1984). 조직의 직무 수행에 요구되는 능력을 개발하기 위한 인적자원개발 전략(배종석·유규창·권기욱, 2015)뿐만 아니라 조직성과 향상을 위한 전략적 인적자원관리는(양혁승, 2002; 황영아·송영수, 2010) 인사 제도 및 시스템과 재무 성과를 산출하는 선형적 인과관계를 전제하는 실증연구가 주를 이룬다(배종석 등, 2015; 양혁승, 2002). 그러나 인적자원관리 시스템과 기업의 성과 사이의 인과관계와 비선형적 상관관계에 대한 문제가 제기되기도 한다(Wright et al., 2005).

이 글은 조직의 전략적 선택, 사회 환경적 맥락, 그리고 의도하지 않은 결과가 어떻게 상호 작용하며 구성되는지 보여준다. 이를 통해 조직이 과거에 전략을 구성한 과정이 현재 조직의 사회 환경적 맥락과 상호 작용하며 전략을 구성해가는 과정을 연구한다.

이 글은 2000년부터 2015년까지 아이쿱소비자생활협동조합(이하 아이쿱)의 조직변화를 다룬다. 아이쿱의 조직변화를 다음 2가지 측면에서 볼 수 있다. 첫째, 구례 자연드림파크의 의도하지 않은 선 개장을 설명한다. 2007년 말 충북 괴산군과 친환경 식품 클러스터 투자 협약을 맺고 2012년 1차 완공을 목표로 했던 당초 계획과는 달리 2014년 전남 구례 자연드림파크가 먼저 개장했다. 조직이 당초 목표했던 바와는 다르게 나아가는 의도하지 않은 변화를 기존의 투입, 산출의 인과관계모형을 통해서 설명하는 데 한계가 있었다. 따라서 구례 자연드림파크의 선 개장을 아이쿱의 변화 논리에 따라 설명한다. 둘째, 아이쿱은 어떻게 변화하고 있는지를 탐색한다. 한국 생협 중 가장 큰 규모의 사업[1]을 하고 있는 아이쿱의 특수성을 공식적으로 발간된 문헌을 토대로 분석했다. 아이쿱 조직변화를 다루는 것은 조직의 역사를 돌아봄으로써 어떻게 변화해왔으며, 현재 어떻게 변화해가고 있는지, 그리고 미래에 어떻게 변화할 것인지를 분석하는 작업이다.

2. 조직변화 리뷰

1960년대 이후, 조직을 바라보는 개방시스템 관점이 폐쇄시스템 관점을 대체하면서(Scott and Davis, 2007: 110), 조직과 환경의 상호관계에 주목하기 시작했다. 조직이 외부 환경을 인식하게 된 계기는 제2차 세계대전이라는 역사적 배경에 기인한다(Chandler, 1993; Scott and Davis, 2007). 물품의 대량 수요와 공급에 따라 생산기술이 확산되었으며 이에 따라, 규모화된 생산 및 유통 시장경제가 근대 대기업을 중심으로 형성되었다(Chandler, 1993: 1147). 물품의 흐름을 중심으로 기업 주체들 간의 상호작용도 증가하면서(Chandler, 2014), 조직 내부의 효율적 운영에만 초점을 두었던 기존 경영 관점에서 벗어나 외부 환경과 어떻게 관계를 맺을 것인가로 관리의 초점이 이동하게 된다(Hatch and Cunliff,

---

1 2017년 아이쿱생협 연차보고서 기준, 조합원 26만 2507명, 매출액 4233억 원, 매장 217개(아이쿱생협사업연합회, 2018).

2013: 57).

따라서 조직은 환경에 대응하여 제품과 서비스를 생산하는 도구로, 환경은 제품 생산에 필요한 투입 요소를 제공하는 조직 경계의 외부로 인식되었다(Hatch and Cunliff, 2013: 57). 그리고 급변하는 환경에 대응하고, 외부 기업과의 경쟁 환경에서도 우위를 점하기 위해 경영전략 개념이 등장하게 되었다(Hoskisson et al., 1999). 20세기 초 파욜과 베버에 의해 조직의 효과적이고 효율적인 설계 원칙을 구축하는 데 집중했던 미시적·폐쇄적 조직이론과 달리, 기업의 외부 환경이 조직을 이해하는 중요한 요소가 된다(Scott and Davis, 2007).

그러나 조직을 개방시스템으로 보는 관점에서는 조직 경계 설정의 문제에 직면하게 된다(Hatch and Cunliff, 2013; Morgan, 2006; Scott and Davis, 2007). 대량 생산 환경에 따른 조직의 규모화와 함께, 조직 간 업무 협력에 따른 조직 구조의 복잡화 경향이 증대되기 때문이다(Scott and Davis, 2007). 그래서 어디까지를 조직 내부 혹은 외부 환경으로 볼 것인지의 문제가 제기된다(Hatch and Cunliff, 2013; Morgan, 2006; Scott and Davis, 2007).

조직변화에 대한 연구가 조직 연구에서 중요한 위치를 차지하면서 조직변화 유형 등의 주제가 광범위하게 다루어져 왔다(Orlikowski, 1996; Poole, 2004; Porras and Silver, 1991; Van de Ven and Poole, 2005). Van de Ven and Poole(2005)은 조직을 무엇으로 보는지, 조직변화에 어떻게 접근할 것인지에 따라, 조직변화의 관점을 4가지 유형으로 분류한다. 조직을 실체 또는 과정으로 보는 존재론적 가정과 조직변화를 독립변수와 종속변수 간 인과관계로 설명하거나 사건이 전개되는 과정으로 설명하는 인식론적 가정을 두 축으로 삼아, 조직변화 유형을 분류한다. 그리고 조직변화를 이끄는 동력, 변화의 단위, 변화 유형에 따라 생애주기이론, 목적론, 변증법, 진화이론으로 조직변화이론을 분류한다(Van de Ven and Poole, 1995). Alvesson and Sveningsson(2015)은 변화를 이끄는 행위자 혹은 환경적 유인을 강조하는 관점에 따라 조직변화를 다양하게 이해할 수 있다고 보았다.

Tsoukas and Chia(2002)는 변화를 이해하는 방식을 단계적(synoptic) 설명과 수행적(performative) 설명으로 분류한다. 단계적 설명에 따르면, 조직변화는 핵심 선행변수와 결과 간 인과관계에 따라 '발생된(happening to)' 관찰 가능한 사건이다(Langley and Tsoukas, 2010: 4). 경영자의 전략적 선택(strategic choice) 및 적응(adaptation), 구조적/제도적 환경에 의한 선택(selection)에 따른 변화가 위 설명에 해당한다(Poole, 2004; Porras and Silver, 1991; Van de Ven and Poole, 1995; Weick and Quinn, 1999). 즉, 변화란 조직이 시기적으로 다른 상태 변화를 경험하는 것이다. 그러나 수행적 설명에 따르면, 조직변화는 사건, 전략, 구조에 따른 '변화'가 아니다. 조직이 마주한 상황에서 실제 변화가 어떻게 구성되는지, 즉, 조직이 어떻게 변화하는지를 다룬다(Tsoukas and Chia, 2002: 8). 따라서 조직이 '변화한다'는 의미는 통념적으로, 관념적으로 자리 잡은 사회적 범주, 개념, 제도, 규칙 등이 실제 구체적인 현실 상황과 마주했을 때 어떻게 그 의미들이 확장되고, 재해석되며 또 다른 의미를 엮어가는지를 말한다(MacKay and Chia, 2013; Tsoukas and Chia, 2002).

국내 경영학 등 사회과학 학술지에 게재된 조직변화 연구는 주로 조직을 실체로 보는 관점에 따라 연구를 수행한다. Van de Ven and Poole(2005)에 따라 조직변화를 변수 간 인과관계에 의해 설명하는 실증연구와 조직변화를 단계모형에 따라 설명하는 경험연구가 이루어졌다. 전자의 경우, 조직의 전략 및 제도 변화 시 조직 구성원 행동 변화와 이에 따른 성과를 변수 간 선형관계를 통해 다루었다(김기근·문명·조윤형, 2013; 김대호·신지선, 2018; 김진희, 2017; 양필석·최석봉, 2011, 2012; 전수욱, 2014; 조경순, 2006; 조윤형·최우재, 2014). 그뿐만 아니라, 시기별로 조직변화 과정을 다루거나(이홍, 2004), 성공적인 조직변화를 위한 이론모형을 제시한다(김명환, 2013; 우형록·한정화, 2013).

조직을 과정으로 보는 관점에 따라 조직변화를 설명하려는 시도도 있다. 전수욱(2014)은 조직변화를 경영자가 행하는 것이 아니라 조직 구성원이 의미를 형성하고 공유하는 과정이라고 이론적으로 설명하지만, 사례연구에서는 의미 공유 과정이 조직과 개인의 성과에 미치는 영향을 실증 분석하여 변화 과정에서 조직 구성원 및 환경 맥락이 상호 작용하면서 의미를 형성해가는 과정을 다루지 못했다.

이 글에서는 조직을 바라보는 존재론적 가정에 따라 실체 접근과 과정 접근으로 분류한다. 그리고 각 접근에서 조직변화를 이해하는 방식을 서술한다. 조직을 고정된 실체로 보는 관점에서 조직변화는 변화를 이끄는 행위자 혹은 주변의 환경적 요인으로 환원된다. 조직을 과정으로 보는 관점에 따르면, 조직변화는 조직이 구성되는 과정이다. 조직변화는 표면적 사건이라 할 수 있는 전략과 구조의 변화가 아니라 조직의 의미 체계, 역동이 구성되어가는 과정이다. 따라서 변화가 구성되는 과정이 곧 조직이 구성되는 과정이자 조직이 변화하는 과정이다.

3. 연구 방법

1) 연구 모형

이 글에서는 아이쿱의 조직변화를 MacKay and Chia(2013)의 전략변화모형으로 설명한다. MacKay and Chia(2013)는 전략을 행위자의 전략적 선택 혹은 환경과의 적합성으로 보지 않는다. 선택(choice), 사회 환경적 우연(chance), 의도하지 않은 결과(unintended consequences)의 역동과 교차로 드러낸다. 우연한 사건과 기존 전략과의 관계 변화에 따라 어떻게 대응 행동이 발현되는지 혹은 의도하지 않은 결과로서 전략이 드러나는지를 통해 전략의 '생성(becoming)'을 읽어낼 수 있다. 따라서 과정 접근에 따른 전략 연구는 '전략'이라는 표상적 내용에만 국한된 것이 아니라 전략을 이루는 조직화 행위와 관계된다. MacKay and Chia(2013)의 전략변화모형을 통해 선택, 우연, 의도하지 않은 결과가 상호작용하며 전략과 조직의 창조적 진화(creative evolution) 과정을 어떻게 담아내는지를 설명한다. 이와 같이 과정으로 전략을 보는 관점은 경영자 개인 혹은 제도 환경의 우위에 따른 전략의 내용 변화만을 다루지 않고, 전략의 조직화를 다룬다.

MacKay and Chia 모형은 캐나다 자동차 회사의 성공적 전략들이 우연한 사건과 마주하여 어떻게 의도하지 않은 결과로 나아가는지를 다룬다. 그리고 각시기별로 전략이 전개되는 과정을 설명한다. 조직의 전략과 당시 자동차 회사를 둘러싼 사회·환경적 사건 맥락이 어떻게 교차되며 의도하지 않은 결과가 발현되는지에 초점을 맞춘다. 전략이 의도하지 않게 전개되며 궁극적으로는 기업의 실패로 귀결되는 과정을 그려냄으로써 전략과 이에 따른 성과의 선형성을 부정한다. 기존 경영, 조직에서의 선형적·실체적 설명에서 벗어나 과정 접근의 필요성을 제기한다(〈그림 15-1〉 참조).

MacKay and Chia 모형에서 선택이란 제도 환경의 변화에 대응한 조직의 전

〈그림 15-1〉 MacKay and Chia 모형

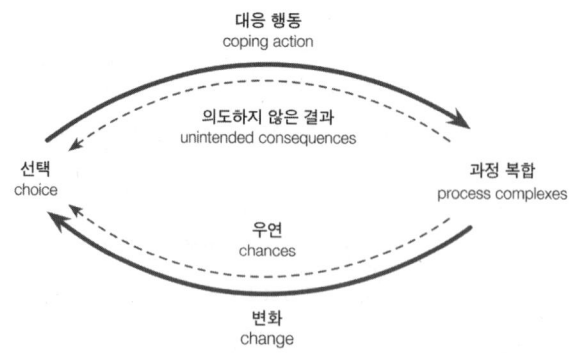

략적 의사결정이며, 경영진의 의도적 선택으로 간주된다. 그러나 '선택(choice)'은 의도적인 결과를 도출하는 방식의 합리적이고 계획된 전략의 성격을 갖지 않는다. 의도하지 않은 결과로 귀결되기 때문이다. 따라서 변화는 더 이상 의사결정자의 의도성에 좌우되지 않는다. 조직이 마주한 특정한 상황에서 드러난 '전략적 선택'은 비가시화된 습관, 기존의 관계를 형성하는 조직의 경향성, 사회 문화적 규범이 사회·환경적 우연과 상호 작용한 결과이다. 이를 통해 드러나는 조직의 특정 행위와 선택은 의도적이지 않게 발현되는 매 순간의 '대응 행동(coping action)'이다(Chia and Holt, 2006, 2009). 즉, 과거에서부터 현재까지 조직을 둘러싼 이해관계자들과의 관계와 경험, 사회적 규범과 경향성(disposition)의 상호작용으로 구성된 일관적 행동 유형이다(Chia and Holt, 2006, 2009). 따라서 경영진의 선택은 불확실한 환경을 통제하기 위한 합리적인 변인이 아니다. 오히려 선택 행위는 조직이 환경을 어떻게 이해했는지에 대한 자기 이해와 동일하다. 선택이란 경영진의 '환경 맥락(environmental flux)'에 대한 이해와 사회 문화적 규범 등이 복합적으로 상호 작용하여 발현된 과정이기 때문이다. '선택'은 경영진이 조직을 구성하는 하나의 과정으로 선택에 의해 경영진이 인식하는 환경이 부각된다.

MacKay and Chia 모형에 따르면 전략은 3가지 방식으로 변화한다. 첫째, 현재에 기반을 둔 대응 행동은 필연적으로 조직이 주목하지 못한 조직의 내부 흐름과 환경 변화를 암시한다. 즉, '의도하지 않은 결과(unintended consequences)'를 함축한다. 둘째, 이런 잠재적 가능성들은 우연한 사건(chance events)으로 확장된다. 모든 선택은 의도하지 않은 결과 혹은 가시화되지 않은 채 또 다른 가능성의 형태로 남겨지기 때문이다. '우연(chance)'은 현재의 선택과 무관하게 발생한 원인 불명의 사건으로 무수한, 때로는 관련이 없는 환경 맥락과 행위와의 연결에서부터 발현된다(De rond and Thietart, 2007: 546). 이와 같이, 주목되지 않은 가능성은 간과되거나 극단적 결과를 낳을 수 있다. 셋째, 우연이 가지는 영향력이 있다. 즉, 환경적 우연은 경영진의 대응 행동, 환경 맥락과 상호 작용하며 새로운 과정으로 드러난다. 반면, 우연히 만들어지는 상황 맥락이 극단적인 변화를 야기하는 경우 선택과의 연결성이 단절되거나 새로운 행동 패턴으로의 전환이 필요하다는 경고를 준다. 우연은 사회적이고 경제적인 맥락에서의 변화 혹은 조직의 사건, 사고로 나타나기 때문이다. 우연이 갖는 파괴적인 특징은 비선형적 변화 패턴으로 드러난다.

이와 같이, MacKay and Chia의 조직변화모형에서 선택과 환경은 분리되지 않는다(MacKay and Chia, 2013: 223). 조직의 일시적 대응 행동으로 환경이 부각되고, 주목되지 못한 환경은 의도하지 않은 결과 혹은 우연한 사건으로 다시 선택을 구성한다. 따라서, 의도적 선택, 결과, 조직 외부에 독립적으로 존재하는 불확실한 환경 대신, 변화 흐름에서 서로를 구성하고 구성되는 끊임없는 과정이 있을 뿐이다.

2) 연구 대상

연구 대상은 아이쿱소비자생활협동조합(이하 아이쿱)이다. 이 글의 연구 대상이 되는 시기는 2000년부터 2015년까지이다. 2003~2004년 발생한 더불어식품 혼입 사건 전후를 기점으로, 괴산과 구례 두 지역에 자연드림파크가 개장한 시기까지 발간된 공식 문헌자료를 다룬다.

이 기간을 연구 대상으로 설정한 이유는 다음과 같다. 아이쿱 자연드림파크는 지난 10년간 조합원 중심주의라는 아이쿱 조직 논리가 공간적으로 구현된 결과이다(아이쿱협동조합연구소, 2018). 연구 대상이 되는 15년의 기간은 자체 유통인증시스템과 수직 통합을 통해 아이쿱 이해관계자와의 거래관계를 내부화하는 과정이다(신성식, 2017; 아이쿱협동조합연구소, 2018). 이는 식품안전 사고의 심각성을 인지하고 향후 조합원과의 신뢰를 유지하기 위한 아이쿱의 전략과 그에 따른 성과로 그려진다. 이러한 규모화 및 내부화에 따라 아이쿱은 다중이해관계자협동조합으로 변화하는 양상을 띤다. 소비자 조합원, 생산자, 직원의 서로 다른 이해관계를 어떻게 조율할 것인지가 중요한 과제로 대두된다.

그러나 이 글의 목적이 갈등 해결을 위한 전략의 구축은 아니다. 아이쿱이 지나온 과정, 그리고 만들어가고 있는 현재를 돌아보며 어떠한 미래를 기획하고 있는지 혹은 기획할 것인지에 대한 성찰을 제안한다. 그 방법은 과정 접근을 통해 아이쿱을 설명하는 것이다. 그러나 인적자원개발 전략에 대한 성찰을 제공하는 것도 이 글의 지향점이다.

3) 연구 방법

Stake(1995)에 따르면, 사례연구는 단일 사례의 특수성과 복잡성을 이해하기 위한 것으로 주어진 상황 맥락에서 어떻게 상호 작용하는지에 대한 세부적인 내용을 알고자 함이다. 실증주의 인식론에 기반한 Yin(2003)의 사례연구 방법과는 달리 사례연구의 본질적 목적은 일반화가 아닌 사례의 특수성을 이해하는데 있다. 사례에 대한 차이를 이해하는 것뿐만 아니라 사례 그 자체의 독창성과 구체성을 이해하는 것의 중요성을 역설한다(Stake, 1995: 8). 사례연구에 대한 서로 다른 인식과 접근 방법은 양적연구와 질적연구가 지식을 형성하는 방법의 차이와 같다. 가설 검증을 통한 일반화를 위해 실험연구와 통계적 측정, 변수 간 인과관계를 분석하는 양적연구와 달리, 질적연구는 연구자가 실재를 바라보는 해석적 관점에 따라 특정 사례가 담지하는 개인적·사회적 의미를 탐색하는 연구 방법이다(Willis, Jost and Nilakanta, 2007). 개인의 이해와 해석이 연구의 중심이 되기 때문에 다양한 해석이 가능하다. 따라서 사례연구에 대한 오해는 기본적으로 질적연구에 대한 오해와 유사하다. 사례연구에 제기되는 문제 제기는 연구 결과의 일반화 불가능성, 연구자의 주관적 편견이 갖는 위험성이 있다.

단일사례연구 방법을 택하는 경우, 개별 사례가 가지는 일반화의 한계에 대해 비판을 받아왔다(Flyvbjerg, 2006). 이런 문제 제기는 지식을 바라보는 관점과 이를 알기 위한 방법에 대한 문제 제기로 사회과학 연구자 중 실증주의 입장을 취하는 이들 사이에서 발견된다. 실증주의 관점에 따르면 지식은 측정과 조작, 통제를 통한 가설의 경험적 검증을 통해서 발견할 수 있는 진리이다. 즉, 과학 이론이 진리를 잘 표상해야 한다는 진리 대응설로 진리의 의미를 정의한다(Chalmers, 1982: 239).

반면, 개별적 실험과 연구의 반증 가능성은 실재가 표상 가능하다는 전제의 성립을 부인한다. 과학이 어떻게 지식을 추구하는지를 다룬 대표적 학자인 토마스 쿤은 근대과학이 발전해온 과정은 실재를 완전히 표상하는 관찰, 측정, 통계에 따라 확보되고 생산되는 것이 아니라 연구자가 기반하고 있는 연구공동체의 패러다임에 의해 정당성을 갖고 생산된다고 주장한다(Kuhn, 1970). 패러다임은 과학 안에서 행해지는 연구의 정당성을 결정해주는 기준으로서 패러다임에 동의하는 연구자들은 그 패러다임이 무엇이든지 간에 이를 충실히 따라 표준과학(normal science)이라고 불리는 과학 연구활동을 하며 정밀한 전문 지식을 쌓는다.

현상학적·설명적 사례연구를 통한 이해와 학습은 기존의 관념을 수정할 만한 새로운 기회를 제공함으로써 '자연주의적 일반화(naturalistic generalizations)'에 기여한다(Stake, 1995: 85). 자연주의적 일반화는 특수한 단일 경험, 사례를 통해 기존의 통념과 관습에 대한 인식을 수정하게 되는 개인적인 지식형성 과정을 말한다(Stake, 1995). 독자가 사례들의 동일성과 차이를 살피면서 학습하려면 사례연구를 서술하는 방식에 유의할 필요가 있다. Stake(1995)는 개인적인 호기심과 감각 경험을 묘사하는 것이 효과적이며 이를 위해 서사적 설명 방식, 이야기, 인물 묘사, 연대기적 구성 등을 고려할 수 있다고 본다. 이 부분은 후술할 사례연구의 '풍부한 기술(thick description)' 부분과 연결된다.

또 다른 비판 지점은 사례연구가 질적연구로서 갖는 엄밀성에 대한 지적이다. 반면, 사례연구는 가설, 연역적 방법 못지않게 엄밀하다. 사례연구의 장점은 실제 상황 맥락에서 수행되고 다른 현상과 관계하는 과정을 통해 검증 가능하기 때문이다. 그리고 이는 상황 독립적인 지식이 아닌 실제 학습에 필요한 맥락 의존적이고 실용적인 지식을 생산한다(Flyvbjerg, 2006). 실험과 연구를 통한 결과가 변칙 사례에 의해 반증될 수 있다고 할 때, 과학철학자 파이어벤트는 "모든 방법론은 그 나름의 한계를 가지고 있으며 지속적으로 지지될 수 있는 유일한 '규칙'은 '어떻게 해도 좋다'라는 것이"며 "어떤 규칙의 타당성에도 반대한다"고 정리한다(Feyerabend, 1975). 양적연구 방법에서도 변수를 선택하고, 특정한 연구 주제에 맞는 연구 방법을 선택하는 행위에서 주관성이 개입됨을 인정하기 때문이다. 따라서 어떤 상황에서 어떤 패러다임을 선택하느냐의 문제는 개인적 선호에 달린다. 반면, 무한한 상대주의의 늪에 빠져 모든 진리 추구 가능성을 부정하는 것은 아니다. 다양한 패러다임의 문제해결 가능성을 들여오는 것이다. 즉, 계산과 분석을 통한 맥락 독립적인 이론 지식과 구체적 사례에 근거한 실천 지식의 경계를 제거함으로써 방법론의 우월적 지위를 지운다. 따라서 어떠한 '과학'적 방법을 택해 연구를 할 것인지를 묻는 과정 자체가 곧 실재이다.

이 글은 Stake(1995)와 Flyvbjerg(2006)의 사례연구를 따른다. 이론적 혹은 실천적 지식의 보편성이 간과한 차이의 지점에서 문제를 환기하는 지속적 과정을 지향한다. 문헌연구를 통해 텍스트에 담긴 의미 형성 및 상호작용 과정을 반추하며 어떠한 내적 역동성과 과정적 복잡성의 지점에서 아이쿱이 변화의 과정을 구성하는지를 드러낸다.

4) 자료 수집

이 글에서는 아이쿱 전략을 둘러싼 조직 구성원의 인식, 조직 내 맥락 및 사회 환경적 변화를 살펴보기 위한 3가지 유형의 공식 문헌을 수집한다. 첫째, 아이쿱협동조합연구소의 공식 간행물 자료, 둘째, 아이쿱의 경영 정책과 흐름을 다룬 자료, 셋째, 산업 및 거시 환경적 수준에서 외부 환경 변화를 파악하기 위한 뉴스 기사 및 미디어 자료이다.

먼저, 아이쿱 경영 전략, 역사와 관련된 다양한 토론회, 심포지엄, 행사 및 연구 자료를 참고했다. 아이쿱 대표가 집필한 단행본으로 아이쿱 경영 철학과 수기가 담긴 문헌자료와 기자가 경영진 및 아이쿱 주요 인물을 인터뷰한 내용으로 구성한 단행본을 중점적으로 살펴봤다. 그뿐만 아니라, 아이쿱협동조합연구소에서 발간한 아이쿱 역사와 정책을 저술한 자료를 과정 접근에 따라 재해석했다. 특히 이에 필요한 거시 사회, 경제적 상황에 대한 정보는 '아이쿱생협', '조합원' 등을 1차 검색어, 거시 환경과 사건의 키워드를 2차 검색어로 하여 관련 뉴스 기사와 미디어 배포 자료를 수집했다(548쪽 부록 참조).

이 글은 자료 접근의 한계로 인해 공식적으로 발간된 문헌만을 연구 자료로 수집했다. 위 내용이 가장 근본적인 이유라고 볼 수 있으나 다음 2가지 이유도 함께 고려되었다. 먼저, 연구윤리 문제에 대한 이야기다. 연구 대상은 단순히 정보를 제공하는 객관적인 연구 텍스트로 남는 것이 아니라 연구자의 글쓰기와 주관적 시각에 따라 불필요한 위험과 편견에 노출될 수 있다(김영천, 2012). 만일 인터뷰 및 참여관찰을 통한 연구 결과에서 연구자의 시각과 조직의 관점 간 차이가 생기거나 조직의 사회, 경제적 활동을 유지하는 데 이익이 되는 정보가 아닐 경우에는 연구를 지속하는 데 문제가 된다(김영천, 2012). 그러나 이미 발간된 문헌은 2차 자료로서 조직의 승인에 따라 외부 공개가 허용된 것이다. 따라서 설득력 있는 전개, 서술 방식이 충족된다면 연구윤리 문제에서는 자유로

울 수 있다.

그뿐만 아니라 분석 가능한 자료의 양적 측면에서도 부족하지 않았기 때문에 아이쿱 공식 문헌만을 분석 대상으로 삼았다. 공식 문헌은 언어로 기술된 텍스트 자료로 조직 행위의 근거 자원으로 활용된다(Linstead, 2003). 조직이 기술하고 발간한 텍스트는 조직이 어떻게 정체성을 형성하고, 이해관계자와 관계를 맺는지에 대한 근거를 역사적으로 보여주는 자료이다(Linstead, 2003). 즉, 다양한 이해관계자의 시선이 교차하고 전개된 장으로서 연구자로 하여금 "어떻게, 어디서, 왜, 무엇이 특정 텍스트를 '이야기하게' 하는가를 묻게" 한다(Linstead, 2003: 5). 따라서 문헌 분석을 통해 아이쿱 역사를 재해석함으로써 전략이 구성되는 과정을 그려낼 수 있었다.

5) 자료 분석

양적연구에 비해 자료의 해석과 연결성이 연구자에 의존해 구성되는 질적연구의 경우 연구의 핵심인 해석의 과정이 동시에 주요한 비판 지점이 된다(김효근·이현주·문윤지, 2003: 61). 사례연구의 타당성 측면에서의 문제 제기이다. 이에 사례연구 방법론에 제기되는 비과학성 및 일반화 불가능성에 대한 비판의 연장선상에서 어떻게 자료를 분석할 수 있을 것인지에 대한 고려가 필요하다(김영천, 2012; Lincoln and Guba, 1985).

타당성 비판에 대응하여 사례연구의 고유한 측면에서 타당성을 '전환성(transferability)'과 '신빙성'의 개념을 빌려 설명한다. 이에 따라, 3단계의 분석 과정을 수행한다. 1차 분석단계에서는 아이쿱 사례를 상세히 기술하고, 2차 분석단계에서는 연구 모형에 필요한 핵심 개념을 수집한 자료에서 추출한다. 마지막 3차 분석단계에서는 분석 결과 나타난 의도하지 않은 결과를 유형화하여 아이쿱 변화를 작성한다.

1단계 사례 분석에서는 아이쿱 역사를 기술한다. 이는 사례연구의 전환성을 고려한 분석 절차이다(Lincoln and Guba, 1985). 전환성은 다른 사례로의 전환 가능성을 의미한다(김효근·이현주·문윤지, 2003; Lincoln and Guba, 1985). 양적연 구에서 외적 타당도는 통계적 신뢰도에 준하여 측정될 수 있는 반면, 질적연구 에서 전환성은 수치화되거나 개념적으로 나타낼 수 없다(Lincoln and Guba, 1985). 질적연구에서는 단지 사례가 놓인 고유한 시공간의 맥락과 특정 상황에서 복합 적으로 구성되어 있는 사례를 담아낼 뿐이다(윤견수, 2008). 따라서 전환성은 일 반화와 객관화를 지향하는 외적 타당성과는 다르다(Lincoln and Guba, 1985). 다 만, 연구자는 가능한 한 사례에 대한 '풍부한 기술'을 통해 독자의 이해를 돕는 다(Lincoln and Guba, 1985: 316). 사례의 풍부한 기술과 해석에 따라 독자에게 다른 사례로의 적용과 교차를 고려할 수 있는 기회를 제공하면서 현상의 의미 를 구성하는 과정에 참여하게 한다(윤견수, 2008, 2013).

1차 분석단계에서는 경영진의 선택과 전략적 변화의 배경이 되는 아이쿱 역 사 흐름을 상세하게 정리한다. 2003년 더불어식품 혼입 사건에 대한 대응으로 아이쿱은 2007년 매장 사업을 본격화하고 다음 해인 2008년에는 클러스터 위 원회를 설립하는 등 생산과 유통관리 전략을 실행한다. 따라서 2007년을 분기 점으로 하여 자연드림파크 설립 이전 시기 및 설립 이후부터 현재까지의 시기 로 구분하여 정리한다.

2단계 분석에서는 MacKay and Chia 모형을 구성하는 개념으로서 선택, 우 연한 사건, 의도적이지 않은 결과에 해당하는 내용들을 추출한다. 이는 자료 해 석을 위한 코딩에 해당하는 작업으로서 사례연구의 신빙성을 확보하기 위함이 다(김효근·이현주·문윤지, 2003; Lincoln and Guba, 1985). 신뢰도와 타당도로 연 구를 검증하는 양적연구와 달리, 질적연구에서는 연구 참여자가 자료원에서 코 딩을 하는 과정에서 귀납의 원칙이 제대로 적용되었는지, 코딩 과정의 절차가 자의적이지 않은지에 대한 성찰이 요구된다(윤견수, 2013: 175). Glaser and

Strauss(1967)는 이를 위한 3가지 원칙을 제시한다. 첫째, 사건의 코딩은 연구자의 암묵지에 기대어서는 안 되며 지속적인 비교 방법(constant comparison)을 통해 기존의 범주 내 코딩된 이전 사건 혹은 다른 집단 내 속해 있는 사건들과 비교하는 것이라고 보았다. 이를 통해, 다양한 범위와 차원이 어떠한 조건에서 축소되는지 비교할 수 있다(윤건수, 2013). 따라서 연구 모형에 따라 개념 범주가 우선 전제된다고 하더라도 지속적인 비교 과정에 따라 선행연구에 의해 코딩이 유도됨과 동시에 자료에 유연한 대처가 가능할 것이다. 두 번째 원칙은 데이터 수집과 분석을 진행하면서 이론적 통합을 기하는 것이다. 즉, 지속적인 비교 작업의 연장선상에서 기존 코딩 범주, 범주에 해당한 사례, 그렇지 못했던 사례들의 상호작용 과정에서 범주의 수용 범위가 확장된다. 마지막 원칙은 지속적인 비교 방법의 사용을 통해 기존의 이론적 모형으로 정의된 범주와 개념을 수정·확장하면서 데이터에 기반을 두어 출현한 이론적 범주를 완성해가라는 것이다. 이로써 데이터보다 선재하는 기준이 아닌 데이터에 기반을 둔 기준에 따라 자료의 분석이 가능하게 된다.

2단계 분석의 원칙을 고려하여, MacKay and Chia 모형에서의 핵심 개념을 따라 자료에서 어떤 내용들을 추출할 것인지를 살펴봤다. '선택'은 '아이쿱 전략'을 의미하며, '우연한 사건'은 '예상하지 못했던 사건의 영향 및 과거 선택에 의해 주목되지 못했던 잠재적 가능성의 출현'으로 정의할 수 있다. '의도하지 않은 결과'는 '전략의 불완전성에 따라 나타나는 의도적이지 않은 결과'로 비선형적 인과관계에 의해 나타난다.

마지막으로 추출한 내용을 재구성하기 위해 유형을 분류하고 분류한 사건들 사이에 연관성을 찾는다(Stake, 1995). 이 글에서는 현재 활발하게 활동하고 있는 소비자생활협동조합을 다룬다. 경영진의 의도적 전략이 특정 시기의 우연한 사건과 맞물려 의도하지 않은 파산으로 연결되는 내러티브를 그대로 적용하기에는 무리가 있다. 그럼에도 불구하고 이런 이론모형을 기반으로 아이쿱 역사를 해석하는 관점은 동일하다.

4. 아이쿱 조직변화 사례연구

1) 새로운 제도

(1) 조합비제도[2]와 물류 통합

'사업의 집중과 조직의 분화'의 정책은 아이쿱[3]이 초기 경영난을 해결하기 위해 채택한 정책으로, "사업은 통합해서 효율을 높이고 조직은 조합원의 참여와 더 나아가 자치를 실현할 수 있는 최적의 환경"을 만들기 위함이다(한국생협연대, 2002: 68). 이를 위해 아이쿱은 조합비제도를 통해 지역조합의 자치와 자율적 활동의 기반을 마련하고, 물류통합 정책을 통해 연합회에 경영 업무를 집중시킨다.

2000년 이전, 아이쿱을 포함한 한국 소비자생협은 전반적으로 친환경 유기농산물 직거래 사업의 낮은 수익성 및 조합 자본조달의 구조적인 어려움에 따라 심각한 경영 위기에 놓여 있었다(iCOOP생협연대, 2008; 한국생협연대, 2002). 당시 생협 물류사업은 생산자와의 소규모 직거래 사업으로 이루어졌기 때문에 유통비용의 부담이 컸다. 따라서 일반 농산물보다 높은 가격으로 친환경 농산물 가격이 책정이 되었으며, 비싼 가격은 안전한 먹거리에 대한 일반 소비자들

---

2   1997년 8월 조합의 구매대행 목적에 따라 '구매대행제도'로 이름 붙여졌으나, 2000년 6월 조합원의 자금이라는 의미를 부각시키기 위해 '조합비제도'로 명칭을 변경했다(iCOOP생협연대, 2008: 39).

3   당시 '한국생협연대'(1999년 말 법인화를 추진하여 2000년 6월 법인 등록)로 활동하고 있었으나, 이 글에서는 명칭 변경에 따른 해석의 혼란을 우려하여 아이쿱으로 조직명을 통일한다.

과의 접점을 늘리는 데 방해 요소가 되었다(iCOOP생협연대, 2008: 242). 특히, 사업이 안정적으로 자리하지 못하게 되면서 조합 활동에 대한 고민보다는 사업을 안정화하는 데 모든 초점이 이동하게 된다(신성식, 2011; 신성식·차형석, 2013; 한국생협연대, 2002). 여타 친환경 유통업체 이상으로 조합원과의 관계를 형성하고, 조합원의 적극적인 참여를 기대하는 것이 어렵게 되었다(신성식, 2011; 신성식·차형석, 2013). 이러한 사업과 활동의 악순환을 벗어나기 위해 고안해낸 제도가 조합비제도다.

조합비제도는 지역생협의 운영 경비를 조합원이 분담하는 것이다. 그 대신 조합원은 기존의 운영 경비가 포함된 판매가로 구입하던 것을 원가에 구입할 수 있다(신성식, 2011; 신성식·차형석, 2013; iCOOP생협연대, 2008). 조합원은 이용자이자 동시에 매월 지역생협의 경비를 공동으로 부담하는 출자자이다(신성식, 2011: 28). 조합원이 이용자이자 출자자라는 사실에는 변화가 없지만, 매월 조합비를 내야 한다는 사실은 조합원으로 하여금 조합 참여 동기를 부여한다.

조합비제도와 함께 논의되는 정책 중 하나가 물류 통합이다. "생협의 물류 구조, 그에 따른 생협의 경영난, 조합원들의 참여가 저조한 조합 활동이라는 문제는 서로 연결되어" 있기 때문이다(iCOOP생협연대, 2008: 38). 이에 아이쿱은 유통비용을 줄이기 위해서, 지역조합이 생산자로부터 직접 물품을 제공받던 물류 단계를 한 단계 축소한다. 그리고 생산자로부터 공급받은 물품을 물류센터에서 바로 소비자에게 공급하는 방식을 택한다(신성식, 2011; 신성식·차형석, 2013; 한국생협연대, 2002). 지역생협의 매장을 폐쇄하고 각 단위 생협별 유통 체계를 연합조직으로 통합했다.

(2) 조합비제도와 의도하지 않은 조합원 탈퇴

조합비제도 및 물류통합 정책이 순탄하게 자리 잡을 수 있었던 것은 아니다. 이미 조합 재정의 어려움을 겪고 있는 판국에 조합비제도의 도입은 단기적으로 조합 재정을 줄어들게 만들기 때문이다. 조합비를 낸 상황이라면, 그만큼 이용을 하는 것이 조합원들에게는 이익을 얻는 방법이었다. 따라서 실질적으로 '적극적 구매자' 조합원들만 놓고 봤을 때, 판매가에 유통 마진이 포함된 이전보다 조합 재정은 마이너스가 될 수밖에 없는 상황이었다(신성식·차형석, 2013; 한국생협연대, 2002).

그뿐만 아니라 조합비제도 도입 관련하여 이사들이 교육을 받았음에도 불구하고, 수도권 생협과의 물류통합 과정에서 지역조합의 정체성 및 기존의 관계들이 어떻게 변화하게 될지에 대한 불안이 자리하게 되었다. 이를테면, 수도권 생협과 물류를 통합하는 과정에서 사업성에만 초점을 두게 될지도 모른다는 노파심, 지역생협의 독립성 훼손에 대한 걱정, 지역생협과 물류관계를 맺은 생산자들과의 관계 유지 가능성 및 조합원 가입 지체로 인한 재정 악화를 우려하는 목소리들로 인해 이사들 간에도 실제 시행에 있어서는 서로 의견이 분분했다(한국생협연대, 2002: 60). 이사뿐 아니라 조합원 역시 조합비제도를 이해하지 못하는 경우 결국 탈퇴하기도 했다.

(3) 조합비제도와 의도하지 않은 성공

조합비제도는 2가지 의도하지 않은 결과를 낳았다. 첫째, 조합원 가입이 증가했다(신성식·차형석, 2013: 68). 출자금 이외에 월 조합비를 지불해야 함에도 불구하고, 조합원 가입은 늘었다. 유통 마진이 제거되어 낮은 판매가로 조합 이용이 가능해졌기 때문이다. 둘째, 적극적으로 조합을 이용하는 이들은 많이 구입하면 할수록 조합비 이상의 이익을 얻을 수 있었기 때문에 조합원의 이용을 높이는 동기가 되었다. 2002년 기준으로 조합원 일인당 이용액은 19만 6100원으로 조합비제도 시행 전보다 2배가량 증가했다(한국생협연대, 2002: 130).

당시 외환위기의 여파를 받았을 법도 하지만, 오히려 "크고 작은 식품안전에 대한 사건들이 일어나면서 식품안전에 대한 관심"이 확대되었다(신성식, 2017;

차형석, 2016: 53). "2002년 SBS에서 '잘 먹고 잘사는 법'이라는 프로그램이 방영되면서 안전한 먹거리에 대한 사회적 관심이 높아"졌다(신성식, 2017: 4). 이에 아이쿱뿐만 아니라 생협 전반적으로 물품 수요를 맞추기 위한 방향으로 지역조합 운영시스템의 기틀을 잡아가기 시작했다.

2) 사고와 대응

(1) 물류센터 화재와 상조사업 시작

조합비제도 덕에 경영 위기는 면했으나, 2000년 12월 경기도 시흥 아이쿱 물류센터에 화재가 발생했다. 화재피해 손실은 1억 7천만 원으로[4] 집계되었다. 담당 실무진들은 1년 상환을 기준으로 차입금 2억 8천만 원(화재복구 필요자금 1억 5천만 원, 운영자금 1억 3천만 원)을 목표액으로 삼았다. 이에 조합원, 생산자, 직원 및 관련 단체의 차입 및 성금 모금을 통해 2억 8600만 원을 모을 수 있었다. 결과적으로, 2001년 3월 화재로 전소되었던 자리에서 수도권 물류센터 입주식이 진행되었다(생협신문, 34호, 36호, 45호; iCOOP생협연대, 2008; 아이쿱협동조합연구소, 2018; 차형석, 2016). 외부 금융기관 혹은 개인 투자자로부터 별도로 빚을 지지 않고 아이쿱 조합원, 직원, 생산자, 임원들의 차입금과 성금으로 복구자금을 마련한 사실이 조합 내 연대와 신뢰를 재확인하는 계기가 되었다(생협신문, 45호: 3).

이와 같은 화재복구 경험은 향후 조합에 필요한 자본을 확보하게 될 경우, 조합원의 차입과 모금 방식을 우선적으로 고려하게 하는 주요한 사건으로 자리매김한다(생협신문, 34호, 36호, 45호; iCOOP생협연대, 2008; 아이쿱협동조합연구소, 2018; 차형석, 2013). 이를테면, 우리 밀/쌀 생산 안정화를 위한 수매자금 모집(생협신

---

4   문헌에 따라 손실액을 1억 6천만 원으로 집계하기도 한다(생협신문, 34호, 45호; 차형석, 2016).

문, 45호; 차형석, 2013) 및 신뢰를 기반으로 한, 조합비 자동이체방식 도입(iCOOP 생협연대, 2008; 아이쿱협동조합연구소, 2018), 매장 개설 출자금, 친환경 유기식품 클러스터 자본 확보 등을 들 수 있다. 특히, 상부상조의 미덕을 살려 그 다음 해 상조회를 시작하는 계기가 되었다(생협신문, 45호: 3).

(2) 혼입 사고와 식품안전체계

조합비제도에서부터 물류센터 화재기금 모금 성공은 조합원과의 신뢰관계 를 돈독히 하는 계기가 되었다. 이와 같이, 아이쿱은 조합비제도와 물류 체계를 구축함으로써 조합원들에게 친환경 유기농산물을 적정한 가격에 공급하기 위 한 기본적인 시스템을 마련해갔다.

이러한 신뢰관계에 금이 가는 사건이 발생한다. 유통 과정에서 발생한 2003 년 '원주, 의성 혼입 사건'과 2004년 '더불어식품 혼입 사건'으로, 이는 유기농산 물에 대한 불신의 원인이 되는 사건으로 이어졌다(생협신문, 53호, 55호, 58호, 63 호; 신성식·차형석, 2013; iCOOP생협연대, 2008; 한국생협연대, 2002). 원주 사건은 2003년 6월 원주 생협이 잡곡을 매입하는 상회가 수입산 기장을 국산 기장에 혼입해서 판다는 사실을 알았음에도 불구하고 거래를 지속하면서 발생한 사건 이다(생협신문, 67호; 신성식·차형석, 2013; iCOOP생협연대, 2008). 비슷한 시기 발 생한 의성 양파 사건은 오랜 기간 유기농 양파를 생산한 생산자가 일반 양파와 유기농 양파를 혼입한 사건이다. 그리고 2004년 더불어식품 사건은 "주식회사 더불어식품이 원재료에 수입 밀과 팥 등을 혼입하여 사용한 것이 2004년 6월 검찰에 적발되면서 생협연대가 알게 된 사건이다"(iCOOP생협연대, 2008: 56).

2004년 발생한 더불어식품 사건은 2가지 의도하지 않은 결과를 낳았다. 먼 저, 아이쿱과 생산자/생산자 단체와의 신뢰관계를 어떻게 확보할 것인지에 대 한 고민으로 이어졌다. 더불어식품은 사건이 발생하기 직전까지 아이쿱과 MOU 를 체결했던 단체로 오랜 기간 아이쿱과 관계를 맺어왔다(생협신문, 79호; iCOOP

생협연대, 2008; 차형석, 2016). 이를 고려하여 아이쿱은 혼입 사건 발생 이후, 생산자와 관계를 즉각 단절하는 것이 아니라 당시 내막을 파악하고 공급 재개를 결정하기도 했다. 공급 재개 중 다시 혼입 행위가 발생하고 아이쿱이 합의 사항을 제안했으나 더불어식품에서 거부하면서(생협신문, 79호: 6), "2004년 12월 생협연대 임시 이사회는 ㈜더불어식품을 회원단체에서 제명했다. 향후에는 이 생산자와는 거래하지 않겠다는 단호한 결정이었다"(iCOOP생협연대, 2008: 56). 그리고 생산자와의 "신뢰라는 무형의 자산을 유형의 시스템으로 설계"할 필요성을 인식하며 당시 원주와 의성 사건으로 개발 중이던 유통인증제와 더불어 식품안전체계 로드맵을 구축한다(생협신문, 78호, 81호, 85호; 신성식, 2011, 2014; 신성식·차형석, 2013; iCOOP생협연대, 2008; 아이쿱협동조합연구소, 2018: 247).

그뿐만 아니라, 더불어식품 사건은 생산자 단체의 제명으로 그치는 것만이 아니라 아이쿱 내부 임원들 간 갈등으로 드러나게 되었다. 당시 아이쿱 내부에서는 사건의 해결 방식과 정도를 두고 의견이 분분했다(iCOOP생협연대, 2008; 차형석, 2016). 한쪽은 더불어식품 사건에서 문제를 투명하게 공개하고 원칙적으로 처리해 물품 거래를 정리하자는 입장이고, 다른 한쪽은 더불어식품이 잘못을 저질렀지만 그동안 유기농과 우리 밀 사업에 기여한 바가 있으니 기회를 더 주자는 입장으로 나뉘었다(차형석, 2016: 56). 내부적으로 진상 조사를 위해 조사보고서를 검토하는 과정에서 연합회 두 간부가 실무 책임자를 모함하고 조직의 분란을 일으킨 것으로 결론이 났다(iCOOP생협연대, 2008; 차형석, 2016). 연합회 사무총장, 활동국장, 연대 전무이사가 해임되었다.

해임 결정 이후, 그런 결정에 불만을 가진 지역조합과의 갈등을 해결하고, 내부감사시스템도 전반적으로 다시 점검했다(차형석, 2016: 58, 107, 173). 이전부터 관련 지역생협 활동가들에게 활동비 지급 기준 없이 차등 지급하고(차형석, 2016: 172), 이사회 의결 없이 지역생협에 보조를 해주는 등 월권을 행사한 내막도 드러나게 되었기 때문이다. 아이쿱의 결정에 반대하는 지역생협과 조합원들

간 입장 차이가 좁혀지지 않아 결국 많은 이들이 조합을 떠났다(차형석, 2016: 173).

(3) 친환경 농산물 시장 확대와 의도하지 않은 탈퇴

2004년은 조류독감과 광우병 파동을 시작으로 쓰레기 만두, 더불어식품 사건에 이르기까지 식품 관련 사고가 많았던 한 해였다(생협신문, 80호: 15). 먹거리 관련 사고가 연이어 발생하면서 사회 전반적으로 친환경 농산물 시장에 대한 관심이 증가하고 확산되는 모습을 볼 수 있다(생협신문, 78호, 80호). 아이쿱은 소비자 수요의 증대에 따른 공급 물량을 제대로 확보하지 못해 "조합비를 내고도 필요한 물품을 주문하지 못하거나, 부족한 물품을 매장에서 조합원가보다 비싸게 주고 사야 하는 일"이 발생하게 되었다(생협신문, 78호: 5). 이는 생산이 수요의 증감에 유연하게 대응하지 못했기 때문이다. 아이쿱은 직거래 생산자와 물량과 가격을 사전에 계약하고 생산하는 체계를 따른다. 이러한 계약 생산은 기후변화, 식품안전 사고 등 생산량과 조합원 증가에 영향을 주는 우연적인 사건에 적극적으로 대처하는 데 한계를 갖는다.

2004년의 경우 태풍 피해로 인한 야채값 폭등, 친환경 소비시장 확대의 영향으로 조합원 소비가 증가하여 물품 공급에 차질이 생기게 되었다. 더불어식품 사건 이후 더욱 강화된 생산인증절차 대비 효용이 낮아 공급자들이 시장가격을 택하는 길로 전회하면서 공급 계획에 차질이 빚어졌다(생협신문, 78호: 6). 조합비 부담을 지고 있음에도 불구하고, 물품 확보에 차질이 생기게 되는 것은 조합원의 불만을 야기하게 되었고 나아가 조합원의 탈퇴로 연결되기도 했다. 연합회에서 탈퇴조합원의 이유를 조사한 결과, 물품 관련 민원(45%)에 따른 조합원 탈퇴가 높은 비율을 차지하는 것을 확인할 수 있었다(생협신문, 80호: 5). 따라서 지역조합에서는 신입조합원에 비해 탈퇴조합원이 많아지는 현상이 나타났다.

3) 조합원 확대

(1) 유통인증제와 친환경 농산물 자회사 설립

2003년, 2004년에 걸쳐 아이쿱 생산지에서 발생한 혼입 사고는 친환경 유기농산물의 인증이 곧 안전한 친환경 유기농산물을 담보하지는 않는다는 점을 되새기게 한 사건이었다. 유기농 시장이 확대되면서, 안정적인 생산 역량에 따른 안전한 먹거리 제공의 필요성이 대두되었다(생협신문, 85호, 86호). 이에 인증제도뿐만 아니라 유통인증센터와 농산물 도매시장을 설립한다(생협신문, 78호, 85호; 신성식·차형석, 2013; iCOOP생협연대, 2008; 아이쿱협동조합연구소, 2018).

원주와 의성 사건이 발생한 후, 2003년 10월 아이쿱은 친환경 농산물 유통인증제 개발을 고민하기 시작했다(iCOOP생협연대, 2008: 59). 품질인증제도는 유통 과정에서 신뢰를 구축하고 친환경 농산물의 생산과 공급을 지원하는 것을 목적으로 한다(생협신문, 47호: 2). 정부의 친환경인증제도는 생산과정 검증을 통한 인증서 발급에만 초점을 두었다(생협신문, 48호, 77호). 그뿐만 아니라 앞서 발생한 쓰레기 만두, 공업용 우지 사건도 식품위생법 위반이 없다는 판결을 받을 정도로 식품관리 상황과 관련 법체계가 허술하게 수립되어 있다(최현준, 2012). 아이쿱은 성공회대학교에 의뢰해 자체적으로 인증제도를 만든다. 아이쿱의 유통인증제도는 기존의 인증제도와는 달리 정보시스템을 기반으로 유통되는 총 물량을 관리한다. 유통 과정의 흐름이 추적 가능하므로 "생산자, 생산지, 생산 수량 등 생산 정보와 유통 정보를" 확인할 수 있다. 따라서 친환경 유기농산물에 대한 안정성과 유통의 투명성을 보장하여 혼입 문제에 대응할 수 있게 된다(생협신문, 67호, 85호; iCOOP생협연대, 2008).

나아가 친환경 농산물 소비의 증가에 따라 생산 안정화를 담지해야 할 필요성이 대두되었다. 이에 친환경 인증 농가 소비처를 다양화하기 위한 방안으로 온라인 도매시장인 ㈜한국유기농산물도매시장을 설립한다(생협신문, 78호; iCOOP

생협연대, 2002; 아이쿱협동조합연구소, 2018). 한국유기농산물도매시장은 16개의 생산자 단체, 소비자 단체 및 아이쿱이 공동으로 설립한 농업회사법인이다(iCOOP 생협연대, 2002: 80). 기존의 도매시장과 달리, 친환경 농산물의 안정적인 공급과 소비 시장을 마련하고, 유통인증제를 함께 시행함으로써 유기농업 생산의 투명성을 제고한다(생협신문, 78호, 85호; iCOOP생협연대, 2002). 이를 통해 "친환경 제품의 대중화, 일반화, 수입 유기농산물에 대한 적극적인 대처를 가져올 수 있는 효과가 있을 것이라고 내다보고 있다"(생협신문, 78호: 7).

(2) 참치캔 취급 논쟁과 의도하지 않은 물품 선택권

안전한 먹거리, 수입농산물에 대한 사회적 관심이 지속되는 가운데 조합이 어떠한 물품을 취급할 것인지 결정하는 것은 조합원의 주요 쟁점으로 자리한다(신성식·차형석, 2013: 55). 더불어식품 사건 이후, 가공식품의 원·부재료에 대한 민감도도 강화되었다(신성식, 2011: 244). 미국식품의약국(Food and Drug Administration: FDA)에서 2004년 참치 수은함량의 위험성에 대해 발표한 이후, 참치캔이 물품취급 논란의 중심에 서게 된다(신성식, 2011; 신성식·차형석, 2013). 앞서 살펴본 사건들의 서술을 통해서도 짐작할 수 있지만, 참치캔 논쟁은 단순히 참치캔을 취급할 것이냐 말 것이냐의 문제를 넘어 조합원 주권, 가공품 생산 논의로 이어진다. 이는 아이쿱의 독자 물품 – 독자 인증 – 독자 유통, 즉 클러스터 구상을 암시하는 지표가 되는 '과정'이다(신성식·차형석, 2013; 아이쿱협동조합연구소, 2018).

"생협의 물품취급 정책은 오로지 친환경, 유기농이 아니라 보다" 안전한 식품과 농산물에 대한 요구를 반영한다(신성식, 2011: 46). 조합원이 원하는 물품을 공급하는 것이 소비자협동조합의 기본이기 때문이다(신성식, 2013: 66). 조합원 주권을 담지하는 이 단순해 보이는 명제는 궁극적으로 협동조합의 정체성 논쟁 과정을 전제하고 있다.

소비자가 원하고 조합이 물품 공급이 가능하다면 가장 이상적일 것이다. 소비자 구성원이 다양해지고 친환경 소비 시장이 확대될수록 소비자 수요에 어떻게 대응하고, 어떤 소비자 조합원을 대상으로 물품을 구성할 것인지의 문제가 제기된다. 즉, 소비자가 원한다면 모든 물품을 공급할 것인가(신성식·차형석, 2013: 67). 그렇지 않다면 소비자가 원해도 물품을 공급하지 않을 수 있는가. 소비자가 원하지 않아도 물품을 공급할 수 있는가. 조합이 생산하는 물품만을 공급하는 것이 옳은가에 대한 문제 제기이다. 2005년 불거진 참치캔 논쟁은 이와 관련한 첫 번째 물음으로 볼 수 있다.

수산물 중 참치류 물고기는 다른 해상 생물에 비해 수은 함유량이 많아 FDA 뿐만 아니라 한국식품의약품안전청(이하 식약청)에서도 수은함량 규제 기준을 통해 권고량을 마련하고 있다(김정섭, 2006). 반면, FDA에서 2004년도에 참치주의보를 발표하면서 아이쿱 내부에서 이와 관련하여 참치캔 취급 여부에 대한 논의가 촉발된 것이다.

참치캔 논쟁은 조합과 조합원 측면에서 다음의 논의를 낳았다. 먼저, 단순히 상품을 유통하는 것만으로는 안전한 식품을 조합원에게 공급하는 데 한계가 있다는 점이다. 소비자협동조합은 본래 공동 구매를 통해 유통 마진이 절감된 가격에 시장에서 유통되는 제품을 공급하는 것이다(신성식·차형석, 2013: 264). 이와 같이 유통업에서의 역할만을 고려했을 경우, 중금속 검사 기준을 마련하여 안전한 수산물을 제공하는 것으로 일단락 지어질 수 있다(신성식, 2011; 신성식·차형석, 2013). 중금속 오염에 대한 우려로 인해 참치를 취급하지 못한다면 여타 중금속 오염에서 자유롭지 못한 수산물 역시 향후 취급할 수 없게 되기 때문이다. 아이쿱뿐만 아니라 한국 생협은 안전한 친환경 유기농산물을 제공하는 데 방점을 두고 있다. 유통을 담당하는 위치에 있으나 안전한 식품 공급의 책임을 위해 생산과 제조에 대한 문제를 함께 고민하지 않을 수 없다(신성식·차형석, 2013: 266). 하지만 정치, 경제, 사회적 맥락하에 놓여 있는 생산의 문제에 진입하기는 쉽지 않다. 그럼에도 불구하고, 아이쿱은 앞서 생산자, 생산지, 생산물의 정보 공개를 통한 유통인증제를 도입하고 생산자와의 관계를 형성하는 등 계약 생산의 한계를 넘어서려는 고민을 지속한다. 결과적으로 아이쿱은 독자 유통, 독자 생산시설 구축 및 독자 물품개발을 통해 경쟁적 유기농 시장, 외국 농산물의 유입과 같은 환경적 위협에 대응하고 안전한 먹거리를 공급하는 방향으로 전환한다(신성식, 2011; 신성식·차형석, 2013; 아이쿱협동조합연구소, 2018).

조합원의 권리 측면에서는 다음과 같은 결론이 도출되었다. 조합과 조합원의 결정이 다를 수 있음을 인정하고 지역조합에 물품위원회를 두어 조합원의 결정을 인정하는 것이다. 조합비제도에 이어 지역조합의 취급 물품 선택권을 통해 지역조합의 자율권을 확보하게 되는 중요한 과정으로 자리한다(신성식, 2011; 신성식·차형석, 2013).

(3) 매장 개설과 클러스터 구상

참치캔 논쟁은 쌀 시장 개방과 유기농산물 시장의 확대 흐름과 맞물려 아이쿱의 규모화·대중화 전략으로 나아간다. 2004년 쌀 관세화 협상 결과, 10년간 관세화 유예가 연장되는 대신, 소비자 시판용 쌀 10%가 의무 수입량으로 판매된다. 수입쌀이 식탁에 오르는 셈이다(생협신문, 88호; 농림부, 2006). 동시에 웰빙, 유기농, 친환경 농식품 시장의 거래 규모가 확대됨에 따라, 대기업 유통업체 역시 본격적으로 친환경 유기농산물 사업에 참여하기 시작했다(생협신문, 86호, 93호, 95호; 신성식, 2011).

상품 선택의 폭이 늘어나고 출하처가 다양해진 이면에 조합원과 생산자의 관계가 설 자리는 점점 사라진다. 일정한 소비를 하던 조합원이 줄기 시작하고 생협뿐만 아니라 다른 시장 거래처에 값싸게 공급하는 생산자도 등장한다(신성식, 2011: 316). 공급액[5]은 이전에 비해 증가한 듯 보이나, 조합원 증가율이 다소 정체하면서 계약 생산에 따른 책임 소비가 되지 못해 향후 농업 생산과 공장 가동률의 부진을 초래한다(생협신문, 86호, 93호). 이에 대기업 유통업체에 대응하여 다양한 물품 개발을 통한 소비규모 확대 및 이에 따른 생산 규모화와 가격 차별화를 확보해야할 필요성을 느낀다(생협신문, 86호, 93호).

따라서 조합원과 생산자 측면에서 2가지 대응 행동을 택한다. 첫째, 조합원을 확대하기 위해 자연드림 매장 사업을 재개한다(신성식, 2011; 신성식·차형석, 2013). 시장이 확대되면서 소비자는 다양한 친환경 제품의 가격과 품질을 견주어 선택할 수 있는 위치에 놓이게 된다. 이에 규모화되어 가는 유기농 시장에서 자연드림 제품의 차별성을 알리기 위한 매장 사업을 실시한다. 조합원을 확보하기 위한 전략이다. 일정한 조합원 규모화는 농산물 생산과 가공업체 가동률에 안정화를 야기하고 결과적으로 "먹을거리의 안정성을 높일 수 있고, 가격을 낮출 수 있기" 때문이다(신성식, 2011; 신성식·차형석, 2013: 82). "생협을 쇼핑몰처럼 이용하는 조합원일지라도 확대해나가는 것이 바람직하다"라는 생각은 향후 조합원 정에 전략, 조합원 참여율 저조 등의 새로운 대응 행동을 요구한다(생협신문, 86호: 7). 궁극적으로 '조합(원)'을 위한 선택이 야기하게 된 아이쿱의 방향성에 대한 논의를 재촉한다.

둘째, 클러스터 구상이다. 2007년 말, 아이쿱은 괴산에 유기농산물 가공 공장을 모아 공단을 만든다는 양해각서를 체결했다(차형석, 2016: 61). 식품 브랜드를 구축하여 경쟁력을 갖기 위해서뿐만 아니라 특히, 생산자와의 관계를 구성하기 위함이다. 기존 생산자와는 계약 생산에 기초하여 가격을 보장하는 관계였다. 농민의 소득은 가격보다는 재고와 기타 소득으로 구성된다고 보았다. 즉, 급변하는 농산물 수요와 공급에 상관없이 판매량을 유지하고 이에 더해 제조가공시설에 합작 투자를 통해 기타 소득을 높이는 것을 목표로 한다. 이는 아이쿱의 독자적 농업 정책으로서, 생산자와의 관계 맺기를 새롭게 하기 위해

---

5   공급액은 아이쿱에서 매출액을 일컫는 용어이다.

"'새로운 생산자들에게 어떤 비전을 제공할 것인가'를 고민"한 결과이다(신성식·차형석, 2013: 96). 친환경 시장이 확대되면서 유기농 생산자들의 판매처 역시 다양해졌기 때문이다(신성식, 2011, 2014; 신성식·차형석, 2013).

4) 집중과 분산

(1) 친환경 시장의 확대와 생산자 상생 정책

2009년 "친환경 농산물 시장 규모는 2008년 3조 2천억 원보다 17.3% 증가한 3조 7550억 원대로" 규모가 4조 원에 육박했다. 경기 불황으로 유기농 식품 시장이 주춤하는 기미가 보였으나 광우병 위험 반대 운동, 중국산 멜라민 분유 파동 등 식품안전 사고에 대한 위험이 가중되면서 식품안전에 대한 인식이 시장의 성장에 영향을 끼쳤다(강유현, 2009).

대기업과의 경쟁 국면은 한국 생협 간 서로 다른 대응 방식을 보여줬다. 이에 아이쿱이 어떠한 방식으로 대응할 것인지는 이미 당시 시장 상황을 어떻게 인식하고 있는지에서 드러난다(신성식, 2011, 2014). 신성식 대표는 이마트가 유기농 두부를 만들어 2008년 하반기에 출시하고, 주식회사 SPC가 2008년 우리밀 빵과 케이크를 선보이는 등 아이쿱 물품과 기업 상품의 차이가 점차적으로 줄어들고 있는 상황임을 경고한다(신성식, 2011: 60). 이에 아이쿱은 더불어식품 사건 이후 다시 한 번 식품안전체계 구축에 대한 논의로 초점을 맞춘다. 즉, 원·부재료의 투명한 정보 공개를 위한 유통시스템 구축에서 나아가 생산과 소비의 유기적 연계를 맞출 수 있는 방안을 통해 아이쿱의 '규모화' 전략을 실현한다(신성식, 2011: 73).

아이쿱이 규모의 경제를 지향하는 방식은 일반 대기업 유통업체와는 달리 2가지 측면에서 조합원과 생산자와의 관계를 책임지는 방향으로 행해진다. 첫째, 클러스터와 같이 안정적인 규모화 기반을 갖추기 위해 조합원을 대상으로 대대적인 증자 운동을 벌인다. 불특정 다수의 소비자를 대상으로 하는 것이 아니라 소비자인 조합원이 낮은 가격과 좋은 품질의 제품 편익을 향유케 하는 규모화임을 강조한다. 둘째, 생산자와의 관계를 재정립한다. 생산자의 소득보장 정책을 본격적으로 실현하기 위해 기존의 생산비를 보장하던 정책을 폐기하고 가격안정기금, 출하장려금 및 투자이익금을 확립한다. 가격안정기금은 농민, 가공업체, 소비자 조합원이 참여하는 일종의 상호부조기금이다. 수익이 많은 농산물에서 30%를 적립하고, 가공품 납품액의 0.7%를, 소비자 조합비의 100원을 적립한다(신성식, 2011: 351). 기금 조성을 통해 수익 손실의 경우 보상을, 수익 확보의 경우 적립을 지원한다. 가격안정기금 같은 경우, 2010년 배추 파동때 효력을 발휘했다. 마트에서 1만 원이 넘는 가격에 판매되던 배추값에 비해 생협에서는 그 10%에 미치는 저렴한 값에 공급했다. 소비자들에게 저렴한 가격에 공급하면서 생산자들에게도 제값을 보장해줄 수 있었다(고병수, 2012; 김현대, 2010; 이상준 외, 2012; 임재천, 2012). 출하장려금은 가공업체의 소득을 1차 농산물 생산자들에게 재분배하는 자금이다. 투자이익금은 농민들이 가공업체에 투자를 통해 배당받는 이익금이다. 마지막으로 판매대행제를 운영하여 농민들에게 최소한의 가격을 보장하면서 생산량의 소비를 아이쿱이 책임진다(신성식, 2011; 신성식·차형석, 2013; 아이쿱협동조합연구소, 2018).

(2) '윤리적 소비' 정체성 채택과 이면

틈새시장이었던 친환경 유기농산물 시장의 주류화는 단순히 식품안전에 대한 경고로 그치지 않고 건강한 소비로 시작하여 윤리적 소비, 가치 소비로 확장되는 시장 트렌드와 맞물린다. 경기 침체와 고물가에도 불구하고, 건강과 자기만족을 위한 가치 상품에는 기꺼이 소비를 추구하는 중산층을 중심으로 오히려 호황을 기록했다(강유현, 2009; 김은남, 2009; 박형숙, 2009; 정은미, 2011; 최현준, 2012). 이러한 환경 흐름은 매장 사업과 조합원 증가에 성공적으로 작용했다(아이쿱협동조합연구소, 2018: 70). 아이쿱의 윤리적 소비 정체성 채택은 또 다른 과정으로서 2가지 의미로 드러난다.

첫째, 참치캔 논쟁에서부터 제기된 아이쿱 정체성 논쟁에 대한 답이다. 아이쿱은 일련의 매장 확대, 클러스터 구상, 증자 운동 등의 규모화 과정에서 가공식품 생산 논란, 양적 성장에 대한 비판에 직면하게 된다. 이후 정체성 논의 과정을 거치며 내부에서 벌어지는 논란을 점검하는 자리를 가졌다. 아이쿱은 생협운동이 단지 친환경 유기농산물 생산자의 공급 상황에 따라 소비자가 소비하도록 하는 형태가 아닌 소비자 조합원의 다양한 물품 수요에 사업을 통해 대응하는 과정에서 사회적 가치를 일구어내는 것이라고 보았다(아이쿱협동조합연구소, 2018: 46). 이는 보다 많은 소비자 조합원과의 접점을 통해 조합원의 편익을 달성한다는 것이다. 즉, 친환경 시장 확대의 흐름을 대형 유통업체와의 경쟁 국면으로 인식하고 규모화 전략을 구축한 맥락과 함께한다. 결과적으로, 변화하는 시장 상황에서 다른 생협과 노선을 달리하여 아이쿱의 정체성을 다지는 계기가 된다.

'윤리적 소비'를 협동조합의 정체성으로 택하는 것은 이미 조합원과의 이중적 관계를 암시한다. 윤리적 소비 정체성이 가지는 두 번째 의미로서, 즉 윤리적 소비가 잠정적인 조합원 분화를 낳는다는 점이다. '윤리적'이라는 말이 붙었을지라도 '소비'가 가지는 실천적 측면 외에 소비의 개인성, 일회성 및 편의성은 아이쿱이 의도한 정체성 전략의 의도하지 않은 결과를 필연적으로 내포한다 (Restakis, 2010). 아이쿱협동조합연구소(2018)는 생협 소비를 "개인의 목적을 위한 소비지만 협동의 과정을 통해 소비의 내용과 형식이 만들어지고 있는" 소비라고 본다. "친환경 유기농산물처럼 식품안전과 농업 보호라는 사익과 공익"의 공존에 도움이 되는 소비가 윤리적 소비라고 정리한다(아이쿱협동조합연구소, 2018: 183).

매장 사업을 주도하던 조합원 활동가의 의견에 따르면 "매장을 그냥 유기농

물건을 파는 슈퍼마켓처럼 생각하는 사람이 많아"져 고민이라는 의견, 단순히 물품 소비에서 조합 활동으로 이어지지 않았다면 조합을 탈퇴했을 것이라는 의견을 통해 조합 내 조합원 참여의 정체, 조합원 가입/탈퇴율의 변동을 예상할 수 있을 것이다(아이쿱협동조합연구소, 2018: 144). 따라서 아이쿱의 규모화 전략과 맞물린 윤리적 소비 정체성은 적극적으로 소비하고 활동하는 '핵심' 조합원과 유기농산물과 대안 생활재를 구매하기 위해 가입한 '소비자' 조합원의 분화를 암시한다.

(3) 역량의 한계

2008년 경제 불황과 함께 석유가격 상승으로 수입 밀 가격이 상승 추이를 띠게 되었다. 정부는 수입 밀 상승에 대한 정책적 대안으로 국산 밀 산업 육성대책(2017년까지 수요의 10%인 20만 톤의 국내 생산목표 제시)을 마련하고, 저탄소 녹색 성장의 일환으로 겨울철 푸른들 가꾸기 사업에 관심을 갖는다. 대형 유통기업 역시 원재료의 수급 문제로 인해 가격경쟁력을 쟁취하고, 정부 정책에 부응 및 기업 이미지를 제고하고자 우리 밀 시장에 진입한다(iCOOP생협연구소, 2009).[6] 소비 트렌드의 변화도 있었으나 우연한 사건에 의해 부딪히게 된 대기업과의 우리 밀 수매 경쟁으로 일부 생협은 밀 수매량 확보에 어려움을 겪기도 했다(김정섭, 2006). 2009년 우리 밀 수급이 부족하여 한 달 동안 매장을 개설하지 못한 사례가 있기도 했다(신성식, 2011: 244). 아이쿱은 2008년 이후 본격적으로 규모화에 돌입했으나, "지역조합의 리더십, 사업과 활동 역량, 연합회의 역량 부족 등 각 층위별로 문제가 발생했다"(아이쿱협동조합연구소, 2018: 41).

---

6   SPC 그룹: 2만 톤, CJ: 1만 5천 톤, ㈜우리밀: 5천 톤, 아이쿱: 3500톤(iCOOP생협연구소, 2009: 9).

5) 복합관계 구축

(1) 대형마트와의 경쟁

2010년 배추값 폭등에 이어 집중호우로 인한 2011년 채소값 폭등은 아이쿱에게 기회로 돌아왔다. 2009년 설립한 가격안정기금으로 가격 변동에 관계없이 기존의 저렴한 가격으로 공급할 수 있었다(김현대, 2010; 김종찬, 2011; 임재천, 2012). 특히, 물가 상승에도 불구하고 생협의 안정적인 혹은 그보다 더 저렴한 가격에 따른 물품 공급은 조합비제도의 진입 장벽을 넘어 조합원 가입을 이끌어내는 동력으로 작용했다. 대형마트 체인의 가격인하 전략이 단순히 자사 브랜드 제품의 진열 중심으로 머물렀던 것과는 다른 가격 안정화 정책의 결과였다. 아이쿱의 전략이 당시 농산물 공급 추세와 맞물린 맥락도 주목할 만하지만, 2010년 이후 기업형 슈퍼마켓이 정부 규제에 따라 출점에 제한을 갖게 된 것 또한 새로운 시장 가능성으로 인식되었다. 대기업 중심으로 유통시장의 권력 구도가 짜인 망에 협동조합이 자리하게 되는 것이다.

(2) 의도하지 않은 구례 자연드림파크의 선 개장

2014년 4월 구례 자연드림파크(이하 자연드림파크)가 개장했다. 2007년 말 충청북도 및 괴산군과 클러스터[7] 추진 관련 양해각서를 체결하고 2012년 하반기 1차 완공을 목표로 했던 당초 목표와는 달리 구례 자연드림파크가 먼저 오픈식을 치렀다(신성식, 2011: 56). 괴산 단지는 도로문제 부분에서 합의가 늦어지면

---

7 아이쿱은 구례군과 농공단지투자계약을 체결한 후 〈산업단지 명칭 브랜드화 전략〉에 맞게 자체 브랜드를 활용하여 〈구례 자연드림파크〉로 변경했다(이윤상·김두환·정승태·안현, 2018). 초기에 제조공방과 식품개발연구소의 집적에 따라 사용하게 된 구례 클러스터라는 명칭에서 벗어나, 현재 다양한 조합원 편의 시설과 공공 공간이 어우러진 이미지를 구축하기 위해 자연드림파크를 공식적인 명칭으로 사용한다(아이쿱협동조합연구소, 2018: 62).

서 개장이 지연되었다(아이쿱협동조합연구소, 2018; 차형석, 2016). 공단 준공 전 지자체와 협의를 바탕으로 준공을 진행하려고 했으나, 진입 도로의 부재로 허 용 승인이 지체된 것이다(차형석, 2016: 66).

괴산 식품단지 준공 지연에는 단순히 행정 절차상의 문제만 작용한 것은 아 닌 듯하다. 2015년 국내 최대규모로 개최될 괴산 유기농 엑스포를 추진할 당시 국내 유기농 단체와 의견 조율 없이 충청북도가 일방적으로 진행한 과정 역시 영향을 미친 것으로 보인다. 아이쿱의 언론 홍보자료에 따르면, 아이쿱은 충청 북도의 이러한 진행 과정에 국내 유기농 산업에 대한 이해 없이 수입 유기 농산 품을 홍보하는 전시성 행사가 되어서는 곤란하다는 우려의 목소리를 냈다. 덧 붙여, 기사에서는 충청북도가 아이쿱 관계자로부터 괴산 단지에서 엑스포를 진 행하는 것에 대한 확답을 받지 못했다고도 전하고 있다(김현대·오윤주, 2012).

전남 물류센터 부지 문제에 대응하는 과정에서 의도하지 않게 구례에 둥지 를 틀게 된다. 당시 전남 물류센터가 비좁아 새로운 부지를 알아보며 주변 지가 를 고려하던 중 구례에 위치한 친환경 농산물 유통·가공단지까지 이르게 된다 (차형석, 2016: 66). 이후 구례군 측에서 면담과 설명회를 통해 아이쿱생협 물류 센터로 이전해줄 것을 요청했다. 구례군청과의 초기 분양 협상, 도로 개설, 인 허가 등의 협력관계를 통해 2012년 물류센터가 준공되었다(이윤성, 2013). 라면 공방도 2012년 가동이 시작되어 자연드림파크 내 주택단지에 2015년부터 조합 원들이 입주하기 시작했다(아이쿱협동조합연구소, 2018: 66)

(3) 의도하지 않은 갈등

"협동조합의 성패는 조합의 주인을 얼마나 많이 만들어낼 것인가에 달려 있 어요. 전통적인 협동조합에서는 조합원이 얼마나 많이 이용하고, 얼마나 많이 출자했는가에 관심을 두었다고 볼 수 있는데, 이제는 협동조합의 진정한 주인 으로서 조합원을 의사결정 과정에 얼마나 많이 참여시킬 것인가, 조합원 자치를 얼마나 많이 이루어낼 것인가에 초점을 맞춰야 합니다. 결국 이게 자본의 문제도 결정하게 되는 거고요"(신성식·차형석, 2013: 122).

여타 대형 유통기업과 달리, 인적 결사체인 협동조합이 규모화되어 가면서 다시금 돌아보게 되는 질문은 협동조합의 주인은 누구인가에 관한 것이다(신성식, 2017). 이 질문은 협동조합의 자본 및 의사결정 과정과 직접적으로 연결되기 때문이다. 협동조합의 조직 구조가 전제하는 다수의 주인이 가지는 역설은 아이쿱이 지나온 과정에서의 역동에 잘 드러난다.

아이쿱은 조합원, 직원, 생산자협동조합이라는 또 다른 '집'[8]들이 모여 있는 '마을'이다. 아이쿱은 다양한 이해관계자들의 주인의식이 충돌하는 공간이다. 문제는 마을이 커지고, 집의 규모가 커질수록 주인은 의도적으로 혹은 의도하지 않게 비가시화된다는 점이다. 일정 정도의 출자금액으로도 모두 1인 1표의 권리를 획득하기 때문에 무임승차와 낮은 '결의'[9]의 한계를 항상 수반한다. 그뿐만 아니라, 서로 간의 역할과 정체성이 충돌할 때, 즉 집의 경계의 모호성, 정의되지 않은 마을의 '공간'들이 의도하지 않게 주인 간 역할을 희미하게 한다.

아이쿱은 클러스터 및 조합 공동 사업법인 설립 시 직접 출자에 참여하게 하여 주인으로서의 책임을 부여한다. 그러나 서로 간의 주인의식이 충돌하는 경우도 발생한다. 예컨대 활동가와 직원의 노동 경계에 대한 문제이다. 지역조합 내 매장 사업이 확대되고 조합원이 늘어나면서 매장 운영에서 직원의 역할이 차지하는 비중이 증가한다(신성식, 2011). 매장이라는 동일한 공간에서 비전문가인 활동가의 노동은 상대적으로 위축된다. 노동에 대한 임금 보상 없이 혹은 있더라도 적게 받는 활동가의 자발적 노동(활동)은 상대적으로 비가시화 되거나 저평가되기 때문이다(신성식, 2011, 2014). 나아가, 조합원 규모화 현상과 맞

---

8 아이쿱 20년사 좌담회, 신성식 대표의 '마을', '집' 비유를 인용했다.
9 아이쿱에서 '주인의식', '참여'를 대신하는 용어로 자주 쓰인다.

물려 조합원이 교육과 자율적인 마을모임을 통해 활동가로 성장하는 비율 역시 줄어들고 있다(차형석, 2016: 182).

5. 결론

이 글은 MacKay and Chia(2013)의 이론모형에 따라 특정 시점의 전략이 서로 다른 시기의 사회 환경적 맥락, 우연과 상호 작용하며 의도하지 않은 결과의 일면으로 나타나는 과정과 전략이 실행되는 과정을 분석했다. 변화 논리와 양상에 따라 의도하지 않은 결과가 어떻게 구성되는지를 2가지 명제로 제시할 수 있다. 첫째, 조직변화는 조직의 과거 경험에 따라 발현되는 과정이다. 둘째, 경영진의 전략과 대립하여 생기는 조직 구성원과의 갈등이 새로운 변화를 만들어 간다.

이 글은 조직이 새로운 변화 흐름과 맞물릴 때, 어떻게 창조적으로 적응하는지를 분석했다. 경영진이 전략을 제시하지만, 전략 실행은 조직이 생존을 위해 여러 요소와 함께 구성되는 과정이라는 점을 사례연구를 통해 제시한다.

대표적 예로 조합비제도를 들 수 있다. 아이쿱은 설립 초기에 조합비제도를 통해 경영 위기를 극복했다. 지역생협 운영 경비를 조합원이 직접 분담함으로써 물품을 저렴한 가격에 구매하며 동시에 조합원의 조합 참여 동기를 유발할 수 있었기 때문이다. 조합비제도의 성공적 시행으로 활동을 재개한 지역생협, 그리고 2000년 발생한 물류센터 화재복구자금을 스스로 마련한 일련의 성공 경험을 토대로 아이쿱의 조합원 활동도 활발해지고 있었다. 전략은 단지 경영진의 합리적인 선택이기보다는 기존 조합비제도를 통한 조합원의 참여, 사회 환경적 맥락, 그리고 의도하지 않았던 사건을 통해 발현되는 과정이다.

조합비제도에 이어 등장한 클러스터 전략도 아이쿱의 특수성이 발현된 경우이다. 2008년 아이쿱은 생협 최초로 유기식품 클러스터 전략을 구상한다. 클러스터 전략은 당시 정부 정책과 경쟁 환경, 소비자 인식 변화 등이 결합되어 구성된 것이다. 안전한 식품을 제공하기 위하여 지자체와 식품단지 투자 협약을 통해 클러스터 정책을 추진한다.

조합비제도와 클러스터 전략이 구성되는 과정을 아이쿱의 과거 전략을 실행한 경험과, 미래 나아갈 전략의 방향성이 사회 환경적 맥락에서 현재화되는 과정으로 볼 수 있다. 특히, 아이쿱의 조합원과 생산자와의 상호작용관계에서 이 과정이 드러난다. 그리고 이러한 전략은 아이쿱의 잠재성을 보여주는 역할을 해왔다.

그러나 아이쿱 전략의 조직화 과정에 들여오지 못한 이해관계자와의 갈등도 있다. 아이쿱이 클러스터 전략을 통해 조합원뿐만 아니라 이해관계자를 조직 관계망 안으로 들여오는 과정에서 발생한 의도하지 않은 갈등이 이에 해당하는 사건으로 볼 수 있다. 매장을 확장하여 소비자 조합원과의 접점을 늘리고 클러스터를 통해 주인의식을 갖는 조합원을 늘리는 전략과는 달리 오히려 조합원 참여율 및 활동가 비율이 낮아지는 의도하지 않은 결과를 낳았다.

이러한 갈등 과정은 구례에 자연드림파크가 의도하지 않게 선 개장한 과정에도 적용된다. 괴산 클러스터 단지 추진과정에서 지자체와의 행정 혹은 그 외에 의견 갈등으로 실행이 지연되었다. 아이쿱은 물류센터를 확보하던 중 발견한 구례 부지에 자연드림파크를 먼저 개장한다.

이 글은 향후 경영 전략 및 인적자원개발 연구에 다음과 같이 기여한다. 첫째, 과정으로서 조직변화를 연구하여 전략을 우연·선택·의도하지 않은 결과의 상호작용으로 해석했다. 따라서 아이쿱 조직변화는 전략을 실행하는 조직의 환경적 맥락과 이해관계자들과의 상호작용에서 형성된다.

둘째, 인적자원개발 연구 측면에서 인적자원개발 전략 그리고 전략적 인적자원개발의 비선형적 측면을 다시 생각하는 이론적 함의를 갖는다. 예컨대, 계획된 클러스터 전략은 조합원의 참여를 이끌고 이해관계자를 조직으로 끌어들이기 위해 의도된 조직 성과로 나아가는 과정이라기보다는 의도하지 않은 조합원 탈퇴, 활동가와 직원 간 갈등이 발생하기도 하며 지속적으로 현재 맥락과 접하며 의미를 형성해가고 있다. 단순히 인적자원개발을 위한 전략이 경영자의 의도처럼 이루어지지 않기도 하고, 환경에 의해서 결정되지만도 않는다.

셋째, 아이쿱이 전략을 구성해온 경험과 함께, 현재 환경 변화에 따라 전략이 어떻게 발현 혹은 재구성되는지를 설명한다. 이를 통해서 전략 자체의 본질적 의미가 아닌 조직의 맥락과 이해관계자와의 관계 안에서 재구성되는 전략의 의미에 주목한다. 과거 전략의 내용이 현재와 미래 전략과 분절되어 존재하는 것이 아니라 하나의 과정으로 과거, 현재, 미래가 상호 교차되고 끊임없이 서로가 서로를 구성하며 생성되어가는 현재진행형의 과정임을 설명한다.

그러나 이 글은 다음의 한계를 갖는다. 첫째, 공식 문헌을 통한 질적연구는 방법론적 함의를 갖는 동시에 한계를 갖는다. 공식 문헌은 2차 자료로서 이미 가공된 문서이다. 즉, 조직 행위자들의 경험, 내부 이야기 등을 모두 담아내지 못했다. 향후 연구에서는 실제 조직 내 통용되고 있는 언어와 상징을 포착하는 과정을 연구하여 조직변화를 풍부하게 이해할 수 있을 것이다. 둘째, 조직에 도움이 되는 실천적 함의를 구체화하지 못했다. 실제 조직 내에서 특정 논의가 형성되는 과정과 경영진의 의사결정 과정이 어떻게 연결되는지를 참여관찰 혹은 인터뷰를 통해 보완하는 것이 필요하다.

부록

1. 수집자료 목록

	분류	참고자료명
아이쿱협동조합 연구소 간행물	1) 연차보고서 2) 토론회, 심포지엄 및 각종 행사자료 3) 아카이브	아이쿱사업연합회 연차보고서(2008~현재) 2000~2015년도 공식 간행물 아이쿱협동조합연구소 아카이브 자료 • 월간 생협신문/통권(2000~2006) • 언론홍보결과보고서(2010~2012)
아이쿱 전략, 경영사	단행본, 문헌	• 스무 살 아이쿱(아이쿱협동조합연구소, 2018) • 아이쿱 경영사(신성식, 2017) • 아이쿱 사람들(차형석, 2016) • 협동조합 다시 생각하기(신성식, 2014) • 당신의 쇼핑이 세상을 바꾼다(신성식·차형석, 2013) • 새로운 생협 운동의 미래: iCOOP생협 정책 연구(신성식, 2011) • 협동, 생활의 윤리: iCOOP생협 10년(iCOOP생협연대, 2008) • 새로운 생협 운동(한국생협연대, 2002)
외부 환경 변화	미디어 자료	• '아이쿱생협', '조합원' 키워드 검색 • 연대별 아이쿱생협의 환경적 상황 검토

2. 생협신문

	발행인	발행일	제목
34호	(사)21세기 생협연대	2001.1.27	자연과 함께 이웃과 함께 생협, 2월호
36호	(사)21세기 생협연대	2001.3.28	자연과 함께 이웃과 함께 생협, 4월호
45호	(사)한국생협연대	2001.12.31	자연과 함께 이웃과 함께 생협, 1월호
47호	(사)한국생협연대	2002.2.27	자연과 함께 이웃과 함께 생협, 3월호
48호	(사)한국생협연대	2002.3.27	자연과 함께 이웃과 함께 생협, 4월호
53호	(사)한국생협연대	2002.8.30	자연과 함께 이웃과 함께 생협, 9월호
55호	(사)한국생협연대	2002.10.25	자연과 함께 이웃과 함께 생협, 11월호
58호	(사)한국생협연대	2003.1.1	자연과 함께 이웃과 함께 생협, 2월호
63호	(사)한국생협연대	2003.6.30	자연과 함께 이웃과 함께 생협, 7월호
67호	(사)한국생협연대	2003.10.27	자연과 함께 이웃과 함께 생협, 11월호
77호	(사)한국생협연대	2004.8.30	자연과 함께 이웃과 함께 생협, 9월호
78호	(사)한국생협연대	2004.9.30	자연과 함께 이웃과 함께 생협, 10월호
79호	(사)한국생협연대	2004.11.1	자연과 함께 이웃과 함께 생협, 11월호
80호	(사)한국생협연대	2004.12.7	자연과 함께 이웃과 함께 생협, 12월호
81호	(사)한국생협연대	2005.1.5	자연과 함께 이웃과 함께 생협, 1월호
85호	(사)한국생협연대	2005.5.1	자연과 함께 이웃과 함께 생협, 5월호
86호	(사)한국생협연대	2005.6.1	자연과 함께 이웃과 함께 생협, 6월호
88호	(사)한국생협연대	2005.8.1	자연과 함께 이웃과 함께 생협, 8월호
93호	(사)한국생협연대	2006.1.1	자연과 함께 이웃과 함께 생협, 1월호

참고문헌

강유현. 2009.12.17. "건강엔 아낌없이 쓴다… 친환경 시장 쑥쑥". ≪한국경제신문≫.
　　https://www.hankyung.com/news/article/2009121778021

고병수. 2012.5.3. "제대로 내렸더니 확 느네요". ≪내일신문≫.
　　https://news.naver.com/main/read.nhn?mode=LSDandmid=secandsid1=101andoid=086andaid
　　=0002106259

김기근·문명·조윤형. 2013. 「조직구성원들의 조직비전 인식과 조직변화에 대한 태도와의 관계: 조직신
　　뢰의 매개역할. 인적자원관리연구」, 20(3), 115~143쪽.

김대호·신지선. 2018. 「조직적합성이 규범적 변화몰입과 변화지지 행동에 미치는 영향: 자기효능감의
　　조절효과를 중심으로」. ≪인사조직연구≫, 26(1), 37~61쪽.

김명환. 2013. 「조직변화 내부과정의 구조화: 조직 정체성, 납득 및 선택. 국가정책연구」, 27(1), 5~35쪽.

김영천. 2012. 『질적연구방법론 I』. 아카데미프레스.

김은남. 2009.11.19. "로컬푸드, 민중기금… 생협은 지금 진화 중". ≪시사IN≫.
　　https://www.sisain.co.kr/news/articleView.html?idxno=5656

김정섭. 2006.5.10. "'참치의 딜레마' DHA 풍부, 수은 함유량 높아". ≪경향신문≫.
　　http://news.khan.co.kr/kh_news/khan_art_view.html?art_id=200605100820021

김종찬. 2011.3.1. "한숨만 담던 장바구니 싱싱한 찬거리 가득". ≪경인일보≫.
　　http://www.kyeongin.com/main/view.php?key=568387

김진희. 2017. 「고몰입 HRM과 조직성과의 관계에 대한 혁신변화의 종단매개효과: 잠재성장모형을 이
　　용한 종단분석」. ≪인사조직연구≫, 25(3), 269~301쪽.

김현대. 2010.12.27. "정부가 생협처럼 하면 배추파동 없죠". ≪한겨레신문≫.
　　http://www.hani.co.kr/arti/society/society_general/455826.html

김현대·오윤주. 2012.4.15. "괴산 유기농엑스포 '불안한 출발'". ≪한겨레신문≫.
　　http://www.hani.co.kr/arti/society/society_general/528429.html

김효근·이현주·문윤지. 2003. 「한국 경영 현상 분석을 위한 연구방법론의 재고」. ≪Korea Business
　　Review≫, 6(2), 47~66쪽.

농림부. 2006. WTO 출범 후 쌀 국내 시판용 첫 수입.
　　https://news.naver.com/main/read.nhn?mode=LSDandmid=secandsid1=123andoid=173andaid
　　=0000000016

박형숙. 2009.5.6. "불황 이기는 '윤리적 소비' 떴다". ≪시사IN≫.
　　https://www.sisain.co.kr/news/articleView.html?idxno=4343

배종석·유규창·권기욱. 2015. 「한국적 인적자원관리의 이론개발을 위한 기반연구」. ≪인사조직연구≫,
　　23(1), 99~141쪽.

신성식. 2011. 『새로운 생협운동의 미래』. 파주: 푸른나무.

신성식. 2014. 『협동조합 다시 생각하기』. 알마.

신성식. 2017. 아이쿱 경영사. 아이쿱 생협 경영 20년. 돌아봄과 내다봄 좌담회.

신성식·차형석. 2013. 『당신의 쇼핑이 세상을 바꾼다: 사람을 살리는 협동조합 기업의 힘』. 알마.

아이쿱생협사업연합회. 2018.『아이쿱넷 2017년 연차보고서』. 아이쿱생협사업연합회.

iCOOP생협연구소. 2009.『생산과 소비의 상생 연계를 통한 우리 밀 산업화의 과제』. 2009 우리 밀 정책 세미나 자료집.

iCOOP생협연대. 2008.『협동, 생활의 윤리: iCOOP생협 10년사』. 푸른나무.

아이쿱협동조합연구소. 2018.『협동하는 사람들의 가치와 실천: 스무 살 아이쿱』. 알마.

양필석·최석봉. 2011.「핵심자기평가가 조직변화몰입과 조직변화지지행동에 미치는 영향」.《인적자 원관리연구》, 18(1), 233~250쪽.

양필석·최석봉. 2012.「임파워링 리더십이 심리적 자본과 조직변화몰입에 미치는 영향에 관한 연구」. 《인적자원관리연구》, 19(2), 63~81쪽.

양혁승. 2002.「전략적 인적자원관리: 기존 연구결과 및 향후 연구과제 개관. 조직과 인사관리연구」. 26(2), 113~143쪽.

우형록·한정화. 2013.「조직변화의 성공요인에 관한 연구」.《인사조직연구》, 21(2), 181~216쪽.

윤견수. 2008.「사례연구: 분석의 세계에서 집필의 세계로」.《한국정책학회보》, 17(4), 63~88쪽.

윤견수. 2013.「경험의 의미와 질적연구의 연구 과정」.《한국정책과학학회보》, 17(2), 163~200쪽.

이상준 외. 2012.5.7. "[지역사랑, 지역소비] ④합리적 소비에서 지역위한 소비로".《매일신문》. http://news.imaeil.com/EconomyAll/2012050710440328940

이윤상 외. 2018.「6차산업 클러스터 특화 단지 참여 방안 연구」. 대전: 한국토지주택공사 토지주택 연 구원. 43~47쪽.

이윤성. 2013. "윤리적 만남이 낳은 구례". 자연드림파크. http://icoop.re.kr/?p=4197

이홍. 2004.「기업집단의 조직변화」.《Korea Business Review》, 7(2), 57~76쪽.

임재천. 2012. "iCOOP생협 대형마트의 생색내기 할인에 지쳤다".《아주경제》. https://www.ajunews.com/common/redirect.jsp?newsId=20120502000583

전수웅. 2014.「자생적 조직변화의 요건들. 인사조직연구」, 22(1), 243~278쪽.

정은미. 2011.1.3. "롯데·신세계가 전망하는 2011년 국내 소비시장은?"《조이뉴스24》. http://www.inews24.com/view/539860

조경순. 2006.「조직구성원의 이직의도에 대한 변화몰입의 효과: 국내금융기관의 인수합병 상황에 대한 분석」.《인적자원관리연구》, 13(1), 167~182쪽.

조윤형·최우재. 2014.「조직정치 지각은 조직변화에 대한 저항을 증가시키는가? 조직비전과 리더비전 인식의 조절효과」.《인적자원관리연구》, 21(1), 19~40쪽.

차형석. 2016.『아이쿱 사람들』. 알마.

최현준. 2012.6.11. "친환경, 신뢰로 똘똘… 생협, 공룡마트에 도전장".《한겨레신문》. http://www.hani.co.kr/arti/economy/economy_general/536626.html

한국생협연대. 2002.『새로운 생협운동』. 대전: 글샘사.

황영아·송영수. 2010.「대기업의 전략적 인적자원개발(SHRD)에 대한 중요도 및 수행수준 인식에 대한 탐색」.《Korea Business Review》, 14(1), 197~219쪽.

Alvesson, M. and S. Sveningsson. 2015. *Changing Organizational Culture: Cultural Change Work in Progress*. London, UK: Routledge.

Barney, J. 1991. "Firm Resources and Sustained Competitive Advantage." *Journal of Management*,

17(1), pp.99~120.

Baum, J. A. and A. V. Shipilov. 2006. "Ecological approaches to organizations." in S. R. Clegg, C. Hardy and W. R. Nord (Eds.). *The SAGE handbook of organization studies.* Thousand Oaks, CA: SAGE Publications, Inc. pp.55~110.

Baum, J. A., and H. Rao. 2004. "Evolutionary Dynamics of Organizational Populations and Communities." in M. S. Poole and A. H. Van de Ven (Eds.). *Handbook of Organizational Change and Innovation.* New York, NY: Oxford University Press. pp.212~258.

Carpenter, M. A., M. A. Geletkanycz and W. G. Sanders. 2004. "Upper Echelons Research Revisited: Antecedents, Elements, and Consequences of Top Management Team Composition." *Journal of Management*, 30(6), pp.749~778.

Chalmers, A. F. 1982. *What Is This Thing Called Science?* St. Lucia, Queensland: University of Queensland Press.

Chandler Jr., A. D. 1993. *The Visible Hand.* Cambridge. MA: Harvard University Press.

Chia, R. 1999. "A 'Rhizomic' Model of Organizational Change and Transformation: Perspective from a Metaphysics of Change." *British Journal of Management*, 10(3), pp.209~227.

Chia, R. and R. Holt. 2006. "Strategy as Practical Coping: A Heideggerian Perspective." *Organization Studies*, 27(5), pp.635~655.

Chia, R. and R. Holt. 2009. *Strategy Without Design: The Silent Efficacy of Indirect Action.* Cambridge, MA: Cambridge University Press.

Child, J. 1972. "Organizational Structure, Environment and Performance: The Role of Strategic Choice." *Sociology*, 6(1), pp.1~22.

De Rond, M. and R. A. Thietart. 2007. "Choice, chance, and inevitability in strategy." *Strategic Management Journal*, 28(5): 535-551.

Feyerabend, P. 1975. *Against Method: Outline of an Anarchistic Theory of Knowledge.* London, UK: Verso.

Flyvbjerg, B. 2006. "Five Misunderstandings about Case-Study Research." *Qualitative Inquiry*, 12(2), pp.219~245.

Glaser, B. G. and A. L. Strauss. 1967. *Discovery of Grounded Theory: Strategies for Qualitative Research.* Chicago, IL: Aldine Publishing.

Hambrick, D. C. and P. A. Mason. 1984. "Upper Echelons: The Organization as a Reflection of Its Top Managers." *Academy of Management Review*, 9(2), pp.193~206.

Hannan, M. T. and J. Freeman. 1984. "Structural Inertia and Organizational Change." *American Sociological Review*, 49(2), pp.149~164.

Hannan, M. T. and J. Freeman. 1989. *Organizations and Social Structure. In Organizational Ecology.* Cambridge, MA: Harvard University Press.

Hatch, M. J. and A. L. Cunliffe. 2013. *Organization Theory: Modern, Symbolic and Postmodern Perspectives.* New York, NY: Oxford University Press.

Hatch, M. J., M. Schultz and A. M. Skov. 2015. "Organizational Identity and Culture in the Context of

Managed Change: Transformation in the Carlsberg Group, 2009~2013." *Academy of Management Discoveries*, 1(1), pp.58~90.

Hoskisson, R. E. et al. 1999. "Theory and Research in Strategic Management: Swings of a Pendulum." *Journal of Management*, 25(3), pp.417~456.

Kuhn, T. S. 1970. *The Structure of Scientific Revolutions*. Chicago, IL: The University of Chicago Press.

Langley, A. and H. Tsoukas. 2010. "Introducing Perspectives on Process Organization Studies." in T. Hernes and S. Maitlis (Eds.). *Process, Sensemaking, and Organizing*. New York, NY: Oxford University Press. pp.1~27.

Langley, A. et al. 2013. "Process Studies of Change in Organization and Management: Unveiling Temporality, Activity, and Flow." *Academy of Management Journal*, 56(1), pp.1~13.

Lincoln, Y. S. and E. G. Guba. 1985. *Naturalistic Inquiry*. Thousand Oaks, CA: SAGE Publications, Inc.

Linstead, S. 2003. "Introduction: Text, Organization and Identity." in S. Linstead (Ed.). *Text/work: Representing Organization and Organizing Representation*. London, UK: Routledge. pp.11~22.

MacKay, R. B. and R. Chia. 2013. "Choice, Chance, and Unintended Consequences in strategic Change: A Process Understanding of the Rise and Fall of NorthCo Automotive." *Academy of Management Journal*, 56(1), pp.208~230.

Morgan, G. 2006. *Images of Organization*. Thousand Oaks, CA: SAGE Publications, Inc.

Orlikowski, W. J. 1996. "Improvising Organizational Transformation Over Time: A Situated Change Perspective." *Information Systems Research*, 7(1), pp.63~92.

Poole, M. S. 2004. "Central Issues in the Study of Change and Innovation." in M. S. Poole and A. H. Van de Ven (Eds.). *Handbook of Organizational Change and Innovation*. New York, NY: Oxford University Press. pp.3~31.

Porras, J. I. and R. C. Silvers. 1991. "Organization Development and Transformation." *Annual Review of Psychology*, 42(1), pp.51~78.

Prahalad, C. K. and R. A. Bettis. 1986. "The Dominant Logic: A New Linkage Between Diversity and Performance." *Strategic Management Journal*, 7(6), pp.485~501.

Reed, M. 2006. "Organizational Theorizing: A Historically Contested Terrain." in S. R. Clegg, C. Hardy and W. R. Nord (Eds.). *The SAGE Handbook of Organization Studies*. Thousand Oaks, CA: SAGE Publications, Inc. pp.19~54.

Restakis, J. 2010. *Humanizing the Economy: Co-operatives in the Age of Capital*. Gabriola Island, BC: New Society Publishers.

Scott, W. R. and G. F. Davis. 2007. *Organizations and Organizing: Rational, Natural, and open System Perspectives*. Upper Saddle River, NJ: Pearson Education, Inc.

Stake, R. E. 1995. *The Art of Case Study Research*. Thousand Oaks, CA: SAGE Publications, Inc.

Tsoukas, H. and R. Chia. 2002. "On organizational Becoming: Rethinking Organizational change."

Organization Science, 13(5), pp. 567~582.

Van de Ven, A. H. and M. S. Poole. 1995. "Explaining Development and Change in Organizations." *Academy of Management Review*, 20(3), pp. 510~540.

Van de Ven, A. H. and M. S. Poole. 2005. "Alternative Approaches for Studying Organizational Change." *Organization Studies*, 26(9), pp. 1377~1404.

Weick, K. E. and R. E. Quinn. 1999. "Organizational Change and Development." *Annual Review of Psychology*, 50(1), pp. 361~386.

Wernerfelt, B. 1984. "A Resource-Based View of the Firm." *Strategic Management Journal*, 5(2), pp. 171~180.

Willis, J. W., M. Jost and R. Nilakanta. 2007. *Foundations of Qualitative Research: Interpretive and Critical Approaches*. Thousand Oaks, CA: SAGE Publications, Inc.

Wright. P. M. et al. 2005. "The Relationship Between HR Practices and Firm Performance: Examining Causal Order." *Personnel Psychology*, 58(2), pp. 409~446.

Yin, R. K. 2003. *Case Study Research: Design and Methods* (3rd ed). Thousand Oaks, CA: SAGE Publications, Inc.

협동조합의 공유 리더십*

윤찬민·이상윤

1. 서론

2017년 10월 문재인 정부는 국정과제 중 하나로 '사회적경제 활성화' 방안을 확정·발표했고 이는 사회적경제 부문에 대해 정부 차원에서 수립한 최초의 대책으로 새로운 일자리 창출뿐 아니라 사회문제 해결과 사회적 가치 확산을 적극적으로 활성화하기 위해서 마련되었다. 이에 협동조합을 포함한 사회적경제기업에 대한 창업이 더욱 활성화될 것으로 보인다.

하지만 신생 사회적경제기업들은 사회적 가치와 경제적 가치를 동시에 추구해야 하는 어려움뿐 아니라, 새로운 기업이기 때문에 자원 제공자와 조합원 또는 고객으로부터 정당성을 부여받기가 어려운 심각한 정보의 비대칭 상황에 직

---

*   이 장은 다음 논문을 기반으로 한 것이다. 윤찬민·이상윤, 「공유 리더십이 사회적경제기업 창업
     팀 성과에 미치는 영향: 과업갈등의 조절효과를 중심으로」, ≪한국협동조합연구≫, 37권 1호
     (2019), 109~135쪽.

면하게 되며, 각종 자원의 획득, 상품과 서비스의 판매에 있어서 큰 어려움을 겪는다(임창규·이상윤, 2017). 기획재정부에서 진행한 제3차 협동조합 실태조사[1]를 보면 협동조합은 2012년도 말 협동조합기본법 발의 이후 수는 꾸준히 증가했고 2016년도 말 기준 약 1만여 개의 협동조합들이 설립되어 있다. 그러나 협동조합 수의 증가에도 불구하고 2016년도 말 기준 법인 등기한 협동조합 중 사업을 운영하지 않는 협동조합이 약 4447개로 전체 협동조합의 약 40%가 사업을 운영하고 있지 않은 상황으로 파악된다. 따라서 효과적인 사회적경제기업 형태로서의 창업 진흥을 위해서 창업 초기단계에서 어떠한 요인들이 성과에 영향을 미치는지에 대한 연구가 필요하다.

리더십은 창업 초기단계에서 경영 그 자체라고 할 만큼 조직의 목표 달성에서 중요하다. 초기 창업상황에서는 조직의 표준 운영 절차나 조직 구조가 없기 때문에 창업자들이 스스로 조직을 이끌어야 한다(Ensley, Hmieleski and Pearce, 2006). 창업자들은 직원을 고용하고 필요한 자원을 얻기 위해서 회사를 위한 비전을 세우고 이해관계자들을 설득해야 한다(Baum, Locke and Kirkpatrick, 1998). 또한, 창업자들은 직원들에 대한 초기 목표와 보상 구조를 설정해야 한다(Williamson, 2000). 리더십은 조직 활동에 동기를 부여하여 다양한 집단 활동을 일정한 목표로 향하도록 동질감을 조성하고, 일정한 상황에서 목표 달성을 위해서 개인이나 집단의 행동에 영향력(임재석 외, 2016)을 행사하는 역할을 하므로 창업 상황에서 리더십은 매우 중요하다(Ensley et al., 2006). 선행연구를 보면, 리더십은 창업 효능감뿐만 아니라 팀 구성원들의 몰입, 직무 만족, 팀 성과 등 다양한 분야에서 영향력을 미친다(김해룡. 2008; 노영현·이원기, 2012).

따라서 이 글의 목적은 다음과 같다. 첫째, 사회적경제기업의 리더십과 성과 관계를 확인함으로써 기존에 연구되지 않았던 신생 사회적경제기업의 창업 성

---

1   기획재정부, 제3차 협동조합실태조사, 2018년 2월.

과요인을 확인한다. 사회적경제기업의 대표 법인격인 협동조합은 5인 이상의 구성원들에 의해 설립된다는 점에서 일반 개인 창업이 아닌 팀 중심 창업이라고 볼 수 있다. 이러한 팀 중심 창업에서는 개인의 수직적 리더십보다 서로 영향력을 행사하는 상호 분배된 공유 리더십이 팀 성과에 더 긍정적인 영향을 미친다(Pearce and Sims, 2002). 이는 공유 리더십이 팀 구성원들이 가지고 있는 다양한 자원과 역량을 극대화하고 다양한 이견들을 조율 및 소통하게 하므로 더욱 혁신적인 행동을 유발하기 때문이다(정예지·김문주, 2014; 서재교·홍아정, 2015). 하지만 안타깝게도 사회적경제기업 창업팀의 공유 리더십과 창업팀 성과에 관한 연구는 전혀 없는 상태이다.

둘째, 과업 갈등이라는 심리적 변수를 사용하여 공유 리더십과 팀 성과의 관계를 보다 통합적으로 살펴본다. 창업기업의 성공은 팀 구성원들의 창의적인 재능과 능력을 활용하여 통찰력 있고 실행 가능한 전략을 수립할 때 가능하다. 이러한 재능과 능력 활용의 중심에는 갈등이 있다(Ensley, Pearson and Amason, 2002). 갈등은 2가지 유형으로 업무와 관련된 갈등은 아이디어 교환, 객관적인 평가를 통한 창의력과 이해를 촉진한다. 반면에 관계와 관련된 갈등은 적대감과 분노의 촉매제가 되어 팀 구성원을 소외시키거나 불쾌감과 불만으로 이어져 팀원의 이탈로 이어질 수도 있다(Amason, 1996; Jehn, 1995).

기획재정부의 실태조사에서 협동조합 미운영에 대한 부분을 보면, 폐업 이유는 수익모델 미비(30.5%), 사업운영자금 부족(24%), 조합원 간 의견 불일치(18.6%) 등으로 조합원 갈등이 협동조합 운영에 어느 정도 부정적으로 영향을 미치고 있음을 알 수 있다. 하지만 협동조합에서 갈등에 관한 실증적인 연구가 없고 앞서 언급한 것과 같이 과업 갈등의 경우 긍정적인 영향을 미칠 수도 있으므로 실제 갈등이 협동조합 내에서 어떻게 영향을 미치는지에 대해 이 연구는 의미 있는 시사점을 제공할 것이다.

이 글은 다음과 같이 구성된다. 먼저 이론적 배경 부문에서 공유 리더십, 과업 갈등, 사회적경제기업의 성과에 관련된 선행연구를 검토한다. 그리고 연구 가설 및 연구 모형 부문에서 사회적경제기업 창업팀 내에서 공유 리더십이 성과에 미치는 영향과 과업 갈등의 조절 효과를 확인한다. 총 38개의 협동조합 창업팀에서 138명을 대상으로 수집한 데이터를 바탕으로 가설검정 및 연구 결과를 제시한다. 마지막으로 연구 결과를 논의하고 연구의 함의와 한계를 제시한다. 참고로 이 글에서 사용되는 창업팀(founding team)이란 용어는 창업기업과 같은 의미이며, 사회적경제기업, 사회적경제기업 창업팀, 창업기업, 창업팀, 신생기업은 동일한 의미로 사용되었음을 밝혀둔다.

2. 이론적 배경

1) 공유 리더십

역사적으로 리더십에 대한 연구는 주로 개인을 중심으로 이루어졌으며, 단일 개인의 리더와 부하의 영향관계 안에서만 이루어져 왔다. 리더십은 산업혁명 이후부터 경제성을 높이기 위해 처음 인지되기 시작했다. 이때 리더십의 주도적인 역할은 관리자에 의한 '명령-통제'였다. 이러한 관점에서 기존 대부분의 리더십 연구는 리더십 발현이 공식적인 리더 한 사람으로부터 나타나는 현상으로 이해했다(Pearce, Conger and Locke, 2008). 하지만 최근 리더십이 특정한 리더 한 사람이 아닌 조직의 구성원들 사이에서 분배되거나 공유될 수 있다는 주장이 등장했다(Pearce and Conger, 2002). 이는 집단 내 개인이 접하는 업무 상황과 환경이 점차 복잡해지고 다양해지면서 한 명의 리더가 수행해낼 수 있는 리더십의 범위가 크게 제약되고 있으며, 지식 기반 조직으로 조직의 운영 형태가 변화되면서 구성원들이 자신의 업무 영역을 확대하고 점차 높은 수준의 자율성을 부여받고 있기 때문이다(이상봉·우종범, 2014). 또한, 리더 한 사람이 빠르게 변화하는 복잡한 세계에서 효과적인 의사결정을 할 수 있는 충분하고 적절한 정보를 모두 소유할 수 없다(Pearce and Sims, 2002). 따라서 이런 상황에서는 구성원들이 가지고 있는 정보, 기술, 능력을 활용할 때 더 좋은 의사결정(Yeatts and Hyten, 1998; 양동민·심덕섭, 2009 재인용)을 할 수 있다. 이런 상호 영향력을 행사하는 리더십 형태를 공유 리더십(shared leadership)이라고 한다.

공유 리더십은 오래전부터 언급되어 왔으며 다양한 용어와 이론으로 설명되었다. 하지만, 리더십이 한 개인에게 머물러 있지 않고 분산되거나 집합적으로 나타나는 특징을 공통되게 설명하고 있다. Follett(1924)은 상황의 법칙(the law of the situation)이라는 개념을 소개하면서, 개인은 공식적인 권위 상황에서 단순히 순응하기보다는 상황 또는 지식과 관련된 사람에게 순응한다고 언급한다(Pearce and Conger, 2002 재인용). Solomon, Loeffler and Frank(1953)는 2명의 개인이 동시에 하나의 리더십 지위를 공유할 수 있다는 공동 리더십(co-leader-ship)을 발견했다. Bowers and Seashore(1966)는 상호 리더십(mutual-leader-ship)이라는 개념을 이론적으로 발전시켜 리더십에 영향을 미치는 프로세스가 동료들에게서 나올 수 있으며, 조직 성과에 긍정적인 영향을 미칠 수 있다고 지적했다.

최근에 와서 공유 리더십이라는 용어가 등장했으며 Pearce and Sims(2002)는 공유 리더십을 팀 내 분산된 영향력, 구성원들 사이의 수평적인 영향력이라고 정의했고 Ensely et al.(2006)은 한 명의 공식 리더가 아닌, 팀 구성원 전체로 리더십이 발현되는 프로세스라고 정의했다. Hiller, Day and Vance(2006)는 공유 리더십을 팀 구성원들이 4가지 리더의 역할(계획 및 조직화, 문제해결, 지원 및 배려, 개발과 멘토링)을 공동으로 수행하는 과정이라고 정의했고, Carson, Tesluk and Marrone(2007)는 팀 내부에서 발현되는 구성원들 간의 상호 리더십 영향 관계라고 정의했다. 이 글에서는 Ensely et al.(2006)의 공유 리더십 정의에 따라 창업팀 내 한 명의 리더가 아닌, 창업팀 전체에서 발현되는 공유 리더십을 확인한다.

2) 과업 갈등

갈등은 상호 의존적인 활동으로 성과를 산출해야 하는 조직이나 집단에서 필연적으로 나타날 수밖에 없다(Amason, 1996; Jehn, 1995). 예를 들어 구성원들은 전략적 의사결정에서 서로 다른 이해관계를 가지고 있기 때문에 조직의 성과를 달성하는 방법에서 갈등이 야기될 수 있다.

과거에는 갈등을 조직에서 제거해야 할 대상으로 보았다(Schmidt and Kochan, 1972). 왜냐하면, 갈등은 업무를 혼란스럽게 만들고 구성원들 간에 불편함과 스트레스 및 긴장을 불러일으켜 팀 생산성을 저하한다고 생각했기 때문이다. 하지만 최근 업무와 관련된 적절한 수준의 갈등은 조직의 변화를 긍정적으로 촉진하고 문제해결에 도움을 줄 수 있다는 관점들이 있다(Tjosvold, 1991; Van de Vliert and De Dreu, 1994). 이는 집단 내 업무와 관련된 건설적인 토론은 창의성과 혁신 등을 일으키고 이는 곧 집단 성과에 긍정적인 영향을 미친다고 본다(Amason, 1996; Jehn, Northcraft and Neale 1999; West and Anderson, 1996).

이러한 상황에서 갈등의 유형을 긍정적 영향과 부정적 영향으로 구분할 수 있는데, 긍정적 영향의 갈등은 업무와 관련이 있는 갈등이고 부정적 영향의 갈등은 개인적 감정에 의한 갈등이다. Guetzkow and Gyr(1954)는 갈등을 그룹에서 수행하는 업무의 부분과 그룹 내 상호관계에 기초한 갈등으로 구별했다. Priem and Price(1991)도 마찬가지로 갈등을 2가지 유형, 인지적 갈등(업무 관련 갈등)과 상호관계의 의견 불일치로 인해 발생하는 사회적 감정(social-emotional) 갈등으로 구별했다. Wall and Nolan(1986)은 관계 중심으로 나타나는 사람들의 갈등과 업무 내용과 관련된 갈등을 구별했다. Pinkley(1990)는 갈등의 해석에 대한 다차원 분석에서 사람들이 업무 갈등과 관계 갈등을 구별한다는 것을 발견했다. 따라서 관계 갈등은 구성원들 간 감정을 기반으로 한 정서적 차원의 갈등이고 과업 갈등은 조직 구성원들 간 업무와 관련된 생각이나 행동 방식의 차이를 기반으로 한 인지적 차원에서의 갈등으로 볼 수 있다.

관계 갈등의 경우 일관적으로 연구 결과가 성과에 부정적인 결과를 나타내고 있지만, 과업 갈등의 연구 결과들은 상반된 결과들을 나타내고 있다. 일부 연구에서는 과업 갈등이 집단 내 아이디어의 품질과 혁신에 긍정적 영향을 미치며, 집단 사고(group-thinking)의 방지에 도움을 준다고 말한다(Amason, 1996; Jehn, Northcraft and Neale 1999; West and Anderson, 1996). 그러나 또 다른 연구들에서는 과업 갈등이 장기적으로 관계 갈등으로 변화되어 과업 갈등의 긍정적 효과가 부정적 효과로 변할 수 있다고 말한다(김학수·이준호·배범수, 2014). 따라서 과업 갈등의 연구 결과는 관계 갈등보다 상대적으로 모호한 상황이기 때문에 다양한 연구를 통한 연구의 일반화가 필요하다.

3) 사회적경제기업 창업팀의 성과

성과는 기업의 상황 및 특성에 따라 다양하게 제시되어야 하므로 연구자들에게 여전히 복잡하고 어려운 부분이다(Venkatraman and Ramanujam, 1986). 특히, 창업기업에 대한 성과지표를 측정하는 데는 어려움이 있다. 창업 초기 우선적인 투자가 집행되고 수익이 발생하는 시차가 있어 재무제표의 수치로만 성과를 측정하기에는 무리가 있으며, 통상적으로 창업 초기에는 자원 부족으로 회사의 정보시스템 구축이 완성되지 않아 회계자료의 신뢰성이 부족해서 객관적인 평가를 진행하는 데 어려움이 있다. 따라서 창업기업의 성과 측정은 재무적 성과뿐만 아니라 비재무적 성과에 대한 측정도 매우 중요하다.

Zhou, Wencang and Rosini(2015)는 초기 벤처기업의 경우 매출이 크게 발

생할 가능성이 없어서 매출, 수익 및 이익과 같은 객관적인 성과 측정방법이 적절하지 않을 수 있다고 보았다. 그래서 그는 창업팀의 성과를 측정함에 있어 단일 방법이 아닌 다양한 방법을 사용해야 기업의 복잡성과 역동성에 대해 통찰을 얻을 수 있다고 지적했다. Chandler and Hanks(1993)도 창업기업의 경우 일반적으로 성과 정보를 공개할 의무가 없으므로 기존의 객관적으로 명시화되어 있는 자료를 종종 이용할 수 없거나 초기 창업기업에 나타나는 대부분의 성장률이 불규칙하여 통계분석이 어렵다고 말한다. 그들은 창업기업 성과에서 사용된 가장 흔한 자가 평가 측정방법 3가지를 제안했는데, ① 광범위한 범주를 통한 기업의 성과 측정, ② 기업 성과에 대한 소유자들의 만족도를 주관적 측정, ③ 경쟁자와 비교한 기업의 주관적인 성과 측정 사용을 제안했다.

한편, 사회적경제기업도 객관적인 성과 측정에 대한 한계점을 가지고 있다. 예를 들어 협동조합은 민주주의적 운영 원리를 바탕으로 조합원의 공동체적 이익을 추구하면서 동시에 영리적 목적을 추구한다. 이러한 점에서 협동조합의 성과는 재무적 성과 외에 비재무적인 성과에 대한 측정이 필요하다. 또한, 협동조합은 지역사회에 대한 기여 등 사회적 목적 달성을 위한 사회적 기능을 수행하고자 하는 원칙을 가지고 있으므로 사회적 성과에 대한 고려도 필요하다(이승일·안광영, 2016; 김새로미, 2017).

Co-operatives UK(2013)는 협동조합 원칙에 따라 협동조합은 조합원을 위한 가치를 생산하고 있으며, 환경적·사회적 요인들과 같은 더 넓은 이슈에 대해서도 책임이 있음을 강조하면서 협동조합 성과를 재무적 성과와 비재무적 성과 그리고 지속가능성 지표 3가지로 각각 개발했다. 한편 김용덕·김은희(2016)는 균형성과 관점(재무, 고객, 내부 프로세스, 학습과 성장)에서 소상공인협동조합에 대한 성과평가모델을 개발했으며, 총 16가지의 성과평가모델로 재무(총매출액, 매출증가율, 영업이익증가율, 비용절감액), 고객(고객 만족, 서비스 품질, 상품성, 브랜드 이미지), 내부 프로세스(조합원증가율, 조직 운영의 민주성, 조합원과 관계 유지,

자립화 계획), 학습과 성장(일자리 창출, 사업의 이해도, 지속성, 의사소통)을 제시했고 실제 소상공인협동조합 활성화 사업에 적용했다.

이 글에서는 사회적경제기업 창업팀을 대상으로 연구한다는 점에서 앞선 내용과 같이 객관적인 성과지표에 한계점이 동일하게 적용될 것으로 보인다. 따라서 비재무적 성과로 조직 혁신성에 대한 주관적인 측정을 진행한다. 또한, 협동조합이라는 특수한 조직 형태에 따른 비재무적인 성과로 사회적 성과와 민주적 운영에 대해서 성과로 측정하고자 한다.

3. 연구 가설 및 연구 모형

1) 공유 리더십과 창업팀 성과와의 관계

위에서 설명했듯이 공유 리더십은 팀 내 분산된 영향력, 팀 구성원 전체로 발현되는 리더십, 공동으로 수행하는 리더십 역할, 팀 구성원들 간의 상호 리더십 영향 관계라고 정의할 수 있다. 즉, 공유 리더십은 영향력 원천이 집단성, 수평성 및 역동성을 특징으로 한다는 점에서 개인에 의한 일방향적이고 수직적인 영향력을 묘사해온 전통적인 리더십 이론들과는 다르다(이광희 외, 2013). 다수의 선행연구는 공유 리더십과 성과의 긍정적인 관계를 보고하고 있다. Pearce and Sims(2002)는 71개의 변화관리팀을 대상으로 수직적 리더십과 공유 리더십 둘 다 팀 성과에 긍정적인 관계가 있음을 발견했으며, 특히 공유 리더십이 수직적 리더십보다 팀 성과에 더 긍정적인 관계가 있다는 것을 확인했다. Ensley et al.(2006)은 서로 다른 2가지 표본을 가지고 수직적 리더십과 공유 리더십에 대한 연구를 진행했다. 연구 결과 수직적 리더십과 공유 리더십 모두 성과에 긍정적인 영향을 미쳤으며, 또 공유 리더십 변수가 수직적 리더십 변수보다 성과에 더 큰 영향을 미치는 것을 확인했다. 그 외 우리나라 다수의 연구에서도 공유 리더십이 팀 성과에 긍정적인 영향을 미친다는 연구 결과가 보고되었다(이광희 외, 2013; 이상봉·우종범, 2014; 정예지·김문주, 2014; 한주랑, 2016).

이는 공유 리더십이 조직에 대한 신뢰(김진욱·장영철·정병헌, 2016; 위희경·김일·류태모, 2018)와 몰입(Pearce and Manz, 2005; 양동민·노현재·심덕섭, 2012)을 높여 자신의 역량을 크게 발휘하게 하면서 동시에 혁신적인 행동(정예지·김문주, 2014; 서재교·홍아정, 2015)을 유발하기 때문이다. 공유 리더십은 리더십이 팀원 모두에게 공유되는 것으로 팀의 의사결정이나 문제해결 상황에서 구성원들의 자발적인 몰입을 가져올 수 있다(양동민·노현재·심덕섭, 2012). Bergman et al.(2012)은 팀에서 공유 리더십을 경험한 팀이 공유 리더십이 없는 팀보다 더 큰 팀의 조화와 신뢰 그리고 팀 몰입감을 느끼는 것을 발견했다. 또한, 한주랑(2016)은 공유 리더십이 높은 집단에서 상대적으로 팀에 대한 몰입감이 높아지는 것을 발견했다. 이러한 팀에 대한 신뢰와 몰입은 동기 부여, 사기, 업무 관련 활동에 적극적인 참여를 높여 성과에 영향을 미친다(Ensley, Pearson and Pearce, 2003). 따라서 공유 리더십은 팀 내 몰입감과 신뢰를 높여주기 때문에 과업을 진행할 때, 구성원들이 팀 목표를 위해서 자신들의 자원, 능력, 경험, 기술 등을 적절히 사용하게 하여 팀 성과에 긍정적인 영향을 미칠 수 있다고 추론할 수 있다. 또한, 공유 리더십은 다양한 의견 및 선입견을 풀 수 있는 개방적 토론의 장을 마련해준다(Bergman et al., 2012). 즉, 구성원들 간에 아이디어를 생산하여 정보를 공유하게 하고 문제를 해결하는 과정에서 집단 지성을 발휘하여(정예지·김문주, 2014) 팀 혁신 성향을 증대시킨다(서재교·홍아정. 2015).

위 내용을 종합해볼 때 협동조합 상황에서 공유 리더십은 조합원들이 가지고 있는 다양한 능력, 지식, 경험들을 활용하게 함으로써 창업 상황에서 더 유리하게 이끌 것으로 보인다. 또한, 공유 리더십이 건설적인 토론을 장려하여 다양한 의견과 아이디어가 수렴되고 이는 곧 비즈니스모델 개발과 사회적 문제에 대해 보다 창의적이고 혁신적인 행동을 유도할 것으로 예측된다. 마지막으로 공유 리더십은 팀 수준의 수평적 리더십이라는 점에서 협동조합의 민주적인 의사결정과 운영을 더욱 강화할 것으로 보인다. 따라서 이 글에서는 다음의 가설을 설정했다.

―

가설 1: 사회적경제기업 창업팀의 공유 리더십은 성과에 정(+)의 영향을 미칠 것이다.

가설 1 (a): 사회적경제기업 창업팀의 공유 리더십은 조직 혁신성에 정(+)의 영향을 미칠 것이다.

가설 1 (b): 사회적경제기업 창업팀의 공유 리더십은 사회적 성과에 정(+)의 영향을 미칠 것이다.

가설 1 (c): 사회적경제기업 창업팀의 공유 리더십은 민주적 운영에 정(+)의 영향을 미칠 것이다.

2) 과업갈등의 조절 효과

초기 갈등에 관한 연구는 갈등의 부정적인 기능에 주목했고 부정적 영향에 대한 가능성을 낮추는 데 관심을 가졌다(Schmidt and Kochan, 1972). 하지만 최근에는 갈등의 유형을 2가지로 구분하여 관계 갈등은 성과에 부정적인 영향을 미치지만, 과업 갈등은 성과에 긍정적인 영향을 미친다고 보고 있다(Tjosvold, 1991; Van de Vliert and De Dreu, 1994).

과업 갈등은 팀의 문제해결과 의사결정 과정에서 다양한 관점과 접근을 가능하게 하므로 인지적 다양성을 증가시킨다. Simons and Peterson(2000)에 의하면 과업 갈등이 어떤 문제에 대한 인지적인 이해를 더욱 증가시키기 때문에 의사결정의 질을 높인다고 보았다. 그리고 과업 갈등은 팀 내 문제해결에 대해 구성원의 적극적인 참여를 나타내고(Amason, 1996), 활발한 정보 교환과 과업에 대한 면밀한 검토를 통해 창의적 행동에도 긍정적인 영향을 미친다(Shalley and Gilson, 2004; Hülsheger, Anderson and Salgado, 2009). 또한, 과업 갈등은 팀 내 신뢰가 높은 상황에서 높은 성과를 이끌 수 있으며(Simons, 1993; De Dreu and Weingart, 2003; De Wit, Jehn and Scheepers, 2013), 업무의 유형에서도 좀 더 역동적이고 창의적인 활동이 요구되는 업무 환경에서 긍정적인 효과를 나타낸다 (Jehn, 1995).

창업 단계는 더 창의적이고 혁신적인 행동이 요구되며, 조직 구조가 불확실하므로 업무가 복잡하다. 따라서 이러한 환경에서 과업 갈등은 조직의 성과에 긍정적인 영향을 미칠 수 있다. 또한, Bergman et al.(2012)의 연구에 의하면 공유 리더십을 경험했을 때, 팀 내의 신뢰와 팀 몰입감을 느낀다고 보고하고 있다. 따라서 공유 리더십이 높은 상태에서 업무에 대한 차이로 인해 과업 갈등이 발생한다면 더 좋은 의사결정을 유도할 것이며, 이는 곧 팀 성과에 더욱더 긍정적인 영향을 미칠 것으로 보인다. 따라서 과업 갈등의 조절 효과를 다음의 가설로서 검정한다.

___

가설 2: 사회적경제기업 창업팀의 과업 갈등은 공유 리더십과 성과의 관계를 조절할 것이다.

가설 2 (a): 사회적경제기업 창업팀의 과업 갈등은 공유 리더십과 조직 혁신성의 관계를 강화할 것이다.

가설 2 (b): 사회적경제기업 창업팀의 과업 갈등은 공유 리더십과 사회적 성과와의 관계를 강화할 것이다.

가설 2 (c): 사회적경제기업 창업팀의 과업 갈등은 공유 리더십과 민주적 운영의 관계를 강화할 것이다.

<그림 16-1> 연구 모형

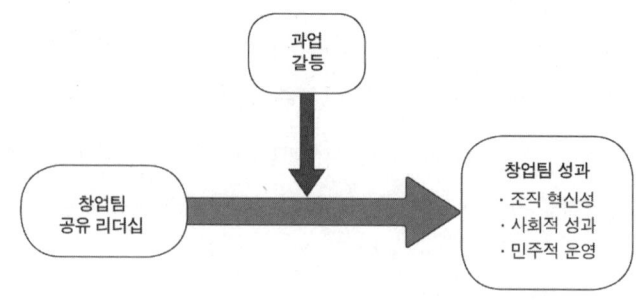

4. 연구 방법

1) 자료 수집 및 연구 표본의 특성

이 글에서 필요한 연구 대상에 대한 추출은 비확률표본추출방법에 속하는 편의표본추출방법과 판단표본추출방법을 병용하여 진행했다. 그 이유는 확률표본추출방법으로 진행할 경우 예상되는 소요 시간이나 비용 그리고 노력 등에 비해 큰 효과를 거둘 수 없을 것으로 판단되기 때문이다(윤대혁, 2004; 이훈영, 2012).

이 글의 대상은 사회적경제기업 창업팀으로 중소기업창업지원법을 기준으로 창업 기간이 7년이 지나지 아니한 기업으로 선정했으며, 사회적경제기업 중 수평적인 조직 구조로 공유 리더십이 보다 잘 발현될 수 있는 협동조합을 대상으로 했다. 소상공인진흥공단 홈페이지에 기재된 2018년도 전국 소상공인협동조합 우수사례집에 포함된 20개의 소상공인협동조합과 공공데이터 포털에 공개된 전국 소상공인협동조합 42개를 포함한 62개 창업팀을 대상으로 2개월간 설문을 진행했다. 설문에 앞서 공용기관생명윤리위원회(IRB)로부터 2018년 11월부터 2019년 1월까지 인간대상연구의 설문 내용에 대해 심사를 받았으며, 심의를 통과했다. 먼저 표본으로 선정된 기업들을 대상으로 연구자가 직접 전화 연결을 통해서 설문에 대한 자세한 설명과 함께 구두상의 동의를 얻은 후 해당 설문과 동의서를 함께 가지고 해당 기업에 직접 대면방문 또는 우편으로 설문지를 보냈다. 설문의 수거는 연구 대상자들이 우편으로 회수하거나 연구원이 직접 재방문했다. 설문 대상은 한 창업팀에서 이사장 또는 대표는 반드시 설문조사를 진행했고 그 외 설문 대상지는 신생창업팀임을 고려할 때 조합원 또는 실무자 한 명 이상을 설문했다. 설문응답 결과 총 62개의 조직에서 168명이 설문에 응답했으며, 이 중 2명 이상이 응답한 38개의 조직에서 138개의 설문 응답을 바탕으로 연구를 진행했다. 〈표 16-1〉에서처럼 연구 표본의 특성은 여성(61.6%)이 과반수를 차지했으며, 연령은 40대(38.4%)와 50대(38.4%)가 가장 많았다. 학력에서는 학사 졸업(45.7%)이 가장 많은 비율을 차지했다. 전공은 인문계열(33.3%)이 가장 많은 비율을 차지했다. 한편 〈표 16-2〉는 조사된 기업의 특징을 나타낸다. 기업의 나이는 5년(26.3%)이 가장 많았다. 매출액은 2500만 원 미만(26.3%), 영업이익 1000만 원 미만(44.7%), 회사의 순자산 2500만 원 미만(42.1%)이 각각 높게 나타났다.

〈표 16-1〉 연구 표본의 특성(N=138)

		빈도	%	유효 %	누적 %
성별	(1) 남성	53	38.4	38.4	38.4
	(2) 여성	85	61.6	61.6	100.0
연령	(1) 20대	5	3.6	3.6	3.6
	(2) 30대	18	13.0	13.0	16.7
	(3) 40대	53	38.4	38.4	55.1
	(4) 50대	53	38.4	38.4	93.5
	(5) 60대	9	6.5	6.5	100.0
학력	(1) 고졸 이하	20	14.5	14.5	14.5
	(2) 전문학사	25	18.1	18.1	32.6
	(3) 학사	63	45.7	45.7	78.3
	(4) 석사	26	18.8	18.8	97.1
	(5) 박사	4	2.9	2.9	100.0

전공	(1) 인문 계열	46	33.3	33.3	33.3
	(2) 이과 계열	27	19.6	19.6	52.9
	(3) 사회 계열	25	18.1	18.1	71.0
	(4) 공학 계열	11	8.0	8.0	79.0
	(5) 법학 계열	1	.7	.7	79.7
	(6) 예체능 계열	12	8.7	8.7	88.4
	(7) 의료 계열	1	.7	.7	89.1
	(8) 기타	15	10.9	10.9	100.0

〈표 16-2〉 기업의 특성(N=38)

		빈도	%	유효 %	누적 %
기업 나이	1년 이하	8	21.1	21.1	21.1
	2년	3	7.9	7.9	28.9
	3년	7	18.4	18.4	47.4
	4년	6	15.8	15.8	63.2
	5년	10	26.3	26.3	89.5
	6년	4	10.5	10.5	100.0
매출액	2500만 원 미만	10	26.3	26.3	26.3
	2500만~5000만 원 미만	2	5.3	5.3	31.6
	5000만~7500만 원 미만	5	13.2	13.2	44.7
	7500만~1억 원 미만	4	10.5	10.5	55.3
	1억~2억 원 미만	4	10.5	10.5	65.8
	2억 원 이상	13	34.2	34.2	100.0
영업이익	1000만 원 미만	17	44.7	44.7	44.7
	1000만~2000만 원 미만	5	13.2	13.2	57.9
	2000만~3000만 원 미만	7	18.4	18.4	76.3
	3000만~4000만 원 미만	3	7.9	7.9	84.2
	4000만~5000만 원 미만	2	5.3	5.3	89.5
	5000만 원 이상	4	10.5	10.5	100.0
회사의 순자산	2500만 원 미만	16	42.1	42.1	42.1
	2500만~5000만 원 미만	6	15.8	15.8	57.9
	5000만~7500만 원 미만	2	5.3	5.3	63.2
	7500만~1억 원 미만	1	2.6	2.6	65.8
	1억~2억 원 미만	9	23.7	23.7	89.5
	2억 원 이상	4	10.5	10.5	100.0

2) 변수의 측정

(1) 공유 리더십

공유 리더십에 대한 것은 Ensley et al.(2006)이 사용한 13가지의 설문 문항을 번역해서 사용했다. 측정 내용은 지시적 공유 리더십의 3가지 문항("우리 조직의 구성원들은 내가 업무를 어떻게 수행해야 하는지 알려준다", "우리 조직의 구성원들은 나의 성과목표 설정에 함께한다", "우리 조직의 구성원들은 내가 업무를 잘 수행하지 못할 때 잘못하는 부분에 대해서 알려준다"), 거래적 공유 리더십의 2가지 문항("우리 조직의 구성원들은 내가 업무를 잘 수행할 때 긍정적인 피드백(칭찬, 격려 등)을 해준다", "우리 조직의 구성원들은 내가 업무를 잘 수행한다면 더 많은 보상을 받을 수 있다고 제안한다"), 변혁적 공유 리더십의 4가지 문항("우리 조직의 구성원들은 나의 노력에 대한 열의를 보여준다", "우리 조직의 구성원들은 내가 가지고 있는 능력을 최대한 발휘하여 업무를 수행할 것을 기대한다", "우리 조직의 구성원들은 우리 조직이 가야 할 비전을 명확히 제공한다", "우리 조직의 구성원들은 업무를 잘 수행하기 위해 기존의 수행 방식에서 벗어나 새로운 방법을 적용하는 것을 두려워하지 않는다"), 임파워먼트 공유 리더십의 4가지 문항("우리 조직의 구성원들은 내가 직면한 어려움을 해결할 수 있도록 도와준다", "우리 조직의 구성원들은 내가 특별히 잘하는 업무를 수행할 때 그 업무를 스스로 즐기면서 할 수 있도록 격려한다", "우리 조직의 구성원들은 나의 업무 수행목표가 무엇인지 함께 의논하여 결정한다", "우리 조직의 구성원들은 업무를 수행하는 데 있어 서로 함께하는 팀워크를 강조한다")으로 구성되어 있다.

(2) 과업 갈등

갈등에 대한 것은 Jehn(1995)이 사용한 설문 항목을 바탕으로 4개의 항목을 번역해서 사용했다. 측정 내용은 "우리 조직의 구성원은 업무에 대한 의견 차이가 자주 일어난다", "우리 조직의 구성원들과 현재 내가 수행하는 업무와 관련해서 자주 갈등을 경험한다", "우리 조직의 구성원들은 일과 관련된 아이디어로 갈등을 자주 겪는다", "우리 조직의 구성원들은 완수해야 하는 업무에 대한 의견 불일치가 자주 일어난다"이다.

(3) 조직 혁신성

조직 혁신성에 대한 것은 Hurley and Hult(1998)의 선행연구를 바탕으로 협동조합 창업팀 상황에 맞게 수정하여 3가지 항목으로 측정했다. 측정 내용은 "조직 내에서 기술적 혁신은 흔쾌히 수용되는 편이다", "조직은 항상 혁신적인 아이디어를 찾고 있다", "조직 내에서 새로운 프로그램이나 프로젝트 수행 시 혁신을 흔쾌히 수용하는 편이다"이다.

(4) 사회적 성과

사회적 성과에 대한 것은 신창섭·박창길(2013)의 협동조합의 사회적 성과 창출에 대한 연구와 서울시사회적경제지원센터(2016)의 협동조합 성과 측정을 위한 자가진단모형 개발연구, 그리고 한국사회적기업진흥원(2018)의 '사회적가치지표 활용 안내서'를 참조하여 4가지 항목을 측정했다. 측정 내용은 "우리 조직의 비전, 미션에는 사회 기여를 위한 노력이 명시되어 있다", "우리 조직의 구성원들은 사회적 책임에 대해 관심을 갖고 있으며 이에 대한 실행 계획을 갖고 있다", "우리 조직은 여성, 청년, 노인, 사회적 약자들의 활동을 장려하는 구체적인 정책을 가지고 있다", "우리 조직은 지역사회에 기여하기 위한 정기적인 활동을 수행하고 있다"이다.

(5) 민주적 운영

민주적 운영에 대한 것도 신창섭·박창길(2013), 서울시사회적경제지원센터(2016)의 협동조합 성과 측정을 위한 자가진단모형 개발연구와 한국사회적기업진흥원(2018)의 '사회적가치지표 활용 안내서'를 참조하여 4가지 항목을 측정했다. 측정 내용은 "우리 조직은 상호 존중, 열린 대화, 적극적인 참여를 장려하는 조직 문화(규범, 가치, 관행)를 갖고 있다", "우리 조직의 구성원은 서로 간에 높은 수준의 신뢰와 상호 존중, 팀(협력 혹은 공동체) 정신을 갖고 있다", "우리 조직은 구성원의 참여를 위해 인적자원과 예산을 할당하고 있다", "우리 조직은 조직 운영에 구성원들을 참여시키기 위해 다양한 방법으로 노력하고 있다"이다.

(6) 통제변수

신생기업들의 경우 사업 성과를 보여주는 재무제표의 수치를 획득하는 것이 어려워 Chandler and Hanks(1994) 등 기존 선행연구들을 바탕으로 재무적인 성과와 상관관계가 있다고 판단되는 기업의 나이와 기업 규모를 통제했다. 기업의 재무적인 성과는 Chandler and Hanks(1994)의 주관적 측정 방식을 협동조합 창업 상황에 맞게 변형하여 매출, 영업이익, 회사의 순자산을 1에서 6단계로 측정했으며, 평균값을 사용했다. 매출과 순자산의 측정 내용은 "1=2500만 원 미만", "2=2500만~5000만 원 미만", "3=5000만~7500만 원 미만", "4=7500만~1억 원 미만", "5=1억~2억 원 미만", "6=2억 원 이상"이고 영업이익의 측정

〈표 16-3〉 측정변수 요약

측정변수	구성 개념	측정 방식	참고문헌
공유 리더십	지시적 공유 리더십	Likert: 5점 척도	Ensley et al.(2006)
	거래적 공유 리더십		
	변혁적 공유 리더십		
	임파워먼트 공유 리더십		
창업성과	조직 혁신성		Hurley and Hult(1998)
	사회적 성과		신창섭·박창길(2013) 서울시사회적경제지원센터(2016) 한국사회적기업진흥원(2018)
	민주적 운영		
통제변수	기업 나이	1에서 6단계로 측정	Chandler and Hanks(1994)
	기업 규모		

내용은 "1=1000만 원 미만", "2=1000만~2000만 원 미만", "3=2000만~3000만 원 미만", "4=3000만~4000만 원 미만", "5=4000만~5000만 원 미만", "6=5000만 원 이상"이다.

5. 연구 결과

1) 타당도 및 신뢰도 분석

타당도를 검증하기 위해서 탐색적 요인 분석을 시행했으며, 분석 결과는 다음과 같다. 요인추출 방식으로는 최대우도로 분석했고, 요인회전방법으로는 비직각회전인 직접오블리민회전법을 사용했다. 요인 적재량은 요인 간 상관관계의 정도를 나타내며, 0.4 이상이면 유의한 것으로 본다. 주요 효과에 대한 탐색적 요인 분석 결과, 〈표 16-4〉와 같이 공유 리더십과 과업 갈등이 각각 묶였다. 그리고 결과변수에 대한 탐색적 요인 분석 결과, 〈표 16-5〉와 같이 조직 혁신성, 사회적 성과, 민주적 운영으로 요인이 묶였다.

각 변수들에 대한 신뢰성 검증 결과는 〈표 16-6〉에서 보는 바와 같이 모든 변수의 Cronbach Alpha 계수가 0.6 이상을 나타내어 신뢰도가 높다고 판단되었다. 세부적으로 살펴보면 독립변수인 공유 리더십의 Cronbach Alpha 계수는 .933이며, 조절변수인 과업 갈등 .872, 종속변수인 조직 혁신성 .863, 사회적 성과 .859, 민주적 운영 .873이었다. 마지막으로 통제변수인 기업 규모는 .711로 모든 변수가 신뢰성에는 큰 문제가 없음을 보여주고 있다.

또한 이 글은 팀 수준에서 분석이 이루어지기 때문에 개인 수준의 응답을 팀 수준으로 합산하거나 평균을 내서 진행하는 것이 적절한지에 대한 검증이 필요하다. 이를 위해 다수준 분석 방법에서 많이 쓰이고 있는 rwg, ICC(1), ICC(2)

〈표 16-4〉 주요 효과에 대한 탐색적 요인 분석(N=138)

구분	1	2
공유 리더십 11	.905	
공유 리더십 10	.871	
공유 리더십 12	.799	
공유 리더십 5	.778	
공유 리더십 4	.715	
공유 리더십 13	.711	
공유 리더십 9	.702	
공유 리더십 7	.673	
공유 리더십 6	.672	
공유 리더십 8	.662	
공유 리더십 2	.618	
공유 리더십 3	.572	
과업 갈등 3		.855
과업 갈등 2		.789
과업 갈등 4		.746
과업 갈등 1		.730
Kaiser-Meyer-Olkin 측도		.920
Bartlett의 구형성 검정 유의확률		.000
요인추출 방법: 최대우도		

〈표 16-5〉 결과변수에 대한 탐색적 요인 분석(N=138)

구분	1	2	3
민주적 운영 1	.859		
민주적 운영 2	.790		
민주적 운영 3	.757		
민주적 운영 4	.690		
사회적 성과 1		.898	
사회적 성과 2		.822	
사회적 성과 3		.678	
사회적 성과 4		.671	
조직 혁신성 3			.836
조직 혁신성 2			.792
조직 혁신성 1			.784
표준형성 적절성의 Kaiser-Meyer-Olkin 측도			.848
Bartlett의 구형성 검정 유의확률			.000
요인추출 방법: 최대우도			

〈표 16-6〉 신뢰도 검사(N=138)

구분	변수명	Cronbach Alpha	항목 수 변화	
독립변수	공유 리더십	.933	13	12
조절변수	과업 갈등	.872	4	4
종속변수	조직 혁신성	.863	3	3
	사회적 성과	.859	4	4
	민주적 운영	.873	4	4
통제변수	기업 규모	.711	3	3

〈표 16-7〉 평가자 간 동의도 및 신뢰도(N=138)

구분	변수명	rwg	ICC(1)	ICC(2)
독립변수	공유 리더십	0.95	0.305	0.612
조절변수	과업갈등	0.93	0.294	0.600
종속변수	조직혁신성	0.92	0.330	0.640
	사회적 성과	0.94	0.482	0.770
	민주적 운영	0.93	0.319	0.628

를 사용하여 정당성을 평가했다. 먼저 집단 내 일치 계수를 의미하는 rwg(within-group agreement)는 무작위 분산과 관찰된 분산의 비교 결과를 합산의 근거로 삼는데, 일반적으로 .70 이상을 기준으로 본다. 급내상관계수인 ICC(intraclass correlation)는 총 분산 중 집단 간 분산의 비를 의미한다. 이는 다시 팀 구성원들의 응답이 팀 간 유의하게 차이가 나는지 알려주는 ICC(1)과 팀 평균의 신뢰성을 나타내는 ICC(2)로 구분된다. ICC(1)은 .20 이상, ICC(2)는 .60 이상이면 만족할 만한 수준이라 할 수 있다(차종석·김영배, 1994). 분석 결과 〈표 16-7〉과 같이 공유 리더십(rwg=.95, ICC(1)=.305, ICC(2)=.612), 과업 갈등(rwg=.93, ICC(1)= .294, ICC(2)=.600), 조직 혁신성(rwg=.92, ICC(1)=.330, ICC(2)=.640), 사회적 성과 (rwg=.94, ICC(1)=.482, ICC(2)=.770), 민주적 운영(rwg=.93, ICC(1)=.319, ICC(2)= .628)로 모두 팀 수준으로의 합산이 정당한 것으로 나타났다. 따라서 팀 평균값을 이용하여 연구를 진행했다.

2) 주요 변수의 기술 분석 및 상관관계 분석

〈표 16-8〉은 주요 변수들에 관한 기술 통계를 보여주고 있으며, 〈표 16-9〉는 연구에서 조사되었던 모든 변수의 상관관계를 제시하고 있다. 상관계수 분석 결과에 의하면 분석 대상 중 연구 변수 간에 유의한 상관관계가 존재하고 있음을 알 수 있다.

〈표 16-8〉 주요 변수 기술 분석(N=38)

변수	내용	평균	표준편차	최소값	최대값
독립변수	공유 리더십	3.7530	.46636	2.75	4.71
조절변수	과업 갈등	2.3425	.49780	1.38	3.58
종속변수	조직 혁신성	3.7462	.56144	2.67	5.00
	민주적 운영	3.7360	.54584	2.50	4.83
	사회적 성과	3.7492	.60069	2.00	4.88
통제변수	기업 나이	3.500	1.7045	1.00	6.00
	기업 규모	3.0175	1.52644	1.00	6.00

〈표 16-9〉 상관관계 분석(N=38)

변수	1	2	3	4	5	6	7
1. 기업 나이	1.000						
2. 기업 규모	.303	1.000					
3. 공유 리더십	-.196	-.009	1.000				
4. 과업 갈등	-.111	-.083	-.657**	1.000			
5. 사회적 성과	-.271	-.078	.860**	-.506**	1.000		
6. 조직 혁신성	-.039	.095	.485**	-.514**	.446**	1.000	
7. 민주적 운영	-.345*	-.152	.678**	-.406*	.764**	.433**	1.000

*. 상관계수는 0.05 수준(양쪽)에서 유의함.
**. 상관계수는 0.01 수준(양쪽)에서 유의함.

3) 연구 결과

이 글에서는 가설검정을 위해서 SPSS 21을 통해 다중회귀분석과 위계적 회귀분석을 사용했다. 조절효과검정에서 다중공선성문제를 방지하기 위하여, 공유 리더십과 과업 갈등의 상호작용항을 구성하기 전에 이 두 예측변인들의 평균 중심화 점수를 구했으며, 이렇게 평균 중심화된 점수 2가지를 곱하여 상호작용항으로 사용했다.

가설 1(a)에서 공유 리더십은 조직 혁신성에서 R^2이 .752로 75.2%의 설명력을 가지고 있다. 또한 자유도(d.f) : 37(d.f 1=3 d.f 2=34)의 범위 내에서 전체 모형 F 값은 34.341(p<.001)로 적합하며, 공유 리더십과 조직 혁신성은 유의한 관계(β=1.031, p<.001)가 나타나 가설 1(a)가 채택되었다. 회귀분석에서 조절 효과의 유의도를 보는 방법은 (1) R^2 변화량의 유의성을 확인하는 것, (2) 상호작용변수의 유의성을 확인하는 것 2가지가 있다. 〈표 16-10〉에서 모델 2와 모델 3의 R^2 변화량이 .034(.754 → .788)로 증가했고 상호작용변수(β=-.363, p<.05)가 유의하기 때문에 가설 2(a)의 조절 효과를 확인했다.

다음으로 가설 1(b)에서 공유 리더십은 사회적 성과에서 R^2이 .246으로 24.6%의 설명력을 가지고 있다. 또한 자유도(d.f) : 37(d.f 1=3 d.f 2=34)의 범위 내에서 전체 모형 F 값은 3.696(p<.01)으로 모형은 적합하며, 공유 리더십과 사회적 성과는 유의한 관계(β=.633, p<.01)가 나타나 가설 1(b)가 채택되었다. 또한, 모델 2와 모델 3의 R^2 변화량이 .014(.309 → .324)로 증가했지만, 상호작용변수 계수의 유의성이 확인되지 않았다. 따라서 가설 2(b)는 기각되었다.

마지막으로 가설 1(c)에서 공유 리더십은 민주적 운영에서 R^2이 .513으로 51.3%의 설명력을 가지고 있다. 또한 자유도(d.f) : 37(d.f 1=3 d.f 2=34)의 범위 내에서 전체 모형 F 값은 11.959(p<.001)로 모형은 적합하며, 공유 리더십과 사회적 성과는 유의한 관계(β=.748, p<.001)가 나타나 가설 1(c)가 채택되었다.

또한, 모델 2와 모델 3의 R^2 변화량이 .059(.514 → .572)로 증가했고 상호작용변수(β=-.467, p<.05)가 유의하기 때문에 가설 2(c)의 조절 효과를 확인했다.

한편 〈그림 16-2〉와 〈그림 16-3〉을 보면, 기존에 가설에서 예측한 과업 갈등의 강화 효과와는 달리 오히려 과업 갈등이 높아질수록 결과변수가 악화되는 대립 효과가 나타났다. 과업 갈등은 의사결정 속도가 느린 팀에서 낮은 성과로

〈표 16-10〉 조직혁신성 검정 결과(N=38)

변수		조직혁신성		
		모델 1	모델 2	모델 3
상수		.076	-.321	-3.399
통제변수	기업 나이	-.015	-.015	-.023
	기업 규모	-.023	-.019	-.005
독립변수	공유 리더십	1.013***	1.068***	1.883***
조절변수	과업갈등		.074	1.412*
상호작용 변수	공유 리더십 × 과업갈등			-.363*
적합도	R^2	.752	.754	.788
	$\varDelta R^2$	.752	.002	.034
	d.f.			
	F	34.341***	25.292***	23.724***

* p<.05, ** p<.01, *** p<.001

〈표 16-11〉 사회적 성과 검정 결과(N=38)

변수		사회적 가치		
		모델 1	모델 2	모델 3
상수		1.236	3.531	1.432
통제변수	기업 나이	.036	.034	.028
	기업 규모	.008	-.015	-.005
독립변수	공유 리더십	.633**	.312	.868
조절변수	과업갈등		-.427	.485
상호작용 변수	공유 리더십 × 과업갈등			-.248
적합도	R^2	.246	.309	.323
	$\varDelta R^2$	.246	.064	.014
	F	3.696*	3.699*	3.055*

* p<.05, ** p<.01, *** p<.001

〈표 16-12〉 민주적 운영 검정 결과(N=38)

변수		민주적 운영		
		모델 1	모델 2	모델 3
상수		1.191	1.364	-2.591
통제변수	기업 나이	-.031	-.031	-.042
	기업 규모	-.047	-.048	-.030
독립변수	공유 리더십	.748***	.724**	1.772**
조절변수	과업 갈등		-.032	1.687
상호작용 변수	공유 리더십 × 과업 갈등			-.467*
적합도	R^2	.513	.514	.572
	ΔR^2	.513	.000	.059
	F	11.959***	8.721***	8.567***

* p<.05, ** p<.01, *** p<.001

〈그림 16-2〉 조직 혁신성

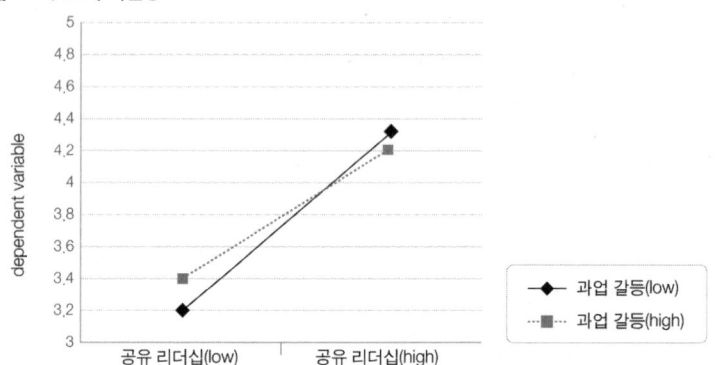

〈그림 16-3〉 민주적 운영

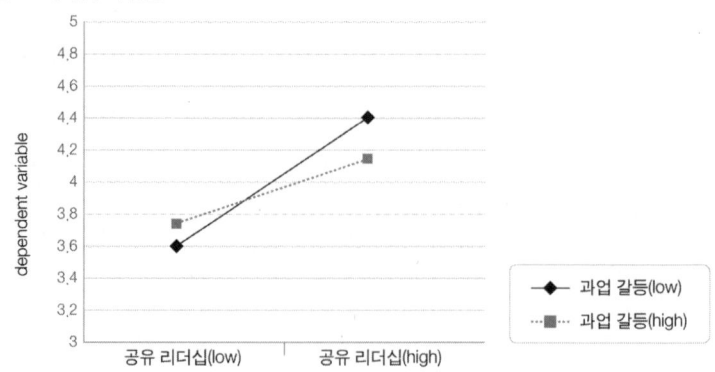

이어진다는 연구들이 있다. Simons(1993)는 의사결정이 빠르게 이루어져야 하는 조직에서 과업 갈등이 성과와 긍정적 관계가 나타났지만, 의사결정 속도가 느린 조직에서는 갈등이 낮은 성과로 이어진다고 보고하고 있다. Peterson(1999)은 집단의 구성원들이 높은 수준의 발언권을 가지고 있는 경우 집단의 전체 의사결정을 늦추고 이는 집단의 프로세스에 대해 불만족을 느끼게 된다고 보았다. 협동조합은 민주적 의사결정 구조로 구성원 전체가 의사결정 과정에 참여하는 조직이다. 따라서 의사결정 속도가 다른 조직에 비해서 느릴 수밖에 없으므로 〈그림 16-2〉와 〈그림 16-3〉처럼 과업 갈등은 성과에 부정적인 영향을 주는 것으로 보인다.

6. 결론

1) 연구 요약 및 시사점

사회적경제기업에 대한 정부와 사회의 관심이 늘어났고, 이런 기업 형태의 창업도 실제 증가하고 있고 더욱 늘어날 것으로 기대된다. 따라서 이 글에서는 사회적경제기업 중 협동조합으로 창업한 상황에서 공유 리더십이라는 팀 수준의 리더십이 초기 협동조합 창업팀 성과에 미치는 영향에 관해 연구를 진행했다. 주요 연구 결과 및 시사점은 다음과 같다.

이 글은 사회적경제기업 팀 내 공유 리더십 및 팀 성과의 관계와 과업 갈등의 조절 효과를 통해 공유 리더십에 대한 연구를 진행한 것이다. 38개의 협동조합 창업팀을 대상으로 분석한 결과 가설 1이 모두 채택되었으며, 협동조합 창업팀 상황에서 공유 리더십이 조직 혁신성, 사회적 성과, 민주적 운영에 모두 긍정적인 영향을 미치는 것으로 나타났다. 이는 기존의 공유 리더십 연구 결과와 같으며, 공유 리더십이 조합원들이 가지고 있는 다양한 자원들과 역량을 잘 활용하게 하고 건설적인 토론을 통해 조합원들의 다양한 의견과 아이디어가 수렴되어 보다 창의적이고 혁신적인 행동으로 나아가게 함으로써 성과에 긍정적인 영향을 미친 것으로 보인다.

한편, 이 글은 협동조합 창업팀 상황에서 과업 갈등이 공유 리더십과 성과에 어떻게 영향을 미치는지 실증적으로 확인했다. 연구 결과는 가설 2가 부분적으로 유의했으나 일부 변수들에서는 강화 효과 대신 대립 효과로 나타났다. 기존 선행연구에 의하면 의사결정이 느린 팀에서 과업 갈등이 결과변수에 부정적인 영향을 주는 것을 볼 수 있다(Simons, 1993; Peterson, 1999). 따라서 협동조합이 민주적 의사결정으로 다른 조직보다 의사결정 시간이 길다는 점에서 협동조합 내 과업 갈등은 공유 리더십과 성과와의 관계를 약화시킨다고 해석할 수 있다.

마지막으로 이 글은 다음의 시사점을 제공한다. 첫째, 사회적경제기업 중 초기 협동조합 창업 성과에 미치는 요인들을 실증적으로 확인했다는 점에서 사회적경제기업 창업 연구의 일반화에 기여한다. 기존에 사회적경제기업 중 협동조합 창업의 성과에 관한 연구는 거의 없었고, 일반적인 창업 상황에서의 리더십 연구도 매우 부족한 상황이다(Jensen and Luthans, 2006; 노영현·이원기, 2012). 따라서 이 글은 협동조합 창업뿐만 아니라 일반적인 창업 상황에서의 공유 리더십의 영향 효과에 대해 보다 일반화된 연구 결과를 제시한다.

둘째, 기존의 선행연구에서는 연구 대상이 대학생을 대상으로 주로 이윤만 추구하는 조직의 팀 또는 프로젝트팀 위주였다(Pearce and Sims, 2002; Ensley et al., 2006; 양동민·노현재·심덕섭, 2012; 한주랑, 2016). 하지만 이 글의 대상은 협동조합 창업팀을 대상으로 했다는 점에서 큰 의의를 지닌다. 창업기업은 조직의 생존을 위해서 급변하는 환경 변화에 유연하고 능동적으로 대응해야 하고 다른 조직들보다 혁신적인 행동이 필요하다는 점에서, 기존 공유 리더십 연구에서 확인되지 않았던 창업 상황에서의 공유 리더십 효과를 확인했다는 측면에서 연구의 일반화에 기여했다고 볼 수 있다.

셋째, 협동조합 창업팀에서 갈등관리 교육에 대한 시사점을 제공한다. 앞서 언급한 것과 마찬가지로 협동조합 내 갈등 관리에 대한 요구가 증가하고 있다 (김기태·황지애, 2016). 이 연구 결과가 과업과 관련된 갈등이 협동조합의 성과에 부정적인 영향을 강화한다는 점을 제시하는바, 앞으로 협동조합 갈등 관리에 관한 연구의 실마리를 제공했다. 앞으로 협동조합에서 갈등 관리에 대한 교육의 효과를 검정하는 것은 향후 연구 과제이다.

넷째, 사회적경제기업으로의 창업이 점점 관심을 받는 이 시기에 공유 리더십의 연구를 통해 민주적으로 운영되고 조직 구성원들에 의해 통제되는 사회적 경제조직의 창업에 도움을 줄 수 있기를 기대한다. 국내의 청년층 실업 문제가 심각하게 대두되면서, 교육부, 중소기업청 등 정부 기관들이 많은 예산과 지원 정책 등을 포함하여 청년 창업을 적극적으로 권장하고 있다. 따라서 공유 리더십에 대한 연구는 이런 창업팀의 성과를 높이는 데 기여할 수 있을 것으로 판단된다. 이 연구 결과를 바탕으로 창업팀 내의 공유 리더십을 높일 수 있는 체계적인 교육훈련 방법과 심리적 훈련방법 등도 마련될 수 있을 것으로 예측된다.

2) 연구의 한계점 및 미래 연구 제시

이 글은 시사점에도 불구하고 다음의 한계점을 가지고 있다. 첫째, 이 글은 협동조합 창업팀이라는 특수한 형태의 팀을 대상으로 연구를 진행했지만 사회적경제기업에는 사회적기업, 마을기업, 자활기업 등 다양한 유형이 존재하며, 협동조합기본법 내에도 각종 유형이 존재한다. 따라서 후속 연구에서는 각 유형별로 자료를 수집하여 이전보다 정밀한 연구 수행이 필요하다. 둘째, 이 연구 결과에서 조절변수인 과업 갈등이 예상과 다르게 공유 리더십과 성과의 관계에 대립 효과로 나타났다. 또한, 갈등의 2가지 유형 중 창업팀에서 선행적으로 나타나는 과업 갈등만 변수로 사용했다는 점에서 한계를 갖는다. 따라서 사회적 경제기업의 갈등 관리에 관한 후속 연구들이 필요하다. 과업 갈등 외에도 관계 갈등 등 다양한 갈등이 존재하고 있으며(방호진, 2014), 이들 변수 간의 상호작용에 관한 연구 또한 필요하다. 또한, 공유 리더십과 팀 성과의 관계에 영향을 미칠 수 있는 다양한 요인들(과업의 특성, 팀의 특성, 조직적 요인)이 여전히 존재한다. 후속 연구에서는 이러한 부분을 통제하여 더 세밀한 연구를 진행해야 한다. 셋째, 사회적경제기업 창업팀의 성과 요인에 관해 다양한 이론을 적용한 연구가 필요하다. 기존 벤처 창업팀 선행연구를 보면, 자원 기반 관점, 상층부 이론, 신호이론, 인적·사회적 자본 이론 등을 바탕으로 창업팀에 관한 연구를 진행했다. 현재 사회적경제기업 창업팀에 관한 연구는 매우 부족하므로 다양한 이론들을 바탕으로 연구가 진행되어야 할 것이다. 넷째, 이 연구의 표본 수는 38개로 협동조합 전체를 일반화하는 데 한계가 있다. 마지막으로 공유 리더십과 성과 개념을 측정하기 위해서 자기 응답식의 설문에 의존했다. 이는 동일 방법 편의의 문제가 있을 수 있기에, 이 문제를 해결하기 위한 다양한 방안을 모색해야 할 것이다. 아무쪼록 이 글이 사회적경제기업 형태로 창업을 준비하거나, 운영하고 있는 구성원들에게 공유 리더십과 갈등 관리 측면에서 많은 통찰력을 제공할 수 있으면 좋겠다.

참고문헌

김기태·황지애. 2016. 「협동조합 갈등의 예방과 해결」. 《협동조합네트워크》, 72(1), 175~194쪽.

김새로미. 2017. 「협동조합 구성원의 성별 다양성과 조직성과에 대한 연구」. 《한국협동조합학회》, 35(3), 29~49쪽.

김용덕·김은희. 2016. 「BSC와 AHP를 활용한 협동조합 성과평가 모델」. 《산업경제연구》, 29(3), 1303~1323쪽.

김진욱·장영철·정병헌. 2016. 「공유 리더십이 조직신뢰에 미치는 영향: 자기효능감의 조절효과를 중심으로」. 《창조와 혁신》, 9(1), 157~183쪽.

김학수·이준호·배범수. 2014. 「과업 및 관계갈등의 차별적 효과: 갈등전이에 따른 관계갈등의 매개역할 및 팀 정체화의 조절역할」. 《한국산학기술학회 논문지》, 15(5), 2758~2768쪽.

김해룡. 2008. 「소상공인 예비창업자의 성격과 리더십이 창업효능감에 미치는 영향에 관한 연구: 성격 5 요인이론과 셀프리더십이론의 탐색적 적용」. 《대한경영학회지》, 21(6), 2393~2420쪽.

노영현·이원기. 2012. 「창업경영자의 리더십이 창업조직의 조직효과성에 미치는 영향」. 《경영교육연구》, 27(6), 473~492쪽.

방호진. 2014. 「과업갈등과 집단성과의 관계에 대한 연구」. 《대한경영학회지》, 27(11), 1863~1882쪽.

서울사회적경제지원센터. 2016. 「협동조합 성과측정을 위한 자가진단모형 개발연구」.

서재교·홍아정. 2015. 「공유 리더십이 혁신행동에 미치는 영향과 무형식학습, 직무배태성의 매개효과」. 《대한경영학회지》, 28(3), 981~1008쪽.

신창섭·박창길. 2013. 「소비자생활협동조합의 사회적 성과 창출과정에 대한 질적연구」. 《한국협동조합연구》, 31(2), 1~30쪽.

양동민·노현재·심덕섭. 2012. 「프로젝트 팀 내 공유 리더십(Shared Leadership)이 팀 효능감과 팀 몰입에 미치는 영향: 과업조정 및 업무분담의 매개효과 검증」. 《기업경영연구》, 19(2), 127~147쪽.

양동민·심덕섭. 2009. 「프로젝트 팀 내 다양성, 공유 리더십(Shared Leadership), 성과 간의 관계에 대한 연구」. 《한국경영학회 통합학술발표논문집》, 1~20쪽.

위희경·김일·류태모. 2018. 「공유 리더십이 혁신행동에 미치는 영향: 조직신뢰의 매개효과」. 《인적자원관리연구》, 25(5), 103~126쪽.

윤대혁. 2004. 「중소기업경영자의 윤리수준과 경영성과의 관련성 연구」. 《중소기업연구》, 26(4), 99~139쪽.

이광희 외. 「공유 리더십이 팀 성과에 미치는 영향: 특전사 팀을 중심으로」. 《인적자원관리연구》, 20(3), 145~166쪽.

이상봉·우종범. 2014. 「공유 리더십이 팀 성과에 미치는 영향: 가치일치의 조절효과를 중심으로」. 《리더십연구》, 5(4), 55~91쪽.

이승일·안재현. 2016. 「협동조합 조합원의 사내기업가정신이 재무적 성과와 사회적 성과에 미치는 효과 및 변혁적 리더십의 조절효과」. 《벤처창업연구》, 11(6), 99~109쪽.

이훈영. 2012. 『연구조사방법론』. 청람.

임재석 외. 2016. 『현장중심 창업의 이해』. 무역경영사.

임창규·이상윤. 「사회적기업의 금융자원 획득에 관한 실증 연구」. 《사회적기업연구》, 10(1), 135~159쪽.

정예지·김문주. 2014. 「팀 내 공유 리더십이 팀 효능감과 팀 혁신 성향에 미치는 영향에 관한 연구」. ≪대한경영학회지≫, 27(5), 635~655쪽.

차종석·김영배. 1994. 「평가자간 신뢰도 및 동의도에 관한 분석적 고찰」. ≪경영학연구≫, 23 , 75~102쪽.

한국사회적기업진흥원. 2018. 「2018 사회적가치지표(SVI)」.

한주랑. 2016. 「간호학생의 팀기반학습에서 공유 리더십이 팀성 및 팀몰입에 미치는 영향: 팀신뢰의 매개효과」. ≪Journal of Digital Convergence≫, 14(12), 303~311쪽.

Amason, A. C. 1996. "Distinguishing the Effects of Functional and Dysfunctional Conflict on Strategic Decision Making: Resolving a Paradox for Top Management Teams." *Academy of Management Journal*, 39(1), pp.123~148.

Baum, J. R., E. A. Locke and S. A. Kirkpatrick. 1998. "A Longitudinal Study of the Relation of Vision and Vision Communication to Venture Growth in Entrepreneurial Firms." *Journal of Applied Psychology*, 83(1), pp.43~54.

Bergman, J. Z. et al. 2012. "The Shared Leadership Process in Decision-Making Teams." *The Journal of social psychology*, 152(1), pp.17~42.

Bowers, D. G. and S. E. Seashore. 1966. "Predicting Organizational Effectiveness with a Four-Factor Theory of Leadership." *Administrative Science Quarterly*, 11(2), pp.238~263.

Carson, J. B., P. E. Tesluk and J. A. Marrone. 2007. "Shared Leadership in Teams: An Investigation of Antecedent Conditions and Performance." *Academy of Management Journal*, 50(5), pp.1217~1234.

Chandler, G. N. and S. H. Hanks. 1993. "Market Attractiveness, Resource-Based Capabilities, Venture Strategies, and Venture Performance." *Journal of Business Venturing*, 9(4), pp.331~349.

Chandler, G. N. and S. H. Hanks. 1993. "Measuring the Performance of Emerging Businesses: A Validation Study." *Journal of Business Venturing*, 8(5), pp.391~408.

Co-operatives UK. 2013. "Simply Performance: A Guide to Creating Member Value by Aligning Co-operative Strategy, Performance Measurement and Reporting."

De Dreu, C. K. and L. R. Weingart. 2003. "Task Versus Relationship Conflict, Team Performance, and Team Member Satisfaction: a Meta-Analysis." *Journal of Applied Psychology*, 88(4), pp.741~749.

De Wit, F. R., K. A. Jehn and D. Scheepers. 2013. "Task Conflict, Information Processing, and Decision-Making: The Damaging Effect of Relationship Conflict." *Organizational Behavior and Human Decision Processes*, 122(2), pp.177~189.

Ensley, M. D., A. Pearson and C. L. Pearce. 2003. "Top Management Team process, shared leadership, and new venture performance: A theoretical model and research agenda." *Human Resource Management Review*, 13(2), pp.329~346.

Ensley, M. D., A. W. Pearson and A. C. Amason. 2002. "Understanding the Dynamics of New Venture Top Management Teams: Cohesion, Conflict, and New Venture Performance." *Journal of business venturing*, 17(4), pp.365~386.

Ensley, M. D., K. M. Hmieleski and C. L. Pearce. 2006. "The Importance of Vertical and Shared

Leadership within New Venture Top Management Teams: Implications for the Performance of Startups." *The Leadership Quarterly*, 17(3), pp.217~231.

Follett, M. P. 1930. *Creative Experience*. Classic Reprint.

Guetzkow, H. and J. Gyr. 1954. "An Analysis of Conflict in Decision-Making Groups." *Human Relations*, 7(3), pp.367~382.

Hiller, N. J., D. V. Day and R. J. Vance. 2006. "Collective Enactment of Leadership Roles and Team Effectiveness: A Field Study." *The Leadership Quarterly*, 17(4), pp.387~397.

Hülsheger, U. R., N. Anderson and J. F. Salgado. 2009. "Team-Level Predictors of Innovation at Work: a Comprehensive Meta-Analysis Spanning Three Decades of Research." *Journal of Applied Psychology*, 94(5), pp.1128~1145.

Hurley, R. F. and G. T. M. Hult. 1998. "Innovation, Market Orientation, and Organizational Learning: an Integration and Empirical Examination." *Journal of Marketing*, 62(3), pp.42~54.

Jehn, K. A. 1995. "A Multimethod Examination of the Benefits and Detriments of Intragroup Conflict." *Administrative Science Quarterly*, 40(2), pp.256~282.

Jehn, K. A., G. B. Northcraft and M. A. Neale. 1999. "Why Differences Make a Difference: A Field Study of Diversity, Conflict and Performance in Workgroups." *Administrative Science Quarterly*, 44(4), pp.741~763.

Jensen, S. M. and F. Luthans. 2006. "Relationship Between Entrepreneurs' Psychological Capital and Their Authentic Leadership." *Journal of Managerial Issues*, 18(2), pp.254~273.

Pearce, C. L. and C. C. Manz. 2005. "The New Silver Bullets of Leadership: The Importance of Self-and Shared Leadership in Knowledge Work." *Organizational Dynamics*, 34(2), pp.130~140.

Pearce, C. L. and H. P. Sims Jr. 2002. "Vertical Versus Shared Leadership as Predictors of the Effectiveness of Change Management Teams: An Examination of Aversive, Directive, Transactional, Transformational, and Empowering Leader Behaviors." *Group Dynamics: Theory, Research, and Practice*, 6(2), pp.172~197.

Pearce, C. L. and J. A. Conger. 2002. *Shared Leadership: Reframing the Hows and Whys of Leadership*. Sage.

Pearce, C. L., J. A. Conger and E. A. Locke. 2007. "Shared Leadership Theory." *The Leadership Quarterly*, 19(5), pp.622~628.

Peterson, R. S. 1999. "Can You Have too Much of a Good Thing? The Limits of Voice for Improving Satisfaction with Leaders." *Personality and Social Psychology Bulletin*, 25(3), pp.313~324.

Pinkley, R. L. 1990. "Dimensions of Conflict Frame: Disputant Interpretations of Conflict." *Journal of Applied Psychology*, 75(2), pp.117~126.

Priem, R. L. and K. H. Price. 1991. "Process and Outcome Expectations for the Dialectical Inquiry, Devil's Advocacy, and Consensus Techniques of Strategic Decision Making." *Group and Organization Studies*, 16(2), pp.206~225.

Schmidt, S. M. and T. A. Kochan. 1972. "Conflict: Toward Conceptual Clarity." *Administrative*

Science Quarterly, 17(3), pp.359~370.

Shalley, C. E. and L. L. Gilson. 2004. "What Leaders Need to Know: A Review of Social and Contextual Factors that Can Foster or Hinder Creativity." *The Leadership Quarterly*, 15(1), pp.33~53.

Simons, T. L. 1993. "Clash of the Titans: The Performance Impact of Top Management Team Debate a Test of Multiple Contingency Models." *Diss. ProQuest Information and Learning*, 55(1), 4729.

Simons, T. L. and R. S. Peterson. 2000. "Task Conflict and Relationship Conflict in Top Management Teams: The Pivotal Role of Intragroup Trust." *Journal of Applied Psychology*, 85(1), pp.102~111.

Solomon, A., F. J. Loeffler and G. H. Frank. 1953. "An Analysis of Co-Therapist Interaction in Group Psychotherapy." *International Journal of Group Psychotherapy*, 3(2), pp.171~180.

Tjosvold, D. 1991. "Rights and Responsibilities of Dissent: Cooperative Conflict." *Employee Responsibilities and Rights Journal*, 4(1), pp.13~23.

Van de Vliert, E. and C. K. De Dreu. 1994. "Optimizing Performance by Conflict Stimulation." *International Journal of Conflict Management*, 5(3), pp.211~222.

Venkatraman, N. and V. Ramanujam. 1986. "Measurement of Business Performance in Strategy Research: A Comparison of Approaches." *Academy of Management Review*, 11(4), pp.801~814.

Wall Jr, V. D. and L. L. Nolan. 1986. "Perceptions of Inequity, Satisfaction, and Conflict in Task-Oriented Groups." *Human Relations*, 39(11), pp.1033~1051.

West, M. A. and N. R. Anderson. 1996. "Innovation in Top Management Teams." *Journal of Applied Psychology*, 81(6), pp.680~693.

Williamson, I. O. 2000. "Employer Legitimacy and Recruitment Success in Small Businesses." *Entrepreneurship Theory and Practice*, 25(1), pp.27~42.

Yeatts, D. E. and C. Hyten. 1998. *High-Performing Self-managed Work Teams: A Comparison of Theory to Practice.* Sage.

Zhou, W. and E. Rosini. 2015. "Entrepreneurial Team Diversity and Performance: Toward an Integrated Model." *Entrepreneurship Research Journal*, 5(1), pp.31~60.

찾아보기

_ 엮은이

박윤규 성공회대학교 경영학부 및 일반대학원 협동조합경영학과 교수
이상훈 성공회대학교 경영학부 및 일반대학원 협동조합경영학과 교수
장승권 성공회대학교 경영학부 및 일반대학원 협동조합경영학과 교수
최우석 성공회대학교 경영학부 및 일반대학원 협동조합경영학과 교수
박상선 성공회대학교 경영학부 및 일반대학원 협동조합경영학과 교수
이상윤 성공회대학교 경영학부 및 일반대학원 협동조합경영학과 교수

_ 지은이

김다솜 한국사회적기업진흥원 협동조합본부 제도지원팀 대리
김선화 성공회대학교 일반대학원 협동조합경영학과 연구교수
김아영 성공회대학교 일반대학원 협동조합경영학과 아이쿱펠로우 연구교수
김활신 쿠피협동조합 연구원
박상선 성공회대학교 경영학부 및 일반대학원 협동조합경영학과 교수
박윤규 성공회대학교 경영학부 및 일반대학원 협동조합경영학과 교수
서진선 성공회대학교 일반대학원 협동조합경영학과 아이쿱펠로우 연구교수
신효진 한신대학교 사회혁신대학원 초빙교수
오보영 영국 글라스고대학교(University of Glasgow) 경영대 박사과정
오춘희 건강플러스협동연구소협동조합 정책연구실장
윤길순 성공회대학교 협동조합경영연구소 연구원
윤찬민 사회적경제연구원 사회적협동조합 전임연구원
이상윤 성공회대학교 경영학부 및 일반대학원 협동조합경영학과 교수
이상훈 성공회대학교 경영학부 및 일반대학원 협동조합경영학과 교수
이선희 가지가지살롱 협동조합 이사
이승주 가천대학교 사회정책대학원 선임연구원
이예나 HBM사회적협동조합 MTA KOREA 팀코치
이재훈 블렌드씨(주) 대표
이준겸 서강대학교 경영학부 부교수
임선아 가습기살균제사건과 4·16세월호참사 특별조사위원회 조사관
장승권 성공회대학교 경영학부 및 일반대학원 협동조합경영학과 교수
장지연 재단법인 한국사회가치연대기금 경영기획실장
정찬율 남도수산 부대표
최우석 성공회대학교 경영학부 및 일반대학원 협동조합경영학과 교수
최은주 (재)아이쿱협동조합연구소 상임이사

한울아카데미 2268
협동조합경영연구 02

한국의 협동조합 경영

이론과 사례

ⓒ 박윤규·이상훈·장승권·최우석·박상선·이상윤, 2021

엮은이 ㅣ 박윤규·이상훈·장승권·최우석·박상선·이상윤
지은이 ㅣ 김다솜·김선화·김아영·김활신·박상선·박윤규·서진선·신효진·오보영·
　　　　 오춘희·윤길순·윤찬민·이상윤·이상훈·이선희·이승주·이예나·이재훈·
　　　　 이준겸·임선아·장승권·장지연·정찬율·최우석·최은주
펴낸이 ㅣ 김종수
펴낸곳 ㅣ 한울엠플러스(주)
편집 ㅣ 배소영

초판 1쇄 인쇄 ㅣ 2020년 12월 28일
초판 1쇄 발행 ㅣ 2021년 1월 11일

주소 ㅣ 10881 경기도 파주시 광인사길 153 한울시소빌딩 3층
전화 ㅣ 031-955-0655
팩스 ㅣ 031-955-0656
홈페이지 ㅣ www.hanulmplus.kr
등록 ㅣ 제406-2015-000143호

Printed in Korea.
ISBN 978-89-460-7268-8 93320 (양장)
　　　 978-89-460-8000-3 93320 (무선)

* 책값은 겉표지에 표시되어 있습니다.
* 이 책은 강의를 위한 무선판 교재를 따로 준비했습니다.
　강의 교재로 사용하실 때는 본사로 연락해주시기 바랍니다.